# 扫雷

## 读财报做投资

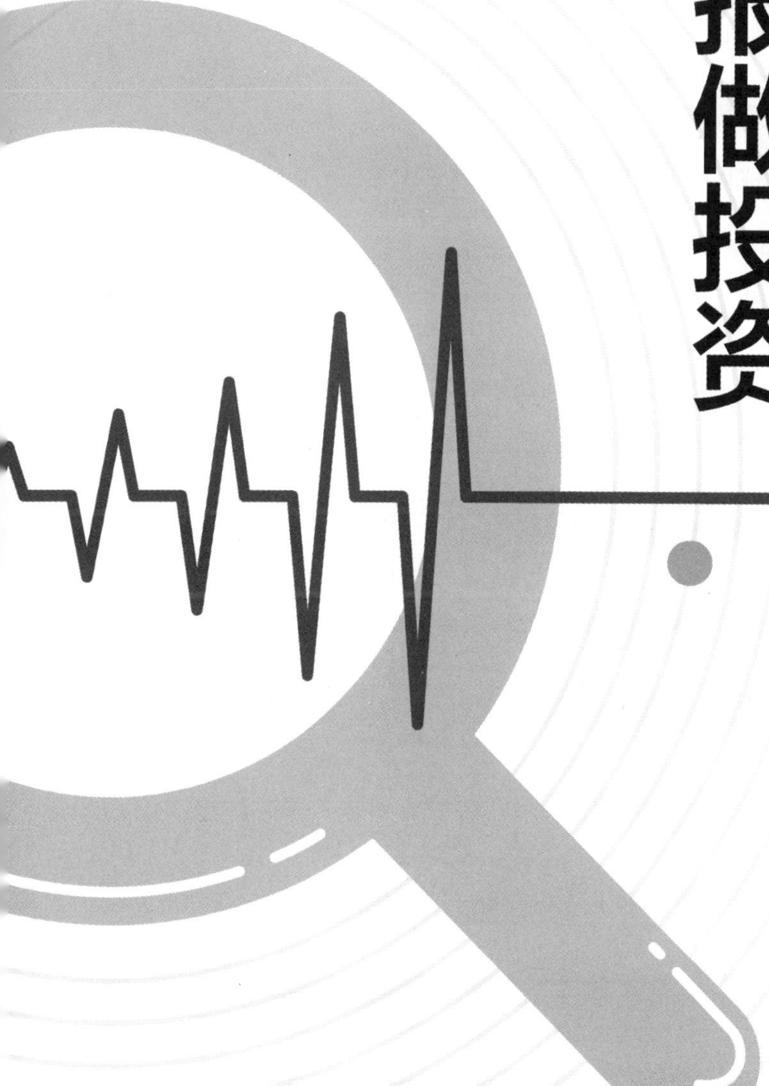

蒋　豹◎著

中国铁道出版社有限公司
CHINA RAILWAY PUBLISHING HOUSE CO., LTD.

## 内 容 简 介

本书从货币资金开始，逐个解读了资产负债表资产端的每个科目，从含义、风险点、应用等角度进行全面、深入地解读，同时辅以大量的A股案例，堪称财报的“百科全书”。

从投资角度诠释了利润表、现金流量表的重要性，通过利润表判断和分析成长能力和盈利质量；通过现金流量表认识和分析经营现金流和自由现金流；分析三张报表的钩稽关系，构建财务分析体系；通过三张报表认识和评价上市公司；在错综复杂的财报中找到自己需要的信息；通过分析指导自己的投资交易。

识别爆雷股也是不可缺少的能力，本书作者以亲身经历告诉大家如何识别财务造假。

如果你对财报感兴趣，如果你未来打算把投资作为副业，如果你是价值投资者，那么，无论你是学生还是白领，这本书都适合你。

**图书在版编目（CIP）数据**

扫雷：读财报做投资／蒋豹著．—北京：中国铁道出版社有限公司，2021.9
ISBN 978-7-113-27658-4

Ⅰ．①扫…　Ⅱ．①蒋…　Ⅲ．①会计报表－会计分析
Ⅳ．① F231.5

中国版本图书馆CIP数据核字（2021）第126394号

**书　　名**：扫雷：读财报做投资
SAOLEI: DU CAIBAO ZUO TOUZI
**作　　者**：蒋　豹

**责任编辑**：张亚慧　　**编辑部电话**：（010）51873035　　**邮箱**：lampard@vip.163.com
**编辑助理**：张秀文
**封面设计**：宿　萌
**责任校对**：焦桂荣
**责任印制**：赵星辰

**出版发行**：中国铁道出版社有限公司（100054，北京市西城区右安门西街8号）
**印　　刷**：三河市兴博印务有限公司
**版　　次**：2021年9月第1版　2021年9月第1次印刷
**开　　本**：700 mm×1 000 mm　1/16　印张：26　字数：435千
**书　　号**：ISBN 978-7-113-27658-4
**定　　价**：88.00元

# 前　言

各位读者朋友，大家好，我是只分享干货的初善君。

从2018年开始，我在“初善投资”公众号开始写财务报表科目的分析，当时并没有把这些文字整理成书的想法。偶然的机会，经疯狂的里海和奶牛的介绍，认识了出版社的编辑，才有了这本书。

经过两年多的辛苦努力，这本书终于要和大家见面了。

**1. 本书为什么要写读财报**

目前，市场上存在各种各样教大家读财报的书籍，为什么初善君还要再写这样一本书：因为这本书不一样，这种不一样来源于初善君独特的经历。

从专业性来看，初善君2014年取得中国注册会计师资格，在某四大会计师事务所之一工作过三年，在某头部券商工作过七年，对财报、对投资的专业性毋庸置疑。初善君是商誉爆雷的吹哨人，是康美药业、康得新财务造假的揭发人之一。财报是一项相对专业的事情，涉及很多职业判断，依靠自学成才可能并不容易把问题讲清楚，也可能存在很多误区。

从投资经历上来看，2011年至今，经历了2015年波澜壮阔的大牛市、2016年的熔断、2018年“钝刀子割肉”，以及这些年核心资产的抱团牛市。初善君也是作为一个普通散户经历过这些，更容易懂得大家的心态。

所以，与非专业读财报书对比，这本书有专业的底子；与专业的读财报书对比，这本书中都是上市公司活生生的案例且浅显易懂。

读懂财报、认识上市公司是投资中的一项基本技能，然而很多人连这一项基本技能都没有，在这种情形下做投资是一件很危险的事情。因此，如何读懂财报、认识上市公司是投资者的必经之路，树立正确的价值投资理念也是初善君一直追求的事情，所以才最终会有这本书的诞生。

**2. 本书内容的特色是什么**

很简单，就是告诉大家如何阅读财务报表，如何运用财务数据评价上市公司，如何规避上市公司造假，如何通过财报指导投资等。

从深度上来说，本书从财务报表的具体科目开始，对每一个可能存在造假嫌疑的资产负债表的资产科目进行了深入的分析和解读，对如何运用财务报表评价上市公司做了详细的论述，商誉、杜邦分析法、估值方法和财务造假的识别均是实打实站在读者的立场上思考的内容。

从广度上来说，本书的案例不局限于某一家上市公司，而是把整个A股4 000多家上市公司作为案例库。这样不仅可以对比同行业不同上市公司、不同行业不同上市公司的异同，还可以整体上把握和理解具体科目的含义和风险。

**3. 本书的目标读者是谁**

虽然读财报需要一定的专业性，但是这本书包含大量案例，通俗易懂，很多没有基础的读者读起来也相对轻松，几乎没有任何压力。

如果你想学习财报，这本书也可以带你成为财报分析的强者。

如果你想学习投资，这本书可以带你入门，而且是正确的价值投资之门。

如果你想在A股畅游，这本书就是你畅游的资本。

总之，这是一本非常值得阅读的书。

由于涉及大量的上市公司，也引用了大量的数据，书中难免存在遗漏、错误，欢迎大家批评、指正。

最后，欢迎大家关注我的公众号“初善投资”，在这里我与你们可以有更进一步地交流。感谢父母、妻子的理解。谨以此书送给我可爱的儿子，希望他健康成长。

蒋豹（初善君）

2021年6月

# 目录

# 第一章

# 为什么读财报

巴菲特曾说："你必须了解财务报告，它是公司与外界交流的语言，一种完美无瑕的语言。只有你愿意花时间去学习它，学习如何分析它，你才能够独立地选择投资标的。你在股市赚钱的多少，跟你对投资对象的了解程度成正比。"

巴菲特作为全球最成功的投资人之一，他用成功的经历证明了想做好投资，学会读财报是一项必不可少的技能。那么财报是什么？为什么读财报？在哪里读财报？带着这些问题我们一起看看本章的内容。

## 一、财报是什么

读财报之前，首先要搞明白，财报是什么？包含哪些内容？

从狭义上来说，财报指财务报告，包括财务报表、解释财务报表科目的附注等内容。财务报表是指反映公司一定期间现金、利润状况的会计报表。我国财务报表的种类、格式、编报要求，均有统一的会计制度做出规定，要求公司定期编报。财务报表包括资产负债表、利润表、现金流量表三张表。

资产负债表是一个时点的概念，它反映了截至财务报表日公司的资产、负债及股东权益的情况。以笔者为例，笔者个人的资产负债表是什么样的：银行存款有多少，房子有几套，价值多少，股票有多少，同时欠银行多少钱，欠其他人多少钱等。资产负债表是三张报表中最重要的报表。

利润表是一个期间的概念，它反映了一定时间内公司的营业收入、营业成本、净利润等情况。以笔者为例，笔者的利润表是指笔者某年度内赚了多少钱，包括工资多少，稿费多少；然后花了多少钱，包括房贷多少，或者房租多少，吃饭花了多少；最终年度结余多少等。利润表是投资者最为关心的报表。

现金流量表则是以收付实现制为基础，结合利润表和资产负债表编制的报表，反映了一定时间内公司货币资金的收支情况。投资者以前很少关注这张报表，不过这几年对现金流量表的重视程度有点儿过犹不及。现金流量表是所有人不得不关注的报表。

会计报表附注主要是对会计科目的进一步解释和说明，以便报表的使用者全面、正确地理解会计报表。一般情况下，年报和半年报会详细披露报表附注，季报无须披露。以存货为例，存货附注包含存货的具体构成，原材料、产成品、在产品和发出商品的明细等。

从广义上来说，财报指上市公司披露的年报、半年报、季报，也包括招股说明书、债券募集说明书、增发预案、债券发行预案等内容。也可以理解为上市公司公开披露所有的信息，不仅包括披露的财务信息，也包含非财务信息。

上市公司披露的非财务信息非常重要，与财务信息一样重要，非财务信息可以帮助我们更好地了解上市公司的财务信息，也可以与财务信息相互验证。想做好一份财务分析，不了解非财务信息是不可能的。

常见的非财务信息包括管理层分析、所处行业介绍、股东变动信息、募集资金使用情况等信息，这些非财务信息不仅可以帮助大家更全面地了解公司，还可以与披露的财务信息相互验证。

对于我国的上市公司来说，根据核算期间，财务报告分为一季报、半年报（中报）、三季报、年报。第一季度、第三季度季报，要求在季度结束后1个月内披露，半年报要求在上半年结束后2个月内披露，年报要求年度结束后4个月内披露。所以，年报准备时间最为充分，信息披露最为详细，必须经过会计师事务所审计，可信度最高，也是投资者最为关注的财务报告。

如何读财报自然是广义的财报概念，这样才能更全面地了解上市公司。考虑到非财务信息一般人不需要学习也读得懂，对于本书来说，集中讨论和交流的都是上市公司的财务信息。

在实操中，绝对不可忽视非财务信息。

## 二、读财报的原因

在正式学习如何读财报之前，我们必须树立一个理念，读财报对投资肯定有帮助。如果没有这个理念，硬着头皮看下去，只会带来更多的困惑和抵触。因此首先要解决这个基础理念：为什么读财报。

很多投资者对读财报的作用是有疑虑的，不怕付出没有回报，更怕付出了得到负的回报。网上经常可以看到投资者发出灵魂拷问：我是来炒股的，不是来学会计的，你直接告诉我哪只股票能涨就好了。说实话，我非常理解大家的困惑，因为我也困惑过：学会读财报对投资究竟有没有帮助。

### 1. 读财报究竟有没有用

首先一起看看读财报对投资有没有帮助的五大灵魂拷问，相信各位读者一定见过，或者自己也这么想过，甚至因为这些问题也动摇过自己读财报走价值投资之路的信仰。

拷问一：如果读财报对投资有用，那么会计教授就是投资牛人了。

这句话看似很有道理，但是仔细一想，这显然扩大了读财报的作用。举个例子，健壮的身材对打篮球有用吗？如果有用，那么健美冠军就应该拿NBA总冠军了。很明显这里是有逻辑问题的，大多数NBA球员的身材都非常健壮，健壮的身材是绝大部分NBA球员立足的基础，但是并不意味着光靠健壮的身材就能横行NBA。读财报对投资的作用也是一样，并不是说谁读财报厉害，谁的投资水平就高，而是学会了读财报，可以极大地提高投资成功的概率。

因此准确地说，读财报是成功投资者的不必要不充分条件，读财报水平与投资水平并不能画等号。但是很显然，读财报是成功投资者一项非常重要的技能，它可以提高我们投资成功的概率，因此才需要学会读财报。

拷问二：财报的数据都是过去的、滞后的信息，而投资需要预测未来，因此读财报只不过是看后视镜，意义不大。

这句话理论上是对的，但是忽视了上市公司经营的连续性和一惯性，更是忽视了通过对公司的历史分析，可以预测公司未来。首先，财报有助于我们了解公司过去的发展情况，了解公司所处的行业等信息；其次，根据对公司以前数据的分析和理解可以帮助我们更好地预测公司未来，从而做出更合理的投资举措。总之，财报信息的重要性怎么强调都不为过。

就像开车多看后视镜可以帮助我们更好地驾驶一样，投资看财报信息可以帮助我们更好地理解上市公司，从而做出正确的投资举措。

拷问三：上市公司信息都是假的，甚至有些公司财务造假，在此基础上学习读财报、做财务分析有什么用？

以前市场上假钱也很多，但没有人否认钱的巨大作用和好处，不能因为有假钱你就不用钱了，你更应该学习的是识别假钱的方法。

读财报也是如此，通过学习读财报可以了解一些财报造假的基本方法，甚至学会一些识别财务造假的技巧。学会财务造假识别的技巧，就可以避免很多悲剧：康美药业（虚增存货、货币资金）、康得新（虚增货币资金）、獐子岛（虚增存货）、尔康制药（虚增存货）、神雾环保（关联交易）、信威集团（海外收入）等，这些公司只需一点点简单的财务常识就可以判断，并不复杂。

毫不客气地说，大多数说这句话的人，都比较懒，他们不想学习，他们只是为自己的懒惰找借口。

拷问四：很多上市公司即使不是财务造假，也有很多利润调节手段，就像是一张整过容或者P过图的照片，分析整容过的财报有什么意义？

既然每个姑娘出门前都要收拾打扮一番，那么财报自然也需要梳妆打扮一番才能出来见股东。但是学会了读财报就像懂得姑娘们的化妆术一样，不管她怎么修饰，你都能看出来。更重要的是，财报在修饰出来之前，还有会计师事务所帮你把关，把太夸张的部分去掉。

例如，简历一样有美化甚至造假，那么招聘为什么还要看简历呢？不看简历谈何尽快了解应聘者，不看财报如何快速了解公司。只看简历肯定不够，只看姑娘的照片肯定也不够，看财报也远远不够，就像了解公司，也要看创始人、管理层、行业状况一样，但是看财报是这一切的起点。

拷问五：财报是用来排除公司的，不能用来选择公司。

这话肯定不对，说得极端一点儿，既然财报是用来排除公司的，有些公司被你排除了，剩下的公司不就是可以选择的公司了。更何况可以通过一些指标先选出自己心仪的公司，然后分析公司的商业模式、行业、上下游、估值等，再判断能否投资。

因此，财报不仅可以用来排除公司，也可以用来选择公司。

此外，还有如某某公司连年亏损，财务数据差得一塌糊涂，股价反而大涨，通过财报分析排除的公司股价反而大涨，财务分析有什么用？

或者某某公司业绩连年增长，但是股价不涨，说明股价与业绩关系不大，财务分析有什么用？

或者资本市场本来就是一个赌场，在赌场里，财务分析有什么用？

总之，关于读财报无用论一直在市场上流传着，以前有、现在有、未来肯定还有，虽然他们提到的理由根本不值一驳，但是这种理念从不缺少粉丝，这群人大概率是最懒惰、最想不劳而获的人。退一万步来讲，如果不存在这些人，我们读财报又去赚谁的钱呢？

因此，大家必须有一个共识：读财报不仅有用，而且非常有用。

那么，读财报究竟有什么用呢？读财报与做好投资之间有什么关系呢？

### 2. 读财报的作用

既然大家都有了读财报对投资有帮助的共识，我们就一起来聊聊读财报的作用和局限性：读财报很重要，但是只读财报和做好投资之间还差十万八千里的距离。

首先，会计作为一门通用语言，具有可比性、可靠性。不同公司的经营情况可能千差万别，但是会计作为一种通用语言，可以给投资者提供可比的信息，否则如何比较不同公司究竟谁优谁劣。同时上市公司的报表，已经过会计师事务所审计，绝大部分的公司虽然存在调节和粉饰，但是依然有非常强的可靠性。

其次，财报是投资者获取信息的最佳途径。对于绝大多数普通投资者来说，财报是获取公司信息最有效的方法，而且随着看的财报越来越多，分析能力也会跟着提升。更重要的是，监管机构、会计师事务所和广大投资者，无数双眼睛盯着上市公司，绝大部分上市公司财报的信息相对充分完整，有助于我们更好地快速了解和分析公司。

再次，读财报可以用来排除公司。财报排除公司的方法很多，大家完全可以依靠自己的喜好来选择。比如，从财务分析的角度经营现金流差、净资产收益率低、收入利润增长率缓慢等。只要不满足这些财务条件，就可以直接排除公司，或者从验证公司经营行为的角度，公司说一开始某项目2017年投产，结果2019年年报都出来了，还没投产，说明这家公司没信用或者工程管理遇到了大问题，必须排除。总之，读财报有1 000种排除公司的方法，虽然排除公司不能使自己获利，甚至错过一些投资机会，但是可以避免踩雷而带来的巨大损失。

最后，读财报可以用来选择公司。比如，选择净资产收益率连续10年高于20%，且经营现金流大于净利润、市盈率小于20倍的公司，然后在选出的公司中进行分析和判断。这些都是指标选股的方法，非常实用。

当然对于投资，只读财报是远远不够的，读财报也有一定的局限性。

### 3. 读财报的局限性

首先，同样一份财报，每个人的解读可能完全不同。

很多投资者的能力、经历和认知水平差异很大。因此，同一份财报大家得出的结论不同，很容易得出读财报没用的既视感。很多人不能理解财报指标背后的经济意义，读财报时只是看看收入增长率、利润增长率或者经营现金流的高低，并没有理解为什么是这样，更难根据现在的数据去预测未来的数据。因此，基于这种简单财报信息做出的投资判断，很可能会南辕北辙。这时，他们却把投资失败归咎于读财报没用。

其次，读财报只能简单判断公司质地怎么样，而投资还需要解决很多问题，比如，投资需要解决什么时候买、什么时候卖出、仓位控制多少等问题，这些光靠读财报是远远不够的。投资是一个系统工程，了解公司、熟悉公司只是第一步。此外，公司的行业地位、行业的竞争情况、未来的预测、估值等都与读财报一样重要，想做好投资，只读财报是远远不够的。就像木桶理论，读财报只是做好投资的一块木板，如果没有，投资能力肯定不行，但是即使这块木板再长，其他能力欠缺，也是做不好投资的。

因此必须达成共识：读财报作用很大，但是想做好投资，学会读财报只是起点。

**4. 投资人都爱读财报**

事实上，世界上很多知名投资大师的成功秘诀之一就是读财报，但是这也只是投资大师成功的秘诀之一，不是全部。

《原则》一书的作者，桥水基金的CEO雷·达里奥有过这样一个趣闻：达里奥了解到《财富》杂志附赠的优惠券可以免费换取世界500强公司的年报，他就把优惠券撕下来邮寄过去，得到了所有公司的年报，然后从中挑选出最值得投资的公司。

投资大师罗杰斯曾经在给女儿的信里写道："那些在投资上失败的人，正是那些连财务报告都没读完的人，因为他们没有看到投资成功和充分信息之间的相关性"。

李嘉诚也说过："我年轻的时候，最喜欢翻阅的是上市公司的年度报告书"。

归根结底，读懂财报的根本目的是更深入地了解上市公司，增加在股市赚钱的概率。

## 三、在哪里读财报

针对A股上市公司，官方披露网站包括巨潮资讯网、上海证券交易所和深圳证券交易所。登录网站后，直接搜索上市公司名称或上市公司代码，就可以找到上市公司披露的各种报告，根据需要下载即可。

上市公司官网也会披露所有的公告信息，也可以去上市公司官网，有个板块叫投资者关系。

此外，像提供资讯的各种炒股投资平台，比如东方财富、同花顺、雪球网等，在上市公司页面，都有公告界面，可以下载上市公司的公告。

下载年报或者半年报之后，就可以直接阅读。但是如果直接看年报或者半年报的财务数据，很难进行有效的分析，我们需要借助一些平台，使用处理后的财务数据，对分析可以事半功倍。这些数据很多平台都是免费的，根据喜好和习惯使用即可，这里不再阐述。

# 第二章

# 货币资金

第一章解决了读财报有什么作用的基础逻辑问题，那么下面从资产负债表的第一个科目——货币资金开始，学习如何理解财报中的会计信息。

随着康美药业、康得新、辅仁药业等一批存贷双高上市公司的爆雷，市场上对货币资金真实性的重视程度超过以往任何时候。如何理解“货币资金”这个科目，有哪些关注要点，通过货币资金选股的底层逻辑是什么？存贷双高是不是财务造假？上市公司是否虚增货币资金如何判断？上市公司的资金是否被大股东占用如何判断？货币资金收益率如何计算？上市公司的货币资金存在形式除了在资产负债表的“货币资金”科目外，还有哪些科目可能存在货币资金，如何对货币资金扫雷，这是本章的学习要点。

## 一、货币资金是什么

货币资金是什么？就是公司账面上的现金、银行存款、其他货币资金的合计金额，理论上是上市公司可以支配的现金和存款。根据货币资金的形态和用途不同，可以分为库存现金、银行存款和其他货币资金，这也是上市公司报表货币资金附注中的一般分类，可以在年报或者半年报附注中查询每家上市公司货币资金的明细数据。

以康美药业为例，2019年半年报显示，截至2019年半年度末，公司货币资金余额为4.78亿元，其中库存现金294万元，银行存款3.97亿元，其他货币资金0.79亿元。要知道，会计更正前的2018年中报，康美药业货币资金余额超过300亿元，仅仅一年过去，货币资金只剩下不到5亿元了（见下图）。

**货币资金**

√适用 □不适用

单位：元

| 项目 | 期末余额 | 期初余额 |
|---|---|---|
| 库存现金 | 2,943,086.92 | 4,770,576.69 |
| 银行存款 | 396,512,721.92 | 1,755,681,041.84 |
| 其他货币资金 | 78,925,679.15 | 78,749,571.79 |
| 合计 | 478,381,487.99 | 1,839,201,190.32 |
| 其中：存放在境外的款项总额 | 7,456,520.88 | 5,974,584.78 |

数据来源：康美药业2019年半年报第96页

一般情况下，上市公司主要都是通过银行转账进行资金周转，库存现金余额不会很高，占比就更低了。即使是餐饮行业，现在也基本通过刷卡、微信、支付宝等线上支付方式，账上库存现金不多。

以全聚德为例，下图所示为全聚德2019年半年报货币资金附注，可以看到库存现金只有72.68万元，占比只有0.28%，货币资金占比最高的一般都是银行存款。

**货币资金**

单位：元

| 项目 | 期末余额 | 期初余额 |
|---|---|---|
| 库存现金 | 726,751.52 | 1,492,930.84 |
| 银行存款 | 260,996,776.11 | 987,700,195.96 |
| 其他货币资金 | 2,040,543.98 | 2,438,135.90 |
| 合计 | 263,764,071.61 | 991,631,262.70 |

数据来源：全聚德2019年半年报第83页

货币资金是所有业务的起点和终点，整个现金流量表的结果就是货币资金的变动额。上市公司账面上的货币资金很重要，它出现问题很可能是上市公司资金链出了问题。如果公司不想资金链出问题，公司账上的货币资金当然是越多越好。

截至2018年半年报A股账面货币资金余额最多的10家上市公司是哪些呢?

考虑到公司钱再多，也没有银行钱多，因此需要扣除金融业，包括银行、保险和证券。扣除金融业上市公司后，账面货币资金最多的公司是中国建筑，账面货币资金余额高达2 889.34亿元，这个钱可以买下大多数的A股公司（见下表）。前十的上市公司中，除了万科A（现在已经是国企）和格力电器（以前是国企，现在不是）外，货币资金比较多的上市公司都是大国企。

单位：亿元

| 证券简称 | 货币资金 | 其他流动资产 | 短期借款 | 一年内到期的非流动负债 | 长期借款 | 应付债券 |
|---|---|---|---|---|---|---|
| 中国建筑 | 2 889.34 | 400.15 | 537.21 | 711.59 | 2 401.05 | 956.52 |
| 中国石化 | 2 051.53 | 211.48 | 579.85 | 207.86 | 792.74 | 315.18 |
| 万科A | 1 595.52 | 35.57 | 126.77 | 443.06 | 1 282.94 | 376.27 |
| 中国石油 | 1 285.49 | 483.35 | 883.05 | 597.78 | 1 900.00 | 948.09 |
| 上汽集团 | 1 174.16 | 754.03 | 191.10 | 171.16 | 169.21 | 79.73 |
| 中国交建 | 1 144.49 | 113.07 | 667.12 | 285.46 | 1 796.50 | 233.75 |
| 中国铁建 | 1 123.10 | 125.35 | 495.26 | 309.01 | 678.28 | 370.58 |
| 中国中铁 | 1 047.43 | 333.21 | 700.14 | 255.86 | 590.98 | 306.66 |
| 中国神华 | 1 047.06 | 185.76 | 118.12 | 115.71 | 685.27 | 65.72 |
| 格力电器 | 1 019.45 | 112.04 | 196.81 | — | — | — |

数据来源：WIND，初善君整理

需要注意的是，货币资金本身也可以理解为资金的占用，那么货币资金多并不一定代表公司多厉害，有可能货币资金的来源是有息负债。可以明显地看到，前10家公司的短期借款、长期借款、应付债券等有息负债也非常高，有息负债需要支付利息，而且货币资金的收益率往往也会低于有息负债的利息率。因此最好的情形是货币资金多，有息负债少。很明显，格力电器的货币资金是最真实靠谱的，因为有息负债非常少。

关于货币资金，有三个问题需要重点关注。

第一个问题是货币资金中有没有权利受限的资金。受限资金包括外埠存款、银行汇票存款、银行本票存款、信用证存款和信用卡存款等。看名称就知道受限资金虽然是货币资金，并不能随意使用，因此需要特别关注。如果上市公司货币资金虽然很多，其中大部分都是受限资金，那么上市公司很容易出现现金流断裂的风险。可以通过货币资金的附注来查看上市公司的受限资金情况。

比如，乐视网2017年半年报显示，期末余额虽然有29.82亿元，但是受限资金高达21.53亿元。也就是说，乐视网能动用的货币资金其实非常少，资金链已经处于崩溃的边缘（见下图）。

单位：元

| 项目 | 期末余额 | 期初余额 |
| --- | --- | --- |
| 库存现金 | 134,795.47 | 424,576.15 |
| 银行存款 | 829,385,404.31 | 1,482,118,516.72 |
| 其他货币资金 | 2,152,896,629.44 | 2,186,603,263.21 |
| **合计** | **2,982,416,829.22** | **3,669,146,356.08** |
| 其中：存放在境外的款项总额 | 5,211,458.82 | 18,650,622.15 |

其他说明

1．期末银行存款余额中冻结款项 29,070,194.36 元；其他货币资金余额中受限资金 2,151,200,000.00 元，为 TCL 多媒体股权并购项目保证金。

2．期末货币资金中无其他抵押、质押等对使用有限制、有潜在回收风险的款项。

数据来源：乐视网2017年半年报

关于货币资金是否有受限资金，上市公司一般都会披露，关注一下报表附注即可。如果上市公司故意隐瞒受限资金情况，不予披露，作为投资者也很难察觉。关于受限资金识别，非常依赖上市公司的主动披露，此外，还可以通过计算货币资金收益率进行简单判断，具体参见第四节。

第二个问题是上市公司是否存在隐藏的货币资金。有些上市公司的货币资金并非全部在货币资金科目核算。比如，很多上市公司都会购买理财产品，理财产品与货币资金性质类似，属于上市公司可以支配的货币资金。对于上市公司来说，需要考虑资金的利用效率，货币资金不能闲置在账面上。因此，很多上市公司都会购买理财产品。

理财产品核算科目较多，有些上市公司在交易性金融资产核算，有些上市公司在其他流动资产核算，也有一些超过一年的理财产品在非流动资产核算。在哪个科目核算，取决于理财产品的内容，这里需要借助报表附注来判断。

在比较美的集团和格力电器时，发现账面上格力电器的货币资金远大于美的集团的货币资金，考虑到两家公司规模类似、产品类似，这算是比较异常的情况。查看资产负债表就会发现，与格力电器相比，美的集团特别爱购买理财产品。

查看美的集团2018年半年报，“资产负债表”科目“其他流动资产”显示，公司短期理财产品高达126亿元，年初更是高达221亿元，此外结构性存款及掉期存款（也可以理解成理财产品）有294亿元，可谓理财“狂人”（见下图）。理财的好处是可以冲减财务费用，或者计入投资收益，可以增加利润表的净利润。

其他流动资产

| 项目 | 期末数 | 期初数 |
|---|---|---|
| 理财产品（a） | 12,642,160 | 22,094,715 |
| 结构性存款及掉期存款 | 29,378,897 | 19,252,086 |
| 待抵扣增值税进项税 | 1,595,049 | 2,988,800 |
| 待摊费用 | 639,313 | 639,409 |
| 其他 | 2,120,588 | 1,872,261 |
| 合计 | 46,376,007 | 46,847,271 |

1. 2018年6月30日，列示于其他流动资产的理财产品均于未来一年内到期，主要为非保本浮动收益理财产品。
2. 公司本年无购买的一年以上到期的理财产品及资产管理计划列报于其他非流动资产。

数据来源：美的集团2018年半年报

如果上市公司购买金额较大的理财产品，至少可以说明公司的货币资金大概率是真实的，如果货币资金不是真实的，自然也没有钱购买理财产品。当然这个判断并不绝对，有些上市公司为了货币资金看起来比较多，会在季度末故意购买一点儿理财产品来迷惑投资者。

第三个问题是货币资金的来源。在资产负债表中，右边的负债和“所有者权益”科目可以理解为资金的来源，左边的资产科目可以理解为资金的占用。由于投资者非常关注上市公司货币资金余额，有些余额比较少的上市公司为了期末账面货币资金看起来比较多，它们在6月30日或者12月31日这两个时点去拆借资金。如果上市公司的货币资金是拆借来的，那么说明上市公司货币资金比较紧张，很可能出现流动性危机。

上市公司拆借资金一般通过其他应付款核算，往往比较隐蔽，一般的投资者可能注意不到，可以通过查看其他应付款附注去判断。

比如国民技术，2017年购买的理财产品5.5亿元不翼而飞，5亿元理财产品对它非常重要。看2018年半年报，账面货币资金4.22亿元，受限资金只有0.27亿元，看着很富有。然而看它的其他应付款，你就会发现问题：其他应付款余额高达11.75亿元，应付关联方款项和非金融机构借款分别为2.75亿元和1.55亿元，扣除这两项非正常款项，其实公司已经没多少钱了（见下图）。

这样子的例子非常多，尤其是那些货币资金出事的上市公司，如果仔细去看它们的资产负债表，虽然出事前货币资金余额非常高，但是大概率都是拆借而来的。

| 款项性质 | 期末余额 | 期初余额 |
|---|---|---|
| 代收代支款 | 8,045,877.77 | 3,500,534.34 |
| 保证金 | 4,024,201.80 | 1,908,749.00 |
| 预提费用及其他 | 9,866,653.62 | 9,604,929.27 |
| 限制性股票 | | 45,891,765.00 |
| 应付关联方款项 | 274,639,647.84 | |
| 非金融机构借款 | 155,000,000.00 | |
| 短期拆借资金 | 2.000.000.00 | |
| 收购斯诺实业股权款 | 721,171,196.99 | |
| 合　计 | 1,174,747,578.02 | 60,905,977.61 |

2018 年 4 月 19 日，公司第三届董事会第二十九次会议审议通过了《关于回购注销未达到解锁条件的限制性股票的议案》，公司决定对公司股权激励计划未达到解锁条件的限制性股票进行回购注销。因此对计提的其他应付款-----限制性股票款项 45,891,765.00 元进行支付。

数据来源：国民技术2018年半年报

比如，2019年上半年备受关注的辅仁药业，其2018年年报显示，其他应付款中往来款余额2.95亿元，非关联方资金拆入3.91亿元，虽然账面货币资金余额有16.56亿元，但是至少有6.86亿元都是拆借而来的，这还不包括公司30亿元以上的借款（见下图）。可见，公司的现金流有多紧张，后续公司拿不出6 000万分红款也在意料之中。

单位：元　币种：人民币

| 项目 | 期末余额 | 期初余额 |
|---|---|---|
| 往来款 | 295,467,242.60 | 435,997,675.01 |
| 非关联方资金拆入 | 391,183,200.00 | |
| 收购少数股东股权款 | | 391,183,200.00 |
| 重组服务费 | | 15,000,000.00 |
| 保证金 | 14,900,142.36 | 3,114,680.32 |
| 押金 | 1,430,260.36 | 59,332.28 |
| 备用金 | 111,145.13 | |
| 其他 | 16,676,379.69 | 15,515,537.51 |
| 合计 | 719,768,370.14 | 860,870,425.12 |

数据来源：辅仁药业2018年年报

大家可以想一下，如果上市公司账面货币资金充足、银行融资通道顺畅（银行融资一般在长期借款、短期借款中核算），它何必通过非正常渠道去拆借资金呢？要知道，这种拆借资金的利率一般会高于银行借款。

如果能通过上面各项内容检查上市公司的货币资金情况，那么就很难踩雷货币资金。

## 二、货币资金选股

在判断上市公司是否低估时，有些投资者喜欢的一个指标，用上市公司的货币资金与它的市值比较，如果上市公司货币资金比它的市值还高，那么就说明上市公司的股价被低估。

这种思路逻辑看似是对的，假如一家上市公司账面货币资金高达50亿元，同时该上市公司的市值只有50亿元，你可以使用50亿元货币资金收购这家公司，然后把账面50亿元全部分红，这样等于你不花一分钱就得到一家上市公司。

理论上是好的，然而现实是更为残酷的。

笔者导出上市公司货币资金余额和上市公司的市值，使用货币资金/市值指标做了一个排名，该数据截至2018年半年报。

可以看到，货币资金/市值比例最高的公司是普路通，账面货币资金高达158.51亿元，市值只有35.65亿元，看似很吸引人。细心的你会发现，公司短期借款高达155.96亿元，账面资金刚刚够归还短期借款的，这些钱根本分不了红（见下表）。这还仅仅是列示短期借款，如果考虑其他可能存在的有息负债，这些货币资金肯定不够还账的。

| 证券简称 | 货币资金（亿元） | 其他流动资产（亿元） | 短期借款（亿元） | 总市值9月9日（亿元） | 货币资金/市值（%） |
|---|---|---|---|---|---|
| 普路通 | 158.51 | 0.29 | 155.96 | 35.65 | 445 |
| 阳煤化工 | 103.76 | 6.95 | 156.46 | 46.03 | 225 |
| 安徽水利 | 112.91 | 12.09 | 53.52 | 68.16 | 166 |
| 天地源 | 50.20 | 3.41 | — | 31.28 | 160 |
| 东方电气 | 321.64 | 19.39 | 0.28 | 203.56 | 158 |
| 上海建工 | 420.89 | 22.74 | 43.82 | 268.91 | 157 |
| 鲁商置业 | 43.70 | 12.18 | — | 28.13 | 155 |
| 苏美达 | 83.60 | 6.05 | 96.50 | 53.97 | 155 |
| 云天化 | 102.93 | 8.97 | 213.47 | 67.13 | 153 |
| 宁波东力 | 30.20 | 15.11 | 61.38 | 20.98 | 144 |
| 阳光城 | 332.90 | 54.96 | 131.08 | 237.74 | 140 |
| 晨鸣纸业 | 182.21 | 113.92 | 348.23 | 135.76 | 134 |
| 中国建筑 | 2 889.34 | 400.15 | 537.21 | 2 166.44 | 133 |

*数据来源：WIND，初善君整理*

因此使用货币资金与市值的比值这个指标时，至少要扣除短期借款。此外，预收账款是提前收取客户的现金，已经记在自己的货币资金中，建议也予以扣除。那么是否扣除长期借款或者其他长期有息负债呢？扣除最好，不扣除也可以解释，因为长期负债对应的是长期资本，上市公司如果长期借款高，它完全可以通过经营活动产生经营活动现金流量去归还长期借款。

这里以扣除短期借款和预收账款、不扣除长期借款及其他长期负债举例。

扣除短期借款和预收账款后，使用公式（货币资金−短期借款−预收账款）/市值，得到下面这张表。可以看到，前10家公司里有4家房地产公司，2家国防军工公司，比例大于100%只有2家公司，分别是东方电气和郴电国际。单独考虑这几家上市公司时，会发现这些上市公司的长期借款都比较高，只有华联综超、东方电气和江铃汽车几乎没有长期负债。

| 证券简称 | 货币资金 | 短期借款 | 总市值 9月9日 | 预收账款 | 货币资金−短期借款−预收账款 | （货币资金−短期借款−预收账款）/市值（%） | 行业 |
|---|---|---|---|---|---|---|---|
| 东方电气 | 321.64 | 0.28 | 203.56 | — | 321.36 | 158 | 电气设备 |
| 郴电国际 | 26.29 | 0.15 | 22.50 | 2.27 | 23.87 | 106 | 公用事业 |
| 江铃汽车 | 77.88 | — | 83.77 | 1.88 | 76.00 | 91 | 汽车 |
| 顺发恒业 | 88.84 | — | 81.98 | 17.37 | 71.48 | 87 | 房地产 |
| *ST船舶 | 150.76 | 7.00 | 154.35 | 12.20 | 131.56 | 85 | 国防军工 |
| 华鑫股份 | 65.36 | 1.17 | 77.34 | 0.23 | 63.96 | 83 | 房地产 |
| 海航投资 | 30.26 | — | 37.90 | 0.23 | 30.03 | 79 | 房地产 |
| 中船防务 | 95.73 | 28.38 | 90.44 | — | 67.35 | 74 | 国防军工 |
| 电子城 | 42.11 | — | 55.03 | 1.80 | 40.31 | 73 | 房地产 |
| 华联综超 | 32.28 | 10.08 | 25.10 | 4.17 | 18.03 | 72 | 商业贸易 |

*数据来源：WIND，初善君整理，单位亿元*

那么这几家上市公司质量如何呢？

首先看东方电气的资产负债表，发现公司合同负债余额高达292亿元，这个合同负债也就是以前的预收账款，新准则实施后由“预收账款”科目调整至“合同负债”科目，扣除合同负债后，东方电气的（货币资金−短期借款−预收账款）/市值，这个比值就非常低了。

其次看江铃汽车的资产负债表、利润表，发现公司盈利能力连续3年下降，2016年、2017年和2018年扣非归母净利润分别为8.67亿元、1.64亿元和1.48亿元，分别下降45%、81%和61%。这么差的业绩，公司股价肯定大幅下跌，才会出现市值比较低的情况，所以（货币资金−短期借款−预收账款）/市值，这个比值才会比较高。除非公司后面能实现困境反转，否则这样业绩逐年下滑的公司也没有多大的投资价值。

此外，华联超市与江铃汽车类似，这几年的业绩也不好，绝大部分超市上市公司的成长性都比较一般，不过账上货币资金一般都比较多。

第一节也讲了，部分上市公司还有理财产品科目，理财产品等同于货币资金，在使用这个指标时也需要考虑。

当然，随着财务报表越来越多样，该指标越来越失真，在实际使用时，需要考虑理财产品、短期借款、预收账款、一年内到期的流动负债等科目，也需要考虑长期有息负债情况，不可生搬硬套。

总之，货币资金/市值这个指标在判断上市公司是否低估时，依然具有很强的参考意义。如果市场存在大量的货币资金/市值大于1的公司，那么整个市场肯定是被低估的。

## 三、存贷双高一定是造假吗

存贷双高，是指货币资金余额和贷款余额都比较高，货币资金余额无须解释，贷款余额一般用有息负债来表示，经营性负债不能计算在内。一般情况下，并不是指货币资金余额和贷款余额越高，就叫作存贷双高，比如到底是超过5亿元、超过10亿元还是超过15亿元才算存贷双高呢？其实并不看绝对额，更应该看货币资金余额和贷款余额占总资产的比例，只有占比较高，才能叫作存贷双高。这里并没有一个明确的比例，笔者认为，超过20%就算高了。

比如，截至2020年一季度末，海康威视的资产负债表显示，货币资金余额235亿元，短期借款39亿元，其他流动负债10亿元，长期负债约60亿元。初学者很容易把这种就叫作存贷双高，因为货币资金235亿元，有息负债高达109亿元，都非常高。可是当计算两者占总资产的比例时，会发现公司货币资金占比约32%，有息负债占比约14.9%，有息负债占比并不算很高。

同时发现，那些存贷双高出问题的上市公司，存贷双高的另一个特点是：货币资金余额小于有息负债余额，货币资金不能覆盖有息负债。为什么呢？因为从货币资金来源和占用的角度来看，一家公司货币资金小于有息负债，那么可能代表货币资金的来源全部是有息负债，自由现金流很少，很容易出现问题。

为什么要关注存贷双高呢？在财务管理者眼中，公司的借贷都是根据公司价值最大化原则进行的，在借款利率远大于存款利率时，公司有大量货币资金时第一选择肯定是归还借款，自然不应该出现存贷双高的问题。存贷双高的公司，它的货币资金很可能是虚增的。如果一家公司长期存在存贷双高的现象，那么公司货币资金很可能有问题，要么是虚增的货币资金，要么是被大股东占用的货币资金。

比如金亚科技，2014年度金亚科技的财务报表显示，货币资金3.45亿元，占总资产的26%，短期借款、长期借款、长期债券等筹资活动的负债余额为4.07亿元，占总资产的30%。存贷余额虽然不高，但是占总资产的比例比较高，对比公司的收入规模5.53亿元，有着存贷双高的迹象。2015年公司发布的公告进行差错更正，2014年年末账面货币资金余额由3.45亿元调减为1.24亿元，调减部分的2.21亿资金实际上被大股东占用了。

这样的例子非常多，尤其是2018年和2019年，很多存贷双高的上市公司接连爆雷，从康美药业、康得新到东旭光电、辅仁药业等，这样的存贷双高经不起推敲。

当然，并不是所有的存贷双高都有问题，笔者认为至少有3种情况的上市公司可能确实存在存贷双高现象。

第一种是集团化的上市公司。集团化的上市公司下属子公司、业务板块众多，由于不同子公司、不同业务板块的盈利能力、资金需求不同，自然存在一些子公司存款多，另一些子公司贷款多，那么合并报表中可能会出现双高的现象。

比如，中国宝安，截至2020年一季度末，账面货币资金余额为52.10亿元，交易性金融资产7.61亿元，同时账面短期借款40.61亿元，一年内到期的非流动负债高达36.06亿元，各项长期负债59.67亿元，有息负债合计高达136.34亿元。货币资金和有息负债占总资产的比例分别为20%和45%，算是典型的存贷双高，且存款金额小于有息负债金额。

2019年年报显示，中国宝安所控参股子公司共计192家，既有净利润超过3亿元的子公司的马应龙，也有年亏损超过8 000万元的宝安控股等公司。

其实有方法可以解决控股型公司的存贷双高问题，通过设置财务公司加强资金流管理，提高资金的使用率。当然，很多控股型上市公司可能没有这么做。

第二种是商业模式导致的存贷双高。典型的例子是怡亚通、普路通和瑞茂通等供应链公司，供应链公司对资金的需求量非常大，资产负债表的典型特点是存款贷款双高，利润表的典型特点就是毛利率特别低，财务费用较高，现金流量表的特点是快速发展时期，经营现金流量净额持续为负。

以普路通为例，截至2018年6月底，货币资金高达158.51亿元，同时短期借款高达155.96亿元，占总资产的比例分别为86%和84%，这个比例均是A股第一名（见下表）。同时，其他供应链公司，比如怡亚通和瑞茂通也不是很好。

| 证券简称 | 货币资金（亿元） | 短期借款（亿元） | 资产总计（亿元） | 货币资金占比（%） | 短期借款占比（%） |
|---|---|---|---|---|---|
| 普路通 | 158.51 | 155.96 | 185.24 | 86 | 84 |
| 怡亚通 | 84.84 | 203.93 | 440.05 | 19 | 46 |
| 瑞茂通 | 31.49 | 38.78 | 194.68 | 16 | 20 |

数据来源：WIND，初善君整理

这种供应链商业模式导致的存贷双高很难避免，也很难说它们有财务造假，这类公司的出路就是提高供应链附加值、提高毛利率，从而实现利润表和现金流量表的双赢。

第三种是国企类的上市公司，尤其是传统行业里的国企。作为国企的上市公司，都是各地财政的纳税大户，无论这些上市公司有什么资金使用需求，当地的银行都会予以满足，因此很容易形成存贷双高。

下表所示的上市公司，货币资金余额不仅较高，而且占总资产的比例均大于20%，同时即使只看短期借款，它们的短期借款金额非常高，占总资产的比例也超过20%，属于典型的存贷双高公司。它们的共同点之一都是传统行业，化工、有色等，另一个共同点都是国企。

| 证券简称 | 货币资金（亿元） | 短期借款（亿元） | 资产总计（亿元） | 货币资金占比（%） | 短期借款占比（%） |
|---|---|---|---|---|---|
| 阳煤化工 | 103.76 | 156.46 | 424.85 | 24 | 37 |
| 中粮糖业 | 43.62 | 61.24 | 184.94 | 24 | 33 |
| 中色股份 | 50.51 | 51.94 | 224.58 | 22 | 23 |
| 中信重工 | 45.14 | 44.58 | 201.97 | 22 | 22 |
| 江西铜业 | 222.98 | 271.23 | 998.76 | 22 | 27 |
| 沈阳机床 | 42.49 | 104.09 | 209.64 | 20 | 50 |

数据来源：WIND，初善君整理

总之，存贷双高仍是需要我们关注和小心的一种财报现象，尤其是存贷双高的同时，货币资金还小于有息负债的上市公司，这种上市公司如果不能很好地解释存贷双高的原因和合理性，那么很可能出现货币资金被大股东占用的情形。

存贷双高除了从上面3个角度来分析外，还可以通过验算货币资金收益率来判断上市公司货币资金的真实性。

那么，如何计算货币资金收益呢？参见第四节内容。

## 四、货币资金收益率之谜

跟我们把钱存在银行可以获取利息收入一样，上市公司账面货币资金存放在银行也可以实现利息收入，货币资金收益率是指上市公司货币资金存在银行的收益率水平。对于上市公司来说，上市公司把钱放在银行，活期存款可以按照活期利息按日计息，定期存款可以按照约定的利率水平计息，最终所有的利息收入加起来形成利润表中利息收入的金额。

但是上市公司并没有披露每天的货币资金余额、货币资金余额中多少是活期存款、多少是定期存款，因此为了计算简便，一般使用资产负债表的平均货币资金余额来测算。

具体来看，在测算时，分母选择资产负债表4个季度末或者5个季度末的货币资金余额计算加权平均余额（这里数据越多，计算的结果越接近事实情况），分子是利润表中的利息费用下的利息收入金额。

公式：货币资金收益率=利息收入/平均货币资金余额

首先测算整个A股市场的货币资金收益率。

笔者导出2016—2018年的货币资金季度明细及2017年和2018年上半年财务费用中利息收入数据，计算得知：2017年上市公司货币资金平均余额9.07万亿元，实现利息收入1 173亿元，平均收益率为1.29%，略低于2017年央行公布的七天通知存款利率1.35%；2018年上半年上市公司货币资金平均余额为9.52万亿元，实现利息收入688.74亿元，平均收益率1.45%，略高于央行七天通知存款利率1.35%。这两个收益率的差异可以说明2018年的大环境资金趋紧，收益率有所上升。

由此得知，上市公司的货币资金收益率不会很高，因为定期存款的因素，收益率肯定远高于活期存款，约等于七天通知存款利率。

对上市公司来说，如果公司的货币资金收益率远低于七天通知存款利率，那么可以简单判断公司货币资金真实性存疑，有可能货币资金是虚增的，有可能货币资金被大股东占用，也有可能货币资金是期末拆借来的，公司现金流非常紧张。

在康美药业出事之前，笔者就测算过康美药业的货币资金收益率。根据康美药业货币资金平均余额和利息收入，计算出它的货币资金收益率如下图所示。可以看到，康美药业的货币资金收益率为0.63%~1.45%，2016—2018年均在0.8%附近，远低于七天通知存款利率，因此使用此方法测算，康美药业货币资金的真实性存疑。

数据来源：WIND，初善君整理

当然，利息收入的真实来源是每日的货币资金余额，而测算只能使用季度末的平均余额，如果是在上市公司本身货币资金余额变动不大的情况下，计算准确度比较高。如果上市公司货币资金余额变动较大，比如当年有增发募资等情况，这种测算准确性会降低。因此这种测算方法只是估算，用来大概判断即可。

当然，结合存贷双高来看，如果一家上市公司存贷双高，本身就非常可疑，同时计算的货币资金收益率较低，那么基本可以证实公司的货币资金有问题，至于具体是什么问题，要具体情况具体分析。

## 五、康得新的现金管理业务

2019年还发生了一件事：康得新账面货币资金虽然超过100亿元，但是当发行总额10亿元的18康得新SCP001到期时，公司却没钱偿债。

很显然，公司货币资金的真实性存在问题，其中最大的一笔就是存在北京银行西单支行的一笔122.1亿元的银行存款。新任职的3位公司独立董事张述华、杨光裕、陈东对该资金的真实性表示强烈质疑，原因是这笔存款既不能用于支付也无法执行，并且北京银行西单支行曾经口头回复"可用余额为零"，注册会计师就此笔存款向北京银行西单支行发出询证函，银行在2018年年报披露前仍未回函。

原来康得新与大股东康得投资集团和北京银行西单支行签订了《现金管理合作协议》，根据《现金管理合作协议》，这是一个母子账户，子账户是上市公司康得新开立的，母账户是由康得投资集团开立的，子账户一旦收到款，就在第一时间实时向上归集到母账户，子账户显示有资金余额，当子账户发生付款时，母公司账户实时下拨资金，同时扣减该子账户上存资金余额。

也就是说，对于康得新账面有122亿元现金，实际上这个钱已经被大股东实际占用了，但是通过传统的审计手段很难发现。

这是一种新型的财务问题，传统的审计手段已经无法识别，但是笔者相信，如果使用上面的货币现金收益率测算，肯定可以发现问题。

由下图可以看到，康得新的货币资金余额非常高，2019年达到143.76亿元，但是货币资金收益率只有0.27%，还没有活期利息率高，那么可以判断它的货币资金肯定有问题。

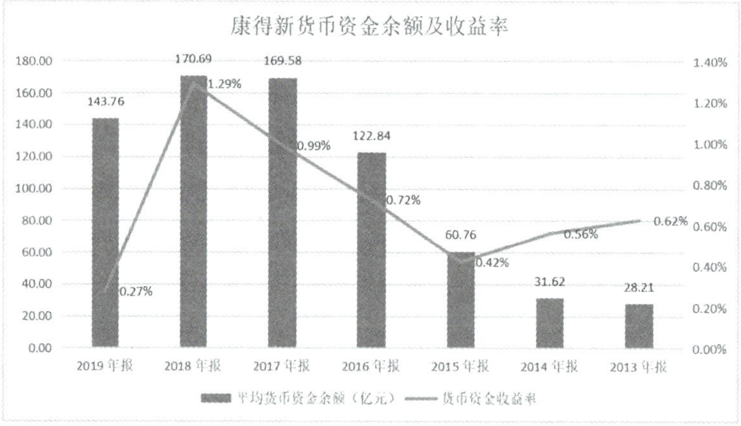

数据来源：WIND，初善君整理

## 六、隐藏的理财产品——其他流动资产

资产负债表上除了货币资金、应收票据、应收账款、其他应收款、存货等流动

资产以外，还有一个科目叫作其他流动资产，这些资产的关键定义就是可以一年以内变成货币资金。在其他流动资产中，上市公司一般核算的内容包括理财产品、待抵扣的增值税等，因此这个科目在货币资金中一起讲解。

作为投资者，关于其他流动资产需要关注什么呢？

**1. 报表附注看构成**

由于其他流动资产核算内容比较复杂，因此作为投资者，第一步去了解公司究竟有没有其他流动资产，如果没有自然无须担心。

笔者导出2018年所有A股上市公司的资产负债表，其他流动资产累计超过2万亿元，占流动资产的比例约17%。这是一个非常高的比例，因为现在上市公司业务越来越复杂，计入其他流动资产的内容会越来越多，其他流动资产的余额会越来越大，其他流动资产占比会越来越高。

其他流动资产最多的10家公司如下图所示，包括汽车业的上汽集团、长城汽车，房地产的保利地产和绿地控股，石化双雄中国石油、中国石化，建筑装饰的中国建筑、中国中铁和中国交建等。

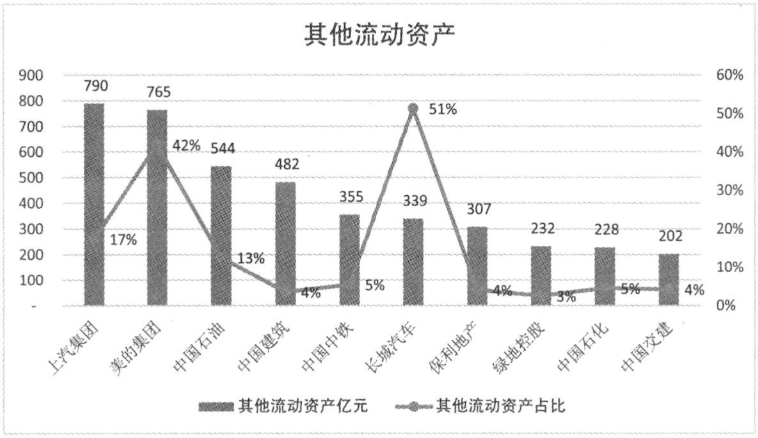


数据来源：WIND，初善君整理

那么，这些上市公司其他流动资产究竟是核算什么呢？这就需要看报表附注，报表附注是我们了解科目最好的钥匙。

截至2018年底，上汽集团其他流动资产790亿元，查看报表附注可知，其中725亿元是财务公司及上汽通用金融发放短期贷款，其他还包括待抵扣增值税进项税金、待摊费用、短期委托贷款等（见下图）。

单位：元　币种：人民币

| 项目 | 期末余额 | 期初余额 |
| --- | --- | --- |
| 财务公司及上汽通用金融发放短期贷款 | 72,514,986,264.52 | 48,356,056,021.12 |
| 待抵扣增值税进项税金 | 6,103,001,230.16 | 3,525,894,024.15 |
| 待摊费用 | 1,329,810,799.22 | 968,712,271.05 |
| 短期委托贷款 | 1,195,131,868.71 | 593,700,000.00 |
| 财务公司贴现 | 39,611,678.95 | 150,403,269.42 |
| 其他 | 78,778,493.25 | 150,000,000.00 |
| 减：其他流动资产减值准备 | −2,271,726,973.52 | −1,731,768,612.55 |
| 合计 | 78,989,593,361.29 | 52,012,996,973.19 |

数据来源：上汽集团2018年年报

那么，长城汽车的其他流动资产是否也是这些内容呢？查看附注发现，长城汽车339亿元其他流动资产，其中319亿元是应收票据，而其发放的消费贷款全部放在非流动资产的发放贷款及垫款科目中，也就是说，长城汽车没有区分短期贷款和长期贷款（见下图）。

其他流动资产

人民币元

| 种类 | 2018 年 12 月 31 日 | 2017 年 12 月 31 日 |
| --- | --- | --- |
| 应收票据 | 31,883,667,949.34 | — |
| 其他流动资产 | 2,061,386,494.00 | 267,000,053.72 |
| 合计 | 33,945,054,443.34 | 267,000,053.72 |

数据来源：长城汽车2018年年报

由此得出第一个结论：即使是同一行业的公司，其他流动资产核算内容也不尽相同。读者一定会好奇，为什么长城汽车把应收票据在其他流动资产核算，而上汽集团放在应收票据及应收账款核算，为什么上汽集团把短期消费贷款放在其他流动资产核算，而长城汽车没有，这些是否违背会计准则？

其实这些完全是公司的核算习惯，并不耽误大家对公司报表的理解，也并没有违背会计准则。会计准则的基本原则之一就是财会人员可以根据自己的主观判断来进行核算，但是把应收票据放在其他流动资产核算笔者也是第一次见到。

我们再看一组公司数据，美的集团期末其他流动资产高达765亿元，查看附注可知（见下图），其中结构性存款及掉期存款高达704亿元，理财产品15亿元，其实这些都是短期理财产品。根据美的集团的报表附注，704亿元结构性存款及掉期存款和279亿元货币资金创造了21.56亿元的利息收入，收益率约为2.2%，这里仅仅使用期末余额计算，考虑到期初余额更小，实际存款收益率其实更高。

由此可见，其他流动资产核算内容非常多，理财产品、待抵扣增值税、待摊费用等，我们能做的就是查看报表附注，确认其核算内容。

其他流动资产

| | 2018 年 12 月 31 日 | 2017 年 12 月 31 日 |
|---|---|---|
| 可供出售金融资产 - 理财产品(a) | 1,521,007 | 22,094,715 |
| 结构性存款及掉期存款 | 70,402,509 | 19,252,086 |
| 待抵扣增值税进项税 | 2,803,315 | 2,988,800 |
| 待摊费用 | 647,648 | 639,409 |
| 其他 | 1,099,348 | 1,719,831 |
| | 76,473,827 | 46,694,841 |

数据来源：美的集团2018年年报

## 2. 其他流动资产的风险

其他流动资产的风险是什么呢？所有资产都有一个风险，即减值风险。如果其他流动资产中核算的内容可能收不回来就是非常危险的资产。

比如广东明珠（见下图），其他流动资产中有个32.51亿元的项目——兴宁市南部新城首期土地一级开发及部分公共设施建设项目。这是什么意思呢？其他流动资产是资产，还有个含义是预付的资金，也就是说，公司为了开发项目，支付了大量现金。

其他流动资产

√适用 □不适用

单位：元　币种：人民币

| 项目 | 期末余额 | 期初余额 |
|---|---|---|
| 待抵扣进项税额 | 32,211.23 | 36,432.47 |
| 银行理财产品 | — | 260,000,000.00 |
| 兴宁市南部新城首期土地一级开发及部分公共设施建设项目 | 3,251,013,800.87 | 2,973,735,747.20 |
| 财务资助款 | — | 1,090,100,000.00 |

数据来源：广东明珠年报

2014年11月5日，广东明珠称，与兴宁市人民政府、兴宁市土地储备和征地服务中心、恩平市二建集团有限公司签署《兴宁市南部新城首期土地一级开发及部分公共设施建设合作协议》（以下简称《合作协议》），以货币资金共同出资，成立广东明珠集团城镇运营开发有限公司，负责兴宁市南部新城首期土地一级开发及部分公共设施建设项目的相关工作。

《合作协议》中政府方承诺“南部新城首期范围内可通过招拍挂出让的住宅和商业用地面积不少于6 000亩”，同时约定“2015年及其后每一单独年度内，南部新城首期范围内通过招拍挂出让的住宅和商业用地不少于1 500亩”。此后，2015

年、2016年，兴宁市南部新城未出让任何土地；2017年，南部新城仅出让19.18亩土地。2015—2017年土地出让的实际情况与前期的协议约定存在较大差异，公司未及时披露相关进展，交易所给予公司和责任人通报批评。

虽然东方明珠并没有对就此支付的现金计提资产减值，这些现金能否在未来形成营业收入，就要交给时间了。

再如易见股份，其年报显示，其他流动资产余额高达120亿元，其中114亿元是一年内期限的应收保理款、4.79亿元是供应链代付款项（见下图）。

**其他流动资产**

√适用 □不适用

单位：元 币种：人民币

| 项目 | 期末余额 | 期初余额 |
|---|---|---|
| 待抵扣增值税 | 4,284,991.41 | 66,264.27 |
| 供应链代付款项 | 478,709,470.54 | 5,421,222,305.86 |
| 一年内期限的应收保理款 | 11,394,110,999.51 | 4,508,270,804.68 |
| 理财产品 | 100,000,000.00 | |
| 合计 | 11,977,105,461.46 | 9,929,559,374.81 |

数据来源：易见股份年报

很显然，这种资产类似于应收账款，需要计提坏账准备。通过易见股份的年报得知，公司的确计提了坏账准备，但是计提比例非常低：118.75亿元的其他非流动资产只计提了253万元的坏账准备，比例只有0.02%，太低了（见下图）。

按组合计提坏账准备的其他流动资产

| 类别 | 期末余额 | | | | |
|---|---|---|---|---|---|
| | 账面余额 | | 坏账准备 | | 账面价值 |
| | 金额 | 比例(%) | 金额 | 计提比例(%) | |
| 账龄组合-供应链代付款 | 479,309,470.54 | 4.04 | 600,000.00 | 0.13 | 478,709,470.54 |
| 应收保理款组合 | 11,396,042,961.08 | 95.96 | 1,931,961.57 | 0.02 | 11,394,110,999.51 |
| 合计 | 11,875,352,431.62 | 100.00 | 2,531,961.57 | 0.02 | 11,872,820,470.05 |

数据来源：易见股份年报

从计提坏账准备的角度来看，易见股份的其他流动资产坏账计提可能不够充分，未来出问题的概率非常高。

总之，需要关注其他流动资产的减值风险，方法还是看附注，对于异常的其他流动资产，需要了解其来龙去脉或者业务实质，以判断公司坏账计提的充分性。

### 3. 其他流动资产对现金流的误解

其他流动资产尤其是理财产品等会对公司的现金流量表带来一些冲击，因为购买理财产品是一项投资，其体现在“收回投资收到的现金”和“投资支付的现金”中。

比如，美的集团年理财产品高达765亿元，其“收回投资收到的现金”为657.12亿元，“投资支付的现金”807.14亿元（见下图），不知道的还以为美的集团投资了什么项目，其实只是理财产品滚动形成的超高金额。

| | 2018-12-31 | 2017-12-31 | 2016-12-31 | 2015-12-31 |
|---|---|---|---|---|
| **投资活动产生的现金流量:** | | | | |
| 收回投资收到的现金 | 657.12 | 851.27 | 739.05 | 420.62 |
| 取得投资收益收到的现金 | 20.98 | 27.28 | 19.54 | 20.89 |
| 处置固定资产、无形资产和其他长期资产收回的现金净额 | 1.64 | 14.41 | 1.91 | 5.48 |
| 处置子公司及其他营业单位收到的现金净额 | 0.24 | | 2.73 | |
| 收到其他与投资活动有关的现金 | | | | 0.42 |
| 投资活动现金流入差额(特殊报表科目) | | | | |
| 投资活动现金流入差额(合计平衡项目) | | | | |
| **投资活动现金流入小计** | 679.98 | 892.96 | 763.23 | 447.41 |
| 购建固定资产、无形资产和其他长期资产支付的现金 | 56.12 | 32.18 | 23.23 | 31.31 |
| 投资支付的现金 | 807.14 | 949.67 | 908.81 | 593.16 |
| 取得子公司及其他营业单位支付的现金净额 | 3.15 | 258.50 | 29.00 | 2.84 |
| 支付其他与投资活动有关的现金 | | | | |
| 投资活动现金流出差额(特殊报表科目) | | | | |
| 投资活动现金流出差额(合计平衡项目) | | | | |
| **投资活动现金流出小计** | 866.40 | 1,240.36 | 961.04 | 627.30 |
| 投资活动产生的现金流量净额差额(合计平衡项目) | | | | |
| **投资活动产生的现金流量净额** | -186.42 | -347.40 | -197.81 | -179.89 |

数据来源：WIND，美的集团现金流量表

再如浪潮信息，其“收回投资收到的现金”和“投资支付的现金”连年增长，2018年分别高达343.03亿元和342.25亿元，看似在巨额地投资，其实只是理财产品累积的结果（见下图）。其他流动资产显示，国债逆回购4.91亿元，理财产品余额32.09亿元。那么为什么显示投资的支付和收回金额高达340亿元以上呢，主要是由于逆回购周期一般是三五天，所以滚动下来一年高达340亿元以上，其实每次投资金额可能在10亿元以内。

| | 2018-12-31 | 2017-12-31 | 2016-12-31 | 2015-12-31 | 2014-12-31 |
|---|---|---|---|---|---|
| **投资活动产生的现金流量:** | | | | | |
| 收回投资收到的现金 | 343.03 | 183.09 | 82.79 | 42.64 | 34.36 |
| 取得投资收益收到的现金 | 0.94 | 0.53 | 0.24 | 0.22 | 0.19 |
| 处置固定资产、无形资产和其他长期资产收回的现金净额 | 0.03 | 0.04 | 0.00 | 0.00 | 0.00 |
| 处置子公司及其他营业单位收到的现金净额 | | | | | |
| 收到其他与投资活动有关的现金 | | 0.00 | | | |
| 投资活动现金流入差额(特殊报表科目) | | | | | |
| 投资活动现金流入差额(合计平衡项目) | | | | | |
| **投资活动现金流入小计** | 344.00 | 183.65 | 83.04 | 42.85 | 34.56 |
| 购建固定资产、无形资产和其他长期资产支付的现金 | 4.19 | 2.93 | 4.00 | 4.45 | 1.01 |
| 投资支付的现金 | 342.25 | 213.31 | 80.48 | 42.33 | 34.82 |
| 取得子公司及其他营业单位支付的现金净额 | | | | | |
| 支付其他与投资活动有关的现金 | | 0.00 | | | |
| 投资活动现金流出差额(特殊报表科目) | | | | | |
| 投资活动现金流出差额(合计平衡项目) | | | | | |
| **投资活动现金流出小计** | 346.44 | 216.25 | 84.47 | 46.79 | 35.83 |
| 投资活动产生的现金流量净额差额(合计平衡项目) | | | | | |
| **投资活动产生的现金流量净额** | -2.43 | -32.59 | -1.43 | -3.93 | -1.27 |

数据来源：WIND，浪潮信息现金流量表

如果不了解理财产品对现金流量表的影响，直接看到这种现金流量表，很容易产生误解，不明白上市公司为什么会有如此大额的投资，其实这些只是理财产品的积累。

总之，关于其他流动资产仍是投资者关注的重点之一，尤其是需要关注其他流动资产是否存在减值风险。

## 七、货币资金扫雷

关于货币资金总结要点如下：货币资金很重要，是否受限看附注，是否隐藏看理财，其他应付有风险；货币资金虽然多，看看负债真不少，存贷双高很常见，关键收益率来算；现金管理也有坑，好好学习把坑避。

下面以辅仁药业的2018年年报为例，分步骤来看如何扫雷。

第一步，看辅仁药业主要科目的期末余额情况，包括货币资金、其他应收款、其他流动资产、借款、其他应付款等。辅仁药业2018年货币资金余额16.56亿元，其中，其他货币资金余额2.81亿元（见下图）。

**货币资金**

√适用　□不适用

单位：元　币种：人民币

| 项目 | 期末余额 | 期初余额 |
|---|---|---|
| 库存现金 | 1, 280, 962. 48 | 2, 348, 997. 87 |
| 银行存款 | 1, 373, 631, 506. 56 | 920, 050, 328. 19 |
| 其他货币资金 | 281, 452, 420. 16 | 366, 695, 356. 96 |
| 合计 | 1, 656, 364, 889. 20 | 1, 289, 094, 683. 02 |

其他说明

截至2018年12月31日，本公司其他货币资金为人民币281, 452, 420. 16元，其中票据保证金279, 650, 478. 65元，信用证保证金1, 500, 000. 00元，外汇保证金22, 000. 00元，证券投资账户余额3, 652. 28元，中国工商银行股份有限公司存款（房改款）276, 289. 23元。

数据来源：辅仁药业2018年年报

短期借款高达24.89亿元，长期借款约10亿元，其他应付款拆借资金6.86亿元，很明显的存贷双高公司（见下图）。此外，无其他应收款、其他流动资产（理财产品）等。

**短期借款分类**

√适用 □不适用

单位：元　币种：人民币

| 项目 | 期末余额 | 期初余额 |
|---|---|---|
| 质押借款 | 20,000,000.00 | 39,000,000.00 |
| 抵押借款 | 10,000,000.00 | 10,000,000.00 |
| 保证借款 | 1,615,000,000.00 | 1,566,000,000.00 |
| 信用借款 | | |
| 抵押、保证及质押 | 120,000,000.00 | 120,000,000.00 |
| 保理借款 | 58,500,000.00 | 3,690,000.00 |
| 保证及抵押借款 | 133,000,000.00 | 211,000,000.00 |
| 保证及质押借款 | 221,000,000.00 | 80,000,000.00 |
| 应付票据 | 311,000,000.00 | |
| 合计 | 2,488,500,000.00 | 2,029,690,000.00 |

数据来源：辅仁药业2018年年报

可以看到，公司货币资金余额16.56亿元，没有理财产品等，需要面对24.86亿元的短期负债和10亿元左右的长期负债，覆盖率只有50%左右，考虑到其他应付款中的资金拆借，可以判断：公司的现金流会出问题，考虑到存贷双高的问题，可以判断：公司货币资金很可能被大股东占用了。

下面是第二步的验证环节。辅仁药业的异常就是存贷双高，这里计算货币资金收益率是否合理。

辅仁药业2017年Q4至2018年Q4连续5个季度的期末货币资金余额为12.89亿元、10.87亿元、13.85亿元、14.01亿元和16.56亿元，5个季度平均货币资金余额约为13.64亿元。同时利润表中显示2018年利息收入609万元，那么计算可知利息收益率约为0.45%。

这种货币资金收益率远低于七天通知存款利率1.35%左右，那么很明显有问题。猜测辅仁药业是通过其他应付款和借款等形式维持期末的高货币资金，公司实际可用货币资金很少，或者大股东辅仁集团占用了上市公司的货币资金。

事后来看，大股东辅仁集团确实占用了辅仁药业的货币资金，2019年半年报只剩下货币资金1.34亿元，其他应收款多了15.22亿元。换句话来说，大股东辅仁药业占用了上市公司款项15.23亿元（见下图）。

说实话，大部分出事的上市公司逃不了货币资金收益率测试，有些即使可以通过，也会有其他迹象，最关键的是看是否符合常识、符合逻辑。

单位：元　币种：人民币

| 单位名称 | 款项的性质 | 期末余额 | 账龄 | 占其他应收款期末余额合计数的比例(%) | 坏账准备期末余额 |
| --- | --- | --- | --- | --- | --- |
| 辅仁药业集团有限公司 | 关联借款 | 1,522,984,051.47 | 1年以内 | 81.97 | |
| 辅仁科技控股（北京）集团股份有限公司 | 关联借款 | 281,000,000.00 | 1年以内 | 15.12 | |
| 上海永太服装有限公司 | 往来款 | 10,139,340.99 | 5年以上 | 0.55 | 10,139,340.99 |
| 河南省宋河酒实业有限公司 | 关联借款 | 8,155,368.00 | 1年以内 | 0.44 | |
| 河南省宋河酒业股份有限公司 | 关联借款 | 4,180,000.00 | 1年以内 | 0.22 | |
| 合计 | — | 1,826,458,760.46 | — | 98.3 | 10,139,340.99 |

注：上述关联借款未计提坏账准备主要原因为经与大股东及实际控制人沟通确认并已承诺将及时予以归还，暂未计提坏账准备。

数据来源：辅仁药业2019年半年报

# 第三章

# 往 来 款

往来款是指上市公司与其上下游公司或其他公司的业务或者资金往来，在资产负债表中资产科目核算的科目包括应收账款、应收票据、其他应收款和预付账款。在资产负债表中负债科目核算的科目包括应付账款、应付票据、其他应付款和预收账款（含合同负债），各个科目一一对应。理论上应收账款、应付票据、预付账款、应付账款、应付票据和预收账款是核算上市公司上下游公司、与主营业务相关的往来款，其他应收款和其他应付款核算除主营业务以外的其他所有类型的往来款项。

在任何财务分析的书籍中暂时没有发现把这8项往来款放在一起进行解读的，笔者决定做一下这个尝试，因此本章的内容非常丰富。这些科目核算都是公司与公司之间的往来，一一对应，只不过性质略有不同。应收账款、应收票据与应付账款、应付票据，前者核算下游客户，后者核算上游供应商；预付账款和预收账款，前者核算预付给上游供应商的钱，后者核算收到下游客户的钱；其他应收款和其他应付款，前者核算的是资产，是别的公司欠上市公司的钱，关注是否减值，后者核算的是负债，是上市公司欠别的公司的钱，关注是否少记了。

对于绝大部分上市公司来说，8个科目都必不可少，这些科目余额的高低基本上体现了上市公司商业模式的特点。一般情况下，上市公司的应收账款和应付账款都比较多，预付账款和预收账款都比较少；很“牛”的上市公司应收账款少、应付账款多，甚至预收账款也多；奇葩一点儿的上市公司其他应收款、其他应付款比较多；而应收票据、应付票据则是一些公司或者特定行业的专属，一般公司比较少。因此简单通过对八大往来款的分析，可以勾勒出上市公司在产业链中的地位、商业模式主要特点及风险点。

往来款最简单也最有分析意义。希望通过本章内容的学习，可以学会一些分析技巧，对上市公司的商业模式做出合理的分析和判断。

## 一、如何分析应收账款

应收账款（应收票据）是指上市公司在正常的经营过程中因销售商品、提供劳务等业务，应向下游客户收取的款项，包括应由购买单位或接受劳务单位负担的税金、代购买方垫付的各种运杂费等。这是一个简单的公司行为，把产品卖出去，没收到货款，一边确认营业收入和应收账款，一边确认营业成本和存货结转。

如无特别说明，下文中应收账款均包含应收票据，在进行企业数据分析时，应收票据不再单列。

### 1. 应收账款的来源

应收账款为什么会产生呢？

一开始的时候，大家互相之间不熟悉，任何一项交易一般都是一手交钱、一手交货，并不会产生应收账款和应付账款，随着社会的发展，信用政策产生了。

信用政策有两个好处：一是赊销可以起到降价的效果，是扩大销售的最有效手段之一，从而增加公司销售额，提高市场份额；二是赊销可以减少存货积压，控制成本费用，存货积压过多会导致仓储费、保险费等费用增加。

应收账款和应付账款的产生是社会发展的必然产物。一个典型的公司发展路径是先利用信用政策快速扩张，应收账款和应付账款均迅速膨胀。然后打败竞争对手，成为行业第一，就可以通过对上下游的控制收缩信用政策。这时候应收账款减少，应付账款增加，重新把现金控制在自己手里。如果仔细观察会发现，现在A股不少制造业的白马股均经历过类似的历程，比如格力电器、美的集团等公司。

以格力电器为例，下图所示为格力电器1996—2008年的应收账款、营业收入及应收账款占营业收入的趋势图。可以明显看到1996—1999年，应收账款占营业收入的比例一直维持在6%左右，2000年变成18%，2001年达到47%，2002年达到46%，在2005年之后回落至20%左右。这就可以理解为格力电器从2000年开始放宽信用政策，迅速扩大市占率，成为行业领头羊，此后开始控制下游掌握话语权，降低应收账款占比。

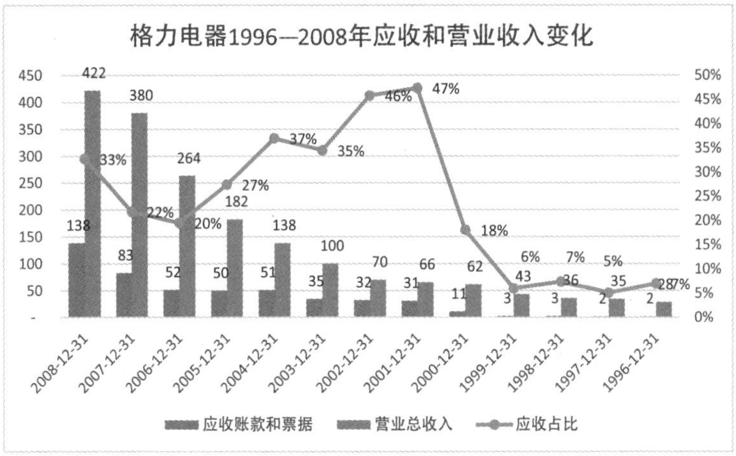


数据来源：WIND，初善君整理

当然，这种能掌握渠道话语权的例子并不多见，很多上市公司放开信用政策之后，基本上行业都演变成更为激烈的“厮杀”，应收账款占比再也没有降下来，甚至成为压垮公司现金流的最后一根稻草。

## 2. 应收账款的缺点

对一家上市公司来说，应收账款越多越好还是越少越好呢？相信大家对此都有疑问，当然是越少越好。为什么呢？因为应收账款存在一些负面影响。

一是应收账款占用公司的货币资金，降低了公司的资金使用效率，使公司效益下降。

由于公司的物流与资金流不一致，虽然在利润表中已经确认了营业收入和利润，但是在现金流量表中没有收回货款。同时公司需要垫交税款，比如确认营业收入时需要确认增值税，确认利润时需要确认公司所得税。应收账款占用上市公司的流动资金，甚至可能会影响公司资金的周转，发生流动性危机，因此应收账款越高其风险越高。

二是应收账款夸大了公司的经营成果，加大了管理难度。

由于我国上市公司实行的记账基础是权责发生制，当期赊销也全部计入当期收入，因此公司的账上利润并不代表现金流入。此外，会计制度要求公司按照应收账款余额的百分比来提取坏账准备，坏账准备率一般为3%~5%。因此应收账款余额越高，需要计提的坏账准备越高，会影响净利润。同时，如果实际发生的坏账损失超过提取的坏账准备，会给公司带来更大的坏账损失。换句话来说，即使上市公司计提了大量的应收账款坏账准备，但是依然存在坏账准备计提不足的风险。因此，上市公司如果存在较多的应收账款，甚至可以理解为“虚增”营业收入，在一定程度上夸大了公司的经营成果，增加了公司的风险成本。

那么如何有效分析应收账款呢？

### 3. 应收账款分析方法

因此，如何看待和分析应收账款显得尤为必要，有哪些具体的分析方法和路径呢？

首先分析应收账款与营业收入的关系，基本方法包括动态分析和静态分析。动态分析通常比较应收账款的增幅与营业收入增幅，两者增幅理论上应该是同比例增长、是相匹配的。对于成长股来说，如果应收账款的增幅大于营业收入的增幅，那么存在公司扩大应收账款来增加营业收入的可能性。静态分析通常使用应收账款占营业收入的比重，理想情形下该比例应保持在一定的范围内，如果该比例不断增长，那就是扩大应收账款来增加营业收入的可能性。

这两个指标的意思是一样的，都可以用来判断公司是否存在扩大应收账款增加营业收入的情况，如果存在，则需要提防上市公司营业收入的质量。同时，静态分析即应收账款占营业收入的比例可以进行同业对比，是一个可以横向比较的指标，应收账款占营业收入的比例越低，说明公司对下游公司的议价能力越强。

举个例子，生产床垫的喜临门，其营业收入从2010年的7亿元增长至2017年的32亿元，应收账款则从1亿元增长至11亿元，可以看到应收账款占营业收入的比例一直在提高，由2010年的21%增长至2017年的33%，因此喜临门存在通过放宽信用政策增加营业收入的可能（见下图）。

那么喜临门的应收账款占营业收入的比例究竟是高还是低呢，可以进行同行业对比。根据2018年半年报计算结果可知，在所有家居类上市公司中，喜临门的应收类余额占比非常高，行业排名第一，而同样卖床垫的梦百合，应收账款占营业收入的比例约为38.08%（见下表）。当然上市公司客户群体不同，这个比例自然也存在差异，像尚品宅配、欧派家居等公司的应收账款占比明显较低，显示出不同寻常的议价能力。

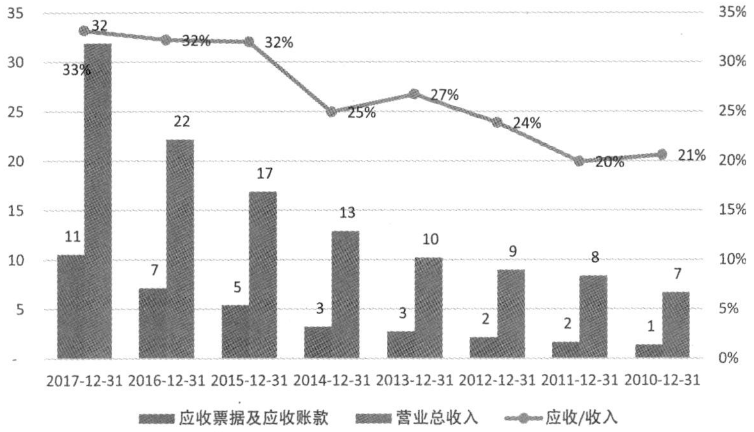


数据来源：WIND，初善君整理

| 证券简称 | 应收类账款（亿元） | 营业收入（亿元） | 应收类账款/营业收入（%） |
|---|---|---|---|
| 尚品宅配 | 0.67 | 28.67 | 2.34 |
| 欧派家居 | 4.20 | 48.45 | 8.66 |
| 顾家家居 | 6.48 | 40.49 | 16.01 |
| 志邦家居 | 1.74 | 10.42 | 16.68 |
| 索菲亚 | 5.44 | 29.88 | 18.22 |
| 威华股份 | 2.71 | 11.46 | 23.66 |
| 美克家居 | 6.28 | 25.26 | 24.86 |
| 永艺股份 | 3.26 | 11.03 | 29.56 |
| 大亚圣象 | 9.90 | 31.61 | 31.32 |
| 浙江永强 | 7.70 | 23.16 | 33.24 |
| 梦百合 | 4.89 | 12.83 | 38.08 |
| 恒林股份 | 4.19 | 10.13 | 41.41 |
| 宜华生活 | 22.52 | 35.63 | 63.21 |
| 喜临门 | 15.19 | 18.44 | 82.40 |

数据来源：WIND，初善君整理

其次分析应收账款的质量。应收账款的质量，就是这个应收账款能不能收回来，或者应收账款能收回来多少。应收账款是需要计提坏账准备的，如果应收账款的质量不好，那么可能需要计提大额的坏账准备，而坏账准备最终去向是利润表的资产减值损失，减少净利润。

应收账款的质量有以下两种分析方法：

第一种方法是关注应收账款的账龄。上市公司一般根据不同的账龄确定不同的坏账准备计提比例，账龄越短，坏账准备计提比例越低。因此理论上账龄越短越好，意味着公司给下游账期越短，应收账款收回来的可能性越大。一般情况下，上市公司的年报附注中都会披露应收账款的账龄，不过一个不可忽略的现实是，有些上市公司披露的账龄准确度不高，需要谨慎对待。

第二种方法是分析应收账款周转率。应收账款周转率=营业收入/平均应收账款余额，平均应收账款余额=（期初应收账款+期末应收账款）/2。一般情况下，应收账款周转越快，代表应收账款质量越高。如果应收账款周转率越来越慢，投资者就要小心了。

两种方法中应收账款周转率可以进行公司、行业对比分析，应收账款周转率越快，说明公司应收账款风险越低。而应收账款坏账准备计提政策也可以进行公司、行业对比分析，计提比例越高，说明公司应收账款风险越低。

例如，在乐视网还没出事的2017年半年报中，应收账款账龄显示，大于1年账龄的应收账款高达16.63亿元，占应收账款的比例高达16.46%，这个比例已经预示应收账款出大问题了，也难怪2017年底计提了大额的资产减值（见下图）。换句话来说，账龄忽然变长，可能意味着部分客户已经违约，那么公司计提坏账的可能性会大幅增加。

单位：元

| 账龄 | 期末余额 | | |
|---|---|---|---|
| | 应收账款 | 坏账准备 | 计提比例 |
| 1年以内分项 | | | |
| 1年以内小计 | 8,445,670,441.80 | 253,400,420.19 | 3.00% |
| 1至2年 | 893,697,502.32 | 89,369,750.24 | 10.00% |
| 2至3年 | 646,582,760.20 | 161,645,690.05 | 25.00% |
| 3至4年 | 120,778,807.16 | 60,389,403.58 | 50.00% |

93

乐视网信息技术（北京）股份有限公司 2017 年半年度报告全文

| 账龄 | 期末余额 | | |
|---|---|---|---|
| | 应收账款 | 坏账准备 | 计提比例 |
| 4至5年 | 1,042,550.00 | 521,275.00 | 50.00% |
| 5年以上 | | | |
| **合计** | **10,107,772,061.48** | **565,326,539.06** | **5.59%** |

组合中，采用余额百分比法计提坏账准备的应收账款：

数据来源：乐视网半年报

再举个例子，中联重科2016年的应收账款明细显示（见下图），其1~3年应收账款高达93亿元，但是坏账准备计提的余额只有8亿元左右，坏账准备计提比例不到10%。对于1~3年的应收账款，计提比例不到10%，是偏低的，很容易发生违约风险。2017年年报披露时，公司表示增加计提坏账损失60亿元，导致该年度业绩大幅下滑。其实这个“雷”是可以避免的，看中联重科的应收账款周转天数，会发现从2013年至2015年应收账款周转天数明显增加，因此这个应收账款肯定是要出问题的，意味着很多账款可能收不回来要计提减值。

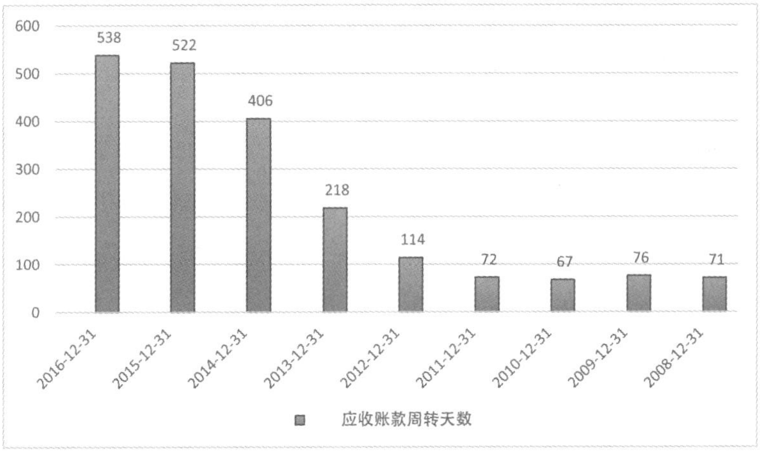


数据来源：WIND，初善君整理

再分析应收账款的构成，也就是关注和分析上市公司的客户。主要是去了解客户群体是什么人、是否是关联方、欠钱的公司偿债能力如何？不过，上市公司最多也就是披露一下前五大客户，大多数还是不披露客户名称，因此做好客户分析很难，只是一种补充思考。

最后分析应收账款坏账政策。一般可以通过同行业公司对比来判断公司坏账计提是保守还是激进，对于从净利润角度考虑的投资者来说，坏账准备计提越充分越好。

比如，中国中铁和中国建筑，两家上市公司均是以建筑施工为主业，但是两者的应收账款坏账准备计提比例差异较大，中国中铁和中国建筑1年以内应收账款坏账计提比例分别为0.5%和5%，很明显，中国建筑比中国中铁计提的坏账更充分，应收账款发生大额减值的可能性小很多。要知道，两家上市公司规模非常大，应收账款余额非常高，如果按照1 000亿元1年以内的应收账款余额估算，中国中铁和中国建筑的坏账准备分别为5亿元和50亿元，相差10倍。

同时，应收账款坏账政策变更也是利润调节的手段之一。由于应收账款坏账计提政策直接影响公司计提坏账准备，直接影响净利润。因此，可以通过降低应收账款坏账准备计提比例，减少计提坏账准备，增加净利润。

例如，麦达数字2018年8月披露更改公司的应收账款会计估计政策，3个月以内应收账款的坏账计提比例从5%降低至0.1%，6（不含）~12个月的应收账款坏账计提比例从5%提高至10%。看似一个提高一个降低是不是挺合理，但是考虑到公司应收账款账龄主要为3个月以内，所以公司表示本次会计估计变更将增加2018年半年度公司归属于上市公司股东净利润558.32万元，占2018年半年度归属于上市公司股东净利润的8.38%。

应收账款虽然是信用政策发展的产物，但是负面影响远大于正面效应，在投资时尽量选择应收账款少或者占比低的上市公司。当不得不面对应收账款时，可以通过以下几个方面了解和评价应收账款的风险：一是应收账款占营业收入的比例；二是通过账龄和周转率分析应收账款的质量；三是关注应收账款的客户及关联方款项；四是注意坏账计提政策，提防通过会计估计调节利润的情况。

## 二、应收账款和应付账款的秘密

应付账款是指上市公司因购买材料、商品或接受劳务服务等而发生的债务，是公司应支付但尚未支付的货款、税金及手续费等。这也是一个简单的公司行为，购买原材料，未支付货款，账务处理就是确认存货，同时确认应付账款。

### 1. 如何分析议价能力

应收账款代表公司对下游客户的议价能力，应付账款代表公司对上游供应商的议价能力。应收账款和应付账款体现了公司在产业链中的位置，两者共同影响公司的经营现金流，最理想的商业模式是该收的都收回来，该付的推迟支付，即少应收账款、多应付账款。在这种情况下，公司的经营现金流一定非常优秀。

假设A股所有上市公司的生产经营活动是一个完整产业链，那么所有产品和服务最终买单的只有消费者和政府部门。同时考虑到下游公司的应收账款就是上游公司的应付账款，那么可以得出一个结论：直接向消费者提供产品和服务的上市公司即零售公司应收账款都不会太多，客户主要是政府部门的上市公司应收账款都不会太少，而更多的上市公司介于两者之间，这种公司的应收账款和应付账款多少就需要依靠公司的规模及行业内的话语权。

笔者导出了上市公司应收账款、应收票据、营业收入的数据，并且分行业计算出应收账款占营业收入的比例（见下表）。可以看到，超市、啤酒、百货、餐饮、酒店、高速公路等行业均是先交钱后消费或者后享受服务的行业，下游客户主要是消费者，他们应收账款占营业收入的比例都不高，可以想象的出这些行业的经营现金流往往也不错。比如，超市行业上市公司2018年上半年实现收入高达775.66亿元，但是应收账款（含应收票据）余额只有12.37亿元，占比是全A股所有行业中最低的，只有2%。

| 三级行业 | 应收账款 | 应收票据 | 合计 | 营业收入 | 应收/营业收入（%） | 客户 |
|---|---|---|---|---|---|---|
| 超市 | 12.35 | 0.02 | 12.37 | 775.66 | 2 | 消费者 |
| 啤酒 | 5.90 | 0.48 | 6.38 | 260.38 | 2 | 消费者 |
| 肉制品 | 8.50 | 0.47 | 8.97 | 319.84 | 3 | 消费者 |
| 航空运输Ⅲ | 101.61 | 0.06 | 101.67 | 2,350.82 | 4 | 消费者 |
| 人工景点 | 1.18 | 0.00 | 1.18 | 25.46 | 5 | 消费者 |
| 百货 | 52.82 | 0.08 | 52.90 | 994.61 | 5 | 消费者 |
| 黄金Ⅲ | 47.10 | 17.94 | 65.04 | 1,157.73 | 6 | 消费者 |
| 餐饮Ⅲ | 0.97 | — | 0.97 | 11.70 | 8 | 消费者 |
| 自然景点 | 2.45 | — | 2.45 | 22.30 | 11 | 消费者 |
| 酒店Ⅲ | 15.04 | 0.01 | 15.06 | 122.68 | 12 | 消费者 |
| 物流Ⅲ | 583.14 | 70.86 | 654.00 | 4,608.62 | 14 | 消费者 |
| 高速公路Ⅲ | 44.26 | 1.13 | 52.04 | 336.27 | 15 | 消费者 |

*数据来源：WIND，初善君整理，单位亿元，数据截至2018年半年报*

由下表可以看到，军工、环保等行业的应收账款占营业收入的比例非常高，甚至超过100%，这些行业的共性是客户主要为政府机构。比如，航天装备行业上市公司2018年上半年实现营业收入186.08亿元，应收账款可应收票据合计已经高达247.6亿元，应收账款占比高达133%。再如，园林工程行业上市公司2018年上半年实现营业收入302.11亿元，应收账款余额高达304.26亿元，应收账款占营业收入的比例为104%。

应收账款占营业收入比例最高的行业是装修装饰行业，这里主要是指大型装饰工程，比如鸟巢、水立方那种装修工程，以政府客户为主，应收账款余额比较大。与此对应的是以个人客户为主的装饰公司名雕股份，应收账款只有0.5亿元，占营业收入的比例只有1.7%。不同客户，体现出上市公司不同的议价能力。

| 行业 | 应收账款 | 应收票据 | 合计 | 营业收入 | 应收/营业收入(%) | 客户 |
|---|---|---|---|---|---|---|
| 地面兵装Ⅲ | 85.88 | 27.76 | 113.64 | 129.74 | 88 | 政府 |
| 铁路建设 | 2 889.85 | 152.73 | 5 776.44 | 6,330.92 | 91 | 政府 |
| 民爆用品 | 98.83 | 9.81 | 108.65 | 118.42 | 92 | 政府 |
| 环保工程及服务Ⅲ | 637.76 | 38.76 | 676.52 | 663.06 | 102 | 政府 |
| 园林工程Ⅲ | 304.26 | 10.75 | 315.01 | 302.11 | 104 | 政府 |
| 航天装备Ⅲ | 223.68 | 23.92 | 247.60 | 186.08 | 133 | 政府 |
| 装修装饰Ⅲ | 850.72 | 61.37 | 912.09 | 521.55 | 175 | 政府 |

数据来源：WIND，初善君整理，单位亿元，数据截至2018年半年报

### 2. 如何看大公司在产业链中的地位

在一个容易形成寡头垄断的行业中，公司对上下游议价能力均较强，典型的案例如苹果、亚马逊等。以国内的汽车产业链为例，上游是零部件行业、中间是整车、下游是汽车服务业，整车公司的应收账款一般是销售汽车给汽车服务业（4S店）形成的。考虑到整车的规模较大，可以猜测整车公司相对话语权较强，应收账款占比应该较低，同时对上游零部件公司的话语权也比较强，应付类占比应该也比较高；而对于汽车服务业公司来说，其客户主要是消费者，因此应收账款占比低；而对于汽车零部件来说，由于下游都是大整车公司，应收类占比应该高。

验证一下，下表所示为A股汽车产业链上市公司应收账款、应收票据、应付账款、应付票据、营业收入及占比情况。可以看到应收类占比最低的是4S店，因为你交钱了才能提车，应付类占比最高的是汽车零部件公司，说明它们把来自下游的压力充分转移给了上游。

| 行业 | 应收账款 | 应收票据 | 应付账款 | 应付票据 | 营业收入 | 应收类占比(%) | 应付类占比(%) |
|---|---|---|---|---|---|---|---|
| 乘用车 | 1 136.25 | 583.79 | 2 237.49 | 769.21 | 7 005.70 | 25% | 43% |
| 汽车服务 | 83.09 | 5.16 | 67.66 | 319.83 | 1 388.34 | 6% | 28% |
| 汽车零部件 | 1 343.21 | 742.35 | 1 545.40 | 526.16 | 3 660.17 | 57% | 57% |
| 总计 | 3 252.81 | 1 415.19 | 4 419.05 | 1 933.98 | 13 091.20 | 36% | 49% |

数据来源：WIND，初善君整理，单位亿元，数据截至2018年半年报

A股最牛的上市公司集中在医药、消费行业，为什么医药、消费行业多牛股呢？

从经营现金流的角度来看，医药、消费的经营现金流往往很好，应收账款占

比较低。当然，从上市公司生产出产品到消费者购买使用产品，还存在经销商及零售环节，谁直接接触消费者、谁掌握了渠道话语权，谁的现金流就会更好。因此通过获取最终消费者，压榨上游的款项降低应付账款也是一种商业模式。现在的京东，以前的苏宁和国美，均是如此。

下图所示为苏宁电器2006—2012年的应收账款（含应收票据）、应付账款（含应付票据）和营业收入。可以发现，苏宁电器应收类账款非常低，因为客户主要是消费者，很少有赊销或者欠账。同时，随着苏宁规模不断扩大，公司对上游占款能力不断增强，可以看到应付账款非常高，而且增长率明显快于营业收入，应付账款占营业收入的比例快速提高。那几年家电制造类公司过得不太舒服，但是苏宁、国美美滋滋的年份，甚至发生过格力（空调制造商）抵制国美、苏宁（家电大卖场）的故事。

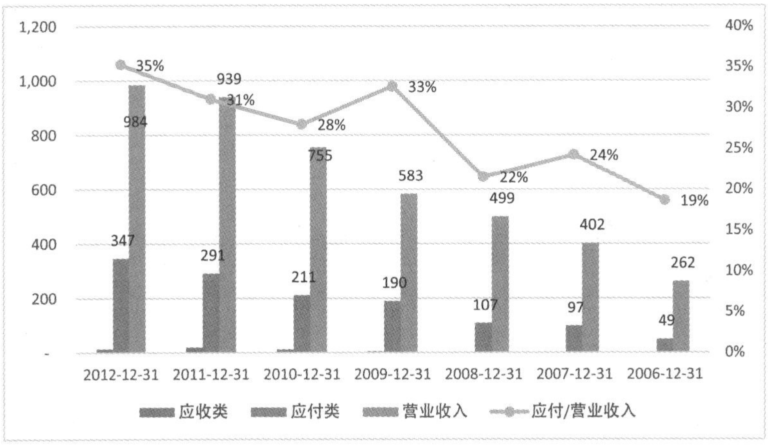


*数据来源：WIND，初善君整理*

京东的资产负债表也是如此。2011年京东应收账款及票据只有2亿元，当年的应付账款高达36亿元，截至2018年年中报，应收账款只有172亿元，应付账款达到875亿元（见下图）。京东正是通过对上游的资金占用，即使不盈利也可以活得很滋润。

各位读者一定更想知道哪些上市公司的应收账款最少，甚至是没有应收账款呢？通过筛选营业收入收入大于10亿元且应收账款较小的一些上市公司，数据截至2018年半年报。如下表所示，大多数都是A股非常优秀的上市公司，比如牧原股份、中国国航、贵州茅台、海天味业等。行业分布上，除了常见的食品饮料、交通运输和商业零售外，居然出现了福建水泥、泰山石油和西部矿业这3家理论上应收类账款不低的公司。

| | 2018-06-30 | 2017-12-31 | 2016-12-31 | 2015-12-31 | 2014-12-31 | 2013-12-31 | 2012-12-31 | 2011-12-31 |
|---|---|---|---|---|---|---|---|---|
| 报告类型 | 中报 | 年报 | 年报 | 年报 | 年报 | 年报 | 年报 | 年报 |
| 报表类型 | 合并报表 | 合并报表 | 合并报表 | 合并报表 | 合并报表 | 合并报表 | 合并报表 | 合并报表 |
| 流动资产： | | | | | | | | |
| 现金及现金等价物 | 352 | 257 | 198 | 179 | 169 | 108 | 72 | 63 |
| 交易性金融资产 | | | | | | | | |
| 其他短期投资 | 128 | 137 | 314 | 53 | 126 | 19 | 11 | |
| 应收款项合计 | 356 | 298 | 225 | 125 | 51 | 14 | 7 | 5 |
| 应收账款及票据 | 172 | 164 | 175 | 95 | 24 | 5 | 5 | 2 |
| 其他应收款 | 184 | 135 | 50 | 30 | 27 | 9 | 2 | 3 |
| 存货 | 434 | 417 | 289 | 205 | 122 | 64 | 48 | 28 |
| 其他流动资产 | 48 | 41 | 44 | 22 | 31 | 19 | 19 | 3 |
| 流动资产合计 | 1,318 | 1,150 | 1,069 | 585 | 499 | 225 | 157 | 99 |
| 非流动资产： | | | | | | | | |
| 固定资产净值 | 209 | 158 | 94 | 75 | 43 | 23 | 10 | 3 |
| 权益性投资 | 266 | 186 | 152 | 89 | 6 | 0 | 0 | 0 |
| 持有至到期投资 | | | | | | | | |
| 可供出售投资 | | | | | | | | |
| 其他长期投资 | 121 | 100 | 81 | 13 | 4 | 1 | 1 | 0 |
| 商誉及无形资产 | 128 | 133 | 150 | 53 | 95 | 2 | 2 | 0 |
| 土地使用权 | 72 | 71 | 24 | 20 | 12 | 6 | 5 | 2 |
| 其他非流动资产 | 73 | 43 | 33 | 17 | 5 | 2 | 4 | 2 |
| 非流动资产合计 | 869 | 690 | 534 | 267 | 166 | 35 | 22 | 7 |
| 总资产 | 2,186 | 1,841 | 1,604 | 852 | 665 | 260 | 179 | 106 |
| 流动负债： | | | | | | | | |
| 应付账款及票据 | 875 | 743 | 440 | 298 | 164 | 110 | 81 | 36 |
| 应交税金 | 3 | 7 | 6 | 1 | 2 | 3 | 2 | 1 |
| 交易性金融负债 | | | | | | | | |
| 短期借贷及长期借贷当期到期部分 | 119 | 129 | 177 | 36 | 19 | 9 | 9 | |
| 其他流动负债 | 337 | 304 | 425 | 155 | 105 | 45 | 24 | 9 |
| 流动负债合计 | 1,334 | 1,183 | 1,047 | 490 | 290 | 168 | 115 | 46 |

数据来源：WIND，初善君整理

| 证券简称 | 应收账款 | 应收票据 | 预收账款 | 营业总收入 | 应收类占比（%） | 行业 |
|---|---|---|---|---|---|---|
| 牧原股份 | — | — | 0.38 | 55.13 | 0 | 农林牧渔 |
| 皖通高速 | — | — | 0.04 | 14.68 | 0 | 交通运输 |
| 中国国航 | — | — | — | 642.42 | 0 | 交通运输 |
| 贵州茅台 | — | 6.90 | 99.40 | 352.51 | 2 | 食品饮料 |
| 英力特 | 0.00 | 5.39 | 0.79 | 10.04 | 54 | 化工 |
| 中兴商业 | 0.00 | — | 2.88 | 12.76 | 0 | 商业贸易 |
| 承德露露 | 0.01 | — | 1.46 | 11.80 | 0 | 食品饮料 |
| 福建水泥 | 0.01 | 0.33 | 0.54 | 12.66 | 3 | 建筑材料 |
| 泰山石油 | 0.01 | — | 0.38 | 14.41 | 0 | 化工 |
| 西部矿业 | 0.01 | 1.43 | 3.91 | 143.69 | 1 | 有色金属 |
| 人人乐 | 0.02 | — | 11.07 | 42.69 | 0 | 商业贸易 |
| 海天味业 | 0.03 | — | 9.07 | 87.20 | 0 | 食品饮料 |

数据来源：WIND，单位亿元，初善君整理

考虑到这些公司不断上涨的股价，不禁感慨，难怪A股医药、消费多牛股。没有应收类账款的公司都是好公司，没有应收类账款，经营现金流不会太差，体现了它们优秀的商业模式。好公司的标准有很多，应收账款少算是其中一项非常重要的标准。

通过本节内容的学习，我们发现冰冷的应收账款和应付账款背后，可以看出一个行业、一家公司的产业链话语权，同时对一些常见的行业进行了简单的分析，加深了对应收账款和应付账款的理解。

## 三、如何全面分析上市公司在产业链中的话语权

当然，看公司在产业链中的话语权，只看应收账款和应付账款还不够，还需要关注预收账款和预付账款。

先解释一下预收账款和预付账款。一些很“牛”的上市公司，你想购买它们的产品，需要提前支付货款，那么这些上市公司收到钱时，还没发货，自然不能确认营业收入，记账时，把收到的钱先存在银行，借银行存款，贷预收账款。对于那些需要提前支付货款的公司来说，钱付出去了，货没有收到，只能借预付账款，贷银行存款。

很明显，对于一家上市公司来说，应付类账款（包括应付票据、预收账款）是公司占用上下游公司的资金，应收类账款（包括应收票据、预付账款）是公司被上下游公司占用的资金。假如一家上市公司应收类账款为10亿元，应付类账款为10亿元，那么对上市公司来说，上下游占款刚好互相抵销了；假如应收类账款金额不变，应付类账款15亿元，那么代表公司在产业链中可以多占用上游5亿元；假如应收类账款金额不变，应付类账款是5亿元，那么代表公司在产业链中被下游占用5亿元。

由此可知，应付类账款—应收类账款可以代表公司在产业链中的资金占用能力，我们甚至可以发明一个指标，占款能力指标。这个比值可以为正，也可以为负，一般情况下，上市公司的应收账款小于应付账款，比值为负都是正常的，比值一旦为正，就代表上市公司在产业链中有不错的话语权。

公式：占款能力=（应付类账款−应收类账款）/营业收入。

占款能力可以进行同行业的不同公司横向比较，对于A股常见的行业来说，哪些公司的占款能力最强呢？根据上面占款能力的公式，我们导出截至2018年上半年的主要数据，根据不同的行业进行对比分析如下：

首先看纺织服装业，主营男装上市公司的占款能力明显好于家纺、休闲服饰、鞋帽、女装等。占款能力方面，海澜之家一枝独秀，应收类账款只有11.64亿元，应付类账款高达108.03亿元，而2018年上半年营业收入只有100.14亿元，虽然海澜之家的存货一直被人诟病，但是腾讯投资海澜之家也不无道理，海澜之家的占款能力太强了，占款能力值达到96%。休闲服饰行业中森马服饰占款能力最

为优异，但也只有16%，家纺中富安娜占款能力为16%，比罗莱生活、梦洁股份占款能力强（见下表）。此外，2019年遇到现金流危机的上市公司几乎都是占款能力弱的上市公司，比如贵人鸟、商赢环球等。理论上也是如此，谁占款能力强，谁出现现金流危机的可能性就越小。

| 证券简称 | 应收类 | 应付类 | 应付类—应收类 | 营业总收入（亿元） | 占款能力（%） | 行业1 | 行业2 |
|---|---|---|---|---|---|---|---|
| 海澜之家 | 11.64 | 108.03 | 96.39 | 100.14 | 96 | 纺织服装 | 男装 |
| 七匹狼 | 5.27 | 13.12 | 7.85 | 14.59 | 54 | 纺织服装 | 男装 |
| 九牧王 | 3.48 | 6.37 | 2.88 | 12.61 | 23 | 纺织服装 | 男装 |
| 富安娜 | 2.35 | 4.24 | 1.89 | 11.46 | 16 | 纺织服装 | 家纺 |
| 森马服饰 | 12.49 | 21.60 | 9.11 | 55.32 | 16 | 纺织服装 | 休闲服装 |
| 太平鸟 | 7.22 | 12.15 | 4.93 | 31.69 | 16 | 纺织服装 | 休闲服装 |
| 红蜻蜓 | 5.36 | 6.85 | 1.49 | 14.91 | 10 | 纺织服装 | 鞋帽 |
| 红豆股份 | 3.37 | 4.58 | 1.21 | 12.22 | 10 | 纺织服装 | 男装 |
| 罗莱生活 | 5.83 | 6.62 | 0.80 | 21.97 | 4 | 纺织服装 | 家纺 |
| 美邦服饰 | 11.93 | 13.18 | 1.25 | 39.38 | 3 | 纺织服装 | 休闲服装 |
| 水星家纺 | 2.24 | 2.27 | 0.03 | 11.60 | 0 | 纺织服装 | 家纺 |
| 报喜鸟 | 5.60 | 5.53 | −0.07 | 14.13 | 0 | 纺织服装 | 男装 |
| 歌力思 | 2.81 | 2.38 | −0.42 | 10.81 | −4 | 纺织服装 | 女装 |
| 梦洁股份 | 5.21 | 4.54 | −0.67 | 10.07 | −7 | 纺织服装 | 家纺 |
| 际华集团 | 46.31 | 36.00 | −10.31 | 117.13 | −9 | 纺织服装 | 其他服装 |
| 汇洁股份 | 2.34 | 1.08 | −1.26 | 11.51 | −11 | 纺织服装 | 其他服装 |
| 拉夏贝尔 | 12.07 | 6.44 | −5.63 | 43.79 | −13 | 纺织服装 | 女装 |
| 天创时尚 | 3.43 | 1.84 | −1.59 | 10.03 | −16 | 纺织服装 | 鞋帽 |
| 朗姿股份 | 4.88 | 2.46 | −2.42 | 12.98 | −19 | 纺织服装 | 女装 |
| 搜于特 | 40.68 | 18.92 | −21.75 | 108.94 | −20 | 纺织服装 | 休闲服装 |
| 龙头股份 | 7.57 | 3.70 | −3.88 | 19.41 | −20 | 纺织服装 | 其他服装 |
| 维格娜丝 | 4.69 | 1.59 | −3.10 | 13.77 | −23 | 纺织服装 | 女装 |
| 商赢环球 | 7.53 | 4.12 | −3.41 | 13.90 | −25 | 纺织服装 | 女装 |
| 奥康国际 | 11.69 | 5.33 | −6.36 | 15.73 | −40 | 纺织服装 | 鞋帽 |
| 贵人鸟 | 19.54 | 8.54 | −11.00 | 15.36 | −72 | 纺织服装 | 休闲服装 |

*数据来源：WIND，初善君整理*

食品饮料行业包含的子行业比较多，有白酒、啤酒、调味品、软饮料、乳品、肉制品等子行业，下面进行详细介绍。

针对白酒行业来说，总体占款能力都是很优秀的。但是2018年上半年由于贵州茅台结算政策改变，降低了预收账款，其排名只能算中游。占款能力排名第一的是老白干酒，应收类账款只有2.65亿元，应付类账款高达9.82亿元（见下表）。

让笔者不解的是五粮液、古井贡酒、山西汾酒和泸州老窖，可以看到它们收入非常高，可以说白酒前六强中除了贵州茅台和洋河股份就是它们，可是它们的占款能力最差，尤其是五粮液，应收类账款高达176.14亿元，虽然都是应收票据，可是依然体现出它们与同行业公司相比占款能力并不优异。

| 证券简称 | 应收类 | 应付类 | 应付类—应收类 | 营业总收入 | 占比（%） | 行业1 | 行业2 |
|---|---|---|---|---|---|---|---|
| 老白干酒 | 2.65 | 9.82 | 7.16 | 14.59 | 49 | 食品饮料 | 白酒 |
| 顺鑫农业 | 5.20 | 39.10 | 33.91 | 72.33 | 47 | 食品饮料 | 白酒 |
| 迎驾贡酒 | 0.75 | 6.86 | 6.11 | 17.33 | 35 | 食品饮料 | 白酒 |
| 口子窖 | 5.56 | 12.04 | 6.48 | 21.59 | 30 | 食品饮料 | 白酒 |
| 贵州茅台 | 15.09 | 111.09 | 96.00 | 352.51 | 27 | 食品饮料 | 白酒 |
| 水井坊 | 0.89 | 4.42 | 3.53 | 13.36 | 26 | 食品饮料 | 白酒 |
| 舍得酒业 | 2.36 | 5.01 | 2.64 | 10.18 | 26 | 食品饮料 | 白酒 |
| 洋河股份 | 3.37 | 31.60 | 28.23 | 145.43 | 19 | 食品饮料 | 白酒 |
| 今世缘 | 1.01 | 4.48 | 3.47 | 23.62 | 15 | 食品饮料 | 白酒 |
| 古井贡酒 | 20.01 | 12.84 | −7.17 | 47.83 | −15 | 食品饮料 | 白酒 |
| 泸州老窖 | 30.95 | 18.73 | −12.22 | 64.20 | −19 | 食品饮料 | 白酒 |
| 山西汾酒 | 37.58 | 24.23 | −13.35 | 50.42 | −26 | 食品饮料 | 白酒 |
| 五粮液 | 176.14 | 88.84 | −87.30 | 214.21 | −41 | 食品饮料 | 白酒 |

*数据来源：WIND，单位亿元，初善君整理*

食品饮料行业占款最牛的公司不在白酒子行业中，而是2017年上市的养元饮品。听名字各位可能不知道，但是它的产品可是家喻户晓，尤其是在农村，每年过年回家都会喝六个核桃，它家几乎没有应收类账款。此外，虽然啤酒上市公司的股价表现远远不如白酒，但是啤酒公司的占款能力是真的好，青岛啤酒、珠江啤酒占款能力都高于20%，而伊利股份、海天味业和双汇发展等作为行业龙头，占款能力明显优于同行（见下表）。

| 证券简称 | 应收类 | 应付类 | 应付类—应收类 | 营业总收入 | 占款能力（%） | 行业1 | 行业2 |
|---|---|---|---|---|---|---|---|
| 养元饮品 | 0.61 | 31.26 | 30.65 | 41.63 | 74 | 食品饮料 | 软饮料 |
| 青岛啤酒 | 3.43 | 73.94 | 70.51 | 151.54 | 47 | 食品饮料 | 啤酒 |
| 珠江啤酒 | 0.85 | 7.93 | 7.08 | 19.99 | 35 | 食品饮料 | 啤酒 |
| 重庆啤酒 | 1.03 | 5.53 | 4.50 | 17.64 | 26 | 食品饮料 | 啤酒 |
| 伊利股份 | 29.53 | 123.50 | 93.97 | 399.43 | 24 | 食品饮料 | 乳品 |
| 燕京啤酒 | 4.25 | 17.99 | 13.75 | 63.75 | 22 | 食品饮料 | 啤酒 |
| 海天味业 | 0.18 | 15.33 | 15.15 | 87.20 | 17 | 食品饮料 | 调味发酵品 |
| 中炬高新 | 0.88 | 4.54 | 3.66 | 21.74 | 17 | 食品饮料 | 调味发酵品 |
| 承德露露 | 0.22 | 2.19 | 1.97 | 11.80 | 17 | 食品饮料 | 软饮料 |

续表

| 证券简称 | 应收类 | 应付类 | 应付类—应收类 | 营业总收入 | 占款能力（%） | 行业1 | 行业2 |
|---|---|---|---|---|---|---|---|
| 张裕A | 6.14 | 8.72 | 2.58 | 28.28 | 9 | 食品饮料 | 葡萄酒 |
| 双汇发展 | 1.76 | 22.53 | 20.77 | 237.32 | 9 | 食品饮料 | 肉制品 |
| 华统股份 | 0.38 | 1.26 | 0.88 | 24.03 | 4 | 食品饮料 | 肉制品 |
| 光明乳业 | 23.08 | 25.24 | 2.16 | 105.71 | 2 | 食品饮料 | 乳品 |
| 维维股份 | 7.20 | 7.75 | 0.55 | 27.43 | 2 | 食品饮料 | 软饮料 |
| 三元股份 | 13.08 | 12.92 | −0.16 | 37.95 | 0 | 食品饮料 | 乳品 |
| 龙大肉食 | 5.71 | 3.96 | −1.75 | 36.23 | −5 | 食品饮料 | 肉制品 |
| *ST因美 | 8.17 | 6.82 | −1.36 | 12.32 | −11 | 食品饮料 | 乳品 |
| 煌上煌 | 2.89 | 1.57 | −1.32 | 10.33 | −13 | 食品饮料 | 肉制品 |

数据来源：WIND，单位亿元，初善君整理

食品综合行业，由下表可以看到，安井食品占款能力排名第一，达到47%，原因是预收账款比较多，涪陵榨菜占款能力排名第二。比较奇怪的上市公司是汤臣倍健，应收类账款和应付类账款都比较低，上下游刚好抵销了。

| 证券简称 | 应收类 | 应付类 | 应付类—应收类 | 营业总收入 | 占款能力（%） | 行业1 | 行业2 |
|---|---|---|---|---|---|---|---|
| 安井食品 | 1.44 | 10.61 | 9.17 | 19.47 | 47 | 食品饮料 | 食品综合 |
| 涪陵榨菜 | 0.69 | 2.84 | 2.15 | 10.64 | 20 | 食品饮料 | 食品综合 |
| 来伊份 | 1.71 | 4.92 | 3.21 | 19.93 | 16 | 食品饮料 | 食品综合 |
| 三全食品 | 4.32 | 8.81 | 4.49 | 30.78 | 15 | 食品饮料 | 食品综合 |
| 绝味食品 | 1.43 | 4.25 | 2.82 | 20.85 | 14 | 食品饮料 | 食品综合 |
| 洽洽食品 | 1.79 | 2.89 | 1.09 | 18.74 | 6 | 食品饮料 | 食品综合 |
| 双塔食品 | 2.96 | 3.19 | 0.23 | 11.20 | 2 | 食品饮料 | 食品综合 |
| 好想你 | 4.23 | 4.66 | 0.43 | 26.26 | 2 | 食品饮料 | 食品综合 |
| 上海梅林 | 20.84 | 21.15 | 0.31 | 118.06 | 0 | 食品饮料 | 食品综合 |
| 汤臣倍健 | 2.57 | 2.48 | −0.09 | 21.70 | 0 | 食品饮料 | 食品综合 |
| 桃李面包 | 3.96 | 2.90 | −1.06 | 21.67 | −5 | 食品饮料 | 食品综合 |
| 克明面业 | 4.41 | 1.89 | −2.53 | 12.89 | −20 | 食品饮料 | 食品综合 |
| 爱普股份 | 4.55 | 1.72 | −2.83 | 12.36 | −23 | 食品饮料 | 食品综合 |
| 黑芝麻 | 11.20 | 3.55 | −7.64 | 13.51 | −57 | 食品饮料 | 食品综合 |

数据来源：WIND，单位亿元，初善君整理

食品饮料行业中，除了白酒行业的上市公司由于用票据结算较多，且毛利率高，导致对上下游占款的优势不明显外，绝大多数子行业中上市公司的占款能力都比较不错，而且占款能力的高低与上市公司的股价似乎有着直接关系。

再来看家电行业，很多人的印象里肯定会觉得美的集团和格力电器的占款能力最强，它们是家电行业最优质的两家上市公司，然而事实告诉我们，青岛海尔

的占款能力比美的集团和格力电器还强，主要原因与白酒行业类似，票据结算影响占款能力分析。即使如此，美的集团的占款能力依然有22%，排名靠前（见下表）。另一个显著特点是，彩电行业上市公司占款能力最差，排名后四位的主营业务全部是彩电，虽然彩电业与空调业均属于家电业，但是两者的产业链发展却呈现出完全不同的结果，这一点值得彩电业上市公司反思。

| 证券简称 | 应收类 | 应付类 | 应付类—应收类 | 营业总收入 | 占款能力（%） | 行业1 | 行业2 |
|---|---|---|---|---|---|---|---|
| 长虹美菱 | 50.50 | 87.29 | 36.79 | 92.72 | 40 | 家用电器 | 冰箱 |
| 青岛海尔 | 297.77 | 510.63 | 212.86 | 885.92 | 24 | 家用电器 | 冰箱 |
| 毅昌股份 | 10.51 | 16.08 | 5.57 | 24.60 | 23 | 家用电器 | 彩电 |
| 美的集团 | 392.01 | 713.50 | 321.50 | 1,437.36 | 22 | 家用电器 | 空调 |
| 海信科龙 | 81.34 | 125.22 | 43.88 | 203.71 | 22 | 家用电器 | 冰箱 |
| 四川长虹 | 174.03 | 254.30 | 80.27 | 384.02 | 21 | 家用电器 | 彩电 |
| 澳柯玛 | 13.64 | 16.71 | 3.07 | 29.55 | 10 | 家用电器 | 冰箱 |
| 格力电器 | 423.63 | 477.35 | 53.72 | 920.05 | 6 | 家用电器 | 空调 |
| TCL集团 | 216.74 | 225.13 | 8.39 | 525.82 | 2 | 家用电器 | 彩电 |
| 奥马电器 | 31.13 | 23.69 | −7.43 | 38.59 | −19 | 家用电器 | 冰箱 |
| 海信电器 | 85.47 | 57.86 | −27.61 | 140.12 | −20 | 家用电器 | 彩电 |
| 深康佳A | 99.45 | 55.62 | −43.83 | 176.25 | −25 | 家用电器 | 彩电 |
| 中新科技 | 26.44 | 15.13 | −11.31 | 37.86 | −30 | 家用电器 | 彩电 |
| 兆驰股份 | 42.35 | 21.59 | −20.76 | 55.93 | −37 | 家用电器 | 彩电 |

*数据来源：WIND，单位亿元，初善君整理*

小家电上市公司方面，占款能力普遍都不错，排名靠前的上市公司包括新宝股份、老板电器、科沃斯、荣泰健康等。整体来看，考虑到中国的巨大市场，小家电公司投资值得大家关注。另一个显著特点是家用零部件上市公司普遍占款能力差，毕竟家电零部件收入最高不过海立股份的69.83亿元（见下表），而它的下游格力电器的营业收入高达920亿元，体量差异太大，占款能力明显不在一个等级。

| 证券简称 | 应收类 | 应付类 | 应付类—应收类 | 营业总收入 | 占款能力（%） | 行业1 | 行业2 |
|---|---|---|---|---|---|---|---|
| 新宝股份 | 10.65 | 22.23 | 11.58 | 37.63 | 31 | 家用电器 | 小家电 |
| 老板电器 | 15.43 | 24.73 | 9.30 | 34.97 | 27 | 家用电器 | 小家电 |
| 科沃斯 | 7.51 | 13.77 | 6.26 | 25.23 | 25 | 家用电器 | 小家电 |
| 荣泰健康 | 2.13 | 4.92 | 2.79 | 12.36 | 23 | 家用电器 | 小家电 |
| 奥佳华 | 6.13 | 10.83 | 4.71 | 22.09 | 21 | 家用电器 | 小家电 |
| 飞科电器 | 3.27 | 5.63 | 2.36 | 18.16 | 13 | 家用电器 | 小家电 |
| 万和电气 | 11.25 | 16.04 | 4.78 | 37.64 | 13 | 家用电器 | 小家电 |
| 奋达科技 | 8.17 | 9.36 | 1.19 | 14.26 | 8 | 家用电器 | 小家电 |

续表

| 证券简称 | 应收类 | 应付类 | 应付类—应收类 | 营业总收入 | 占款能力（%） | 行业1 | 行业2 |
|---|---|---|---|---|---|---|---|
| 盾安环境 | 31.82 | 35.02 | 3.20 | 47.08 | 7 | 家用电器 | 家电零部件 |
| 苏泊尔 | 25.18 | 27.95 | 2.77 | 88.49 | 3 | 家用电器 | 小家电 |
| 莱克电气 | 11.19 | 10.81 | −0.38 | 28.22 | −1 | 家用电器 | 小家电 |
| 爱仕达 | 7.64 | 6.89 | −0.75 | 15.30 | −5 | 家用电器 | 小家电 |
| 海立股份 | 63.40 | 57.06 | −6.35 | 69.83 | −9 | 家用电器 | 家电零部件 |
| 九阳股份 | 17.44 | 12.47 | −4.97 | 36.40 | −14 | 家用电器 | 小家电 |
| 华帝股份 | 13.77 | 8.28 | −5.50 | 31.74 | −17 | 家用电器 | 小家电 |
| 万家乐 | 26.58 | 11.29 | −15.29 | 70.58 | −22 | 家用电器 | 小家电 |
| 三花智控 | 44.24 | 25.49 | −18.75 | 55.90 | −34 | 家用电器 | 家电零部件 |
| 东方电热 | 13.07 | 8.18 | −4.89 | 11.72 | −42 | 家用电器 | 家电零部件 |
| 康盛股份 | 13.35 | 5.82 | −7.53 | 15.55 | −48 | 家用电器 | 家电零部件 |

数据来源：WIND，单位亿元，初善君整理

家居行业上市公司的占款能力均非常高。尚品宅配、志邦家居和家居行业老大欧派家居占款能力最强，尤其是尚品宅配（见下表），2018年上半年应收类账款只有0.67亿元，应付类账款高达15.29亿元，远高于其他上市公司，笔者觉得家居类上市公司也值得大家关注。此外，造纸行业的岳阳林纸、珠宝首饰行业的周大生、地板行业的大亚圣象、家居行业的索菲亚也都是行业顶尖，值得各位读者花点时间了解。

| 证券简称 | 应收类 | 应付类 | 应付类—应收类 | 营业总收入 | 占款能力（%） | 行业1 | 行业2 |
|---|---|---|---|---|---|---|---|
| 尚品宅配 | 0.67 | 15.29 | 14.61 | 28.67 | 51 | 轻工制造 | 家居 |
| 志邦家居 | 1.74 | 6.11 | 4.38 | 10.42 | 42 | 轻工制造 | 家居 |
| 欧派家居 | 4.20 | 21.25 | 17.06 | 48.45 | 35 | 轻工制造 | 家居 |
| 岳阳林纸 | 14.19 | 24.80 | 10.61 | 33.98 | 31 | 轻工制造 | 造纸Ⅲ |
| 周大生 | 1.16 | 6.56 | 5.39 | 21.24 | 25 | 轻工制造 | 珠宝首饰 |
| 大亚圣象 | 9.90 | 16.74 | 6.84 | 31.61 | 22 | 轻工制造 | 家居 |
| 索菲亚 | 5.44 | 11.53 | 6.09 | 29.88 | 20 | 轻工制造 | 家居 |
| 浙江永强 | 7.70 | 12.31 | 4.61 | 23.16 | 20 | 轻工制造 | 家居 |
| 博汇纸业 | 26.82 | 34.02 | 7.20 | 43.64 | 17 | 轻工制造 | 造纸Ⅲ |
| 顾家家居 | 6.48 | 12.90 | 6.42 | 40.49 | 16 | 轻工制造 | 家居 |
| 金洲慈航 | 19.26 | 32.32 | 13.06 | 83.43 | 16 | 轻工制造 | 珠宝首饰 |
| 美克家居 | 6.28 | 8.67 | 2.39 | 25.26 | 9 | 轻工制造 | 家居 |
| 美盈森 | 8.47 | 9.81 | 1.34 | 14.23 | 9 | 轻工制造 | 包装印刷Ⅲ |
| 永艺股份 | 3.26 | 4.16 | 0.90 | 11.03 | 8 | 轻工制造 | 家居 |

数据来源：WIND，单位亿元，初善君整理

休闲服务领域，宋城演艺的占款能力一骑绝尘，2018年上半年应收类只有0.57亿元，但是应付类高达9.27亿元，这对营业收入只有15.11亿元的宋城演艺来说，占款能力高达58%（见下表）。此外，酒店行业的锦江股份占款能力也比较高，另一家上市公司中国国旅占款能力也不错。

| 证券简称 | 应收类 | 应付类 | 应付类—应收类 | 营业总收入 | 占款能力（%） | 行业1 | 行业2 |
|---|---|---|---|---|---|---|---|
| 宋城演艺 | 0.57 | 9.27 | 8.71 | 15.11 | 58 | 休闲服务 | 人工景点 |
| 岭南控股 | 3.76 | 11.37 | 7.62 | 31.37 | 24 | 休闲服务 | 旅游综合Ⅲ |
| 锦江股份 | 13.66 | 29.78 | 16.12 | 69.39 | 23 | 休闲服务 | 酒店Ⅲ |
| 中国国旅 | 23.87 | 43.43 | 19.56 | 210.85 | 9 | 休闲服务 | 旅游综合Ⅲ |
| 首旅酒店 | 3.84 | 4.00 | 0.16 | 40.02 | 0 | 休闲服务 | 酒店Ⅲ |
| 国创高新 | 7.45 | 5.75 | −1.70 | 20.70 | −8 | 休闲服务 | 其他休闲服务Ⅲ |
| 众信旅游 | 20.80 | 15.45 | −5.35 | 58.14 | −9 | 休闲服务 | 旅游综合Ⅲ |
| 凯撒旅游 | 20.46 | 16.59 | −3.87 | 37.67 | −10 | 休闲服务 | 旅游综合Ⅲ |
| 中青旅 | 28.12 | 21.48 | −6.65 | 55.67 | −12 | 休闲服务 | 旅游综合Ⅲ |
| 腾邦国际 | 17.87 | 7.14 | −10.73 | 25.53 | −42 | 休闲服务 | 旅游综合Ⅲ |
| 新智认知 | 18.95 | 7.26 | −11.69 | 11.97 | −98 | 休闲服务 | 旅游综合Ⅲ |

*数据来源：WIND，单位亿元，初善君整理*

再看商业贸易领域，包括超市、百货、零售等子行业。一般情况下，因为这些行业的客户主要是消费者，所以应收类账款都不多。因此都体现出很不错的占款能力，也就是沃尔玛模式。针对这种模式，占款能力反而很难选出最优秀的公司。比如苏宁易购、永辉超市，它们应该是行业内最优秀的两家公司，但是苏宁易购2018年上半年占款最多，达到451.74亿元，但是占款能力比例并不高（见下表）。

| 证券简称 | 应收类 | 应付类 | 应付类—应收类 | 营业总收入 | 占款能力（%） | 行业1 | 行业2 |
|---|---|---|---|---|---|---|---|
| 天虹股份 | 1.10 | 71.12 | 70.02 | 95.23 | 74 | 商业贸易 | 百货 |
| 合肥百货 | 2.83 | 36.55 | 33.72 | 55.76 | 60 | 商业贸易 | 百货 |
| 银座股份 | 1.22 | 38.94 | 37.72 | 67.60 | 56 | 商业贸易 | 多业态零售 |
| 鄂武商A | 4.83 | 52.79 | 47.96 | 88.53 | 54 | 商业贸易 | 百货 |
| 欧亚集团 | 8.14 | 48.71 | 40.57 | 76.22 | 53 | 商业贸易 | 多业态零售 |
| 家家悦 | 3.05 | 33.46 | 30.41 | 62.27 | 49 | 商业贸易 | 超市 |
| 华联综超 | 0.89 | 29.73 | 28.84 | 61.32 | 47 | 商业贸易 | 超市 |
| 供销大集 | 23.89 | 64.34 | 40.45 | 86.40 | 47 | 商业贸易 | 百货 |
| 茂业商业 | 3.90 | 30.57 | 26.67 | 60.66 | 44 | 商业贸易 | 百货 |
| 百联股份 | 8.75 | 108.63 | 99.88 | 248.36 | 40 | 商业贸易 | 多业态零售 |
| 中百集团 | 4.47 | 33.22 | 28.75 | 78.25 | 37 | 商业贸易 | 超市 |
| 大商股份 | 3.57 | 47.82 | 44.25 | 130.05 | 34 | 商业贸易 | 多业态零售 |
| 南京新百 | 16.27 | 42.91 | 26.64 | 85.38 | 31 | 商业贸易 | 百货 |

续表

| 证券简称 | 应收类 | 应付类 | 应付类—应收类 | 营业总收入 | 占款能力（%） | 行业1 | 行业2 |
|---|---|---|---|---|---|---|---|
| 步步高 | 10.23 | 39.82 | 29.59 | 95.95 | 31 | 商业贸易 | 超市 |
| 苏宁易购 | 128.57 | 451.74 | 323.17 | 1 106.78 | 29 | 商业贸易 | 专业连锁 |
| 天音控股 | 16.69 | 63.34 | 46.66 | 199.06 | 23 | 商业贸易 | 专业连锁 |
| 利群股份 | 3.62 | 16.48 | 12.86 | 56.24 | 23 | 商业贸易 | 多业态零售 |
| 重庆百货 | 8.77 | 49.81 | 41.04 | 180.52 | 23 | 商业贸易 | 多业态零售 |
| 首商股份 | 2.11 | 12.32 | 10.21 | 51.13 | 20 | 商业贸易 | 百货 |
| 王府井 | 9.90 | 35.25 | 25.34 | 131.99 | 19 | 商业贸易 | 百货 |
| 永辉超市 | 29.90 | 83.90 | 54.00 | 343.97 | 16 | 商业贸易 | 超市 |
| 东方创业 | 16.08 | 26.72 | 10.64 | 84.36 | 13 | 商业贸易 | 贸易Ⅲ |

数据来源：WIND，单位亿元，初善君整理

最后是医药生物领域，首先必须说，这个行业整体占款能力很差。笔者理解：一般的医药制造公司主要是医院和医药流通两个终端客户，而大部分医院客户的结算周期比较长，因此占款能力最好的反而是直接面向消费者的医药流通领域，比如大参林、益丰药房、老百姓、一心堂等。知名医药上市公司占款能力排名靠后，爱尔眼科和云南白药的占款能力也只是刚刚大于零（见下表）。此外，据笔者观察，很多中药上市公司的占款能力尤其弱。

| 证券简称 | 应收类 | 应付类 | 应付类—应收类 | 营业总收入 | 占款能力（%） | 行业1 | 行业2 |
|---|---|---|---|---|---|---|---|
| 大参林 | 3.10 | 20.09 | 16.99 | 40.83 | 42 | 医药生物 | 医药商业Ⅲ |
| 中恒集团 | 2.64 | 6.29 | 3.65 | 15.11 | 24 | 医药生物 | 中药Ⅲ |
| 鲁抗医药 | 6.63 | 10.36 | 3.73 | 15.77 | 24 | 医药生物 | 化学制剂 |
| 益丰药房 | 6.07 | 12.50 | 6.43 | 29.93 | 21 | 医药生物 | 医药商业Ⅲ |
| 华北制药 | 17.54 | 27.15 | 9.61 | 47.19 | 20 | 医药生物 | 化学制剂 |
| 老百姓 | 12.51 | 21.40 | 8.89 | 44.37 | 20 | 医药生物 | 医药商业Ⅲ |
| 新华医疗 | 24.99 | 33.66 | 8.67 | 46.41 | 19 | 医药生物 | 医疗器械Ⅲ |
| 新华制药 | 6.48 | 10.25 | 3.77 | 26.88 | 14 | 医药生物 | 化学原料药 |
| 一心堂 | 11.33 | 15.72 | 4.40 | 42.92 | 10 | 医药生物 | 医药商业Ⅲ |
| 太极集团 | 20.12 | 25.21 | 5.09 | 51.46 | 10 | 医药生物 | 中药Ⅲ |
| 冠福股份 | 17.13 | 21.80 | 4.67 | 71.40 | 7 | 医药生物 | 化学原料药 |
| 爱尔眼科 | 8.40 | 10.39 | 1.98 | 37.80 | 5 | 医药生物 | 医疗服务Ⅲ |
| 云南白药 | 52.59 | 54.60 | 2.01 | 129.74 | 2 | 医药生物 | 中药Ⅲ |
| 同仁堂 | 29.19 | 29.80 | 0.60 | 72.67 | 1 | 医药生物 | 中药Ⅲ |

数据来源：WIND，单位亿元，初善君整理

本节内容对纺织服装行业、食品饮料行业、家电行业、小家电行业、家居服饰、休闲服务、商业贸易、生物医药等行业的主要上市公司的占款能力进行了分析，可以发现大多数行业的龙头公司占款能力都是最强的，而优秀的占款能力是

优秀公司的必要不充分条件之一。

其实很多朋友也发现了，占款能力好的公司经营现金流一定也很好，以上分析等于是经营现金流分析的一个角度，通过这三节内容的学习基本上可以根据资产负债表的往来判断出公司在产业链中的位置。

## 四、预付账款为什么是“高危”科目

预付账款是指上市公司按照购货合同的规定，预先以货币资金或货币等价物支付供应单位的款项，一般都是预付给上游公司的款项。预付账款一般包括预付的货款、预付的购货定金，施工公司的预付账款主要包括预付工程款、预付备料款等。在日常核算中，对公司来说，预付账款是一项流动资产。

一般情况下，上市公司预付账款比较多，很可能说明公司在产业链中处于相对弱势，假设预付账款是货款的，代表钱已经付款出去了还没收到货，这种经济行为比较危险，存在较大的减值风险。

下表所示为截至2019年上半年预付账款最多的10家上市公司，可以发现，主要集中在房地产公司，包括万科A、中国建筑、保利地产、绿地控股等，可以猜测这些预付的款项主要是预付给政府的土地购置款。此外，中国石油、中国中铁等上市公司预付款项也超过200亿元，而预付账款占资产总额比较高的是广汇汽车，这是一家汽车经销公司，可见汽车经销公司（俗称4S店）在产业链中的话语权是比较弱的。

| 证券简称 | 预付款项（亿元） | 营业成本（亿元） | 资产总计（亿元） | 所有者权益合计（亿元） | 经营活动产生的现金流量净额（亿元） | 预付账款占比（%） | 一级行业 |
|---|---|---|---|---|---|---|---|
| 万科A | 1 043 | 888 | 15 771 | 2 325 | 89 | 6.62 | SW房地产 |
| 中国建筑 | 493 | 6 160 | 19 339 | 4 537 | −829 | 2.55 | SW建筑装饰 |
| 保利地产 | 428 | 428 | 9 331 | 1 934 | 162 | 4.59 | SW房地产 |
| 绿地控股 | 423 | 1 710 | 10 018 | 1 172 | 81 | 4.22 | SW房地产 |
| 中国石油 | 299 | 9 449 | 26 378 | 14 261 | 1 344 | 1.13 | SW采掘 |
| 中国中铁 | 285 | 3 253 | 10 122 | 2 298 | −498 | 2.82 | SW建筑装饰 |
| 中国电建 | 258 | 1 256 | 7 825 | 1 524 | −107 | 3.30 | SW建筑装饰 |
| 中国中冶 | 232 | 1 415 | 4 540 | 1 055 | −52 | 5.11 | SW建筑装饰 |
| 中国铁建 | 227 | 3 184 | 9 997 | 2 155 | −325 | 2.28 | SW建筑装饰 |
| 广汇汽车 | 215 | 725 | 1 354 | 465 | −73 | 15.84 | SW汽车 |

*数据来源：WIND，初善君整理*

除了预付的土地购置款，房地产公司预付账款还包含哪些内容，对于预付账款，我们需要关注什么？这里就必须看财务报表附注。

预付账款第一个要关注的是性质。若有确凿证据表明其不符合预付账款性质，或者因供货单位破产、撤销等原因已无望再收到所购货物的，应将原计入预付账款的金额转入其他应收款。换句话来说，预付账款容易成为上市公司大股东占用上市公司资金的科目。

例如，2017年12月26日、29日，上市公司*ST天马与深圳市东方博裕贸易有限公司签订13份合同，向东方博裕采购钢材、机器设备等产品，合同签订后，*ST天马就预付了全部6.66亿元采购款。2018年2月，*ST天马就其中的11份合同与东方博裕签订补充协议，约定其中5.666亿元采购款，应于2018年9月30日前交货。

此时该金额在预付款中。看公司2018年半年报可以发现，预付款余额高达9.69亿元，其中6.67亿元为预付深圳东方博裕贸易有限公司的钢材及机器设备采购款（见下图）。

**预付款项按账龄列示**

单位：元

| 账龄 | 期末余额 | | 期初余额 | |
|---|---|---|---|---|
| | 金额 | 比例 | 金额 | 比例 |
| 1年以内 | 967,920,192.20 | 99.84% | 720,312,783.00 | 99.72% |
| 1至2年 | 346,700.00 | 0.04% | 840,382.00 | 0.12% |
| 2至3年 | 259,580.57 | 0.03% | 316,843.00 | 0.04% |
| 3年以上 | 926,597.84 | 0.10% | 853,674.08 | 0.12% |
| 合计 | 969,453,070.61 | — | 722,323,682.08 | — |

账龄超过1年且金额重要的预付款项未及时结算原因的说明。

数据来源：2018年半年报

然而到了2018年9月5日，*ST天马与东方博裕解除合同，并要求对方退还6.66亿元资金。但是截至2019年6月底，东方博裕既未交货，也没有退款。后来被证实该资金被公司大股东喀什星河创业投资有限公司占用，核算科目也来到其他应收款（见下图）。

当预付账款变成其他应收款，那么这个钱能不能收回来，能收回来多少，就具有极大的不确定性。

预付账款第二个要关注的要素是账龄。如果预付账款账龄较长，那么很明显不符合商业逻辑，哪有预付了一两年以上的款项，还无法收到货物的。

预付账款第三个要关注的要素是规模。一般情况下，预付账款占总资产的比例不应该很高，超过20%可能就有较大的风险。

单位：元

| 单位名称 | 款项的性质 | 期末余额 | 账龄 | 占其他应收款期末余额合计数的比例 | 坏账准备期末余额 |
|---|---|---|---|---|---|
| 喀什星河创业投资有限公司 | 资金占用 | 863,899,649.66 | 1年以内 | 59.55% | 43,194,982.48 |
| 齐齐哈尔市土地储备中心 | 土地收储款 | 501,340,000.00 | 3年以上 | 34.56% | 74,076,132.88 |
| 北京和勤新泰技术有限公司 | 往来款 | 10,000,000.00 | 1年以内 | 0.69% | 500,000.00 |
| 北京鼎合未来信息技术有限公司 | 往来款 | 6,104,912.58 | 1年以内 1,104,912.58元，3年以上 5,000,000.00元 | 0.42% | 5,055,245.63 |
| 汉朗网络信息科技（北京）有限公司 | 往来款 | 4,800,000.00 | 1-2年 | 0.33% | 480,000.00 |
| 合计 | -- | 1,386,144,562.24 | -- | 95.55% | 123,306,360.99 |

数据来源：2019年半年报

笔者整理了截至2019年上半年预付账款占总资产的比例，下表所示为预付账款占比超过20%的上市公司，这些公司的预付账款存在较大的风险，可以参照预付账款的账龄和性质进行分析。

| 证券简称 | 预付款项（亿元） | 营业成本（亿元） | 资产总计（亿元） | 所有者权益合计（亿元） | 经营活动产生的现金流量净额（亿元） | 预付账款占比（%） |
|---|---|---|---|---|---|---|
| 博信股份 | 3 | 1 | 5 | 0 | −0 | 69.56 |
| *ST飞马 | 88 | 1 | 149 | 16 | 0 | 58.69 |
| *ST节能 | 10 | 0 | 19 | 1 | −0 | 54.10 |
| 凯乐科技 | 86 | 71 | 174 | 65 | 11 | 49.26 |
| 恒立实业 | 1 | 1 | 3 | 2 | −1 | 45.52 |
| 上海钢联 | 47 | 495 | 118 | 26 | −4 | 39.91 |
| 国联股份 | 4 | 23 | 10 | 5 | 0 | 37.43 |
| 北京文化 | 20 | 0 | 66 | 50 | −7 | 30.25 |
| 神雾环保 | 17 | 0 | 55 | 4 | −0 | 30.09 |
| ST云维 | 1 | 3 | 3 | 3 | 1 | 29.17 |
| 当代东方 | 6 | 2 | 21 | 6 | 0 | 29.10 |
| 宏图高科 | 47 | 17 | 162 | 70 | −10 | 28.84 |
| 合众思壮 | 26 | 3 | 92 | 39 | −0 | 28.48 |
| 恒宝股份 | 6 | 5 | 23 | 20 | −2 | 27.00 |
| 金正大 | 67 | 59 | 252 | 129 | −5 | 26.37 |
| 浙商中拓 | 37 | 299 | 154 | 33 | −15 | 23.85 |
| *ST印纪 | 6 | 1 | 27 | 13 | −1 | 22.92 |
| 天顺股份 | 2 | 6 | 10 | 5 | 0 | 22.22 |

数据来源：WIND，初善君整理

举个例子，博信股份预付账款余额为3.2亿元。首先看性质，查询2019年半年报得知，该预付款的形成原因如下：2018年9月，博信股份全资子公司博信智通（苏州）分别确认向广东康安贸易有限公司、杭州若简信息科技有限公司销售商品的销售收入2.76亿元（含税额合计3.20亿元），同时结转了向上海天之和供应链管理有限公司采购商品的成本2.69亿元（含税3.12亿元）。但是事实上，这笔营业收入不具有商业实质，只是为了增加公司的利润，因此公司把这个业务进行了调整，把相关的销售收入和销售成本予以冲减，并将原收到的货款和支付的采购款分别调整为预收账款3.20亿元和预付账款上海天之和供应链管理有限公司3.12亿元。

总之，预付账款不是一个好科目，上市公司该科目金额越小越好，如果上市公司有大额预付账款，一定要小心。一是查看预付账款性质，是否具有商业实质，是否是关联方，是否被大股东占用；二是看账龄，如果账龄较长，可能会存在较大计提减值的风险。

## 五、预收账款选股

与预付账款的高风险相比，预收账款就是个完美科目。

预收账款核算什么内容，前面有简单地描述。对于贵州茅台来说，由于它的酒好卖，经销商想从贵州茅台买酒，往往需要预付一部分酒款给贵州茅台，那么对贵州茅台来说，这部分钱就计入“预收账款”科目，当贵州茅台把酒发货给经销商后，就可以结转预收账款至营业收入了。

目前，不少公司的预收账款已经在“合同负债”科目核算，这只是核算科目的差异，并不影响本文分析的逻辑。这里若无特别说明，预收账款包含合同负债，在进行财务分析时不再拆分。

预收账款不仅是上市公司对下游议价能力的体现，也是营业收入的先行指标，预收账款大幅增加的上市公司，营业收入大概率也会大幅增加。在预测营业收入和净利润时，预收账款是一个非常有效的观察指标，同时预收账款高的上市公司，经营现金流也比较好，因此预收账款是一个投资者必须学会使用的财务指标。

我们使用历史数据一步步验证这个指标的有效性。

第一步，导出预收账款的数据。导出2016年和2017年半年度预收款项数据，并结合预收款项与营业收入的比例从高到低排序，考虑到房地产公司的特殊性，这里剔除房地产业，选出部分预收账款增长率较高，且预收账款占营业收入比例较高的公司，如下表所示。

| 证券简称 | 2017年半年报预收账款 | 2016年预收账款 | 增幅（%） | 2017年半年报营业总收入 | 预收账款/营业收入（%） |
|---|---|---|---|---|---|
| 建发股份 | 3 696 891 | 2 727 045 | 36 | 9 163 463 | 40 |
| 华侨城A | 2 043 884 | 1 507 877 | 36 | 1 378 891 | 148 |
| 健康元 | 458 321 | 9 301 | 4 828 | 544 346 | 84 |
| 丽珠集团 | 456 750 | 7 869 | 5 705 | 427 476 | 107 |
| ST常林 | 1 114 670 | 926 990 | 20 | 3 403 430 | 33 |
| 中材国际 | 1 081 860 | 913 572 | 18 | 884 139 | 122 |
| 海航基础 | 320 394 | 190 070 | 69 | 550 699 | 58 |
| 深赛格 | 126 772 | 11 653 | 988 | 62 509 | 203 |
| 包钢股份 | 679 668 | 575 924 | 18 | 2 113 238 | 32 |
| 特变电工 | 561 592 | 473 465 | 19 | 1 802 663 | 31 |
| 南京公用 | 166 271 | 78 214 | 113 | 175 476 | 95 |

数据来源：WIND，单位万元，初善君整理

很明显，有些上市公司预收账款增幅超过10倍等，这种大概率是收到一次性的预收账款。这里需要剔除这些上市公司，比如丽珠集团和健康元，丽珠集团本来就是健康元的控股子公司，2017年丽珠集团高达45.68亿元的预收账款为出售子公司股权取得，不具有可持续性。

此外还有一些虽然分类不是房地产公司，但是实际预收账款的性质就是预收房款，比如建发股份、华侨城A、深赛格等上市公司，由于房地产公司不是我们研究的重点，因此第一步的选取上市公司参考意义不大。

第二步，为了剔除一次性预收账款的影响，修改选取条件，拉长选择周期，导出2014—2017年中报预收账款金额，选取预收账款连续4年增长的上市公司，然后使用预收账款/营业收入比值从高到低进行排名，选出5家上市公司，分别为龙净环保、中亚股份、安车检测、新南洋和泛微网络（见下表）。

| 公司名称 | 2017年中报/营业收入（%） | 2017年中报 | 2016年 | 2015年 | 2014年 | 2013年 |
|---|---|---|---|---|---|---|
| 龙净环保 | 213 | 628 708 | 597 347 | 538 521 | 454 378 | 266 282 |
| 中亚股份 | 156 | 51 768 | 49 050 | 36 669 | 32 303 | 19 424 |
| 安车检测 | 152 | 28 755 | 22 986 | 15 800 | 10 960 | 7 113 |
| 新南洋 | 134 | 106 289 | 85 266 | 55 852 | 40 746 | 11 776 |
| 泛微网络 | 113 | 32 049 | 31 739 | 24 649 | 16 757 | 10 583 |

数据来源：WIND，单位万元，初善君整理

第三步，如何通过预收账款预测营业收入。其实很简单，结合上市公司的商业模式，根据预收账款周转率，预收账款周转越快，同样预收账款带来的营业收入越高。

以安车检测为例，公司是国内少数能同时提供机动车检测系统和行业联网监测系统的供应商。公司产品线最为全面，客户包括各类检验机构、维修公司、汽车生产公司、政府部门等。

我们查看其招股说明书，其销售政策表述为：公司根据所处行业特点和客户情况，制定了相对严格的销售政策，一般情况下，公司于合同签订之日起3个工作日内预收30%的货款，开始安排生产或者安排向客户安装现场发货，合同中全部设备运抵客户指定安装现场之日起3个工作日内，公司收取30%的货款；全部设备安装、调试完成后，计量标定合格或者验收合格之日起3个工作日内，公司收取30%的货款；剩余10%的尾款，作为质量保证金，待公司与客户验收合格之日起满1~2年后收取。

根据此销售政策可以知道，当年收取30%的款项，下一年度能交货的话可以确认90%的营业收入。那么假设当年收到1亿元的预收账款，下一年度可以确认约3亿元的营业收入。

公司客户主要为各机动车检验机构及政府监管机构，客户分布在全国各地，区域分布较为分散，且因业务性质，公司客户每年均处于变动中，年度客户之间很少有重合，且单个客户收入占比较低。

根据安车检测的销售政策和客户情况，可以推断预收账款与下年度收入的关系，然后预测以后年度的收入。当年预收账款与下年度营业收入的关系，可以看到2011—2014年这个比例大概为30%，2015年该比例上升至50%，可能是客户增多、交货周期延长的原因。按照50%的比例推测，可以预测出2017年营业收入约为4.60亿元（见下表）。

| 证券简称 | 2016年 | 2015年 | 2014年 | 2013年 | 2012年 | 2011年 |
|---|---|---|---|---|---|---|
| 预收账款 | 22 986 | 15 800 | 10 960 | 7 113 | 5 719 | 6 549 |
| 下一年度营业收入 | 45 972 | 31 818 | 28 167 | 24 082 | 21 905 | 19 721 |
| 比例（%） | 50 | 50 | 39 | 30 | 26 | 33 |

*数据来源：WIND，单位万元，初善君整理*

实际上，安车检测2017年最终实现营业收入4.12亿元，较预测数小了10%左右，差异的主要原因是预收账款占比不断提高。这种预测收入的方法准确性虽然不是太高，但是差异也不会太大。

更为可贵的是，安车检测2017—2019年营业总收入和扣非后归属母公司股东的净利润快速增长，2019年分别达到9.73亿元和1.66亿元（见下图）。

| | 2019-12-31 | 2018-12-31 | 2017-12-31 | 2016-12-31 | 2015-12-31 |
|---|---|---|---|---|---|
| 报告期 | 年报 | 年报 | 年报 | 年报 | 年报 |
| 数据来源 | 合并报表 | 合并报表 | 合并报表 | 合并报表 | 合并报表 |
| ⊟利润表摘要 | | | | | |
| 营业总收入 | 9.73 | 5.28 | 4.12 | 3.18 | 2.82 |
| 同比(%) | 84.30 | 28.17 | 29.41 | 12.96 | 16.96 |
| 营业总成本 | 8.02 | 4.17 | 3.43 | 2.76 | 2.46 |
| 营业利润 | 2.10 | 1.47 | 0.93 | 0.42 | 0.36 |
| 同比(%) | 42.54 | 58.97 | 119.54 | 15.77 | 16.73 |
| 利润总额 | 2.15 | 1.47 | 0.94 | 0.58 | 0.50 |
| 同比(%) | 46.47 | 56.68 | 60.30 | 16.28 | 15.39 |
| 净利润 | 1.84 | 1.25 | 0.79 | 0.49 | 0.42 |
| 归属母公司股东的净利润 | 1.89 | 1.25 | 0.79 | 0.49 | 0.42 |
| 同比(%) | 50.60 | 58.51 | 61.21 | 16.14 | 15.65 |
| 非经常性损益 | 0.22 | 0.14 | 0.07 | 0.02 | 0.02 |
| 扣非后归属母公司股东的净利润 | 1.66 | 1.11 | 0.72 | 0.47 | 0.40 |
| 同比(%) | 49.86 | 53.95 | 52.63 | 17.39 | 16.30 |

*数据来源：WIND，初善君整理*

按照2017年中至2020年初的股价，安车检测上涨了300%左右，基本都是靠盈利推动的，估值一直比较高。

当然，选出的5家公司并不是全部表现很好。

泛微网络预收账款持续增长，2016年底预收账款为3.17亿元，2019年底达到6亿元，基本翻倍。那么与此对应，公司的营业收入和扣非后归属母公司股东的净利润持续增长，2019年营业收入只有4.61亿元，扣非后归属母公司股东的净利润0.51亿元，2019年分别达到12.86亿元和1.11亿元。再看股价，股价也实现了2倍以上的涨幅，是另一只非常牛的股票。

中亚股份2016年以后预收账款开始持续下滑，2016—2019年预收账款分别为4.9亿元、4.8亿元、4.05亿元和2.46亿元，预收账款几乎不增长。公司的营业收入增速只有个位数，扣非后归属母公司股东的净利润几乎零增长。这说明公司在产业链的议价能力在下降，因此当预收账款不能增长时就可以卖出了。事实上，2017年以来，公司股价几乎腰斩。

新南洋已经改名叫昂立教育，公司2016年以来预收账款持续增长，由2016年的8.53亿元增长至13.48亿元，2019年略微下滑至12.02亿元。体现在营业收入中，公司的营业总收入自然也是持续增长，2016年只有13.90亿元，2019年达到23.91亿元，也接近翻倍了，但是扣非后归属母公司股东的净利润方面，2018年居然亏损了1.76亿元，2019年只有0.04亿元（见下图）。这说明公司的成本费用方面控制有问题，所以公司的股价表现也不好，股价也下跌了不少。

| | 2019-12-31 | 2018-12-31 | 2017-12-31 | 2016-12-31 |
|---|---|---|---|---|
| 报告期 | 年报 | 年报 | 年报 | 年报 |
| 数据来源 | 合并报表 | 合并报表 | 合并报表 | 合并报表 |
| ⊟**利润表摘要** | | | | |
| 营业总收入 | 23.91 | 20.95 | 17.24 | 13.90 |
| 同比(%) | 14.12 | 21.58 | 24.02 | 19.27 |
| 营业总成本 | 24.12 | 22.47 | 16.83 | 13.39 |
| 营业利润 | 0.41 | -1.70 | 1.62 | 2.15 |
| 同比(%) | 124.14 | -205.04 | -24.61 | 567.75 |
| 利润总额 | 0.41 | -2.81 | 1.55 | 2.25 |
| 同比(%) | 114.68 | -281.84 | -31.13 | 414.36 |
| 净利润 | 0.08 | -3.22 | 1.04 | 1.82 |
| 归属母公司股东的净利润 | 0.54 | -2.67 | 1.23 | 1.83 |
| 同比(%) | 120.30 | -316.68 | -32.67 | 204.26 |
| 非经常性损益 | 0.50 | -0.90 | 0.60 | 1.29 |
| 扣非后归属母公司股东的净利润 | 0.04 | -1.76 | 0.63 | 0.54 |
| 同比(%) | 102.16 | -380.00 | 17.29 | 4.04 |

*数据来源：WIND，初善君整理*

最后一家上市公司龙净环保，由于是环保公司，2019年预收账款只有71亿元，只比2016年的60亿元增长了20%。考虑到主要环保公司2017年以来持续爆雷，公司营业收入和扣非后归属母公司股东的净利润维持了一定的增长，已经算很不错的。当然，公司的股价表现也一般，不腰斩的环保公司已经很不错了。写这段文字时，公司已经披露2020年一季报，一季报末公司预收账款大幅增长至91亿元，环比增长28%，值得关注。

第四步，关注预收账款维持高增长的上市公司。预收账款增长率越快，很可能预示公司未来营业收入和净利润增长率较高，A股是一个非常关注成长性上市公司的市场，因此关注高增长预收账款的上市公司非常有必要。

选择条件包括预收账款占营业收入的比例大于30%，且预收账款增长率均大于20%的上市公司，可以选出4家上市公司，分别是北方华创、先导智能、视觉中国和安车检测（见下表）。这4家上市公司的预收账款持续快速增长，增速均大于20%。那么2017年中报以来，这些上市公司的业绩和股价表现如何呢？

| 证券简称 | 总市值（万元） | 预收账款/营业收入 | 2017年中报（万元） | 2016年报（万元） | 2015年（万元） | 2014年（万元） | 2013年（万元） | 2017年中报增长率 | 2016年增长率 | 2015年增长率 |
|---|---|---|---|---|---|---|---|---|---|---|
| 北方华创 | 1275542 | 66% | 68884 | 40346 | 16330 | 12562 | 18812 | 71% | 147% | 30% |
| 先导智能 | 3557282 | 179% | 111602 | 77239 | 49595 | 14961 | 3411 | 44% | 56% | 232% |
| 视觉中国 | 1325493 | 37% | 13979 | 10283 | 5884 | 4525 | 1130 | 36% | 75% | 30% |
| 安车检测 | 358800 | 152% | 28755 | 22986 | 15800 | 10960 | 7113 | 25% | 45% | 44% |

*数据来源：WIND，初善君整理*

北方华创2016年以来营业收入快速增长，2019年达到41亿元，是2016年的2.56倍，不过由于行业原因，公司盈利能力非常一般，2019年扣非归母净利润只有0.7亿元。但是A股市场这3年对北方华创非常偏爱，当时的市值只有128亿元，到2020年6月底，市值达到837亿元，即使剔除发行新股带来的市值56亿元，公司依然上涨610%，是这几年非常“牛”的上市公司之一。不过先导智能和视觉中国截至2020年6月底的市值分别为406亿元和134亿元，两家公司股价涨幅较低。

我们梳理一下预收账款选股的逻辑点：一是尽量选择预收账款连续增长的上市公司，这样未来营业收入的增长稳定性强；二是通过对上市公司商业模式的理解，可以使用预收账款估算营业收入，甚至是估算净利润；三是对后续预收账款变动情况做出实时跟踪，判断预收账款是否变差等。总之，预收账款依然是预测未来营业收入变化最好的指标，没有之一。

## 六、其他应收款为什么是“垃圾桶”

关于其他应收款的一个经典说法是，其他应收款是“垃圾桶”。那么这个判断合适吗？当遇到上市公司的其他往来款余额比较大时，我们需要关注什么？

其他应收款是指公司除应收票据、应收账款、预付账款、应收股利和应收利息以外的其他各种应收及暂付款项。总之，就是其他科目核算不了的往来款都放在其他应收款，包括：应收的各种赔款、罚款，向职工收取的各种垫付款项、备用金等。

一般情况下，这个科目的金额越小越好，代表上市公司乱七八糟的事情少，全部精力都聚焦于主业。但是不可避免地随着上市公司规模的扩大，其他应收款科目可能会逐渐膨胀。

那么，A股上市公司中其他应收款最多的是哪家上市公司呢？你们肯定猜不到，因为笔者也没想到，居然是万科。截至2018年6月底，万科其他应收款账面金额2 293.58亿元，远高于其他A股上市公司，排名第二的绿地控股其他应收款只有914亿元。

如果需要知道其他应收款核算的内容，则必须看报表附注。查看万科报表附注可知（见下图），万科其他应收款按照性质分类包括土地及其他保证金、合作方经营往来款、应收联营合营企业款。具体来看，应收联营/合营企业款约1 099亿元，应收合作方经营往来款约866.9亿元，很明显，地产上市公司这些科目余额较大与近几年地产业流行合作开发有关。对于万科来说，这些合作开发的项目并没有并表，但是这些项目需要大量的资金投入，这些投入的金额就计入其他应收款中。

其他应收款按款项性质分类情况

| | 2018年6月30日 | 2017年12月31日 |
|---|---|---|
| 土地及其他保证金 | 29,581,257,471.78 | 18,465,484,628.48 |
| 合作方经营往来款 | 86,690,555,272.41 | 65,862,761,053.47 |
| 应收联营／合营企业款 | 109,931,636,945.65 | 76,143,757,981.63 |
| 应收利息 | 14,342,642.35 | 329,745.19 |
| 应收股利 | 50,512,437.18 | 4,038,749.08 |
| 其他 | 4,403,029,165.46 | 3,983,263,095.61 |
| 小计 | 230.671,333,934.83 | 164,459,635,253.46 |
| 减：坏账准备 | 1,313,236,610.79 | 1,209,869,345.80 |
| 合计 | 229,358,097,324.04 | 163,249,765,907.66 |

数据来源：万科半年报

汽车行业的几家上市公司，都有金额比较大的其他应收款和其他应付款。以江淮汽车为例，报表附注显示其他应收款中新能源国家补贴和地方补贴共计43亿元，其他应付款主要是保证金和销售佣金（见下表）。这个金额形成的原因主要是国家对新能源汽车的补贴，本身鼓励新能源汽车产业的发展，但是存在兑付周期比较长的问题，这里需要注意。

| 证券简称 | 其他应收款 | 其他应付款 | 营业总收入 | 行业 |
|---|---|---|---|---|
| 上汽集团 | 122.22 | 621.09 | 4 648.52 | 汽车 |
| 庞大集团 | 72.82 | 72.32 | 271.14 | 汽车 |
| 华域汽车 | 49.06 | 80.53 | 816.27 | 汽车 |
| 江淮汽车 | 46.19 | 23.34 | 237.45 | 汽车 |
| 广汇汽车 | 42.81 | 59.77 | 781.50 | 汽车 |
| 长安汽车 | 20.97 | 18.20 | 356.43 | 汽车 |
| 安凯客车 | 18.47 | 2.95 | 14.93 | 汽车 |
| 福田汽车 | 14.38 | 42.83 | 216.63 | 汽车 |
| 金杯汽车 | 11.82 | 4.23 | 27.90 | 汽车 |
| 潍柴动力 | 11.04 | 76.54 | 822.64 | 汽车 |

*数据来源：WIND，单位亿元，初善君整理*

万科其他应收款多是因为行业特征加公司战略共同导致的，汽车行业的其他应收款也是国家行业政策确认的，这些其他应收款不是很正常吗，为什么说其他应收款是“垃圾桶”呢？

分析其他往来款时最主要关注什么呢？查看报表附注，确认其他应收款的性质和账龄，看性质是确定其他往来款产生是否与公司生产经营相关，是否具有商业实质，看账龄是确定其他应收款是否存在减值风险。

举个例子，上市公司ST华泽，2015年年报显示其他应收款余额高达18.62亿元，当年净资产不过12.57亿元。查看报表附注明细发现，其他应收款主要是股东的往来款18亿元左右，其中13.84亿元账龄高达2~3年。

很明显，虽然性质是往来款，其实就是大股东占款，而且是长期占款，万一钱收不回来，上市公司就完了。到了2018年半年报（见下图），这个钱大股东不仅没还，已经计提了坏账准备7.72亿元，剩余仍有7亿元左右，你们觉得星王集团会还或者有能力还这个钱吗？当然不会，华泽钴镍也早早变身ST华泽，然后华泽退市了。

再如，上市公司千山药机，2018年半年报显示（见下图），其他应收款余额高达10.15亿元，净资产只有5.34亿元，查看其他应收款附注，发现主要是资金拆借。

单位：元

| 单位名称 | 款项的性质 | 期末余额 | 账龄 | 占其他应收款期末余额合计数的比例 | 坏账准备期末余额 |
|---|---|---|---|---|---|
| 陕西星王企业集团有限公司 | 往来款 | 383,146,281.74 | 1年以内 | 96.41% | |
| 陕西星王企业集团有限公司 | 往来款 | 30,692,701.13 | 1-2年 | | |
| 陕西星王企业集团有限公司 | 往来款 | 1,383,644,419.73 | 2-3年 | | |
| 北京康博恒智科技有限责任公司 | 往来款 | 539,907.60 | 1年以内 | 1.33% | |
| 北京康博恒智科技有限责任公司 | 往来款 | 24,271,130.47 | 1~2年 | | |
| 陕西星王锌业股份有限公司 | 房租 | 11,971,468.00 | 1年以内 | 0.64% | |
| 青海省信用担保集团有限责任公司 | 担保费 | 3,010,000.00 | 1年以内 | 0.16% | 150,500.00 |
| 成都市蓉建投资咨询有限公司 | 咨询费 | 2,000,000.00 | 5年以上 | 0.11% | 2,000,000.00 |
| 合计 | — | 1,839,275,908.67 | — | 98.65% | 2,150,500.00 |

数据来源：WIND，初善君整理

单位：元

| 单位名称 | 款项的性质 | 期末余额 | 账龄 | 占其他应收款期末余额合计数的比例 | 坏账准备期末余额 |
|---|---|---|---|---|---|
| 陕西星王企业集团有限公司 | 资金占用款 | 2,075,359.51 | 1年以内 | 96.15% | 771,944,521.90 |
| | | 382,846,281.74 | 2~3年 | | |
| | | 30,992,701.13 | 3~4年 | | |
| | | 1,373,088,419.73 | 4~5年 | | |
| 北京康博恒智科技有限责任公司 | 单位往来款 | 439,907.60 | 1年以内 | 1.39% | |
| | | 539,907.84 | 1-2年 | | |

数据来源：WIND，初善君整理

单位：元

| 款项性质 | 期末账面余额 | 期初账面余额 |
|---|---|---|
| 资金拆借 | 1,014,915,328.09 | 996,240,371.28 |
| 备用金 | 8,163,295.83 | 2,131,915.77 |
| 投标保证金 | 1,289,904.00 | 1,054,072.59 |
| 展位费 | 1,321,369.00 | 352,599.29 |
| 其他 | 11,626,371.82 | 8,856,575.99 |
| 合计 | 1,037,316,268.74 | 1,008,635,534.92 |

数据来源：WIND，初善君整理

再看客户明细，发现原来是借给自己股东的关联人，这与被大股东占用也没什么区别，这种钱基本就是一拖再拖，拖个三五年，最后大股东也不还了，上市公司只能计提减值（见下表）。

（5）按欠款方归集的期末余额前五名的其他应收款情况

单位：元

| 单位名称 | 款项的性质 | 期末余额 | 账龄 | 占其他应收款期末余额合计数的比例 | 坏账准备期末余额 |
|---|---|---|---|---|---|
| 刘华山 | 资金拆借 | 924,849,043.67 | 1年以内 | 89.16% | |
| 上饶县鼎诚贸易有限公司 | 资金拆借 | 16,960,000.00 | 1年以内 | 1.63% | 848,000.00 |
| 云南司艾特药业有限公司 | 资金拆借 | 11,216,914.98 | 1年以内 | 1.08% | 560,845.75 |
| R+E Automationstechnik GmbH | 资金拆借 | 8,230,103.65 | 1~2年、2~3年 | 0.79% | 8,230,103.65 |
| 浏阳市龙伏镇人民政府 | 资金拆借 | 6,000,000.00 | 3~4年 | 0.58% | 3,000,000.00 |
| 合计 | — | 967,256,062.30 | — | 93.24% | 12,638,949.40 |

*数据来源：WIND，初善君整理*

所以，很多公司的公司应收款是“垃圾桶”，一不小心就成了资产减值损失的大户。这里整理了一些可能存在类似问题的公司，各位可以自行查看，搞不好就是大雷（见下表）。

| 证券简称 | 其他应收款 | 其他应付款 | 营业总收入 | 申万行业 |
|---|---|---|---|---|
| *ST华泽 | 10.50 | 1.29 | 0.01 | 有色金属 |
| 千山药机 | 10.15 | 3.32 | 1.23 | 医药生物 |
| 盛运环保 | 30.97 | 20.80 | 4.54 | 公用事业 |
| *ST海润 | 38.11 | 44.94 | 5.82 | 电气设备 |
| 天翔环境 | 14.75 | 9.19 | 2.40 | 机械设备 |
| *ST富控 | 11.81 | 4.08 | 3.73 | 传媒 |
| *ST凯迪 | 25.36 | 4.68 | 13.95 | 公用事业 |
| 银河生物 | 6.48 | 1.00 | 3.96 | 电气设备 |
| 陕国投A | 8.29 | 0.20 | 5.09 | 非银金融 |
| 新大陆 | 39.50 | 35.24 | 26.04 | 计算机 |
| 沃森生物 | 5.51 | 4.43 | 3.75 | 医药生物 |

*数据来源：WIND，单位亿元，初善君整理*

针对其他往来款，一般来说，最好是金额很小甚至没有其他往来款。如果金额比较大，首先要确认是否是行业因素，如果不是就要小心了。其他应收款需要查看其性质、账龄等，确认是否存在大额减值风险，其他应付款则需要判断是否是借款，或者是否是因为资金链问题而被迫拖欠的。

## 七、其他应付款的妙用

其他应付款是指公司在商品交易业务以外发生的应付和暂收款项，即除应付票据、应付账款、应付工资、应付利润等以外的应付、暂收其他单位或个人的款项，反映公司期末应付尚未支付的金额，属于一项负债。

其他应付款与其他应收款一样，“其他应付款是个筐，什么都能往里装”。具体来看，主要核算的内容包括存入保证金，包括商品质量保证金、招标保证金、经销商保证金、股权转让保证金、收入包装物押金等；预提费用，如预提广告费、运输费、管理费、销售折让等费用支出；借款或投资款，如欠股东或者关联方的借款等；其他单位或个人暂垫款等。

很多消费类公司的销售返佣均在其他应付款核算，可以发现它们其他应付款的金额都是比较大的，比如青岛啤酒、燕京啤酒、重庆啤酒和珠江啤酒等，其他应付款余额均较大，这些其他应付款主要核算的是预提费用（见下表）。

| 证券简称 | 其他应收款 | 其他应付款 | 营业总收入 | 行业1 | 行业2 |
|---|---|---|---|---|---|
| 青岛啤酒 | 1.48 | 26.66 | 151.54 | 食品饮料 | 啤酒 |
| 燕京啤酒 | 0.25 | 20.01 | 63.75 | 食品饮料 | 啤酒 |
| 重庆啤酒 | 0.44 | 10.16 | 17.64 | 食品饮料 | 啤酒 |
| 珠江啤酒 | 0.06 | 9.58 | 19.99 | 食品饮料 | 啤酒 |

数据来源：WIND，单位亿元，初善君整理

深圳机场2019年半年报显示，其他应付款余额高达15.17亿元，其中关联方往来3.05亿元，应付工程款5.55亿元，这应该是T3航站楼的后续尾款，押金保证金2.56亿元，这是别的公司支付给深圳机场的押金或保证金，质保期过后需要还给对方公司的（见下图）。

佳沃股份2019年半年报显示，其他应付款余额为22.32亿元，其中21.90亿元是资金融通款（见下图）。这是什么呢？笔者猜测是借款，经查询是应付佳沃集团的借款。原来佳沃股份64亿元并购三文鱼公司Australis，此次收购主要是现金收购，因此佳沃股份向控股股东借款22亿元，此其他应付款核算的就是该笔借款。

深圳市机场股份有限公司 2019 年半年度报告全

| 项目 | 期末余额 | 期初余额 |
|---|---|---|
| 应付关联往来 | 304,834,718.37 | 226,452,036.11 |
| 应付工程款 | 555,019,228.66 | 629,698,449.40 |
| 押金保证金 | 255,808,422.75 | 216,090,730.92 |
| 其他往来款 | 401,187,252.12 | 389,451,746.88 |
| 合计 | 1,516,849,621.90 | 1,461,692,963.31 |

数据来源：WIND，初善君整理

单位：元

| 项目 | 期末余额 | 期初余额 |
|---|---|---|
| 往来款 | 8,862,086.64 | 3,743,317.75 |
| 资金融通 | 2,189,968,583.33 | 100,171,997.22 |
| 代收代付款 | 50,198.44 | 76,268.40 |
| 费用性支出 | 22,717,977.61 | 11,379,932.48 |
| 保证金 | 10,874,814.00 | 10,584,691.81 |
| 合计 | 2,232,473,660.02 | 125,956,207.66 |

数据来源：WIND，初善君整理

格力电器的销售返利在其他流动负债核算，与其他应付款核算没有差异。销售返利核算特别容易进行利润调节，比如在年份好的时候，多计提销售返利，可以平滑以后年度的利润，这或许也是部分人诟病格力电器财务报表的原因（见下图）。

**35.其他流动负债**

单位：元

| 项目 | 期末余额 | 期初余额 |
|---|---|---|
| 维修费 | 1,680,091,302.11 | 1,405,491,811.34 |
| 销售返利 | 61,956,912,477.10 | 61,878,214,635.10 |
| 其他 | 96,150,558.97 | 77,892,318.52 |
| 合计 | 63,733,154,338.18 | 63,361,598,764.96 |

数据来源：WIND，初善君整理

贵州茅台2019年半年报显示，其他应付款余额为45.72亿元，其中往来款为14.92亿元，经销商保证金为28.77亿元（见下图）。

**其他应付款**

**按款项性质列示其他应付款**

√适用 □不适用

单位：元　币种：人民币

| 项目 | 期末余额 | 期初余额 |
|---|---|---|
| 材料质量保证金 | 58,003,552.24 | 58,388,822.97 |
| 工程质量保证金 | 145,898,374.39 | 152,413,243.22 |
| 经销商保证金 | 2,877,040,275.92 | 1,870,881,418.28 |
| 往来款 | 1,491,555,176.89 | 1,280,317,136.02 |
| 合计 | 4,572,497,379.44 | 3,362,000,620.49 |

数据来源：WIND，初善君整理

这些都相对比较容易理解，我们需要关注的是那些通过其他应付款借贷的公司，这些公司的资金一定很紧张，很可能会导致流动性危机。

比如海航创新，2018年半年报显示其他应付款余额高达6.7亿元，最大的两笔应该也是资金拆借，应付度假酒店高达3.57亿元（见下图）。各位可以考虑一下，为什么会有这种其他应付款，肯定是缺钱，干什么都没钱，只能借，借完了还不用还。

单位：元　币种：人民币

| 项目 | 期末余额 | 期初余额 |
|---|---|---|
| 应付贝斌实业 | 147, 410, 000. 00 | 147, 410, 000. 00 |
| 应付工程款 | 82, 201, 658. 32 | 85, 062, 185. 90 |
| 应付管委会 | 72, 427, 122. 00 | 72, 427, 122. 00 |
| 应付广发证券 | | 15, 321, 850. 92 |
| 嘉兴市九龙山分时度假投资管理有限公司购房意向金 | 10, 967, 106. 88 | 10, 967, 106. 88 |
| 应付关联方 | | 10, 089, 309. 89 |
| 应付游艇湾度假酒店 | 357, 491, 463. 47 | |
| 其他 | | 31, 279, 818. 19 |
| 合计 | 670, 497, 350. 67 | 372, 557, 393. 78 |

数据来源：WIND，初善君整理

于是，2018年9月海航创新就公布信托借款违约的消息。

因此，其他应付款余额可能是公司现金流太紧了，没钱支付，这哪是“聚宝盆”，妥妥的另一个“垃圾桶”，一不小心都要被诉讼。

关于往来款中最受关注的无疑是应收账款，可以从以下几个方面了解：一是应收账款占营业收入的比例；二是通过账龄和周转率分析应收账款的质量；三是关注应收账款的客户及关联方款项；四是注意坏账计提政策，提防通过会计估计调节利润的情形。

通过应收账款和应付账款可以分析公司的占款能力，即占款能力优秀的公司现金流一定优秀，无疑可以提供选股思路。同时预收账款也是选股的实用科目。

此外，其他应收款、预付账款都是“高危”科目，一不小心就有大额减值的风险。而其他应付款也需要小心，搞不好就成为利润调节的手段，或者是上市公司借款的科目。

# 第四章

# 存　　货

作为投资者，如何认识、理解存货，如何通过存货的一些特性或者指标选出值得投资的公司，如何预防存货减值，尤其是如何预防上市公司的特殊情况，是每一个投资者都需要掌握的知识。

2017年披露年报时，尔康制药对存货和未分配利润同时大幅调减，调减存货2.25亿元，调减未分配利润2.47亿元，几乎坐实了尔康制药存货造假的事实（见下图）。

对2016年12月31日合并资产负责表的影响

单位：人民币元

| 项　目 | 更正前金额 | 调整金额 | 更正后金额 |
|---|---|---|---|
| 应收账款 | 238,657,039.45 | −11,013,181.20 | 227,643,858.25 |
| 存货 | 991,470,398.52 | −224,840,865.22 | 766,629,533.30 |
| 其他应付款 | 35,769,410.19 | 12,077,074.75 | 47,846,484.94 |
| 其他综合收益 | 59,082,720.91 | −988,250.97 | 58,094,469.94 |
| 未分配利润 | 2,013,419,713.00 | −246,947,870.20 | 1,766,476,842.80 |

数据来源：尔康制药年报

獐子岛年报披露游走了价值5.78亿元的存货（见下图），也就是虾夷扇贝，虽然被网友们嘲笑很多年，但是它依然可以在A股“兴风作浪”，监管很难对它进行处罚，农林牧渔行业存货有什么特殊性？

| 资产名称 | 面积（亩） | 账面价值（元） | 平均亩产（公斤/亩） | 核销依据 |
|---|---|---|---|---|
| 2014年底播虾夷扇贝 | 211,403 | 133,227,918.84 | 0.45 | |
| 2015年底播虾夷扇贝 | 304,231 | 157,883,719.76 | 0.88 | 平均亩产过低，不足以弥补采捕成本 |
| 2016年底播虾夷扇贝 | 556,000 | 286,467,880.00 | 0.80 | |
| 合计 | 1,071,634 | 577,579,518.60 | | |

数据来源：獐子岛年报

2018年，欧菲光本来预计全年盈利，但是最后公告计提存货减值损失15.99亿元（见下图），直接由盈利变为大额亏损，扣非归母净利润亏损8.71亿元，为什么会发生这种情况？

| 项目 | 期初余额 | 本期增加金额 | | 本期减少金额 | | 期末余额 |
|---|---|---|---|---|---|---|
| | | 计提 | 其他 | 转回或转销 | 其他 | |
| 原材料 | 9,460,116.52 | 694,494,022.08 | 8,599,800.00 | 12,617,674.66 | | 699,936,263.94 |
| 在产品 | 17,999,924.78 | 45,964,835.90 | 1,900,347.89 | 19,019,605.03 | | 46,845,503.54 |
| 库存商品 | 38,196,759.77 | 849,232,181.72 | 54,764.00 | 33,677,356.87 | | 853,806,348.62 |
| 周转材料 | 214,544.02 | 6,520,840.98 | | 826,734.66 | | 5,908,650.34 |
| 发出商品 | 3,351,508.51 | 950,318.04 | | 350,491.38 | | 3,951,335.17 |
| 委托加工物资 | 63,284.28 | 1,434,655.31 | | 63,284.28 | | 1,434,655.31 |
| 自制半成品 | 65,160.08 | 73,953.60 | | 79,474.87 | | 59,638.81 |
| 合计 | 69,351,297.96 | 1,598,670,807.63 | 10,554,911.89 | 66,634,621.75 | | 1,611,942,395.73 |

数据来源：欧菲光年报

以上上市公司遇到的本质问题都是存货出了问题。存货是绝大多数制造业公司最重要的科目，没有之一。

## 一、存货是什么

我们先来了解一下存货是什么。

对于贵州茅台来说，存货可能是公司买入准备用于酿造飞天茅台的高粱、大米，财报中称为原材料，可能是正在酿造的飞天茅台，财报中称为在产品或者自制半产品，也可能是存放在仓库包装好的飞天茅台，财报中称为库存商品。贵州茅台存货报表附注如下图所示。

**存货**

**存货分类**

√适用 □不适用

单位：元　币种：人民币

| 项目 | 期末余额 | | | 期初余额 | | |
|---|---|---|---|---|---|---|
| | 账面余额 | 跌价准备 | 账面价值 | 账面余额 | 跌价准备 | 账面价值 |
| 原材料 | 2,208,613,401.21 | | 2,208,613,401.21 | 2,540,335,240.39 | | 2,540,335,240.39 |
| 在产品 | 10,154,100,143.47 | 1,283,984.83 | 10,152,816,158.64 | 9,140,724,093.88 | 1,283,984.83 | 9,139,440,109.05 |
| 库存商品 | 1,537,946,635.55 | | 1,537,946,635.55 | 1,403,044,279.14 | | 1,403,044,279.14 |
| 自制半成品 | 9,607,574,646.82 | | 9,607,574,646.82 | 8,974,661,747.88 | | 8,974,661,747.88 |
| 合计 | 23,508,234,827.05 | 1,283,984.83 | 23,506,950,842.22 | 22,058,765,361.29 | 1,283,984.83 | 22,057,481,376.46 |

数据来源：贵州茅台年报

对于万科A来说，存货可能是已经建设完成待出售的北京金域华府，财报中称为已完工开发产品，存货可能是已经开工建设、未建设完成的北京大都会79号，财报中称为在建开发产品，存货可能是所购入的还未来得及开发的建设土地，财报中称为拟开发产品等。万科A存货报表附注如下图所示。

单位：元

| | 2018年12月31日 | | |
|---|---|---|---|
| | 账面余额 | 跌价准备 | 账面价值 |
| 已完工开发产品 | 64,114,138,777.81 | 152,041,355.86 | 63,962,097,421.95 |
| 在建开发产品 | 508,982,388,578.01 | 1,991,185,131.91 | 506,991,203,446.10 |
| 拟开发产品 | 178,468,212,997.72 | 169,626,003.75 | 178,298,586,993.97 |
| 其他 | 1,050,739,576.78 | - | 1,050,739,576.78 |
| 合计 | 752,615,479,930.32 | 2,312,852,491.52 | 750,302,627,438.80 |

数据来源：万科A年报

对于格力电器来说，存货可能是购入用于生产空调的铜线，财报中称为原材料，存货可能是正在生产的空调，财报中称为在产品，存货可能是打好标签准备卖给经销商的空调，财报中称为产成品。格力电器存货报表附注如下图所示。

单位：元

| 项目 | 期初余额 | | |
|---|---|---|---|
| | 账面余额 | 跌价准备 | 账面价值 |
| 原材料 | 4,364,017,515.47 | 164,532,997.94 | 4,199,484,517.53 |
| 在产品 | 2,839,619,387.26 | | 2,839,619,387.26 |
| 产成品 | 9,578,220,085.36 | 48,976,811.03 | 9,529,243,274.33 |
| 合计 | 16,781,856,988.09 | 213,509,808.97 | 16,568,347,179.12 |

数据来源：格力电器年报

所以存货是什么？存货可以是飞天茅台、二锅头，可以是盖好的、正在建设的房子，也可以是空调、冰箱和洗衣机。总之，对于一家上市公司来说，它能提供的产品、为生产产品购入的原材料、生产过程中的在产品等都是存货。

为什么存货是制造业上市公司最重要的科目，因为存货循环基本涵盖了公司生产经营的全过程。

存货循环的第一步是采购部门购买原材料。资产负债表中增加存货（原材料），同时增加应付账款，如果直接使用货币资金支付，那么就是减少货币资金，现金流量表中经营现金流流出。

存货循环的第二步是把原材料生产成产品。资产负债表中存货内部由原材料变成在产品最后成为产成品，同时人工费用、厂房和机器设备等固定资产或者无形资产折旧等也计入存货成本。

存货循环的第三步是把产成品卖出去。这里资产负债表和利润表进行了结合，确认营业收入时增加应收账款，确认营业成本减少存货，等到收到货款时，资产负债表内减少应收账款，增加货币资金，现金流量表中增加经营现金流流入。

事实上，为了把原材料生产成产成品，上市公司还需要购入生产设备、新建车间等，这里就包含固定资产循环，存货大循环几乎涵盖一家上市公司所有的经营活动。周而复始、循环往复。一家上市公司最根本的目标就是把存货卖出去，把钱收回来。

A股有几千家上市公司，如何判断和比较存货对每家上市公司的重要性呢？

这里建议使用指标存货/流动资产或者存货/净资产来比较，这个指标代表资产中存货的重要性，比值越高或许意味着存货对公司越重要。

我们看3个行业、6家知名上市公司2018年底的存货余额及存货/流动资产的比值情况，看看可以发现哪些特点。

首先，不同行业存货占流动资产的比值差异很大。房地产行业存货占流动资产的比值远远高于白酒和家电公司，万科A、贵州茅台、格力电器存货占流动资产的比值分别为58%、17%和10%（见下图），意味着万科A流动资产中58%都是存货，远高于贵州茅台和格力电器。其次，同行业存货占流动资产的比值差异较小，具有很强的可比性。万科存货余额高达7 503亿元，高于保利地产的4 745亿元，但是存货占流动资产的比例只有58%，略低于保利地产的62%，其他两组上市公司存货占流动资产的比例差异也不大。最后，同行业对比来看，存货占流动资产比例理论上越低越好，因为这样存货占用货币资金规模越小，不过并不绝对，还需要结合上市公司自身进行分析。

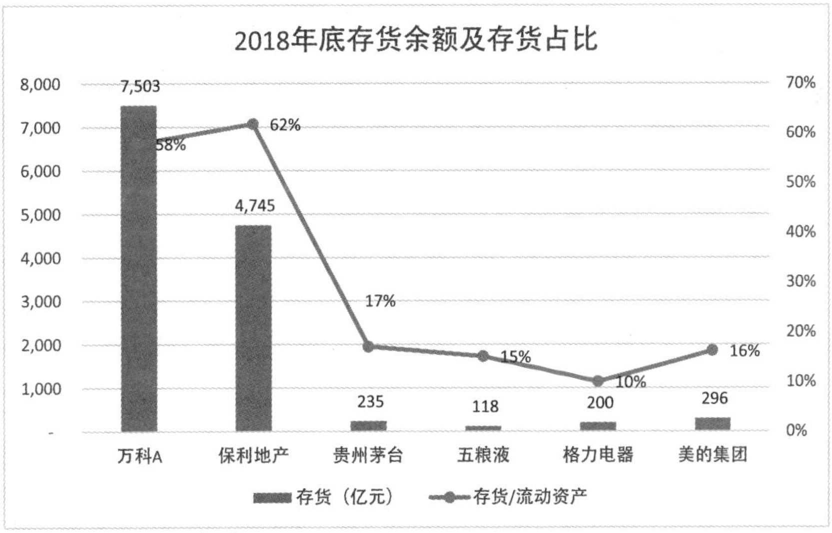


数据来源：WIND，初善君整理

此外，有些行业或者上市公司可能出现存货余额很低甚至为零的情况，这些公司应该不是制造业上市公司。比如，腾讯控股2018年底存货余额只有3亿元，占流动资产的比例不足0.5%，如银行、证券行业存货余额为零，这说明这些行业并不是提供有形的产品，因此存货分析不适应这些行业或者上市公司。

总之，对于一家上市公司来说，它能提供的产品、为生产产品购入的原材料、生产过程中的在产品等都是存货，可以通过存货占流动资产的比例来判断存货的重要性，存货是分析制造业上市公司的重点。

## 二、存货周转率

在一般的财务分析中，把存货归类为流动资产，流动性低于货币资金和应收账款。这个道理很好理解，存货要卖出去才能形成应收账款，而应收账款收回来才能形成货币资金，因此，存货的流动性小于应收账款、货币资金。

本质上存货是对货币资金的占用，对一家制造业上市公司来说，存货越少越好，因为占用货币资金最少，考虑到同行业公司规模千差万别，比较存货绝对值不合适，于是发明了存货周转率这个指标。

公式：存货周转率=营业成本/平均存货余额

存货周转率代表上市公司一年内存货周转了几次，理论上存货周转率越高越好，意味着公司存货转为收入的速度更快。同时，不同行业由于存货生产方式的千差万别，存货周转率存在很大的差异，存货周转率一般用于同行业对比分析。

比如，对比乳制品上市公司存货余额和存货周转率，截至2018年底，伊利股份、光明乳业、天润乳业的存货余额分别为55.07亿元、20.33亿元和1.69亿元，伊利股份远远高于其他两家乳企，余额无法比较优劣。比较存货周转率，2018年伊利股份的存货周转率为9.68次，高于同行业的光明乳业和天润乳业的7.31次和7.11次，伊利股份更优秀（见下图）。这意味着即使同等规模10亿元存货，按成本计算，伊利股份一年可以卖出去96.8亿元，而光明乳业和天润乳业只能卖出去73.1亿元和71.1亿元，自然是伊利股份确认的营业收入更多。

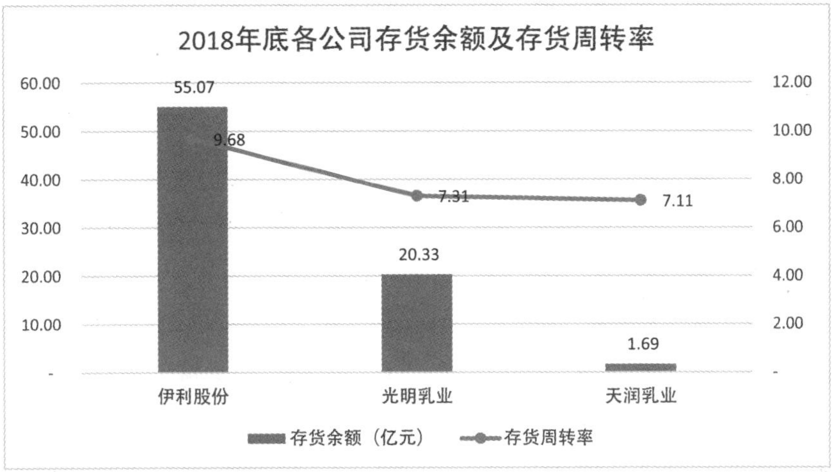


数据来源：WIND，初善君整理

比如，对比2018年啤酒行业主要上市公司的存货周转率（见下图），各家上市公司存货周转率差异更明显，青岛啤酒存货周转率为6.56次，而燕京啤酒的存货周转率只有1.82次，这也意味着青岛啤酒一年26.51亿元的存货周转6.56次，卖出去174亿元成本的啤酒，而燕京啤酒一年38.60亿元的存货周转1.82次，只卖出去70亿元成本的啤酒，这也意味着燕京啤酒的存货创造收入能力远远不如青岛啤酒。

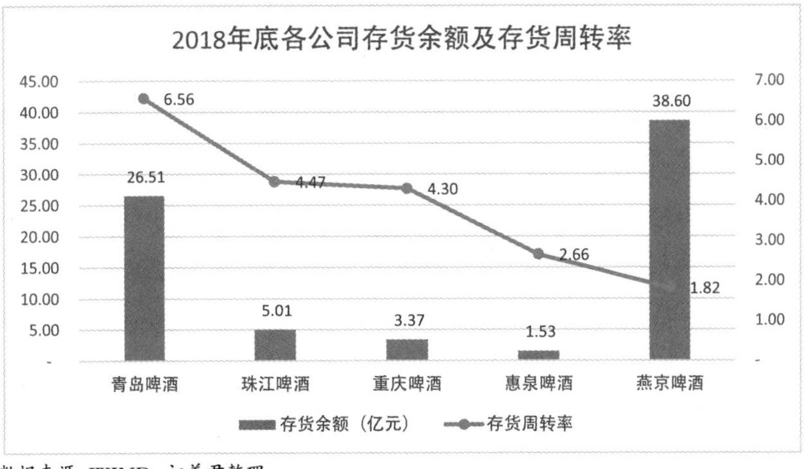


数据来源：WIND，初善君整理

理论上存货周转率越快越好，这也是很多公司以快周转为目标的原因。但是有些行业则例外，这些行业的下游主要是消费者，消费者比较看重品牌，同行业公司毛利率差异较大，存货周转率并非越快越好。有些公司可能选择的是高毛利率模式，追求利润质量而绝对的销量。

比如白酒行业，白酒的生产周期很长，包括粮食采购、酿造、窖藏、再蒸馏勾兑等工艺环节，而酿造窖藏的时间长短，与酒的品质有非常大的关系，好酒需要时间，行业整体存货周转率都偏低。对比来看，贵州茅台2018年存货周转率0.29次，明显低于洋河股份、五粮液和泸州老窖分别为0.47次、0.94次和0.97次（见下图），但是贵州茅台确是行业最厉害的那家公司，本质原因是贵州茅台毛利率高达90%，明显高于五粮液和洋河股份的69%。要知道，假设同样100元的成本，以90%和69%的毛利率来计算，贵州茅台的售价为1 000元，而五粮液和洋河股份售价只有323元，售价相差3倍多。

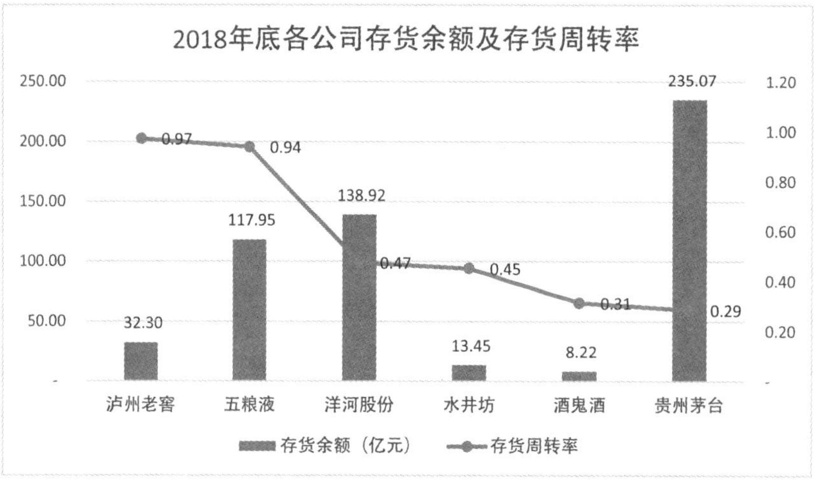


数据来源：WIND，初善君整理

与存货周转率对应的一个指标是存货周转天数，是指存货周转一次需要的天数。

公式：存货周转天数=365/存货周转率

从公式上来看，存货周转天数是存货周转率的倒数。比如，伊利股份2018年的存货周转天数为37天，代表伊利股份的存货从购入原材料到全部卖出去需要37天，这37天代表从奶农手里购进原材料，加工成各种类型的产品，并且卖给经销商。

关于存货周转率，再来看下面两个案例，仅供大家思考。

第一个案例是海天味业。海天味业作为优秀的调味品生产公司，年报显示2018年海天味业的销售收入170.34亿元，营业成本91.19亿元，2018年底存货余额只有12.03亿元，其中还包含蚝油、酱类产品（见下图）。海天酱油2018年的存货周转率为8.13次，周转天数约44天，远远小于公司声称酱油有180天发酵期的事实，因此有人质疑海天味业说谎。

单位：元　币种：人民币

| 项目 | 期末余额 | | | 期初余额 | | |
|---|---|---|---|---|---|---|
| | 账面余额 | 跌价准备 | 账面价值 | 账面余额 | 跌价准备 | 账面价值 |
| 原材料 | 249,446,791.94 | — | 249,446,791.94 | 99,534,145.02 | — | 99,534,145.02 |
| 在产品 | 434,381,259.10 | — | 434,381,259.10 | 556,768,123.12 | — | 556,768,123.12 |
| 库存商品 | 466,448,751.10 | — | 466,448,751.10 | 340,308,324.67 | — | 340,308,324.67 |
| 周转材料 | | | | | | |
| 消耗性生物资产 | | | | | | |
| 建造合同形成的已完工未结算资产 | | | | | | |
| 包装物 | 30,781,306.74 | — | 30,781,306.74 | 25,846,893.19 | — | 25,846,893.19 |
| 低值易耗品 | 22,270,207.70 | — | 22,270,207.70 | 18,662,738.59 | — | 18,662,738.59 |
| 合计 | 1,203,328,316.58 | — | 1,203,328,316.58 | 1,041,120,224.59 | — | 1,041,120,224.59 |

数据来源：海天味业2018年年报

怎样解释这种现象呢？通过拆分存货构成及其对应的周转率来加深存货周转天数的理解。从海天味业年报来看，首先海天味业收入构成中约60%是酱油收入，其存货主要构成为原材料、在产品和库存商品，占存货的比例分别为20.70%、36.08%和38.74%。从分项目分析来看，原材料假设保留一周的库存，周转天数为7天，在产品中假设酱油是180天发酵期，周转天数为180天，其他产品是100天发酵期，得出在产品发酵期约148天，由于库存商品供不应求，假设周转天数为7天。那么海天味业加权周转天数为$0.207\times7+0.360\ 8\times148+0.387\ 4\times7\approx58$（天）。

考虑到这里假设前提较多，与公司实际周转天数44天差异并非不可解释：原材料库存留得很少，甚至只有三五天的库存，产成品卖得更快，也是三五天库存等。当然，也有可能海天酱油中的酱油产品发酵期低于180天。不过通过对海天酱油存货周转率的拆分计算，也可以解释公司酱油180天的发酵期。

第二个案例是碧桂园。我们都知道在地产界，碧桂园的周转速度是其制胜法宝，那么体现在存货周转率上，碧桂园的存货周转率肯定是最快的。事实上真的如此吗？看各家地产上市公司2015—2018年的存货周转率（见下图），可以看到碧桂园0.5次以上的存货周转率确实高于同等规模的中国恒大（0.29次）、融创中国（0.29次）和万科企业（0.27次），所以从存货周转率的角度来看，碧桂园无疑是优秀的。

| 排名 | 代码 | 证券简称 | 存货周转率(次) | | | |
|---|---|---|---|---|---|---|
| | | | 2018年报 | 2017年报 | 2016年报 | 2015年报 |
| 4 | 2007.HK | 碧桂园 | 0.52 | 0.52 | 0.57 | 0.60 |
| 3 | 3380.HK | 龙光地产 | 0.63 | 0.46 | 0.41 | 0.36 |
| 5 | 0017.HK | 新世界发展 | 0.49 | 0.49 | 0.54 | 0.48 |
| 6 | 0884.HK | 旭辉控股集团 | 0.46 | 0.65 | 0.60 | 0.67 |
| 7 | 3383.HK | 雅居乐集团 | 0.45 | 0.57 | 0.61 | 0.50 |
| 8 | 0960.HK | 龙湖集团 | 0.37 | 0.36 | 0.43 | 0.43 |
| 9 | 0813.HK | 世茂房地产 | 0.36 | 0.39 | 0.36 | 0.37 |
| 10 | 3900.HK | 绿城中国 | 0.33 | 0.31 | 0.28 | 0.30 |
| 11 | 1030.HK | 新城发展控股 | 0.32 | 0.47 | 0.60 | 0.61 |
| 12 | 0688.HK | 中国海外发展 | 0.29 | 0.37 | 0.49 | 0.49 |
| 13 | 3333.HK | 中国恒大 | 0.29 | 0.25 | 0.29 | 0.30 |
| 14 | 2777.HK | 富力地产 | 0.29 | 0.30 | 0.37 | 0.30 |
| 15 | 1918.HK | 融创中国 | 0.29 | 0.24 | 0.34 | 0.41 |
| 16 | 2202.HK | 万科企业 | 0.27 | 0.30 | 0.41 | 0.41 |

数据来源：WIND

总之，存货周转率的理解和分析是分析存货的根本指标，也是公司生存的生命线，再怎么强调都不过分。存货周转率的分析一般是同行业公司对比，不同行业之间的差异非常大。一般情况下，存货周转率越快越好，但是当公司之间毛利率差异较大时，就成了公司的战略选择——保价还是保量。

## 三、存货周转率选股

上一节提到存货周转率与毛利率的可能关系，一般来说，同一行业不同的上市公司，存货周转率越高，可能毛利率越低：存货周转率高，意味着公司的产品相对畅销，公司产品畅销意味着公司可能使用低价策略，那么公司相对毛利率会低一些。

是不是真的如此呢？我们来看下面的例子。

下图所示为家居行业上市公司2018年存货周转率及毛利率情况，从整体来看，可以明显看到一个趋势：家居上市公司存货周转越低，毛利率可能越高。比如，中源家居的存货周转率为11.16次，毛利率为27.22%，亚振家居的存货周转率只有0.77次，但是毛利率高达56.19%。可以看到家居行业绝大部分上市公司符合这个规律。

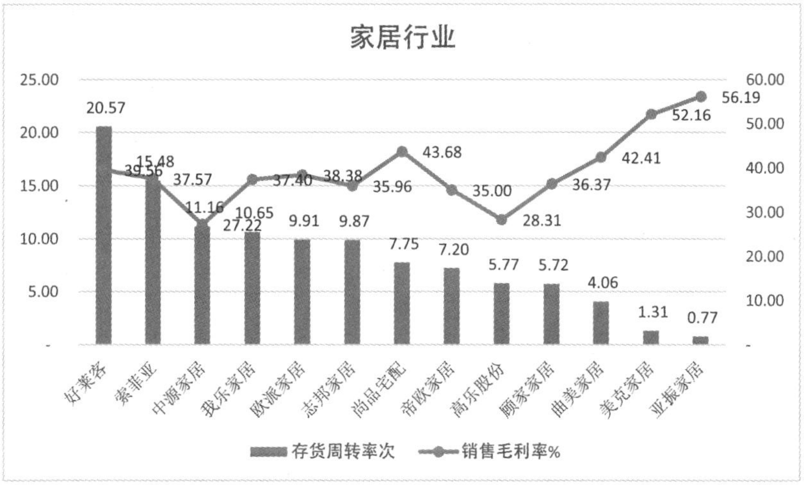


数据来源：WIND，初善君整理

当然，也有部分家居上市公司不符合这个规律，比如存货周转率最高的好莱客，存货周转率达到20.57次，而它的毛利率并不是最低的，达到39.56%，高于不少上市公司。这说明什么？说明公司产品不仅比较赚钱，而且周转速度非常快，从这个角度来看，好莱客是家居行业中比较优秀的上市公司。因此可以通过存货周转率和毛利率的分析来评价和判断家居行业哪家上市公司更优质。

事实上，家居行业中比较突出的上市公司是索菲亚、尚品宅配、志邦家居和好莱客，它们均保持行业平均水平以上的毛利率和较快的周转率。当然规模最大的家居公司是欧派家居，虽然存货周转率和毛利率并不突出，但是也很不错。从规模来看，欧派家居、索菲亚、尚品宅配等公司规模也是位列前面的（见下图）。

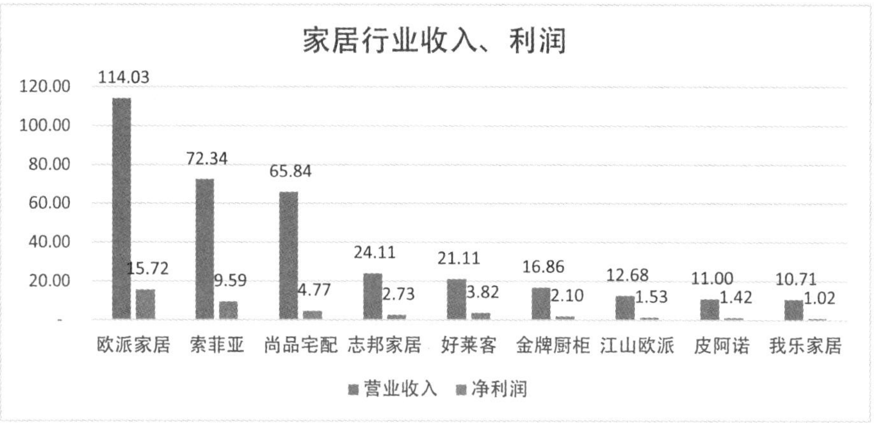


数据来源：WIND，初善君整理

再看一个行业，珠宝行业上市公司存货周转率和毛利率情况。下图所示为A股珠宝销售行业的主要上市公司毛利率和存货周转率，可以看到老凤祥和周大生就属于典型的一个要周转率，一个要毛利率的上市公司。2018年老凤祥毛利率只有7.84%，但是存货周转率达到4.99次，走的是典型薄利多销的路线，是国内珠宝销售规模最大的公司，2018年销售收入高达436亿元。与此对应，2018年周大生毛利率为33.37%，但是存货周转率只有1.37次，这就是两种商业模式的碰撞。

| 证券简称 | 销售毛利率 | | | | 存货周转率(次) | | | |
|---|---|---|---|---|---|---|---|---|
| | 2018年报 | 2017年报 | 2016年报 | 2015年报 | 2018年报 | 2017年报 | 2016年报 | 2015年报 |
| **老凤祥** | **7.84** | **7.94** | **8.48** | **7.83** | **4.99** | **4.99** | **5.17** | **6.51** |
| 金一文化 | 7.08 | 10.27 | 12.53 | 10.45 | 3.75 | 3.82 | 3.45 | 4.24 |
| 金洲慈航 | 2.01 | 14.27 | 18.28 | 7.55 | 3.16 | 6.14 | 7.86 | 8.95 |
| 明牌珠宝 | 8.21 | 9.83 | 9.91 | 7.29 | 2.35 | 2.02 | 1.87 | 2.89 |
| 爱迪尔 | 13.95 | 8.54 | 11.50 | 20.81 | 1.54 | 2.10 | 2.33 | 1.92 |
| 豫园股份 | 21.94 | 14.89 | 14.83 | 10.42 | 1.48 | 4.54 | 3.53 | 4.35 |
| 萃华珠宝 | 9.50 | 8.78 | 10.82 | 6.60 | 1.47 | 1.66 | 1.42 | 2.42 |
| **周大生** | **33.37** | **31.69** | **33.77** | **31.60** | **1.37** | **1.38** | **1.26** | **1.25** |
| 潮宏基 | 38.34 | 36.46 | 37.12 | 36.20 | 1.08 | 1.12 | 1.01 | 1.04 |
| 莱绅通灵 | 54.16 | 53.25 | 52.89 | 52.32 | 0.51 | 0.64 | 0.62 | 0.58 |
| 东方金钰 | -5.28 | 10.41 | 12.86 | 8.72 | 0.34 | 1.00 | 0.92 | 1.53 |

数据来源：WIND，初善君整理

由此得出结论，同行业对比，行业内上市公司的毛利率和存货周转率成反向关系。优秀的上市公司往往是同行业存货周转率高和毛利率更高的上市公司。当然，在实际针对单个上市公司分析时，还需要了解公司的商业模式，这里仅仅做一个简单的对比。

上面是相同行业不同公司之间的对比，那么，对于同一家上市公司来说，对比存货周转率和毛利率长期变动会发现什么问题呢？从长期来看，一家上市公司多年的存货周转率和毛利率变动大概分为以下四种情况。

一是存货周转率上升，毛利率上升。存货周转率上升意味着公司产品很畅销，同时公司还有提价能力，公司提高了毛利率，这无疑是投资者最喜欢的模式。

如下图所示，三聚氰胺后的伊利股份就是存货周转率上升，毛利率上升的典型上市公司。2014年伊利股份毛利率只有32.54%，存货周转率为8.38次，然后存货周转率逐渐加快，毛利率持续提升，到2018年，毛利率达到37.82%，存货周转率达到9.68次。这恰恰是公司竞争力加强的表现，于是我们看到伊利股份股价后来涨了很多倍。

数据来源：WIND，初善君整理

二是存货周转率上升，毛利率下降。存货周转率上升意味着产品加快运转，但是毛利率下降意味着公司成本上升或者没有转移定价的能力。很多定价能力低、替代品多的行业，确实存在这种情况。

典型的如黑电行业，黑电的电视与白电的空调比起来，竞争激烈，技术更新快，产品定价能力比较弱。下图所示为海信电器的毛利率和存货周转率，海信电器的毛利率逐渐下滑，2011年毛利率还有20.87%，2017年和2018年已经低于15%，同时公司的存货周转率由2010年7.12次提高至2018年的8.87次以上。如果一家上市公司业务构成没有变化，但是毛利率却持续下滑，不管周转率上升还是下降，肯定都不是好消息，很可能不是好的投资机会。于是，我们看到海信电器近10年股价几乎没涨。

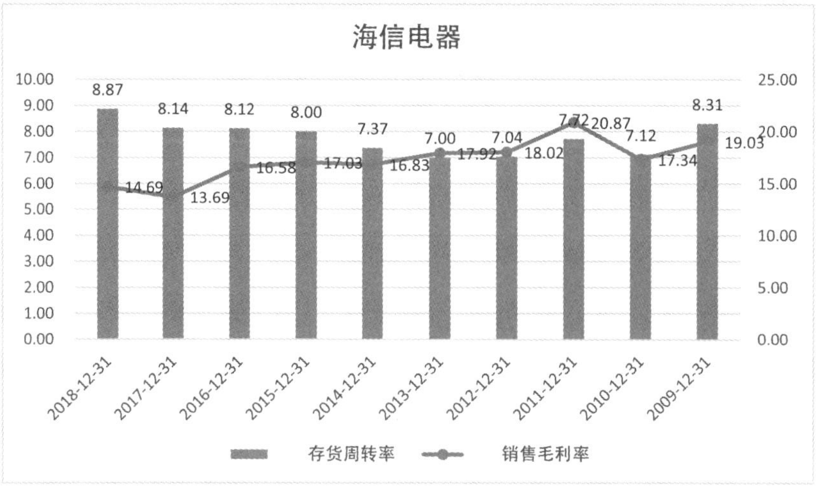

数据来源：WIND，初善君整理

三是存货周转率下降，毛利率上升。存货周转率下降意味着公司产品销售遇到问题，存在滞销的风险，但是公司毛利率居然是上升的。很显然，这有些不符合逻辑，这样的上市公司存在造假的嫌疑。当然，除了造假之外，也确实存在这种公司，如果一家上市公司想提高产品竞争力，会不断地提价，那么它的毛利率肯定会持续上升，同时因为提价，公司产品周转率会有所下滑。

比如涪陵榨菜，由下图可以看到，涪陵榨菜毛利率整体往上走，由2010年的32.36%提升到2018年的55.76%左右。同时，公司存货周转率整体往下走，2010年约4.62次，2018年只有2.93次。这些年涪陵榨菜通过不断提价，提升公司产品的毛利率，同时公司规模在不断扩大，存货周转率往下走虽然不是好迹象但也属于正常现象。

四是存货周转率下降，毛利率下降。存货周转率下降意味着公司产品销售遇到问题，存在滞销的风险，于是公司开始降价销售产品，当看到这样的上市公司就要小心了。

比如欧菲光，2012年以来存货周转率持续下降，由6.20次下降至4.54次，同时毛利率也持续下滑，由20.04%下降至12.32%，这样的结果最终只能通过大额计提存货减值损失来消化（见下图）。

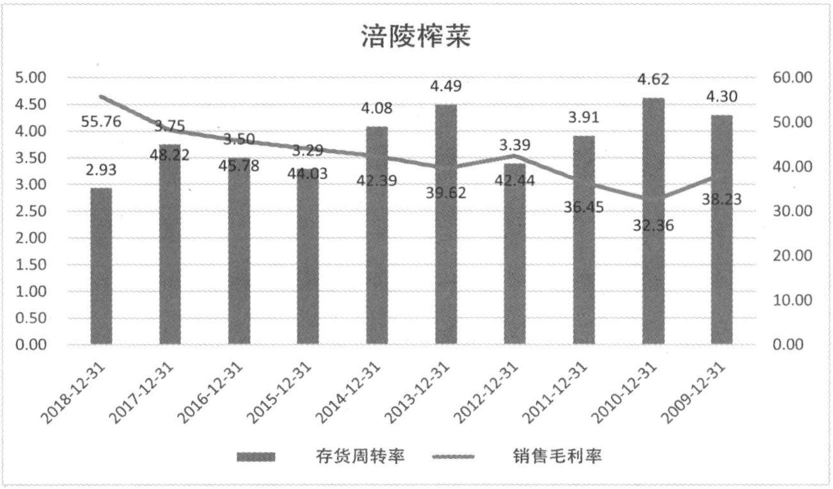


数据来源：WIND，初善君整理

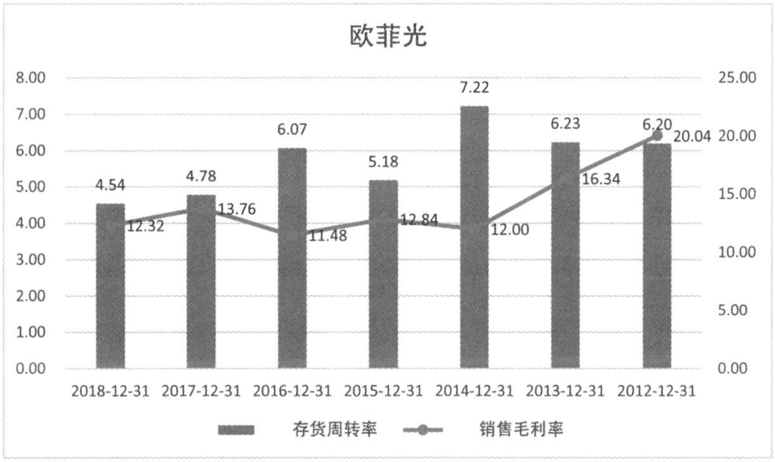


数据来源：WIND，初善君整理

以上就是同一家上市公司存货周转率和毛利率的关系。当然，分析只针对上市公司业务没有大的变化，如果业务发生变化，需要针对业务进行分析。在投资时，尽量选择存货周转率上升、毛利率也上升的上市公司，或者选择毛利率上升、存货周转率下降的上市公司。需要注意的是，这类上市公司有财务造假的风险，需要谨慎对待。我们需要避免存货周转率下降、毛利率也下降的上市公司，这类上市公司很可能会计提大额存货减值损失，也需要尽量避免存货周转率上升，毛利率下降的上市公司，除非毛利率下降是因为产品服务变化导致的，否则这一类上市公司没有产品定价权，根本不值得投资。

当然，以上只是通过存货周转率与毛利率关系的简单分析，在实际投资过程中需要结合上市公司的商业模式、公司遇到的市场环境具体分析，远没有上面那么简单。

## 四、为什么总在去库存

存货是上市公司的主要资产，上市公司属于微观层面，存货也是，但是可以从微观的公司角度来看看宏观存货背后的故事。大家可能经常听到一个说法，叫作去库存，那么究竟什么是去库存？

库存，顾名思义，可以理解为存货，或者是存货中的库存商品，即已经生产完结处于出售业态的产品。这些年大家经常听到房地产去库存或者××行业去库存，为什么会有这样的说法呢？

万物都有周期，在经济或者行业上行周期，行业内公司会扩大投资、增加产能，最终增加产品供应，但是随着产品供应增加，产品供过于求，为了销售过剩的产品，公司选择降价销售。这时，生产的产品成了过剩的累赘，开始挤压、占用公司大量的流动资产，同时销售的产品可能持续亏损，对公司的发展构成极大的不利影响，整个行业都是亏损状态。这时唯一的出路就是去库存，把库存降下来，把钱收回来，形成良性循环。

路径之一是行政管制，比如我们国家之前实行的供给侧改革，要求关闭落后产能、不准新增产能。

路径之二是行业自发，部分企业撑不住，开始申请破产。这两种路径的结果都是产能减少，供应减少，产品价格上涨，公司恢复盈利。

比如，很多人都说2019年汽车行业销量大幅下滑，库存（存货）高企。实际情况究竟如何呢？下图所示为所有A股乘用车上市公司的存货及存货周转率数据，可以看到整个行业存货连年增长，2018年底存货余额高达1 131亿元，存货周转率更是只有11.48次，创下10年以来新低。

数据来源：WIND，初善君整理

毫无疑问，2019年是汽车行业需要去库存的年份，行业的典型特点是存货高企，存货周转率大幅下滑。

那么库存高企还有没有其他特征呢？有，盈利下滑、现金流恶化。比如，汽车行业2017年、2018年归属母公司股东净利润连续两年下滑，经营现金流更是从2017年开始下滑，2018年全行业实现净利润高达547亿元，但是经营现金流只有272亿元，净现比只有0.50，为多年新低（见下图）。

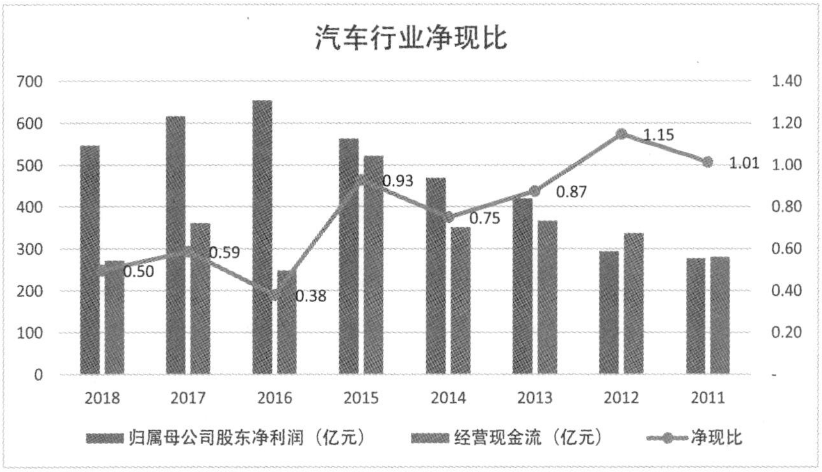


数据来源：WIND，初善君整理

有读者会问了，什么时候参与这些上市公司的投资是最佳时机呢？笔者认为，在行业谷底时就可以参与，但是如何判断行业谷底呢？是不是现在？这些问题就没有标准答案了。

这种反转型投资的关键是：上市公司股价要跌得足够多，这样安全边际要足够大，而且一定要选择在去库存中最受益的上市公司或者是行业中的龙头公司。

再举一个典型的例子——房地产行业，下图所示为房地产行业A股上市公司的存货余额及存货周转率，可以看出典型的房地产周期，虽然存货余额一直在高速增长，但是2015年和2016年全国房价翻倍的两年，房地产行业存货及周转率0.33次和0.35次，明显高于前后年份，所以2015年和2016年是房地产去库存的两年。

数据来源：WIND，初善君整理

而房地产公司股价表现最好的年份，港股的恒大、融创10倍之旅都是从2015年开始，2017年完成的。仅仅两年就完成了股价的10倍之旅。A股的万科和保利地产等上市公司，即使有2015年的牛市，股价也是在2017年之后创出新高。看万科的存货周转率，2015年和2016年也是明显高于其他年份的（见下图）。

| | 2018-12-31 | 2017-12-31 | 2016-12-31 | 2015-12-31 | 2014-12-31 | 2013-12-31 | 2012-12-31 | 2011-12-31 | 2010-12-31 |
|---|---|---|---|---|---|---|---|---|---|
| 报告期 | 年报 | 年报 | 年报 | 年报 | 年报 | 年报 | 年报 | 年报 | 年报 |
| 营运能力 | | | | | | | | | |
| 营业周期 | 1,306.17 | 1,200.60 | 889.48 | 897.58 | 1,144.99 | 1,143.68 | 1,281.18 | 1,430.72 | 1,345.48 |
| 存货周转天数 | 1,304.35 | 1,198.00 | 886.04 | 893.52 | 1,138.88 | 1,137.08 | 1,275.24 | 1,422.92 | 1,337.30 |
| 应收账款周转天数 | 1.83 | 2.60 | 3.43 | 4.05 | 6.11 | 6.60 | 5.94 | 7.80 | 8.19 |
| 存货周转率 | 0.28 | 0.30 | 0.41 | 0.40 | 0.32 | 0.32 | 0.28 | 0.25 | 0.27 |

数据来源：WIND，初善君整理

这里A股房地产股价2017年后才爆发，个人认为是有点滞后的，股价在去库存的年份就应该上涨了。

现在看房地产行业的存货周转率，我们知道又快到房地产去库存的日子了，就是不知道这次如何做到有效的去库存。

所以，为什么总在去库存呢？因为万物总有周期，而没有人可以脱离周期，真正的高手都是逆周期而行。

## 五、存货扫雷

《企业会计准则》规定，资产负债表日，存货应当按照成本与可变现净值孰低计量。存货成本高于其可变现净值的，应当计提存货跌价准备，计入当期损益。理论上计提存货跌价准备是非常常见的，计提大额存货跌价准备是净利润的杀手之一，不得不防。

当然，存货减值并非无迹可寻，恰恰相反，笔者觉得预测存货减值非常简单，当遇到以下情形时，上市公司大概率会计提存货跌价准备。

一是当行业低迷时，行业内上市公司存货减值风险高。

如果投资者买入的是周期型公司，在周期低谷时，存货价格不断下跌，那么存货大概率要发生减值。比如，以钢铁业的马钢股份和太钢不锈为例，马钢股份和太钢不锈7年间共计提存货减值损失67亿和54亿元，两家上市公司计提存货减值金额最高的年份都是2015年，因为那年钢铁业最不景气（见下图）。

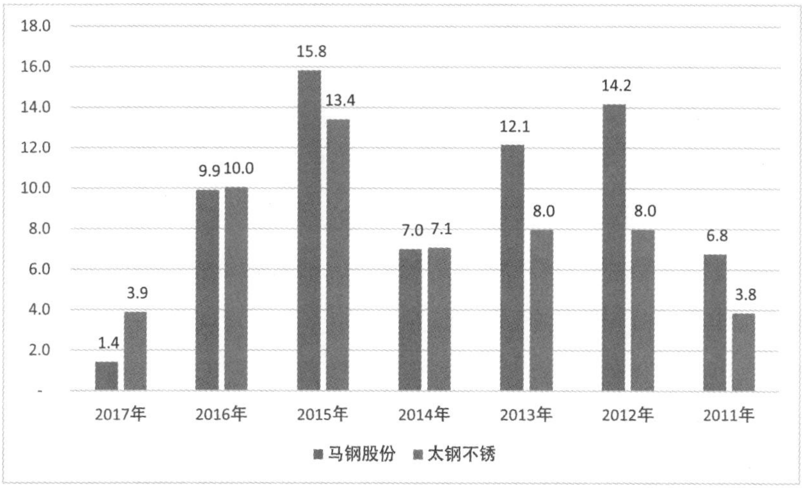


*数据来源：WIND，初善君整理*

二是技术更新换代比较快的行业，行业内上市公司存货减值风险高。

我们知道，由于技术更新快，电子产品行业竞争的激烈，有些电子产品的价格一直在下降，比如手机、彩电等。如果这些行业出现较大的技术更新，那么，其存货发生减值的可能性会大大提高，而一旦存货发生减值，影响巨大。

比如，比较市场上主要黑电和白电公司2011—2017年的存货减值，可以看到，四川长虹、TCL集团、青岛海尔和深康佳A的减值金额远远高于美的集团和格力电器，而原本同一起跑线的家电巨头们，美的集团和格力电器已经成长为巨头，黑电巨头们还在盈亏平衡线挣扎，不得不说与行业的存货减值有关（见下图）。

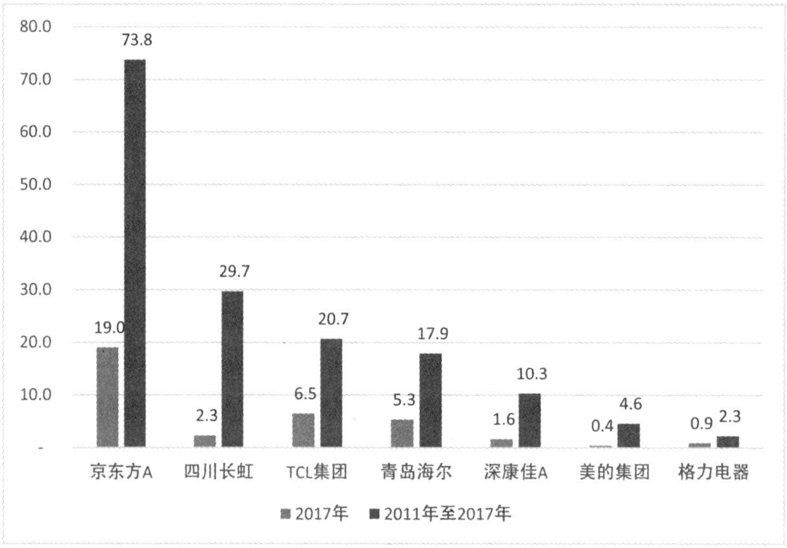


数据来源：WIND，初善君整理

技术升级换代快的行业，可能不是一个好的投资机会，如欧菲科技、曾经计提存货减值损失22亿元的劲胜智能等公司，都是手机行业不景气，客户生产经营遇到问题，不得不计提大额资产减值损失。

三是有些行业的存货天然容易发生减值，比如百货业、服饰业等，也需要注意。

比如重庆百货，重庆百货2018年初公告，表示对2017年末存在可能发生减值迹象的资产，包括存货、固定资产、长期待摊费用等进行全面清查和资产减值测试后，公司结合重庆华康《减值测试报告》，计提2017年度各项资产减值损失25 074.72万元。重庆百货存货余额约27亿元，计提存货减值约2.15亿元，计提比例8%左右（见下图）。

| 项　　目 | 年初至年末计提资产减值损失金额（万元） | 占2017年度经审计归属于母公司所有者的净利润的比例 |
|---|---|---|
| 1．存货 | 21，544.32 | 35.59% |
| 2．长期资产减值准备 | 2，165.15 | 3.58% |
| 1）在建工程减值准备 | 425.81 | 0.70% |
| 2）固定资产减值准备 | 822.35 | 1.36% |
| 3）长期待摊费用减值准备 | 916.99 | 1.51% |
| 3．应收账款和其他应收款 | 1，264.81 | 2.09% |
| 4．其他 | 100.44 | 0.17% |
| **合　计** | **25，074.72** | **41.42%** |

数据来源：重庆百货年报

再如美邦服饰，2017年合计计提3.68亿元，考虑到截至3季度公司账面存货余额22亿元，这个比例还是很高的，而且公司2014年、2015年和2016年分别计提存货减值损失2.17亿元、1.99亿元、2.74亿元，可谓一年一个新高，也难怪公司2015年和2017年会大额亏损。

除了这些常见的容易计提存货减值的情况外，如何预防上市公司计提存货减值损失呢？观察一些财务指标的变化也可以帮助我们预防存货减值损失。

存货占比过高，存货周转率降低，且有计提存货减值前科，笔者把这三点作为预防存货减值的必要不充分条件。存货占比高，说明存货对上市公司非常重要，存货周转率降低说明公司销售遇到问题，而一旦上市公司有计提存货减值损失的前科，那么，上市公司很可能继续会计提存货减值损失。

例如，皇台酒业2018年1月29日晚间公告，经公司财务部牵头对库存商品、财务状况进行盘点和清查，发现库存成品酒出现严重亏库的问题，库亏金额约6 700万元，公司将全额计提资产减值损失，对2017年度业绩产生较大影响。什么意思呢？就是公司价值6 700万元的酒蒸发了。

但是，如果你掌握上面分析存货是否减值的方法，大概率是可以避雷的。查看公司三张表发现，截至2017年3季度末存货价值1.9亿元，占公司总资产3.68亿元约52%，这个存货占比非常高。也就是说，公司总资产的构成中一半以上都是存货。

对照利润表，公司前三季度营业收入只有0.41亿元，也就是存货周转率仅有0.16，存货周转率持续降低，意思是按照这种周转率，公司账面的存货4年才能卖完。有人会说皇台酒业不一样，因为酒会随着时间而变成陈酿。但是对照公司半年报披露，公司管理层多次提到产品销售压力大。

同时，公司在2016年已经计提过存货减值，当年公司表示对截至2016年12月31日的各类资产进行全面清查，通过分析、评估，基于谨慎性原则，对可能发生资产减值损失的相关资产进行减值测试，共计提各类资产减值准备4 596万元。

因此，皇台酒业2017年年报中继续计提大额存货减值损失，一点儿都不意外。

通过对公司财务指标变化，判断公司可能会进行存货减值损失，一点儿都不复杂，如欧菲光、獐子岛等，大家可以尝试分析一下。

总之，存货计提大额减值的一个明显特征就是存货周转率大幅下滑，这意味着存货可能滞销，计提大额减值也在意料之中。

## 六、从生物资产看养猪公司

存货中还有一类特殊的存货，即消耗性生物资产，在养猪股大幅上涨的2019年，很多投资者开始关注这个科目。

消耗性生物资产，是指为出售而持有的，或在将来收获为农产品的生物资产，包括生长中的大田作物、蔬菜、用材林及存栏代售的牲畜等，该科目主要是农林牧渔行业的公司使用。

牧原股份表示，消耗性生物资产分为生猪类及其他，生猪类消耗性生物资产包括仔猪、保育猪、育肥猪；其他消耗性生物资产指绿化环保用林木等。

正邦科技表示，消耗性生物资产主要分为哺乳仔猪、保育仔猪、生长育肥猪，其成本包括饲料费、人工费、兽药费用、固定资产折旧及其他间接费用等。

温氏股份表示，消耗性生物资产就丰富了，包括种鸡蛋、种鸭蛋、种鸽蛋、胚蛋、鸡苗、鸭苗、鸽苗、猪苗、仔牛、肉鸡、肉鸭、肉鸽、肉猪、塘鱼、林木等。

理论上来说，消耗性生物资产作为一类存货，越少越好。但是在2019年上半年，谁的消耗性生物资产越多，代表未来可以销售的生猪越多，在生猪价格大幅上涨时，未来的收入、利润弹性越大。

下图所示为牧原股份、正邦科技和温氏股份的消耗性生物资产变动情况。可以得到以下信息：一是2015年时，牧原股份和正邦科技的消耗性生物资产只有温氏股份的10%左右，2019年上半年已经接近50%，牧原股份和正邦科技的成长性远高于温氏股份，而且牧原股份增长得更快、成长性最好。二是2019年上半年和2018年底相比，牧原股份、正邦科技和温氏股份的消耗性生物资产分别增加4%、10%和-11%，正邦科技显然更快一些。

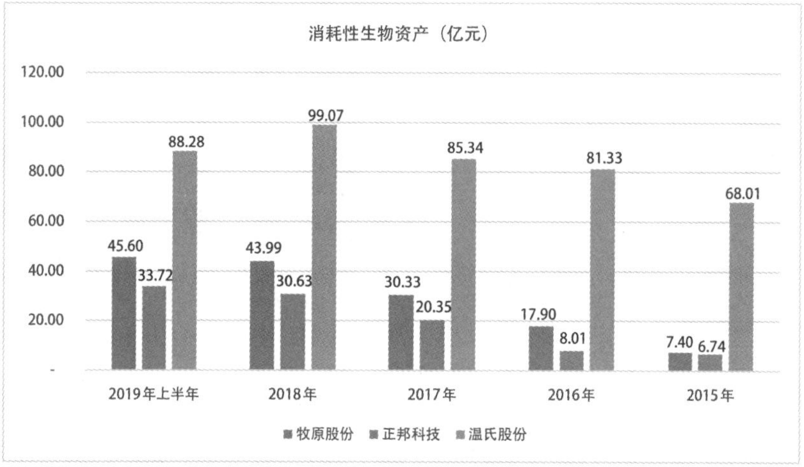


数据来源：初善君整理

在猪价上涨的2019年，谁的手上消耗性生物资产越多，谁下半年可能赚的钱越多，虽然牧原股份和正邦科技增长快，但是温氏股份还是当之无愧的老大。这里没有考虑温氏股份的消耗性生物资产还包括其他鸡、鸭、牛等。

与消耗性生物资产对应的是生产性生物资产，虽然都是生物资产，都是猪，但是两者会计处理完全不一样：消耗性生物资产主要是用来卖的，作为存货处理；生产性生物资产主要是用来繁殖后代的，作为类固定资产处理，进行折旧。

如果说消耗性生物资产代表下半年可以销售商品猪的多少，那么生产性生物资产代表今年谁能生产的仔猪越多，那么明年谁能卖的商品猪就越多。现在生产性生物资产越多，其繁育的仔猪越多，仔猪越多，未来可售的商品猪越多。

下图所示为牧原股份、正邦科技和温氏股份的生产性生物资产变动情况。可以得到以下信息：一是2015年以来牧原股份和正邦科技的成长性远高于温氏股份，生产性生物资产大幅增加，牧原股份增长约4倍，正邦科技增长约6倍，而温氏股份只有1.3倍左右。二是2019年上半年和2018年底相比，牧原股份、正邦科技和温氏股份的消耗性生物资产分别增加21%、13%和-9%，牧原股份无疑赢得了未来。

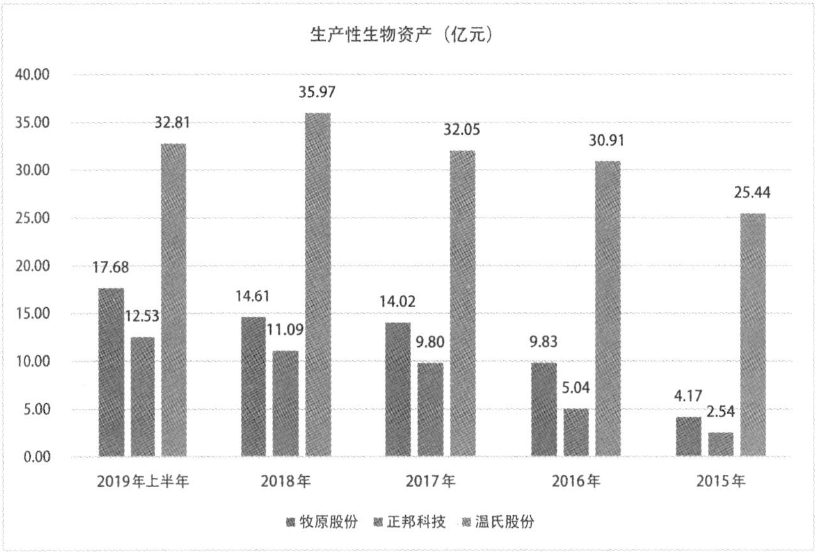


数据来源：初善君整理

很多会说，仔猪可以买啊，并不一定要自繁自育，理论上是如此，不过在猪存栏大幅下滑时，仔猪价格上涨，仔猪到商品猪并不一定赚钱。换句话说，生产性生物资产才是第一生产力。

既然生产性生物资产需要折旧，那么折旧率就显得很重要，生产性生物资产的折旧直接计入消耗性生物资产的成本中，会影响毛利率。

牧原股份表示，生产性生物资产包括：未成熟的种猪、成熟的种猪，种猪包括种公猪和种母猪。生产性生物资产的预计使用寿命是30个月，预计净残值率为30%，月折旧率为2.333%（见下图）。

| 类别 | 预计使用寿命 | 预计净残值率 | 月折旧率 |
|---|---|---|---|
| 种猪 | 30个月 | 30% | 2.333% |

数据来源：牧原股份半年报105页

正邦科技表示，生产性生物资产包括公猪、母猪、种鸭，原来正邦科技还养鸭子。可以看到正邦科技的折旧率如下，预计使用寿命3年，预计净残值率1 000.00元/头（见下表）。

本公司生产性生物资产的预计使用寿命、预计净残值率和年折旧率如下：

| 资产类别 | 预计使用寿命（年） | 预计净残值（率） | 年折旧率 |
|---|---|---|---|
| 公猪 | 3.00 | 1000.00元/头 | — |
| 母猪 | 3.00 | 1000.00元/头 | — |
| 种鸡 | 1.00 | 15.00% | 85.00% |

数据来源：正邦科技公告

温氏股份表示，公司对生产性生物资产种猪和奶牛计提折旧（转移值），计提方法采用直线法平均计算，估计使用年限1~3.5年，预计残值1 100元/头（见下表）。三家的折旧政策均有差异，不好直接比较，至于为什么是1~3.5年，笔者猜测公猪是1年，母猪是3.5年。

| 生产性生物资产类别 | 估计使用年限 | 预计残值 |
|---|---|---|
| 种猪 | 1~3.5年 | 1100元/头 |
| 奶牛 | 5年 | 3000元/头 |

数据来源：温氏股份公告

还有人会问，其他的生产性生物资产呢？温氏股份表示，公司对种猪和奶牛以外的生产性生物资产计提折旧，计提方法采用工作量法，大家可以细细品味其中会计处理的妙处。

关于生产性生物资产的折旧问题，东阿阿胶曾经有过一次有意思的会计政策变更，东阿阿胶不仅是阿胶收入最大的公司，当年还向上游扩展，养了大量的驴。

根据东阿阿胶的公告："变更前：成熟生产性生物资产的成龄种驴，按照年限平均法计提折旧，折旧年限为5年，净残值率为5%。变更后：成熟生产性生物资产的成龄种驴，按照年限平均法计提折旧，折旧年限为10年，净残值率为60%。"

变更的意思就是大幅减少折旧，虽然只减少了几百万，但是可以想见，2018年后东阿阿胶的业绩压力，也难怪2019年业绩大幅下滑70%以上。

不可否认，生物资产是造假的高发科目，尤其是水下的、山上的、地里的，根本原因在于盘点难度高，核查不易。最典型的例子是蓝田股份、獐子岛和康美药业等，这里不再赘述。

# 第五章

# 长期资产

前面讲的科目，包括货币资金、往来款、存货等在资产负债表中均为流动资产，也被称为一年内可以变现的资产。与流动资产对应，就是非流动资产，包括在建工程、固定资产、无形资产、商誉等科目，这些科目代表的资产，其显著特点变现时间超过一年，不能直接进入利润表，而是通过折旧、摊销的方式计入利润表。

本章内容主要包括固定资产、在建工程、投资性房地产和无形资产，4个科目联系紧密。例如，土地使用权，如果购入土地使用权建设厂房，那么土地使用权计入无形资产；如果购入土地使用权建设商铺出租，那么土地使用权计入投资性房地产；当然，也有上市公司把土地使用权计入固定资产核算。所以，很明显这几个科目之间的差异不大，在哪个科目核算主要取决于资产的性质和用途。

# 一、固定资产

固定资产是制造业上市公司一项常见的长期资产，也是很多重资产行业的核心资产。

本节需要理解固定资产的定义、固定资产背后的深层次含义、固定资产折旧政策、不同折旧政策的影响，最后学会如何预防固定资产大额减值等。

### 1. 固定资产的定义

什么是固定资产呢？常见的固定资产包括房屋建筑物、机器设备、机械设备、运输工具及其他与生产、经营有关的设备、工具、器具等，这些只是笼统的归类，不是会计的概念。

《企业会计准则》规定，同时具有下列特征的有形资产，是固定资产：一是为生产商品、提供劳务、出租或经营管理而持有的；二是使用寿命超过一个会计年度。

有形资产对应无形资产，也就是说，固定资产必须是看得见、摸得着的资产，一般情况下，土地使用权是无形的，不能进入固定资产。同时持有目的是生产经营，比如房地产公司建好的房屋建筑物就不适合用固定资产核算，它们一般把房子作为存货核算。使用寿命，是指公司固定资产的预计使用期间，或者该固定资产所能生产产品或提供劳务的时间，这个时间期限必须大于1年。

公司的所有支出最终都会体现在利润表的成本费用中，那么固定资产如何体现呢？如果把这种服务期限超过1年的资产直接计入成本费用，那么公司当期的利润很可能会大幅亏损，以后年度的利润表会大幅盈利，很显然这不科学。换句话来说，一项资产计入固定资产进行折旧还是直接计入成本费用，区别很大。

比如，买入一台电脑3 000元，假如计入固定资产，3年折旧，每年折旧费1 000元，计入成本费用1 000元，利润减少1 000元；如果是直接计入成本费用，那就是成本费用3 000元，利润减少3 000元。

可以发现，计入固定资产还是直接计入费用的关键不是电脑的价格是多少，这就为很多公司的操作留下了空间。实际操作时，大型公司如果把所有使用周期超过一年的设备、器具都按照固定资产核算，一些单价低的资产，如电脑等，数量非常多，无疑会增加核算难度，不符合成本效益性原则。因此，针对单价低、数量大、使用寿命即使三五年，大公司也会直接作为费用处理。

如果一家上市公司把这些难以管理的电脑设备全部作为固定资产核算，那么上市公司肯定也有业绩压力。

例如，分众传媒作为电梯广告业的霸主，毛利率、净利率非常高，它主要固定资产是挂在电梯里的显示屏，分众传媒是如何对显示屏进行会计处理的呢？

首先估算这些显示屏的单价，根据2018年年报，分众传媒全年新增41.3万个点位，假设一个点位是一个显示屏，那么就是新增41.3万个显示屏，同时新增媒体类固定资产原值16.21亿元，可以计算得出显示屏的单价是3 925元。考虑到显示屏单价不超过5 000元，即使显示屏使用年限可能有三五年，像分众传媒这种大公司大概率也会直接计入费用。但是，分众传媒把显示屏放在固定资产核算。

下图所示为分众传媒2018年年报固定资产明细，可以看到固定资产总额为30.62亿元，其中媒体资产高达29.23亿元，占比高达95%，同时2018年全年新增媒体资产原值16.21亿元，计提折旧2.06亿元。换句话来说，如果这些单价小于5 000元的媒体资产全部直接计入费用，那么，分众传媒将减少利润14.15亿元（16.21−2.06），占当年利润总额69亿元的21%。

分众传媒把媒体资产作为固定资产处理本身并没有什么大问题，确实符合公司会计准则，只不过分众传媒的会计政策选择相对激进，而且可以判断分众传媒有一定的业绩压力。事实上，2019年分众传媒业绩确实大幅减少。

| 项目 | 媒体资产 | 办公设备 | 运输工具及其他 | 房屋建筑物 | 合计 |
|---|---|---|---|---|---|
| 一、账面原值： | | | | | |
| 1.期初余额 | 1,485,772,087.14 | 77,019,745.61 | 20,089,570.67 | 10,225,357.90 | 1,593,106,761.32 |
| 2.本期增加金额 | 1,621,862,172.13 | 25,373,720.04 | 6,085,578.71 | 24,305,849.65 | 1,677,627,320.53 |
| （1）购置 | 1,620,930,673.78 | 25,337,596.16 | 6,079,552.45 | 24,305,849.65 | 1,676,653,672.04 |
| （2）在建工程转入 | | | | | |
| （3）企业合并增加 | | | | | |
| （4）汇兑调整 | 931,498.35 | 36,123.88 | 6,026.26 | | 973,648.49 |
| 3.本期减少金额 | 185,022,977.22 | 8,905,002.87 | 4,042,677.03 | 10,923,030.50 | 208,893,687.62 |
| （1）处置或报废 | 178,205,935.71 | 8,900,079.79 | 4,042,677.03 | 10,923,030.50 | 202,071,723.03 |
| （2）盘亏 | 6,817,041.51 | | | | 6,817,041.51 |
| （3）企业处置减少 | | 4,923.08 | | | 4,923.08 |
| 4.期末余额 | 2,922,611,282.05 | 93,488,462.78 | 22,132,472.35 | 23,608,177.05 | 3,061,840,394.23 |
| 二、累计折旧 | | | | | |
| 1.期初余额 | 1,153,325,693.50 | 61,686,669.42 | 14,208,534.57 | 2,921,932.32 | 1,232,142,829.81 |
| 2.本期增加金额 | 205,512,490.78 | 9,026,041.24 | 4,814,673.30 | 324,047.27 | 219,677,252.59 |
| （1）计提 | 205,433,188.32 | 9,019,962.25 | 4,813,467.56 | 324,047.27 | 219,590,665.40 |
| （2）汇兑调整 | 79,302.46 | 6,078.99 | 1,205.74 | | 86,587.19 |
| 3.本期减少金额 | 171,589,381.36 | 8,701,529.52 | 3,618,411.23 | | 183,909,322.11 |
| （1）处置或报废 | 164,778,901.18 | 8,701,399.61 | 3,618,411.23 | | 177,098,712.02 |
| （2）盘亏 | 6,810,480.18 | | | | 6,810,480.18 |
| （3）企业处置减少 | | 129.91 | | | 129.91 |
| 4.期末余额 | 1,187,248,802.92 | 62,011,181.14 | 15,404,796.64 | 3,245,979.59 | 1,267,910,760.29 |
| 三、减值准备 | | | | | |
| 1.期初余额 | 3,517,586.90 | 6,201,506.05 | | | 9,719,092.95 |
| 2.本期增加金额 | | | | | |
| （1）计提 | | | | | |
| | | | | | |
| 3.本期减少金额 | 650,178.63 | 415,205.57 | | | 1,065,384.20 |
| （1）处置或报废 | 650,178.63 | 415,205.57 | | | 1,065,384.20 |
| | | | | | |
| 4.期末余额 | 2,867,408.27 | 5,786,300.48 | | | 8,653,708.75 |
| 四、账面价值 | | | | | |
| 1.期末账面价值 | 1,732,495,070.86 | 25,690,981.16 | 6,727,675.71 | 20,362,197.46 | 1,785,275,925.19 |
| 2.期初账面价值 | 328,928,806.74 | 9,131,570.14 | 5,881,036.10 | 7,303,425.58 | 351,244,838.56 |

数据来源：分众传媒公司公告

### 2. 固定资产折旧

折旧与摊销一样，是固定资产或者无形资产转入利润表的途径，那么折旧是什么意思呢？

公司生产产品，需要购买直接材料、雇用工人，还得有厂房、机器设备，材料费、人工费比较容易核算，这些厂房、设备的成本如何合理地计入产品成本中呢？要知道这些设备、厂房会使用很多年，会用于生产很多产品，其成本不仅仅是为取得当期收入而发生，也是为以后取得收入而发生。因此，按照一定的方法把固定资产成本分摊到每期是最符合经济业务实质的做法，折旧就是固定资产成本的分摊方法。

理解固定资产折旧需要关注折旧的三要素：一是折旧年限，二是折旧计提方法，三是残值率。

一是折旧年限。折旧年限一般小于等于固定资产的使用年限。假设一项固定资产原值2 000万元，假设可以使用10年，那么按照平均年限计提折旧，每年计提折旧金额200万元，假设可以使用5年，那么，按照平均年限计提折旧，每年计提折旧金额400万元。虽然2 000万元都要通过折旧进入利润表，但是折旧年限越短，每年折旧额越高，越快计提完折旧。换句话来说，折旧年限长短的选择可以调节上市公司的利润。

税法上对固定资产的最低折旧年限做了基本规定：房屋、建筑物为20年；飞机、火车、轮船、机器、机械和其他生产设备为10年；与生产经营活动有关的器具、工具、家具等为5年；飞机、火车、轮船以外的运输工具为4年；电子设备为3年。

虽然税法上对固定资产最低折旧年限做了规定，固定资产折旧年限一般由上市公司自行选择，这就给上市公司进行利润调节提供了巨大的空间。保守的上市公司折旧年限短，前期利润低；激进的公司折旧年限长，前期利润高。

下图所示为LED行业主要上市公司的毛利率情况，可以看到三安光电的毛利率明显高于可比的3家上市公司，2017年，三安光电LED的毛利率为45%，华灿光电、澳洋顺昌和乾照光电分别为31%、32%和38%。假设产品最终售价都是100元，意味着三安光电的成本为55元，而华灿光电和澳洋顺昌为68元，三安光电的成本明显低于可比的上市公司。

我们要知道，LED行业是一个典型的重资产行业，项目投资额相对较大，因此，行业上市公司最重要的资产就是固定资产。截至2018年9月底，三安光电和华灿光电的固定资产净额分别为87亿元和50亿元，占总资产的比例分别为37%和29%，如果看构成，房屋及建筑物、机器设备、运输工具和其他设备4项固定资产中，占比最大固定资产类型的是机器设备，占固定资产的比例接近71%（见下图）。

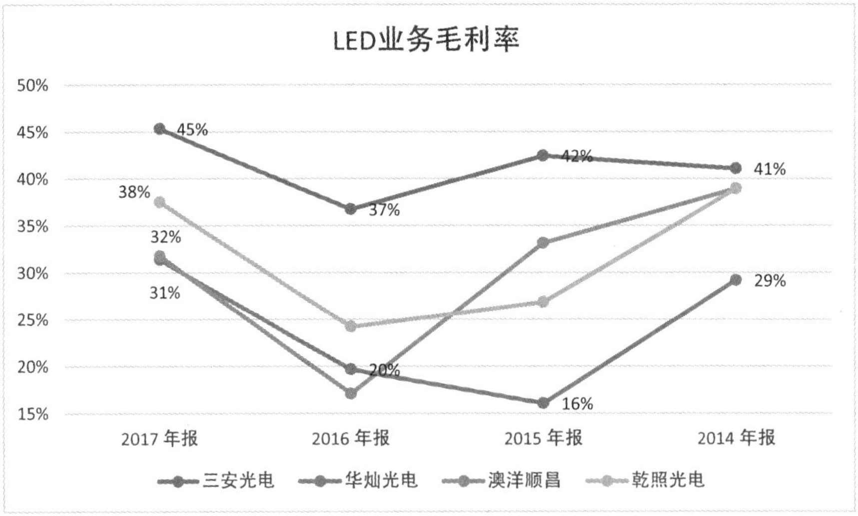


数据来源：WIND，初善君整理

单位：元　币种：人民币

| 项目 | 房屋及建筑物 | 机器设备 | 运输工具 | 其他设备 | 合计 |
|---|---|---|---|---|---|
| 一、账面原值： | | | | | |
| 1. 期初余额 | 1,806,834,142.47 | 7,877,819,136.77 | 36,982,523.02 | 331,921,806.30 | 10,053,557,608.56 |
| 2. 本期增加金额 | 686,907,082.96 | 2,188,004,466.93 | 4,309,734.59 | 40,887,497.45 | 2,920,108,781.93 |
| （1）购置 | 4,651,959.25 | 57,880,588.00 | 779,883.21 | 8,193,916.37 | 71,506,346.83 |
| （2）在建工程转入 | 682,255,123.71 | 2,130,123,878.93 | 3,529,851.38 | 32,693,581.08 | 2,848,602,435.10 |
| （3）企业合并增加 | | | | | |
| 3. 本期减少金额 | 4,009,467.00 | 119,155,114.72 | 1,742,078.00 | 12,854,351.01 | 137,761,010.73 |
| （1）处置或报废 | 1,678,330.61 | 118,510,387.37 | 1,742,078.00 | 11,635,206.28 | 133,566,002.26 |
| （2）外币报表折算影响 | 2,331,136.39 | 644,727.35 | | 1,219,144.73 | 4,195,008.47 |
| 4. 期末余额 | 2,489,731,758.43 | 9,946,668,488.98 | 39,550,179.61 | 359,954,952.74 | 12,835,905,379.76 |
| 二、累计折旧 | | | | | |
| 1. 期初余额 | 217,648,821.40 | 3,211,543,579.46 | 19,738,160.61 | 170,222,346.62 | 3,619,152,908.09 |
| 2. 本期增加金额 | 69,204,457.83 | 948,685,611.94 | 10,309,377.16 | 35,867,508.08 | 1,064,066,955.01 |
| （1）计提 | 69,204,457.83 | 948,685,611.94 | 10,309,377.16 | 35,867,508.08 | 1,064,066,955.01 |

101 / 151

600703　　2017年年度报告

| | | | | | |
|---|---|---|---|---|---|
| 3. 本期减少金额 | 196,042.48 | 57,706,096.27 | 1,654,974.10 | 6,354,977.25 | 65,912,090.10 |
| （1）处置或报废 | 56,663.08 | 57,302,195.25 | 1,654,974.10 | 5,795,979.78 | 64,809,812.21 |
| （2）外币报表折算影响 | 139,379.40 | 403,901.02 | | 558,997.47 | 1,102,277.89 |
| 4. 期末余额 | 286,657,236.75 | 4,102,523,095.13 | 28,392,563.67 | 199,734,877.45 | 4,617,307,773.00 |
| 三、减值准备 | | | | | |
| 1. 期初余额 | | | | | |
| 2. 本期增加金额 | | | | | |
| （1）计提 | | | | | |
| 3. 本期减少金额 | | | | | |
| （1）处置或报废 | | | | | |
| 4. 期末余额 | | | | | |
| 四、账面价值 | | | | | |
| 1. 期末账面价值 | 2,203,074,521.68 | 5,844,145,393.85 | 11,157,615.94 | 160,220,075.29 | 8,218,597,606.76 |
| 2. 期初账面价值 | 1,589,185,321.07 | 4,666,275,557.31 | 17,244,362.41 | 161,699,459.68 | 6,434,404,700.47 |

数据来源：WIND，公司公告

对比一下三安光电和华灿光电的折旧政策，或许就会明白三安光电毛利率领先的原因了。

三安光电机器设备的折旧年限为8~25年（见下图）。

**折旧方法**

√适用 □不适用

| 类别 | 折旧方法 | 折旧年限（年） | 残值率 | 年折旧率 |
|---|---|---|---|---|
| 房屋建筑物 | 年限平均法 | 30 | 5.00% | 3.17% |
| 机器设备 | 年限平均法 | 8~25 | 5.00% | 3.8%~11.875% |
| 运输工具 | 年限平均法 | 5 | 5.00% | 19% |
| 其他设备 | 年限平均法 | 5 | 5.00% | 19% |

*数据来源：WIND，初善君整理*

华灿光电机器设备的折旧年限只有5~10年（见下图）。

**折旧方法**

| 类别 | 折旧方法 | 折旧年限 | 残值率 | 年折旧率 |
|---|---|---|---|---|
| 房屋建筑物 | 年限平均法 | 20~50 | 5% | 1.90%~4.75% |
| 机器设备 | 年限平均法 | 5~10 | 5% | 9.50%~19.00% |
| 运输设备 | 年限平均法 | 5 | 5% | 19.00% |
| 其他设备 | 年限平均法 | 5 | 5% | 19.00% |

*数据来源：WIND，初善君整理*

从折旧年限上可以看出，与华灿光电相比，三安光电的折旧年限更长。因此，计提折旧金额更低，计入存货成本的金额更低，因此，毛利率更高。

我们还可以根据附注计算综合折旧率，比较综合折旧率更直观。综合折旧率=当期计提折旧金额/[(期初固定资产+期末固定资产)/2]，可以计算出2018年上半年三安光电和华灿光电的综合折旧率分别为6%和8%，与上面的固定资产折旧计提年限匹配，三安光电计提折旧金额更低。如果按照8%的综合折旧率计提折旧，三安光电2018年上半年需要多计提折旧约2亿元。也就是说，三安光电2018年上半年虚高利润接近2亿元，全年就是4亿元。

这也难怪三安光电的毛利率会这么高，如果仅仅把这一项加进去，三安光电的毛利率下降了约5个点，与其他几家公司的毛利率差异也就没有那么大了。

二是折旧计提方法。折旧计提方法有很多种，包括年限平均法、工作量法、双倍余额递减法和年数总和法等。这里笔者无意去解释每种折旧计提方法如何计算折旧金额，大家只需知道同样的资产不同的折旧计提方法折旧金额也有差异，也会影响净利润。

关于折旧计提方法，还有几个会计的知识点：首先是固定资产的折旧方法一经确定，不得随意变更，一旦变更，就是进行利润调节。其次是固定资产应当按月计提折旧，并根据其用途计入相关资产的成本或者当期损益。再次是当月增加的固定资产，当月不计提折旧，从下月起计提折旧；当月减少的固定资产，当月仍计提折旧，从下月起停止计提折旧。最后是固定资产提完折旧后，不管能否继续使用，均不再提取折旧。

三是残值率，或者称为残值额。残值额是指固定资产折旧计提完毕后的剩余金额，这个金额也是公司估算的，也会影响折旧计提金额，因此也会影响净利润。

这里举一个生产性生物资产的例子，生产性生物资产一般指种驴、种猪等，与固定资产类似。2018年东阿阿胶披露了《东阿阿胶股份有限公司关于公司会计估计变更的公告》，变更前：成熟生产性生物资产的成龄种驴，按照年限平均法计提折旧，折旧年限为5年，净残值率为5%；变更后：成熟生产性生物资产的成龄种驴，按照年限平均法计提折旧，折旧年限为10年，净残值率为60%。

什么意思呢？假如一头种驴价值一万元，以前假设它可以做5年种驴，也就是5年的折旧年限，考虑到5%的净残值率，那么每年计提折旧1 900元。现在它延迟退休，可以做10年种驴，同时残值率提高到60%，那么每年只计提折旧400元，前后差异快5倍了。东阿阿胶会计估计变更也体现了它的业绩压力，2019年业绩也爆雷了。

### 3. 如何理解固定资产

我们经常说重资产行业，一般指长期资产占比较高的行业，这里长期资产包含固定资产、无形资产等。这类公司的特点是前期投入巨大，比较典型的包括公共设施、机场、公路、水电等行业，虽然前期投入巨大，好处是后期折旧巨大，经营现金流净额往往不错。

那么，如何判断哪些行业属于重资产行业呢？除了看固定资产绝对值高低之外，还可以比较固定资产占总资产的比例，比例越高说明公司资产属性越重。

比如，导出固定资产占总资产比例，截至2019年6月底，固定资产占总资产比例最高的上市公司基本分布在公用事业行业。占比最高的黔源电力高达95%，固定资产余额为151.12亿元，2019年上半年共计提折旧3.01亿元，经营活动产生的现金流量净额则高达9.55亿元。其他水电公司如华能水电、长江电力也属于固定资产占比非常高的上市公司，2019年上半年分别计提折旧28.32亿元和60.62亿元。此外，吉林高速、福建高速、招商南油、白云机场是另外几家固定资产占比非常高的公司（见下表）。

| 证券简称 | 固定资产（亿元） | 资产总计（亿元） | 固定资产占比（%） | 上半年折旧（亿元） | 经营活动产生的现金流量净额（亿元） |
|---|---|---|---|---|---|
| 黔源电力 | 151.12 | 159.71 | 95 | 3.01 | 9.55 |
| *ST利源 | 105.98 | 118.75 | 89 | 2.69 | −0.18 |
| 吉林高速 | 55.95 | 65.49 | 85 | 0.94 | 1.88 |
| *ST河化 | 3.18 | 3.73 | 85 | 0.14 | −0.08 |
| 华能水电 | 1 400.29 | 1 679.05 | 83 | 28.32 | 69.61 |
| 招商南油 | 62.78 | 76.71 | 82 | 1.99 | 4.61 |
| 白云机场 | 212.48 | 260.36 | 82 | 7.21 | 14.06 |
| 福建高速 | 140.39 | 175.08 | 80 | 3.28 | 4.11 |
| *ST金山 | 156.77 | 195.66 | 80 | 4.77 | 6.91 |
| 桂冠电力 | 356.46 | 449.23 | 79 | 11.77 | 27.56 |
| 长江电力 | 2 318.53 | 2 983.17 | 78 | 60.62 | 138.28 |

数据来源：WIND，2019年半年报

当我们看到一家上市公司固定资产金额非常高时，如何了解固定资产构成，第一步肯定还是要看报表附注，也就是看看这家公司的固定资产主要包含哪些内容。

举个例子，上表中的长江电力，固定资产余额高达2 318.53亿元，金额非常高，那么具体核算的是什么呢？报表附注显示，长江电力固定资产分类包括挡水建筑物、房屋及建筑物、机器设备等，原值分别为1 419亿元、897亿元和1 011亿元，其他运输工具、电子及其他设备比较少（见下图）。其中金额最大的是挡水建筑物，一个发电机组，挡水建筑物最花钱，其次才是机器设备。这个表中可以看到原值及变动、折旧额及变动、期末净值。

单位：元　币种：人民币

| 项目 | 挡水建筑物 | 房屋及建筑物 | 机器设备 | 运输工具 | 电子及其他设备 | 合计 |
|---|---|---|---|---|---|---|
| 一、账面原值： | | | | | | |
| 1. 期初余额 | 141,895,966,197.29 | 89,680,970,321.87 | 101,144,817,312.78 | 196,590,065.08 | 790,978,922.36 | 333,709,322,819.38 |
| 2. 本期增加金额 | | 841,657.38 | 13,229,303.44 | 3,453,149.30 | 2,058,738.32 | 19,582,848.44 |
| （1）购置 | | | 7,463,389.75 | 3,453,149.30 | 1,596,669.35 | 12,513,208.40 |
| （2）在建工程转入 | | 841,657.38 | 5,765,913.69 | | 462,068.97 | 7,069,640.04 |
| （3）企业合并增加 | | | | | | |
| 3. 本期减少金额 | | 15,541,170.53 | 93,300,667.98 | 4,705,452.99 | 7,736,865.75 | 121,284,157.25 |
| （1）处置或报废 | | 15,541,170.53 | 93,300,667.98 | 4,705,452.99 | 7,736,865.75 | 121,284,157.25 |
| 4. 期末余额 | 141,895,966,197.29 | 89,666,270,808.72 | 101,064,745,948.24 | 195,337,761.39 | 785,300,794.93 | 333,607,621,510.57 |
| 二、累计折旧 | | | | | | |
| 1. 期初余额 | 27,059,523,164.22 | 17,381,699,027.29 | 50,787,144,298.00 | 147,993,378.54 | 421,074,838.30 | 95,797,434,706.35 |
| 2. 本期增加金额 | 1,602,427,366.54 | 1,200,135,577.33 | 3,235,953,390.54 | 4,445,992.20 | 18,710,095.98 | 6,061,672,422.59 |
| （1）计提 | 1,602,427,366.54 | 1,200,135,577.33 | 3,235,953,390.54 | 4,445,992.20 | 18,710,095.98 | 6,061,672,422.59 |
| 3. 本期减少金额 | | 9,270,995.94 | 83,402,226.38 | 4,565,429.41 | 7,713,908.46 | 104,952,560.19 |
| （1）处置或报废 | | 9,270,995.94 | 83,402,226.38 | 4,565,429.41 | 7,713,908.46 | 104,952,560.19 |
| 4. 期末余额 | 28,661,950,530.76 | 18,572,563,608.68 | 53,939,695,462.16 | 147,873,941.33 | 432,071,025.82 | 101,754,154,568.75 |
| 三、减值准备 | | | | | | |
| 1. 期初余额 | | | | | | |
| 2. 本期增加金额 | | | | | | |
| （1）计提 | | | | | | |
| 3. 本期减少金额 | | | | | | |
| （1）处置或报废 | | | | | | |
| 4. 期末余额 | | | | | | |
| 四、账面价值 | | | | | | |
| 1. 期末账面价值 | 113,234,015,666.53 | 71,093,707,200.04 | 47,125,050,486.08 | 47,463,820.06 | 353,229,769.11 | 231,853,466,941.82 |
| 2. 期初账面价值 | 114,836,443,033.07 | 72,299,271,294.58 | 50,357,673,014.78 | 48,596,686.54 | 369,904,084.06 | 237,911,888,113.03 |

92 / 174

2019 年半年度报告

数据来源：WIND，公司公告

如下图所示，白云机场固定资产余额为212.48亿元，固定资产构成主要是房屋及建筑物、机器设备、运输工具和其他设备。其中，房屋及建筑物原值高达196亿元，也就是机场的航站楼。机场最重要的固定资产就是航站楼。

不知道大家发现没有，固定资产基本都是按类别披露，其实并不适合投资者阅读，完全看不懂这些类别固定资产背后的内容。如果上市公司可以按照生产单元或者生产线披露固定资产就好了，我们就能更好地判断折旧、预测业绩情况。

除了关注报表附注外，还可以关注公司与同行业上市公司的固定资产折旧政策，对比会计政策是否激进。这个固定资产折旧政策，在年报或者半年报会计政策中会有披露。

如下图所示，查看白云机场的半年报，其披露了固定资产折旧三要素：折旧年限、折旧方法和残值率。可以看到，只有折旧年限有比较大的区别，房屋及建筑物按照8~40年进行折旧，机器设备按照10~15年进行折旧等。

| 项目 | 房屋及建筑物 | 机器设备 | 运输工具 | 其他设备 | 合计 |
|---|---|---|---|---|---|
| 一、账面原值： | | | | | |
| 1. 期初余额 | 19,574,930,873.36 | 3,666,063,547.99 | 881,240,088.43 | 5,535,822,794.09 | 29,658,057,303.87 |
| 2. 本期增加金额 | 3,570,358.72 | 37,470,782.31 | 15,497,754.78 | 7,256,402.23 | 63,795,298.04 |
| （1）购置 | 1,609,965.88 | 2,429,154.51 | 14,610,106.36 | 5,607,313.31 | 24,256,540.06 |
| （2）在建工程转入 | 1,960,392.84 | 35,041,627.80 | 887,648.42 | 1,649,088.92 | 39,538,757.98 |
| （3）企业合并增加 | | | | | |
| 3. 本期减少金额 | 276,942.46 | 29,385,481.79 | 2,586,500.00 | 8,791,869.89 | 41,040,794.14 |
| （1）处置或报废 | 276,942.46 | 29,385,481.79 | 2,586,500.00 | 8,791,869.89 | 41,040,794.14 |
| 4. 期末余额 | 19,578,224,289.62 | 3,674,148,848.51 | 894,151,343.21 | 5,534,287,326.43 | 29,680,811,807.77 |
| 二、累计折旧 | | | | | |
| 1. 期初余额 | 3,589,973,263.45 | 1,123,372,836.59 | 595,260,137.19 | 2,391,949,074.79 | 7,700,555,312.02 |
| 2. 本期增加金额 | 334,560,241.68 | 163,365,474.17 | 27,066,285.02 | 274,479,085.60 | 799,471,086.47 |
| （1）计提 | 334,560,241.68 | 163,365,474.17 | 27,066,285.02 | 274,479,085.60 | 799,471,086.47 |
| 3. 本期减少金额 | 37,776,730.01 | 28,433,675.70 | 2,508,905.00 | 14,083.72 | 68,733,394.43 |
| （1）处置或报废 | 37,776,730.01 | 28,433,675.70 | 2,508,905.00 | 14,083.72 | 68,733,394.43 |
| 4. 期末余额 | 3,886,756,775.12 | 1,258,304,635.06 | 619,817,517.21 | 2,666,414,076.67 | 8,431,293,004.06 |
| 三、减值准备 | | | | | |
| 1. 期初余额 | 85,483.95 | 58,828.41 | 794,883.58 | 179,022.91 | 1,118,218.85 |
| 2. 本期增加金额 | | | | | |
| （1）计提 | | | | | |
| 3. 本期减少金额 | | 669.12 | 55,306.52 | 25,376.20 | 81,351.84 |
| （1）处置或报废 | | 669.12 | 55,306.52 | 25,376.20 | 81,351.84 |
| 4. 期末余额 | 85,483.95 | 58,159.29 | 739,577.06 | 153,646.71 | 1,036,867.01 |
| 四、账面价值 | | | | | |
| 1. 期末账面价值 | 15,691,382,030.55 | 2,415,786,054.16 | 273,594,248.94 | 2,867,719,603.05 | 21,248,481,936.70 |
| 2. 期初账面价值 | 15,984,957,609.91 | 2,542,604,176.35 | 285,887,163.98 | 3,142,934,822.76 | 21,956,383,773.00 |





数据来源：WIND，公司公告

(2). 折旧方法

√适用 □不适用

| 类别 | 折旧方法 | 折旧年限（年） | 残值率 | 年折旧率 |
|---|---|---|---|---|
| 房屋及建筑物 | 直线法 | 8-40 | 3.00% | 2.43%-12.13% |
| 机器设备 | 直线法 | 10-15 | 3.00% | 6.47%-9.70% |
| 运输工具 | 直线法 | 6 | 3.00% | 16.17% |
| 其他设备 | 直线法 | 4-9 | 3.00% | 10.78%-24.25% |

数据来源：WIND，公司公告

对比上海机场的折旧方法，可以看到折旧方法和残值率与白云机场一致，但是固定资产分类和折旧年限差异较大，上海机场除了白云机场的分类外，还多了跑道及停机坪、通信设备两个类别（见下图）。

各类固定资产折旧方法、折旧年限、残值率和年折旧率如下：
√适用 □不适用

| 类别 | 折旧方法 | 折旧年限（年） | 残值率 | 年折旧率 |
|---|---|---|---|---|
| 房屋及建筑物 | 年限平均法 | 8～35 | 3% | 2.77%～12.13% |
| 跑道及停机坪 | 年限平均法 | 15～30 | 3% | 3.23%～6.47% |
| 机械设备 | 年限平均法 | 10 | 3% | 9.7% |
| 通信设备 | 年限平均法 | 6 | 3% | 16.17% |
| 运输设备 | 年限平均法 | 6 | 3% | 16.17% |
| 其他设备 | 年限平均法 | 5～11 | 3% | 8.82%～19.4% |

数据来源：WIND，公司公告

虽然看似披露很细，但是非常模糊，我们完全无法对比两家上市公司的差异，究竟谁更激进呢？这里还有一种方法，如果对公司的固定资产折旧政策有质疑，可以根据半年报或者年报计算固定资产综合折旧率。

白云机场2019年上半年固定资产平均原值为297亿元，上半年计提折旧7.99亿元，综合折旧率2.69%。同期上海机场2019年上半年固定资产平均原值为189亿元，上半年计提折旧3.35亿元，综合折旧率1.77%（见下图）。这么对比的话，上海机场的综合折旧率偏低，会计处理相对激进。

单位：元　币种：人民币

| 项目 | 房屋及建筑物 | 跑道及停机坪 | 机器设备 | 通讯设备 | 运输工具 | 其他设备 | 合计 |
|---|---|---|---|---|---|---|---|
| 一、账面原值： | | | | | | | |
| 1. 期初余额 | 11,078,395,199.89 | 3,297,187,181.72 | 2,136,631,630.01 | 613,322,555.80 | 207,622,607.16 | 1,536,215,019.76 | 18,869,374,194.34 |
| 2. 本期增加金额 | | | 14,033,764.62 | 10,612,187.60 | 5,785,134.54 | 39,333,488.49 | 69,764,575.25 |
| （1）购置 | | | 4,708,728.60 | 388,622.41 | 4,758,550.39 | 8,821,461.10 | 18,677,362.50 |
| （2）在建工程转入 | | | 9,325,036.02 | 10,223,565.19 | 1,026,584.15 | 30,512,027.39 | 51,087,212.75 |
| （3）企业合并增加 | | | | | | | |
| 3. 本期减少金额 | 973,812.00 | | | | 7,888,083.08 | | 8,861,895.08 |
| （1）处置或报废 | 973,812.00 | | | | 7,888,083.08 | | 8,861,895.08 |
| 4. 期末余额 | 11,077,421,387.89 | 3,297,187,181.72 | 2,150,665,394.63 | 623,934,743.40 | 205,519,658.62 | 1,575,548,508.25 | 18,930,276,874.51 |
| 二、累计折旧 | | | | | | | |
| 1. 期初余额 | 5,222,832,778.10 | 1,343,346,521.35 | 1,885,552,299.00 | 585,894,398.97 | 161,148,394.47 | 1,159,031,045.36 | 10,357,805,437.25 |
| 2. 本期增加金额 | 228,450,656.16 | 53,587,220.37 | 17,637,859.61 | 3,971,844.72 | 6,059,424.30 | 24,817,975.99 | 334,524,981.15 |
| （1）计提 | 228,450,656.16 | 53,587,220.37 | 17,637,859.61 | 3,971,844.72 | 6,059,424.30 | 24,817,975.99 | 334,524,981.15 |
| 3. 本期减少金额 | 944,597.60 | | | | 7,373,233.03 | | 8,317,830.63 |
| （1）处置或报废 | 944,597.60 | | | | 7,373,233.03 | | 8,317,830.63 |
| 4. 期末余额 | 5,450,338,836.66 | 1,396,933,741.72 | 1,903,190,158.61 | 589,866,243.69 | 159,834,585.74 | 1,183,849,021.35 | 10,684,012,587.77 |
| 三、减值准备 | | | | | | | |
| 1. 期初余额 | | | | | | | |
| 2. 本期增加金额 | | | | | | | |
| （1）计提 | | | | | | | |
| 3. 本期减少金额 | | | | | | | |
| （1）处置或报废 | | | | | | | |
| 4. 期末余额 | | | | | | | |
| 四、账面价值 | | | | | | | |
| 1. 期末账面价值 | 5,627,082,551.23 | 1,900,253,440.00 | 247,475,236.02 | 34,068,499.71 | 45,685,072.88 | 391,699,486.90 | 8,246,264,286.74 |
| 2. 期初账面价值 | 5,855,562,421.79 | 1,953,840,660.37 | 251,079,331.01 | 27,428,156.83 | 46,474,212.69 | 377,183,974.40 | 8,511,568,757.09 |

数据来源：WIND，公司公告

一般情况下，固定资产代表上市公司的产能，想了解固定资产，还是看报表附注，在对比上市公司折旧政策时，学会使用综合折旧率这个指标。

### 4. 什么是持有待售固定资产

什么是持有待售固定资产呢？会计上是这么规定的，满足以下三个条件的固定资产可以划分为持有待售固定资产：一是公司已经就处置该非流动资产作出决议；二是公司已经与受让方签订了不可撤销的转让协议；三是该项转让将在一年内完成。

持有待售固定资产与固定资产的区别是什么？或者说这类资产的特点是什么？持有待售的固定资产不计提折旧，等于把固定资产划分为持有待售固定资产后就不用计提折旧了，那么持有待售固定资产就可以达到利润调节的目的。

很多人会以为这种概念离我们很远，上市公司中应该没有这种操作，其实一点都不远。

举个例子，雏鹰农牧没退市前，在猪周期低点时，为了减少亏损，把固定资产划分为持有待售固定资产，虽然表面上满足了持有待售的三个条件，但是这些固定资产并没有卖出去，后续继续转为固定资产进行折旧。当然，雏鹰农牧倒在了黎明的前夜，要是公司撑到2019年不退市，肯定也会是大牛股。

### 5. 如何通过固定资产调节利润

固定资产折旧最终去向一般是营业成本和管理费用，因此固定资产折旧方法变更可以影响营业成本和管理费用，从而影响净利润。固定资产折旧方法变更可以影响变更以后每年的利润，术语叫作推迟成本、费用的入账时间。

如下图所示，鹏博士2017年9月30日公告，为了更加公允地反映公司的资产状况及经营成果，使固定资产的折旧年限与实际使用寿命更加接近，固定资产折旧计提年限更加合理，通过对比同行业公司的固定资产折旧年限，现对公司线路资产的折旧年限进行调整，由原来的8年折旧年限调整为8~15年。

公司调整部分固定资产折旧年限，详情如下：

| 固定资产类别 | 调整前折旧年限（年） | 调整后折旧年限（年） |
|---|---|---|
| 线路资产 | 8 | 8 ～15 |

数据来源：WIND，公司公告

笔者查询鹏博士2017年半年报，固定资产余额高达113亿元，其中，线路资产余额为53亿元。假设折旧年限由8年调整至12年，那么，可以减少折旧6.22亿元。

鹏博士披露，此次固定资产折旧方法改变后可以减少2017年折旧金额3.54亿元，增加2017年净利润3亿元。真是一个调整，增加3亿元净利润，羡煞多少上市公司（见下图）。

会计估计变更对公司的影响

根据《企业会计准则第 28 号—会计政策、会计估计变更和差错更正》的相关规定，本次会计估计变更采用未来适用法进行会计处理，不进行追溯调整，不会对以往各期间财务状况和经营成果产生影响。经测算，本次会计估计变更后，预计将减少公司 2017 年固定资产折旧约 35,412.74 万元，增加所有者权益及净利润约 30,084.01 万元。

数据来源：WIND，公司公告

当然，很多时候，上市公司的会计估计调整相对是合理的，我们可以根据上市公司披露原因进行判断。

比如，吉祥航空将固定资产中高价周转件类别的固定资产，折旧年限从5年统一调整至10年。公司表示有三点原因：一是高价周转件的采购种类发生变化，由初期的“周转件小时包修”模式，逐渐加大周转件的采购投入，包括“发动机控制组件”“液压机械组件”“综合驱动发电机”“发动机叶片”等使用年限较长、报废率较低的备件。二是高价周转件的实际使用寿命比预计的要长。从公司最新的统计数据来看，目前公司可用的周转件数量为4 138个，其中有926个件号已经按5年的折旧年限折旧完毕，但仍在持续使用中。三是与同行业其他航空公司保持横向可比性。目前国内大部分航空公司（如东方航空、春秋航空、深圳航空、四川航空、天津航空）将高价周转件的折旧年限定为10年，海南航空、南方航空和中国国航分别为12年、3~15年和3~15年。

当然，除了延长折旧年限的，也有缩短折旧年限的。缩短折旧年限自然增加折旧，增加当期成本或者费用，减少净利润。这种情况很少，但并非没有，一些周期性行业的上市公司，会在好的年份多计提折旧，保证不好的年份也能盈利。

例如，山东钢铁2019年3月披露，拟实施新旧动能转换系统优化升级改造项目，公司拟从2019年1月1日起调整新旧动能转换涉及的部分固定资产折旧年限，按剩余使用年限调整折旧。公司预计会计估计变更后，预计2019年度固定资产折旧增加5.29亿元，所有者权益及净利润减少3.97亿元。

总之，上市公司通过调整固定资产折旧年限等调节利润，也是十分常见的操作，大家要学会判断上市公司的目的是什么。

**6. 固定资产减值**

当遇到固定资产减值时，简直是投资者的噩梦。因为一旦固定资产减值，就是大额减值，尤其是前期投入比较大的重资产行业，当行业遭遇低谷时，大额计提资产减值损失可能就发生了。

比如，盐湖股份2017年年报计提减值准备43.20亿元，其中固定资产20.67亿元（见下图）。原因呢？基本都是与镁相关。原来盐湖股份控股子公司青海盐湖镁业有限公司，其洗煤装置、焦化装置由于煤炭资源配置不到位，且原煤采购成本较高，造成生产成本高于销售价格，依据万隆（上海）资产评估有限公司《资产评估报告》计提减值准备15亿元。也就是说，这个前几年投资几十亿的项目基本都计提减值了，不知道是不是公司投资眼光有问题，这么大的减值是否需要追责。

单位：元

| 资产名称 | 报告期计提资产减值准备金额 |
|---|---|
| 预付账款 | 8,730,488.65 |
| 应收账款 | 89,956,144.41 |
| 其他应收款 | 27,288,144.12 |
| 存货 | 795,062,397.91 |
| 在建工程 | 1,212,039,551.64 |
| 固定资产 | 2,067,053,202.71 |
| 可供出售金融资产 | 20,000,000.00 |
| 工程物资 | 100,016,507.99 |
| 合计 | 4,320,146,437.43 |

数据来源：WIND，公司公告

后来，盐湖股份连续计提大额资产减值损失，最后亏损太多，被暂停上市。

比如，湖北宜化2017年年报计提资产减值14亿元，基本都是固定资产。原来公司全资子公司新疆宜化化工有限公司2017年2月12日发生安全生产事故，造成该公司聚氯乙烯、电石、尿素、三聚氰胺、火力发电及有关副产品装置陆续停产，2017年7月26日，新疆宜化在管道防腐保温作业中发生高温气体泄漏事故，因该次安全生产事故，新疆宜化被责令停产整顿，安全生产许可证被吊销，停产状态持续至今。本次计提各项资产减值准备合计14.25亿元，具体明细内容如下图所示。

| 资产名称 | 计提资产减值准备金额（元） | 占2016年度经审计归属于母公司净利润的比例（%） |
| --- | --- | --- |
| 一、存货 | 111,600,046.86 | 8.93 |
| 二、固定资产 | 1,291,464,848.56 | 103.36 |
| 三、在建工程 | 22,305,987.77 | 1.79 |
| 合计 | 1,425,370,883.19 | 114.08 |

数据来源：WIND，公司公告

一年内连续两次出现生产事故而导致停产，在复产无望的情况下，计提资产减值损失也在情理之中，主要涉及存货、固定资产和在建工程等减值损失。

其实在公司2017年7月份的公告中，我们可以发现端倪，当时公司披露：新的安全生产许可证颁发以前，新疆宜化将停止生产经营行为，待新的安全生产许可证获准后，公司将恢复生产经营。因此，一直关注这家公司大概率能避免这种超级大额的资产减值损失。

## 二、在建工程

在建工程是指上市公司进行基建工程、安装工程、技术改造工程、大修理工程等发生的实际支出。

在建工程是一个中转科目，是固定资产循环的一部分。公司购入生产设备、建造厂房，体现在报表上，在建工程科目余额逐渐增多，当项目达到预定可使用状态时，在建工程转入固定资产或者无形资产，然后生产产品或提供服务创造收入，固定资产或无形资产折旧摊销计入成本费用，完成循环。

很多时候，在建工程作为上市公司大型支出，支出金额非常大，作为投资者有必要学习和了解这个科目，并且学会通过这个科目发现投资机会。

### 1. 在建工程推迟转固

针对上市公司的在建工程，常见的问题是推迟在建工程的转固时间。对于上市公司来说，推迟转固有两个好处：一是推迟折旧时间，二是降低当期利息费用。

根据会计准则要求，在建工程无须计提折旧，一旦达到预定可使用状态转成固定资产就需要计提折旧，因此有些公司预计投产后效益不好，那么自然会选择推迟转固。

当借款费用符合资本化条件时，利息支出可以计入在建工程，而不是当作当期利息费用，这意味着在建工程推迟不转固则可以降低财务费用，提高当期利润。

因此，在建工程推迟转固是一种常见的利润调节手段。

上面有个名词，叫作预定可使用状态，在建工程只有达到预定可使用状态时才需要转为固定资产。什么是预定可使用状态呢？《会计准则》规定，同时满足下面三个条件才算：（1）固定资产的实体建造（包括安装）工作已经全部完成或者实质上已经完成；（2）所购建的固定资产与设计要求或者合同要求相符或基本相符，即使有极个别与设计或合同要求不相符的地方，也不影响其正常使用；（3）继续发生在所购建固定资产上的支出金额很少或几乎不再发生。

这些内容比较抽象，给了上市公司很大的自由选择权，因此在实操时，公司可以选择实际转固时点。

作为投资者判断是否存在推迟转固也比较简单，可以根据报表附注的进度来判断，如果连续两三个季度都维持在90%以上的进度，同时进度增长缓慢，那么大概率就是要推迟转固了。

如下图所示，海正药业2019年半年报在建工程附注显示，多达4项在建工程项目进度达到99%，比如富阳制剂出口基地建设项目、富阳年产1 500万支注射剂生产项目，这两个项目工程累计投入占预算比例更是高达155.27%和181.29%，已超出预算很多。

如果看两年半以前的年报，就会发现2017年年报中，富阳制剂出口基地建设项目、富阳年产1 500万支注射剂生产项目进度均是99%（见下图）。两年多了，金额不断增加，但是进度依然是99%，你们觉得海正药业的在建工程有没有问题？

单位：元 币种：人民币

| 项目名称 | 预算数 | 期初余额 | 本期增加金额 | 本期转入固定资产金额 | 本期其他减少金额 | 期末余额 | 工程累计投入占预算比例(%) | 工程进度 | 利息资本化累计金额 | 其中：本期利息资本化金额 | 本期利息资本化率(%) | 资金来源 |
|---|---|---|---|---|---|---|---|---|---|---|---|---|
| 抗肿瘤固体制剂技改项目 | 315,580,000 | 191,461,304.44 | 8,475,681.02 | 92,704,735.82 | | 107,232,249.64 | 63.35 | 63 | | | | 募集资金、金融机构贷款等 |
| 岩头西区冻干制成品技改项目 | 230,170,000 | 37,296,979.21 | 3,372,900.19 | | | 40,669,879.40 | 17.67 | 17 | 2,641,291.64 | 887,663.51 | 4.79 | 金融机构贷款等 |
| 二期生物工程项目 | 1,517,070,000 | 1,332,092,312.86 | 82,637,718.82 | 365,442,023.16 | | 1,049,288,008.52 | 117.31 | 88 | 43,807,280.28 | 11,812,611.04 | 4.86 | 募集资金、金融机构贷款等 |
| 富阳制剂出口基地建设项目 | 1,219,120,000 | 562,715,312.58 | 36,564,389.34 | | | 599,279,701.92 | 155.27 | 99 | 123,012,215.56 | 5,559,935.47 | 4.86 | 金融机构贷款等 |
| 富阳年产1,500万支注射剂生产项目 | 532,460,000 | 112,449,454.89 | 5,723,929.66 | 40,715,177.58 | | 77,458,206.97 | 181.29 | 99 | 10,293,355.12 | 769,173.40 | 4.86 | 金融机构贷款等 |

数据来源：2019年半年报

单位：元 币种：人民币

| | | | | | | | | | | | | |
|---|---|---|---|---|---|---|---|---|---|---|---|---|
| 二期生物工程项目 | 1,517,070,000 | 894,518,711.21 | 253,398,916.15 | 69,551,398.87 | | 1,078,366,228.49 | 93.75 | 85.00 | 30,621,089.16 | 20,218,767.83 | 4.46 | 募集资金、金融机构贷款等 |
| 年产760吨21个原料药生产项目 | 780,000,000 | 683,173,428.36 | 123,701,671.13 | 177,408,987.65 | | 629,466,111.84 | 148.66 | 98.00 | 122,325,593.91 | 32,630,348.99 | 4.90 | 金融机构贷款等 |
| 富阳制剂出口基地建设项目 | 1,219,120,000 | 637,754,258.35 | 52,744,470.04 | 94,927,006.52 | | 595,571,721.87 | 150.15 | 99.00 | 100,890,056.24 | 25,132,478.61 | 4.46 | 金融机构贷款等 |
| 富阳年产1,500万支注射剂生产项目 | 532,460,000 | 395,261,545.84 | 38,672,623.89 | 42,208,531.76 | | 391,725,637.97 | 176.67 | 99.00 | 63,514,837.38 | 15,317,129.00 | 4.46 | 金融机构贷款等 |
| 新建基因药物项目 | 351,830,000 | 330,520,413.76 | 51,151,155.14 | 27,350.43 | | 381,644,218.47 | 148.45 | 98.00 | 58,390,506.10 | 13,597,531.66 | 4.46 | 金融机构贷款等 |

数据来源：2017年年报

海正药业推迟转固不仅可以不用计提折旧，还可以把利息费用资本化，比如，2019年上半年两个项目利息费用资本化金额分别为556万元和77万元。

说实话，推迟转固是人之常情，一般也就是一个月、三个月左右，但是像海正药业这种三年以上的推迟转固，可能风险比较大。

## 2. 在建工程选股

在建工程在满足达产条件后就会转固，转为固定资产后，公司产能就会增加，产销增加，收入、利润就会增长。笔者通过研究在建工程余额及在建工程转固定资产的时间，确定上市公司项目的投产信息，进而判断该公司营业收入或者净利润可能的爆发时点，从而找到比较好的投资机会。

一般情况下，在建工程选股可以分为四步：第一步看年报，确认在建工程转固情况；第二步看管理层讨论分析验证相关项目进度情况；第三步看增发预案或者后续产能投产后实际盈利能力；第四步看产业链情况，预估产品价格情况。

**案例：**如何通过在建工程看东华能源。

看东华能源资产负债表的固定资产和在建工程，可以明显看到东华能源2014年和2015年固定资产余额只有10.20亿元和9.94亿元，但是到2016年和2017年固定资产余额达到53.85亿元和83.62亿元，2017年底较2015年底增加了73.68亿元，2年增加了7倍多（见下图）。

东华能源[002221.SZ]-资产负债表

| | 2018-12-31 | 2017-12-31 | 2016-12-31 | 2015-12-31 | 2014-12-31 |
|---|---|---|---|---|---|
| ⊟ 固定资产(合计) | 809,906.28 | 836,232.88 | 538,482.56 | 99,363.29 | 101,962.56 |
| 固定资产 | 809,906.28 | 836,232.88 | 538,482.56 | 99,363.29 | 101,962.56 |
| 固定资产清理 | | | | | |
| ⊟ 在建工程(合计) | 62,073.89 | 17,095.26 | 325,175.37 | 677,125.73 | 361,498.62 |
| 在建工程 | 62,073.89 | 17,095.26 | 325,175.37 | 677,125.73 | 361,498.62 |
| 工程物资 | | | | | |

数据来源：WIND

那么，这两年如此大的转固资产究竟是什么资产？

查看2016年年报在建工程附注（因为转固时间点在2016年），在建工程变动表显示，两个转固项目是扬子江石化年产120吨（实际上是一期60万吨）丙烯项目和40万吨聚丙烯项目，同时宁波福基石化丙烷资源综合利用项目进度已经达到98%（见下图）。

单位：元

| 项目名称 | 预算数 | 期初余额 | 本期增加金额 | 本期转入固定资产金额 | 本期其他减少金额 | 期末余额 | 工程累计投入占预算比例 | 工程进度 | 利息资本化累计金额 | 其中：本期利息资本化金额 | 本期利息资本化率 | 资金来源 |
|---|---|---|---|---|---|---|---|---|---|---|---|---|
| 扬子江石化年产120万吨丙烯项目（注1） | 3,339,447,500.00 | 3,541,739,520.75 | 37,434,905.19 | 3,522,957,894.64 | 56,216,531.30 | | 107.18% | 100% | 306,110,402.07 | 10,592,123.45 | 5.41% | 募股资金 |
| 扬子江石化年产40万吨聚丙烯项目（注） | 1,260,606,400.00 | 1,148,453,170.77 | 54,333,775.24 | 1,132,936,509.94 | 69,850,436.07 | | 95.41% | 100% | 62,133,512.66 | 3,776,490.54 | 6.79% | 金融机构贷款 |
| 宁波福基石化丙烷资源综合利用项目 | 6,167,110,000.00 | 2,025,797,953.13 | 1,083,596,573.37 | | | 3,109,394,526.50 | 50.42% | 98% | 181,392,725.42 | 123,266,214.63 | 5.18% | 金融机构贷款 |
| 合计 | 10,767,163,900.00 | 6,715,990,644.65 | 1,175,365,253.80 | 4,655,894,404.58 | 126,066,967.37 | 3,109,394,526.50 | — | — | 549,636,640.15 | 137,634,828.62 | | — |

数据来源：WIND，初善君整理

查询年报第三节公司业务概要（这一节内容与经营情况讨论和分析模块一样重要），可以看到扬子江石化项目（名称后来修改为张家港项目）包括60万吨丙烷脱氢制丙烯项目和40万吨/年聚丙烯装置，于2015年投料试车，2016年2月转固。

同时，宁波丙烷资源综合利用项目包括66万吨丙烷脱氢制丙烯装置和40万吨/年聚丙烯装置，该项目已于2016年11月一次性投料试车成功，并产出合格丙烯、聚丙烯产品。查询2017年年报可知，宁波项目经过一季度的成功试生产，于2017年4月转固。

由此可知，东华能源固定资产增加了73.68亿元，主要是2016年2月转固的张家港项目，产能是60万吨丙烯和40万吨/年聚丙烯，以及2017年4月转固的宁波项目，产能是66万吨丙烯和40万吨/年聚丙烯。

既然已经了解两个项目的情况，那么这两个项目的盈利情况如何呢？

看公司的经营现金流，2009—2011年公司的经营现金流为负，每年盈利也较少，不足1亿元。即使2012年和2013年经营现金流达到15亿元，2014年开始又继续为负（见下图）。

| | 2016-12-31 | 2015-12-31 | 2014-12-31 | 2013-12-31 | 2012-12-31 | 2011-12-31 | 2010-12-31 | 2009-12-31 |
|---|---|---|---|---|---|---|---|---|
| 净利润 | 47,061.70 | 40,555.98 | 13,773.77 | 12,579.04 | 9,107.54 | 7,846.44 | 4,028.53 | 3,511.69 |
| 加：资产减值准备 | 1,513.78 | 7,126.64 | 15,167.30 | 453.93 | -393.04 | 110.98 | 520.35 | 95.69 |
| 固定资产折旧、油气资产折耗、生产性生物资产折旧 | 30,193.24 | 6,827.19 | 6,872.55 | 6,871.91 | 7,533.89 | 2,830.71 | 2,215.96 | 2,944.44 |
| 无形资产摊销 | 2,356.46 | 1,428.23 | 1,104.17 | 876.57 | 833.99 | 410.63 | 221.40 | 143.37 |
| 长期待摊费用摊销 | 204.57 | 25.18 | 34.00 | 37.90 | 59.61 | 11.14 | | |
| 待摊费用减少 | | | | | | | | |
| 预提费用增加 | | | | | | | | |
| 处置固定资产、无形资产和其他长期资产的损失 | 14.35 | 37.46 | 12.68 | -149.37 | 122.19 | 60.67 | 117.37 | 54.15 |
| 固定资产报废损失 | | | | | | | | |
| 公允价值变动损失 | | | | | 0.00 | | | |
| 财务费用 | 46,360.86 | 24,320.14 | 15,876.09 | 15,756.75 | 18,269.46 | 6,011.24 | 2,816.38 | 2,220.83 |
| 投资损失 | -855.41 | -284.29 | -1,872.99 | -4,229.29 | -830.53 | 558.71 | -65.35 | 265.17 |
| 递延所得税资产减少 | 1,579.18 | -57.91 | -3,971.42 | -423.65 | -116.72 | -272.51 | -177.38 | -279.88 |
| 递延所得税负债增加 | | -38.40 | 38.40 | | | | | |
| 存货的减少 | -34,269.75 | 13,564.56 | 36,713.51 | -46,763.01 | 37,731.39 | -72,240.28 | -41,517.47 | -5,633.88 |
| 经营性应收项目的减少 | -32,579.45 | -6,352.72 | -84,713.00 | -17,103.09 | 4,869.91 | -629.97 | -14,371.16 | 479.58 |
| 经营性应付项目的增加 | 29,854.98 | -27,956.94 | -36,752.94 | 133,610.22 | -30,193.55 | 28,921.08 | -10,736.58 | -49,625.95 |
| 未确认的投资损失 | | | | | | | | |
| 其他 | 5,916.42 | -12,269.09 | 1,758.51 | | | 432.89 | 407.58 | 525.26 |
| 间接法-经营活动现金流量净额差额(特殊报表科目) | | | | | | | | |
| 间接法-经营活动现金流量净额差额(合计平衡项目) | | | | | | | | |
| 间接法-经营活动产生的现金流量净额 | 97,350.94 | 46,926.03 | -35,959.35 | 101,517.89 | 46,994.14 | -25,948.26 | -56,540.36 | -45,299.53 |

数据来源：WIND，初善君整理

这意味着什么呢？意味着公司上面转固70多亿元的投资肯定不能靠经营现金流，肯定有股权融资。查询公司募资记录可知，公司于2012年和2014年两次增发募集资金投资项目，即对应张家港和宁波丙烷资源综合利用项目（见下图）。

**2014年 定向增发**

| 募投项目名称 | 计划投资额(万元) | 已投入募集资金(万元) | 币种 | 项目简介 |
|---|---|---|---|---|
| 宁波丙烷资源综合利用项目(一期) | 84,000.00 | 86,636.44 | CNY | |
| 补充流动资金 | 35,900.00 | 35,702.55 | CNY | |

**2012年 定向增发**

| 募投项目名称 | 计划投资额(万元) | 已投入募集资金(万元) | 币种 | 项目简介 |
|---|---|---|---|---|
| 丙烷脱氢制丙烯(一期)项目 | 35,992.06 | 36,857.70 | CNY | |
| 收购宁波百地年100%股权 | 30,000.00 | 29,372.00 | CNY | |

数据来源：WIND，初善君整理

一般情况下，公司在增发文件中会进行可行性分析，这对我们了解项目的盈利能力和行业情况有很大的帮助。

笔者查询了2011年增发预案，预案显示：张家港项目总投资约20.79亿元，一期项目达产后，预计将形成年产丙烯60万吨，氢气2.6万吨的生产能力，该一期项目预计正常生产年份可实现销售收入约58亿元，税后净利润约4.46亿元。当然，增发预案中的数据准确性比较差，最多只能是参考。

2013年增发方案显示，宁波项目总投资约38.04亿元，预计将形成年产丙烯66万吨，年产聚丙烯40万吨的生产能力，宁波丙烷资源综合利用项目（一期）预计正常生产年份可实现销售收入约62.99亿元。

于是，我们看到公司现金流量表中购建固定资产、无形资产支付的现金从2012年开始大幅增长，2011—2018年累积支出104亿元，尤其是2013—2016年分别支出14亿元、22亿元、26亿元和20亿元（见下图）。

东华能源[002221.SZ]-现金流量表　　单位：万

| | 2018-12-31 | 2017-12-31 | 2016-12-31 | 2015-12-31 | 2014-12-31 | 2013-12-31 | 2012-12-31 | 2011-12-31 |
|---|---|---|---|---|---|---|---|---|
| 购建固定资产、无形资产和其他长期资产支付的现金 | 93,628.19 | 80,803.20 | 199,588.50 | 256,710.64 | 218,912.27 | 142,845.75 | 33,068.96 | 18,482.10 |

数据来源：WIND，初善君整理

考虑到公司增发募资金额较小，两次募资投资项目金额只有12亿元，但是投资额接近100亿元，那么可以肯定公司负债规模一定大幅增长。查询资产负债表可知，2011年底负债规模只有30亿元，而截至2018年底，负债规模接近184亿元，增长了6倍。与此对应的是2011年利润表中财务费用只有7 400万元，2018年已达到5.53亿元。

2016年2月张家港项目就已投产，且全部由东华能源（张家港）新材料有限公司经营，那么看该子公司的盈利情况就知道该项目的实际盈利能力，2017年4月转固的宁波项目由宁波新材料经营。

年报显示（见下图），张家港项目2016年实现营业收入22.39亿元，净利润只有5 574万元，到2017年营业收入52亿元，净利润4亿元。到2018年营业收入72.37亿元，净利润3.77亿元，净利率约5.21%（预案58亿元，超预期了）。

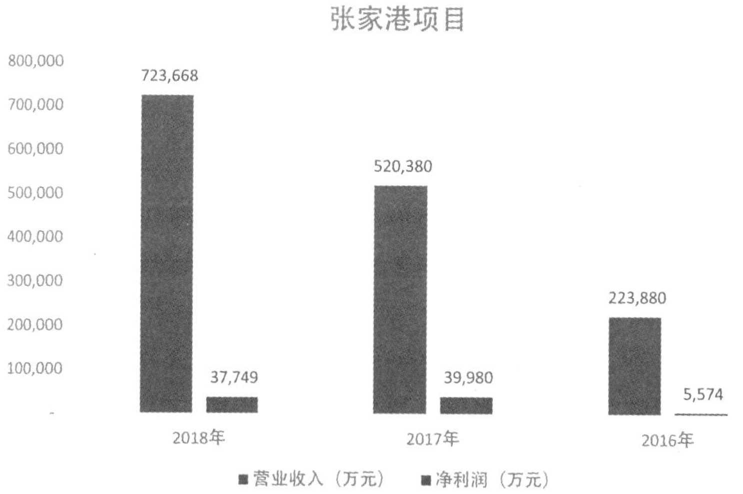


数据来源：WIND，初善君整理

再看宁波项目（见下图），2017年实现营业收入36亿元，净利润1.79亿元，2018年实现营业收入44亿元，净利润3.1亿元，净利率7%（预案63亿元，2018年仅仅是运营第一年，还有空间挖掘）。

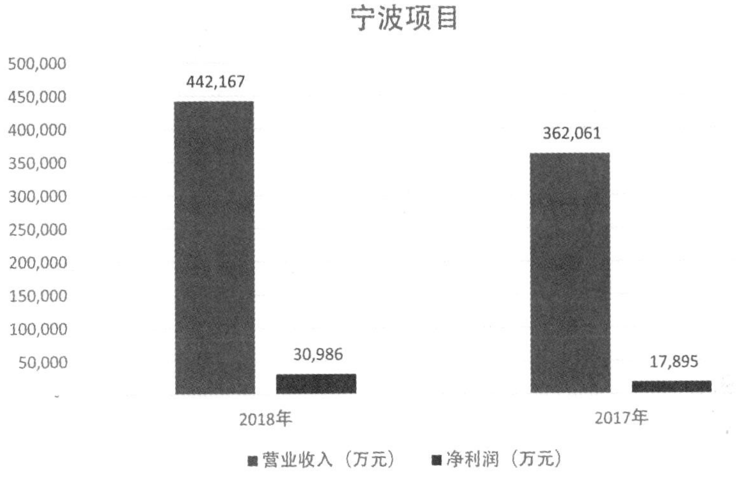


数据来源：WIND，初善君整理

这就是在建工程转固带来收入利润大幅增长的魅力，下图所示为两个项目合计情况，2016—2018年毛利分别约为3.98亿元、9.82亿元和14.59亿元，分别增长了147%和49%，这可是实实在在的利润。

| 报告期 | 2018 年报 | 2017 年报 | 2016 年报 | 2015 年报 |
|---|---|---|---|---|
| 化工品销售 | | | | |
| 收入 | 1,183,712.40 | 859,042.37 | 290,512.51 | 7,095.64 |
| 成本 | 1,037,768.38 | 760,817.73 | 250,670.37 | 6,736.65 |
| 毛利 | 145,944.03 | 98,224.65 | 39,842.14 | 358.99 |
| 毛利率(%) | 12.33 | 11.43 | 13.71 | 5.06 |

数据来源：WIND，初善君整理

不过，原有液化气业务毛利率下滑，虽然2017年扣非后归属母公司股东的净利润增长了119%，达到9亿元，但是2018年小幅下滑4.25%，依然高达8.65亿元（见下图）。

| | 2018-12-31 | 2017-12-31 | 2016-12-31 | 2015-12-31 | 2014-12-31 | 2013-12-31 | 2012-12-31 | 2011-12-31 | 2010-12-3 |
|---|---|---|---|---|---|---|---|---|---|
| 报告期 | 年报 | 年报 | 年报 | 年报 | 年报 | 年报 | 年报 | 年报 | 年报 |
| 数据来源 | 合并报表 | 合并报表 | 合并报表 | 合并报表 | 合并报表 | 合并报表 | 合并报表 | 合并报表 | 合并报表 |
| ⊟利润表摘要 | | | | | | | | | |
| 营业总收入 | 4,894,286.43 | 3,267,828.48 | 1,997,503.29 | 1,719,598.16 | 1,331,425.57 | 939,755.48 | 545,072.09 | 348,044.29 | 226,023.9 |
| 同比(%) | 49.77 | 63.60 | 16.16 | 29.15 | 41.68 | 72.41 | 53.62 | 53.99 | -5.0 |
| 营业总成本 | 4,781,478.81 | 3,148,985.68 | 1,939,686.41 | 1,670,695.37 | 1,315,072.63 | 928,637.45 | 536,342.56 | 339,251.64 | 221,504.0 |
| 营业利润 | 125,106.21 | 137,003.30 | 58,672.29 | 49,187.08 | 18,225.92 | 15,347.33 | 9,560.06 | 8,233.94 | 4,585.2 |
| 同比(%) | -8.68 | 133.51 | 19.28 | 169.87 | 18.76 | 60.54 | 109.10 | 79.58 | 78.7 |
| 利润总额 | 138,087.83 | 138,067.70 | 60,856.13 | 50,438.66 | 18,218.65 | 15,548.70 | 11,809.59 | 10,708.34 | 5,373.0 |
| 同比(%) | 0.01 | 126.88 | 20.65 | 176.85 | 17.17 | 31.66 | 66.26 | 99.30 | 31.1 |
| 净利润 | 107,993.65 | 108,314.47 | 47,061.70 | 40,555.98 | 13,773.77 | 12,579.04 | 9,107.54 | 7,846.44 | 4,028.5 |
| 归属母公司股东的净利润 | 107,844.16 | 106,297.81 | 46,988.11 | 41,113.90 | 13,747.02 | 12,503.59 | 9,179.97 | 7,892.82 | 4,061.4 |
| 同比(%) | 1.45 | 126.22 | 14.29 | 199.08 | 9.94 | 36.21 | 101.58 | 94.34 | 5.7 |
| 非经常性损益 | 21,323.92 | 15,935.47 | 5,741.16 | 938.69 | 1,494.78 | 144.27 | 1,744.86 | 1,880.33 | 488.5 |
| 扣非后归属母公司股东的净利润 | 86,520.23 | 90,362.34 | 41,246.96 | 40,175.21 | 12,252.24 | 12,359.32 | 7,435.11 | 6,012.49 | 3,572.9 |
| 同比(%) | -4.25 | 119.08 | 2.67 | 227.90 | -0.87 | 66.23 | 178.08 | 68.28 | 42.8 |

数据来源：WIND，初善君整理

可是这两年公司股价并没有大幅上涨，于是公司估值大幅下滑，WIND显示，即使公司2019年股价上涨了50%以上，公司估值依然不高（见下图）。

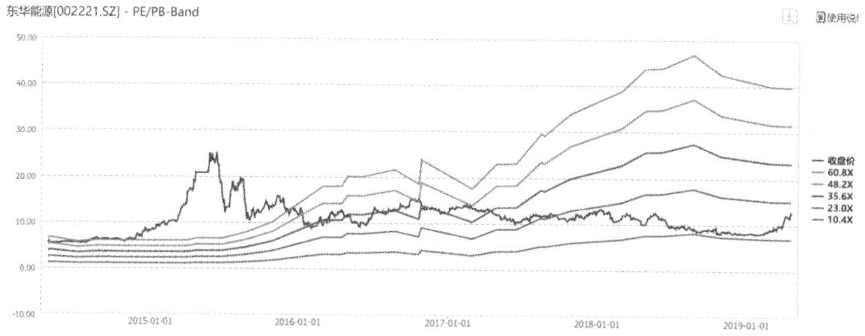


数据来源：WIND，初善君整理

在建工程转固，尤其是大额转固，很有可能带来收入、利润的飞速增长，而如果估值合理，股价迟早会涨。

用后续项目盈利情况验证增发预案是一个不错的主意，可以看出公司管理层的谨慎或者激进程度，更可以作为买入的逻辑。

通过以上分析，基本上确定了公司在建工程、转固后盈利情况，但是如果想投资，还需要搞清楚一件事，即该项目产业链上下游如何，产品价格未来如何变动？这就需要借助研报的力量。

丙烯化学式为$C_3H_6$，是一种重要的化工原料，且用途广泛，主要用于生产聚丙烯（71%）、环氧丙烷（7%）、丙烯腈（6%）、丙烯酸（4%）等，下游产品主要包括包装、汽车、家电。由下图可以看到，丙烯有4种生产方式，新增产能主要是PDH，也就是东华能源采用的，刚好是东华能源原来的液化石油气产业链的下游延伸。

我国丙烯产业链

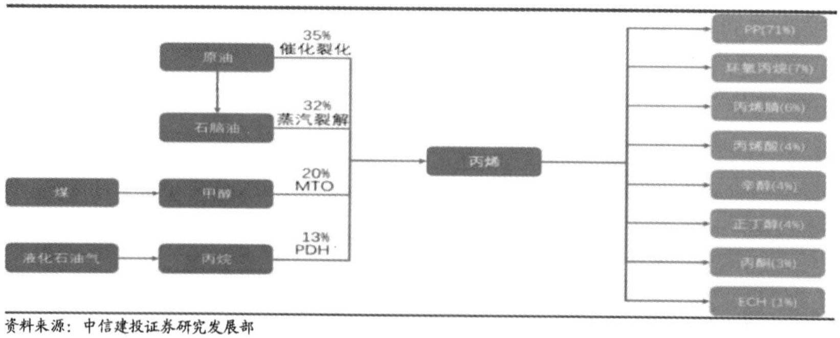


资料来源：中信建投证券研究发展部

同时，丙烯消费下游构成较为稳定，聚丙烯（上图的PP）是最主要的丙烯下游产品，也难怪公司两个项目都是60万吨丙烯或者66万吨对应40万吨聚丙烯，一步到位。

从聚丙烯产业供需来看，2010—2017我国聚丙烯产能复合增长率为10.2%，需求增长为7.8%，产能增长高于需求，然而2017年我国聚丙烯产量和需求仍有约450万吨缺口。2018年全国聚丙烯产能为2 573万吨/年，产量为1 960万吨，国内聚丙烯进口量400万吨，需求为2 580万吨。从聚丙烯价格来看，2013年至今基本在6 000~12 000元/吨波动，2019年价格相对稳定（见下图）。预期大幅上涨可能性不大。

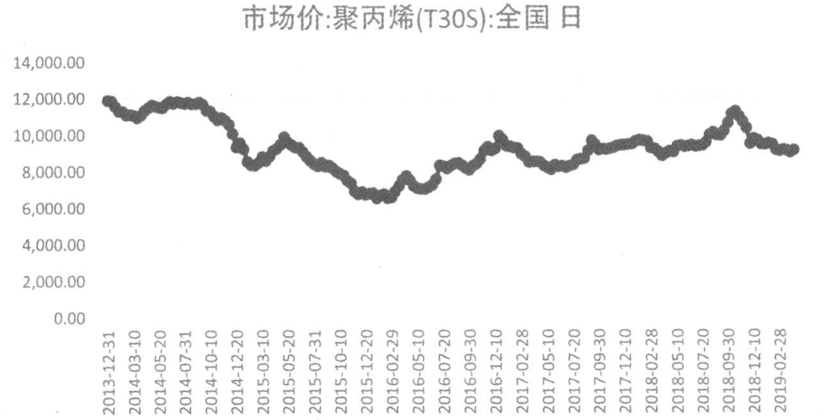


数据来源：WIND，初善君整理

因此，未来东华能源依靠产品价格大幅上涨带来盈利增加的可能性不大，全靠产能驱动。好在东华能源野心很大，正在建设的宁波新材料项目（二期）66万吨/年丙烷脱氢制丙烯装置，当时预计2019年底建成，宁波三期包括2×40万吨/年聚丙烯项目正同步建设中（见下图）。虽然公司远期规划还有曹妃甸和连云港项目，但是实际上这么大的投资量，除非公司继续增发，否则没那么容易。

可是增发会稀释股东的权益，这要看公司如何选择，毕竟公司这两年的经营现金流超过20亿元。

总之，通过对在建工程的分析，可以较好地跟踪公司相关产能变化的进度，同时对产业链上下游的分析了解可以判断公司主要产品价格波动，进一步判断公司收入、利润的变动情况。假如公司收入、利润会大幅增长，在估值较低时，有足够的安全边际，这时就是价值投资者入手的机会。

公司烷烃深加工进展

| 项目名称 | | 丙烯产能（万吨） | 聚丙烯产能（万吨） | 项目进展 |
|---|---|---|---|---|
| 张家港扬子江石化 | 一期 | 60 | 40 | 2016 年 2 月转固 |
| | 二期 | 60 | | 规划中 |
| 宁波福基石化 | 一期 | 66 | 40 | 2016 年 11 月试车成功 |
| | **二期** | **66** | **2*40** | **预计 2019 年底投产** |
| 曹妃甸 | 一期 | 66 | 40 | 规划中 |
| | 二期 | 66 | 40 | 规划中 |
| 连云港项目 | 一期 | 66 | 40 | 签订协议 |
| | 二期 | 66 | 40 | 签订协议 |
| 合计 | | 516 | 320 | |

数据来源：公司公告，长城证券研究所

注：预计2019年底投产为之前所做项目计划，即宁波新材料项目（二期）

投资者需要注意的是，一旦公司投资不及预期，如此大额的投资就是公司发展的累赘。

## 三、无形资产

无形资产是指用于生产商品或提供劳务、出租给他人或用于管理目的而持有的、没有实物形态的、使用年限超过一年的非货币性资产。

主要包含三个要点：一是持有目的是生产经营，比如房地产公司购进的土地使用权不应该作为无形资产处理，而是作为存货核算；二是没有实物形态；三是使用期限超过一年，如果只能使用半年，还是直接计入费用。

常见的无形资产一般包括专利权、商标权、非专利技术、著作权、土地使用权、特许经营权等。

### 1. 无形资产哪里来的

无形资产怎么形成的？外购或者自行研发，外购很好理解，3000万元买的软件计入无形资产就是3000万元。难点在于自行研发的无形资产。

大家试想一下，当一家医药公司在研究一项专利技术时，前期需要做很多事情，等到临床研究时，前期需要花费几百万甚至上千万元，那么，哪些投入算无形资产，哪些投入算费用呢？

《会计准则》做了如下规定：公司内部研究开发项目所发生的支出应区分研究阶段支出和开发阶段支出。研究阶段支出计入当期研发费用；开发阶段支出符合资本化条件的，应当确认为无形资产，不符合资本化条件的，应当计入当期研发费用。

定义非常容易理解，但是对实操毫无帮助。

对于公司来说，研发费用只有两个去处：一是直接计入研发费用，二是资本化计入无形资产，然后摊销计入利润表。可以通过研发支出的去向对公司的净利润管理进行判断，即研发费用资本化比例。研发费用计入无形资产越多，并不说明公司进入开发阶段越多，更可能说明公司进行盈余管理。

换言之，对于广大投资者来说，持有的上市公司研发支出费用化比例越高自然越好。在进行同行业对比时，费用化比例越高的公司，利润真实度越高。

比如，医药行业研发支出最多的两家公司是恒瑞医药和复星医药，2018年研发支出分别为26.70亿元和25.07亿元，但是看研发支出的入账情况，却发现两者差异非常大，恒瑞医药全部费用化，计入当期损益，复星医药资本化研发支出10.27亿元（见下表）。如果复星医药全部费用化，不考虑所得税影响，净利润将减少10.27亿元。

| 证券简称 | 费用化研发支出 | 资本化研发支出 | 研发支出合计 | 2018年净利润 | 行　业 |
|---|---|---|---|---|---|
| 恒瑞医药 | 26.70 | | 26.70 | 40.61 | 医药生物 |
| 复星医药 | 14.80 | 10.27 | 25.07 | 30.20 | 医药生物 |
| 迈瑞医疗 | | 1.53 | 14.20 | 37.26 | 医药生物 |
| 上海医药 | 10.61 | 3.28 | 13.89 | 44.56 | 医药生物 |
| 天士力 | 5.89 | 6.13 | 12.02 | 15.92 | 医药生物 |
| 科伦药业 | | 2.29 | 11.14 | 12.67 | 医药生物 |
| 海正药业 | 5.03 | 5.31 | 10.34 | −2.37 | 医药生物 |
| 健康元 | 7.54 | 0.99 | 8.54 | 14.60 | 医药生物 |
| 信立泰 | | 3.97 | 8.04 | 14.55 | 医药生物 |
| 人福医药 | 4.84 | 2.76 | 7.61 | −19.61 | 医药生物 |

数据来源：WIND，初善君整理，2018年年报数据，单位：亿元

这或许是市场给恒瑞医药的PE估值远高于复星医药的原因之一，截至2019年底，恒瑞医药约80倍，复星医药约22倍，虽然都是净利润，但是含金量差异很大。

这引申出一个问题，当公司是研发驱动的问题，比如医药生物、科技行业，我

们不仅要关注净利润，还要关注研发支出的处理，判断净利润的含金量。

此外，有些公司看着净利润很高，实际上如果研发支出全部费用化，那么一些公司会由盈利变成亏损。比如，2018年的年报数据，长安汽车实现净利润7.23亿元，假如研发支出全部费用化后，将变成亏损5.57亿元，小康股份、北汽蓝谷和科大讯飞都将由盈利转为亏损。有一些公司盈利会大幅减少，比如比亚迪将由35.56亿元的净利润变成只盈利0.1亿元，长城汽车、广汽集团、京东方A、TCL集团等净利润将大幅减少20亿元以上。有一些公司的亏损会扩大，比如中兴通讯、福田汽车会分别亏损89.61亿元和47.62亿元（见下表）。

| 证券简称 | 费用化研发支出 | 资本化研发支出 | 研发支出合计 | 资本化占比（%） | 2018年净利润 | 假设全部费用化净利润 |
|---|---|---|---|---|---|---|
| 广汽集团 | 8.27 | 40.62 | 48.89 | 83 | 109.46 | 68.84 |
| 比亚迪 | | 35.47 | 85.36 | 42 | 35.56 | 0.10 |
| 长城汽车 | 17.43 | 22.16 | 39.59 | 56 | 52.48 | 30.32 |
| 京东方A | | 21.98 | 72.38 | 30 | 28.80 | 6.82 |
| 中兴通讯 | | 20.12 | 109.06 | 18 | −69.49 | −89.61 |
| TCL集团 | | 18.32 | 56.71 | 32 | 40.65 | 22.33 |
| 美的集团 | | 14.34 | 98.11 | 15 | 216.50 | 202.17 |
| 长安汽车 | | 12.80 | 38.23 | 33 | 7.23 | −5.57 |
| 三一重工 | 17.54 | 12.47 | 30.01 | 42 | 63.03 | 50.57 |
| 小康股份 | 4.83 | 11.79 | 16.62 | 71 | 5.08 | −6.71 |
| 福田汽车 | 15.17 | 11.23 | 26.40 | 43 | −36.39 | −47.62 |
| 顺丰控股 | | 11.13 | 21.56 | 52 | 44.64 | 33.51 |
| 北汽蓝谷 | 0.54 | 10.73 | 11.28 | 95 | 1.44 | −9.29 |
| 复星医药 | 14.80 | 10.27 | 25.07 | 41 | 30.20 | 19.93 |
| 均胜电子 | 29.27 | 9.72 | 39.00 | 25 | 21.27 | 11.55 |
| 潍柴动力 | | 8.90 | 64.94 | 14 | 116.26 | 107.36 |
| 科大讯飞 | | 8.34 | 17.73 | 47 | 6.18 | −2.16 |

数据来源：WIND，初善君整理，2018年年报数据，单位：亿元

当然，公司把合理的研发支出资本化并没有什么错，我们不能用“会计洁癖”来要求上市公司，这个科目本身就是利润调节的利器。

### 2. 什么是开发支出

既然研发支出可以资本化，那么资本化的去向自然是无形资产。

事实上并不全是，有些公司还设置了开发支出科目。

“开发支出”科目反映公司无形资产开发阶段支出部分，去向是无形资产，或者当期损益。

与无形资产的区别就是开发支出余额不需要计提摊销，这又成为上市公司利润调节的一个选择。

A股上市公司开发支出余额最多的是谁呢？比亚迪，截至2019年上半年，比亚迪开发支出余额为58.38亿元（见下表）。此外，同为汽车行业的广汽集团、长城汽车、小康股份、北汽蓝谷等开发支出余额都很高，可见汽车行业盈利压力有多大。此外，医药行业的复星医药、亿帆医药、海正药业、天士力和华北制药开发支出余额均高于10亿元，也值得警惕。

| 证券简称 | 无形资产 | 开发支出 | 资产总计 | 研发支出总额占营业收入比例（%） |
|---|---|---|---|---|
| 比亚迪 | 121.91 | 58.38 | 1 999.24 | 6.56 |
| 广汽集团 | 96.85 | 40.95 | 1 290.29 | 6.75 |
| 中兴通讯 | 90.16 | 25.43 | 1 407.43 | 12.75 |
| 长城汽车 | 35.23 | 23.84 | 928.34 | 4.05 |
| 复星医药 | 74.06 | 21.86 | 736.90 | 10.10 |
| 中国广核 | 47.21 | 21.31 | 3,697.48 | 3.38 |
| 小康股份 | 18.99 | 21.30 | 252.84 | 8.21 |
| 北汽蓝谷 | 22.19 | 17.18 | 520.10 | 6.86 |
| 均胜电子 | 32.36 | 16.93 | 589.73 | 6.94 |
| 亿帆医药 | 4.34 | 16.83 | 101.32 | 13.40 |
| 海正药业 | 10.12 | 14.99 | 222.87 | 10.15 |
| 湘电股份 | 7.77 | 12.67 | 192.55 | 6.74 |
| 江淮汽车 | 31.76 | 12.48 | 494.81 | 4.25 |
| 天士力 | 4.00 | 12.17 | 249.11 | 6.68 |
| 同方股份 | 12.60 | 11.31 | 609.22 | 5.71 |
| 华北制药 | 3.93 | 10.42 | 183.09 | 3.61 |

*数据来源：WIND，初善君整理，2019年半年报数据，单位：亿元*

看比亚迪开发支出明细，分为电池、手机和汽车项目，余额均为汽车项目，同时2019年上半年确认为无形资产10.41亿元，余额高达58.38亿元（见下图）。假设按照10年折旧摊销，那么每年需要新增成本5.84亿元，公司又将减少不少利润。

单位：千元

| 项目 | 期初余额 | 本期增加金额 | | 本期减少金额 | | 期末余额 |
|---|---|---|---|---|---|---|
| | | 内部开发支出 | 其他 | 确认为无形资产 | 转入当期损益 | |
| 电池项目 | | 732,188 | | | 732,188 | |
| 手机项目 | | 952,061 | | | 952,061 | |
| 汽车项目 | 5,384,632 | 2,305,393 | | 1,041,334 | 810,974 | 5,837,717 |
| 合计 | 5,384,632 | 3,989,642 | | 1,041,334 | 2,495,223 | 5,837,717 |

数据来源：比亚迪2019年半年报

怎样理解研发支出费用化、研发支出资本化、开发支出、无形资产的关系？

假设有一家公司研发支出10亿元，全部计入开发支出，其中符合费用化的金额为5亿元，符合资本化的金额2亿元，那么该年度开发支出余额3亿元。

这3亿元就是一个利润调节器。

从整体来看，研发支出全部费用化最实在，即使有资本化，尽量全部直接计入无形资产，这样还可以计提折旧，最怕的就是开发支出余额比较高的公司。

### 3. 无形资产摊销——乐视网的财务伎俩

与固定资产折旧一样，无形资产也需要进行摊销，从而把成本分摊到不同的年份里。

如何进行摊销？公司应当于取得无形资产时分析判断其使用寿命。使用寿命有限的无形资产应进行摊销。使用寿命不确定的无形资产不应摊销。

如何判断使用寿命？比如签订了合同，就是合同年限。

无形资产摊销方法包括年限平均法、生产总量法等。摊销方法和固定资产折旧基本类似。但计提时间不同，当月购入当月摊销，当月减少，当月停止摊销。

无形资产在资产负债表日存在可能发生减值的迹象时，其可收回金额低于账面价值的，公司应当将该无形资产的账面价值减记至可收回金额，减记的金额确认为减值损失，计入当期损益，同时计提相应的资产减值准备。

以上都是很重要的知识点，与固定资产折旧相同。

学习这些有什么用呢？假如同样的无形资产，价值10亿元，一家公司选择5年摊销，一家选择10年摊销，那么计入成本费用的金额分别为2亿元和1亿元。换言之，同样的资产，仅仅因为设置的摊销年限不同，净利润将产生1亿元的差异。

因此，对比同类型上市公司的无形资产摊销年限，可以判断公司会计处理是否激进，确认公司净利润的含金量。

2016年年报显示，乐视网无形资产原值高达102亿元，其中80亿元是影视版权，当年计提摊销金额21亿元，看着折旧摊销金额其实挺多的（见下图）。

单位：元

| 项目 | 土地使用权 | 专利权 | 非专利技术 | 系统软件 | 影视版权 | 合计 |
|---|---|---|---|---|---|---|
| 一、账面原值 | | | | | | |
| 1.期初余额 | | | 778,394,046.02 | 485,011,216.70 | 6,099,664,841.86 | 7,363,070,104.58 |
| 2.本期增加金额 | | | 469,883,411.78 | 459,740,500.63 | 3,179,421,459.67 | 4,109,045,372.08 |
| （1）购置 | | | 18,250,138.58 | 16,938,588.90 | 3,179,421,459.67 | 3,214,610,187.15 |
| （2）内部研发 | | | 451,633,273.20 | 442,801,911.73 | 0.00 | 894,435,184.93 |
| （3）企业合并增加 | | | | | | |
| 3.本期减少金额 | | | 0.00 | 0.00 | 1,233,149,772.77 | 1,233,149,772.77 |
| （1）处置 | | | 0.00 | 0.00 | 62,530,007.49 | 62,530,007.49 |
| （2）到期 | | | 0.00 | 0.00 | 1,170,619,765.28 | 1,170,619,765.28 |
| 4.期末余额 | | | 1,248,277,457.80 | 944,751,717.33 | 8,045,936,528.76 | 10,238,965,703.89 |
| 二、累计摊销 | | | | | | |
| 1.期初余额 | | | 135,680,712.81 | 73,572,086.22 | 2,268,820,836.61 | 2,478,073,635.64 |
| 2.本期增加金额 | | | 88,043,130.69 | 83,666,343.42 | 1,899,726,815.01 | 2,071,436,289.12 |
| （1）计提 | | | 88,043,130.69 | 83,666,343.42 | 1,899,726,815.01 | 2,071,436,289.12 |
| 3.本期减少金额 | | | 0.00 | 0.00 | 1,197,726,298.31 | 1,197,726,298.31 |
| （1）处置 | | | 0.00 | 0.00 | 27,106,533.03 | 27,106,533.03 |
| （2）到期 | | | 0.00 | 0.00 | 1,170,619,765.28 | 1,170,619,765.28 |
| 4.期末余额 | | | 223,723,843.50 | 157,238,429.64 | 2,970,821,353.31 | 3,351,783,626.45 |

数据来源：乐视网2016年年报

再看乐视网影视版权折旧政策，是根据合同或者10年期限（见下图）。影视版权是什么特性，刚出来的时候大家都在看，收入集中在该版权授权发布头一年，一年以后看得人就少了，随着时间的推移将急剧下跌，按照会计准则收入配比的原则，影视版权应该采用加速摊销法。

使用寿命有限的无形资产的使用寿命估计情况

| 项目 | 预计使用寿命 |
|---|---|
| 影视版权 | 授权期限或10年 |
| 系统软件 | 合同受益年限或10年 |
| 非专利技术 | 合同受益年限或10年 |

数据来源：乐视网2016年年报

到2017年和2018年，公司计提无形资产减值损失了32.80亿元和25.39亿元。

单位：元

| 项目 | 本期发生额 | 上期发生额 |
|---|---|---|
| 一、坏账损失 | 2,307,374,938.51 | 6,093,782,472.83 |
| 二、存货跌价损失 | 127,276,436.08 | 194,696,473.24 |
| 三、长期股权投资减值损失 | | |
| 四、无形资产减值损失 | 2,538,530,320.08 | 3,279,940,099.37 |
| 五、贷款损失准备 | -185,934,677.88 | 317,695,794.39 |
| 六、可供出售金融资产减值准备 | 217,394,761.53 | 850,893,511.63 |
| 七、应收利息坏账准备 | 17,500,169.83 | |
| 八、固定资产减值准备 | 13,251,899.88 | 144,526,740.08 |
| 合计 | 5,035,393,848.03 | 10,881,535,091.54 |

数据来源：乐视网2018年年报

事实上，早在2014年之前，就有专业人士根据无形资产摊销方法质疑乐视网，当时与土豆、优酷对比，发现乐视网的折旧年限太激进了，这也为乐视网的落寞埋下了伏笔。

### 4. 无形资产的含金量

其实无形资产的摊销方法、是否资本化影响公司的净利润含金量，本身无形资产核算的内容也有含金量。

常见的无形资产一般包括专利权、商标权、非专利技术、著作权、土地使用权、特许经营权、租赁权等。那么针对部分公司，尤其是以专利、知识产权为主的公司，无形资产是技术的代表，是核心竞争力的体现，理论上无形资产占比越高，公司越好。

万万没想到，A股中无形资产最多都是中字头，中国交建以2 053.39亿元无形资产夺魁（见下表）。其中，1 940亿元都是特许经营权，主要是高速公路的特许经营权。由此可以判断，上榜的主要公司均是如此。从这个角度来看，这种无形资产意义不大。

| 证券简称 | 无形资产 | 开发支出 | 资产总计 | 研发支出总额占营业收入比例（%） | 所属申万行业名称 |
|---|---|---|---|---|---|
| 中国交建 | 2 053.39 | 1.51 | 10 101.73 | 2.07 | 建筑装饰 |
| 中国电建 | 1 537.27 | 0.43 | 7 825.44 | 3.14 | 建筑装饰 |
| 中国石化 | 1 031.41 | | 18 248.45 | | 化工 |
| 中国石油 | 779.49 | | 26 377.79 | 0.90 | 采掘 |
| 中国中铁 | 641.78 | | 10 122.32 | 1.83 | 建筑装饰 |
| 中国铁建 | 547.97 | | 9 997.48 | 1.58 | 建筑装饰 |
| 永泰能源 | 509.01 | | 1 047.35 | 0.65 | 采掘 |
| 兖州煤业 | 452.09 | | 2 023.93 | 0.10 | 采掘 |
| 中煤能源 | 422.03 | | 2 719.75 | 0.90 | 采掘 |
| 招商公路 | 389.10 | 0.21 | 877.98 | 1.56 | 交通运输 |
| 中国神华 | 359.64 | | 5 631.49 | 0.30 | 采掘 |
| 碧水源 | 295.75 | 0.41 | 608.93 | 2.42 | 公用事业 |

数据来源：WIND，初善君整理，2018年年报数据，单位：亿元

如下表所示，无形资产占比超过50%的公司中，基本都是高速公路公司，这些公司的高速公路收费权就是作为无形资产核算的。

| 证券简称 | 无形资产 | 开发支出 | 资产总计 | 无形资产等占比（%） |
|---|---|---|---|---|
| 山西路桥 | 80.38 | | 87.96 | 91 |
| 览海投资 | 17.76 | | 22.96 | 77 |
| 楚天高速 | 69.96 | | 102.09 | 69 |
| 皖通高速 | 104.47 | | 152.82 | 68 |
| 四川成渝 | 248.92 | | 376.45 | 66 |
| 创业环保 | 107.77 | | 164.56 | 65 |
| 东凌国际 | 27.72 | | 42.33 | 65 |
| *ST天首 | 10.65 | | 16.87 | 63 |
| 伟明环保 | 35.63 | | 60.02 | 59 |
| 深高速 | 236.81 | | 413.53 | 57 |
| 银泰资源 | 54.15 | | 107.97 | 50 |

数据来源：WIND，初善君整理，2018年年报数据，单位：亿元

因此，无形资产是否有含金量一定要分行业，比如医药生物、计算机、电子、通信行业等，这才是医药、科技发展之路。

当然，有些公司虽然是医药生物行业，但是无形资产可能是土地使用权。下图所示为无形资产占比最高的一些公司，比如览海投资的无形资产全部是土地使用

权，并不是什么专利权之类的有价值的资产。

| 证券简称 | 无形资产 | 开发支出 | 资产总计 | 无形资产等占比（%） | 研发支出总额占营业收入比例（%） | 所属申万行业名称 |
|---|---|---|---|---|---|---|
| 览海投资 | 17.76 | | 22.96 | 77 | | 医药生物 |
| 西藏药业 | 10.86 | 0.17 | 25.85 | 43 | 0.99 | 医药生物 |
| 贝达药业 | 5.18 | 7.26 | 37.49 | 33 | 48.2 | 医药生物 |
| ST运盛 | 1.42 | | 4.59 | 31 | 4.33 | 医药生物 |
| 科力远 | 12.26 | 6.09 | 64.85 | 28 | 14.22 | 电子 |
| 海能达 | 35.10 | 6.10 | 147.44 | 28 | 15.46 | 通信 |
| 心脉医疗 | 0.48 | 0.50 | 3.58 | 28 | 20.71 | 医药生物 |
| 信立泰 | 10.29 | 8.57 | 76.77 | 25 | 17.28 | 医药生物 |
| 微芯生物 | 0.63 | 1.27 | 8.28 | 23 | 55.85 | 医药生物 |
| 川大智胜 | 1.39 | 2.23 | 16.01 | 23 | 20.57 | 计算机 |
| 北方华创 | 14.54 | 9.06 | 108.65 | 22 | 26.28 | 电子 |
| 一品红 | 3.23 | 0.18 | 15.75 | 22 | 6.39 | 医药生物 |
| 亿帆医药 | 4.34 | 16.83 | 101.32 | 21 | 13.4 | 医药生物 |
| 柏楚电子 | 0.92 | | 4.40 | 21 | 11.47 | 计算机 |
| 广生堂 | 1.35 | 0.49 | 8.98 | 20 | 28.32 | 医药生物 |
| 纳思达 | 73.35 | 0.04 | 361.45 | 20 | 6.74 | 计算机 |

数据来源：WIND，初善君整理，2018年年报数据，单位：亿元

不可否认，无形资产有含金量，但是大部分含金量都很低。最好的方式或许还是学习恒瑞医药，要什么无形资产，直接计入费用。

### 5. 一些奇奇怪怪的无形资产

以上都是常见的无形资产，但是有一些并不常见的无形资产，主要是收购海外资产形成的，如球员服务合同、客户关系等。在会计准则下，有些并不能确认为无形资产。

球员均是在无形资产—球员服务合同核算，比如星辉娱乐的年报，显示账面期初余额球员服务合同金额2.26亿元（见下图）。

再如，奥瑞金披露的数据，奥瑞金收购了法乙的欧塞尔，显示球员合同余额为0.68亿元，也显示了西甲与法乙的巨大差异（见下图）。

**无形资产**

**无形资产情况**

公司是否需遵守《深圳证券交易所创业板行业信息披露指引第 5 号——上市公司从事互联网游戏业务》的披露要求

□ 是 √ 否

单位：元

| 项目 | 土地使用权 | 专利权 | 非专利技术 | 电脑软件 | 游戏软件 | 改编权 | 球员服务合同 | 肖像权 | 合计 |
|---|---|---|---|---|---|---|---|---|---|
| 一、账面原值 | | | | | | | | | |
| 1.期初余额 | 411,616,930.17 | | | 14,145,688.13 | 127,600,683.36 | 4,547,169.73 | 226,236,324.59 | 11,344,195.72 | 795,490,991.70 |
| 2.本期增加金额 | 22,993,512.28 | | | 1,729,126.46 | 54,813,540.83 | 23,820,754.67 | 112,209,534.94 | 769,290.11 | 216,335,759.29 |
| (1) 购置 | | | | 1,545,388.64 | 1,500,000.00 | 23,820,754.67 | 96,867,648.09 | | 123,733,791.40 |
| (2) 内部 | | | | | 53,313,540.83 | | | | 53,313,540.83 |

数据来源：WIND，初善君整理

## (13) 无形资产

| | 土地使用权 | 计算机软件 | 专有技术使用权 | 球员合同 | 其他 | 合计 |
|---|---|---|---|---|---|---|
| 原价 | | | | | | |
| 2016 年 12 月 31 日 | 358,367,064 | 23,592,152 | 38,938,978 | 82,614,809 | 1,868,262 | 505,381,265 |
| 本年增加 | 27,316,543 | 2,197,196 | 11,501,444 | 14,473,267 | 231,060 | 55,719,510 |
| 购置 | 27,316,543 | 2,197,196 | 11,501,444 | 14,473,267 | 231,060 | 55,719,510 |
| 本年减少 | - | - | - | (14,014,683) | - | (14,014,683) |
| 外币报表折算差异 | - | 163,149 | - | 5,486,255 | - | 5,649,404 |
| 2017 年 12 月 31 日 | 385,683,607 | 25,952,497 | 50,440,422 | 88,559,648 | 2,099,322 | 552,735,496 |
| 累计摊销 | | | | | | |
| 2016 年 12 月 31 日 | (30,107,021) | (9,349,951) | (3,089,110) | (3,953,920) | (244,126) | (46,744,128) |
| 本年增加 | (7,258,127) | (2,959,045) | (3,937,225) | (18,717,039) | (407,324) | (33,278,760) |
| 计提 | (7,258,127) | (2,959,045) | (3,937,225) | (18,717,039) | (407,324) | (33,278,760) |
| 本年减少 | - | - | - | 2,908,926 | - | 2,908,926 |
| 外币报表折算差异 | - | (146,643) | - | (404,062) | - | (550,705) |
| 2017 年 12 月 31 日 | (37,365,148) | (12,455,639) | (7,026,335) | (20,166,095) | (651,450) | (77,664,667) |
| 账面价值 | | | | | | |
| 2017 年 12 月 31 日 | 348,318,459 | 13,496,858 | 43,414,087 | 68,393,553 | 1,447,872 | 475,070,829 |
| 2016 年 12 月 31 日 | 328,260,043 | 14,242,201 | 35,849,868 | 78,660,889 | 1,624,136 | 458,637,137 |

于 2017 年 12 月 31 日及 2016 年 12 月 31 日，本集团经过评估后，认为无须计提减值准备。

数据来源：WIND，初善君整理

那么，折旧政策呢？星辉娱乐披露按照直线法在合同年限中平均折旧（见下图）。

| 项　目 | 预计使用寿命 | 摊销方法 |
|---|---|---|
| 土地使用权 | 合同规定期限 | 直线法 |
| 手机游戏 | 1年（见下注） | 直线法 |
| 网页游戏 | 2年（见下注） | 直线法 |
| 软件 | 3～5年 | 直线法 |
| 改编权 | 合同约定期限 | 直线法 |
| 版权及著作权 | 授权期限或3年 | 直线法 |
| 球员服务合同 | 合同约定期限 | 直线法 |
| 肖像权 | 合同约定期限 | 直线法 |

数据来源：WIND，初善君整理

C罗在2009年7月转会皇马，转会费是8 000万英镑，当时折合9 400万欧元，创史上最高转会费纪录，签约到2016年。那么每年计入无形资产摊销的是1 343万欧元。

比如，纳思达的无形资产构成中，商标权占29.64亿元，客户关系占33.43亿元（见下图）。一般情况下，会计准则只承认外购和自主研发的无形资产，而商标权和客户关系既不能外购，也不能自主研发，所以没有类似的无形资产。纳思达之所以存在，是因为收购Lexmark并表带来的。如果仔细看的话，会发现商标权2019年上半年只计提折旧65万元，要是按照10年计提，至少计提1.5亿元，纳思达的财报极其危险。

总之，对于广大投资者来说，无形资产并不起眼，但是很重要。一定要理解无形资产的关键点：核算内容、摊销方法、资本化情况、开发支出等，才能对公司的净利润含金量有一个准确的判断。

单位：元

| 项目 | 土地使用权 | 专利权 | 非专利技术 | 商标权 | 专利权独占实施许可、专利许可使用权 | 客户关系 | 增值的租约权 | 软件 | 合计 |
|---|---|---|---|---|---|---|---|---|---|
| 一、账面原值 | | | | | | | | | |
| 1.期初余额 | 374,312,214.52 | 121,985,346.98 | 1,235,376,000.00 | 2,964,378,881.58 | 5,659,730.00 | 3,342,671,687.95 | 98,148,867.80 | 1,180,601,206.71 | 9,323,133,935.54 |
| 2.本期增加金额 | 5,257,010.70 | 842,093.18 | 2,070,000.00 | 4,966,850.00 | | 12,639,025.57 | 2,111,375.11 | 23,001,167.61 | 50,887,522.17 |
| （1）购置 | | | | | | | | 2,179,319.28 | 2,179,319.28 |
| （2）内部研发 | | 767,941.18 | | | | | | | 767,941.18 |
| （3）企业合并增加 | | | | | | | | | |
| （4）从在建工程转入 | 3,451,566.29 | | | | | | | 20,756,112.47 | 24,207,678.76 |
| （5）其他 | 1,805,444.41 | 74,152.00 | 2,070,000.00 | 4,966,850.00 | | 12,639,025.57 | 2,111,375.11 | 65,735.86 | 23,732,582.95 |
| 3.本期减少金额 | 1,883,114.08 | | | | | | | 5,217,306.26 | 7,100,420.34 |
| （1）处置 | | | | | | | | 96,057.00 | 96,057.00 |
| （2）其他 | 1,883,114.08 | | | | | | | 5,121,249.26 | 7,004,363.34 |
| 4.期末余额 | 377,686,111.14 | 122,827,440.16 | 1,237,446,000.00 | 2,969,345,731.58 | 5,659,730.00 | 3,355,310,713.52 | 100,260,242.91 | 1,198,385,068.06 | 9,366,921,037.37 |
| 二、累计摊销 | | | | | | | | | |
| 1.期初余额 | 4,478,109.74 | 23,328,480.56 | 367,671,428.42 | 4,579,671.34 | 5,609,685.39 | 472,158,129.58 | 14,639,184.32 | 764,999,465.79 | 1,657,464,155.14 |
| 2.本期增加金额 | 2,689,972.01 | 10,449,847.60 | 89,005,071.45 | 667,176.19 | 9,296.66 | 113,393,843.57 | 3,461,342.41 | 186,337,871.06 | 406,014,420.95 |
| （1）计提 | 2,661,049.47 | 10,400,723.17 | 87,060,857.16 | 649,900.45 | 9,296.66 | 110,910,713.40 | 3,385,171.02 | 186,269,159.64 | 401,346,870.97 |

数据来源：WIND，初善君整理

## 四、投资性房地产

投资性房地产本来是一个小众科目，但是因为这些年房价不断上涨，上市公司把原来在固定资产核算的房屋、建筑物调整成投资性房地产核算的动机大增。

此外，房地产上市公司作为A股的重要组成部分，对房地产公司感兴趣的投资者，不了解投资性房地产的核算准则是不行的。

因此有必要仔细研究这个科目，才能做好投资。

### 1. 投资性房地产定义

投资性房地产与固定资产在实物上没有区别，区别只是房子的用途：出租的房地产或者持有获取资本增值的房地产在投资性房地产核算，具体包括已出租的土地使用权、持有并准备增值后转让的土地使用权和已出租的建筑物。

实务中基本都是出租的房地产。

根据定义，很明显商业地产公司的投资性房地产肯定很多，截至2018年12月31日，美凯龙、万科A、新城控股的投资性房地产余额分别为785亿元、541亿元和408亿元，是三家A股上市公司中投资性房地产最多的公司。

比如美凯龙，主营业务是家居大卖场，自己建设房子，然后出租，所以旗下房地产均为出租状态，因此可以在投资性房地产核算。下图所示为美凯龙投资性房地产报表附注，房屋、建筑物718亿元，在建工程67亿元。

单位：元　币种：人民币

241 / 363

2018 年年度报告

| 项目 | 房屋、建筑物 | 土地使用权 | 在建工程 | 合计 |
|---|---|---|---|---|
| 一、期初余额 | 67,864,000,000.00 | | 2,967,000,000.00 | 70,831,000,000.00 |
| 二、本期变动 | 3,940,000,000.00 | | 3,762,000,000.00 | 7,702,000,000.00 |
| 加：外购 | 643,631,281.17 | | 2,205,289,554.33 | 2,848,920,835.50 |
| 存货\固定资产\在建工程转入 | 165,000,000.00 | | -165,000,000.00 | - |
| 企业合并增加 | 2,266,399,991.51 | | 766,506,055.54 | 3,032,906,047.05 |
| 减：处置 | | | | |
| 其他转出 | | | | |
| 公允价值变动 | 864,968,727.32 | | 955,204,390.13 | 1,820,173,117.45 |
| | | | | |
| | | | | |
| 三、期末余额 | 71,804,000,000.00 | | 6,729,000,000.00 | 78,533,000,000.00 |

数据来源：WIND，美凯龙2018年年报，初善君整理

仔细看美凯龙投资性房地产报表附注，有个项目叫公允价值变动，2018年高达18亿元。这18亿元公允价值变动会体现在利润表中，等于18亿元的税前利润。为什么投资性房地产的价值变动可以贡献利润？这要从投资性房地产的核算说起。

### 2. 后续计量

投资性房地产的后续计量有两种方式：一种叫作成本模式，另一种叫作公允价值模式，这两种模式区别很大。

成本模式很好理解，就是把投资性房地产与固定资产或无形资产按照使用年限计提折旧，计提的折旧费用计入成本费用影响净利润。

比如，投资性房地产余额高达541亿元的万科，使用的就是成本模式。万科

表示本集团将持有的为赚取租金或资本增值，或两者兼有的房地产（包括正在建造或开发过程中将来用于出租的建筑物）划分为投资性房地产。公司采用成本模式计量投资性房地产，将投资性房地产的成本扣除预计净残值（残值率0~7%）和累计减值准备后在使用寿命内（20~70年）按年限平均法计提折旧或进行摊销。

从万科2018年年报可知，公司投资性房地产年初账面价值288亿元，年末达到541亿元，年内出租的房地产大幅增加，同时当年计提折旧10亿元（见下表）。

按成本计量的投资性房地产

| | 房屋、建筑物 | 在建工程 | 合计 |
|---|---|---|---|
| 原值 | | | |
| 年初余额 | 18,484,047,451.50 | 11,316,033,255.67 | 29,800,080,707.17 |
| 本年增加 | | | |
| -存货转入 | 5,298,658,394.69 | 9,192,698,588.87 | 14,491,356,983.56 |
| -购置 | 470,398,611.67 | 706,414,597.75 | 1,176,813,209.42 |
| -建筑成本 | — | 3,172,330,532.57 | 3,172,330,532.57 |
| -在建工程转入 | 2,095,981,764.92 | (2,095,981,764.92) | — |
| -合并范围变化 | 729,533,409.42 | 7,948,307,859.25 | 8,677,841,268.67 |
| 汇兑调整 | 110,299,163.63 | — | 110,299,163.63 |
| 年末余额 | 27,188,918,795.83 | 30,239,803,069.19 | 57,428,721,865.02 |
| 累计折旧 | | | |
| 年初余额 | 857,639,900.90 | — | 857,639,900.90 |
| 本年计提 | 1,029,659,363.76 | — | 1,029,659,363.76 |
| 合并范围变化 | 364,888,449.14 | — | 364,888,449.14 |
| 汇兑调整 | 6,714,208.93 | — | 6,714,208.93 |
| 年末余额 | 2,258,901,922.73 | — | 2,258,901,922.73 |
| 投资性房地产减值 | | | |
| 年初余额 | 131,140,472.72 | — | 131,140,472.72 |
| 本年计提 | 982,894,718.07 | — | 982,894,718.07 |
| 年末余额 | 1,114,035,190.79 | — | 1,114,035,190.79 |
| 账面价值 | | | |
| 年末账面价值 | 23,815,981,682.31 | 30,239,803,069.19 | 54,055,784,751.50 |
| 年初账面价值 | 17,495,267,077.88 | 11,316,033,255.67 | 28,811,300,333.55 |

本集团于报告期末按照评估价值对个别投资性房地产计提了减值准备。

*数据来源：WIND，初善君整理*

这就是成本模式后续计量。

另一种是公允价值模式进行后续计量，与成本模式不一样，在这种模式下不对投资性房地产计提折旧或摊销，而是以资产负债表日投资性房地产的公允价值为基础调整其账面价值，公允价值与原账面价值之间的差额计入当期损益（公允价值变动损益）。

这里就有非常大的利润调节空间，一是投资性房地产不用折旧，也就意味着租金收入没有折旧成本，收入都是纯税前利润。二是房地产的市场价都是评估数，人为操纵空间大，可以人为调节公允价值变动损益。

比如美凯龙，下图所示为2013年至今，公司采用公允价值模式计量投资性房地产后，投资性房地产每年都能带来20亿元左右的公允价值收益，最高的时候占营业利润的比例接近一半，考虑到公允价值变动损益并不能带来经营现金流，利润虚高明显。

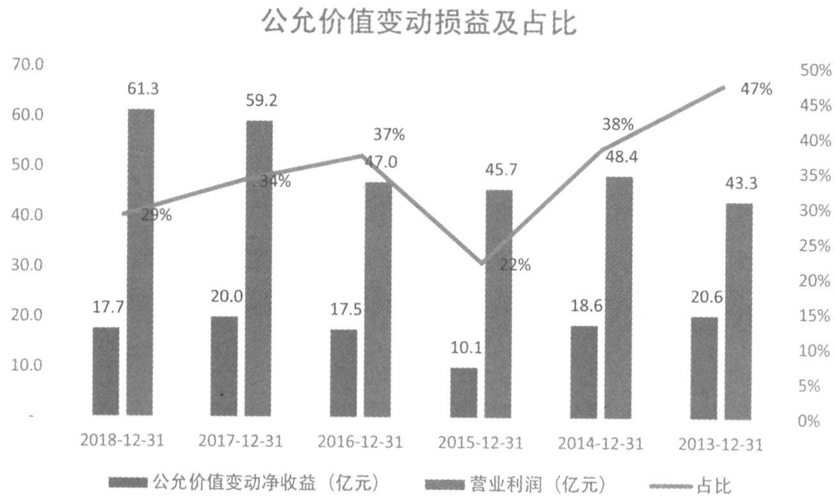


数据来源：WIND，初善君整理

再如，新城控股。截至2018年12月31日，公司投资性房地产余额为407.58亿元，占总资产的比例为12.34%，2015—2017年，公允价值变动损益分别为8.15亿元、5.94亿元和9.11亿元，为新城控股的高净利率立下了“汗马功劳”。2018年，新城控股的投资性房地产公允价值变动收益为28.09亿元，同比增长209.02%，占归母净利润的26.78%。

由此得出，使用公允价值后续计量的好处：一是做大公司的资产规模。比如，新城控股原本400亿元的固定资产，使用投资性房地产计量后，随着房价的升高，资产规模达到450亿元，那么对于一家处于扩张期的公司来说，资产规模做大之后，可以降低资产负债率。二是随着房地产的升值，公司可以保证利润来源，调节公司的利润规模，包括公允价值变动损益和减少折旧，毕竟评估多少钱全看房地产评估公司，而该评估公司是上市公司自己花钱请的。

坏处是一旦房价出现预期外的波动，会给公司带来毁灭性的打击，利润大幅下跌，资产负债率攀升，同时每年还要花费一笔不少的评估费，好在房地产放开的这二十多年一直在上升。

由于这些年房价不断上涨，这种后续计量只有好处，暂时还没有坏处。

公允价值模式并非随意使用，需要满足以下条件：一是投资性房地产所在地有活跃的房地产交易市场；二是公司能够从房地产交易市场上取得同类或类似房地产的市场价格及其他相关信息，从而对投资性房地产的公允价值作出合理的估计。说实话，现在这两个条件肯定很容易满足。

### 3. 两种模式的转换

除此之外，更有意思的是投资性房地产后续计量可以转换。

一是由其他类型的房地产转变为投资性房地产，包括作为存货的房地产改为出租、自用建筑物或土地使用权停止自用改为出租、公司将原本用于生产商品、提供劳务或者经营管理的房地产改用于出租、自用土地使用权停止自用改用于资本增值等。

转换后，如果使用成本模式继续计量，对上市公司利润几乎没有影响。

比如，浙江永强表示因公司暂时自用面积较少，拟将部分闲置楼层进行出租，根据《企业会计准则》及相关规定，该部分房产将转为投资性房地产进行核算（见下图）。仍按照成本进行初始计量，采用成本模式进行后续计量，并采用与固定资产和无形资产相同的方法进行计提折旧和摊销。会计核算方法没有变化，不影响公司的生产经营，出租获得的租金有利于增加公司整体收益，提高资产使用效率。

**部分自用房产变更为投资性房地产的具体情况**

公司并达到使用状态，因公司暂时自用面积较少，拟将部分闲置楼层进行出租，根据《企业会计准则》及相关规定，该部分房产将转为投资性房地产进行核算。闲置房产具体如下：

| 房产名称 | 建筑面积（m²） | 地址 |
|---|---|---|
| 国际贸易大厦1～3层、7～26层 | 28695.74 | 宁波市鄞州区天童南路639号 |

截至2018年12月31日，该部分房产账面原值17,846.16万元，账面净值17,008.56万元；该部分土地账面原值916.63万元，账面净值714.20万元。

自2018年11月20日起，会计核算方法不变，该部分房产及对应部分土地从固定资产项目和无形资产项目变更至投资性房地产项目，仍按照成本进行初始计量，采用成本模式进行后续计量，并采用与固定资产和无形资产相同的方法进行计提折旧和摊销。

数据来源：WIND，初善君整理

如果采用公允价值模式进行后续计量时，投资性房地产应当按照转换当日的公允价值计量，转换当日的公允价值小于原账面价值的，其差额计入当期损益（公允价值变动损益）；转换当日的公允价值大于原账面价值的，其差额作为资本公积（其他资本公积），计入所有者权益。好在现在的《企业会计准则》没有计入公允价值变动损益，否则有多少上市公司用这个进行利润调节。

例如，三木集团2012年披露，公司于2012年10月1日起，分别将账面价值共计37 259万元资产从固定资产和存货转入投资性房地产核算。根据评估公司评估，从固定资产和存货转入的投资性房地产截至转换日的公允计值为127 410万元，与原账面价值的差额增加递延所得税负债22 538万元，增加公司资本公积67 613万元。

二是后续计量由成本模式转换为公允价值模式计量。公司对投资性房地产的计量模式一经确定，不得随意变更。从成本模式转为公允价值模式的，应当作为会计政策变更处理，将计量模式变更时公允价值与账面价值的差额，调整期初留存收益（资本公积、未分配利润等所有者权益）。

虽然两种转换都没有增加净利润，但是公司为什么这么做呢？因为投资性房地产不用折旧，如果不转换后续计量方式，假设按照20年折旧，三木集团每年折旧也要1 800万元，这会降低净利润。

看方大集团年报时，发现方大集团公允价值变动损益多达29.14亿元，主要是方大广场项目1号楼转为投资性房地产按公允价值后续计量产生的公允价值变动（见下图）。我也不知道为什么方大集团可以这样操作，大家可以去寻找答案。

单位：元

| | 金额 | 占利润总额比例 | 形成原因说明 | 是否具有可持续性 |
|---|---|---|---|---|
| 投资收益 | 27,776,084.43 | 0.94% | 主要系银行理财收益 | 否 |
| 公允价值变动损益 | 2,913,858,560.57 | 98.12% | 主要系方大广场项目1号楼转为投资性房地产按公允价值后续计量产生的公允价值变动 | 否 |
| 资产减值 | 239,866,511.30 | 8.08% | 主要系对应收款项计提的坏账准备 | 是 |
| 营业外收入 | 3,712,594.09 | 0.13% | | 否 |

数据来源：WIND，初善君整理

### 4. 房地产上市公司净利润的质量

考虑到公允价值变动损益对上市公司利润并没有实质意义，在判断上市公司盈利质量时，需要关注盈利的真实性。

选取A股投资性房地产金额比较大的上市公司，对比净利润与公允价值变动损益，判断其扣除公允价值变动损益后的真实净利润水平。下表中供销大集、方大集团剔除公允价值变动损益后，净利润几乎是不盈利的。

| 证券简称 | 投资性房地产 | 资产总计 | 公允价值变动净收益（A） | 净利润（B） | 扣除公允价值变动损益（C=B−A×0.75） | 一级行业 |
|---|---|---|---|---|---|---|
| 美凯龙 | 785.33 | 1 108.61 | 17.67 | 47.05 | 33.80 | 商业贸易 |
| 新城控股 | 407.58 | 3 303.18 | 27.85 | 122.09 | 101.20 | 房地产 |
| 世茂股份 | 298.48 | 1 083.20 | 8.99 | 47.26 | 40.52 | 房地产 |
| 泰禾集团 | 176.56 | 2 431.36 | 6.72 | 39.11 | 34.07 | 房地产 |
| 供销大集 | 140.73 | 554.75 | 8.86 | 7.59 | 0.94 | 商业贸易 |
| 方大集团 | 52.56 | 106.59 | 29.14 | 22.46 | 0.61 | 建筑装饰 |

数据来源：WIND，单位亿元，初善君整理

对于投资者来说，公允价值变动损益并不能带来实际的现金流，与一般的净利润不同，在估值时也需要考虑剔除。因此美凯龙看似低估，实际并不低估，新城控股看似估值不高，其实也不算低。

当然，对于万科来说，使用成本模式进行后续计量，算是隐藏利润，如果改成公允价值计算，至少可以增加账面价值10%左右的利润。换言之，万科隐藏了约

50亿元以上的利润，这对于年利润超过300亿元的万科来说，并不算什么，而且如果不改变计量模式，在可以预见的时间里，这个隐藏的利润并不会释放。

总之，看净利润时，一定要看净利润的质量。

**案例：**A股“财技”之王——美凯龙盈利的秘密。

笔者作为一个相对见多识广的投资者，什么“财技”没见过呢，更改会计估值、计提资产减值损失、变更核算模式等，利润调节的各种手段在笔者眼里不过是小把戏，一眼看穿。

直到看到了这家公司的“财技”，笔者才震惊了，A股“财技”之王，舍它其谁。“财技”的要点就是几百亿固定资产产生收入的同时不需要计提折旧，每年还能带来20亿元左右的投资收益，如果剔除这些影响，公司的盈利能力至少减半。

具体怎么回事，且听笔者慢慢道来。

（1）中国最大的家居卖场

红星美凯龙，中国最大的连锁家居卖场，中国的宜家。2018年年报显示，美凯龙经营了80家自营商场，228家委管商场，覆盖全国29个省、直辖市、自治区的199个城市，商场总经营面积18 939 341平方米。就零售额而言，公司占中国连锁家居装饰及家具商场行业的市场份额为15.2%，在我国稳健增长的家居装饰及家具零售行业中占有最大的市场份额。

根据国信证券的研报，无论是门店数、经营面积、还是财务数据，红星美凯龙都领先于其竞争对手（见下图）。

**全国主要连锁家居流通企业概况**

| 品牌 | 创立时间 | 门店总数 | 经营面积 | 财务数据 | 经营模式 | 主要分布 | 市场定位 |
|---|---|---|---|---|---|---|---|
| 红星美凯龙 | 1986年 | 256 | 1514万平方米 | | 自营+委管 | 地级市到达，覆盖29省市 | Shopping Mall式的一站式体验家居购物广场 |
| 居然之家 | 1999年 | 241（2018H1） | 超过1200万平方米 | 2017年销售额(GMV)588亿元，收入98.24亿元，归母净利润12.19亿元。 | 自营+加盟 | 从一线城市至下沉县城，覆盖28省市 | “居然之家”家居建材主题购物中心包括家装设计中心、家具建材品牌专卖店、建材超市、家居商场等多种业态；此外，公司还积极布局新零售，大消，2018年2月，阿里巴巴等投资人向居然之家投资54.53亿元，持有其15%的股份，投后估值超360亿元。 |
| 月星家居 | 1988年 | 54 | 300平方米 | 2017年收入25.98亿元，归母净利润9.26亿元 | 自营+委管 | 二三线城市，覆盖22省市 | 集团业务包括家具制造、家居连锁商场和商业地产，家居连锁商场包括自营和委托管理两种模式，家居连锁板块推出“百店计划” |
| 欧亚达 | 1984年 | 近50家 | 400万平方米 | | 自营 | 二、三、四线经济较发达城市，覆盖10省市 | 为顾客提供“一站式”高品质家居生活消费体验为主题的泛家居城市商业综合体 |
| 富森美 | 2000年 | 12 | 137.22万平方米 | 2017年收入12.58亿元，归母净利6.51亿元 | 自营+委管 | 四川，重庆，覆盖2省市 | 成都、四川地区区域性家居品牌，加大委管拓展力度 |

资料来源：公司招股书、居然之家官网、国信证券经济研究所整理（注：居然之家数据截至2018/6/30，欧亚达、月星家居数据截至2016/6/30）

2018年公司实现营业收入142.39亿元，较同期增长29.93%，实现归母净利润44.77亿元，同比增长只有9.8%，其收入构成主要包括自营商场租赁及管理收入、委托商场带来的收入和其他收入等。

自营商场租赁及管理收入很容易理解，就是美凯龙把自己的物业租赁给家居商家收到的租赁和管理收入，这是美凯龙最主要的收入来源。2018年确认收入为71.68亿元，同比增加12.1%，占营业收入50.34%，毛利率更是高达77.6%（见下图）。

单位：元

| 分产品 | 营业收入 | 营业成本 | 毛利率（%） | 营业收入比上年增减（%） | 营业成本比上年增减（%） | 毛利率比上年增减（%） |
|---|---|---|---|---|---|---|
| 租赁及管理收入 | 7,167,976,016.22 | 1,607,276,015.02 | 77.6 | 12.1 | 10.1 | 增加0.4个百分点 |
| 与委托经营管理商场相关收入-项目前期品牌咨询委托管理服务收入 | 1,563,958,422.45 | 344,158,994.34 | 78.0 | -1.5 | 84.5 | 减少10.3个百分点 |
| 与委托经营管理商场相关收入-项目年度品牌咨询委托管理服务收入 | 1,919,812,820.55 | 1,249,086,087.95 | 34.9 | 24.7 | 16.6 | 增加4.5个百分点 |
| 工程项目商业管理咨询费收入 | 215,024,528.31 | 15,481,766.04 | 92.8 | 53.4 | 48.2 | 增加0.3个百分点 |
| 商业咨询费及招商佣金收入 | 477,982,822.95 | 47,125,752.98 | 90.1 | 32.0 | 13.5 | 增加1.6个百分点 |
| 建造施工及设计 | 1,479,553,020.36 | 995,054,981.41 | 32.7 | 2,535.9 | 2,211.9 | 增加9.4个百分点 |
| 商品销售及家装收入 | 466,289,187.59 | 309,325,890.09 | 33.7 | 58.5 | 52.8 | 增加2.5个百分点 |
| 其他收入 | 949,195,682.01 | 246,190,333.24 | 74.1 | 62 | 66.9 | 减少0.8个百分点 |

数据来源：WIND，初善君整理

其次是委管收入，包括4项收入。一是前期的冠名费，冠名费收取800万~3000万元；二是年度费用，每家每年30万~600万元收入，此外管理的好还包括租金收入一定比例的提成收入；三是工程项目商业管理咨询费收入，费用通常在500万~3 000万元；四是招商佣金，招商费50万~300万元。2018年确认收入41.77亿元，增幅为15.1%，毛利率约60.36%。

如此高的毛利率自然带来了高净利率，2017年净利率为39%，2018年依然高达33%。同时经营现金流也很好，2017年有65亿元，2018年也有58亿元。

但是美凯龙真的这么优秀吗？如果是，为什么PB只有1.1倍，PE只有10倍。尤其是港股市场，PB不足0.6倍，PE约5倍，港股价格只有7.59港元。

（2）公允价值计量投资性房地产的秘密

看美凯龙的资产负债表，有个科目特别突出，2018年底，“投资性房地产”科目余额高达785.3亿元，考虑到总资产只有1108.6亿元，投资性房地产占比高达71%，而且2013年这个占比更是高达87%（见下图）。

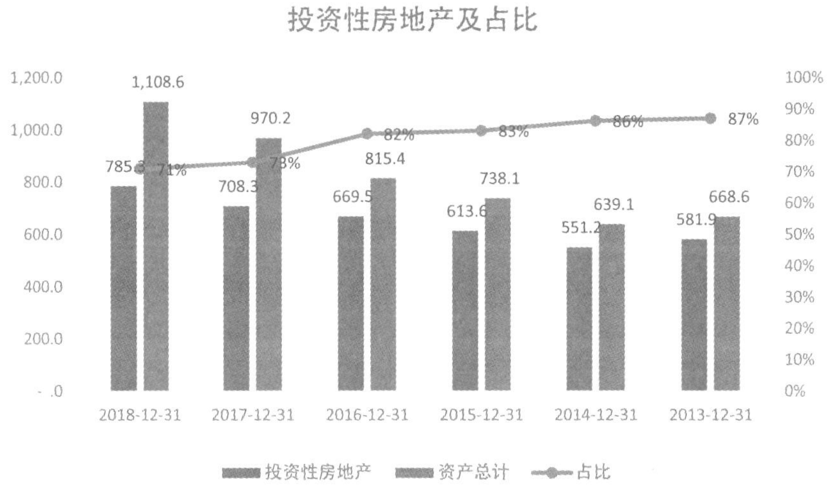


数据来源：WIND，初善君整理

第一个问题，为什么投资性房地产余额这么高呢？

投资性房地产是指为赚取租金或资本增值，或两者兼有而持有的房地产，包括已出租的建筑物等。美凯龙80家自营商场都是自己建的物业，这些物业都是出租的，自然属于投资性房地产。同时公司固定资产只有2亿元，几乎可以忽略不计，这意味着公司所有的物业都是以投资性房地产计量的。

第二个问题，785.3亿元投资性房地产是如何核算出来的？企业会计准则规定，当自用房地产（固定资产）转换为采用公允价值模式计量的投资性房地产时，投资性房地产按照转换当日的公允价值计价，转换当日的公允价值大于原账面价值的，其差额计入所有者权益（其他综合收益）。于是我们来看报表，2012年固定资产余额79亿元，全部转入投资性房地产时，增加了582亿元投资性房地产（可见房子升值了多少），同时所有者权益增加了约240亿元。也就是说，原先公司的自有物业都是固定资产核算的，直到2013年，改成投资性房地产核算，房价涨幅有目共睹，于是公司的资产总额由267亿元增加到668亿元。这就是投资性房地产的魅力，也是无数公司这些年把固定资产变成投资性房地产的原因。

第三个问题，也是美凯龙财技的核心，美凯龙投资性房地产后续计量模式是什么？根据企业会计准则，投资性房地产后续计量有两种模式，一种是成本法，就是计提折旧算入成本费用，与固定资产区别不大。另一种是公允价值法，不计提折旧或进行摊销，期末按照期末房产的价值核算，与上期期末的差额计入收益或者损失。

但是企业会计准则同时规定，采用公允价值模式计量的，应当同时满足下列条件：（一）投资性房地产所在地有活跃的房地产交易市场；（二）公司能够从房地产交易市场上取得同类或类似房地产的市场价格及其他相关信息，从而对投资性房地产的公允价值做出合理的估计。

意思是想使用公允价值进行计量，这个价格可以得到，正因为存在这个难度，绝大部分的投资性房地产都是使用成本模式进行后续计量的。

但是美凯龙不是，它使用公允价值进行计量。

由此带来两个问题：

一是785.3亿元的投资性房地产不需要计提折旧或者摊销，美凯龙租赁物业不需要承担此成本，即使按照房地产一般规律40年进行摊销，785.3亿元的投资性房地产一年成本约20亿元，自营商场55亿元的毛利只剩下35亿元。

二是由于房地产的升值及投资性房地产计量的不透明性，投资性房地产每年都能带来20亿元左右的公允价值收益，如果扣除这些，公司的净利润将减少1/4左右。下图所示为2013年至2018年，公司采用公允价值模式计量投资性房地产后，每年都会有大额的公允价值变动损益，最高的时候占营业利润的比例接近一半。

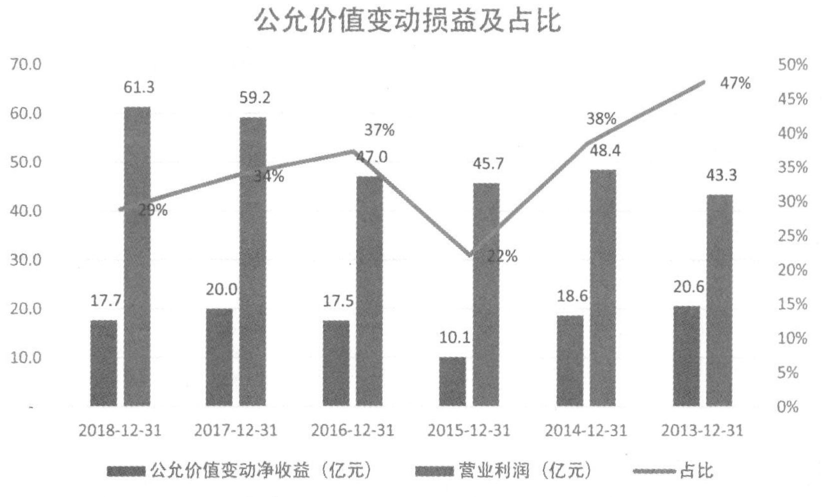


数据来源：WIND，初善君整理

那么，如何计算美凯龙真实的盈利呢？

（3）美凯龙的真实盈利

想搞清楚美凯龙的真实盈利能力，就要把上面两个问题弄清楚。

首先是自营商场的真实毛利率到底是多少？美凯龙在IPO的招股说明书中做过表述和测算。

公司比较自营租赁业务的毛利率及可比上市公司的毛利率发现，公司78%左右的毛利率高于可比上市公司66%左右的毛利率。公司解释称，针对自有商场物业，公司将相关房屋建筑物及其对应土地使用权、专用设备及装修改造支出均计入投资性房地产，并采用公允价值模式进行后续计量，即以资产负债表日投资性房地产的公允价值为基础调整其账面价值，不计提折旧或进行摊销。而可比上市公司将其经营市场的相关物业资产计入投资性房地产或固定资产，并采用成本模式进行后续计量，根据相关资产原值及对应预计使用年限计提相应的折旧和摊销。从而导致公司租赁及管理收入毛利率相较可比上市公司平均毛利率偏高（见下表）。

| 公司名称 | 2017年1~6月(%) | 2016年度(%) | 2015年度(%) | 2014年度(%) |
|---|---|---|---|---|
| 海宁皮城 | 67.93 | 70.91 | 78.48 | 88.29 |
| 轻纺城 | 67.71 | 66.77 | 66.91 | 66.60 |
| 小商品城 | 56.60 | 63.50 | 58.03 | 59.72 |

1-1-793

红星美凯龙家居集团股份有限公司　　招股说明书（申报稿）

| 公司名称 | 2017年1~6月 | 2016年度 | 2015年度 | 2014年度 |
|---|---|---|---|---|
| 富森美 | 70.84 | 69.37 | 69.82 | 71.66 |
| **平均值** | **65.77** | **67.64** | **68.31** | **71.57** |
| **公司租赁及管理收入毛利率** | **78.14** | **77.15** | **78.07** | **75.42** |
| **公司综合毛利率** | **72.89** | **72.31** | **75.58** | **75.35** |

数据来源：WIND，初善君整理

为了消除以上会计处理方式差异造成的不可比性，公司按照投资性房地产以成本模式后续计量的方式，对相应会计处理口径下的租赁及管理收入毛利率、综合毛利率进行了模拟测算，以更客观地反映公司与可比上市公司在毛利率水平方面的差异。可以看到公司自营业务毛利率约62%，比可比上市公司略低，略高于委托管理综合业务60%的毛利率（见下图）。

| 项目 | 2017年1~6月(%) | 2016年度(%) | 2015年度(%) | 2014年度(%) |
|---|---|---|---|---|
| 可比上市公司平均值 | 65.77 | 67.64 | 68.31 | 71.57 |
| 公司租赁及管理收入毛利率 | 78.14 | 77.15 | 78.07 | 75.42 |
| 公司租赁及管理收入毛利率（投资性房地产按照成本模式模拟计算） | 62.48 | 61.56 | 64.18 | 61.54 |
| 公司综合毛利率 | 72.89 | 72.31 | 75.58 | 75.35 |
| 公司综合毛利率（投资性房地产按照成本模式模拟计算） | 63.04 | 62.43 | 67.13 | 66.78 |

数据来源：WIND，初善君整理

由此可以根据62%的毛利率来测算公司的真实盈利能力，2018年将减少净利润71亿×（77%−62%）×0.75≈8亿元。

第二个问题就更简单了，直接扣除公允价值变动损益即可，2018年公允价值变动损益17.67亿元，那么扣除后，将减少净利润13亿元。

由此得到2018年公司真实盈利能力只有45−8−13=22亿元。那么420亿元市值意味着市盈率约20倍，虽然不是高得离谱，但也没有那么低。

此外，美凯龙的资产负债表中其他应收款、长期应收款等科目余额较大，存在一些可能的关联方问题，由于这些不是本文的重点，在此不再赘述。

（4）CFO的重要性

那么美凯龙的会计处理有问题吗？

没问题，即使全世界上市公司都是选择使用成本模式计量，只要美凯龙能自圆其说，这本身并没有问题，只是企业会计准则的选择和运用。

当然，这种选择不是毫无风险，一旦房价下跌，公司要承受房地产价值下滑带来盈利大幅减少的风险。

同时，这也是公司排在第一位的关键审计事项，四大会计师事务所之一的安永表示，由于投资性房地产金额巨大，且投资性房地产公允价值的评估涉及重大的管理层估计、假设和判断，包括预计租金收入、折现率、空置率、投资性房地产所在地区的经济环境及未来趋势分析等，不确定性较高（见下图）。

| 关键审计事项 | 该事项在审计中是如何应对 |
| --- | --- |
| 投资性房地产公允价值的确定 | |
| 截至2018年12月31日，集团投资性房地产公允价值人民币785.33亿元，占集团账面总资产的71%。投资性房地产采用公允价值模式进行后续计量。<br>由于投资性房地产金额重大，且投资性房地产公允价值的评估涉及重大的管理层估计、假设和判断，包括预计租金收入、折现率、空置率、投资性房地产所在地区的经济环境及未来趋势分析等，不确定性较高。因此，我们将投资性房地产公允价值的确定作为关键审计事项。<br>财务报表附注中对该事项的披露详见财务报告<br>五、20.投资性房地产，财务报告<br>五、40.重大会计判断和估计，财务报告<br>七、18.投资性房地产，财务报告<br>七、67.公允价值变动收益 | 我们执行的审计程序包括：<br>(1) 对管理层聘请的第三方评估机构的客观性、独立性及专业胜任能力进行评价；<br>(2) 我们抽取样本，邀请内部评估专家协助我们对评估师估值方法、采用的主要假设和估计，包括折现率、出租空置率等进行评价；我们通过检查历史数据和公开市场资料测试相关的主要估计和假设的合理性；<br>(3) 复核财务报表中与投资性房地产公允价值相关的披露充分性。 |

数据来源：WIND，初善君整理

这再一次体现了一名CFO的重要性，美凯龙CFO毕业于上海财经大学，曾在中永信会计师事务所、德勤会计师事务所工作，并于2010年加入美凯龙担任CFO，为公司H股上市和回归A股立下了汗马功劳。

## 第六章

# 金融资产

金融资产分为四类，具体分为交易性金融资产、可供出售金融资产、持有至到期投资及贷款和应收款项四类，每项资产的入账成本、后续计量等均不同，初次接触的投资者无不头疼。

金融资产本来就比较难以理解，金融资产准则又在不断地修订，2017年3月31日，财政部发布了修订的《企业会计准则第22号——金融工具确认和计量》《企业会计准则第23号——金融资产转移》《企业会计准则第24号——套期保值》和《企业会计准则第37号——金融工具列报》等金融工具相关会计准则，这几者被合称为“新金融工具准则”或者“中国版IFRS9”。

新准则中，金融资产被分为以摊余成本计量的金融资产、以公允价值计量且其变动计入其他综合收益的金融资产、以公允价值计量且其变动计入当期损益的金融资产，与之前的分类完全不同，划分依据是“考虑公司管理金融资产的业务模式和金融资产的合同现金流量特征”。

其实，金融资产并不神秘，其实就是上市公司持有的债券、股权、基金，各项分类的区别在于上市公司持有的股权比例或者目的，而且与其他任何一项资产一样，关键在于资产创造收益和现金流的能力。

考虑到很多上市公司还没有按照最新的准则来披露，以上市公司为例不好解读，我们还是按照原先披露的科目来解读。

## 一、交易性金融资产

交易性金融资产的核算主要是以交易目的持有的股票、债券、基金等金融资产，包括一些理财产品。在企业会计准则中，交易性金融资产一般对应以公允价值计量且其变动计入当期损益的金融资产。

上市公司买入理财产品、买入准备随时卖出的少量股票、买入基金等，都算是交易性金融资产。如果散户算上市公司，我们买入的股票投资都应该算在我们的交易性金融资产中。

比如，很多上市公司公告《关于使用闲置自有资金投资证券及理财产品的公告》，表示会使用闲置自有资金进行证券及理财产品投资，使闲置资金在确保安全性、流动性的基础上实现保值、增值。一般情况下，这些上市公司此后的投资可能就在交易性金融资产核算了。

那么，谁持有金融资产最多呢？当然是金融业，比如银行、保险、证券等。

截至2018年12月31日，A股持有交易性金融资产最多的上市公司是中国平安，持有金额高达8 249.39亿元，占其总资产的比例约为12%（见下表）。此外，其他9家都是银行，不过占总资产的比例较低。

| 证券简称 | 交易性金融资产 | 可供出售金融资产 | 持有至到期投资 | 长期股权投资 | 资产总计 | 交易性金融资产占比（%） |
|---|---|---|---|---|---|---|
| 中国平安 | 8 249.39 | | | 1 548.95 | 71 429.60 | 12 |
| 工商银行 | 8 053.47 | | | 291.24 | 276 995.40 | 3 |
| 建设银行 | 7 312.17 | | | 80.02 | 232 226.93 | 3 |
| 农业银行 | 6 432.45 | | | 40.05 | 226 094.71 | 3 |
| 兴业银行 | 4 595.98 | 6 471.02 | 3 951.42 | 32.24 | 67 116.57 | 7 |
| 浦发银行 | 3 956.68 | | | 19.68 | 62 896.06 | 6 |
| 民生银行 | 3 810.93 | | | | 59 948.22 | 6 |
| 交通银行 | 3 763.86 | | | 36.53 | 95 311.71 | 4 |
| 中国银行 | 3 704.91 | | | 233.69 | 212 672.75 | 2 |
| 招商银行 | 3 303.02 | | | 88.71 | 67 457.29 | 5 |

*数据来源：WIND，单位亿元，初善君整理*

那么，中国平安的交易性金融资产究竟核算什么内容呢？其中，2 308.46亿元是理财产品投资，万万没想到，平安买了这么多理财产品，2 007.53亿元是基金。此外，还包括各类债券、股票、非上市股权、优先股等（见下图）。

以公允价值计量且其变动计入当期损益的金融资产

| | 2018年12月31日 | 2017年12月31日 |
|---|---|---|
| 债券 | | |
| 政府债 | **40,833** | 2,943 |
| 金融债 | **82,333** | 53,387 |
| 企业债 | **46,201** | 7,471 |
| 基金 | **200,753** | 33,491 |
| 股票 | **89,640** | 16,978 |
| 优先股 | **1,177** | 1,207 |
| 非上市股权 | **57,544** | 5,140 |
| 债权计划 | **15,432** | - |
| 理财产品投资 | **230,846** | 15,516 |
| 其他投资 | **60,180** | 5,117 |
| 合计 | **824,939** | 141,250 |
| 上市 | **146,082** | 22,812 |
| 非上市 | **678,857** | 118,438 |
| | **824,939** | 141,250 |

*数据来源：WIND，初善君整理*

下图所示为招商银行的交易性金融资产，截至2018年底，交易性金融资产中包含应收利息，扣除后为3 276.43亿元，主要类别为债券投资和非标资产投资等（见下图）。公司表示债券投资主要是本集团把握债券市场交易机会提高投资收益的需要，非标资产投资主要是票据非标投资。

交易性金融资产

单位：人民币百万元

| | 注 | 本集团 | 本行 |
|---|---|---|---|
| | | 2018 年 12 月 31 日 | 2018 年 12 月 31 日 |
| 分类为以公允价值计量且其变动计入当期损益的投资 | (a) | 314,459 | 303,563 |
| 指定为以公允价值计量且其变动计入当期损益的投资 | (b) | 13,184 | 9,502 |
| **小计** | | **327,643** | **313,065** |
| 应收利息 | | 2,659 | 1,935 |
| **合计** | | **330,302** | **315,000** |

*数据来源：WIND，初善君整理*

对于广大投资者来说，金融业太难理解了，我们也无须花费大量的时间去弄清楚，我们需要关注更广泛的行业和公司。那么，剔除金融业之后，上市公司的交易性金融资产核算什么呢？

剔除金融业之后，交易性金融资产较多的上市公司分别是中国神华、上汽集团、中国石化、苏宁易购等，占资产的比例都不算太高（见下表）。

| 证券简称 | 交易性金融资产 | 可供出售金融资产 | 持有至到期投资 | 长期股权投资 | 资产总计 | 交易性金融资产占比（%） |
|---|---|---|---|---|---|---|
| 中国神华 | 324.52 | | | 99.83 | 5 872.39 | 6 |
| 上汽集团 | 265.62 | 239.30 | | 709.30 | 7 827.70 | 3 |
| 中国石化 | 257.32 | | | 1,457.21 | 15 923.08 | 2 |
| 苏宁易购 | 157.20 | 69.37 | 0.10 | 176.75 | 1 994.67 | 8 |
| 泛海控股 | 156.87 | 245.65 | 4.13 | 101.44 | 2 120.97 | 7 |
| 中联重科 | 137.87 | | | 34.99 | 934.57 | 15 |
| 万科A | 119.01 | | | 1,295.28 | 15 285.79 | 1 |
| 江西铜业 | 97.41 | | | 36.76 | 1 028.66 | 9 |
| 绿地控股 | 74.17 | 84.50 | 5.08 | 186.24 | 10 365.45 | 1 |
| 云南白药 | 72.65 | 1.25 | | 0.01 | 303.78 | 24 |

数据来源：WIND，初善君整理

这些上市公司的交易性金融资产几乎都是理财产品。比如，中国神华于2018年12月31日，银行理财投资合计人民币300亿元，理财投资期限为180~273天，预期年化收益率为3.10%~3.90%。于2018年12月31日，持有银行同业存单人民币24.47亿元，期限为92~365天，预期年化收益率为2.75%~4.35%（见下图）。

交易性金融资产(负债)明细如下：

单位：人民币百万元

| 项目 | 2018年12月31日 |
|---|---|
| 交易性金融资产 | 32,452 |
| 其中：理财投资(注) | 32,447 |
| 衍生金融资产 | 5 |
| 交易性金融负债 | - |
| 其中：衍生金融负债 | - |

数据来源：WIND，初善君整理

在上述公司中，上汽集团、万科A、中国石化等均为理财产品，我们可以做出基本判断：非金融公司持有的交易性金融资产一般是理财产品，持有的上市公司股票非常少。

## 二、可供出售金融资产

### 1. 可供出售金融资产包含哪些资产

可供出售金融资产究竟包含哪些资产？后续如何计量？下面我们一一来讲解。

可供出售金融资产是指初始确认时即被指定为可供出售的非衍生金融资产，以及没有划分为以公允价值变量且其变动计入当期损益的金融资产。

不好理解，其实就是上市公司持有的股权、债券，关键是持有的目的或者比例的差异。

截至2018年末，持有可供出售金融资产最多的上市公司是中国人寿，高达8 705.33亿元，其中分为公允价值计量和成本计量，公允价值计量又分为债券、股权，债券中包括国债、政府机构债券、企业债券等，股权中包括基金、股票、优先股、理财产品等，成本计量主要是股权投资（见下图）。一个可供出售金融资产真是包罗万象。

**可供出售金融资产**

| | 2018年12月31日 | 2017年12月31日 |
|---|---|---|
| **以公允价值计量的可供出售金融资产** | | |
| 债权型投资 | | |
| 国债 | 28,440 | 24,632 |
| 政府机构债券 | 180,273 | 157,765 |
| 企业债券 | 185,720 | 197,133 |
| 次级债券/债务 | 21,514 | 13,495 |
| 其他[注] | 80,643 | 62,099 |
| 小计 | 496,590 | 455,124 |
| 股权型投资 | | |
| 基金 | 92,304 | 91,344 |
| 股票 | 143,469 | 129,424 |
| 优先股 | 32,707 | 31,651 |
| 理财产品 | 31,348 | 40,327 |
| 其他[注] | 53,479 | 42,027 |
| 小计 | 353,307 | 334,773 |
| **以成本计量的可供出售金融资产** | | |
| 股权型投资 | | |
| 其他[注] | 20,636 | 20,837 |
| 合计 | **870,533** | **810,734** |

数据来源：WIND，初善君整理

此外，很多非金融公司也持有可供出售金融资产，这是我们关注的重点。

大家都知道，雅戈尔以服装起家，此后转做地产及金融投资，金融投资领域更是赫赫有名，尤其是2007年前投资中信证券大赚了一笔。

截至2018年底，雅戈尔期末可供出售金融资产余额高达204.49亿元，没有债券，全部是股权。其中，按公允价值计量的是162.31亿元，按成本计量的是42.17亿元（见下图）。

单位：元 币种：人民币

| 项目 | 期末余额 | | | 期初余额 | | |
|---|---|---|---|---|---|---|
| | 账面余额 | 减值准备 | 账面价值 | 账面余额 | 减值准备 | 账面价值 |
| 可供出售债务工具： | | | | | | |
| 可供出售权益工具： | 20,448,547,081.71 | | 20,448,547,081.71 | 20,128,095,048.48 | | 20,128,095,048.48 |
| 按公允价值计量的 | 16,231,328,151.90 | | 16,231,328,151.90 | 16,580,490,943.07 | | 16,580,490,943.07 |
| 按成本计量的 | 4,217,218,929.81 | | 4,217,218,929.81 | 3,547,604,105.41 | | 3,547,604,105.41 |
| 合计 | 20,448,547,081.71 | | 20,448,547,081.71 | 20,128,095,048.48 | | 20,128,095,048.48 |

数据来源：WIND，初善君整理

其中，公允价值计量的可供出售金融资产主要是中信股份，而按成本计量的可供出售金融资产则披露了明细，其中最大的一笔投资是中石油管道有限责任公司，投资额高达30亿元，持股比例只有1.32%（见下图）。

单位：元 币种：人民币

| 被投资单位 | 账面余额 | | | | 减值准备 | | | | 在被投资单位持股比例(%) | 本期现金红利 |
|---|---|---|---|---|---|---|---|---|---|---|
| | 期初 | 本期增加 | 本期减少 | 期末 | 期初 | 本期增加 | 本期减少 | 期末 | | |
| 上海艺赫经济贸易有限公司 | 10,000.00 | | | 10,000.00 | | | | | 5.00 | |
| 银联商务有限公司 | 116,833,333.33 | | | 116,833,333.33 | | | | | 1.50 | |
| 宁波金田铜业（集团）股份有限公司 | 133,200,000.00 | | | 133,200,000.00 | | | | | 3.05 | 1,480,000.00 |
| 深圳中欧创业投资合伙企业（有限合伙） | 4,950,000.00 | | 3,450,000.00 | 1,500,000.00 | | | | | 15.00 | 19,671,716.93 |
| 绵阳科技城产业投资基金（有限合伙） | 76,572,936.25 | | 7,835,345.82 | 68,737,590.43 | | | | | 2.22 | 15,840,625.61 |
| 嵊州雅戈尔巴贝领带有限公司*1 | 827,660.00 | | | 827,660.00 | | | | | 50.00 | 150,000.00 |
| 南京商厦 | 84,000.00 | | | 84,000.00 | | | | | | |
| 江西联创硅谷天堂集成电路产业基金合伙企业（有限合伙） | 34,000,000.00 | | | 34,000,000.00 | | | | | 10.00 | |
| 中石油管道有限责任公司 | 3,000,000,000.00 | | | 3,000,000,000.00 | | | | | 1.32 | |
| 中信夹层（上海）投资中心（有限合伙） | 42,003,000.83 | | 15,322,896.27 | 26,680,104.56 | | | | | 1.96 | 3,698,301.94 |
| 宁波康铭泰克信息科技股份有限公司 | 20,000,000.00 | | | 20,000,000.00 | | | | | 10.00 | |
| 深圳约印清芬股权投资合伙企业（有限合伙） | 10,000,000.00 | 10,000,000.00 | | 20,000,000.00 | | | | | 7.56 | |
| 上海多维度网络科技股份有限公司 | 19,091,925.00 | | | 19,091,925.00 | | | | | 3.11 | |
| 中际联合（北京）科技股份有限公司 | 50,031,250.00 | | | 50,031,250.00 | | | | | 3.79 | 815,625.00 |
| 华盖信诚医疗健康投资成都合伙企业（有限合伙） | 40,000,000.00 | | | 40,000,000.00 | | | | | 2.55 | |
| 共青城紫牛成长投资管理合伙企业（有限合伙） | | 49,000,000.00 | | 49,000,000.00 | | | | | 30.43 | |
| 宁波万豪铭辉投资合伙企业（有限合伙） | | 15,000,000.00 | | 15,000,000.00 | | | | | 25.00 | |
| 天津睿通投资管理合伙企业（有限合伙） | | 50,000,000.00 | | 50,000,000.00 | | | | | 3.44 | |
| 晋江凯辉产业基金合伙企业（有限合伙） | | 1,000,000.00 | | 1,000,000.00 | | | | | 10.00 | |
| 江苏博迁新材料股份有限公司 | | 51,480,000.00 | | 51,480,000.00 | | | | | | |
| Shopal Inc. | | 99,743,066.49 | | 99,743,066.49 | | | | | 10.00 | |
| 中诚信征信有限公司 | | 70,000,000.00 | | 70,000,000.00 | | | | | 2.83 | |
| 宁波瑞郡投资管理合伙企业（有限合伙） | | 350,000,000.00 | | 350,000,000.00 | | | | | 43.75 | |
| 合计 | 3,547,604,105.41 | 696,223,066.49 | 26,608,242.09 | 4,217,218,929.81 | | | | | | 41,656,269.48 |

1 公司不参与嵊州雅戈尔巴贝领带有限公司日常经营管理，仅享受固定分红，公司对其不具有重大影响。

数据来源：WIND，初善君整理

这里的关键还是看报表附注，比如，可供出售金融资产可以看出上市公司投资了哪些公司？投资成本多少？今年变动多少？持股比例是多少？每年分红多少？

### 2. 公允价值变动的处理

股权、债券、理财产品等都可以是可供出售金融资产，那么与交易性金融资产有什么区别呢？

本质的差异在于持有的目的或者持股的比例。比如，同样的股权，持有的比例非常低，持有目的就是买卖价差，那么放在交易性金融资产核算，股价涨跌影响净利润。如果持股比例较高，达到5%及以上（这个比例并不固定，需要依靠主观判断)，那么放在可供出售金融资产核算更合适，股价涨跌不影响当年净利润，计入净资产即可，后续实际卖出的需要计入利润表。

总结一下，交易性金融资产的公允价值变动计入公允价值变动损益，直接影响净利润，而可供出售金融资产的公允价值变动计入净资产中的其他综合收益，并不影响净利润，等到实际卖出时，计入净利润。

当然，可供出售金融资产分红等可以直接计入投资收益。

比如，雅戈尔2018年年报显示，其他综合收益附注中，可供出售金融资产公允价值变动损益计入综合收益的余额为15.11亿元，本期增加7.09亿元，可以理解为雅戈尔持有的以公允价值计量的可供出售金融的股价累计上涨7.09亿元（见下图）。

**其他综合收益**

√适用 □不适用

单位：元　币种：人民币

| 项目 | 期初余额 | 本期发生金额 | | | | | 期末余额 |
|---|---|---|---|---|---|---|---|
| | | 本期所得税前发生额 | 减：前期计入其他综合收益当期转入损益 | 减：所得税费用 | 税后归属于母公司 | 税后归属于少数股东 | |
| 一、不能重分类进损益的其他综合收益 | | | | | | | |
| 其中：重新计量设定受益计划变动额 | | | | | | | |
| 权益法下不能转损益的其他综合收益 | | | | | | | |
| 二、将重分类进损益的其他综合收益 | 599,117,254.47 | 1,254,597,951.66 | 147,742,061.75 | -110,649,719.47 | 1,217,505,609.38 | | 1,816,622,863.85 |
| 其中：权益法下可转损益的其他综合收益 | -194,764,050.16 | 381,971,057.41 | | | 381,971,057.41 | | 187,207,007.25 |
| 可供出售金融资产公允价值变动损益 | 801,961,582.17 | 746,205,498.55 | 147,742,061.75 | -110,649,719.47 | 709,113,156.27 | | 1,511,074,738.44 |
| 持有至到期投资重分类为可供出售金融资产损益 | | | | | | | |
| 现金流量套期损益的有效部分 | | | | | | | |
| 外币财务报表折算差额 | -8,080,277.54 | 126,421,395.70 | | | 126,421,395.70 | | 118,341,118.16 |
| 其他综合收益合计 | 599,117,254.47 | 1,254,597,951.66 | 147,742,061.75 | -110,649,719.47 | 1,217,505,609.38 | | 1,816,622,863.85 |

数据来源：WIND，初善君整理

下图所示为投资收益明细，可以看到处置可供出售金融资产取得的投资收益为3.27亿元，这其中有部分就是从其他综合收益转来的。

**投资收益**

√适用 □不适用

单位：元　币种：人民币

| 项目 | 本期发生额 | 上期发生额 |
|---|---|---|
| 权益法核算的长期股权投资收益 | 1,715,821,669.98 | 1,043,398,168.55 |
| 处置长期股权投资产生的投资收益 | 466.33 | 64,667,742.45 |
| 以公允价值计量且其变动计入当期损益的金融资产在持有期间的投资收益 | 1,271,195.99 | |
| 处置以公允价值计量且其变动计入当期损益的金融资产取得的投资收益 | 307,854,590.11 | |
| 持有至到期投资在持有期间的投资收益 | | |
| 处置持有至到期投资取得的投资收益 | | |
| 可供出售金融资产等取得的投资收益 | 874,991,971.39 | 701,323,597.91 |
| 处置可供出售金融资产取得的投资收益 | 326,652,828.01 | 1,120,102,117.57 |
| 丧失控制权后，剩余股权按公允价值重新计量产生的利得 | | |
| 其他 | 257,753,592.50 | 267,894,706.83 |
| 合计 | 3,484,346,314.31 | 3,197,386,333.31 |

数据来源：WIND，初善君整理

## 三、持有至到期投资

持有至到期投资是指公司打算并且能够持有到期的债券，一般都是持有的固定期限债券。

持有至到期投资应采用实际利率法，按摊余成本计量。

截至2018年末，中国人寿所持持有至到期投资余额高达8 067.17亿元，其中包括国债、政府机构债券、企业债券和次级债券/债务等（见下图）。

**持有至到期投资**

| 2018 年 12 月 31 日 | 摊余成本 | 公允价值 |
| --- | --- | --- |
| 债权型投资 | | |
| 国债 | 179,943 | 191,009 |
| 政府机构债券 | 266,986 | 276,484 |
| 企业债券 | 212,709 | 220,267 |
| 次级债券/债务 | 147,079 | 155,783 |
| 合计 | **806,717** | **843,543** |

| 2017 年 12 月 31 日 | 摊余成本 | 公允价值 |
| --- | --- | --- |
| 债权型投资 | | |
| 国债 | 125,866 | 123,712 |
| 政府机构债券 | 241,808 | 223,312 |
| 企业债券 | 200,869 | 196,537 |
| 次级债券/债务 | 148,494 | 149,423 |
| 合计 | **717,037** | **692,984** |

*数据来源：WIND，初善君整理*

可见，持有至到期投资的核算内容基本上都是债券，因为只有债券才有到期日一说。

至于持有至到期投资中债券与可供出售金融资产、交易性金融资产中债券的区别，持有至到期投资核算相对严格，有三个严格的条件：到期日固定、回收金额固定或可确定；有明确意图持有至到期；有能力持有至到期。

贷款和应收款项是指在活跃市场中没有报价、回收金额固定或可确定的非衍生金融资产，这个一般也是银行才有科目，这里不再赘述。

比较新旧企业会计准则之后，大家明显发现，后一种分类更好理解。交易性金融资产、可供出售金融资产、持有至到期投资及贷款和应收款项4类，每一类后续计量不同，容易搞错，换成新企业会计准则后就简单了，三分类以摊余成本计量的金融资产、以公允价值计量且其变动计入其他综合收益的金融资产、以公允价值计量且其变动计入当期损益的金融资产，不仅明确后续计量方式，连后续计量是否计入损益都说清楚了。

作为投资者，大家需要关注的还是后两类：以公允价值计量且其变动计入其他综合收益的金融资产、以公允价值计量且其变动计入当期损益的金融资产，或者之前准则的交易性金融资产和可供出售金融资产，虽然不是一一对应，只是拆分了。

## 四、长期股权投资

长期股权投资其实不是金融资产，但是为什么放在这里与金融资产一起介绍，因为对于投资者来说，看这个科目，一定要连同上面的金融资产科目一起看，才能完整看出公司的投资布局。

长期股权投资，是指投资方对被投资单位实施控制、重大影响的权益性投资，以及对其合营公司的权益性投资。

具体包括以下三类。

第一类是控股子公司，比如持有某公司百分之百的股权，自然在长期股权投资核算，不过考虑到大家看的都是合并报表，那么这一类控股子公司已经并表了，非特殊情况无须单独看。

第二类是共同控制，也就是持股各占50%，一般指合营公司。在现在的市场环境下，除了房地产公司，已经很少了。现在的A股公司里，比较有名气的共同控制公司就是上汽集团。

2019年半年报显示，上汽集团长期股权投资净额期末余额为601亿元，其中合营公司的投资高达383亿元（见下图）。

其中，占前两位两笔合营公司投资就是上汽大众和上汽通用，期末余额分别为136亿元和115亿元（见下图）。

单位：元 币种：人民币

| | 期末余额 | 期初余额 |
|---|---|---|
| 对合营企业投资 | 48,307,957,116.48 | 60,552,823,855.47 |
| 对联营企业投资 | 14,173,972,998.25 | 13,180,519,657.70 |
| 未实现毛利冲销等 | -2,328,467,042.34 | -2,771,508,526.79 |
| 小计 | 60,153,463,072.39 | 70,961,834,986.38 |
| 减：长期股权投资减值准备 | 31,422,951.03 | 31,422,951.03 |
| 长期股权投资净额 | 60,122,040,121.36 | 70,930,412,035.35 |

数据来源：上汽集团2019年半年报

单位：元 币种：人民币

| 被投资单位 | 期初余额 | 本期增减变动 | 期末余额 | 减值准备期末余额 |
|---|---|---|---|---|
| 一、合营企业 | | | | |
| 上汽大众汽车有限公司 | 22,466,291,035.26 | -8,909,297,005.28 | 13,556,994,029.98 | |
| 泛亚汽车技术中心有限公司 | 420,827,055.77 | 53,903,664.15 | 474,730,719.92 | |
| 上汽依维柯商用车投资有限公司 | 435,653,029.41 | 64,648,550.09 | 500,301,579.50 | |
| 上海捷新动力电池系统有限公司 | 46,313,500.52 | 1,170,616.72 | 47,484,117.24 | |
| 上汽通用汽车有限公司 | 15,481,148,842.35 | -3,957,581,876.66 | 11,523,566,965.69 | |

数据来源：上汽集团2019年半年报

合营公司的诞生一般是旗鼓相当的两家公司，各持股50%创立。例如，上汽大众和上汽通用就是时代的产物，对方要市场，上汽要技术。

对于重要的合营公司，上市公司一般会披露财务数据，会透露一些经营情况，这也是我们管中窥豹的一个重要方向。

比如，上汽集团披露，上汽大众总资产1 189亿，净资产271亿元，归属于母公司所有者的净利润高达99亿元，上汽通用差一点儿，净利润也有71亿元。这还只是2019年上半年的数据（见下图）。

单位：千元 币种：人民币

| | 期末余额/ 本期发生额 | | 期初余额/ 上期发生额 | |
|---|---|---|---|---|
| | 上汽大众 | 上汽通用 | 上汽大众 | 上汽通用 |
| 流动资产 | 48,205,162.85 | 29,642,443.42 | 52,530,113.08 | 45,343,185.35 |
| 其中：现金和现金等价物 | | | | |
| 非流动资产 | 70,702,787.53 | 66,627,004.47 | 70,875,292.03 | 63,844,459.86 |
| 资产合计 | 118,907,950.38 | 96,269,447.89 | 123,405,405.11 | 109,187,645.21 |
| 流动负债 | 80,610,452.99 | 64,899,557.80 | 66,885,189.79 | 70,188,766.22 |
| 非流动负债 | 11,183,509.33 | 2,390,306.79 | 11,587,633.25 | 2,788,660.51 |
| 负债合计 | 91,793,962.32 | 67,289,864.59 | 78,472,823.04 | 72,977,426.73 |
| 少数股东权益 | | 6,388,395.74 | | 5,703,867.17 |
| 归属于母公司股东权益 | 27,113,988.06 | 22,591,187.56 | 44,932,582.07 | 30,506,351.31 |
| 按持股比例计算的净资产份额 | 13,556,994.03 | 11,295,593.78 | 22,466,291.04 | 15,253,175.66 |
| 调整事项 | | 227,973.19 | | 227,973.19 |
| --商誉 | | 227,973.19 | | 227,973.19 |
| 对合营企业权益投资的账面价值 | 13,556,994.03 | 11,523,566.97 | 22,466,291.04 | 15,481,148.84 |
| 营业收入 | 112,789,036.26 | 91,384,234.76 | 139,497,914.27 | 111,902,549.90 |
| 财务费用 | -242,076.91 | -257,963.05 | -318,389.22 | -340,940.91 |
| 所得税费用 | 3,093,842.90 | 1,760,799.75 | 4,780,343.15 | 3,019,727.98 |
| 归属于母公司所有者的净利润 | 9,883,089.67 | 7,113,904.00 | 15,476,082.10 | 10,248,595.32 |
| 终止经营的净利润 | | | | |
| 其他综合收益 | 13,362.62 | | 35,227.50 | |
| 综合收益总额 | 9,896,452.29 | 8,212,044.19 | 15,511,309.60 | 11,253,029.60 |

数据来源：上汽集团2019年半年报

第三类是重大影响，是指对一个公司的财务和经营政策有参与决策的权力，但并不决定这些政策。一般来说，当投资公司直接拥有或通过子公司间接拥有被投资单位20%以上，但低于50%的表决权股份时，一般认为对被投资单位具有重大影响。

对上市公司来说，持股比例超过20%的参股子公司是非常重要的子公司，一般也称为联营公司。通过对此类公司的挖掘，可以找到一些隐藏的概念股。

比如，著名的金融股辽宁成大，由下图可以看到，辽宁成大长期股权投资余额239亿元，其中排在前面两笔是广发证券及中华联合保险，两笔投资的期末余额，其间的投资收益，广发证券6.8亿元，中华联合保险1.54亿元。

**长期股权投资**

√适用 □不适用

单位：元　币种：人民币

| 被投资单位 | 期初余额 | 本期增减变动 | | | | | | | | 期末余额 | 减值准备期末余额 |
|---|---|---|---|---|---|---|---|---|---|---|---|
| | | 追加投资 | 减少投资 | 权益法下确认的投资损益 | 其他综合收益调整 | 其他权益变动 | 宣告发放现金股利或利润 | 计提减值准备 | 其他 | | |
| 一、合营企业 | | | | | | | | | | | |
| | | | | | | | | | | | |
| | | | | | | | | | | | |
| 小计 | | | | | | | | | | | |
| 二、联营企业 | | | | | | | | | | | |
| 广发证券股份有限公司 | 13,968,384,528.23 | | | 679,923,949.07 | 123,905,235.56 | | | | | 14,772,213,712.86 | |
| 中华联合保险控股股份有限公司 | 8,950,696,821.46 | | | 153,937,402.33 | 3,613,644.34 | | | | | 9,108,247,868.13 | |
| 成大沿海产业（大连）基金管理有限公司 | 17,929,879.88 | | | 486,285.32 | | | | | | 18,416,165.20 | |
| 华盖资本有限责任公司 | 9,992,420.68 | | | 1,650,715.40 | | | | | | 11,643,136.08 | |
| 至成医疗科技（辽宁）有限公司 | 2,997,034.80 | | | -241,959.83 | | | | | | 2,755,074.97 | |
| 小计 | 22,950,000,685.05 | | | 835,756,392.29 | 127,518,879.90 | | | | | 23,913,275,957.24 | |
| 合计 | 22,950,000,685.05 | | | 835,756,392.29 | 127,518,879.90 | | | | | 23,913,275,957.24 | |

数据来源：辽宁成大2019年半年报

这里虽然看不到持股比例，但是年报中其他地方会有披露，实际上辽宁成大持有广发证券16.40%，是广发证券的第二大股东。

以上是长期股权投资核算的主要内容，一般情况下，这里还要说长期股权的后续处理，对投资者来说，怎么处理并不重要。

## 五、如何评价金融资产

通过上面的内容，对这些科目有了一些基础了解，但是如何评价一家上市公司持有的金融资产还是云里雾里，不清楚究竟如何判断，我们换个角度来谈。

对投资者来说，针对上市公司的任何一项资产，我们的关注点有哪些？

一是资产计价是否合适，是否高估或者低估。

比如，上市公司投资1亿元持股某公司20%的股权。经过几年的发展，该公司未分红，账面还是1亿元。如果该公司发展得很好，准备上市，预计上市后价值10亿元，那么这个上市公司就赚大了。如果该公司发展不好，连年亏损，那么这1亿元可能就有去无回了，甚至直接计提减值损失。

如果这块资产特别值钱，或者这块资产不值钱，那么就涉及上市公司是否低估或者是否需要计提减值损失的问题。

二是资产的盈利能力及创造现金流的能力。

本质上金融资产与固定资产、无形资产并没有区别，关键是资产能否带来足够的利润或者现金流。如果持有一家公司的股权，该公司盈利好，每年还有分红，那就是"金猪"了。

**1. 低估还是高估**

作为投资者关注金融资产，一般都是看股权资产。对于债权资产，关注较少，因为上市公司持有债券，一般都是为了获取利息收入，并不能带来超额收益，没有想象空间。

能带来想象空间的一般是股权资产。那么股权资产究竟是高估和低估，怎么判断呢？

当然是比较市场价值与账面价值，市场价值比账面价格越高，理论上上市公司获益越大。

对于金融资产来说，如果是以公允价值计量的金融资产，那么账面价值就是市场价，没有什么升值空间，因此更多地关注没有公允价值的资产，主要指成本计量的可供出售金融资产和长期股权投资。

这里面临另一个问题，既然是成本计量的可供出售金融资产和长期股权投资，很可能没有市场价，如何判断市场价呢？这里一般根据附注的盈利能力来判断。通过看上市公司的报表附注，对持有股权资产的分析，可以找到很多有价值的信息。

以雅戈尔为例，雅戈尔金融资产余额一直较高，2018年底达到367.28亿元，占总资产的比例达到49%，投资业务已成为雅戈尔服装、动产外的第三大业务（见下表）。核算上，主要是可供出售金融资产、长期股权投资和交易性金融资产。

| 科目 | 2018-12-31 | 2017-12-31 | 2016-12-31 | 2015-12-31 |
|---|---|---|---|---|
| 交易性金融资产 | 29.71 | 22.40 | | |
| 可供出售金融资产 | 204.49 | 201.28 | 240.74 | 260.70 |
| 长期股权投资 | 133.08 | 85.21 | 65.77 | 72.28 |
| 合计 | 367.28 | 308.89 | 306.51 | 332.98 |
| 占总资产的比例 | 49% | 46% | 48% | 50% |

数据来源：WIND，初善君整理

其中最重要的是两笔投资，分别是中信股份、宁波银行，期末余额为139亿元和117亿元。持有中信股份的股权约4.45%，在可供出售金融资产核算，持有宁波银行股权约15.25%，作为联营公司在长期股权投资核算（见下图）。

单位：万元

| 序号 | 股票代码 | 股票简称 | 投资比例 | 账面投资成本 | 期末账面值 |
|---|---|---|---|---|---|
| 1 | 00267.HK | 中信股份 | 4.45% | 1,265,927.05 | 1,391,595.39 |
| 2 | 002142.SZ | 宁波银行 | 15.25% | 1,167,168.23 | 1,167,168.23 |
| 3 | 03990.HK | 美的置业 | 5.07% | 91,412.95 | 84,610.98 |
| 4 | 002470.SZ | 金正大 | 4.26% | 37,216.90 | 85,067.20 |
| 5 | 300451.SZ | 创业软件 | 3.96% | 1,282.40 | 36,828.71 |
| 6 | 002036.SZ | 联创电子 | 5.28% | 65,457.77 | 25,030.54 |
| 已上市投资项目小计 | | | — | 2,628,465.29 | 2,782,687.55 |

数据来源：WIND，初善君整理

此外，还持有一些非上市公司的股权，账面价值30亿元的中石油管道、1.17亿元的银联商务等（见下图）。

这里思考一下，各项资产是低估还是高估？公允价值计量的资产重点关注是否减值，成本计量的资金重点关注是否升值。

公允价值计量的资产需关注是否减值。比如，中信股份的账面价值是139亿元，公司的投资成本为164亿元，理论上需要计提减值，因为公司在2017年已经计提减值33亿元，所以2018年就无须计量了。

比如，雅戈尔持有宁波银行账面价117亿元，按照宁波银行2018年底16元收盘价，7.94亿元股市场价为127亿元，比账面高出8.5%，按照2019年底27.85元收盘价，市场价221亿元，升值明显。当然，受益于宁波银行股价的上涨，雅戈尔2019年股价也大幅上涨。

| 序号 | 投资标的 | 投资比例 | 账面投资成本 | 期末账面值 |
|---|---|---|---|---|
| 7 | 中石油管道有限责任公司 | 1.32% | 300,000.00 | 300,000.00 |
| 8 | 北京智象信息管理咨询公司 | 10.00% | 72,364.84 | 72,364.84 |
| 9 | 宁波瑞鄞投资管理合伙企业（有限合伙） | 35.00% | 35,000.00 | 35,000.00 |
| 10 | 浙商财产保险股份有限公司 | 21.00% | 18,814.63 | 18,814.63 |
| 11 | 宁波金田铜业（集团）股份有限公司 | 3.05% | 13,320.00 | 13,320.00 |
| 12 | 银联商务有限公司 | 1.50% | 11,683.33 | 11,683.33 |
| 13 | Shopal. Inc | 9.67% | 10,000.00 | 9,974.31 |
| 14 | 中诚信征信有限公司 | 2.83% | 7,000.00 | 7,000.00 |
| 15 | 绵阳科技城产业投资基金（有限合伙） | 2.22% | 6,873.76 | 6,873.76 |
| 16 | 江苏博迁新材料股份有限公司 | 3.67% | 5,148.00 | 5,148.00 |
| 17 | 中际联合(北京)科技股份有限公司 | 3.79% | 5,003.13 | 5,003.13 |
| 18 | 天津睿通投资管理合伙企业（有限合伙） | 3.46% | 5,000.00 | 5,000.00 |
| 19 | 共青城紫牛成长投资管理合伙企业（有限合伙） | 22.58% | 4,900.00 | 4,900.00 |
| 20 | 宁波坤能光伏技术股份有限公司 | 36.00% | 4,601.49 | 4,601.49 |
| 21 | 华盖信诚医疗健康投资成都合伙企业（有限合伙） | 2.55% | 4,000.00 | 4,000.00 |
| 22 | 上海凯臣服饰股份有限公司 | 7.77% | 3,472.61 | 3,472.61 |
| 23 | 江西联创硅谷天堂集成电路产业基金合伙企业(有限合伙) | 10.00% | 3,400.00 | 3,400.00 |
| 24 | 搜股（北京）科技有限公司 | 10.00% | 2,833.88 | 2,833.88 |
| 25 | 无锡领峰创业投资有限公司 | 41.07% | 2,802.61 | 2,802.61 |
| 26 | 中信夹层（上海）投资中心（有限合伙） | 1.96% | 2,668.01 | 2,668.01 |
| 27 | 歆鉴大数据科技（苏州）有限公司 | 10.12% | 2,238.76 | 2,238.76 |
| 28 | 甬商实业有限公司 | 12.50% | 2,000.53 | 2,000.53 |
| 29 | 浙江康铭泰克信息科技股份有限公司 | 8.50% | 2,000.00 | 2,000.00 |
| 30 | 深圳约印清芬股权投资合伙企业(有限合伙) | 7.56% | 2,000.00 | 2,000.00 |
| 31 | 上海法和信息科技有限公司 | 4.21% | 1,952.45 | 1,952.45 |
| 32 | 上海多维度网络科技股份有限公司 | 2.68% | 1,909.19 | 1,909.19 |
| 33 | 宁波万豪铭辉投资合伙企业（有限合伙） | 25.00% | 1,500.00 | 1,500.00 |
| 34 | 北京三体高创科技有限公司 | 11.11% | 1,102.89 | 1,102.89 |
| 35 | 深圳中欧创业投资合伙企业（有限合伙） | 15.00% | 150.00 | 150.00 |
| 36 | 晋江凯辉产业基金合伙企业（有限合伙） | 0.94% | 100.00 | 100.00 |
| 37 | 宁波夸克资产管理有限公司 | 30.00% | 36.82 | 36.82 |
| 38 | 其他项目 | - | 92.17 | 92.17 |
| 未上市投资项目小计 | | | 533,969.07 | 533,943.38 |

*数据来源：WIND，初善君整理*

同样的道理，其他成本计量的资产也可以通过分析判断是否升值。比如，1.17亿元持有银联1.5%的股权，如果银联上市估值300亿元，公司这笔投资就可以赚3.33亿元（4.5亿–1.17亿），这里如何给非上市公司估值是个难题，能大概判断即可。

## 2. 资产的盈利能力

如何判断金融资产的盈利能力呢？一是看利润，二是看现金流。

上面介绍过，交易性金融资产的盈利能力看公允价值变动损益，其他金融资产的盈利能力看投资收益。

比如，雅戈尔的投资收益，其中最大的是权益法核算的长期股权投资收益，其中最大的一笔是宁波银行贡献的：15.34亿元。其他的主要是可供出售金融资产取得的投资收益8.75亿元，处置可供出售金融资产取得的投资收益3.27亿元（见下图）。

单位：元　币种：人民币

| 项目 | 本期发生额 | 上期发生额 |
|---|---|---|
| 权益法核算的长期股权投资收益 | 1,715,821,669.98 | 1,043,398,168.55 |
| 处置长期股权投资产生的投资收益 | 466.33 | 64,667,742.45 |
| 以公允价值计量且其变动计入当期损益的金融资产在持有期间的投资收益 | 1,271,195.99 | |
| 处置以公允价值计量且其变动计入当期损益的金融资产取得的投资收益 | 307,854,590.11 | |
| 持有至到期投资在持有期间的投资收益 | | |
| 处置持有至到期投资取得的投资收益 | | |
| 可供出售金融资产等取得的投资收益 | 874,991,971.39 | 701,323,597.91 |
| 处置可供出售金融资产取得的投资收益 | 326,652,828.01 | 1,120,102,117.57 |
| 丧失控制权后，剩余股权按公允价值重新计量产生的利得 | | |
| 其他 | 257,753,592.50 | 267,894,706.83 |
| 合计 | 3,484,346,314.31 | 3,197,386,333.31 |

数据来源：WIND，初善君整理

我们可以使用金融资产收益率来判断，金融资产收益率=投资收益/[(期初金融资产合计+期末金融资产合计）/2]，这里的金融资产不含交易性金融资产，投资收益也需要摘出来金融资产贡献的投资收益，所以关键还是具体公司具体分析。

看现金流，与认可公司一样，不能只有利润没有现金流，因此金融资产光看投资收益也不行，需要关注现金流。

看现金流有两种方法：

一是直接看现金流量表——投资现金流中的取得投资收益收到的现金。比如，雅戈尔2018年取得投资收益收到的现金为17亿元，占当年投资收益34.84亿元约49%，这个比例不算低。

二是看投资收益类型进行判断，比如权益法核算的长期股权投资收益中，只有分红才算现金流入，比如处置金融资产才能收到现金，其他的一般并不能贡献现金流。

市场上类似的公司非常多，感兴趣的可以自己研究，如泛海控股、海航控股、长江电力、中天金融等（见下表）。

| 证券简称 | 交易性金融资产（亿元） | 可供出售金融资产（亿元） | 持有至到期投资（亿元） | 长期股权投资（亿元） | 投资净收益（亿元） | 对联营公司和合营公司的投资收益（亿元） | 公允价值变动净收益（亿元） | 所属申万行业名称 |
|---|---|---|---|---|---|---|---|---|
| 泛海控股 | 156.87 | 246 | 4 | 101 | 10 | 11 | 3 | 房地产 |
| 海航控股 | 5.41 | 246 | | 189 | 0 | 2 | 5 | 交通运输 |
| 上汽集团 | 265.62 | 239 | | 709 | 331 | 259 | −1 | 汽车 |
| 雅戈尔 | 29.71 | 204 | | 133 | 35 | 17 | 0 | 房地产 |
| 长江电力 | | 181 | | 215 | 27 | 14 | 0 | 公用事业 |
| 中天金融 | 71.45 | 178 | 1 | 6 | 16 | −1 | | 房地产 |
| 宝钢股份 | 20.25 | 126 | | 190 | 41 | 14 | 2 | 钢铁 |
| 海航基础 | | 104 | 0 | 137 | 16 | 1 | 0 | 房地产 |
| 中国建筑 | 46.23 | 100 | | 660 | 56 | 42 | −4 | 建筑装饰 |
| 新湖中宝 | 14.83 | 97 | | 322 | 25 | 23 | −1 | 房地产 |
| 绿地控股 | 74.17 | 84 | 5 | 186 | 30 | 10 | −3 | 房地产 |
| 南京高科 | 0.60 | 81 | | 18 | 6 | 1 | 0 | 房地产 |
| 江苏国信 | | 75 | 3 | 84 | 12 | 9 | | 公用事业 |
| 浙能电力 | 0.00 | 74 | | 214 | 28 | 23 | 0 | 公用事业 |
| 苏宁易购 | 157.20 | 69 | 0 | 177 | 140 | 3 | 3 | 商业贸易 |
| 华西股份 | 4.01 | 66 | | 16 | 7 | 0 | 2 | 化工 |
| 四川路桥 | 0.13 | 54 | | 12 | 0 | 0 | 0 | 建筑装饰 |
| 山东高速 | | 52 | | 98 | 33 | 2 | | 交通运输 |
| 城建发展 | 0.00 | 51 | | 14 | 1 | 0 | 1 | 房地产 |
| 上海建工 | 1.07 | 48 | | 26 | 2 | 0 | 0 | 建筑装饰 |
| 申能股份 | | 48 | | 74 | 11 | 5 | | 公用事业 |
| 陆家嘴 | 32.56 | 48 | | 78 | 16 | 2 | 0 | 房地产 |
| 深圳能源 | 8.02 | 48 | | 56 | 1 | −1 | 0 | 公用事业 |

*数据来源：WIND，初善君整理*

关于资产负债表中的资产科目，到这里基本上已经讲解完毕。所有的资产重点关注要素都是是否存在、是否真实、是否减值及创造收益和现金流的能力。

# 第七章

# 商　誉

“商誉”科目是我们绕不过去的科目，尤其是2015年以来的收购潮，在资产负债表形成大量的商誉，随后A股经常出现大额的商誉减值。我们不禁要思考，商誉来自哪里？去向是哪里？如何规避商誉减值？这些都是投资者无法规避的问题。因此，我们有必要了解商誉的“前世今生”。

# 一、商誉的来源及处理

### 1. 商誉的来源

商誉其实是舶来品，从其英文“goodwill”就可以判断其会计本质：给予未来公司的美好愿望而付出的超额对价。换句话来说，商誉来源于收购时对被收购公司未来业绩增长而支付的对价。

在国内，上市公司收购其他股权资产时支付对价与标的净资产公允价值之间的差额确认为商誉。举个简单的例子，B公司收购A公司，A公司净资产公允价值为2亿元（一般是评估得来的），但是B公司可能支付了5亿元购买A公司，那么就需要确认5-2=3（亿元）的商誉。

很简单，商誉就是收购时支付超过净资产公允价值的金额，为什么要多支付呢？因为上面2亿元是评估价，根据净资产的账面价值评估而来，而5亿元可能是根据收益法测算而来，看的是未来的盈利能力。测算方法不同，因此有差异，最终的成交价就像买卖物品一样，协商而来。

考虑到买价要比账面价值高，那么自然引起大家的思考，高的一部分其本质内容是什么？也就是商誉的本质是什么？

观点主要有以下三种：好感价值论、超额收益论和总计价账户论。

好感价值论的意义主要是针对To C的公司，比如有些人喜欢去淘宝买东西，而有些人喜欢去京东，也有些人喜欢去蘑菇街买东西，那么这些人的“好感”对于淘宝或者京东来说，就是它们的“商誉”。但是假设你收购淘宝或者京东，这些顾客的好感并没有体现在公司的报表中，因此你支付的价格会大大超过它的报表的净资产，所以这是商誉的来源之一。

此后，好感价值论发展为要素论，即商誉不仅来源于顾客的好感，还包括公司组织结构、商标名称、工艺流程、渠道等，甚至是公司各要素之间具有协同作用。当公司被收购时，账面价值并不能反映这些，因此不仅仅是账面价值的反映。

超额收益论认为，商誉是预期未来收益的现值超过正常报酬的部分，超额收益是指在较长时期内能获取较同业平均盈利水平更高的利润。商誉是与公司整体结合在一起，无法单独辨认，但公司一旦拥有它，就具有超过正常盈利水平的盈利能力和服务潜力。因此，它的价值只有通过作为整体所创造的超额收益才能集中表现出来。超额收益论由于对商誉本质的概括和对商誉直接计量方法的贡献，在学术界和实务界获得较多支持。

总计价账户论也称剩余价值论，认为商誉是公司的总体价值多出公司可辨认净资产公允价值的部分，这也是会计准则中商誉核算的来源。由于折现率以及未来超额收益计量的困难，超额收益论这一商誉的直接计量方法受到一定的争议，而总计价账户论在一定程度上弥补了这一缺陷。

超额收益论和总计价账户论作为商誉的直接和间接计量方法，在所有假设和计量科学的前提下，应该得到相同的商誉计量值。在实务中，常把支付对价作为公司价值的代表，这也是中国企业会计准则现行的规定：把公司并购过程中支付对价超过净资产的部分确认为商誉。

那么商誉是收购产生的，整个A股商誉的情况如何呢？

整个A股的商誉余额从2013年逐年增长，从2 140亿元增长到2017年上半年的11 915亿元，增长了5.57倍，呈爆发增长的态势（见下图）。商誉/净资产的比例由2013年的1.18%增长至2017年的3.97%，看似比例不高，万亿商誉的归宿可能最终都是损益，那么影响的是净利润。看商誉/净利润的比例，从2013年的8.42%大幅上涨至2017上半年的66.31%（当然，净利润为半年数据，打折的话为33%）。

单位：亿元

| | 2017年 | 2016年 | 2015年 | 2014年 | 2013年 |
|---|---|---|---|---|---|
| 商誉 | 11,915 | 10,502 | 6,498 | 3,291 | 2,140 |
| 净利润 | 17,971 | 30,081 | 27,671 | 27,066 | 25,402 |
| 净资产 | 299,937 | 287,101 | 250,065 | 211,123 | 181,169 |
| 商誉/净利润 | 66.31% | 34.91% | 23.48% | 12.16% | 8.42% |
| 商誉/净资产 | 3.97% | 3.66% | 2.60% | 1.56% | 1.18% |

*数据来源：WIND，初善君整理*

如果考虑把没有商誉的公司剔除，把金融业、地产业剔除（这两类公司本身商誉值较低），那么数据就会触目惊心。这些公司截至2017年上半年度商誉达到10 694亿元，占商誉/净资产的比例高达9.14%（见下图）。而与商誉/净利润相比，2016年和2017年几乎持平，即实现的净利润刚刚好等于商誉余额，一旦发生大规模商誉减值，公司盈利会受到非常大的影响。

扣除银行和地产业企业且账上有商誉的企业　　单位：亿元

| | 2017年 | 2016年 | 2015年 | 2014年 | 2013年 |
|---|---|---|---|---|---|
| 商誉 | 10,694 | 9,292 | 5,670 | 2,617 | 1,533 |
| 净利润 | 5,672 | 9,524 | 8,160 | 8,277 | 8,201 |
| 净资产 | 117,060 | 111,169 | 94,725 | 80,175 | 70,640 |
| 商誉/净利润 | 188.55% | 97.57% | 69.49% | 31.61% | 18.70% |
| 商誉/净资产 | 9.14% | 8.36% | 5.99% | 3.26% | 2.17% |

数据来源：WIND，初善君整理

从分行业来看，商誉/净资产比值较高的是教育业、住宿业和软件业及文体业等。商誉来源并购，而文体娱乐是并购最多的行业之一，尤其是轻资产行业，商誉动辄超过10亿（见下图）。住宿和餐饮业因为锦江股份和首旅酒店高达100亿元的商誉而排名前列。

2017年半年度　　单位：亿元

| 证监会行业 | 商誉 | 归母净资产 | 净利润 | 商誉/净资产 | 商誉/净利润 |
|---|---|---|---|---|---|
| 教育 | 17 | 18 | 2 | 95% | 784% |
| 住宿和餐饮业 | 162 | 235 | 9 | 69% | 1861% |
| 卫生和社会工作 | 75 | 211 | 10 | 35% | 776% |
| 信息传输、软件和信息技术服务业 | 1,608 | 5,302 | 180 | 30% | 891% |
| 文化、体育和娱乐业 | 528 | 2,076 | 111 | 25% | 474% |
| 科学研究和技术服务业 | 64 | 300 | 10 | 21% | 641% |
| 租赁和商务服务业 | 312 | 1,457 | 95 | 21% | 330% |
| 批发和零售业 | 817 | 6,202 | 279 | 13% | 292% |
| 制造业 | 5,579 | 52,899 | 2,946 | 11% | 189% |
| 水利、环境和公共设施管理业 | 70 | 1,138 | 47 | 6% | 149% |
| 农、林、牧、渔业 | 51 | 865 | 31 | 6% | 167% |
| 综合 | 25 | 493 | 7 | 5% | 355% |
| 电力、热力、燃气及水生产和供应业 | 278 | 5,585 | 150 | 5% | 185% |
| 交通运输、仓储和邮政业 | 165 | 5,583 | 297 | 3% | 56% |
| 采矿业 | 692 | 23,802 | 820 | 3% | 84% |
| 建筑业 | 253 | 10,894 | 678 | 2% | 37% |
| 总计 | 10,694 | 117,060 | 5,671 | 9% | 189% |

数据来源：WIND，初善君整理

从单个公司来看，截至2017年半年度，有15家公司的商誉超过净资产，其中超过10倍的分别是纳思达和ST紫光，分别高达19倍和10倍。

## 2. 商誉的后续处理

商誉金额一般较高，后续处理准备非常重要。

先看美国的准则，经历了摊销法向减值法的转变。2001年之前美国会计准则《APB17号——无形资产》明确规定合并产生的商誉必须按照预期使用年限进行摊销，同时摊销年限不得超过40年，2001年之后修改规定在商誉初始确认后不再进行摊销，而是进行至少一年一次的减值测试。

同时规定了减值测试的两步法。

步骤一：财务报表编制者应将报告单元的公允价值与账面价值相比（包括商誉）。如果报告单元的公允价值大于账面价值，商誉并未发生减值，公司就不再需要执行任何其他步骤。当报告单元商誉的隐含公允价值（此指商誉的公允价值隐含在整体报告单元的公允价值中）较账面价值小时，则发生价值减损。在这种情况下，应继续下一个步骤。

步骤二：财务报表编制者应将商誉的公允价值与账面价值相比较。如果公允价值较账面价值小，则商誉价值已经减损，公司应在资产负债表上计列损失。

再看国际准则。2004年，IFRS3新的修订规定公司合并应该按照购买法进行计量：商誉不再摊销，但每年必须至少进行一次减值测试。IASB规定商誉减值测试只需一步，即比较CGU（商誉减值测试最小单位，类似于中国的被收购公司）的可收回金额和账面价值，如果可收回金额小于账面价值，则需要进行减值计提。

事实上，国际会计准则是多数国家采用的准则，而且中国企业会计准则的修改也是参考和趋近国家会计准则的。

早些年，我国会计准则是要求商誉进行摊销的。1996年1月财政部颁布《企业会计准则——企业合并》(征求意见稿)，规定商誉的摊销年限一般不超过10年。

2006年的《企业会计准则》修改是非常大的一次，我们现在使用的准则应该还是在那次修订基础上的“缝缝补补”。那次准则关于商誉的修订趋同于IFRS，也就是现行的准则。非同一控制下的公司，合并方对合并成本大于合并中取得的被购买方可辨认净资产公允价值份额的差额，应当确认为商誉。《企业会计准则第8号——资产减值》规定，每年年终公司应该按照资产组或资产组组合对商誉进行减值测试，比较这些相关资产组或者资产组组合的账面价值（包括所分摊的商誉的账面价值部分）与其可收回金额，如相关资产组或者资产组组合的可收回金额低于其账面价值的，应当确认商誉的减值损失，计入当期损益。

中国的商誉处理与现行最为流行的会计准则（GAAP和IFRS）是一致的，均是通过减值测试进行处理，而且均从摊销法修订而来的。至少证明了减值法依然是世界的“流行色”，短期内很难改变。

那么具体如何计算呢？

根据《企业会计准则》的要求，资产存在减值迹象的，应当估计其可回收金额，然后将所估计的资产可回收金额与其账面价值相比较，以确定资产是否发生减值，以及确认相应的减值损失金额。

关键是计算资产（公司）的可回收金额，计算方法包括市场法、收益法和成本法。实务上一般选择使用现金流量折现法（DCF），即考虑这家被收购公司未来的现金流量，折现到现在的金额即为公司的价值。

DCF方法的原理很简单，即将公司以后年度产生的自由现金流，选择合理的折现率，将现金流折现到现在时点作为公司的价值，也就是可回收金额。然后可回收金额与商誉价值比较，看是否需要计提减值。因此DCF的关键：一是在于预测公司未来的现金流，即公司的盈利预测，公司现金流越高，折现后的价值越高。二是选择合理的折现率，折现率越高，折现后的价值越低。

例如，2017年10月10日，益佰制药披露上海证券交易所（以下简称“上交所”）的问询函。

上交所问道：2013年起，公司多次进行收购，商誉从2012年底的0.53亿元增长至报告期末的21.71亿元，占总资产的比例达到33.04%。这期间，你公司未对商誉计提减值准备。其中，公司投资贵州益佰女子大药厂有限责任公司、海南长安国际制药有限公司、天津中盛海天制药有限公司、淮南朝阳医院管理公司形成商誉较高，分别为6.05亿元、4.82亿元、4.73亿元和3.63亿元。女子大药厂等标的公司被收购后的业绩未能达到溢价收购时的预测数。

具体来看，益佰制药2013年收购女子大药厂时，预测2013年、2014年、2015年和2016年该公司的净利润分别为3 391万元、4 479万元、5 971万元和7 715万元。但是该公司2014年实现净利润2 980万元，仅实现2013年预测净利润的66%，

2015年实现净利润1 417万元，仅实现2013年预测净利润的32%，2016年实现净利润3 112万元，仅实现2013年预测净利润的52%。

虽然实现净利润较预测净利润差异较大，但是益佰制药并没有对女子大药房的商誉计提减值。因此，上交所要求益佰制药披露商誉减值测试过程，尤其是女子大药厂的商誉减值过程。

女子大药厂成立于2000年2月25日，注册资本2 200万元，主要从事中药产品的研制、生产和销售，是中国首家专业服务女性健康的公司。主要产品有妇炎消胶囊、泌淋胶囊、岩鹿乳康片、泌淋颗粒、艾愈胶囊、正心泰胶囊等。女子大药厂的核心产品妇炎消胶囊为国家第一批基药307目录产品，第二批基药520目录产品，2017年新版医保甲类目录产品。2013年6月，益佰制药通过全资子公司苗医药公司以5亿元人民币收购其100%的股权。

虽然业绩不及预期，益佰制药是怎样做到不减值的呢？

根据商誉减值的具体方法，益佰制药在现金流预测时只需提高净利润率和选择较低的折现率基本就能实现商誉不减值的目标。

益佰制药2013年、2015年和2016年做现金流预测时，预测净利率为12.19%~13.76%、17.07%~18.82%和24.6%~31.47%，折现率分别选择12.39%、11.76%和11.25%（见下图）。大家发现问题了吧，公司预测的净利率都翻倍了，折现率同时逐年降低。在这种情况下，折现后的价值水涨船高，自然无须减值。

**中威正信评报字〔2013〕第1020号评估报告以2012年12月31日为基准日，评估主要指标前提假设及评估值如下：**

| 前提假设 | 预测期 | | | | | 永续期 |
|---|---|---|---|---|---|---|
| | 2013年 | 2014年 | 2015年 | 2016年 | 2017年 | 2018年 |
| 收入指标 | 24,653.48 | 33,031.62 | 43,237.51 | 54,533.24 | 70,772.24 | 70,772.24 |
| 收入增长率 | 36.15 | 33.98 | 30.90 | 26.12 | 29.78 | 0 |
| 营业成本 | 4,001.65 | 5,257.28 | 6,844.14 | 8,618.87 | 10,880.51 | 10,882.63 |
| 毛利率 | 83.77 | 84.08 | 84.17 | 84.20 | 84.63 | 84.62 |
| 营业利润 | 3,989.78 | 5,269.82 | 7,025.47 | 9,080.23 | 12,694.32 | 12,791.10 |
| 净利润 | 3,391.31 | 4,479.34 | 5,269.10 | 6,810.18 | 9,520.74 | 9,593.32 |
| 净利率 | 13.76 | 13.56 | 12.19 | 12.49 | 13.45 | 13.56 |
| 营业净现金流量 | -1,965.18 | -1,963.34 | 2,822.52 | 4,173.51 | 5,873.66 | 9,640.07 |
| 折现率 | 12.39% | 12.39% | 11.88% | 11.88% | 11.88% | 11.88% |
| 营业净现金流量现值合计 | | | | | | 50,994.43 |
| 股东全部权益价值 | | | | | | 50,757.75 |

数据来源：WIND，初善君整理

**鄂中联评报字〔2015〕第15号评估报告以2014年12月31日为基准日的评估主要指标前提假设合理性及评估值：**

| 前提假设 | 预测期 | | | | | 永续期 |
|---|---|---|---|---|---|---|
| | 2015年 | 2016年 | 2017年 | 2018年 | 2019年 | 2020年 |
| 收入指标 | 22,608.35 | 25,892.88 | 29,664.74 | 33,996.79 | 38,972.77 | 38,972.77 |
| 收入增长率 | 43.05 | 14.53 | 14.57 | 14.60 | 14.64 | - |
| 营业成本 | 3,081.07 | 3,542.46 | 4,074.55 | 4,688.29 | 5,396.30 | 5,396.30 |
| 毛利率 | 86.37 | 86.32 | 86.26 | 86.21 | 86.15 | 86.15 |
| 营业利润 | 4,538.99 | 5,342.79 | 6,268.13 | 7,337.96 | 8,626.82 | 8,579.71 |
| 净利润 | 3,858.14 | 4,541.37 | 5,327.91 | 6,237.26 | 7,332.79 | 7,292.75 |
| 净利率 | 17.07 | 17.54 | 17.96 | 18.35 | 18.82 | 18.71 |
| 营业净现金流量 | 4,632.94 | 4,403.22 | 3,423.09 | 5,732.29 | 6,970.64 | 8,726.77 |
| 折现率 | 11.76% | 11.76% | 11.76% | 11.76% | 11.76% | 11.76% |
| 营业净现金流量现值合计 | | | | | | 60,351.84 |
| 股东全部权益价值 | | | | | | 55,687.69 |

数据来源：WIND，初善君整理

评估主要指标前提假设合理性及评估值：

| 前提假设 | 预测期 | | | | | 永续期 |
|---|---|---|---|---|---|---|
| | 2016年 | 2017年 | 2018年 | 2019年 | 2020年 | 2021年 |
| 收入指标 | 14,541.24 | 18,409.51 | 21,715.90 | 23,855.99 | 25,371.25 | 25,371.25 |
| 收入增长率 | 12.82 | 26.60 | 17.96 | 9.85 | 6.35 | - |
| 营业成本 | 2,797.63 | 3,708.52 | 4,403.49 | 4,841.17 | 5,127.99 | 5,127.99 |
| 毛利率 | 80.76 | 79.86 | 79.72 | 79.71 | 79.79 | 79.79 |
| 营业利润 | 3,577.45 | 5,179.88 | 6,746.49 | 7,480.39 | 7,984.74 | 7,984.74 |
| 净利润 | 3,040.83 | 4,402.90 | 5,734.52 | 6,358.33 | 6,787.03 | 6,787.03 |
| 净利率 | 20.91 | 23.92 | 26.41 | 26.65 | 26.75 | 26.75 |
| 企业自由现金流量 | 3,190.23 | 4,127.93 | 5,863.11 | 6,885.24 | 7,570.30 | 8,024.46 |
| 折现率 | 11.25% | 11.25% | 11.25% | 11.25% | 11.25% | 11.25% |
| 企业自由现金流量现值合计 | | | | | | 61,254.92 |
| 股东全部权益价值 | | | | | | 57,172.16 |

数据来源：WIND，初善君整理

公司预测如此高的净利润自然有一套说辞，选择折现率自然也能自圆其说。

虽然并非所有的A股都如此家上市公司般玩熟悉游戏，虽然全世界的商誉准则都是减值法，但是到了A股上市公司这里，商誉不可避免地成为上市公司利润调节的手段。

### 3. 商誉减值

公司合并所形成的商誉，应当在每年年度终了进行减值测试。意思是即使过了业绩承诺期，依然需要进行减值测试。商誉广告词：商誉恒久远，减值永不完。

既然每年都要进行减值测试，在万亿商誉悬顶之时，商誉减值也就不可避免。根据WIND数据，2013—2016年上市公司分别计提商誉减值损失17亿元、32亿元、77亿元和101亿元，减值金额占商誉总金额的比值很低，在1%左右（见下图）。看似金额不大，但主要原因还是并购重组多在这两年，且公司一般都3~4年的业绩承诺期，也就是所谓的“蜜月期”。“蜜月期”一过，谁能保证到时是一种怎样的景象呢。

| | 2016年 | 2015年 | 2014年 | 2013年 |
|---|---|---|---|---|
| 商誉 | 10 502 | 6 498 | 3 291 | 2 140 |
| 净利润 | 30 081 | 27 671 | 27 066 | 25 402 |
| 商誉减值 | 101 | 77 | 32 | 17 |
| 减值额占比 | 0.96% | 1.19% | 0.97% | 0.79% |

数据来源：WIND，初善君整理

从分公司来看，2013年单家最大的减值金额不过1.4亿元，并未引起市场关注，2014年的粤传媒1.6亿元和宇顺电子2.5亿元的商誉减值可以说开启大额减值的先河，2015年蓝色光标的2.05亿元商誉减值把大家的目光彻底吸引过来，商誉减值也变成无数人开始担心的问题。到2018年，则是商誉的集中清算期。

下面举几个例子让大家感受一下商誉减值的可怕。

第一个例子是粤传媒收购香榭丽。

2014年，粤传媒以发行股份和现金收购的方式收购香榭丽，支付对价为4.5亿元，确认大概1.6亿元的商誉金额。叶玫等20多名香榭丽原股东承诺香榭丽2014—2016年的利润分别不低于5 683万元、6 870万元及8 156万元。看似不错的一桩“姻缘”日后被证明这都是幻象。

香榭丽2014年和2015年连续两年未完成业绩承诺，其造假事件逐渐浮出水面，司法审计鉴定结果认定，在2013年6月30日收购前，香榭丽以虚假合同和未完全履行的合同，虚增含税收入约2.25亿元；在2013年6月30日收购以后，香榭丽继续造假，虚增含税收入约4.16亿元。此外，在2011—2015年，香榭丽公司账面显示净利润约为1.15亿元，实际则为净亏损4.33亿元。

因此，在2017年4月，粤传媒修正了2014年和2015年两年的财报，修正后2014年粤传媒净亏损为4.5亿元，其中香榭丽净亏损为1.53亿元；2015年粤传媒净亏损为0.54亿元，其中香榭丽净亏损为1.33亿元。2017年粤传媒半年报显示，香榭丽的亏损额为4 684万元。这次收购把转型中的粤传媒拖入深渊，就在2017年9月25日，粤传媒公告称拟以1元的对价转让其持有的上海香榭丽广告传媒有限公司98.61%的股权。不得不采用“离婚”的极端手段，希望尽早消除这段不成功“婚姻”的影响。

这个案例中商誉已经不是重点，但是给打算并购的公司提了醒：你看重对方的业绩承诺，对方看重的是你给的现金和可以减持的股票。

第二个例子是勤上股份。

勤上股份2017年2月28日发布2016年度业绩预告称：预计报告期内，公司实现营业总收入83 882万元，比2015年同期下降1.28%；归属于上市公司股东的净利润47 87万元，比2015年同期增长130.74%。

一个半月后，公司发布业绩修正预告：现预计2016年度营业总收入84 065万元，同比增长-1.06%；归属于上市公司股东的净利润为-396.23万元，同比下降-2 010.05%，这算是一念天堂一念地狱。

公司解释造成差异的原因是：公司于2016年度完成对广州龙文教育科技有限公司的收购，本次收购公司资产负债表中形成200 000万元商誉，根据《企业会计准则》规定，形成的商誉不做摊销处理，需在每年进行减值测试，减值金额将计入公司利润表。2016年度由于龙文教育经营情况未达预期，为更加真实、准确地反映公司截至2016年12月31日的资产状况和财务状况，公司对上述商誉减值42 000万元。当然这还不够，应收、在建工程还是一股脑儿计提一个亿的资产减值损失，合计5.1亿元。

## 二、商誉减值扫雷方法

商誉作为地雷，随时可能引爆。作为投资者，需要学会简单的商誉扫雷方法。本节通过大量的案例来学习如何扫雷商誉。

### 1. 商誉扫雷大法

商誉减值测试一般在年底，因此年底是商誉减值的高发地带，在三季报披露的季节，在你持有的股票存在商誉余额时，你就要一万个小心。万一你买入的股票忽然年底时要计提大额的商誉，那么一切看似美好的业绩或许都是假象。

我们回顾一下商誉减值测试的原理。一般来说，在进行商誉减值测试时，使用的是自由现金流折现模型（DCF），即预测以后几年甚至更长时间的公司自由现金流并根据一定的折现率折现，与公司的价值进行比较。正是由于这种操作中现金流预测和折现率选择有很大的空间，因此商誉减值容易被操控。

一般情况下，公司并没有披露自由现金流。自由现金流近似于经营活动现金流量净额扣除构建固定资产的现金流出，在间接法中，经营活动现金流量净额是净利润调节而来。因此找到了一条简单判断自由现金流变化的路线，即净利润的变化。判断商誉是否存在减值的关键就是净利润的变化。

从另外一个角度理解，商誉减值与否就看该公司是否物超所值，而评估资产价值的指标有一条就是净利润，因此通过被收购公司净利润的变化来判断公司商誉是否需要减值是一条很简单的路，这与DCF殊途同归。

因此，商誉减值风险的高低关键是这个公司的盈利能力、盈利能力、盈利能力，不是绝对额或者占比的高低。

那么，如何判断该公司的盈利能力呢？

第一个角度，同比。公司同比盈利下滑，那么大概率是不值那么多钱，需要计提减值。

第二个角度，有商誉的上市公司都是因为收购，而收购大多带有业绩承诺，用实际完成的净利润与业绩承诺净利润比较即可。如果完成的业绩大幅低于业绩承诺，理论上是要计提商誉减值的。当然，即使完成业绩承诺，也可能计提商誉减值，只是实际操作中没有人会这么干。

第三个角度，是产生商誉的这家公司（不是上市公司本身）行业变化如何，如果行业遇到问题，公司大概率也会遇到问题。

有些人也许会说了，等到知道这些公司的盈利情况不是要等到年报吗？那时候商誉减值已经计提了，还谈何预防。

一般情况下，上市公司半年报会披露被收购公司的盈利情况，比较半年报的数据基本就可以判断。

例如，银禧科技因为计提了4.9亿元的商誉减值而连续跌停，其实这个商誉地雷使用上面的方法特别明显地就能排除，分步骤拆解如下。

第一步看半年报中商誉是谁产生的：4.9亿元的商誉几乎全部是兴科电子的（见下图）。

**商誉账面原值**

单位：元

| 被投资单位名称或形成商誉的事项 | 期初余额 | 本期增加 | | 本期减少 | | 期末余额 |
|---|---|---|---|---|---|---|
| 苏州银禧新材料有限公司 | 332,025.19 | | | | | 332,025.19 |
| 兴科电子科技有限公司 | 489,804,668.22 | | | | | 489,804,668.22 |
| 合计 | 490,136,693.41 | | | | | 490,136,693.41 |

数据来源：WIND，初善君整理

第二步看半年报兴科电子的盈利情况，查看2018年半年报可知，2018年上半年兴科电子实现营业收入2.25亿元，实现净利润0.34亿元。

第三步看同比变化。查看2017年半年报，兴科电子2017年上半年实现收入2.41亿元，实现净利润0.31亿元，还不错，同比2017年变化不大。可是对比2016年上半年8.73亿元营业收入和2.19亿元净利润，就知道这个商誉减值已经推迟一年计提了。

第四步看业绩承诺，业绩承诺公司在年报或者收购报告书中一般都会披露。兴科电子2016年度、2017年度和2018年度实现的净利润（扣除非经常性损益后）分别不低于2.00亿元、2.40亿元和2.90亿元，合计不低于7.30亿元。而2018年上半年仅完成0.34亿元，连2.9亿元的零头都没有，这个减值准备不计提说不过去了（见下图）。

单位：元

| 公司名称 | 公司类型 | 主要业务 | 注册资本 | 总资产 | 净资产 | 营业收入 | 营业利润 | 净利润 |
|---|---|---|---|---|---|---|---|---|
| 银禧工塑 | 子公司 | 生产和销售工程塑料(PA6、PA66、PP、ABS、PPO、PBT、PET、PC、HIPS、PPS、PC/ABS、TPE、TPU等)。道路普通货运（凭许可证经营） | 224,000,000.00 | 923,878,539.76 | 372,859,421.66 | 472,119,261.56 | 7,196,754.02 | 5,065,531.96 |
| 苏州银禧科技 | 子公司 | 研发、生产、销售：改性塑料、塑料制品；国内贸易（不含国家专营专供商品）；自营和代理各类商品及技术的进出口业务。（依法须经批准的项目，经相关部门批准后方可开展经营活动） | 303,800,000.00 | 543,689,042.10 | 293,118,726.14 | 256,199,006.77 | -1,790,672.75 | -1,341,217.83 |
| 银禧光电 | 子公司 | 销售：改性塑料，高分子材料（须前置审批及国家专营专控专卖商品除外）；货物进出口，技术进出口（法律、行政法规禁止的项目除外；法律、行政法规限制的项目须取得许可后方可经营）；导热、散热材料的研发、生产和销售。 | 44,000,000.00 | 94,691,469.22 | 58,770,150.39 | 67,552,250.50 | -3,178,904.22 | -2,384,983.58 |
| 兴科电子科技 | 子公司 | 生产和销售电子配件、电器零配件、电子连接器、电子设备、自动化设备、光伏设备、照明器具、光电元器件的研发、设计和销售，消费电子产品的塑胶类精密模具及精密零组件的加工和销售、货物进出口、技术进出口。 | 180,000,000.00 | 907,048,073.44 | 694,090,176.47 | 225,464,703.61 | 37,504,546.95 | 33,896,083.68 |
| 银禧刚果钴业 | 子公司 | 所有合法矿产品的贸易：包括加工后或未经加工处理的矿产品的买卖；所有矿产资源的勘察、调查和开发，尤其是铜矿和钴矿；不同金属、资源和矿特质的处理、提取、生产、转化及交易；矿产资源的投资及咨询活动，进出口业务等 | 100万美元 | 44,296,849.21 | -2,129,874.34 | 0.00 | -2,025,649.93 | -2,025,649.93 |

数据来源：WIND，初善君整理

第五步看该公司的行业情况。兴科电子的主要产品是CNC金属精密结构件业务，下游是智能手机。2018年金立破产，该行业2019年过得并不好。

通过这五步基本就可以判断上市公司商誉是否需要计提减值，但是至于计提多少减值损失，就要看具体的测算结果，不过好在这个雷已经炸不到你了。

例如，世纪瑞尔2018年半年报显示，公司商誉总金额为7.3亿元，主要是2家：北海通信商誉为3.28亿元，苏州易维迅商誉为3.95亿元。

北海通信承诺2017年、2018年、2019年实现的扣除非经常性损益后归属于母公司股东的净利润分别不低于4 000.00万元、5 000.00万元、6 100.00万元。

易维迅签订的业绩承诺，要求2015年、2016年、2017年扣除非经常性损益后净利润应达到4 000万元、5 000万元、6 000万元。

那么，2018年上半年两家公司怎么样呢？

半年报显示，北海通信2018年上半年实现净利润总金额仅139万元，值得注意的是，其营业利润竟为−84万元，大家觉得这个利润与2018年承诺的扣除非经常性损益后归属于母公司股东的净利润5 000万元的业绩相比怎么样？

易维迅2018年上半年净利润总额也仅为88.85万元，虽然过了业绩承诺期，可是2017年承诺的可是6 000万元的净利润（见下图）。

主要子公司及对公司净利润影响达10%以上的参股公司情况

单位：元

| 公司名称 | 公司类型 | 主要业务 | 注册资本 | 总资产 | 净资产 | 营业收入 | 营业利润 | 净利润 |
|---|---|---|---|---|---|---|---|---|
| 北京世纪瑞尔软件有限公司 | 子公司 | 轨道交通运维及相关技术服务 | 15,000,000.00 | 32,189,265.03 | 31,769,717.12 | 5,401,930.12 | 1,401,418.19 | 1,746,965.67 |
| 天津市北海通信技术有限公司 | 子公司 | 铁路及地铁轨道交通乘客资讯系统及通信系统产品供应 | 55,555,555.56 | 263,028,488.67 | 191,000,819.57 | 44,712,203.64 | -838,986.19 | 1,397,452.91 |
| 苏州易维迅信息科技有 | 子公司 | 车站（枢纽）设备管理、BAS 系统、 | 30,000,000.00 | 191,772,445.76 | 110,545,814.63 | 46,587,503.60 | 1,130,707.53 | 888,516.08 |

数据来源：WIND，初善君整理

虽然半年报没有计提商誉减值损失，但是7.3亿元的商誉，200万元左右的净利润，年报不计提减值的大概率是过不了交易所这关的。

再如天际股份，公司2016年完成对新泰材料的并购，公司瞬间积累了23.19亿元商誉，占公司总资产的66%，占非流动资产的77.84%。新泰材料的业绩承诺为扣除非经常损益后的净利润2016年为18 700万元、2017年为24 000万元、2018年为24 800万元。

2017年实际新泰材料仅仅完成1.59亿元，远低于业绩承诺的2.4亿元，因此2017年已经计提了商誉减值1.5亿元。

但是2018年上半年呢，新泰材料上半年实现营业收入1.72亿元，净利润0.23亿元。2017年半年报这两个数据分别为2.41亿元和1.17亿元（见下图）。

| 公司名称 | 公司类型 | 主要业务 | 注册资本 | 总资产 | 净资产 | 营业收入 | 营业利润 | 净利润 |
|---|---|---|---|---|---|---|---|---|
| 深圳天际云科技有限公司 | 子公司 | 互联网和相关服务 | 20,000,000.00 | 10,055,456.26 | -1,662,746.96 | 1,771,830.44 | -6,520,363.51 | -6,520,363.51 |
| 江苏新泰材料科技有限公司 | 子公司 | 锂离子电池材料 | 130,000,000.00 | 776,459,582.61 | 586,756,433.66 | 172,072,385.63 | 27,110,511.87 | 23,044,199.83 |

16

广东天际电器股份有限公司 2018 年半年度报告全文

报告期内取得和处置子公司的情况

数据来源：WIND，初善君整理

这21.69亿元的商誉，肯定要继续爆雷了。

其实不看业绩也知道，新泰材料主营六氟磷酸锂，作为新能源汽车的锂电池，火了没多久就凉了。当前市场行情持续下滑，至今没有回暖。

2016年6月收购时，当时正是新能源汽车概念火爆之时，股价连涨10个涨停板，是何等的意气风发，仅仅两年时间，股价还不如收购前。所以说收购是把双刃剑，而你的那把很可能刺穿自己。

### 2.2019年这些商誉可能减值

大家印象最深的地雷是什么？

无疑是商誉减值带来的巨额亏损。商誉减值超过10亿元的公司高达54家，累计计提商誉减值968亿元，平均18亿元，其中天神娱乐计提商誉减值41亿元，净利润亏损71.51亿元，以多亏损2亿元的微弱优势超过中兴通讯勇夺A股亏损王（见下表）。

| 证券代码 | 证券简称 | 2018年归属母公司股东的净利润 | 2018年商誉余额 | 2018年商誉—减值准备 |
|---|---|---|---|---|
| 002354.SZ | 天神娱乐 | −71.51 | 26.18 | 40.90 |
| 600240.SH | *ST华业 | −64.38 | 1.99 | 10.48 |
| 000793.SZ | 华闻集团 | −49.91 | 17.47 | 22.30 |
| 300116.SZ | 坚瑞沃能 | −39.25 | 0.54 | 47.81 |
| 600100.SH | 同方股份 | −38.80 | 1.51 | 10.79 |
| 002611.SZ | 东方精工 | −38.76 | 6.70 | 39.10 |

续表

| 证券代码 | 证券简称 | 2018年归属母公司股东的净利润 | 2018年商誉余额 | 2018年商誉—减值准备 |
|---|---|---|---|---|
| 600614.SH | *ST鹏起 | −38.13 | 7.99 | 15.44 |
| 600651.SH | 飞乐音响 | −32.95 | | 15.76 |
| 603111.SH | 康尼机电 | −31.51 | | 22.71 |
| 300315.SZ | 掌趣科技 | −31.50 | 20.11 | 35.84 |
| 002247.SZ | 聚力文化 | −28.97 | 2.76 | 29.65 |
| 300269.SZ | 联建光电 | −28.88 | 11.11 | 33.80 |
| 002249.SZ | 大洋电机 | −23.76 | 11.23 | 25.75 |
| 600079.SH | 人福医药 | −23.58 | 37.99 | 30.42 |
| 000038.SZ | 深大通 | −23.50 | 1.86 | 21.23 |
| 300432.SZ | 富临精工 | −23.24 | | 15.63 |
| 000971.SZ | *ST高升 | −21.96 | 13.11 | 17.10 |
| 002445.SZ | ST中南 | −21.01 | 8.57 | 15.29 |
| 600122.SH | 宏图高科 | −20.34 | 0.31 | 10.35 |

*数据来源：WIND，初善君整理*

那么2019年呢？2019年计提的商誉减值应该不低于2018年，亏损必将"扑面而来”。

（1）商誉余额高

对于商誉来说，风险就是计提大额减值，所以商誉高是第一风险因子。A股商誉最高的上市公司是中国石油，余额高达422.94亿元，其次美的集团、海尔智家、潍柴动力、中国平安的商誉余额分别为291亿元、232亿元、231亿元和207亿元。

其他商誉余额高的公司如下表所示，均是超过50亿元的大户。

| 证券简称 | 商誉 | 所有者权益合计 | 商誉占比（%） | 2019年三季归属母公司股东的净利润 | 2018年归属母公司股东的净利润 | 总市值 |
|---|---|---|---|---|---|---|
| 中国石油 | 422.94 | 14 261.17 | 3 | 372.82 | 525.85 | 9 811.43 |
| 美的集团 | 291.04 | 986.02 | 30 | 213.16 | 202.31 | 3 899.66 |
| 海尔智家 | 232.20 | 580.63 | 40 | 77.73 | 74.40 | 1 068.50 |
| 潍柴动力 | 230.85 | 658.61 | 35 | 70.58 | 86.58 | 1 090.30 |
| 中国平安 | 207.24 | 7 639.72 | 3 | 1 295.67 | 1 074.04 | 15 191.84 |
| 广汇汽车 | 190.51 | 464.53 | 41 | 22.46 | 32.57 | 274.18 |
| 海航科技 | 153.81 | 183.49 | 84 | 2.76 | 0.60 | 81.04 |
| 世纪华通 | 153.02 | 236.29 | 65 | 20.09 | 9.62 | 606.96 |
| 紫光股份 | 139.92 | 317.62 | 44 | 12.42 | 17.04 | 601.64 |
| 万达电影 | 134.64 | 195.43 | 69 | 8.29 | 12.95 | 326.31 |
| 纳思达 | 128.39 | 87.49 | 147 | 7.04 | 9.51 | 316.90 |
| 华能国际 | 125.83 | 1 052.53 | 12 | 53.89 | 14.39 | 804.52 |
| 上海医药 | 114.84 | 478.38 | 24 | 33.99 | 38.81 | 457.50 |

续表

| 证券简称 | 商誉 | 所有者权益合计 | 商誉占比（%） | 2019年三季归属母公司股东的净利润 | 2018年归属母公司股东的净利润 | 总市值 |
|---|---|---|---|---|---|---|
| 锦江酒店 | 113.91 | 138.04 | 83 | 8.73 | 10.82 | 223.96 |
| 中信证券 | 103.37 | 1 597.32 | 6 | 105.22 | 93.90 | 2 508.28 |
| 招商银行 | 99.54 | 5 739.95 | 2 | 772.39 | 805.60 | 9 062.78 |
| 东方航空 | 90.28 | 595.42 | 15 | 43.67 | 27.09 | 751.16 |
| 复星医药 | 88.61 | 345.17 | 26 | 20.64 | 27.08 | 618.12 |
| 渤海租赁 | 87.76 | 545.56 | 16 | 20.81 | 22.79 | 216.46 |
| 中国石化 | 86.80 | 8 683.12 | 1 | 432.81 | 630.89 | 5 699.15 |
| 招商港口 | 82.00 | 892.73 | 9 | 24.70 | 10.90 | 303.08 |
| 均胜电子 | 81.90 | 191.01 | 43 | 7.02 | 13.18 | 209.60 |
| 平安银行 | 75.68 | 2 566.03 | 3 | 236.21 | 248.18 | 3 027.32 |
| 浦发银行 | 69.81 | 4 996.70 | 1 | 483.50 | 559.14 | 3 498.77 |
| 诚志股份 | 68.94 | 163.96 | 42 | 3.43 | 8.49 | 178.30 |
| 蓝帆医疗 | 63.90 | 80.33 | 80 | 3.75 | 3.47 | 117.23 |
| 数知科技 | 63.14 | 109.74 | 58 | 5.02 | 6.34 | 100.19 |
| 金科文化 | 62.61 | 70.49 | 89 | 6.41 | 8.42 | 106.31 |
| 众泰汽车 | 62.59 | 172.90 | 36 | −7.60 | 8.00 | 55.76 |
| 盈峰环境 | 62.09 | 152.31 | 41 | 9.64 | 9.29 | 195.79 |
| 天茂集团 | 61.86 | 332.36 | 19 | 10.16 | 13.27 | 331.02 |
| 中国天楹 | 61.56 | 104.23 | 59 | 3.91 | 2.16 | 159.00 |
| 南京新百 | 60.59 | 148.26 | 41 | 13.63 | −8.86 | 128.56 |
| ST银亿 | 60.26 | 147.73 | 41 | −6.57 | −5.73 | 58.00 |
| 中远海控 | 58.67 | 628.08 | 9 | 21.16 | 12.30 | 542.55 |
| 龙蟒佰利 | 55.50 | 129.95 | 43 | 20.66 | 22.86 | 265.38 |
| 上海莱士 | 55.19 | 112.96 | 49 | 6.06 | −15.18 | 360.16 |
| 中国交建 | 52.59 | 2 496.85 | 2 | 133.41 | 196.80 | 1 272.51 |
| 中天金融 | 52.58 | 208.06 | 25 | 15.01 | 14.67 | 213.66 |
| 美年健康 | 51.29 | 69.51 | 74 | 3.91 | 8.21 | 574.66 |
| 步长制药 | 50.67 | 126.26 | 40 | 13.49 | 18.88 | 225.80 |

*数据来源：WIND，单位亿元，初善君整理*

当然，商誉余额高并不代表商誉减值风险高，商誉减值风险的高低与形成该商誉的子公司未来现金流有关。换句话来说，与该子公司的经营业绩有关。

（2）商誉占比高

与商誉余额高比起来，商誉占净资产的比例高更危险。

一旦商誉占净资产的比例过高，计提减值可能对上市公司带来毁灭性的打击：盈利转亏损，资产负债率攀升，新增借款难度增加，乃至流动性出现危机。

下表所示为截至2019年三季报商誉余额占净资产的比例超过60%的上市公司，这些公司危险性较高（非商誉减值风险高）。比如，纳思达商誉余额高达128.39亿元，净资产只有87.49亿，商誉占比为147%。这些公司一旦减值，可能给公司带来毁灭性打击。

| 证券简称 | 商誉余额 | 所有者权益合计 | 商誉占比（%） | 2019年三季归属母公司股东的净利润 | 总市值 |
|---|---|---|---|---|---|
| *ST中安 | 9.71 | 0.54 | 1 813 | −2.88 | 19.12 |
| 长城动漫 | 2.71 | 0.22 | 1207 | −0.39 | 16.40 |
| 紫光学大 | 15.28 | 1.65 | 924 | 0.64 | 30.19 |
| 国美通讯 | 4.42 | 0.99 | 448 | −2.08 | 19.04 |
| 华谊嘉信 | 3.81 | 0.92 | 415 | −0.48 | 15.91 |
| 大唐电信 | 7.60 | 2.83 | 268 | −5.54 | 84.33 |
| 长城影视 | 9.73 | 4.49 | 217 | −0.41 | 15.24 |
| 纳思达 | 128.39 | 87.49 | 147 | 7.04 | 316.90 |
| 众应互联 | 21.30 | 15.46 | 138 | 0.78 | 37.99 |
| 天神娱乐 | 25.28 | 20.08 | 126 | −4.06 | 25.17 |
| ST云网 | 0.16 | 0.13 | 118 | −0.17 | 20.40 |
| 金宇车城 | 1.29 | 1.11 | 116 | −0.63 | 18.70 |
| 恒康医疗 | 31.90 | 27.93 | 114 | −1.69 | 44.39 |
| 美吉姆 | 20.85 | 20.86 | 100 | 0.83 | 67.42 |
| 顺利办 | 29.06 | 29.25 | 99 | 1.09 | 42.58 |
| 引力传媒 | 5.90 | 5.94 | 99 | 0.61 | 21.22 |
| *ST新亿 | 6.14 | 6.29 | 98 | −0.05 | 27.88 |
| 仁东控股 | 9.99 | 10.36 | 96 | 0.49 | 103.03 |
| ST冠福 | 25.57 | 27.26 | 94 | 6.41 | 55.84 |
| 中昌数据 | 21.56 | 23.41 | 92 | 0.28 | 30.51 |
| 盈康生命 | 18.94 | 20.87 | 91 | 0.39 | 45.74 |
| 锦泓集团 | 25.26 | 28.15 | 90 | 0.30 | 16.93 |
| 金科文化 | 62.61 | 70.49 | 89 | 6.41 | 106.31 |
| 华讯方舟 | 8.62 | 9.84 | 88 | −1.36 | 51.87 |
| 立思辰 | 29.19 | 34.71 | 84 | 0.60 | 95.86 |
| 海航科技 | 153.81 | 183.49 | 84 | 2.76 | 81.04 |
| 锦江酒店 | 113.91 | 138.04 | 83 | 8.73 | 223.96 |
| 中嘉博创 | 29.72 | 36.72 | 81 | 1.11 | 58.55 |
| 亚联发展 | 8.63 | 10.68 | 81 | 0.37 | 31.33 |
| 炼石航空 | 24.36 | 30.22 | 81 | −0.70 | 69.78 |
| 蓝帆医疗 | 63.90 | 80.33 | 80 | 3.75 | 117.23 |
| 太空智造 | 4.63 | 5.95 | 78 | 0.13 | 21.98 |
| 会畅通讯 | 7.62 | 9.92 | 77 | 0.65 | 40.52 |
| 宜华健康 | 19.27 | 25.31 | 76 | 0.03 | 43.88 |

续表

| 证券简称 | 商誉余额 | 所有者权益合计 | 商誉占比（%） | 2019年三季归属母公司股东的净利润 | 总市值 |
|---|---|---|---|---|---|
| 博晖创新 | 7.87 | 10.41 | 76 | 0.05 | 32.10 |
| 当代明诚 | 33.82 | 45.00 | 75 | 6.52 | 46.28 |
| *ST瑞德 | 4.91 | 6.56 | 75 | −0.26 | 21.60 |
| 美年健康 | 51.29 | 69.51 | 74 | 3.91 | 574.66 |
| 高伟达 | 9.19 | 12.46 | 74 | 0.57 | 40.52 |
| 东方通 | 10.77 | 14.67 | 73 | 0.48 | 107.21 |
| 量子生物 | 16.17 | 22.15 | 73 | 0.81 | 65.87 |
| 誉衡药业 | 33.60 | 46.08 | 73 | 3.10 | 65.06 |
| 富春股份 | 9.11 | 12.61 | 72 | 0.24 | 34.33 |
| 新开源 | 21.28 | 29.91 | 71 | 1.04 | 62.00 |
| 星徽精密 | 10.18 | 14.63 | 70 | 0.90 | 46.86 |
| 万达电影 | 134.64 | 195.43 | 69 | 8.29 | 326.31 |
| *ST鹏起 | 7.99 | 11.80 | 68 | −1.07 | 17.43 |
| *ST高升 | 13.11 | 19.51 | 67 | −0.11 | 21.19 |
| *ST长投 | 1.88 | 2.81 | 67 | −0.55 | 16.97 |
| 曲美家居 | 13.14 | 19.85 | 66 | 0.80 | 39.98 |
| 广东甘化 | 7.08 | 10.75 | 66 | 0.85 | 31.40 |
| 科斯伍德 | 5.96 | 9.08 | 66 | 0.68 | 36.07 |
| 华昌达 | 8.04 | 12.30 | 65 | −6.71 | 25.44 |
| 益丰药房 | 29.22 | 44.80 | 65 | 4.18 | 289.99 |
| 开元股份 | 13.92 | 21.42 | 65 | 0.47 | 39.20 |
| 世纪华通 | 153.02 | 236.29 | 65 | 20.09 | 606.96 |
| 克劳斯 | 34.45 | 55.12 | 62 | −0.91 | 59.35 |
| 立昂技术 | 14.19 | 23.29 | 61 | 0.94 | 50.67 |
| 东易日盛 | 6.14 | 10.10 | 61 | −1.33 | 32.85 |
| ST天润 | 14.28 | 23.56 | 61 | 1.15 | 26.21 |
| 国创高新 | 32.20 | 53.38 | 60 | 2.35 | 35.19 |
| 劲胜智能 | 16.54 | 27.54 | 60 | −0.83 | 43.93 |
| 迅游科技 | 14.17 | 23.61 | 60 | 1.18 | 36.25 |
| 汉邦高科 | 8.65 | 14.42 | 60 | 0.13 | 35.51 |
| 金洲慈航 | 31.66 | 52.82 | 60 | −21.38 | 38.44 |
| 科达股份 | 37.37 | 62.49 | 60 | 1.25 | 62.02 |

数据来源：WIND，单位亿元，初善君整理

（3）去年减值，今年依然高商誉余额

当然，还有减值风险更高的一类公司。

大家想一想那些2018年已经计提商誉减值的公司，如果目前商誉余额还比较高，那么2019年计提减值的风险是不是依然高。

为什么呢？

因为2018年这些商誉子公司经营业绩不及预期，计提了一部分商誉减值，2019年这些公司经营不及预期的可能性依然很大。

具体包括下表所示公司，务必小心在意。

| 证券简称 | 商誉 | 所有者权益合计 | 商誉占比（%） | 2019年三季归属母公司股东的净利润 | 2018年归属母公司股东的净利润 | 2018年商誉-减值准备 |
|---|---|---|---|---|---|---|
| 中国石油 | 422.94 | 14 261.17 | 3 | 372.82 | 525.85 | 37.47 |
| 上海医药 | 114.84 | 478.38 | 24 | 33.99 | 38.81 | 7.98 |
| ST银亿 | 60.26 | 147.73 | 41 | −6.57 | −5.73 | 10.27 |
| 中化国际 | 49.26 | 238.83 | 21 | 5.54 | 9.11 | 7.00 |
| 捷成股份 | 47.11 | 100.46 | 47 | 3.07 | 0.94 | 8.46 |
| 人福医药 | 38.31 | 149.71 | 26 | 7.46 | −23.58 | 30.42 |
| 瑞康医药 | 32.98 | 117.34 | 28 | 5.79 | 7.79 | 7.52 |
| 长园集团 | 28.61 | 53.59 | 53 | −5.13 | 1.12 | 24.82 |
| 奋达科技 | 28.00 | 53.11 | 53 | 1.35 | −7.80 | 6.56 |
| 安洁科技 | 24.26 | 65.11 | 37 | 3.31 | 5.47 | 9.12 |
| 四维图新 | 22.32 | 74.71 | 30 | 0.24 | 4.79 | 9.93 |
| 华谊兄弟 | 20.96 | 91.52 | 23 | −6.52 | −10.93 | 9.73 |
| 奥飞娱乐 | 20.56 | 41.10 | 50 | 1.19 | −16.30 | 9.96 |
| 掌趣科技 | 20.11 | 54.42 | 37 | 3.45 | −31.50 | 35.84 |
| 利欧股份 | 19.31 | 81.08 | 24 | 3.09 | −18.60 | 19.58 |
| 天际股份 | 17.82 | 37.13 | 48 | 3.79 | 0.84 | 5.36 |
| 华闻集团 | 17.47 | 56.06 | 31 | 0.53 | −49.91 | 22.30 |
| 天舟文化 | 16.88 | 33.44 | 50 | 1.14 | −10.86 | 12.44 |
| 三七互娱 | 15.78 | 63.19 | 25 | 15.56 | 10.09 | 12.60 |
| 胜利精密 | 13.12 | 78.51 | 17 | −3.66 | −7.23 | 9.47 |
| *ST北讯 | 12.94 | 45.95 | 28 | −7.20 | −11.07 | 11.39 |
| 联创股份 | 12.65 | 24.67 | 51 | 1.28 | −19.54 | 20.71 |
| 康旗股份 | 12.12 | 23.46 | 52 | 0.36 | −7.93 | 11.45 |
| 大洋电机 | 11.21 | 70.29 | 16 | 2.65 | −23.76 | 25.75 |
| 联建光电 | 10.46 | 20.28 | 52 | 0.18 | −28.88 | 33.80 |

数据来源：WIND，单位亿元，初善君整理

（4）美的、纳思达和人福医药，哪个会计提商誉减值？

首先是收入逐年下滑的库卡。关于美的的商誉，关心的人很多。

截至2019年半年报，美的商誉余额291亿元，其中222亿元是收购库卡产生的，这笔商誉最为关键。此外，小天鹅14亿元自然无须担心，TLSC30亿元也影响不了大局（见下图）。

本集团的所有商誉已于购买日分摊至相关的资产组或资产组组合，分摊情况如下：

| 被投资单位名称 | 期末数 | 期初数 |
|---|---|---|
| 无锡小天鹅股份有限公司 | 1,361,306 | 1,361,306 |
| TLSC | 2,971,561 | 2,881,760 |
| KUKA集团 | 22,244,400 | 22,330,623 |
| 其他 | 2,526,650 | 2,526,701 |
| 小　计 | 29,103,917 | 29,100,390 |
| 减：减值准备 | | - |
| 合　计 | 29,103,917 | 29,100,390 |

数据来源：WIND，初善君整理

那么库卡盈利能力究竟如何呢？

可惜的是，翻遍了美的集团2018年和2019年的半年报，也没有找到收入、利润的披露，可能的原因是库卡净利润不足美的集团的10%，按照国内的规定，确实无须披露。

经过摸索，在分部信息中找到了库卡的痕迹。

本集团有4个报告分部，分别为暖通空调分部、消费电器分部、机器人及自动化系统分部、其他分部。其中，机器人及自动化系统分部主要构成就是库卡。

然而数据并不理想，2019年上半年机器人及自动化系统实现营业收入120.84亿元，实现分部利润-880万元，居然是亏损的（见下图）。分部资产总额304亿元，负债282亿元，净资产只有22亿元，但是商誉余额高达222亿元。

2019年半年度及2019年6月30日分部信息列示如下：

| 项　目 | 本期数 | | | | | |
|---|---|---|---|---|---|---|
| | 暖通空调 | 消费电器 | 机器人及自动化系统 | 其他分部及未分配的金额 | 抵销 | 合计 |
| 对外交易收入 | 79,778,444 | 60,426,835 | 12,084,387 | 2,042,977 | - | 154,332,643 |
| 分部间交易收入 | 993,792 | 264,787 | 47,256 | 3,661,828 | (4,967,663) | - |
| 营业费用 | (71,907,225) | (52,887,636) | (12,140,447) | (4,260,502) | 4,977,655 | (136,218,155) |
| 分部利润 | 8,865,011 | 7,803,986 | (8,804) | 1,444,303 | 9,992 | 18,114,488 |
| 其他损益 | | | | | | 775,027 |
| 利润总额 | | | | | | 18,889,515 |
| | | | | | | |
| 资产总额 | 121,477,633 | 103,830,902 | 30,350,434 | 94,354,997 | (65,980,141) | 284,033,825 |
| 负债总额 | 82,545,313 | 68,130,341 | 28,194,003 | 86,580,130 | (80,017,965) | 185,431,822 |
| | | | | | | |
| 对联营企业和合营企业的长期股权投资 | 188,801 | 86,822 | 95,577 | 2,248,785 | - | 2,619,985 |
| 对联营和合营企业的投资收益 | 56,685 | (3,690) | (14,086) | 193,687 | - | 232,596 |
| | | | | | | |
| 非流动资产（不包括除长期股权投资、金融资产、商誉及递延所得税资产）增加额 | 859,981 | 586,123 | 385,257 | 186,190 | - | 2,017,551 |
| | | | | | | |
| 资产减值损失/（转回） | 95,918 | (5,346) | 51,295 | 2,789 | - | 144,656 |
| 信用减值损失/（转回） | 240,705 | 92,404 | (111,056) | 1,406 | (44,412) | 179,047 |
| 折旧费和摊销费 | 799,036 | 832,223 | 528,676 | 283,868 | - | 2,443,803 |

数据来源：WIND，初善君整理

笔者特地查询了2018年的数据，2018年实现营业收入258亿元，分部利润亏损4.43亿元（见下图）。

2018年度及2018年12月31日分部信息列示如下：

| | 暖通空调分部 | 消费电器分部 | 机器人及自动化系统分部 | 其他分部及未分配的金额 | 分部间抵销 | 合计 |
|---|---|---|---|---|---|---|
| 对外交易收入 | 123,750,494 | 106,076,743 | 25,767,137 | 6,225,261 | - | 261,819,635 |
| 分部间交易收入 | 1,517,400 | 637,021 | 70,421 | 6,496,010 | (8,720,852) | - |
| 营业费用 | (113,945,146) | (95,343,482) | (26,280,261) | (10,969,939) | 8,904,458 | (237,634,370) |
| 分部利润 | 11,322,748 | 11,370,282 | (442,703) | 1,751,332 | 183,606 | 24,185,265 |
| 其他损益 | | | | | | 1,587,793 |
| 利润总额 | | | | | | 25,773,058 |
| 资产总额 | 107,186,255 | 104,567,409 | 32,248,141 | 94,734,450 | (75,035,107) | 263,701,148 |
| 负债总额 | 71,901,268 | 71,644,039 | 26,081,586 | 86,771,167 | (85,151,429) | 171,246,631 |
| 对联营企业的长期股权投资 | 130,668 | 82,038 | 111,212 | 2,389,398 | - | 2,713,316 |
| 对联营企业的投资收益 | 72,022 | (13,897) | (18,003) | 309,199 | - | 349,321 |
| 非流动资产(不包括可供出售金融资产、长期股权投资、商誉和递延所得税资产)增加额 | 2,172,033 | 1,734,086 | 2,226,302 | 899,271 | - | 7,031,692 |
| 资产减值损失 | 126,987 | 166,013 | 203,390 | 122,744 | (171,270) | 447,864 |
| 折旧费和摊销费 | 1,554,330 | 1,719,693 | 1,019,462 | 523,971 | - | 4,817,456 |

数据来源：WIND，初善君整理

2017年，机器人及自动化分部实现营业收入272亿元，实现分部利润亏损17亿元（见下图）。

2017年度及2017年12月31日分部信息列示如下：

| | 暖通空调分部 | 消费电器分部 | 机器人及自动化系统分部 | 其他分部及未分配的金额 | 分部间抵销 | 合计 |
|---|---|---|---|---|---|---|
| 对外交易收入 | 107,940,343 | 102,986,131 | 27,150,059 | 3,842,363 | - | 241,918,896 |
| 分部间交易收入 | 1,869,629 | 416,770 | 31,254 | 5,340,194 | (7,657,847) | - |
| 营业费用 | (101,012,749) | (94,204,422) | (28,891,893) | (8,204,099) | 7,578,571 | (224,734,592) |
| 分部利润 | 8,797,223 | 9,198,479 | (1,710,580) | 978,458 | (79,276) | 17,184,304 |
| 其他损益 | | | | | | 4,670,470 |
| 利润总额 | | | | | | 21,854,774 |
| 资产总额 | 94,875,871 | 93,312,430 | 27,285,063 | 82,745,760 | (50,112,266) | 248,106,858 |
| 负债总额 | 63,251,582 | 67,792,173 | 17,308,941 | 89,409,279 | (72,580,288) | 165,181,687 |
| 对联营企业的长期股权投资 | 289,324 | 73,785 | 125,213 | 2,145,376 | - | 2,633,698 |
| 对联营企业的投资收益 | 59,498 | 1,730 | (17,649) | 266,437 | - | 310,016 |
| 非流动资产(不包括可供出售金融资产、长期股权投资、商誉和递延所得税资产)增加额 | 1,376,838 | 1,852,293 | 13,551,833 | 224,150 | - | 17,005,114 |
| 资产减值损失 | 106,267 | 2,690 | 33,293 | 33,940 | 92,922 | 269,112 |
| 折旧费和摊销费 | 1,580,020 | 1,859,972 | 2,832,389 | 423,496 | - | 6,695,877 |

数据来源：WIND，初善君整理

从分部利润的角度来看，亏损金额一年比一年少，算是很大的利好。

但是库卡作为上市公司，还有自己披露的数据，2018年收入、利润均下滑。至于数据与美的披露的差异，很好理解，准则不同而已（见下图）。

| | 2018-12-31 | 2017-12-31 | 2016-12-31 | 2015-12-31 |
|---|---|---|---|---|
| 报告期 | 年报 | 年报 | 年报 | 年报 |
| 期间跨度 | 12个月 | 12个月 | 12个月 | 12个月 |
| 数据来源 | 合并报表 | 合并报表 | 合并报表 | 合并报表 |
| ⊟ 利润表摘要 | | | | |
| 营业总收入 | 254.42 | 271.45 | 215.47 | 212.07 |
| 同比(%) | -6.81 | 17.98 | -1.34 | 42.62 |
| 营业总支出 | 244.73 | 257.22 | 200.21 | 202.20 |
| 营业利润 | 9.69 | 14.23 | 15.26 | 9.87 |
| 同比(%) | -32.29 | -12.69 | 50.18 | -1.21 |
| 税前利润 | 9.56 | 13.34 | 14.64 | 8.91 |
| 同比(%) | -28.77 | -14.67 | 59.55 | 10.86 |
| 净利润 | 1.00 | 6.91 | 6.33 | 6.16 |
| 同比(%) | -85.65 | 2.19 | -0.23 | 27.46 |

数据来源：WIND，初善君整理

美的分业务收入显示，2018年和2019年上半年，营业收入分别下滑了5%、4%，毛利率为22.85%和22.34%（见下表）。

| 机器人及自动化系统 | 2019-06-30 | 2018-12-31 | 2017-12-31 |
|---|---|---|---|
| 收入 | 120.24 | 256.78 | 270.37 |
| 收入增长率（%） | −4 | −5 | |
| 毛利率(%) | 22.34 | 22.85 | 14.48 |

数据来源：WIND，初善君整理

至于会不会计提减值，就要看美的管理层，笔者倾向99%以上不会计提，做个报告就好了。

笔者只是好奇，库卡收购3年了，收入还在逐年下滑，即使是战略投入的业务，什么时候会好转呢？不是说中国那么大的市场嘛，怎么就没体现在收入里。

纳思达的商誉已经在账上躺了3年，其中最大的一笔就是2016年收购Lexmark产生的，期末余额为123亿元，纳思达同期归属于母公司所有者的净资产只有53亿元，由此可知这是一个典型的蛇吞象游戏（见下图）。

单位：元

| 被投资单位名称或形成商誉的事项 | 期初余额 | 本期增加 | | 本期减少 | | | 期末余额 |
|---|---|---|---|---|---|---|---|
| | | 企业合并形成的 | 其他 | 处置 | 计提减值 | 其他 | |
| Static Control Components, Inc. | 25,167,632.15 | | | | | | 25,167,632.15 |
| 珠海盈芯科技有限公司 | 12,360,409.61 | | | | | | 12,360,409.61 |
| Nihon Ninestar Company Limited | 727,310.86 | | | | | | 727,310.86 |
| Lexmark International Inc. | 12,327,006,151.17 | | 20,655,171.17 | | | | 12,347,661,322.34 |
| 珠海市拓佳科技有限公司 | 177,995,238.78 | | | | | | 177,995,238.78 |
| 珠海欣威科技有限公司 | 165,111,056.65 | | | | | | 165,111,056.65 |
| 珠海中润靖杰打印科技有限公司 | 110,097,168.84 | | | | | | 110,097,168.84 |
| 昊真信息科技（上海）有限公司 | 333,333.00 | | | | | | 333,333.00 |
| 合计 | 12,818,798,301.06 | | 20,655,171.17 | | | | 12,839,453,472.23 |

数据来源：WIND，初善君整理

查阅半年报发现，Lexmark 2019年上半年实现营业收入82亿元，净利润亏损5925万元，居然又是亏损（见下图）。

单位：人民币元

| 公司名称 | 公司类型 | 主要业务 | 注册资本 | 总资产 | 净资产 | 营业收入 | 营业利润 | 净利润 |
|---|---|---|---|---|---|---|---|---|
| Lexmark International II,LLC（合并） | 子公司 | 打印机整机、原装耗材、打印管理服务和企业内容管理软件 | 60.84 | 29,729,481,640.26 | 7,932,142,184.90 | 8,221,509,948.21 | 11,270,572.61 | -59,252,552.97 |
| 珠海艾派克微电子有限公司 | 子公司 | 研究开发、设计、生产和销售自产的各种类IC、IT产品及配件；集成电路设计、研发、测试及销售；提供IC、IT、集成电 | 73,826,600.00 | 1,637,291,527.38 | 1,428,560,115.69 | 652,318,591.59 | 427,298,984.75 | 365,657,726.65 |

数据来源：WIND，初善君整理

再看2018年，Lexmark实现营业收入172亿元，实现利润总额-1.17亿元，实现净利润3.99亿元。为什么营业利润亏损，净利润大幅盈利呢？大概率是营业外收支。时间拉长来看，2017年利盟利润总额亏损高达35亿元（见下图）。

**Lexmark International II,LLC（合并）2016年、2017年以及2018年营业收入、利润总额与净利润汇总列示如下：（单位：人民币亿元）**

| 项目 | 2016年12月 | 2017年度 | 2018年度 |
|---|---|---|---|
| 营业收入 | 25.85 | 173.43 | 171.75 |
| 利润总额 | -7.36 | -34.65 | -1.17 |
| 净利润 | -6.01 | 10.61 | 3.99 |
| 利润率（利润总额/营业收入） | -28.47% | -19.98% | -0.68% |
| 净利润率（净利润/营业收入） | -23.25% | 6.12% | 2.32% |

说明：公司于2016年11月29日完成对利盟国际的收购，则公司2016年度的合并数据仅包含利盟国际2016年12月利润表的数据。

数据来源：WIND，初善君整理

那么，盈利如此差为什么没有计提减值呢？在2018年的问询函中，纳思达自己测算利盟价值246亿元，远高于资产组账面价值78亿元（见下图）。

**根据以上测试方法，公司管理层对主要资产组的商誉减值具体测试过程如下表：**

单位：人民币万元

| 资产组 | 全部商誉账面价值① | 资产组账面价值② | 包含整体商誉的资产组价值③=①+② | 资产组预计未来现金流量现值（可回收金额）④ | 商誉减值损失⑤=③-④ |
|---|---|---|---|---|---|
| 利盟国际资产组 | 1,232,700.62 | -448,281.42 | 784,419.19 | 2,459,149.66 | - |
| 拓佳资产组 | 36,978.97 | 12,070.61 | 49,049.58 | 54,000.00 | - |
| 欣威资产组 | 33,755.52 | 11,748.42 | 45,503.95 | 46,300.00 | - |
| 中润资产组 | 21,587.68 | 8,467.32 | 30,055.49 | 32,600.00 | - |

数据来源：WIND，初善君整理

虽然2019年纳思达大概率不会计提商誉减值，但是笔者觉得很危险，这算是给最近大幅上涨的股价泼泼冷水。

人福医药的两性商誉。2018年人福医药计提商誉减值30亿元，其中Epic公司贡献了28亿元，这直接导致公司全年亏损24亿元，震惊资本市场（见下图）。

然而，即使大幅计提商誉减值后，人福医药账面商誉余额依然高达38亿元，其中24亿元是收购两性健康业务形成的（见下图）。

其实两性健康业务就是全球卖避孕套，由旗下公司乐福思集团（公司持有其60%股权）经营。2019年上半年实现营业收入81 624.52万元，较2018年同期增加6 459.90万元，同比增长8.59%，实现净利润584.33万元，较2018年同期减少944.50万元，同比下降61.78%。

单位：元　币种：人民币

| 被投资单位名称或形成商誉的事项 | 期初余额 | 本期增加 | | 本期减少 | 期末余额 |
|---|---|---|---|---|---|
| | | 计提 | 外币报表折算差额 | 处置 | |
| 河南百年康鑫药业有限公司 | 10,220,922.76 | | | | 10,220,922.76 |
| Puracap Pharmaceutical LLC | 23,135,849.96 | | | | 23,135,849.96 |
| 郑州人福博赛生物技术有限责任公司 | 18,335,727.12 | | | | 18,335,727.12 |
| 四川乐创医药有限公司 | 4,794,917.42 | | | | 4,794,917.42 |
| 四川人福海灵医药有限公司 | 67,844.90 | | | | 67,844.90 |
| 四川广元人福医药有限公司 | 878,500.00 | | | | 878,500.00 |
| 四川人福共筑医药有限公司 | 352,933.89 | | | | 352,933.89 |
| 成都华贝康医药有限公司 | 7,907,700.00 | | | | 7,907,700.00 |
| 四川省仁和药品有限公司 | 3,355,392.37 | | | | 3,355,392.37 |
| 四川省健强医药有限公司 | 2,225,757.41 | | | | 2,225,757.41 |
| Epic Pharma, LLC | 2,812,206,680.93 | | 4,712,142.56 | | 2,816,918,823.49 |
| Epic Re Holdco, LLC | 86,278,395.68 | | 144,568.36 | | 86,422,964.04 |
| 北京人福中医门诊部有限公司 | 1,362,085.57 | | | | 1,362,085.57 |
| 武汉康乐药业股份有限公司 | 4,241,699.73 | | | | 4,241,699.73 |
| 湖北人福药用辅料股份有限公司 | 4,683,440.79 | | | | 4,683,440.79 |
| 四川人福医药有限公司 | 62,383,200.00 | | | | 62,383,200.00 |
| 合计 | 3,042,431,048.53 | | 4,856,710.92 | | 3,047,287,759.45 |

数据来源：WIND，初善君整理

| | | | | | |
|---|---|---|---|---|---|
| 成都华贝康医药有限公司 | 13,675,774.31 | | | | 13,675,774.31 |
| 四川省广汉市医药开发有限公司 | 1,791,646.70 | | | | 1,791,646.70 |
| 四川省仁和药品有限公司 | 3,355,392.37 | | | | 3,355,392.37 |
| 人福医药成都有限公司 | 13,102,730.77 | | | | 13,102,730.77 |
| 四川省健强医药有限公司 | 2,225,757.41 | | | | 2,225,757.41 |
| 两性健康业务 | 2,433,866,853.87 | | 4,078,195.08 | | 2,437,945,048.95 |
| 武汉贝乐美口腔有限责任公司 | 705,358.14 | | | | 705,358.14 |
| 成都万隆亿康医疗器械有限公司 | 13,288,002.33 | | | | 13,288,002.33 |
| 四川金利医药贸易有限公司 | 53,191,814.69 | | | | 53,191,814.69 |

数据来源：WIND，初善君整理

又是微利，只赚了584万元。

乐福思集团自2017年9月纳入人福医药的合并报表范围，2018年实现营业收入165 768.84万元，实现净利润3 268.86万元。

这么看，虽然净利润少了，但是营收相对稳定，预计计提减值风险不高，经济不好，避孕套业务能好吗？

很凑巧，这3家公司的商誉都很高，也很有代表性，均是出海收购形成的。

随着国家的不断发展，出海收购是必然的，这3家公司几乎都是上一波出海高峰期形成的，事后看，整合效果并不好。当然，实业收购还算好的，像海航、万达差点身死名灭，也不是没有身陷囹圄的，比如暴风集团。

在早些年出海的TCL、联想现在声音也小了很多，海外收购不易，且行且珍惜。

### 3. 商誉减值的蝴蝶效应

2019年初有一个观点很流行：上市公司通过财务大洗澡尤其是商誉减值之后，来年业绩必定高速增长，从而带来股价的上涨，在商誉爆雷后，投资者应该选择的是买入而不是卖出。这种说法的根源在于商誉属于已经发生的实际支出，爆雷后并不需要继续发生支出，同时商誉减值只影响利润表，只是会计亏损，并不影响现金流。

基于此种考虑，抄底商誉爆雷的上市公司合适吗？

相信各位投资者对蝴蝶效应都略知一二，而商誉减值可能是引发公司不断爆雷的那只蝴蝶。

首先，资产减值意味着收购资产盈利能力不及预期或者大幅下滑，这种下滑可能是一时的，也可能是一世的。如果是一时的，那么计提商誉减值本身就有问题，这就是明显操纵业绩，进行业绩“洗澡”，因为一时的业绩下滑并不需要计提商誉减值，至少不需要大幅计提商誉减值。如果是一世的，意味着收购的资产大幅贬值，很难再恢复至以前的盈利状态。

以天神娱乐为例，其商誉余额最高金额是收购北京幻想悦游网络科技有限公司的29亿元。幻想悦游2016—2018年业绩承诺分别为25 000万元、32 500万元、40 625万元，天神娱乐花了34.17亿元。幻想悦游于2016年度、2017年度扣除非经常性损益后的净利润分别为25 651.02万元、33 163.15万元，达到业绩承诺，而2018年上半年依然实现了1.2亿元的净利润，同比略有增长。由此来看，天神娱乐收购的资产盈利能力下滑是一时的，但是这种资产怎么就需要计提那么大的资产减值呢？

其次，商誉减值意味着公司的管理层战略眼光存在问题，根本不值得投资。这个问题这里不做深入探讨。

最后，一旦减少净资产，公司的资产负债率会大幅上升，意味着可能触及有息负债的归还条件，从而对现金流带来极大的影响。

比如天神娱乐，预计亏损73~78亿元，如果按照折中亏损76亿元，那么天神娱乐的净资产将由2018年9月30日的97亿元减少至21亿元。由此可知，公司资产负债率将可能由不到30%上升至70%，这对互联网公司来说几乎是致命的。于是我们看到中证鹏元将公司债券的信用评级下调。

当然，以上都不是最可怕的，最可怕的来自监管，一旦因为一些操作被立案调查，那么公司的问题将会彻底暴露，轻则ST，重则退市。

可能很多读者觉得我在危言耸听。

毕竟上市公司收购这些所谓资产花的钱远远大于现在的市值，如果把这些资产卖出去，岂不是可以得到很多现金。事实上，很多上市公司也是这么想的，先把减值计提了，等待机会把资产卖掉，可以坐收高利润，想想还有点儿小激动呢？

可事实上是，谁会愿意接盘这些资产呢？在监管越来越严格的今天，左手倒右手已经没有那么容易了。

下面举几个例子，看看商誉计提减值高的公司现状如何？

2017年坚瑞沃能计提商誉减值46亿元，当时股价3个跌停至5.55元打开，截至目前，收盘价约1.38元，股价又跌去了75%。为什么会这么惨呢？

因为这个属于长期盈利能力下滑，子公司沃特玛锂离子电池（组）生产销售、新能源汽车销售及服务业务大幅减少，当期营业收入主要系为缓解债务压力，折价处置、变现存货等资产形成，毛利率大幅下降。此外，由于公司银行等付息债务规模较大，当期计提利息费用约为4.8亿元。同时，公司受到证监会的处罚。

于是看到，坚瑞沃能经财务部门初步测算的2018年度归属于上市公司股东的净利润为亏损500 000.00万~545 000.00万元。同时存在暂停上市的可能。公司目前预计2018年末净资产有可能为负，如决算后公司2018年末净资产为负，根据《深圳证券交易所创业板股票上市规则》第十三章的相关规定，公司出现“最近一个年度的财务会计报告显示当年年末经审计净资产为负”，深圳证券交易所可以决定暂停公司股票上市。

再如，巴士在线、保千里、联建光电等，股价都创出新低，均存在被暂停上市的可能，这些公司2018年分别计提了15亿元、8亿元和6亿元的商誉减值。

当然，这条选股路径肯定是没有问题的，一定存在被错杀的个股，只是选择上需要仔细甄别，要点如下：

一是收购资产的长期盈利能力问题不大；

二是不会对上市公司本身产生负面的连锁反应；

三是估值足够低。

#### 4. A股为什么商誉减值那么多

2018年是商誉减值大年，之前亏损过亿就可以吸引眼球，到现在亏损少于10亿元都不好意思打招呼。

2017年创业板整个板块的净利润只有953亿元，2019年1月30日一晚上预告的亏损下限是2 063亿元，够创业板所有公司赚两年。

我们需要思考一个问题，谁该为这次业绩集中爆炸负责。

可以明显看到，本次业绩地雷最直接的原因之一是商誉减值的计提，这一串的名单可能有上百家计提减值过亿的公司。比如，掌趣科技预计计提36.6亿元，天神娱乐可能计提65亿元，联建光电预计计提27亿元。

那么很显然，商誉是这次业绩地雷爆发最主要的原因之一，而大家都知道无并购不商誉，商誉的来源就是资本市场的并购重组。根据光大证券研究所的文章，可以明显看到重大资产重组数量与金额与商誉增长几乎完全正相关（见下图）。所以商誉来源于并购完全没有问题。

商誉形成与并购行为密切相关

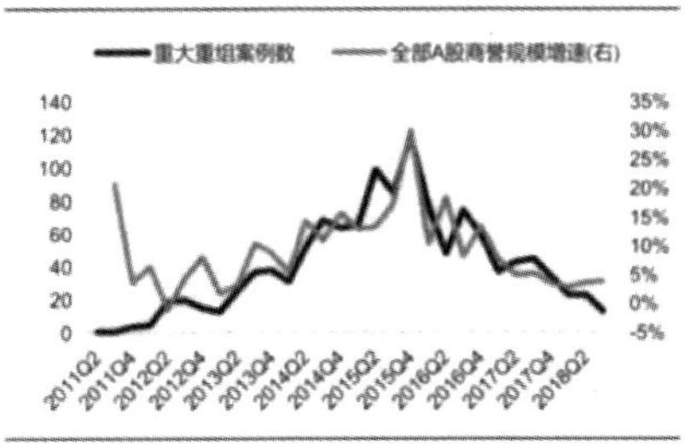


资料来源：WIND，光大证券研究所

商誉形成与并购行为密切相关

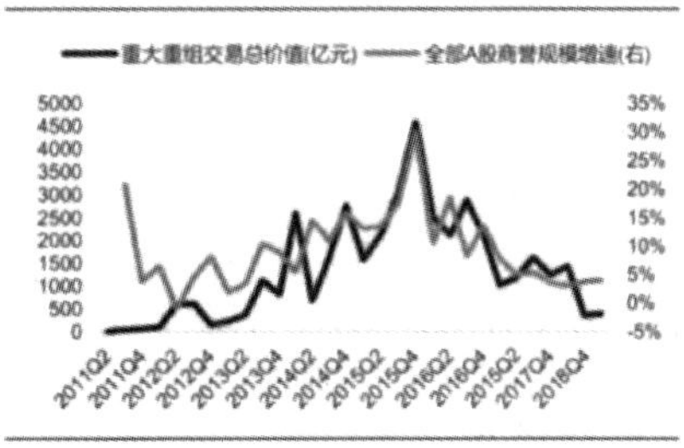


资料来源：WIND，光大证券研究所

那么，是谁在鼓励并购重组呢，是我们的监管，从2013年开始一年多个政策支持并购重组。2013年，工业和信息化部、国家发展和改革委员会、财政部等12部门联合发布《关于加快推进重点行业公司兼并重组的指导意见》，被认为是并购重组政策放松的标志，2014年，国务院发布《国务院关于进一步优化公司兼并重组市场环境的意见》《进一步促进资本市场健康发展的若干意见》，鼓励并购重组，随后证监会修订了《上市公司重大资产重组管理办法》。

2014—2015年是上市公司商誉高速扩张期。直到2018年，证监会依然在支持并购重组，2018年11月证监会修订发布的《公开发行证券的公司信息披露内容与格式准则第26号——上市公司重大资产重组》鼓励支持上市公司并购重组，配合停复牌制度，减少简化上市公司并购重组预案披露要求。

所以万亿商誉的第一责任人是监管层吗？

但是监管层做得对吗？笔者认为绝对没有问题。

很多公司都是通过并购重组做大、做强的，很多时候，一部公司发展史，就是一部并购史。摘取了美股上市公司余额高的公司，其中百威英博、卡夫亨氏、宝洁等我们熟知的品牌都是并购“狂人”，百威英博商誉余额高达1 409亿元，此外，巴菲特的伯克希尔哈撒韦商誉余额也高达813亿元（见下图）。

数据来源：WIND，初善君整理

杨天南老师的《巴菲特致股东的信》中写道，“在BOKEXIER的所有活动中，最令芒格和我兴奋的事情，就是收购一家具有杰出经济特征的，由那些我们喜欢、信任并尊敬的人管理的公司。”并提到，这样的收购并非易事，“我们采取的方式就像一个人寻找合适的另一半一样：保持积极、兴趣、开放的心态，但是不能着急”《链接：巴菲特并购观》。

2014年和2015年，当时并购政策和流动性环境同时宽松，上市公司参与并购重组的热情非常高，横向并购扩大市场份额增加溢价能力，纵向并购增加公司盈利能力，跨行业并购增加利润增长点，这是那个时候最喜欢用的研报标题。转型预期、叠加外延式业绩高增预期推升了公司股票估值，也推升了并购标的估值。犹记否，当年只要有并购都是5个涨停起的日子吗？

为什么上市公司那些年在蹭概念，搞并购，还不是因为市场喜欢，市场是谁，市场是你我！

在这样的正向反馈中，商誉规模才迅速积累膨胀。

所以支持上市公司大量并购的，除了监管，还有所有的投资者。

难道支持并购重组就需要我们来为上市公司并购重组和商誉减值买单？

不，都怪这些上市公司。

### 5. 交易性金融资产的收益率

交易性金融资产与其他资产一样，可以产生收益，也可能造成亏损。具体来看，理财产品产生理财收益，计入投资收益；股票产生公允价值变动损益，先计入公允价值变动损益；债券投资可以收利息，计入投资收益。

这里可以使用交易性金融资产收益率来形容公司交易性金融资产的盈利能力。

计算公式：交易性金融资产收益率=公允价值变动损益/交易性金融资产平均余额。

笔者导出了2018年各公司交易性金融资产余额、公允价值变动损益，由此可以计算出各家公司的交易性金融资产的盈利能力。由下表可以看到，中国平安公允价值变动净收益为−282.84亿元，收益率算下来为−3.43%，此外，邮储银行、中国人寿分别亏损了142.79亿元、81.48亿元，至于为什么亏损，则不得而知。当然还有大量盈利的，比如，民生银行盈利83.57亿元，收益率也有2.19%。

| 证券简称 | 交易性金融资产（亿元） | 公允价值变动净收益（亿元） | 交易性资产收益率（%） | 一级行业 |
|---|---|---|---|---|
| 中国平安 | 8 249.39 | −282.84 | −3.43 | 非银金融 |
| 邮储银行 | 3 416.62 | −142.79 | −4.18 | 银行 |
| 中国人寿 | 1 387.16 | −81.48 | −5.87 | 非银金融 |
| 工商银行 | 8 053.47 | −69.20 | −0.86 | 银行 |
| 中信银行 | 3 088.72 | −28.25 | −0.91 | 银行 |
| 广发证券 | 882.85 | −22.92 | −2.60 | 非银金融 |
| 中国太保 | 118.35 | −21.68 | −18.32 | 非银金融 |
| 海通证券 | 1 772.05 | −20.19 | −1.14 | 非银金融 |
| 南京银行 | 1 052.16 | 24.02 | 2.28 | 银行 |
| 兴业银行 | 4 595.98 | 29.19 | 0.64 | 银行 |
| 浙商银行 | 1 352.11 | 31.45 | 2.33 | 银行 |
| 交通银行 | 3 763.86 | 32.49 | 0.86 | 银行 |
| 杭州银行 | 189.10 | 42.53 | 22.49 | 银行 |
| 上海银行 | 178.74 | 46.52 | 26.03 | 银行 |

续表

| 证券简称 | 交易性金融资产（亿元） | 公允价值变动净收益（亿元） | 交易性资产收益率（%） | 一级行业 |
|---|---|---|---|---|
| 农业银行 | 6 432.45 | 51.20 | 0.80 | 银行 |
| 宁波银行 | 1 347.67 | 62.63 | 4.65 | 银行 |
| 民生银行 | 3 810.93 | 83.57 | 2.19 | 银行 |

数据来源：WIND，初善君整理

这里有两点需要说明：一是计入公允价值变动损益的不只是交易性金融资产，还有投资性房地产的价值变动，这里使用的都是金融业，料想也没多少投资性房地产。二是还有一些金融资产变动也计入公允价值变动损益，比如，上海银行公允价值变动损益高达46.52亿元，其中交易性资产带来的只有0.57亿元，其他均是衍生金融工具公允价值变动带来的。

所以，这里的交易性金融资产收益率只是估算，一个评价交易性金融资产盈利能力的指标，一定要具体公司具体分析。

**6. 易性金融资产的妙用**

理解了交易性金融资产，具体有什么用呢？

一是看上市公司交易性金融资产的内容，如果是理财产品，说明公司的现金相对充足，如果是二级市场的股票，说明公司爱炒股，业绩弹性大。

二是看公允价值变动损益，对上市公司的净利润含金量作出更好的判断。如果公允价值变动损益占比过高，那么公司的净利润含金量就比较低。

## 三、商誉准则的未来方向

既然商誉减值频频，那么应该如何避免呢？或者说，关于商誉的会计处理未来如何演变呢？

**1. 收购时如何减少商誉金额**

公司收购资产时支付对价与标的净资产公允价值的差额确认为商誉，意思就是A公司净资产账面公允价值2亿元，但是你花了5亿元买了它，那么就需要确认5−2=3亿元的商誉，此类均指控股收购。

那么在此情形下，公司有没有办法尽量减少商誉的账面金额呢？

当然可以，把A公司的收购价格压低就可以了，你不花5亿元，花4亿元，商誉就可以减少1亿元，但这种方式不在本文讨论之列。本文讨论的是通过一步控股，然后购买少数股东权益方式来相对减少商誉的账面价值。

什么意思呢？还是A公司，现在你买的时候估值5亿元，你买60%的股份，那么你只需花3亿元，确认的商誉是3−2×0.6=1.8亿元，一段时间后，再购买剩余的股份。此时就无须确认商誉，持有A公司百分之百的权益确认的商誉却只是1.8亿元，减少了1.2亿元。为什么呢？第二步购买时购买价格超过净资产公允价值的部分去了哪里？

CAS33合并财务报表第四十七条规定：母公司购买子公司少数股东拥有的子公司股权（A公司其余40%的股权），在合并财务报表中，因购买少数股权新取得的长期股权投资与按照新增持股比例计算应享有子公司自购买日或合并日开始持续计算的净资产份额之间的差额，应当调整资本公积（资本溢价或股本溢价），资本公积不足冲减的，调整留存收益。简单理解就是收购少数股东的那部分权益不需要确认商誉，而是把这部分与收购公司所有者权益中的资本公积抵销。

比如，还是A公司，在收购A公司60%股份半年后，收购剩余40%的股份。此时A公司估值仍为5亿元，那么40%的股份你需要2亿元购买，与净资产2×0.4=0.8亿元的差额无须确认商誉，只需冲减收购公司的资本公积（所有者权益）即可。这部分商誉去了哪里呢？可以理解收购公司用自己的所有者权益冲销了。

在实务中，这种操作相对较少，主要是因为抵销的资本公积等于减少公司的净资产，对很多轻资产公司来说，本身净资产就较低，这么做对公司的信誉等会带来消极影响。商誉金额可以无限大，净资产不能少。

在A股，这样分步收购的案例并不多，多集中于重资产且资产规模较大的公司，净资产金额小的公司根本不敢也不会这么做。

例如，锦江股份收购Keystone就是一次购买81%的做法。Keystone旗下的酒店大家肯定耳熟能详，七天、麓枫、喆啡、潮漫、希岸、欢朋等15个酒店类品牌均为Keystone旗下酒店。锦江股份2015年9月公司作价82.69亿元现金收购Keystone81%的股权（100%股权价值102亿元），此次共计确认商誉57亿元。锦江股份2017年10月20日发布公告，拟作价12.05亿元现金收购控股子公司铂涛的少数股东ProtototalEnterprisesLimited（实际控制人何伯权）持有的Keystone 12%的股权。本次交易完成后，公司持有Keystone的控股权将从81%提升到93%，本次交易方案标的资产100%股权价值107亿元。截至2017年6月底，资产总额71.3万元，净资产36.4亿元，因此此次无须确认商誉，只需冲减锦江股份2017年的净资产12.05−3.64=8.41亿元，这对于净资产140亿元左右的锦江股份来说无足轻重。

商誉是未来A股投资中不得不了解、关注、回避的话题，越早了解对投资越有利。而商誉的形成和减值何尝不是一个个有趣的故事，只要你愿意去了解，商誉就是人生。

### 2. 商誉以后会摊销吗

2019年有不少人提出既然商誉减值这么容易爆雷，那么商誉与固定资产、无形资产一样干脆摊销算了，这也未尝不是一种处理方式。

商誉减值本身有两大缺点：

第一个缺点是2018年的很多黑天鹅来源就是商誉的大规模减值，这种动辄几十亿元的商誉减值带来的亏损太震撼了，给无数投资者带来了不可磨灭的阴影。

以2017年为例，统计上市公司前50家最大的商誉价值数额，高达255.058亿元，平均一家5亿元以上。从排名来看，位列前10的分别为坚瑞沃能46.15亿元、中国石油37.09亿元、*ST巴士15.38亿元、*ST保千7.93亿元、美丽生态7.11亿元、华闻传媒6.89亿元、*ST大唐6.36亿元、百花村6.23亿元、联建光电5.58亿元、天龙集团5.03亿元（见下表）。仅这10家上市公司就合计发生高达143.67亿的商誉减值，同期扣除中国石油，实现净利润亏损179亿元。

| 证券简称 | 2017年商誉减值损失 | 2017年净利润 |
|---|---|---|
| 坚瑞沃能 | 46.15 | −37.34 |
| 中国石油 | 37.09 | 367.88 |
| *ST巴士 | 15.38 | −20.33 |
| *ST保千 | 7.93 | −78.76 |
| 美丽生态 | 7.11 | −10.62 |
| 华闻传媒 | 6.89 | 4.23 |
| *ST大唐 | 6.36 | −28.07 |
| 百花村 | 6.23 | −5.65 |
| 联建光电 | 5.58 | 1.03 |
| 天龙集团 | 5.03 | −3.29 |

数据来源：WIND，单位亿元，初善君整理

这仅仅是商誉减值测试小试牛刀的第一个年份，预计2018年商誉减值将远超此数字，为什么呢？因为经济不太好。而很多投资者把这种黑天鹅归于商誉减值测试，如果每年都进行摊销，是不是就不会一下子计提这么多减值损失了？

不会的，摊销只是“凌迟”，在该减值时，就是一刀抹脖子的时候，因此摊销并不能显著减少商誉减值金额。

第二个缺点是该计提的商誉减值没有计提，商誉减值变成管理层利润调节的手段。据统计，2017年计提商誉减值损失只有366亿元，占当年商誉余额不足3%，计提比例非常低。此外，非常多的公司存在商誉减值计提不合理的地方。

例如，最近连续跌停的银禧科技，就是因为计提了4.9亿元的商誉减值。实际上兴科电子2017年上半年实现收入2.41亿元，实现净利润0.31亿元，不仅远低于当年的净利润承诺2.4亿元，收入和利润更是双双下滑，这个减值早在一年前就该计提了。

然而，因为会计师事务所不太强势的地位，银禧科技硬是撑到2018年计提了4.9亿元商誉减值。如此明显的该计提减值而不计提都能通过事务所的审计，可想而知冰山下的冰块有多大。假设商誉可以摊销，是不是就会强制公司降低利润，从而减少地雷了呢？

会的。但是这不是企业会计准则的问题，而是上市公司管理层、会计师事务所及监管的问题，假设银禧科技按照更合理的减值测试2017年计提了2亿元的减值，那么2018年的风险就大大降低。

因此，这不是企业会计准则的问题，而是执行不到位的问题。

退一万步来说，假设商誉真的使用摊销法，对A股的影响如何呢？统计了2018年三季度末的商誉余额，合计14 457亿元，假设按照10年摊销，将减少净利润1 445.7亿元，占2017年上市公司实现净利润3.68万亿元的3.92%，从绝对值和占比来看还好。可是要扣除银行、保险等商誉较低的行业后，数据就不那么好看了。

笔者根据商誉余额进行测算，如果按照10年摊销，将有376家商誉摊销金额大于1亿元，新增亏损上市公司不低于200家，也就意味着无数的公司要面临连续亏损乃至退市，毕竟商誉摊销可以持续10年，这个利润减少的窟窿没法弥补。

然而，万一政策真的改了呢，笔者把按照10年摊销期计算了可能的净利润情况，其中下表所示公司的净利润将减少10亿元以上，而海航科技、锦江股份将由盈利超过10亿元而直接亏损。

| 证券简称 | 2017年净利润 | 商誉余额 | 10年摊销每年摊销金额 | 预计新的净利润 |
|---|---|---|---|---|
| 中国石油 | 367.88 | 423.57 | 42.36 | 325.52 |
| 美的集团 | 186.11 | 296.22 | 29.62 | 156.49 |
| 潍柴动力 | 91.78 | 234.14 | 23.41 | 68.37 |
| 青岛海尔 | 90.52 | 211.98 | 21.20 | 69.32 |
| 中国平安 | 999.78 | 205.43 | 20.54 | 979.24 |
| 广汇汽车 | 45.05 | 186.68 | 18.67 | 26.38 |
| 海航科技 | 11.93 | 154.16 | 15.42 | −3.48 |
| 紫光股份 | 26.31 | 139.92 | 13.99 | 12.32 |
| 纳思达 | 14.51 | 129.01 | 12.90 | 1.61 |
| 华能国际 | 21.47 | 124.77 | 12.48 | 8.99 |
| 上海医药 | 40.58 | 122.86 | 12.29 | 28.29 |
| 锦江股份 | 9.90 | 115.21 | 11.52 | −1.62 |
| 中信证券 | 119.77 | 105.40 | 10.54 | 109.23 |

数据来源：WIND，单位亿元，初善君整理

而从摊销金额/净利润的比例来看，下表所示公司的净利润降幅最可怕，其中有21家公司直接由盈利变成亏损，共计48家公司净利润至少减半，这些公司都是投资者需要规避的风险。

| 证券简称 | 2017年净利润 | 商誉余额 | 10年摊销每年摊销金额 | 预计新的净利润 | 摊销金额/净利润（%） |
|---|---|---|---|---|---|
| 国创高新 | 0.47 | 32.20 | 3.22 | −2.75 | 682 |
| 我爱我家 | 0.76 | 45.14 | 4.51 | −3.76 | 596 |
| 顺利办 | 0.78 | 42.69 | 4.27 | −3.49 | 550 |
| 奥飞娱乐 | 0.69 | 30.02 | 3.00 | −2.32 | 438 |
| 联建光电 | 1.03 | 38.43 | 3.84 | −2.82 | 374 |
| 蓝帆医疗 | 2.02 | 63.45 | 6.35 | −4.33 | 314 |
| 华创阳安 | 1.38 | 36.40 | 3.64 | −2.26 | 264 |
| 当代明诚 | 1.49 | 37.69 | 3.77 | −2.28 | 254 |
| 立思辰 | 2.01 | 41.56 | 4.16 | −2.14 | 206 |
| 蓝色光标 | 2.48 | 47.14 | 4.71 | −2.23 | 190 |
| 掌趣科技 | 2.92 | 53.92 | 5.39 | −2.47 | 185 |
| 恒康医疗 | 2.23 | 35.56 | 3.56 | −1.33 | 160 |
| 四维图新 | 2.12 | 33.25 | 3.32 | −1.20 | 157 |

续表

| 证券简称 | 2017年净利润 | 商誉余额 | 10年摊销每年摊销金额 | 预计新的净利润 | 摊销金额/净利润(%) |
|---|---|---|---|---|---|
| 金科文化 | 4.09 | 63.77 | 6.38 | −2.29 | 156 |
| 曲美家居 | 2.46 | 36.70 | 3.67 | −1.21 | 149 |
| 海航科技 | 11.93 | 154.16 | 15.42 | −3.48 | 129 |
| 数知科技 | 4.96 | 63.73 | 6.37 | −1.42 | 129 |
| 誉衡药业 | 3.05 | 36.26 | 3.63 | −0.57 | 119 |
| 锦江股份 | 9.90 | 115.21 | 11.52 | −1.62 | 116 |
| 均胜电子 | 7.43 | 82.15 | 8.21 | −0.79 | 111 |
| 南洋股份 | 4.26 | 45.95 | 4.59 | −0.33 | 108 |
| 世纪华通 | 7.85 | 74.64 | 7.46 | 0.38 | 95 |
| 艾格拉斯 | 4.14 | 38.17 | 3.82 | 0.32 | 92 |
| 纳思达 | 14.51 | 129.01 | 12.90 | 1.61 | 89 |
| 诚志股份 | 7.86 | 69.70 | 6.97 | 0.89 | 89 |
| 东方精工 | 5.21 | 45.61 | 4.56 | 0.65 | 88 |
| 华闻传媒 | 4.23 | 37.01 | 3.70 | 0.53 | 88 |
| 利欧股份 | 4.36 | 37.40 | 3.74 | 0.62 | 86 |
| 文投控股 | 4.41 | 37.29 | 3.73 | 0.68 | 85 |
| 联创互联 | 3.93 | 32.70 | 3.27 | 0.66 | 83 |
| 科达股份 | 4.86 | 40.06 | 4.01 | 0.86 | 82 |
| 大洋电机 | 4.49 | 35.39 | 3.54 | 0.95 | 79 |
| 奋达科技 | 4.44 | 34.56 | 3.46 | 0.99 | 78 |
| 千方科技 | 4.45 | 33.34 | 3.33 | 1.12 | 75 |
| 首旅酒店 | 6.59 | 47.73 | 4.77 | 1.82 | 72 |
| 上海莱士 | 8.32 | 57.05 | 5.70 | 2.61 | 69 |
| 美年健康 | 6.94 | 45.97 | 4.60 | 2.35 | 66 |
| 万达电影 | 15.16 | 96.60 | 9.66 | 5.50 | 64 |
| 华邦健康 | 5.94 | 36.06 | 3.61 | 2.33 | 61 |
| 天夏智慧 | 5.74 | 34.22 | 3.42 | 2.32 | 60 |
| 聚力文化 | 5.49 | 32.42 | 3.24 | 2.25 | 59 |
| 华能国际 | 21.47 | 124.77 | 12.48 | 8.99 | 58 |
| 众泰汽车 | 11.37 | 65.79 | 6.58 | 4.79 | 58 |
| 国盛金控 | 5.81 | 31.63 | 3.16 | 2.64 | 54 |
| 永泰能源 | 8.67 | 46.74 | 4.67 | 4.00 | 54 |
| 紫光股份 | 26.31 | 139.92 | 13.99 | 12.32 | 53 |
| 天神娱乐 | 12.40 | 65.35 | 6.54 | 5.87 | 53 |
| 捷成股份 | 10.83 | 55.47 | 5.55 | 5.28 | 51 |

数据来源：WIND，单位亿元，初善君整理

一旦商誉摊销法实施，至少几十家公司面临亏损甚至退市的风险，同时用商誉来调节利润会更普遍。

实际上到这里我们就可以判断，商誉摊销路还很远。

一是商誉摊销不符合实际情况。会计准则的修改并非一朝一夕，而修改的本质原则还是保证信息披露更接近于现实情况。可现实情况是有些公司会变好，商誉更值钱了，有些公司肯定经营不及预期，商誉应该摊销。因此一刀切的选择摊销法，肯定不合适。

二是摊销法是走老路。事实上，2007年《企业会计准则》修改之前，我国的商誉后续处理就是摊销的方法。1996年1月财政部颁布《企业会计准则——企业合并》，规定了商誉的摊销年限一般不超过10年。直到2007年，《企业会计准则》修改之后，才采用现行的减法，而当时更新的原因肯定是因为减值法是国际惯例。

三是即使商誉使用摊销法进行后续计量并不意味着对减值法的替代。商誉不管摊销不摊销，减值测试也是一项必须要做的工作。意味着被收购公司出现减值迹象时（盈利不如预期），依然需要进行减值。因此，并不能从本质上解决A股悬着的1.5万亿元商誉问题。

可是假设后续依然存在摊销法的可能，那么将带来哪些影响？

最直观的就是商誉余额占比高的上市公司应该一票否决，它们的盈利能力和估值都将重新考虑，因此股价可能会被双杀，具有较大的下行空间。

中国的并购将大幅减少，借壳上市或许将消失。如果使用摊销法，中国上市公司并购的积极性将大幅降低，一是收购公司不敢轻易并购。二是被收购公司很难获取更合适的价格，因此投资壳股的朋友也要注意风险。

笔者认为关键还是加强对商誉减值测试的监督管理，不让商誉减值测试成为一纸空文，不排除走摊销的老路。

# 第八章

# 负债和所有者权益

前面基本讲完了资产负债表中左边的资产部分，资产负债表如果是最重要的报表，那么资产类科目是资产负债表中最重要的科目，防止爆雷的重点就是资产是否会发生减值。

下面用一节内容讲解完右边的负债和所有者权益部分，为什么只需一节呢？因为资产负债表中显示的负债大概率都是真实存在的。资产虚、负债实。作为投资者，负债和所有者部分作为资金的来源，可供关注的内容并不多。当然，现金流断裂依然是上市公司最可怕的风险，负债分析依然很重要。

## 一、负债

负债，简单理解就是你欠别人的钱。

会计恒等式的一边是资产，一边是负债+所有者权益。所以，负债可以理解为资产的来源。比如，公司跟银行借了一笔10亿元的借款，那么公司就要记一笔短期借款，同时记一笔货币资金，账上多了10亿货币资金。再如，公司购买了1亿元原材料，原材料发过来了，但是没付钱，就要记一笔应付账款，同时记一笔存货，账上了多了1亿元的存货。所以，负债多了，自然也会多一笔资产，负债就是资产的来源。

根据负债的偿还周期，负债分为流动负债和非流动负债。流动负债一般是指一年内需要归还的负债，主要包括短期借款、应付票据、应付账款、预收账款、应付工资薪酬、应付股利、应交税金、其他暂收应付款项、预提费用和一年内到期的长期借款等。非流动负债通常是指一年以上需要归还的负债，通常包括长期借款、应付债券和其他非流动负债等。

根据负债是否支付利息，负债分为有息负债和无息负债。有息负债一般是指短期借款、一年内到期的长期借款（非流动负债）、长期借款、应付债券等，无息负债一般是指应付账款、应付工资薪酬等。

首先简单介绍一些负债科目、核算的主要内容及注意事项。应付账款、应付票据、预收账款（合同负债）和其他应付款在往来款中已经学习了，这里不再赘述。

### 1. 无息负债

（1）应付职工薪酬

公司在给员工发放工资时，并不是发放工资时直接计入成本费用的，而是通过先计提后发放的形式，那么“应付职工薪酬”科目的作用是计提工资时使用的。在计提工资时，成本费用增加，应付职工薪酬余额增加，发放工资时，应付职工薪酬余额减少，货币资金减少。

职工薪酬，是指公司为获得职工提供的服务或解除劳动关系而给予的各种形式的报酬或补偿。应付职工薪酬按照“工资、奖金、津贴、补贴”“职工福利”“社会保险费”“住房公积金”“工会经费”“职工教育经费”“解除职工劳动关系补偿”“非货币性福利”“其他与获得职工提供的服务相关的支出”等科目明细核算。

应付职工薪酬以余额显示，代表未支付给员工的工资余额。如果工资全部按月支付，那么应付职工薪酬余额代表一个月的薪酬总额。考虑到上市公司都有年终奖制度，这个数据与月薪差异较大。

在投资时，"应付职工薪酬"科目帮助不大，但是可以用来计算人均薪酬，为大家择业提供帮助。

下图所示为贵州茅台2019年半年报应付职工薪酬明细，可以看到本期增加31.12亿元，本期减少47.35亿元。其中，本期增加表示计提的薪酬，本期减少表示公司实际为员工支付的薪酬，包含五险一金等各种福利。按照2.66万名员工计算，贵州茅台2019年上半年人均发放约17.80万元，虽然包含五险一金及2018年度的年终奖，这个数据在制造业行业中算是非常不错了。

单位：元　币种：人民币

| 项目 | 期初余额 | 本期增加 | 本期减少 | 期末余额 |
| --- | --- | --- | --- | --- |
| 一、短期薪酬 | 2,024,139,296.27 | 2,622,075,859.32 | 4,367,200,623.67 | 279,014,531.92 |
| 二、离职后福利-设定提存计划 | 10,375,362.64 | 484,869,912.41 | 362,348,652.13 | 132,896,622.92 |
| 三、辞退福利 |  | 5,349,516.67 | 5,349,516.67 |  |
| 合计 | 2,034,514,658.91 | 3,112,295,288.40 | 4,734,898,792.47 | 411,911,154.84 |

数据来源：贵州茅台2019年半年报

此外，在质疑大族激光的文章中，关于应付职工薪酬的质疑：2017年和2018年末，大族激光账面上的应付职工薪酬余额分别高达11亿元、10.97亿元，而大族激光同期的职工薪酬总额也不过是20亿元出头。也就是说，大族激光拖欠员工工资的时间长达半年之久。

这个质疑逻辑完全站不住脚，年底应付职工薪酬是计提的当月工资和计提的提成、奖金，假设公司2017年业绩好，计提了很多奖金，应付职工薪酬余额确实可以很高。此外，长期服务激励（计提的以后年度发放奖金，金融业常见）都会影响应付职工薪酬余额。

比如，上面的贵州茅台，2018年底应付职工薪酬余额高达20.35亿元，其2019年上半年计提应付职工薪酬金额约31.12亿元，按照那篇文章的逻辑，贵州茅台岂不是拖欠了4个月的薪酬。

实际上通过以上分析，薪酬属于公司内部事项，便于操纵，可以随意调节利润。比如想增加利润，就少计提薪酬，想减少利润，就多计提薪酬或者奖金，不过这种操作对利润影响不太大。

在IPO时，应付职工薪酬是审核的重点，包括员工薪酬及高管薪酬是否偏低或下降（同行业上市公司对比）、社保公积金是否缴纳缴足、是否存在账外支付（关联公司支付，虚假成本费用）、是否存在通过发票报销发放工资情况（规避个人所得税）、核心人员稳定性与竞业禁止等。

（2）应交税费

人生有两件事无法逃脱，一是死亡，二是交税，公司也是。

公司必须按照国家规定履行纳税义务，对其经营所得依法缴纳各种税费。这些应缴税费应按照权责发生制原则进行确认、计提，在尚未缴纳前暂时留在公司，形成一项负债，应该上缴国家暂未上缴国家的税费。

应交税费包括增值税、消费税、所得税、资源税、土地增值税、城市维护建设税、房产税、土地使用税、个人所得税、车船税、教育费附加、矿产资源补偿费等。

应交税费核算的内容并不是全部计入成本费用，比如矿产资源补偿费计入管理费用，所得税计入所得税费用，增值税名义上是价外税，也不计入成本费用，其他绝大部分计入税金及附加。

A股2018年交税最多的公司是哪家呢？石化双雄，中国石化、中国石油2018年营业税金及附加分别为2 465亿元、2 159亿元，看报表附注可知，最主要的是消费税，高达2 019亿元（见下表）。

**税金及附加**

**本集团**

| | 2018 年<br>人民币百万元 | 2017 年<br>人民币百万元 |
|---|---|---|
| 消费税 | 201,901 | 192,907 |
| 城市维护建设税 | 18,237 | 18,274 |
| 教育费附加 | 13,187 | 13,811 |
| 资源税 | 6,021 | 4,841 |
| 其他 | 7,152 | 5,459 |
| **合计** | **246,498** | **235,292** |

数据来源：中国石化2018年年报

消费税是什么呢？根据中石化的披露，油品的消费税按吨征收，每吨1 218元~2 110元（见下图）。所以我们有时候抱怨油价高是不合适的，毕竟油价中含了消费税。按照汽油8元/升的价格，一吨油1 360升，消费税占售价的比例为10%左右[2110/(1 360×8)]。

**税项**

本集团适用的主要税费有：所得税、消费税、资源税、增值税、城市维护建设税、教育费附加和地方教育费附加等。

消费税按应税产品的销售数量计算缴纳，油品税率列示如下：

| 油品名称 | 自 2015 年 1 月 13 日起（人民币元/吨） |
| --- | --- |
| 汽油 | 2,109.76 |
| 柴油 | 1,411.20 |
| 石脑油 | 2,105.20 |
| 溶剂油 | 1,948.64 |
| 润滑油 | 1,711.52 |
| 燃料油 | 1,218.00 |
| 航空煤油 | 1,495.20 |

数据来源：中国石化2018年年报

应交税费理论上是正数，表示没来得及上交的税费，但是有时候会出现负数，原因可能是增值税进项税大于销项税，或者预交了税费，又或者少提了成本费用。

比如，保利地产2018年年报显示，应交税费科目余额为-69亿元，查看明细可知，公司所得税余额为-89亿元（见下图）。

**应交税费**

| 税费项目 | 期末余额 | 年初余额 |
| --- | --- | --- |
| 增值税 | 2,470,523,989.93 | 652,944,308.90 |
| 消费税 | | |
| 营业税 | -268,881,904.81 | -734,010,293.05 |
| 企业所得税 | -8,910,102,504.95 | -5,586,841,851.67 |
| 个人所得税 | 67,724,076.89 | 90,162,754.77 |
| 城市维护建设税 | -352,030,873.87 | -329,480,851.70 |
| 房产税 | 49,338,670.60 | 70,342,384.16 |
| 土地增值税 | 118,191,947.24 | -2,150,984,778.32 |
| 教育费附加 | -263,186,471.90 | -239,122,591.29 |

财务报表附注第 105 页

保利发展控股集团股份有限公司
2018 年度
财务报表附注

| 税费项目 | 期末余额 | 年初余额 |
| --- | --- | --- |
| 其他税金 | 174,134,953.60 | 81,515,753.24 |
| 合计 | -6,914,288,117.27 | -8,145,475,164.96 |

数据来源：保利地产2018年年报

笔者查询了保利地产年报发现，它一直以来的应交税费都是负数，非常有意思。

| | 2019-09-30 | 2018-12-31 | 2017-12-31 | 2016-12-31 | 2015-12-31 | 2014-12-31 | 2013-12-31 | 2012-12-31 |
|---|---|---|---|---|---|---|---|---|
| | -182.67 | -69.14 | -81.15 | -94.17 | -103.45 | -74.22 | -62.19 | -40.85 |

数据来源：WIND，保利地产年报

应交税费是个水很深的简单科目，大家简单了解就好。水很深是指核算内容非常多，每个税种如何计税等，需要花大量的时间，简单是指应交税务局的钱，造假概率不高。

### 2. 有息负债

我们知道有息负债的关键就是产生利息费用，利息费用计入财务费用减少利润，那些依照负债契约不产生利息的负债为无息负债，那些依照负债契约产生利息的负债为有息负债；无息负债与有息负债对利润的影响是完全不同的，前者不直接减少利润，后者可以通过财务费用减少利润；因此，公司在降低负债率方面，应当重点减少有息负债，而不是无息负债，这对于利润增长或扭亏为盈具有重大意义。有息负债就是需要支付利息的负债，主要包括短期借款、长期借款、应付债券、其他负债等。

短期借款是公司向银行或其他金融机构等借入的期限在1年以下(含1年)的各种借款。长期借款与之对应，期限大于1年。借款的对象一般都是银行。

应付债券是指公司为筹集长期资金而实际发行的债券及应付的利息，它是公司筹集长期资金的一种重要方式，对象一般是投资者。

一般情况下，按照利率高低排序，应付债券利率最高，长期借款次之，短期借款利率最低。

那么，与有息负债对应的科目就是财务费用及应付利息，财务费用表示借款的成本，必须结合起来看。这里可以使用资产有息负债率来形容公司有息负债得多少，是指一家公司的总资产中，有多少比例的资产是向银行等金融机构以支付利息等方式借入的债务，计算公式：有息负债/总资产×100%。

总之，有息负债是需要承担成本的负债，一旦投资项目不及预期，可能存在还不上借款的风险。

### 3. 几个重要概念

（1）资产负债率和权益乘数

资产负债率是一个非常常见的指标，用来描述公司的负债水平。计算公式：资产负债率=负债总额/资产总额×100%，代表资产中负债的比例。

从债权人的角度来看，资产负债率越低越好。但是从股东的角度来看，资产负债率维持在一定水平最好，负债可以提高股东的回报。换句话来说，如果借钱创造的收益大于借钱的成本，那么自然是负债越高越好。

权益乘数是净资产收益率的三要素之一，表示公司的杠杆情况，计算公式：权益乘数=资产总额/股东权益总额，权益乘数越高，代表公司杠杆越大。

下图所示为4家公司的资产负债率，贵州茅台、万科、招商银行和格力的资产负债率分别为20%、85%、92%和65%。可见，资产负债率高低与公司资质并没有必然联系，万科和招商银行资产负债率高很容易理解，地产和银行属于负债经营的行业。贵州茅台资产负债率低也比较容易理解，可是为什么格力的资产负债率高达65%呢？

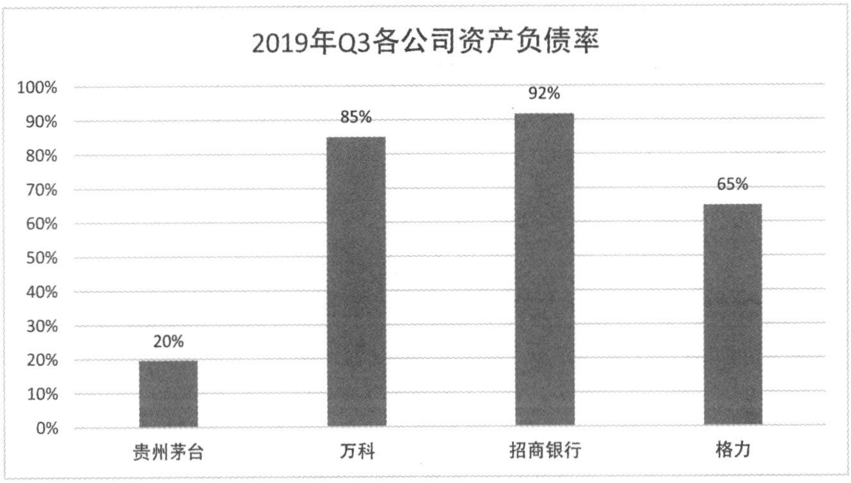


数据来源：WIND，初善君整理

首先，我们想到会不会是预收账款的影响，预收账款名义上是负债，实际上也是负债，不过是一种“幸福”的负债。同时地产也是属于预收账款比较多的行业，因此有时候需要用剔除预收账款后的资产负债率来对比分析。

剔除预收账款后，各家资产负债率均有所下降，其中万科下降最多，由85%下降至49%，说明万科预收账款占比最高。贵州茅台和格力均有所下降，但是下降幅度不大，尤其是格力，负债多并不是因为预收账款多（见下图）。

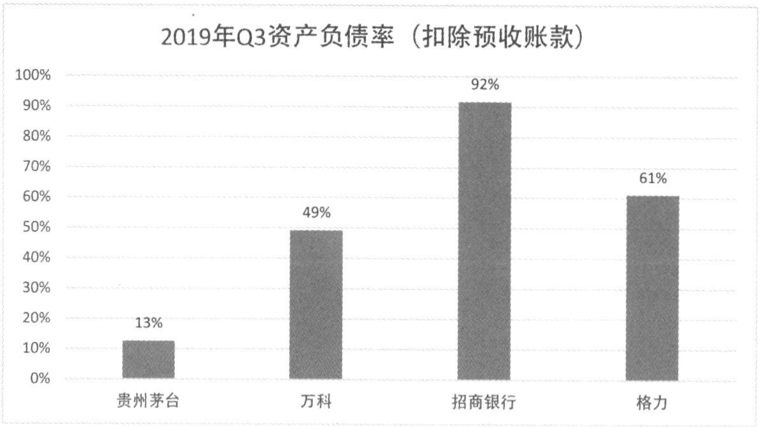


数据来源：WIND，初善君整理

这时候我们就要思考，格力的负债究竟是什么，联系我们上面说的有息负债，是不是格力的负债主要是无息负债呢？

下图所示为各家公司的有息负债比例，可以看到格力的8%基本与贵州茅台差不多，低于万科的18%，可以确认格力的负债应该只是对上游资金的占用，对格力来说是好事。当然招商银行并不适合用负债率来分析，这里仅仅是作为对比。那么为什么贵州茅台还有有息负债呢？查询发现，主要是并表的茅台财务公司收取的公司存款，所以本质上贵州茅台的有息负债不足1%。

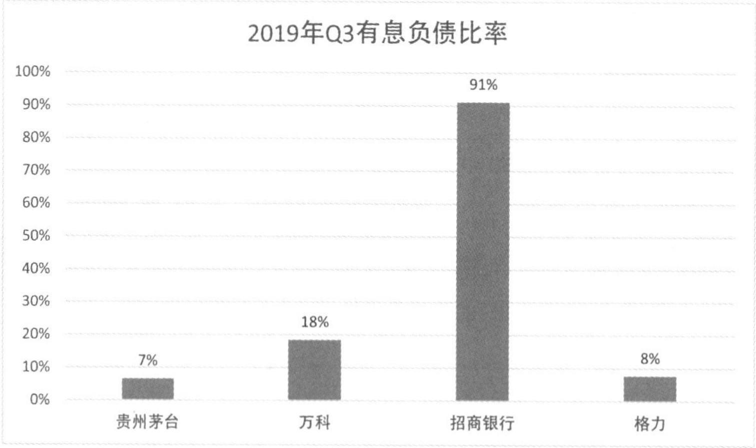


数据来源：WIND，初善君整理

那么，是不是可以得出结论，优秀的公司即使负债高，有息负债占比不应该高？对于绝大多数行业和公司来说，这个结论没有问题，并且很多出问题的公司都是有息负债占比过高所引发的，这个问题在下面有息负债中会进一步阐述。

资产负债率越高，权益乘数越大。贵州茅台、万科、招商银行和格力的资产负债率分别为20%、85%、92%和65%，权益乘数分别为1.24、6.69、12.12和2.85（见下图）。

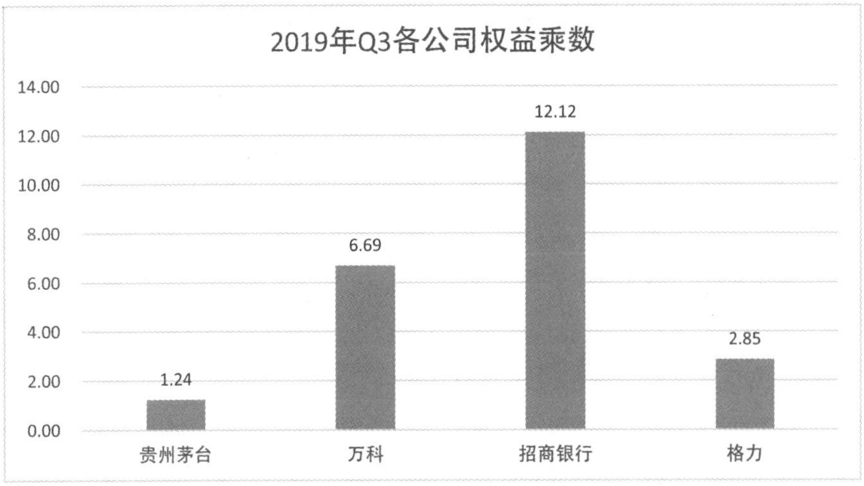


数据来源：WIND，初善君整理

财务分析离不开趋势分析，资产负债率也一样。下图所示为各家公司资产负债率变动趋势，可以发现万科的资产负债率在上升，格力的资产负债率在下降，招商银行的资产负债率一直在高危。对于银行来说，在保证监管要求的情况下，负债率越高，杠杆越高越好。

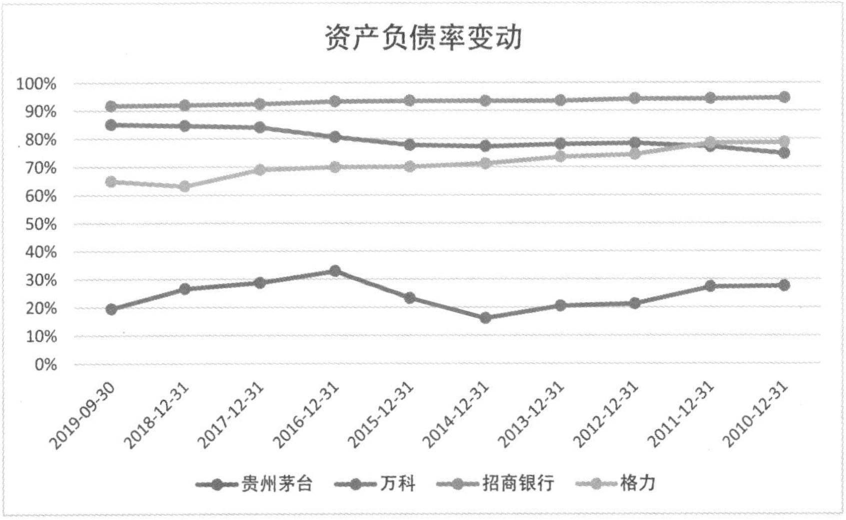


数据来源：WIND，初善君整理

（2）偿债能力

偿债能力是指公司用其资产偿还债务的能力。静态地讲，用公司现有资产清偿公司债务的能力；动态地讲，用公司未来赚的钱去还债。偿债能力的分析，更多是关注风险，小心公司现金流断裂甚至是资不抵债的情况。

偿债能力一般包括短期偿债能力和长期偿债能力。短期偿债能力指标包括流动比率、速动比率，长期偿债能力包括资产负债率、权益乘数和利息保障倍数。

流动比率，表示每1元流动负债有多少流动资产作为偿还的保证，反映公司流动资产对流动负债的保障程度。一般情况下，该指标越大，表明公司短期偿债能力强。

公式：流动比率=流动资产合计/流动负债合计

下图所示为各家公司的流动比率，银行没有该指标。可以看到贵州茅台的流动比率高达4.42，非常高，万科和格力分别为1.13和1.26。

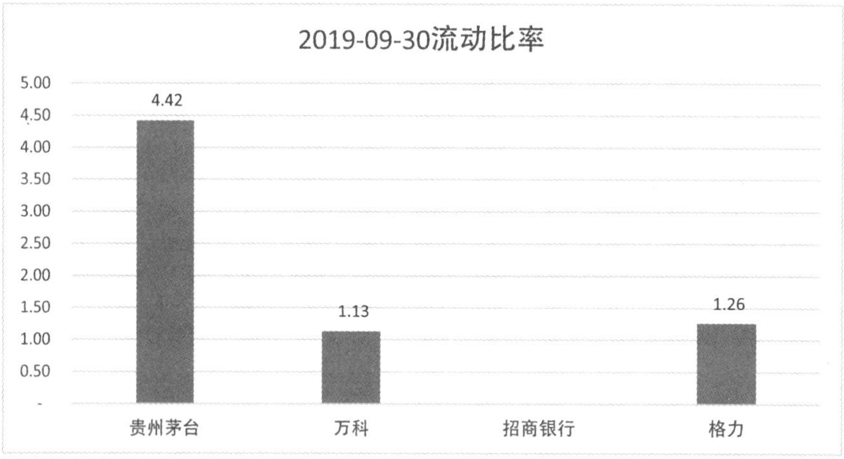


数据来源：WIND，初善君整理

速动比率表示每1元流动负债有多少速动资产作为偿还的保证，进一步反映流动负债的保障程度。一般情况下，该指标越大，表明公司短期偿债能力越强。在运用该指标分析公司短期偿债能力时，应结合应收账款的规模、周转速度和其他应收款的规模，以及它们的变现能力进行综合分析。

公式：速动比率=（流动资产合计－存货净额）/流动负债合计

速动比率数据上肯定比流动比率小，贵州茅台依然高达3.67，格力下降较少，万科下降较多，说明万科的存货占比非常高（见下图）。

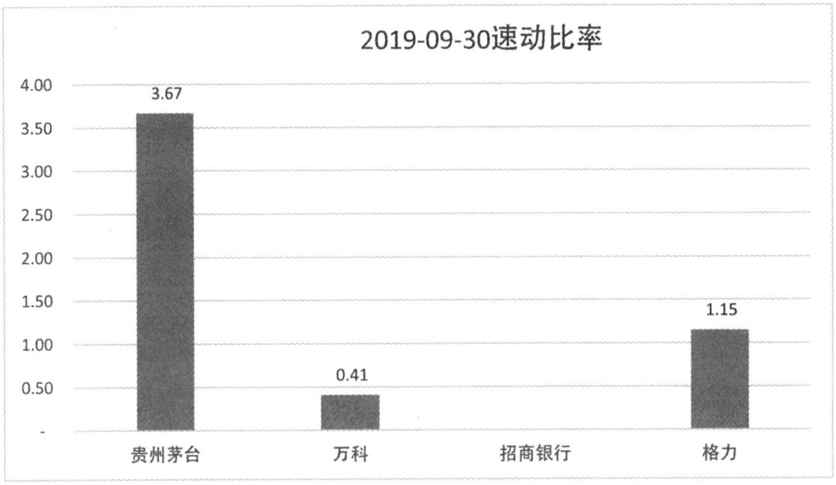


数据来源：WIND，初善君整理

已获利息倍数，是指公司息税前利润与利息费用的比率，反映公司经营所得支付债务利息的能力，用来衡量盈利能力对债务偿付的保障程度。

公式：已获利息倍数=息税前利润/利息费用=（利润总额+利息费用）/利息费用

公式中，利息、费用包括公司本期发生的全部利息，包括财务费用中的利息和计入固定资产成本的资本化利息。息税前利润是指公司支付利息和缴纳所得税之前的利润，可以用“利润总额加利息费用”来计算。

下图所示为万科的已获利息保障倍数，可见随着万科盈利的大幅增长，虽然资产负债率在上升，但是已获利息保障倍数也大幅增加，达到9.67%，这是非常高的数据。

其实偿债能力分析既简单，也很难，简单地说就是根据公式计算，但是分析出问题就太难了。有时候公司的现金流问题可能不存在，或者迹象不明显，但是三人成虎。

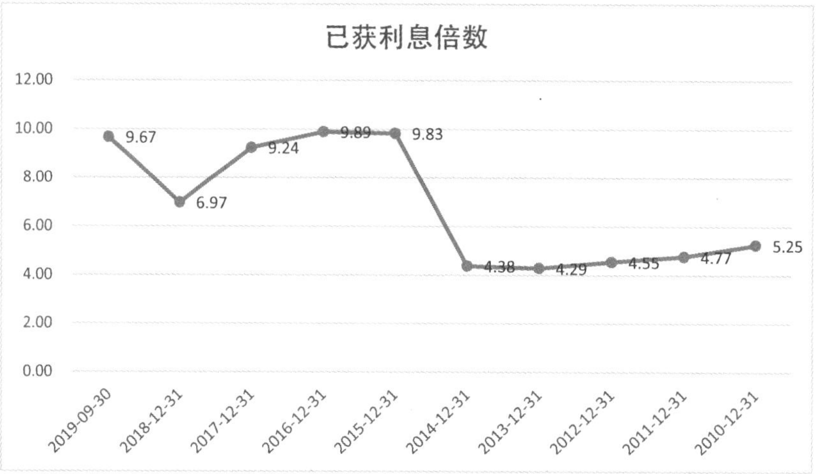


数据来源：WIND，初善君整理

### 4. 公司现金流是如何断的

我们都知道，公司出问题，90%以上都是现金流出了问题。

公司现金流出问题的表象是现在的资金还不上到期负债，至少包含三个方面的含义：一是公司现在账面没钱了，这是最直接的问题，可以用速动比率低来描述；二是公司现金流创造能力不行了，可以用经营现金流差来描述；三是公司没有借新还旧的能力了，筹资现金流也是净流出的，可以用有息负债率高来描述。以上的概念和理解均是动态的，并非一蹴而就，而是慢慢流血的。

下面以庞大集团、三胞集团、腾邦集团和精功集团4家已经发生债务违约的公司为例，一起探索现金流是如何断的。这几家公司债务违约均发生在2019年。

希望以下内容可以对财务工作者、管理层带来一些启发，学会提前预知哪些迹象表示公司现金流遇到了问题，并做好压力测试。

（1）亏损

亏损会带来很多负面影响，比如减少净资产、提高资产负债率。再如，已获利息倍数小于1。换句话来说，赚的钱弥补不了利息费用，比如从银行借钱变得更困难，使得没有办法借新还旧等。

亏损大概率是现金流断了的起点。但是亏损是一切经营手段的结果，是终点。

比如，庞大集团2018年净亏损61.72亿元，本来净资产134亿元的公司，2018

年末只剩下65亿元（见下图）。

| | 2019-09-30 | 2018-12-31 | 2017-12-31 | 2016-12-31 | 2015-12-31 |
|---|---|---|---|---|---|
| 报告期 | 三季报 | 年报 | 年报 | 年报 | 年报 |
| 数据来源 | 合并报表 | 合并报表 | 合并报表 | 合并报表 | 合并报表 |
| ⊟ 利润表摘要 | | | | | |
| 营业总收入 | 161.10 | 420.34 | 704.85 | 660.09 | 563.75 |
| 同比(%) | -56.44 | -40.37 | 6.78 | 17.09 | -6.53 |
| 营业总成本 | 181.20 | 493.47 | 703.81 | 654.95 | 563.15 |
| 营业利润 | -20.03 | -60.54 | 5.77 | 5.31 | 2.51 |
| 同比(%) | -2,960.71 | -1,148.95 | 4.57 | 111.62 | -11.29 |
| 利润总额 | -20.17 | -60.85 | 6.13 | 7.50 | 4.78 |
| 同比(%) | -3,245.89 | -1,093.48 | -18.29 | 56.92 | 2.28 |
| 净利润 | -20.77 | -61.72 | 1.94 | 3.68 | 2.28 |
| 归属母公司股东的净利润 | -20.71 | -61.55 | 2.12 | 3.82 | 2.36 |
| 同比(%) | -783.90 | -3,003.23 | -44.45 | 61.90 | 66.60 |
| 非经常性损益 | 0.21 | 6.86 | 4.21 | 1.87 | 2.66 |
| 扣非后归属母公司股东的净利润 | -20.91 | -68.41 | -2.09 | 1.95 | -0.31 |
| 同比(%) | -46.49 | -3,174.00 | -207.34 | 735.42 | 88.78 |

数据来源：WIND，初善君整理

三胞集团2018年实现营业收入432.92亿元，同比下降22.66%，实现净利润亏损68.88亿元。大额亏损的直接结果就是净资产由年初的269亿元下降至205亿元（见下图）。

| | 2019-06-30 | 2018-12-31 | 2017-12-31 | 2016-12-31 | 2015-12-31 |
|---|---|---|---|---|---|
| 报告期 | 中报 | 年报 | 年报 | 年报 | 年报 |
| 数据来源 | 合并报表 | 合并报表 | 合并报表 | 合并报表 | 合并报表 |
| ⊟ 利润表摘要 | | | | | |
| 营业总收入 | 97.63 | 432.92 | 559.75 | 544.84 | 490.07 |
| 同比(%) | -64.85 | -22.66 | 2.74 | 11.17 | 53.27 |
| 营业总成本 | 98.84 | 500.57 | 546.84 | 539.46 | 486.05 |
| 营业利润 | 2.58 | -61.46 | 19.32 | 11.99 | 11.39 |
| 同比(%) | 115.47 | -418.16 | 61.78 | 5.19 | 14.47 |
| 利润总额 | 3.03 | -61.67 | 19.98 | 10.51 | 11.02 |
| 同比(%) | 118.12 | -408.75 | 90.06 | -4.65 | 8.22 |
| 净利润 | -0.53 | -68.88 | 12.93 | 7.57 | 7.30 |
| 归属母公司股东的净利润 | -6.08 | -17.15 | 0.05 | 0.92 | 1.80 |
| 同比(%) | 50.56 | -221.16 | -94.07 | -48.79 | 115.45 |

数据来源：WIND，初善君整理

精功集团2018年实现营业收入231.19亿元，同比下降4.68%，实现净利润亏损21.67亿元。直接结果就是净资产由年初的173亿元下降至141亿元（见下图）。

对于公司来说，亏损并不必然导致现金流断裂，但是持续的亏损大概率可以，除非公司的经营现金流非常好。

| | | 2019-03-31 | 2018-12-31 | 2017-12-31 | 2016-12-31 | 2015-12-31 |
|---|---|---|---|---|---|---|
| 报告期 | | 一季报 | 年报 | 年报 | 年报 | 年报 |
| 数据来源 | | 合并报表 | 合并报表 | 合并报表 | 合并报表 | 合并报表 |
| ⊟ 利润表摘要 | | | | | | |
| 营业总收入 | | 51.93 | 231.19 | 242.56 | 191.90 | 186.92 |
| 同比(%) | | -5.97 | -4.68 | 26.40 | 2.66 | 2.35 |
| 营业总成本 | | 53.37 | 264.07 | 241.69 | 188.49 | 188.72 |
| 营业利润 | | -1.16 | -20.41 | 7.97 | 6.68 | 3.88 |
| 同比(%) | | -136.18 | -355.99 | 6.94 | 72.27 | -12.27 |
| 利润总额 | | -1.14 | -19.93 | 9.27 | 9.54 | 7.81 |
| 同比(%) | | -135.17 | -315.13 | -2.88 | 22.09 | 22.50 |
| 净利润 | | -1.54 | -21.67 | 7.93 | 6.13 | 5.86 |
| 归属母公司股东的净利润 | | -2.27 | -23.81 | 6.14 | 1.62 | 3.05 |
| 同比(%) | | -267.01 | -487.60 | 271.96 | -47.02 | 52.08 |

数据来源：WIND，初善君整理

（2）经营现金流差

如果一家公司不亏损，现金流会断吗？

当然会，因为利润并不能用来还债，还债的是经营现金流。所以有些公司经营现金流差，则很容易导致公司现金流断掉。

腾邦集团2018年净利润大幅下滑，但是并没有亏损，可是经营现金流并不好看，流出了-5.80亿元（见下图）。

| | | 2019-06-30 | 2018-12-31 | 2017-12-31 |
|---|---|---|---|---|
| 净利润 | | -8.40 | 3.27 | 9.26 |
| 加：资产减值准备 | | 7.60 | 1.79 | 0.41 |
| 固定资产折旧、油气资产折耗、生产性生物资产折旧 | | 0.68 | 0.38 | 0.36 |
| 无形资产摊销 | | 0.32 | 0.40 | 0.35 |
| 长期待摊费用摊销 | | 0.06 | 0.23 | 0.21 |
| 待摊费用减少 | | | | |
| 预提费用增加 | | | | |
| 处置固定资产、无形资产和其他长期资产的损失 | | -0.01 | -0.57 | 0.01 |
| 固定资产报废损失 | | 0.00 | 0.02 | |
| 公允价值变动损失 | | 0.27 | -4.48 | -9.13 |
| 财务费用 | | 3.78 | 8.14 | 4.94 |
| 投资损失 | | 0.35 | -3.34 | -2.49 |
| 递延所得税资产减少 | | -1.83 | -0.30 | -0.07 |
| 递延所得税负债增加 | | 0.00 | 0.90 | 2.19 |
| 存货的减少 | | 4.26 | 0.94 | -1.27 |
| 经营性应收项目的减少 | | -54.88 | -26.32 | 0.08 |
| 经营性应付项目的增加 | | 52.54 | 13.12 | -2.43 |
| 未确认的投资损失 | | | | |
| 其他 | | 0.05 | 0.02 | 0.06 |
| 间接法-经营活动现金流量净额差额(特殊报表科目) | | | | |
| 间接法-经营活动现金流量净额差额(合计平衡项目) | | | | |
| 间接法-经营活动产生的现金流量净额 | | 4.79 | -5.80 | 2.48 |

数据来源：WIND，初善君整理

庞大集团更加惨不忍睹，2017—2019年前三季度，分别流出了24.89亿元、

122.32亿元和35.84亿元（见下图）。

| | 2019-09-30 | 2018-12-31 | 2017-12-31 | 2016-12-31 | 2015-12-31 |
|---|---|---|---|---|---|
| 报告期 | 三季报 | 年报 | 年报 | 年报 | 年报 |
| 报表类型 | 合并报表 | 合并报表 | 合并报表 | 合并报表 | 合并报表 |
| **经营活动产生的现金流量：** | | | | | |
| 销售商品、提供劳务收到的现金 | 195.96 | 511.43 | 888.94 | 831.55 | 710.37 |
| 收到的税费返还 | | | | | |
| 收到其他与经营活动有关的现金 | 1.13 | 0.84 | 6.96 | 2.07 | 0.90 |
| ⊞ 经营活动现金流入(金融类) | | | | | |
| 经营活动现金流入差额(特殊报表科目) | | | | | |
| 经营活动现金流入差额(合计平衡项目) | | | | | |
| **经营活动现金流入小计** | 197.09 | 512.27 | 895.89 | 833.63 | 711.27 |
| 购买商品、接受劳务支付的现金 | 201.42 | 566.99 | 862.21 | 767.42 | 673.31 |
| 支付给职工以及为职工支付的现金 | 13.56 | 22.57 | 25.80 | 23.27 | 20.72 |
| 支付的各项税费 | 5.29 | 15.27 | 15.95 | 12.87 | 15.53 |
| 支付其他与经营活动有关的现金 | 12.66 | 29.76 | 16.81 | 18.76 | 17.84 |
| ⊞ 经营活动现金流出(金融类) | | | | | |
| 经营活动现金流出差额(特殊报表科目) | | | | | |
| 经营活动现金流出差额(合计平衡项目) | | | | | |
| **经营活动现金流出小计** | 232.93 | 634.59 | 920.78 | 822.32 | 727.40 |
| 经营活动产生的现金流量净额差额(合计平衡项目) | | | | | |
| **经营活动产生的现金流量净额** | -35.84 | -122.32 | -24.89 | 11.31 | -16.13 |

数据来源：WIND，初善君整理

三胞集团类似，虽然2015—2017年，经营现金流分别为29.58亿元、47.07亿元和23.39亿元，但是2018年流出83.89亿元直接打垮了公司（见下图）。

| | 2019-06-30 | 2018-12-31 | 2017-12-31 | 2016-12-31 | 2015-12-31 |
|---|---|---|---|---|---|
| 报告期 | 中报 | 年报 | 年报 | 年报 | 年报 |
| 报表类型 | 合并报表 | 合并报表 | 合并报表 | 合并报表 | 合并报表 |
| **经营活动产生的现金流量：** | | | | | |
| 销售商品、提供劳务收到的现金 | 89.05 | 467.03 | 615.82 | 642.81 | 582.75 |
| 收到的税费返还 | 0.10 | 0.18 | 0.31 | 0.18 | 0.61 |
| 收到其他与经营活动有关的现金 | 3.49 | 169.87 | 131.10 | 156.87 | 67.03 |
| ⊞ 经营活动现金流入(金融类) | | | | | |
| 经营活动现金流入差额(特殊报表科目) | | | | | |
| 经营活动现金流入差额(合计平衡项目) | 0.00 | | | | 0.00 |
| **经营活动现金流入小计** | 92.64 | 637.08 | 747.23 | 799.86 | 650.39 |
| 购买商品、接受劳务支付的现金 | 69.21 | 448.79 | 509.90 | 535.77 | 487.58 |
| 支付给职工以及为职工支付的现金 | 16.37 | 41.62 | 43.38 | 35.00 | 32.14 |
| 支付的各项税费 | 4.25 | 15.43 | 17.87 | 18.09 | 20.90 |
| 支付其他与经营活动有关的现金 | 15.88 | 215.12 | 152.70 | 163.94 | 80.20 |
| ⊞ 经营活动现金流出(金融类) | | | | | |
| 经营活动现金流出差额(特殊报表科目) | | | | | |
| 经营活动现金流出差额(合计平衡项目) | | | | | |
| **经营活动现金流出小计** | 105.71 | 720.96 | 723.84 | 752.79 | 620.81 |
| 经营活动产生的现金流量净额差额(合计平衡项目) | | | | | |
| **经营活动产生的现金流量净额** | -13.06 | -83.89 | 23.39 | 47.07 | 29.58 |

数据来源：WIND，初善君整理

但是精功集团经营现金流非常好，一直都是正的，且2018年达到14.91亿元。这时就需要考虑，公司此时的举债能力，可以通过资产负债率、有息负债比率来描述（见下图）。

| | | 2019-03-31 | 2018-12-31 | 2017-12-31 | 2016-12-31 | 2015-12-31 |
|---|---|---|---|---|---|---|
| 报告期 | | 一季报 | 年报 | 年报 | 年报 | 年报 |
| 报表类型 | | 合并报表 | 合并报表 | 合并报表 | 合并报表 | 合并报表 |
| **经营活动产生的现金流量：** | | | | | | |
| 销售商品、提供劳务收到的现金 | | 57.22 | 247.06 | 249.79 | 168.02 | 185.92 |
| 收到的税费返还 | | 0.18 | 1.37 | 0.74 | 0.38 | 0.40 |
| 收到其他与经营活动有关的现金 | | 39.73 | 211.48 | 192.65 | 94.14 | 38.25 |
| ⊞ 经营活动现金流入(金融类) | | | | | | |
| 经营活动现金流入差额(特殊报表科目) | | | | | | |
| 经营活动现金流入差额(合计平衡项目) | | | | | | |
| **经营活动现金流入小计** | | 97.12 | 459.91 | 443.18 | 262.54 | 224.57 |
| 购买商品、接受劳务支付的现金 | | 40.66 | 236.25 | 228.52 | 127.71 | 163.30 |
| 支付给职工以及为职工支付的现金 | | 3.93 | 14.36 | 12.09 | 11.00 | 10.77 |
| 支付的各项税费 | | 2.08 | 6.55 | 7.08 | 7.80 | 7.05 |
| 支付其他与经营活动有关的现金 | | 46.99 | 187.83 | 190.18 | 88.85 | 41.73 |
| ⊞ 经营活动现金流出(金融类) | | | | | | |
| 经营活动现金流出差额(特殊报表科目) | | | | | | |
| 经营活动现金流出差额(合计平衡项目) | | | | | | |
| **经营活动现金流出小计** | | 93.66 | 445.00 | 437.87 | 235.36 | 222.85 |
| 经营活动产生的现金流量净额差额(合计平衡项目) | | | | | | |
| **经营活动产生的现金流量净额** | | 3.46 | 14.91 | 5.31 | 27.18 | 1.72 |

*数据来源：WIND，初善君整理*

（3）资产负债率和有息负债率

如果公司的资产负债率比较高，那么公司的举债能力会受到极大影响。在这种情况下，公司很难完成借新债换旧债的目标。

截至2018年底，精功集团、腾邦集团、三胞集团和庞大集团的资产负债率分别为72.8%、65.9%、73.3%和80.3%，很明显，这几家公司的资产负债率非常高（见下图）。

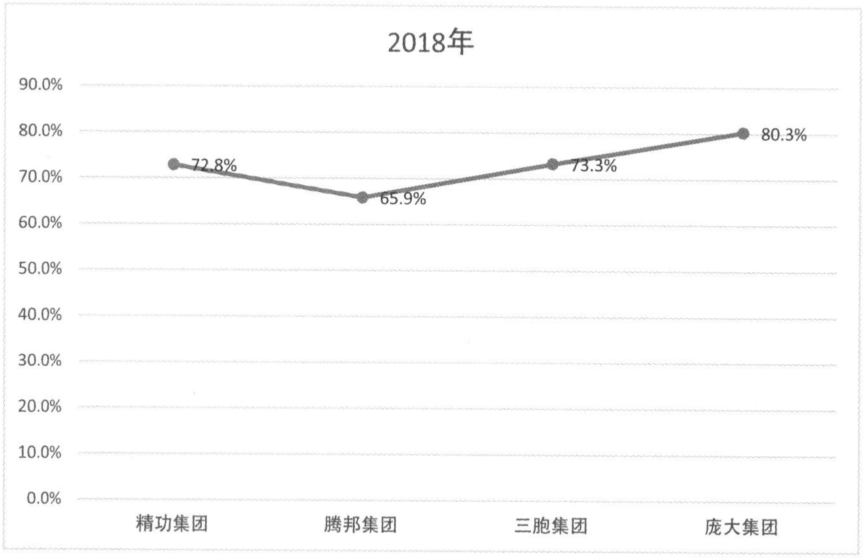


*数据来源：WIND，初善君整理*

但是2014年，4家公司的资产负债率整体都下降，或多或少地说明公司都在降低负债，为什么会在降低负债的过程中发生现金流危机呢（见下图）？

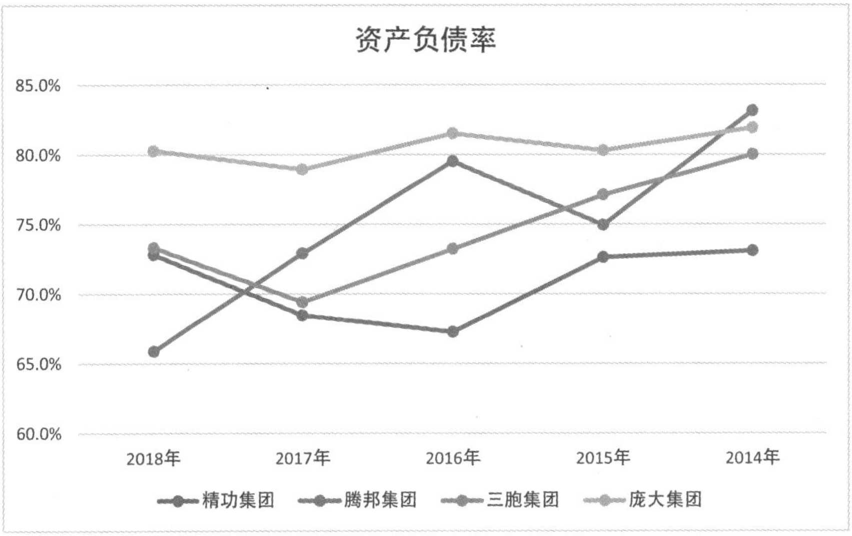


数据来源：WIND，初善君整理

或许我们要找找有息负债的情况，资产负债率高并不可怕，可怕的是有息负债率高。

精功集团有息负债从2011年开始持续大幅增长，到2017年达到最高，为259.71亿元，占总资产的比例为47%（见下图）。换句话来说，精功集团在2011—2017年大幅扩张，依赖的就是负债，尤其是有息负债。在2017年以后，开始控制负债规模。

数据来源：WIND，初善君整理

腾邦集团2001—2017年有息负债规模也大幅增长，有息负债率从2015年开始并没有明显的增长（见下图）。

数据来源：WIND，初善君整理

三胞集团也类似，2012—2015年有息负债大幅增加，有息负债为46%左右，然后维持在高位（见下图）。

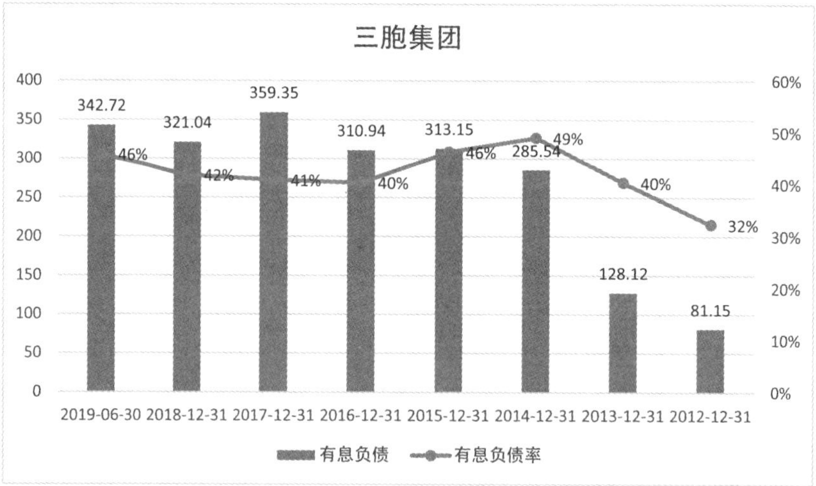


数据来源：WIND，初善君整理

我们或许有了答案，2015年之前，这些公司均在大幅扩张，步子迈得很大。扩张的方式是借债收购或者投资，然后随着规模的扩大，继续借债投资，经营杠杆非常高。到2015年之后，借债难度大幅增加，新的投资或者收购后遗症显现，开始亏损，然后没有了经营现金流，无法继续借新还旧。

为什么2015年左右负债规模已达到顶点，直到2018年底或者2019年初才爆发呢？中间或许公司在自救、在消化，然而终因为“消化不良”而走上绝路。

（4）投资现金流和筹资现金流

归根结底还是现金流的问题，在上面原因中兜兜转转之后，我们还是要看现金流量表。前面已经分析了经营现金流，经营现金流是还款的动态来源，投资现金流往往代表现金流的去向，筹资现金流则说明公司是否存在借新还旧的能力。

看精功集团的投资现金流，从2011年至2018年，只有2013年为正，累计流出106.1亿元，最主要的是投资支付的现金流或者构建长期资产支付的现金。投资支付的现金流可能是二级市场类的投资，可能是并购，这些非金融类公司主要是并购为主，2015—2018年投资支付的现金为52亿元、37亿元、44亿元和25亿元（见下图）。构建长期资产支付的现金流等于是增加产能、投资固定资产等，2011—2018年累计投资61亿元。

| | 2019-03-31 | 2018-12-31 | 2017-12-31 | 2016-12-31 | 2015-12-31 | 2014-12-31 | 2013-12-31 | 2012-12-31 | 2011-12-31 |
|---|---|---|---|---|---|---|---|---|---|
| **投资活动产生的现金流量：** | | | | | | | | | |
| 收回投资收到的现金 | 3.57 | 21.14 | 44.10 | 13.28 | 26.58 | 2.03 | 6.01 | 3.18 | 0.63 |
| 取得投资收益收到的现金 | 0.04 | 1.89 | 2.26 | 1.62 | 3.26 | 1.51 | 1.63 | 1.70 | 0.41 |
| 处置固定资产、无形资产和其他长期资产收回的现金净额 | 0.01 | 1.09 | 4.80 | 0.60 | 0.80 | 1.34 | 0.07 | 0.19 | 0.41 |
| 处置子公司及其他营业单位收到的现金净额 | | 6.00 | 0.61 | 0.24 | 0.98 | 0.34 | -0.78 | | 1.37 |
| 收到其他与投资活动有关的现金 | 0.04 | 5.22 | 0.48 | 2.36 | 0.84 | 0.32 | 0.29 | 0.34 | |
| 投资活动现金流入差额(特殊报表科目) | | | | | | | | | |
| 投资活动现金流入差额(合计平衡项目) | | | | | | | | | |
| **投资活动现金流入小计** | 3.67 | 35.35 | 52.24 | 18.10 | 32.46 | 5.53 | 7.22 | 5.41 | 2.81 |
| 购建固定资产、无形资产和其他长期资产支付的现金 | 2.15 | 12.69 | 11.69 | 8.92 | 8.98 | 4.24 | 3.16 | 5.77 | 5.97 |
| 投资支付的现金 | 1.78 | 25.21 | 44.20 | 36.66 | 52.08 | 8.82 | 3.72 | 5.93 | 7.59 |
| 取得子公司及其他营业单位支付的现金净额 | | 0.00 | 1.07 | 4.04 | 1.08 | | | 2.12 | 5.19 |
| 支付其他与投资活动有关的现金 | 1.75 | 0.71 | 1.39 | 1.12 | 2.51 | 0.29 | 0.00 | 0.03 | 0.04 |
| 投资活动现金流出差额(特殊报表科目) | | | | | | | | | |
| 投资活动现金流出差额(合计平衡项目) | | | | | | | | | |
| **投资活动现金流出小计** | 5.68 | 38.61 | 58.36 | 50.74 | 64.65 | 13.35 | 6.88 | 13.85 | 18.78 |
| 投资活动产生的现金流量净额差额(合计平衡项目) | | | | | | | | | |
| **投资活动产生的现金流量净额** | -2.01 | -3.26 | -6.12 | -32.64 | -32.19 | -7.83 | 0.35 | -8.44 | -15.97 |

数据来源：WIND，初善君整理

总之，在2011—2018年，精功集团在持续地大额投资，没有停下步子。

再看筹资现金流，2015年是高点，2017年和2018年分别流出11.43亿元和19.43亿元。虽然2017年、2018年筹资活动流入分别为238亿元、179亿元，但是还款更多，借新还旧做不下去了（见下图）。

再看腾邦集团的投资现金流，2014—2018年一直流出，累计流出90亿元，绝大部分都是投资支付的现金流。换句话来说，绝大部分都去并购或者投资了（见下图）。

| | 2019-03-31 | 2018-12-31 | 2017-12-31 | 2016-12-31 | 2015-12-31 | 2014-12-31 | 2013-12-31 | 2012-12-31 | 2011-12-31 |
|---|---|---|---|---|---|---|---|---|---|
| **筹资活动产生的现金流量:** | | | | | | | | | |
| 吸收投资收到的现金 | 0.37 | 1.00 | 0.13 | 33.62 | 18.07 | 21.65 | 0.21 | 0.01 | 4.97 |
| 其中：子公司吸收少数股东投资收到的现金 | | 0.32 | 0.13 | 18.62 | 0.18 | 13.83 | 0.21 | 0.01 | |
| 取得借款收到的现金 | 70.97 | 121.21 | 145.96 | 163.76 | 193.48 | 129.30 | 101.54 | 111.99 | 88.96 |
| 收到其他与筹资活动有关的现金 | 2.66 | 23.47 | 12.32 | 152.00 | 14.74 | 1.33 | 4.06 | 3.34 | 9.36 |
| 发行债券收到的现金 | | 33.00 | 79.35 | 73.43 | 64.23 | 26.50 | 19.50 | 8.25 | |
| 筹资活动现金流入差额(特殊报表科目) | | | | | | | | | |
| 筹资活动现金流入差额(合计平衡项目) | | | | | | | | | |
| **筹资活动现金流入小计** | 73.99 | 178.67 | 237.76 | 422.82 | 290.51 | 178.77 | 125.31 | 123.60 | 103.29 |
| 偿还债务支付的现金 | 68.18 | 179.33 | 207.52 | 221.20 | 197.63 | 141.87 | 98.10 | 98.26 | 83.16 |
| 分配股利、利润或偿付利息支付的现金 | 3.68 | 16.61 | 13.18 | 11.74 | 12.61 | 9.28 | 6.33 | 7.64 | 4.89 |
| 其中：子公司支付给少数股东的股利、利润 | | 0.02 | 0.48 | 0.52 | 0.21 | 0.20 | 0.16 | 0.82 | |
| 支付其他与筹资活动有关的现金 | 1.35 | 2.16 | 28.49 | 187.95 | 46.53 | 26.10 | 11.56 | 10.18 | 7.11 |
| 筹资活动现金流出差额(特殊报表科目) | | | | | | | | | |
| 筹资活动现金流出差额(合计平衡项目) | | | | | | | | | |
| **筹资活动现金流出小计** | 73.21 | 198.10 | 249.19 | 420.88 | 256.78 | 177.25 | 115.99 | 116.08 | 95.16 |
| 筹资活动产生的现金流量净额差额(合计平衡项目) | | | | | | | | | |
| **筹资活动产生的现金流量净额** | 0.78 | -19.43 | -11.43 | 1.93 | 33.73 | 1.52 | 9.32 | 7.52 | 8.13 |

数据来源：WIND，初善君整理

| | 2019-06-30 | 2018-12-31 | 2017-12-31 | 2016-12-31 | 2015-12-31 | 2014-12-31 |
|---|---|---|---|---|---|---|
| **投资活动产生的现金流量:** | | | | | | |
| 收回投资收到的现金 | 0.57 | 0.91 | 0.11 | 2.82 | | |
| 取得投资收益收到的现金 | 0.10 | 2.82 | 1.26 | 0.20 | 0.02 | 0.03 |
| 处置固定资产、无形资产和其他长期资产收回的现金净额 | 0.00 | 0.92 | 0.01 | 0.02 | 0.02 | 0.02 |
| 处置子公司及其他营业单位收到的现金净额 | 1.53 | 0.28 | 0.98 | 0.07 | | 0.11 |
| 收到其他与投资活动有关的现金 | 0.11 | 0.33 | 0.80 | 0.05 | 0.39 | 0.10 |
| 投资活动现金流入差额(特殊报表科目) | | | | | | |
| 投资活动现金流入差额(合计平衡项目) | | | | | | |
| **投资活动现金流入小计** | 2.31 | 5.26 | 3.17 | 3.16 | 0.44 | 0.27 |
| 购建固定资产、无形资产和其他长期资产支付的现金 | 0.20 | 2.68 | 6.23 | 0.86 | 1.17 | 0.68 |
| 投资支付的现金 | 0.08 | 2.96 | 25.09 | 19.33 | 22.32 | 9.99 |
| 取得子公司及其他营业单位支付的现金净额 | 0.10 | 1.71 | 0.10 | 0.67 | -1.64 | 0.06 |
| 支付其他与投资活动有关的现金 | 0.19 | 0.42 | 8.90 | 0.24 | 0.01 | 0.20 |
| 投资活动现金流出差额(特殊报表科目) | | | | | | |
| 投资活动现金流出差额(合计平衡项目) | | | | | | |
| **投资活动现金流出小计** | 0.58 | 7.77 | 40.33 | 21.09 | 21.86 | 10.92 |
| 投资活动产生的现金流量净额差额(合计平衡项目) | | | | | | |
| **投资活动产生的现金流量净额** | 1.74 | -2.51 | -37.16 | -17.93 | -21.43 | -10.66 |

数据来源：WIND，初善君整理

再看筹资现金流，几乎与精功集团一致，2017年之前，一直加杠杆，2018年借新还旧都做不下去了，债券违约很难避免（见下图）。

| | 2019-06-30 | 2018-12-31 | 2017-12-31 | 2016-12-31 | 2015-12-31 | 2014-12-31 |
|---|---|---|---|---|---|---|
| **筹资活动产生的现金流量:** | | | | | | |
| 吸收投资收到的现金 | | 0.15 | 17.70 | 0.89 | 2.40 | |
| 其中：子公司吸收少数股东投资收到的现金 | | 0.15 | 0.74 | 0.89 | 0.19 | |
| 取得借款收到的现金 | 39.12 | 122.16 | 117.79 | 144.07 | 91.77 | 60.96 |
| 收到其他与筹资活动有关的现金 | 5.73 | 21.79 | 24.94 | 21.39 | 20.98 | 24.90 |
| 发行债券收到的现金 | | 1.62 | 18.38 | | | |
| 筹资活动现金流入差额(特殊报表科目) | | | | | | |
| 筹资活动现金流入差额(合计平衡项目) | | | | 0.00 | 0.00 | |
| **筹资活动现金流入小计** | 44.85 | 145.72 | 178.80 | 166.35 | 115.15 | 85.86 |
| 偿还债务支付的现金 | 51.28 | 123.96 | 104.91 | 118.62 | 64.13 | 42.34 |
| 分配股利、利润或偿付利息支付的现金 | 1.94 | 7.58 | 4.64 | 4.01 | 2.92 | 2.07 |
| 其中：子公司支付给少数股东的股利、利润 | 0.04 | 0.15 | 0.13 | 0.18 | 0.04 | |
| 支付其他与筹资活动有关的现金 | 1.62 | 23.66 | 13.81 | 29.03 | 23.65 | 29.44 |
| 筹资活动现金流出差额(特殊报表科目) | | | | | | |
| 筹资活动现金流出差额(合计平衡项目) | | | | | | |
| **筹资活动现金流出小计** | 54.84 | 155.20 | 123.37 | 151.66 | 90.70 | 73.86 |
| 筹资活动产生的现金流量净额差额(合计平衡项目) | | | | | | |
| **筹资活动产生的现金流量净额** | -9.98 | -9.47 | 55.44 | 14.69 | 24.45 | 12.00 |

数据来源：WIND，初善君整理

庞大集团和三胞集团就无须分析了。

归根结底是大手大脚惯了：当潮水退了，才知道谁在裸泳。

### 5. 有息负债对估值的影响

无论是哪种估值方法，如DCF、PE还是PB，均没有考虑有息负债或者负债的影响，但是我们却有一个印象：高负债的银行和地产几乎是A股PE、PB估值最低的行业。

这里要思考一个问题：有息负债是如何影响估值的？

有息负债就是需要支付利息的负债，主要包括短期借款、长期借款、应付债券、其他负债等。

光大证券做过统计，年报中短期借款、长期借款、应付债券大于0的上市公司数量占上市公司总量的比例。如下图所示，短期借款覆盖度约为80%，长期借款覆盖度接近60%，应付债券覆盖度近年有所提升，2019年三季度约20%。这与我们的主观印象差不多，绝大部分的上市公司会有短期借款及其他有息负债。

有息负债相关科目数据的覆盖度

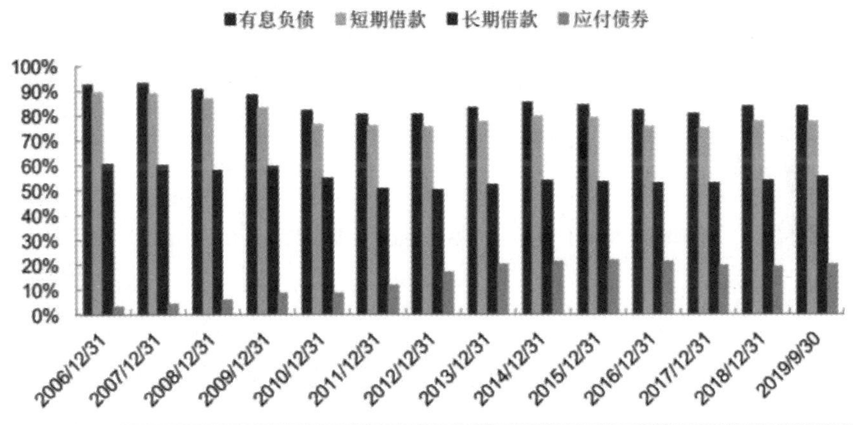


资料来源：WIND，光大证券研究所

前面介绍过，有息负债的关键评价指标是有息负债率，即有息负债/总资产。那么不同行业、不同市值的公司有息负债率有什么特点？

一是2010年以来，上市公司有息负债率的中位数在10%~15%内波动；二是有息负债为0的上市公司数量占比则在15%~20%内波动，还是有相当一部分上市公司没有有息负债。

哪些行业有息负债率低呢？主要集中于消费、TMT行业，其实这很好理解，这些公司的现金流都不错。对于现金流好的公司来说，有息负债反而是负担。有息负债中位数高的行业则是电力及公用事业、有色金属、房地产、交通运输等，它们的经营现金流也不是不好，主要是前期投资额巨大（见下图）。

**有息负债占总资产的比例（依据中信一级行业分组统计）**

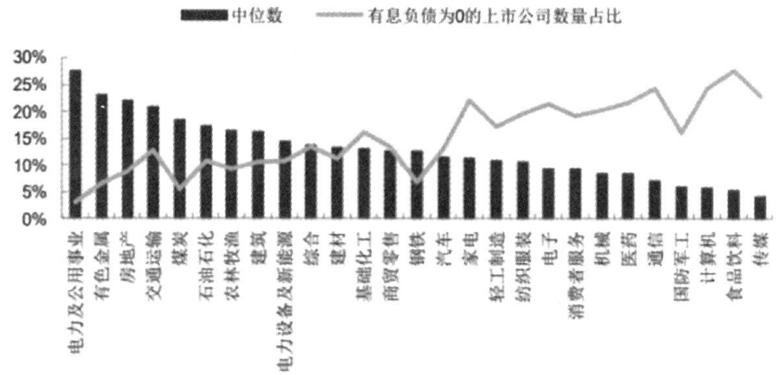


资料来源：WIND，光大证券研究所（注：统计期为2019年前三季度）

还有一个有趣的信息是市值越高，有息负债率中位数越高，有息负债率为零的公司占比越低（见下图）。这一点也比较好理解，公司规模越大，利用有息负债的地方可能越多。

**有息负债占总资产的比例（依据市值分组统计）**

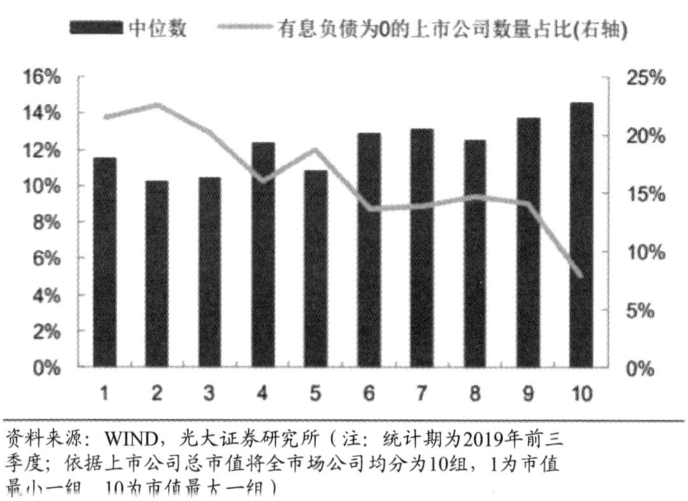


资料来源：WIND，光大证券研究所（注：统计期为2019年前三季度；依据上市公司总市值将全市场公司均分为10组，1为市值最小一组，10为市值最大一组）

那么有息负债率与估值之间究竟有什么关系呢?

首先,看有息负债率与ROE之间的关系,大概的结论就是有息负债率越高,ROE中位数越低。这里的结论与我们的印象可能有出入,ROE三因素分解后,杠杆率越高,ROE越高才对(见下图)。笔者认为可能有以下两个解释:一是有息负债率越高,并不代表杠杆率越高,很多公司靠经营负债实际杠杆率可能更高;二是有息负债率越高,财务费用越高,对净利润的影响越大,净利率可能越低。

不同有息负债率区间上市公司 ROE 统计(中位数)

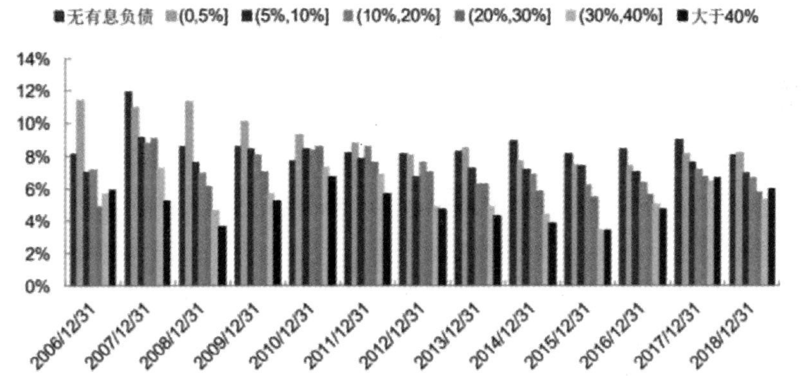


资料来源:WIND,光大证券研究所

统计发现,高有息负债率公司估值较高,低有息负债率公司估值反而越低,高有息负债率公司估值标准差较大。这与文首笔者的结论相反?其实并不是,主要是因为很多有息负债率高的公司亏损严重,导致统计结果失真,同时该统计未包含银行股(见下图)。

不同有息负债率区间上市公司 EP 统计(平均数)

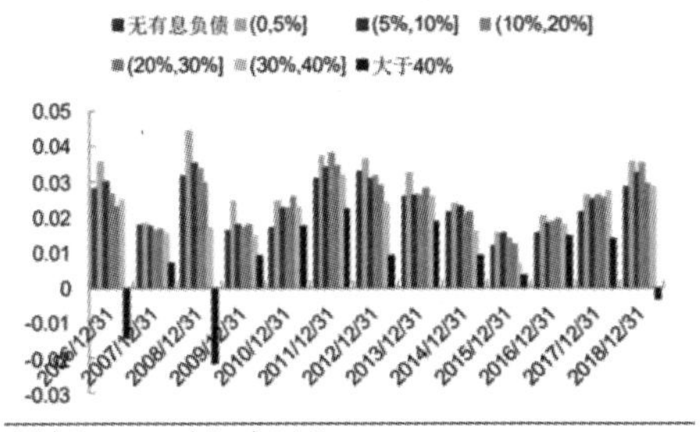


资料来源:WIND,光大证券研究所

不同有息负债率区间上市公司 EP 统计(标准差)

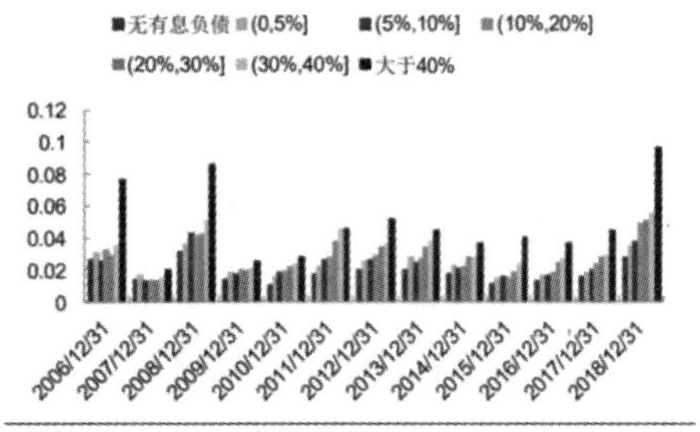


资料来源:WIND,光大证券研究所

高有息负债率公司业绩波动较大,当经济景气程度较高时,公司依靠较高的杠杆率可以获得更好的收益;而经济不景气或公司运营出现一定问题时,较大的偿债压力将进一步拖累其业绩表现。

更进一步地说，如果上市公司需要规模，那么像贵州茅台、海天味业这种公司，并不需要投入太多资金就可以保持公司的成长性，这些公司本身经营现金流就能满足扩张性支出。而对于绝大部分企业，它们想扩大规模，需要投入大量的资金，仅仅依靠经营现金流不现实，因此需要大量的借贷，像房地产公司就是如此。

为什么贵州茅台、海天味业估值较高，因为它们扩张并不依靠太多的有息负债，而估值低的房地产、传统化工企业，扩张依靠大量的有息负债。

所有对上市公司来说，有息负债的多少会影响上市公司的估值高低。

## 二、所有者权益

所有者权益其实就是我们常说的净资产，是计算净资产收益率（ROE）的分子，是指公司股东的所有投入，刚好与负债对应，负债是债权人投入。这就是会计恒等式：所有者权益=资产总额−负债总额。

在披露上，一般分为股本、资本公积、其他综合收益、盈余公积、未分配利润等。区别在于：股本和资本公积都是所有者投入的，是外面人投入的；盈余公积和未分配利润都是赚钱转化而来的，是内部产生的。

例如，万科1991年上市，截至1992年底，净资产只有2.35亿元，其中股本0.92亿元，资本公积金0.98亿元，盈余公积0.45亿元。1992—2018年A股股权融资累计152亿元，截至2018年底，股本110亿元，资本公积80亿元，盈余公积474亿元，未分配利润917亿元，净资产金额达到2 356亿元。万科净资产增长了1 000倍，其中绝大部分都是赚钱转化而来的。要知道，这里是不包括分红数据的。

所有者权益具有以下特征：第一，除非发生减资、清算或分派现金股利，公司不需要偿还所有者权益；第二，公司清算时，只有在清偿所有的负债后，所有者权益才返还给所有者；第三，所有者凭借所有者权益能够参与公司利润的分配。

### 1. 股本

实收资本（股份有限公司叫股本），即营业执照上的注册资金，等于股份总数乘以股票面值。股票票面价值又称“股票票值”“票面价格”，是股份公司在所发行的股票票面上标明的票面金额，以元/股为单位，其作用是表明每一张股票所包含的资本数额。

例如，某上市公司的总股本为1 000万元，持有一股股票就表示在该股份公司所占的股份为千万分之一。在我国上海和深圳证券交易所流通的股票的面值均为每股1元，唯一例外是紫金矿业的股票面值为0.1元。

**2. 资本公积**

第一个问题，资本公积怎么来的。笔者投资10万元开了一家包子铺，这时候包子铺的股本为10万元，资本公积为0。经营一年后，包子铺一年赚了5万元，这时候你想加入作为合伙人，要求占比50%。你想，这时候总不能你也出10万元就占50%吧，岂不是想得美，毕竟一年就赚了5万元。

于是经过商量，笔者觉得你出资20万元可以占比50%，那么10万元计入股本，另外10万元就要计入资本公积。换句话来说，资本公积就是经营溢价，也是笔者原先投入10万元的资本溢价。

以上市公司增发为例，比如10元的股价IPO或者增发1 000万股时，募集资金1亿元，其中1 000万元计入股本，9 000万元计入资本公积。所以IPO、增发、配股是资本公积最常见的来源。

例如，2014年京东方曾经大额募集资金，发行217.7亿股，股本就增加了217.7亿元，同时发行价格2.10元/股，超过1元的部分全部计入资本公积，资本公积增加了231.17亿元（见下图）。

资本公积可以增厚净资产，必须关注资本公积是否虚增，像上面的股权融资都是实打实的增加公司现金，但也有一些情况增加的资本公积并不能带来现金。比如以权益结算的股份支付、公司与股东之间的资本性交易、权益法下被投资单位发生的不属于其他综合收益的权益变动份额等，这些披露时也在资本公积核算，具体核算科目是资本公积—其他资本公积。

股本

| | 年初余额 | 发行新股 | 年末余额 |
|---|---|---|---|
| 股份总数 | 13,521,542,341 | 21,768,095,233 | 35,289,637,574 |

经中国证监会证监许可[2013]1615 号文核准，本公司于 2014 年 4 月 7 日完成非公开发行 A 股股票 217.7 亿股，发行价格 2.10 元/股。非公开发行完成后本公司总股本从 13,521,542,341 股增加为 35,289,637,574 股。

资本公积

| | 注 | 年初余额<br>人民币元 | 本年增加<br>人民币元 | 本年减少<br>人民币元 | 年末余额<br>人民币元 |
|---|---|---|---|---|---|
| 股本溢价 | (1) | 15,065,055,460 | 23,116,609,820 | — | 38,181,665,280 |
| 其他资本公积 | | | | | |
| - 股权投资准备 | | 259,913,487 | — | — | 259,913,487 |
| - 收购子公司少数股东权益 | (2) | 22,950,245 | 612,108,747 | — | 635,058,992 |
| - 被投资单位其他权益变动 | (3) | — | 7,755,682 | — | 7,755,682 |
| 合计 | | 15,347,919,192 | 23,736,474,249 | — | 39,084,393,441 |

数据来源：京东方2014年年报

比如上汽集团，2018年公司其他资本公积增加4.50亿元，其中3.88亿元是因为旗下合营公司上海赛为投资中心（有限合伙）的子公司因其他股东溢价出资而导致资本公积增加（见下图）。

**资本公积**

√适用 □不适用

单位：元 币种：人民币

| 项目 | 期初余额 | 本期增加 | 本期减少 | 期末余额 |
|---|---|---|---|---|
| 资本溢价（股本溢价） | 53,872,908,052.21 | 4,552,872.89 | | 53,877,460,925.10 |
| 其他资本公积（注1） | 995,526,825.66 | 449,957,779.68 | | 1,445,484,605.34 |
| 合计 | 54,868,434,877.87 | 454,510,652.57 | | 55,322,945,530.44 |

数据来源：上汽集团2018年年报

### 3. 其他综合收益

现在报表中还有个科目叫其他综合收益。看这个名字，就知道这个科目的内容与收益（净利润）相关，但是属于不应该计入当期的损益（净利润）。

比如，可供出售金融资产公允价值的变动，当A公司持有B上市公司3%的股份，使用可供出售金融资产核算，成本约3亿元，那么B公司股价上涨，这些股份价值6亿元了，那么对于A公司来说，这多出来的3亿元并不能直接计入自己的利润表，而是先放在其他综合收益中，在卖出的时候，转入投资收益。

换句话说，A公司如果年底直接确认收益，考虑到该收益不稳定且没有现金流，且并不一定必然实现，会对利润有所虚增或虚减。

“净利润”表明公司现在赚了多少钱，“其他综合收益”表明公司未来会赚多少钱或者亏的钱。此外，这种其他综合收益还有自用房地产或存货转换为投资性房地产公允价值与账面价值的差额等。

比如，上汽集团2018年年报显示，其他综合收益由年初的138.53亿元下降至年末的80.14亿元，主要原因就是可供出售金融资产公允价值下降所致（见下图）。

**其他综合收益**

√适用　□不适用

单位：元　币种：人民币

| 项目 | 期初余额 | 本期发生金额 | | | | | 期末余额 |
|---|---|---|---|---|---|---|---|
| | | 本期所得税前发生额 | 减：前期计入其他综合收益当期转入损益 | 减：所得税费用 | 税后归属于母公司 | 税后归属于少数股东 | |
| 一、不能重分类进损益的其他综合收益 | 1,022,191,958.64 | -252,359,225.34 | — | — | -255,834,422.67 | 3,475,197.33 | 766,357,535.97 |
| 其中：重新计量设定受益计划变动额 | 1,023,545,717.72 | -253,238,216.07 | — | — | -256,347,050.06 | 3,108,833.99 | 767,198,667.66 |
| 权益法下不能转损益的其他综合收益 | -1,353,759.08 | 878,990.73 | — | — | 512,627.39 | 366,363.34 | -841,131.69 |

121 / 178

2018年年度报告

| | | | | | | | |
|---|---|---|---|---|---|---|---|
| 二、将重分类进损益的其他综合收益 | 12,830,958,811.60 | -2,984,594,878.81 | 4,074,880,560.48 | -1,205,548,926.80 | -5,583,270,803.42 | -270,655,709.07 | 7,247,688,008.18 |
| 其中：权益法下可转损益的其他综合收益 | -11,909,190.92 | 1,654,067.44 | 956,304.00 | — | 4,449,842.46 | -3,752,079.02 | -7,459,348.46 |
| 可供出售金融资产公允价值变动损益 | 12,623,483,626.60 | -3,552,349,985.31 | 4,073,924,256.48 | -1,205,548,926.80 | -6,121,587,716.61 | -299,137,598.38 | 6,501,895,909.99 |
| 持有至到期投资重分类为可供出售金融资产损益 | | | | | | | |
| 现金流量套期损益的有效部分 | | | | | | | |
| 外币财务报表折算差额 | 219,384,375.92 | 566,101,039.06 | — | — | 533,867,070.73 | 32,233,968.33 | 753,251,446.65 |
| 其他综合收益合计 | 13,853,150,770.24 | -3,236,954,104.15 | 4,074,880,560.48 | -1,205,548,926.80 | -5,839,105,226.09 | -267,180,511.74 | 8,014,045,544.15 |

数据来源：上汽集团2018年年报

总之，资本公积的核算主要与股本投入相关，而其他综合收益属于已经实现但暂时不能计入本年利润或费用的项目。一般来说，资本公积属于已经确定的一个事实，后续期间不会再予以转出。而其他综合收益类似于一个过渡科目，在未来期间还需要予以转出。

## 4. 盈余公积和未分配利润

盈余公积，是指从当年净利润中提取的资金，一般分为法定盈余公积和任意盈余公积。法定盈余公积，一般按照当年税后利润的10%提取。当法定盈余公积累计额达到公司注册资本的50%以上时，可以不再进行强制性提取。法定盈余公积提取后，还可以从剩余的税后利润中提取任意公积金。

比如，上汽集团2018年法定盈余公积增加了30.97亿元，就是按照归属母公司所有者的净利润10%提取的（见下图）。

**盈余公积**

√适用 □不适用

单位：元 币种：人民币

| 项目 | 期初余额 | 本期增加 | 本期减少 | 期末余额 |
|---|---|---|---|---|
| 法定盈余公积 | 19,682,344,053.70 | 3,096,686,047.65 | | 22,779,030,101.35 |
| 任意盈余公积 | 18,064,141,547.16 | — | | 18,064,141,547.16 |
| 储备基金 | | | | |
| 企业发展基金 | | | | |
| 其他 | | | | |
| 合计 | 37,746,485,600.86 | 3,096,686,047.65 | | 40,843,171,648.51 |

法定盈余公积可用于弥补亏损，扩大生产经营或转增资本。

数据来源：上汽集团2018年年报

公积金的作用有两点：一是用于弥补亏损；二是转增股本。盈余公积转增资本时，转增后留存的盈余公积的数额不得少于注册资本的25%。

公司当年实现的利润总额可按以下顺序进行分配：弥补以前年度亏损（用利润弥补亏损无须专门作会计分录）、交所得税、提取法定盈余公积、提取任意盈余公积、分配优先股股利、分配普通股股利，剩下的就是未分配利润。

下图所示为上汽集团2018年未分配利润的报表附注，其详细解释了未分配利润的变动明细。

**未分配利润**

√适用 □不适用

单位：元 币种：人民币

| 项目 | 本期 | 上期 |
|---|---|---|
| 调整前上期末未分配利润 | 104,694,637,497.79 | 96,792,960,860.43 |
| 调整期初未分配利润合计数（调增+，调减－） | — | -1,127,931,923.55 |
| 调整后期初未分配利润 | 104,694,637,497.79 | 95,665,028,936.88 |
| 加：本期归属于母公司所有者的净利润 | 36,009,210,583.83 | 34,410,339,492.71 |
| 减：提取法定盈余公积 | 3,096,686,047.65 | 2,745,953,003.89 |
| 提取任意盈余公积 | — | 2,745,953,003.89 |
| 提取一般风险准备 | | |
| 应付普通股股利（注1） | 21,380,734,297.95 | 19,277,711,252.25 |
| 转作股本的普通股股利 | | |
| 财务公司及上汽通用金融提取一般风险准备 | 818,399,772.80 | 341,334,149.92 |
| 财务公司提取外币资本准备金 | 4,023,972.65 | 2,726,814.01 |
| 子公司提取职工奖励及福利基金 | 172,382,751.40 | 221,095,450.91 |
| 同一控制下企业合并的影响 | — | 45,957,256.93 |
| 本年因对子公司持股比例变更而变动(注2) | 134,256,271.85 | — |
| 期末未分配利润 | 115,097,364,967.32 | 104,694,637,497.79 |

数据来源：上汽集团2018年年报

“（法定+任意）盈余公积”和“未分配利润”共同构成了留存收益。留存收益并不是一个具体的会计科目，而是一个范围，通俗地说就是公司多年经营累积下来的盈余。

我们必须要明白，盈余公积也好，未分配利润也好，并不是对资金的实际占用，提取盈余公积并不是单独将这部分资金从公司资金周转过程中抽出，只是一种存在状态，或者是一种资金的来源，其形成的资金可能表现为一定的货币资金，也可能表现为一定的实物资产，如存货和固定资产等，随同公司的其他来源所形成的资金进行循环周转。

同时盈余公积、未分配利润，甚至资本公积，都是公司所有者权益内部结构的转换，公司净资产总额不变，并不影响公司资金流。

那么，是不是账面未分配利润越多，可以分红的金额越多呢？

并不是如此，账面未分配利润的来源是利润表，仅仅是可供分配的利润，而公司能不能实际分配利润，需要看公司账面货币资金是否充足，货币资金是否充足除了看资产负债表的货币资金余额，还要看现金流量表的经营现金流净额，而不是利润表。因此，我们经常看到有些上市公司未分配利润很多，实际并没有分红能力。

### 5. 高送转

其实所有者权益明细科目并不要求大家学习到什么程度，只要简单理解每个科目的意思就好，并没有必要深入，我们重点解释高送转究竟是什么。

下面来看两个案例。

2018年我武生物的分红预案是以公司现有总股本2.91亿股为基数，向全体股东每10股送红股8股。这是一种常见的高送转方案，即送红股的方式（见下图）。

**一、权益分派方案**

本公司2018年年度权益分派方案为：以公司现有总股本290,880,000股为基数，向全体股东每10股送红股8.000000股，派2.500000元人民币现金（含税；扣税后，通过深股通持有股份的香港市场投资者、QFII、RQFII以及持有首发前限售股的个人和证券投资基金每10股派1.450000元；持有首发后限售股、股权激励限售股及无限售流通股的个人股息红利税实行差别化税率征收，本公司暂不扣缴个人所得税，待个人转让股票时，根据其持股期限计算应纳税额[注]；持有首发后限售股、股权激励限售股及无限售流通股的证券投资基金所涉红利税，对香港投资者持有基金份额部分按10%征收，对内地投资者持有基金份额部分实行差别化税率征收）。

数据来源：我武生物2018年年报

那么，我武生物的资产负债表中的所有者权益如何变化呢？首先要计算送股数，股本2.91亿元，每10股送8股，即送2.32亿股。因此我武生物的股本增加了2.32亿元，未分配利润方面，期初5.33亿元，假设本期盈利1.30亿元，减去分红0.73亿元，减去送股2.32亿元，累计大幅减少1.75亿元（见下图）。

| 项目 | 本期 | 上期 |
|---|---|---|
| 调整后期初未分配利润 | 532,562,772.44 | 388,303,347.62 |
| 加：本期归属于母公司所有者的净利润 | 130,478,340.23 | 232,884,097.51 |
| 减：提取法定盈余公积 | 0.00 | 23,984,672.69 |
| 应付普通股股利 | 72,720,000.00 | 64,640,000.00 |
| 转作股本的普通股股利 | 232,704,000.00 | |
| 期末未分配利润 | 357,617,112.67 | 532,562,772.44 |

数据来源：我武生物2018年年报

换句话说，送股只是未分配利润减少，股本增加，资本公积、盈余公积不变，净资产不变。下图所示为我武生物的所有者权益明细，可以看到股本增加了2.32亿元，资本公积变化是其他原因，与本次高送转无关，盈余公积未变，未分配利润大幅减少1.75亿元，净资产增加与本次分红送股无关。

| 所有者权益： | | |
|---|---|---|
| 股本 | 523,584,000.00 | 290,880,000.00 |
| 其他权益工具 | | |
| 其中：优先股 | | |
| 永续债 | | |
| 资本公积 | 128,194,388.22 | 52,429,659.67 |
| 减：库存股 | | |
| 其他综合收益 | 22,250.56 | 20,978.05 |
| 专项储备 | | |
| 盈余公积 | 93,623,880.30 | 93,623,880.30 |
| 一般风险准备 | | |
| 未分配利润 | 357,617,112.67 | 532,562,772.44 |
| 归属于母公司所有者权益合计 | 1,103,041,631.75 | 969,517,290.46 |
| 少数股东权益 | 84,848,583.90 | 25,903,218.63 |
| 所有者权益合计 | 1,187,890,215.65 | 995,420,509.09 |

数据来源：我武生物2018年年报

再看裕同科技2018年分红预案，以董事会审议通过分配预案之日的总股本为基数进行资本公积金转增股本，向全体股东每10股转增12股（见下图）。

| | |
|---|---|
| 分配总额 | 经天健会计师事务所（特殊普通合伙）审计，2018 年母公司实现净利润 49,573.21 万元，加年初未分配利润 166,937.68 万元，扣除本年度支付普通股股利 24,000.60 万元，年末可供分配利润 192,510.29 万元。<br>母公司 2016 年、2017 年、2018 年的净利润分别为：49,816.68 万元、67,294.09 万元、49,573.21 万元，三年累计 166,683.98 万元。<br>以董事会审议通过分配预案之日的总股本为基数进行资本公积金转增股本，向全体股东每 10 股转增 12 股，同时每 10 股派发现金红利人民币 6.00 元（含税）；截至本预案披露日，公司回购专用账户已回购公司股份 2,436,153 股，该部分股份不享有参与利润分配和资本公积金转增股本的权利，本次转增后公司总股本将增加至 877,098,616 股。 |

数据来源：裕同科技2018年年报

那么，体现在资产负债表上是如何变化的呢？根据裕同科技约4亿元的股本，新增股本4.77亿股，那么股本自然增加了4.77亿元（见下图）。

**股本**

单位：元

| | 期初余额 | 本次变动增减（+、-） | | | | | 期末余额 |
|---|---|---|---|---|---|---|---|
| | | 发行新股 | 送股 | 公积金转股 | 其他 | 小计 | |
| 股份总数 | 400,010,000.00 | | | 477,088,616.00 | | 477,088,616.00 | 877,098,616.00 |

其他说明：

数据来源：裕同科技2018年年报

那么，资本公积转增股本，自然是资本公积减少4.77亿元（见下图）。

| 项目 | 期初余额 | 本期增加 | 本期减少 | 期末余额 |
|---|---|---|---|---|
| 资本溢价（股本溢价） | 1,370,495,082.24 | | 477,088,616.00 | 893,406,466.24 |
| 其他资本公积 | 474,871.88 | | | 474,871.88 |
| 合计 | 1,370,969,954.12 | | 477,088,616.00 | 893,881,338.12 |

数据来源：裕同科技2018年年报

未分配利润方面，虽然没有送股，但是分红2.39亿元，也就是未分配利润减少2.39亿元（见下图）。

单位：元

| 项目 | 本期 | 上期 |
|---|---|---|
| 调整前上期末未分配利润 | 3,725,714,217.29 | 3,020,141,839.87 |
| 调整后期初未分配利润 | 3,725,714,217.29 | 3,020,141,839.87 |
| 加：本期归属于母公司所有者的净利润 | 296,076,605.64 | 945,578,377.42 |
| 应付普通股股利 | 238,544,308.20 | 240,006,000.00 |
| 期末未分配利润 | 3,783,246,514.73 | 3,725,714,217.29 |

数据来源：裕同科技2018年年报

未分配利润或盈余公积送红股与资本公积金转增股本只是所有者权益内部科目的调整，并不神秘。对公司的股东权益和盈利能力并没有实质性的影响，也不能直接给投资者带来现金回报，能带来现金回报的只有分红。

那么，为什么“高送转”总能吸引众多投资者的目光？一是理论上高送转向市场传递出公司未来业绩将保持高速增长的积极信号，虽然在A股这种信号并不明显。二是当大多数投资者都认为高送转股价可以上涨时，那么高送转就成了一种利好。

高送转确实可以用来判断公司是否正在成长的标准之一，但是不要刻意关注高送转，贵州茅台股价那么高，不也是一直在上涨吗？

同时，可怕的是高送转很容易成为上市公司收割“韭菜”的方法之一，凡是遇到高送转后披露减持计划的，建议拉黑。

## 三、少数股东权益

利润表并不是以科目“净利润”结尾，净利润后面还有“归属于母公司所有者的净利润”和“少数股东损益”两个科目。与此对应，资产负债表的所有者权益后面分为“归属于母公司所有者权益”和“少数股东权益”。

比如，万科2019年三季报利润表显示，实现净利润285.90亿元，其中少数股东损益为103.50亿元，归属于母公司所有者的净利润为182.41亿元（见下图）。

| | 2019-09-30 | 2018-12-31 | 2017-12-31 |
|---|---|---|---|
| **营业利润** | 419.61 | 674.99 | 508.13 |
| 加：营业外收入 | 4.96 | 4.74 | 7.23 |
| 减：营业外支出 | 6.32 | 5.13 | 3.94 |
| 其中：非流动资产处置净损失 | | | |
| 加：利润总额差额(特殊报表科目) | | | |
| 利润总额差额(合计平衡项目) | | | |
| **利润总额** | 418.25 | 674.60 | 511.42 |
| 减：所得税 | 132.34 | 181.88 | 139.34 |
| 加：未确认的投资损失 | | | |
| 加：净利润差额(特殊报表科目) | | | |
| 净利润差额(合计平衡项目) | | | |
| **净利润** | 285.90 | 492.72 | 372.08 |
| 持续经营净利润 | 285.90 | | |
| 终止经营净利润 | | | |
| 减：少数股东损益 | 103.50 | 155.00 | 91.57 |
| 归属于母公司所有者的净利润 | 182.41 | 337.73 | 280.52 |

数据来源：WIND，万科年报，初善君整理

万科2019年三季报资产负债表显示，归属于母公司所有者权益合计1 672.74亿元，少数股东权益776亿元，合计构成了所有者权益合计2 448.52亿元（见下图）。

| | 2019-09-30 | 2018-12-31 | 2017-12-31 |
|---|---|---|---|
| **所有者权益(或股东权益)：** | | | |
| 实收资本(或股本) | 113.02 | 110.39 | 110.39 |
| 其它权益工具 | | | |
| 其中：优先股 | | | |
| 永续债 | | | |
| 资本公积金 | 119.31 | 80.06 | 83.29 |
| 减：库存股 | | | |
| 其它综合收益 | -15.06 | -23.99 | 2.35 |
| 专项储备 | | | |
| 盈余公积金 | 473.93 | 473.93 | 359.00 |
| 一般风险准备 | | | |
| 未分配利润 | 981.54 | 917.25 | 771.72 |
| 外币报表折算差额 | | | |
| 未确认的投资损失 | | | |
| 股东权益差额(特殊报表科目) | | | |
| 股权权益差额(合计平衡项目) | | | |
| **归属于母公司所有者权益合计** | 1,672.74 | 1,557.64 | 1,326.75 |
| 少数股东权益 | 775.78 | 798.57 | 539.99 |
| **所有者权益合计** | 2,448.52 | 2,356.21 | 1,866.74 |

数据来源：WIND，万科年报，初善君整理

2019年一季度时，少数股东损益为20.85亿元，归属于母公司所有者的净利润为11.21亿元，同期的少数股东权益为786亿元，归属于母公司所有者权益合计为1 576亿元，为什么万科一季报披露的数据被广大投资者诟病呢？

### 1. 少数股东是谁

少数股东权益和少数股东损益，是指少数股东所拥有的权益或损益，权益对应净资产，指少数股东所投入的资产，损益对应净利润，只归属于少数股东的净

利润。什么是少数股东呢？上市公司合并报表的子公司并不全部100%持股的，有些只持有并表子公司80%的股权，有些只持有并表子公司60%的股权，那么另外20%或者40%的持股股东就是少数股东。

也就是说，只要有非100%并表的子公司，就会有少数股东权益和少数股东损益。

比如，A上市公司，持有B公司70%的股权，且合并B公司报表。A公司母公司报表净资产10亿元，一年可以确认1亿元的净利润，B公司净资产2亿元，一年可以确认5 000万元净利润。

在合并报表中，少数股东权益和少数股东损益如何体现呢？首先看利润表，A公司合并报表显示共有1.5亿元净利润，其实5 000×30%即1 500万元净利润是少数股东损益，剩余的1.35亿元才是归属于母公司所有者的净利润，报表上显示实现净利润1.5亿元，少数股东权益0.15亿元，归属于母公司所有者的净利润1.35亿元。看资产负债表，显示合并净资产12亿元，其中20 000×30%即6 000万元是少数股东权益。

这就是报表上少数股东权益和少数股东损益的概念和含义。

**2. 万科的问题**

上面的例子中，少数股东6 000万元的投入换来1 500万元的利润，而对于A公司股东来说，11.4亿元的股东投入换来了1.35亿元的净利润，那么是不是可以用净资产收益率（ROE）来衡量两者股东投入的回报率。计算得知，少数股东的净资产收益率为25%，而A公司股东的净资产收益率只有12%左右，可见少数股东的股东回报率远高于A公司的普通股东。

如果披露不清楚，很容易让人怀疑上市公司通过股权安排把上市公司的利益输送给少数股东。

我们来看万科一季报的数据，少数股东损益为20.85亿元，归属于母公司所有者的净利润为11.21亿元，同期的少数股东权益为786亿元，归属于母公司所有者权益合计为1 576亿元。那么一季度少数股东的净资产收益率为2.65%，万科A股股东的净资产收益率只有0.07%，只有少数股东回报率的1/4，难怪被质疑利益输送：中高层管理人员只跟投好项目。

同时，万科披露的数据比较模糊，很难让人接受。在地产行业特殊的结算模式下，这种情况可能只是碰巧，到了万科三季报，少数股东权益为776亿元，少数股东损益为103.50亿元，少数股东的股东回报率为13.34%，而对于万科的股东来说，1 673亿元的股东投入带来了182.4亿元的净利润，股东回报率只有10.9%，这种差异并不明显。

实际上对上市公司来说，非100%控股子公司可能非常多，甚至多达上百家，因此合并报表上体现的是很多公司的合计值。如果披露不清楚，确实会引起大家的质疑。

### 3. 哪些上市公司少数股东损益最高

2018年A股少数股东损益最多的公司是中国石油，少数股东损益达到198.25亿元，对应的少数股东权益达到1 963.73亿元（见下表）。其他少数股东损益比较多的公司还包括中国石化、万科、中国建筑、中国平安、上汽集团等，主要是中字头大国企。

单位：亿元

| 证券简称 | 少数股东权益 | 归属母公司股东的权益 | 所有者权益合计 | 少数股东损益 | 归属母公司股东的净利润 | 净利润 |
|---|---|---|---|---|---|---|
| 中国石油 | 1 963.73 | 12 145.70 | 14 109.43 | 198.25 | 525.85 | 724.10 |
| 中国石化 | 1 393.04 | 7 183.55 | 8 576.59 | 172.00 | 630.89 | 802.89 |
| 中国建筑 | 1 853.03 | 2 439.61 | 4 292.64 | 171.09 | 382.41 | 553.50 |
| 万科A | 798.57 | 1 557.64 | 2 356.21 | 155.00 | 337.73 | 492.72 |
| 中国平安 | 1 271.35 | 5 565.08 | 6 836.43 | 130.48 | 1 074.04 | 1 204.52 |
| 上汽集团 | 503.52 | 2 343.69 | 2 847.20 | 123.95 | 360.09 | 484.05 |
| 中国银行 | 1 124.17 | 16 129.80 | 17 253.97 | 123.49 | 1 800.86 | 1 924.35 |
| 中国神华 | 766.87 | 3 277.63 | 4 044.50 | 101.74 | 438.67 | 540.41 |
| 保利地产 | 645.72 | 1 219.23 | 1 864.94 | 72.45 | 189.04 | 261.49 |
| 中油资本 | 649.19 | 773.80 | 1 422.99 | 70.12 | 72.38 | 142.50 |

数据来源：WIND，初善君整理

对上市公司来说，有些公司披露了明细，有些公司不披露，不披露时对投资者了解和判断上市公司价值会带来一定的难度。

中石油少数股东权益披露如下：主要包括4家控股子公司：中油勘探、中石油管道、昆仑能源和哈萨克斯坦石油，少数股东持股比例为50%、27.74%、41.67%和33%（见下图）。有读者会问，为什么持股50%的中油勘探开发有限公司可以并表呢？

**少数股东权益**

归属于各子公司少数股东的权益：

| | 少数股东的持股比例% | 本期归属于少数股东的损益 | 本期向少数股东宣告分派的股利 | 年末少数股东权益余额 |
|---|---|---|---|---|
| 中油勘探开发有限公司 | 50.00 | 8,844 | 2,038 | 75,267 |
| 中石油管道有限责任公司 | 27.74 | 5,392 | 7,174 | 59,676 |
| 昆仑能源有限公司 | 41.67 | 5,071 | 3,680 | 43,677 |
| 哈萨克斯坦石油公司 | 33.00 | (20) | 793 | 1,392 |
| 其他 | | | | 16,361 |
| | | | | 196,373 |

数据来源：WIND，中石油2018年年报，初善君整理

因为持有权益50%，所以可以通过公司章程等约定表决权比例，从而实现控股。中石油披露拥有中油勘探57.14%的表决权比例，同时拥有控制该公司的权力，通过参与相关活动而享有可变回报，并且有能力运用对该公司的权力影响其回报金额（见下图）。

本集团主要的附属公司有：

| 公司名称 | 注册地 | 注册资本人民币 | 公司法定类别 | 应占股本权益% | 表决权比例% | 主要业务活动 |
|---|---|---|---|---|---|---|
| 大庆油田有限责任公司 | 中国 | 475 亿元 | 有限责任公司 | 100.00 | 100.00 | 原油和天然气的勘探、生产及销售 |
| 中油勘探开发有限公司(i) | 中国 | 161 亿元 | 有限责任公司 | 50.00 | 57.14 | 在中国境内外从事原油和天然气的勘探、生产和销售 |

数据来源：WIND，中石油2018年年报，初善君整理

当然，中国并没有披露另外50%的股权归属，需要额外查询。

这种子公司持股比例安排很容易形成利益输送，投资者要小心再小心。当然，对于上述的中油勘探开发有限公司，另外50%的股权的股东是中国石油国际勘探开发有限公司，该公司为中石油集团的全资子公司。这么做的原因相信背后一定有故事，需要查询公司的股权变动过程。

像万科，由于旗下子公司太多，并没有披露相关少数股东权益的数据，很容易形成利益输送的"温床"，被广大投资者质疑也在情理之中。

### 4. 如何判断是否存在利益输送

那么如何判断是否存在利益输送呢？就是比较少数股东和上市公司股东的回报率，也就是净资产收益率（ROE）。如果少数股东的ROE远高于上市公司股东的ROE，就需要思考原因了：说不定就是利益输送。

笔者整理了2018年部分少数股东ROE远大于上市公司ROE的情形，贵州茅台、长春高新、五粮液、中国国旅等公司的少数股东ROE远大于上市公司股东ROE（见下表）。

| 证券简称 | 少数股东权益（亿元） | 归属母公司股东的权益（亿元） | 少数股东损益（亿元） | 归属母公司股东的净利润（亿元） | 少数股东ROE（%） | 上市公司股东ROE（%） | ROE差异（%） |
|---|---|---|---|---|---|---|---|
| 昆仑万维 | 1.61 | 51.55 | 4.91 | 10.06 | 306 | 20 | −286 |
| 盈峰环境 | 1.60 | 144.72 | 4.30 | 9.29 | 268 | 6 | −262 |
| 北辰实业 | 16.27 | 152.17 | 8.04 | 11.90 | 49 | 8 | −42 |
| 滨江集团 | 40.53 | 152.61 | 19.35 | 12.17 | 48 | 8 | −40 |
| 航天信息 | 24.97 | 111.15 | 11.54 | 16.18 | 46 | 15 | −32 |
| 贵州茅台 | 45.70 | 1,128.39 | 26.26 | 352.04 | 57 | 31 | −26 |
| 上海机电 | 23.26 | 108.04 | 8.67 | 12.68 | 37 | 12 | −26 |
| 长春高新 | 10.31 | 52.95 | 4.56 | 10.07 | 44 | 19 | −25 |
| 紫光股份 | 39.30 | 265.60 | 12.29 | 17.04 | 31 | 6 | −25 |
| 河钢股份 | 25.77 | 563.74 | 7.55 | 36.26 | 29 | 6 | −23 |
| 山煤国际 | 44.72 | 54.98 | 11.92 | 2.20 | 27 | 4 | −23 |
| 山东高速 | 20.54 | 272.61 | 6.83 | 29.44 | 33 | 11 | −22 |
| 五粮液 | 16.32 | 634.87 | 6.54 | 133.84 | 40 | 21 | −19 |
| 西藏天路 | 12.52 | 30.45 | 4.09 | 4.50 | 33 | 15 | −18 |
| 中国国旅 | 23.49 | 162.35 | 8.40 | 30.95 | 36 | 19 | −17 |

*数据来源：WIND，初善君整理*

对于贵州茅台来说，有多家公司持股比例低于100%，比如贵州茅台酒进出口有限责任公司、贵州茅台酒销售有限公司、贵州茅台集团财务有限公司等，持股比例分别为70%、95%和51%，其中最重要的就是贵州茅台酒销售有限公司（见下图）。

**企业集团的构成**

√适用 □不适用

| 子公司名称 | 主要经营地 | 注册地 | 业务性质 | 持股比例(%) | | 取得方式 |
|---|---|---|---|---|---|---|
| | | | | 直接 | 间接 | |
| 贵州茅台酒进出口有限责任公司 | | 贵州贵阳 | | 70 | | 投资设立 |
| 贵州茅台酒销售有限公司 | | 贵州仁怀 | | 95 | | 投资设立 |
| 贵州茅台集团财务有限公司 | | 贵州仁怀 | | 51 | | 投资设立 |
| 国酒茅台定制营销（贵州）有限公司 | | 贵州贵阳 | | 70 | | 投资设立 |
| 北京友谊使者商贸有限公司 | | 北京 | | 60 | | 投资设立 |
| 贵州茅台酒巴黎贸易有限公司 | | 法国巴黎 | | 100 | | 投资设立 |
| 贵州赖茅酒业有限公司 | | 贵州贵阳 | | 43 | | 投资设立 |
| 贵州茅台酱香酒营销有限公司 | | 贵州仁怀 | | 100 | | 投资设立 |

持有半数或以下表决权但仍控制被投资单位、以及持有半数以上表决权但不控制被投资单位的依据：

公司持有贵州赖茅酒业有限公司43%的股权比例，但实质能够控制该公司，其原因在于公司在贵州赖茅酒业有限公司董事会成员超过半数。

数据来源：WIND，贵州茅台2018年年报，初善君整理

贵州茅台酒销售有限公司的数据非常好看，2018年实现营业收入624.66亿元，净利润308.66亿元，按照公司346亿元净资产计算，净资产收益率（净利润/期末净资产）达到89%（见下图）。

单位：万元　币种：人民币

| 子公司名称 | 期末余额 | | | | | | 期初余额 | | | | | |
|---|---|---|---|---|---|---|---|---|---|---|---|---|
| | 流动资产 | 非流动资产 | 资产合计 | 流动负债 | 非流动负债 | 负债合计 | 流动资产 | 非流动资产 | 资产合计 | 流动负债 | 非流动负债 | 负债合计 |
| 贵州茅台酒销售有限公司 | 6,170,835.14 | 49,356.98 | 6,220,192.12 | 2,711,389.04 | | 2,711,389.04 | 7,453,954.91 | 91,160.81 | 7,545,115.72 | 1,974,477.00 | | 1,974,477.00 |

| 子公司名称 | 本期发生额 | | | | 上期发生额 | | | |
|---|---|---|---|---|---|---|---|---|
| | 营业收入 | 净利润 | 综合收益总额 | 经营活动现金流量 | 营业收入 | 净利润 | 综合收益总额 | 经营活动现金流量 |
| 贵州茅台酒销售有限公司 | 6,246,551.84 | 3,086,639.63 | 3,086,639.63 | 4,237,698.42 | 4,975,748.08 | 2,240,421.27 | 2,240,421.27 | 2,247,380.77 |

数据来源：WIND，贵州茅台2018年年报，初善君整理

这么厉害的“摇钱树”持有另外5%的股东是谁呢？当然是贵州茅台集团了。

再看长春高新，2018年底少数股东权益10.31亿元，少数股东损益4.56亿元，ROE高达44%，高于上市公司股东的19%。

查询半年报得知，长春高新有3家重要的非全资子公司，而且2家并表比例低于50%。其中，赚钱能力最强的金赛药业少数股东持有30%（见下图）。

单位：元

| 子公司名称 | 少数股东持股比例 | 本期归属于少数股东的损益 | 本期向少数股东宣告分派的股利 | 期末少数股东权益余额 |
|---|---|---|---|---|
| 长春百克生物科技股份公司 | 53.85% | 110,117,330.75 | | 419,814,809.57 |
| 长春金赛药业股份有限公司 | 30.00% | 337,133,703.07 | 183,960,000.00 | 432,868,396.66 |
| 吉林华康药业股份有限公司 | 52.25% | 16,182,142.71 | 28,686,000.00 | 140,061,640.71 |

数据来源：WIND，长春高新2018年年报，初善君整理

该公司2018年实现营业收入31.96亿元，净利润11.32亿元，年末净资产只有14.48亿元，ROE高达78%，简直是暴利生意（见下图）。

单位：元

| 子公司名称 | 本期发生额 | | | | 上期发生额 | | | |
|---|---|---|---|---|---|---|---|---|
| | 营业收入 | 归属于母公司所有者的净利润 | 综合收益总额 | 经营活动现金流量 | 营业收入 | 归属于母公司所有者的净利润 | 综合收益总额 | 经营活动现金流量 |
| 长春百克生物科技股份公司 | 1,031,804,211.38 | 204,489,007.89 | 204,489,007.89 | 66,947,199.41 | 735,401,952.02 | 125,468,673.24 | 125,468,673.24 | 135,591,786.85 |
| 长春金赛药业股份有限公司 | 3,196,155,103.46 | 1,131,970,544.33 | 1,128,646,507.77 | 1,090,457,983.99 | 2,084,060,271.32 | 685,692,360.95 | 682,684,261.41 | 648,930,381.56 |
| 吉林华康药业股份有限公司 | 527,546,853.73 | 31,694,958.90 | 31,316,485.58 | 17,856,229.36 | 652,327,597.39 | 33,703,349.30 | 33,361,239.06 | 45,423,275.79 |

数据来源：WIND，长春高新2018年年报，初善君整理

至于金赛药业的另外股东，分别是个人股东，金磊持股24%，林殿海持股6%（见下图）。

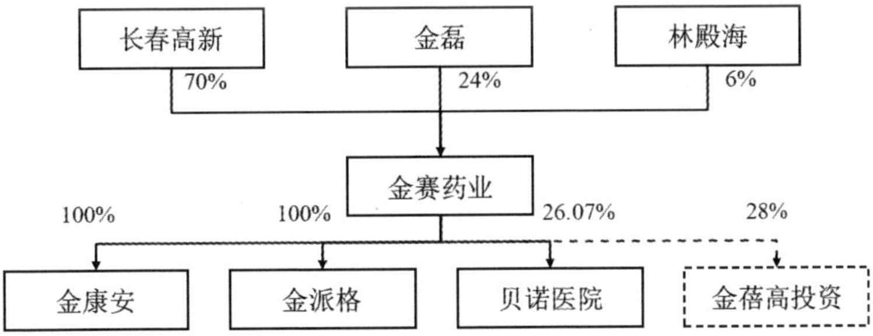


数据来源：WIND，长春高新资产重组报告，初善君整理

上市公司2019年打算购买两人持有金赛药业的股份，价格为56.37亿元。没有看错，是56.37亿元（见下图）。

其他的公司就不深入分析了，有些是历史问题，有些可能是利益输送问题，不过证据不明显，也不能乱下结论。

单位：万元

| 交易对方 | 拟转让金赛药业股权比例 | 总对价 | 股份对价 | 直接发行股份数量（股） | 可转换债券对价 | 发行可转换债券数量（张） | 可转换债券按初始转股价格可转股数量（股） |
|---|---|---|---|---|---|---|---|
| 金磊 | 23.50% | 449,032.26 | 404,032.26 | 23,261,688 | 45,000.00 | 4,500,000 | 2,590,822 |
| 林殿海 | 6.00% | 114,646.53 | 114,646.53 | 6,600,641 | — | — | — |
| 合计 | **29.50%** | **563,678.79** | **518,678.79** | **29,862,329** | **45,000.00** | **4,500,000** | **2,590,822** |

数据来源：WIND，长春高新资产重组报告，初善君整理

### 5. 乐视、暴风的秘密

与上面内容相反，还可以通过持股比例的安排把亏损留给少数股东，从而保证上市公司的盈利。这招乐视网用过，暴风集团也用过。

暴风影音2016年和2017年分别实现净利润−2.42亿元和−1.75亿元，但是归属于母公司所有者的净利润分别为盈利0.53亿元和0.55亿元。为什么会神奇的盈利，就是少数股东损益分别为−2.94亿元和−2.30亿元（见下图）。

| | 2019-09-30 | 2018-12-31 | 2017-12-31 | 2016-12-31 | 2015-12-31 |
|---|---|---|---|---|---|
| **营业利润** | -2.16 | -17.97 | -2.56 | -3.91 | 1.61 |
| 加：营业外收入 | 0.06 | 0.07 | 0.14 | 0.27 | 0.10 |
| 减：营业外支出 | 5.24 | 0.50 | 0.15 | 0.09 | 0.04 |
| 其中：非流动资产处置净损失 | | | | 0.02 | 0.00 |
| 加：利润总额差额(特殊报表科目) | | | | | |
| 利润总额差额(合计平衡项目) | | | | | |
| **利润总额** | -7.34 | -18.40 | -2.58 | -3.73 | 1.67 |
| 减：所得税 | -0.16 | 1.84 | -0.83 | -1.32 | 0.10 |
| 加：未确认的投资损失 | | | | | |
| 加：净利润差额(特殊报表科目) | | | | | |
| 净利润差额(合计平衡项目) | | | | | |
| **净利润** | -7.18 | -20.23 | -1.75 | -2.42 | 1.58 |
| 持续经营净利润 | -7.18 | -19.96 | -1.75 | | |
| 终止经营净利润 | | -0.28 | | | |
| 减：少数股东损益 | -0.68 | -9.33 | -2.30 | -2.94 | -0.16 |
| 归属于母公司所有者的净利润 | -6.50 | -10.90 | 0.55 | 0.53 | 1.73 |

数据来源：WIND，暴风影音，初善君整理

原因就是并表的暴风智能大幅亏损，2017年实现营业收入13.48亿元，实现净利润−3.20亿元，上市公司暴风集团持有暴风智能的股份只有24%，但是根据协议依然并表了，导致合并报表净利润大幅亏损。

很多人会说，直接剥离不好吗？为什么要并表呢？因为上市公司需要暴风智能的收入，有了高速增长的收入才能在资本市场上获得较高的估值。当年乐视网的逻辑也是如此。

同时，根据2018年披露的数据，苏宁易购、京东方和永辉超市等都存在类似的情况。苏宁易购少数股东损益亏损6.85亿元，但是归属于母公司股东的净利润高达133.28亿元；京东方A少数股东损益亏损5.55亿元，但是归属于母公司股东的净利润高达34.35亿元；永辉超市少数股东损益亏损4.83亿元，但是归属于母公司股东的净利润高达14.80亿元（见下表）。

| 证券简称 | 少数股东权益（亿元） | 归属母公司股东的权益（亿元） | 所有者权益合计（亿元） | 少数股东损益（亿元） | 归属母公司股东的净利润（亿元） | 净利润（亿元） |
|---|---|---|---|---|---|---|
| 乐视网 | −4.60 | −30.26 | −34.86 | −16.38 | −40.96 | −57.34 |
| *ST中孚 | −8.67 | 33.01 | 24.34 | −16.21 | −25.44 | −41.65 |
| 暴风集团 | −8.77 | 0.24 | −8.53 | −9.33 | −10.90 | −20.23 |
| 中国重工 | −2.29 | 844.36 | 842.07 | −8.53 | 6.73 | −1.80 |
| 潞安环能 | −14.28 | 239.01 | 224.73 | −7.22 | 26.63 | 19.41 |
| 苏宁易购 | 72.94 | 809.17 | 882.11 | −6.85 | 133.28 | 126.43 |
| 华东科技 | 69.38 | 97.95 | 167.33 | −6.42 | −9.87 | −16.30 |
| *ST海马 | 8.93 | 48.84 | 57.77 | −6.36 | −16.37 | −22.73 |
| 江淮汽车 | 8.68 | 128.56 | 137.25 | −6.34 | −7.86 | −14.21 |
| 中船防务 | 46.29 | 97.27 | 143.56 | −6.05 | −18.69 | −24.74 |
| 京东方A | 345.01 | 858.57 | 1,203.57 | −5.55 | 34.35 | 28.80 |
| 永辉超市 | 0.77 | 193.55 | 194.32 | −4.83 | 14.80 | 9.97 |

*数据来源：WIND，初善君整理*

这种操作其实很容易理解。比如，永辉超市，为抢占新零售，成立永辉云创，主要业务就是超级物种，但是这种快速开店非常烧钱，从而引入外部股东，在这种情况下，新公司亏钱，引入外部股东的少数股东权益自然就是负的。

从上市公司角度来看，可能就需要把亏损子公司剥离出去，最大化地减少新成立子公司对上市公司的负面影响。至于剥离是否更好，那就不得而知了。

苏宁易购也是如此。

少数股东权益和少数股东损益真是妙用无穷，我们在估值时，一定要使用归属于母公司所有者的净利润或者净资产，所以需要关注少数股东的影响。

比如欧亚集团（见下图）。2017年、2018年和2019年前三季度实现净利润6.10亿元、6.10亿元和4.54亿元，而市值只有27亿元，看样子市盈率只有4倍左右。但是看归属于母公司股东的净利润只有3.05亿元、2.60亿元和1.99亿元，估值大概超10倍。

| | 2019-09-30 | 2018-12-31 | 2017-12-31 | 2016-12-31 | 2015-12-31 |
|---|---|---|---|---|---|
| 报告期 | 三季报 | 年报 | 年报 | 年报 | 年报 |
| 数据来源 | 合并报表 | 合并报表 | 合并报表 | 合并报表 | 合并报表 |
| ⊟**利润表摘要** | | | | | |
| 营业总收入 | 124.52 | 156.00 | 139.81 | 130.24 | 129.05 |
| 同比(%) | 9.78 | 11.58 | 7.35 | 0.92 | 11.81 |
| 营业总成本 | 118.51 | 148.12 | 131.69 | 122.90 | 122.11 |
| 营业利润 | 6.07 | 8.33 | 8.25 | 7.25 | 6.93 |
| 同比(%) | 1.44 | 0.90 | 13.86 | 4.59 | 23.00 |
| 利润总额 | 6.06 | 8.20 | 8.44 | 7.68 | 7.26 |
| 同比(%) | 2.49 | -2.88 | 9.95 | 5.82 | 21.33 |
| 净利润 | 4.54 | 6.10 | 6.10 | 5.70 | 5.44 |
| 归属母公司股东的净利润 | 1.99 | 2.60 | 3.05 | 3.27 | 3.24 |
| 同比(%) | 0.30 | -14.88 | -6.75 | 0.90 | 8.57 |
| 非经常性损益 | 0.02 | 0.42 | 0.30 | 0.15 | 0.16 |
| 扣非后归属母公司股东的净利润 | 1.98 | 2.18 | 2.75 | 3.13 | 3.08 |
| 同比(%) | 5.15 | -20.76 | -11.90 | 1.38 | 9.36 |

数据来源：WIND，欧亚集团，初善君整理

当我们谈论估值时，一定是归属母公司股东的净利润和净资产。

# 第九章

# 利润表

利润表是什么?是三大报表之一,反映公司一定会计期间(如月度、季度、半年度或年度)生产经营成果的会计报表,又称损益表。它全面揭示了公司在某一特定时期实现的各种收入、发生的各种费用、成本或支出,以及公司实现的利润或发生的亏损情况。

举个不恰当的例子,笔者假如有一家公司,那么利润表就可以反映一年赚多少钱。工资是营业收入,开车的折旧或者坐地铁的交通费算营业成本,吃喝拉撒算管理费用,应酬支出算销售费用,一年可以存的钱就是利润。所以利润表反映了笔者一年到底存了多少钱,假如入不敷出,就是亏损。

利润表的分析可以分为三步，这是表中本身就分好的。第一步是营业利润，营业收入–营业成本–三项期间费用–资产减值损失±公允价值变动损益±投资收益；第二步是利润总额：营业利润+营业外收入–营业外支出，由于没有扣除所得税，因此利润总额也称税前利润；第三步是最终结果净利润：利润总额–所得税费用（见下图）。其实后面还有一步，扣除少数股东损益，是归属于母公司所有者的净利润。

| | |
|---|---|
| 1 | 营业收入 |
| 2 | 营业成本 |
| 3 | 税金及附加 |
| 4 | 销售费用 |
| 5 | 管理费用 |
| 6 | 财务费用 |
| 7 | 资产减值损失 |
| 8 | **其他经营收益** |
| 9 | 公允价值变动净收益 |
| 10 | 投资净收益 |
| 11 | 其中：对联营企业和合营企业的投资收益 |
| 12 | 汇兑净收益 |
| 13 | 资产处置收益 |
| 14 | 其他收益 |
| 15 | **营业利润** |
| 16 | 加：营业外收入 |
| 17 | 减：营业外支出 |
| 18 | 其中：非流动资产处置净损失 |
| 19 | **利润总额** |
| 20 | 减：所得税 |
| 21 | 加：未确认的投资损失 |
| 22 | **净利润** |
| 23 | 减：少数股东损益 |
| 24 | 归属于母公司所有者的净利润 |

数据来源：WIND，初善君整理

我们先简单来看每个科目的含义，营业收入指在一定时期内，商业公司销售商品或提供劳务所获得的货币收入，营业成本与此对应，指销售商品的成本或者提供劳务的成本。

税金及附加指营业过程中无论是否盈利都需要缴纳的税费，不含增值税。利润表中所有科目均不含增值税。

销售费用是为销售商品（或服务）产生的费用。常见的广告费、促销费、销售人员的工资福利及提成等都在这里核算。

管理费用是与公司管理环节有关的费用，包含管理者工资福利、工会经费、职工教育经费、行政开支、办公楼的折旧或租金等。

研发费用是公司为开发新技术、新产品、新工艺发生的研究开发费用。这里需要说明的是，利润表中的研发费用并不一定代表公司研发投入全部，仅仅是费用化部分，资本化部分已经转入资产负债表无形资产或者开发支出。

财务费用一般以净额列示，包括利息收入、利息支出和相关手续费，所以存款多贷款少的公司，利息费用可以是负数。

投资净收益，这也是一个可正可负的科目，关键是看投资是赚钱还是亏钱，往往与资产负债表的金融资产（包括理财产品）对应。

资产减值损失（含信用减值损失）是指因资产的账面价值高于其可收回金额而造成的损失。

营业外收支和所得税费用就不介绍了。

对广大投资者来说，第一关注的报表就是利润表：利润表提供了盈利能力、成长能力、盈利质量等大家最关注的信息。所以如何强调利润表的重要性都不为过，下面从盈利能力、成长能力和盈利质量三个方面分析利润表。

## 一、盈利能力指标

盈利能力是指公司的赚钱能力。比如，贵州茅台90%的毛利率，那么1 499元出厂价的飞天茅台成本是多少？简单计算一下，成本只有149.9元。把成本149.9元的产品卖到1 499元，这就是公司的赚钱能力。

常见的盈利能力指标包括毛利率、净利率和净资产收益率（ROE）。其中，毛利率和净利率可以通过利润表直接计算，而净资产收益率则是利润表和资产负债表的结合。

### 1. 毛利率

（1）基本概念

毛利率这个指标非常重要，它是公司盈利的起点，很大程度上决定了一家公司最终的盈利能力，毛利率越高，公司越容易获得高净利率。从本质上来看，毛利率反映一个商品经过公司生产加工后的升值能力。

计算公式：

毛利率=毛利/营业收入×100%=（营业收入–营业成本）/营业收入×100%。

从公式来看，决定毛利率高低的是营业收入和营业成本。营业收入由产品价格决定，营业成本由原材料成本、生产折旧等内容决定。换句话来说，原材料进价越低，产品售价越高，毛利率越高。

（2）毛利率的影响因素

2019年毛利率最高的3个行业分别是医药生物、食品饮料和计算机，也是A股牛股最多的3个行业。这说明什么，说明毛利率高在投资中的重要性。为什么这3个行业的毛利率最高？医药生物一般都具有独特性，任意一款药生产的厂家越少，可能毛利率就越高，如果是单一厂家生产，毛利率可能在95%以上。食品饮料的高毛利率来源于品牌建设，贵州茅台90%的毛利率也是来源于品牌建设。换句话来说，来源于茅台酒的稀缺性。计算机行业很多产品或者服务有很高的技术壁垒，因此毛利率也比较高（见下图）。

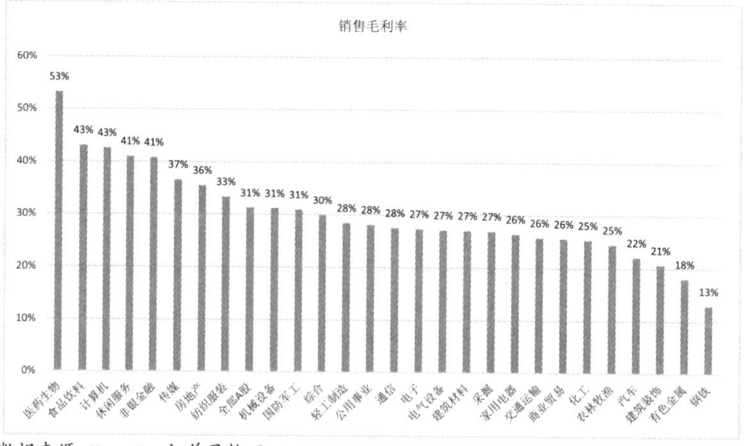


数据来源：WIND，初善君整理

毛利率最低的3个行业是建筑装饰、有色金属和钢铁，建筑装饰行业技术附加值低，有色金属和钢铁行业的公司有不少是贸易收入。整体来看，毛利率低的原因主要是产品附加值低。

所以得出结论：产品或服务越稀缺，公司的毛利率将越高。

再换个角度来看，一般情况下，毛利率与行业直接相关，而决定行业毛利率则主要有两大因素：行业周期、上下游的议价能力。

首先，对一个成长型的行业来说，产品供不应求，公司就有提价的动力，毛利率就可能提高。相反，假设行业产能过剩，那么大家都会选择降价促销，毛利率自然下降。

其次，不同行业的产业链议价能力不同。对白酒行业来说，上游都是农产品，供应充足，下游都是经销商或者消费者，议价能力差，因此白酒行业议价能力较强。假如国家规定白酒只能由某一个经销商来卖，那么这个经销商议价能力无敌，白酒公司毛利率肯定会下降。

电子行业有个微笑曲线理论，电子产业链两端赚大钱，中间赚加工费。为什么会这样？还不是上下游公司想发展起来，需要更大的投入。

（3）毛利率分析时的注意事项

上市公司披露的毛利率一般是综合毛利率，如果公司产品比较多，则需要看单项产品的毛利率。比如，2016年格力电器毛利率比美的集团高5%左右（见下图），能说明格力电器的产品竞争力比美的强吗？这5%是格力掌握核心科技带来的吗？

格力电器

| 科目 | 2016年 | 2015年 | 变动 | 变动率 |
|---|---|---|---|---|
| 营业收入 | 1,083.03 | 977.45 | 105.58 | 11% |
| 营业成本 | 728.86 | 660.17 | 68.69 | 10% |
| 毛利 | 354.17 | 317.28 | 36.89 | 12% |
| 毛利率 | 32.70% | 32.46% | 0.00 | 1% |

美的集团

| 科目 | 2016年 | 2015年 | 变动 | 变动率 |
|---|---|---|---|---|
| 营业收入 | 1,590.44 | 1,384.41 | 206.03 | 15% |
| 营业成本 | 1,156.15 | 1,026.63 | 129.52 | 13% |
| 毛利 | 434.29 | 357.78 | 76.51 | 21% |
| 毛利率 | 27.31% | 25.84% | 0.01 | 6% |

数据来源：WIND，初善君整理

其实并不能这么说，因为美的除了空调之外，还有洗衣机、冰箱和小家电等。因此，关于毛利率，还需要按产品去分析。

我们从产品来看，格力的收入主要是空调，2016年毛利率高达38.54%，而美的空调同期毛利率只有30.56%，差额约为8%，看来格力的空调竞争力强过美的空调是毋庸置疑的，这个“核心科技”带来的毛利率不止5%。当然在小家电领域，美的无论是规模还是毛利率都秒杀格力，这也是在小家电领域美的得以称王的表现（见下图）。

格力

| 科目 | 2016年 | 2015年 |
|---|---|---|
| **空调** | | |
| 收入 | 880.85 | 837.18 |
| 成本 | 541.40 | 535.82 |
| 毛利 | 339.46 | 301.36 |
| 毛利率(%) | 38.54 | 36.00 |
| **小家电** | | |
| 收入 | 17.18 | 15.23 |
| 成本 | 13.38 | 12.09 |
| 毛利 | 3.80 | 3.13 |
| 毛利率(%) | 22.11 | 20.57 |

美的

| 科目 | 2016年 | 2015年 |
|---|---|---|
| **空调及零部件** | | |
| 收入 | 667.81 | 644.92 |
| 成本 | 463.72 | 462.71 |
| 毛利 | 204.09 | 182.21 |
| 毛利率(%) | 30.56 | 28.25 |
| **洗衣机及零部件** | | |
| 收入 | 161.19 | 120.18 |
| 成本 | 115.12 | 86.41 |
| 毛利 | 46.07 | 33.77 |
| 毛利率(%) | 28.58 | 28.10 |
| **冰箱及零部件** | | |
| 收入 | 149.56 | 114.23 |
| 成本 | 115.07 | 87.75 |
| 毛利 | 34.49 | 26.48 |
| 毛利率(%) | 23.06 | 23.18 |
| **小家电** | | |
| 收入 | 432.83 | 354.46 |
| 成本 | 304.32 | 265.75 |
| 毛利 | 128.51 | 88.71 |
| 毛利率(%) | 29.69 | 25.03 |

数据来源：WIND，初善君整理

因此，如果公司产品线较多，比如做收入、利润预测或者分析毛利率变动的原因时，需要对不同的产品或者业务拆分来看。

事实上，监管要求上市公司必须按照行业、产品或者区域披露数据，这对于我们分析毛利率的用处很大。比如，美的集团2019年年报第33页，按照行业、产品和地区披露了营业收入、营业收入、毛利率及其变动情况。由下图可以看到，美的的空调和消费电器营业收入增长，毛利率也在上升。

单位：千元

| | 营业收入 | 营业成本 | 毛利率 | 营业收入比上年同期增减 | 营业成本比上年同期增减 | 毛利率比上年同期增减 |
|---|---|---|---|---|---|---|
| 分行业 | | | | | | |
| 制造业 | 254,286,134 | 176,594,422 | 30.55% | 6.81% | 4.71% | 1.39% |
| 分产品 | | | | | | |
| 暖通空调 | 119,607,379 | 81,626,941 | 31.75% | 9.34% | 7.56% | 1.12% |
| 消费电器 | 109,486,791 | 75,014,044 | 31.49% | 6.31% | 2.82% | 2.33% |
| 机器人及自动化系统 | 25,191,964 | 19,953,437 | 20.79% | -1.89% | 0.72% | -2.06% |
| 分地区 | | | | | | |
| 国内 | 161,432,313 | 110,867,529 | 31.32% | 8.16% | 6.93% | 0.79% |
| 国外 | 116,783,704 | 87,046,399 | 25.46% | 5.78% | 3.04% | 1.98% |

数据来源：WIND，初善君整理

作为对比，格力电器2019年年报第20页显示，空调业务营业收入下滑10.93%，毛利率为37.12%，增长0.64%，这个毛利率依然远高于美的集团空调31.75%的毛利率（见下图）。

单位：人民币元

| | 营业收入 | 营业成本 | 毛利率 | 营业收入比上年同期增减 | 营业成本比上年同期增减 | 毛利率比上年同期增减 |
|---|---|---|---|---|---|---|
| 分行业 | | | | | | |
| 制造业 | 156,888,659,016.13 | 103,703,283,171.60 | 33.90% | -8.03% | -7.74% | -0.21% |
| 其他业务 | 41,264,368,524.22 | 39,796,089,409.76 | 3.56% | 49.88% | 54.07% | -2.62% |
| 分产品 | | | | | | |
| 空调 | 138,665,055,103.82 | 87,192,449,061.21 | 37.12% | -10.93% | -11.83% | 0.64% |
| 其他业务 | 41,264,368,524.22 | 39,796,089,409.76 | 3.56% | 49.88% | 54.07% | -2.62% |
| 分地区 | | | | | | |
| 内销 | 136,073,206,974.43 | 85,697,917,155.53 | 37.02% | -8.26% | -7.95% | -0.21% |
| 外销 | 20,815,452,041.70 | 18,005,366,016.07 | 13.50% | -6.53% | -6.71% | 0.16% |
| 其他业务 | 41,264,368,524.22 | 39,796,089,409.76 | 3.56% | 49.88% | 54.07% | -2.62% |

数据来源：WIND，初善君整理

所以2019年年报中格力电器、美的集团综合毛利率分别为27.58%和28.86%，如果不看明细，我们会以为美的集团空调的毛利率超过格力电器。实际上，长久以来，格力电器都在“压制”美的集团。

（4）毛利率与存货的关系

毛利率是根据营业收入和营业成本计算的，而营业成本与存货直接相关，因此毛利率与存货关系密切。

这部分内容的关键是毛利率变化趋势要与存货变化趋势保持一致，否则就有利润调节的嫌疑。比如，公司存货周转速度放慢意味着营运能力在下降，销售放缓，且存货周转率下降也说明产品竞争力可能下降，竞争力不强。此时，毛利率同时下降的可能性较大，如果相反，那么就需要分析原因了。

此外，如果一家公司的毛利率很低，可以判断公司产品市场竞争力较弱，存货计提减值的风险就很高。

关于毛利率与存货的具体分析，可以参见存货部分。

（5）毛利率与造假

浑水做空的财务指标特征中，“远高于同行业的毛利率”排在第一位。可是事实上，异于同行业的毛利率是一件很正常的事情，笔者可以举出无数的反例。

比如，已公布2018年年报中，同样是高粱、小麦兑水的白酒行业，贵州茅台毛利率接近90%，酒鬼酒的毛利率也高达74.80%，排名第二，而近两年股价大涨的顺鑫农业，其毛利率只有30.79%（见下图）。毛利率为什么差这么多？

| 排名 | 代码 | 证券简称 | 销售毛利率(%) | | | |
|---|---|---|---|---|---|---|
| | | | 2019一季报 | 2018年报 | 2017年报 | 2016年报 |
| | | 最高值 | 74.17 | 89.54 | 88.07 | 89.46 |
| | | 平均值 | 53.98 | 61.39 | 55.67 | 54.56 |
| 1 | 603369.SH | 今世缘 | 70.11 | 67.35 | 67.21 | 67.88 |
| 2 | 603589.SH | 口子窖 | 74.17 | 69.51 | 67.28 | 66.99 |
| 3 | 603919.SH | 金徽酒 | 51.24 | 55.61 | 56.68 | 54.52 |
| 4 | 600238.SH | *ST椰岛 | 20.40 | 27.59 | 13.70 | 23.78 |
| 5 | 603198.SH | 迎驾贡酒 | -- | -- | 53.27 | 54.68 |
| 6 | 600809.SH | 山西汾酒 | -- | -- | 62.06 | 60.98 |
| 7 | 600779.SH | 水井坊 | -- | -- | 75.46 | 72.54 |
| 8 | 600702.SH | 舍得酒业 | -- | 68.02 | 70.58 | 59.58 |
| 9 | 000596.SZ | 古井贡酒 | -- | -- | 71.83 | 69.90 |
| 10 | 600519.SH | 贵州茅台 | -- | 89.54 | 88.07 | 89.46 |
| 11 | 831799.OC | 九华山酒 | -- | -- | 37.88 | 30.31 |
| 12 | 600199.SH | 金种子酒 | -- | -- | 44.55 | 47.58 |
| 13 | 600197.SH | 伊力特 | -- | -- | 38.73 | 41.13 |
| 14 | 002304.SZ | 洋河股份 | -- | -- | 64.40 | 63.24 |
| 15 | 000995.SZ | *ST皇台 | -- | -- | 10.54 | 14.16 |
| 16 | 000860.SZ | 顺鑫农业 | -- | 30.79 | 25.74 | 26.10 |
| 17 | 000858.SZ | 五粮液 | -- | 69.27 | 68.34 | 67.64 |
| 18 | 000799.SZ | 酒鬼酒 | -- | 74.80 | 73.73 | 70.64 |
| 19 | 000568.SZ | 泸州老窖 | -- | -- | 67.79 | 58.18 |
| 20 | 600559.SH | 老白干酒 | -- | -- | 55.47 | 51.97 |

数据来源：WIND，初善君整理

再如内衣行业，同样是一块布，汇洁股份的毛利率高达67%，浪莎股份的毛利率只有18%（见下图）。为什么差这么多，不会有造假吧？

| 排名 | 代码 | 证券简称 | 销售毛利率(%) | | |
|---|---|---|---|---|---|
| | | | 2018年报 | 2017年报 | 2016年报 |
| | | 最高值 | 19.26 | 67.35 | 67.89 |
| | | 平均值 | 19.26 | 37.68 | 36.96 |
| 1 | 603558.SH | 健盛集团 | -- | 27.37 | 24.96 |
| 2 | 600137.SH | 浪莎股份 | 19.26 | 18.31 | 18.03 |
| 3 | 002763.SZ | 汇洁股份 | -- | 67.35 | 67.89 |

数据来源：WIND，初善君整理

很显然，如果是以上两个行业，通过异于行业的毛利率来判断公司有财务造假的嫌疑，很容易贻笑大方。理论上在充分竞争的市场中，每家公司只能取得平均的利润率，因此在使用这个指标时，一定要注意适应性：在To C领域，品牌可以带来超额的毛利率；在To B的制造业领域，先进的技术也可以带来超额毛利率。

此外，通过延长固定资产折旧年限这种纯会计指标，减少固定资产折旧额减少固定成本，提高毛利率。

通过减少交易环节也可以提高毛利率，比如伟星新材（见下图），在管型材领域，它的毛利率远高于竞争对手，连续三年高于45%，主要竞争对手则只有20%左右（针对这一点，笔者也奇怪，既然它可以做零售业务，为什么其他公司没有模仿）。

| 排名 | 代码 | 证券简称 | 销售毛利率(%) | | | |
|---|---|---|---|---|---|---|
| | | | 2019一季报 | 2018年报 | 2017年报 | 2016年报 |
| | | 最高值 | 24.58 | 46.22 | 46.12 | 45.93 |
| | | 平均值 | 18.78 | 26.93 | 25.06 | 26.72 |
| 1 | 002372.SZ | 伟星新材 | -- | 46.22 | 46.12 | 45.93 |
| 2 | 002671.SZ | 龙泉股份 | 19.66 | 38.95 | 37.43 | 32.92 |
| 3 | 300021.SZ | 大禹节水 | -- | 27.77 | 25.56 | 25.82 |
| 4 | 603616.SH | 韩建河山 | 24.58 | 22.48 | 18.97 | 23.33 |
| 5 | 603856.SH | 东宏股份 | -- | 21.99 | 21.59 | 26.56 |
| 6 | 002205.SZ | 国统股份 | 22.69 | 20.96 | 20.19 | 22.84 |
| 7 | 000619.SZ | 海螺型材 | 8.20 | 10.13 | 10.44 | 13.39 |
| 8 | 300599.SZ | 雄塑科技 | -- | -- | 20.64 | 20.63 |
| 9 | 002641.SZ | 永高股份 | -- | -- | 22.30 | 26.95 |
| 10 | 002457.SZ | 青龙管业 | -- | -- | 29.28 | 28.90 |
| 11 | 002694.SZ | 顾地科技 | -- | -- | 25.20 | 23.69 |
| 12 | 300198.SZ | 纳川股份 | -- | -- | 22.94 | 29.70 |

数据来源：WIND，初善君整理

高毛利的公司经营现金流不会差，理由是高毛利率一般意味着它在产业链上拥有强势地位，公司会尽量占用上游客户的资金，同时不给下游客户很长的赊账期，现金流应该很好才对。

理论上大部分公司确实如此，可事实上并非如此，东阿阿胶、片仔癀、广誉远2018年的毛利率分别为65%、42%和81%，但是其2018年净现比都远小于1，尤其是广誉远，更是连续多年经营现金流净流出。

那么，如何看待这个问题呢？还是要看产业链的竞争情况。对医药公司来说，尤其是中药公司，谁掌握了终端谁才有话语权，人家才不管你毛利率高低呢。在这种情况下，你的现金流好坏与毛利率关系不大。

对汽车业来说，话语权最强的是整车公司，其次是它的上下游公司。从毛利率角度来看，整车不足20%的毛利率远不如一些关键零部件30%以上的毛利率，可是零部件公司的现金流往往不如整车公司。

总之，毛利率异常，是投资者必须要关注的问题。这种异常包括两种：一是大幅高于同行可比上市公司；二是变动趋势与同行可比上市公司或行业整体背景不符。

（6）毛利率的九点认识

一是不同行业毛利率差异很大。

这一点相信大家都有共识，毕竟不同行业的商业模式不同。如下表所示，虽然医药生物毛利率最高，但是它的费用率也是最高的。为什么？因为医药生物的高毛利率来自它的高销售费用和研发费用，所以虽然医药生物的毛利率很高，但是最终赚到的钱，净利率并不是最高的。

| 一级行业 | 销售毛利率（%） | 销售期间费用率（%） | 销售净利率（%） |
|---|---|---|---|
| 医药生物 | 54 | 38 | 14 |
| 休闲服务 | 46 | 32 | 12 |
| 计算机 | 45 | 32 | 14 |
| 食品饮料 | 44 | 24 | 14 |
| 房地产 | 37 | 18 | 26 |
| 传媒 | 36 | 28 | 32 |

数据来源：WIND，初善君整理

二是同行业公司毛利率高的一定优秀吗？这一点一定会有争议，毛利率高代表产品竞争力强。实际上毛利率也与商业模式有关，毛利率高并不一定代表公司优秀。

比如，白酒的贵州茅台和顺鑫农业，两者毛利率相差甚多，但是顺鑫农业的业绩和股价也表现很好。原因在于两者虽然都是白酒，但是贵州茅台主打品牌，顺鑫农业主打走量，它们都取得了很好的成绩。

三是如果简单地将上市公司业务分为To B和To C两大类，你会发现同行业的To B公司毛利率差异较小，同行业的To C公司毛利率差异较大。这一点笔者曾经反复说过，主要还是因为To C公司可以建立品牌优势，获得超额收益。

四是高毛利来源不同，可能包括公司经营垄断、产品竞争力强、行业景气度高，而低毛利基本都是因为产品供过于求或者产品附加值低。

五是毛利率与费用率有关。一般情况下，非消费类上市公司有一个特点，就是毛利率与期间费用率有关系（包括管理费用、销售费用和研发费用等）。

比如医药生物公司，产品毛利率非常高，但是同时产品推广费用非常高，研发费用也非常高，因此虽然生物医药毛利率高，但是净利率并不一定高。主要是因为高毛利率来源于研发费用，科技行业与此类似，研发投入高，研发费用率可能就高。

六是在IPO时，毛利率的解释一般是重中之重，尤其是毛利率高于同行或者毛利率波动较大。

高于同行能解释吗？只要是真实的，当然能解释。比如，成本比别人低，原因可能是原材料成本低、成本管理先进、采购模式优势。

售价比别人高售价高，原因可能是技术含量高（发明专利、行业壁垒、工艺水平）、采用直销模式（副作用是回款慢）、品牌优势（广告作用）。

产品结构不同，虽然有类似的上市公司，但细分产品还是不同，比如，定制化的产品、更高端的产品，所以不具可比性。

七是高科技公司毛利率一定高？不一定，比如，京东方A2019年的毛利率只有15.18%。

首先，毛利率与上下游有关。京东方A面板的下游主要是电视和手机，这两者更新换代频繁，毛利率本来就不高，国内市占率第一的海信电视毛利率一直在20%左右，小米手机的毛利率更是不到7%。在这种情况下，作为上游的面板毛利率能有多少？

其次，毛利率与投入有关。面板作为资金密集型公司，一条生产线动辄400亿元以上的投资额，每年计入成本的折旧都要几十亿元。在这种情况下，毛利率高也不现实。

最后，还要考虑产业链转移情况。10年前，中国进口最大的两项物品，一项是原油，另一项是半导体，缺芯少屏的帽子戴了很多年。京东方A和华星光电通过大额投资把面板的话语权“抢”了回来，在这种情况下，毛利率高也不现实。

八是毛利率的魔力，贵州茅台和五粮液的毛利率分别为91%和74%，看起来相差不多，假设两者的成本都是100元，售价相差多少呢？2.88倍。

也就是说，毛利率只差17个百分点，看似不多，但是售价相差2.88倍，换算完贵州茅台的售价是1 111元，五粮液的售价是385元。大家可以算算，这就是毛利率的魔力。

九是如何提高毛利率？

对于投资者，如果公司的毛利率一直在提高，那么盈利能力在增加，无疑是非常好的投资机会。

比如，海天味业毛利率一直在提高，2010年只有32.99%，2018年已经高达46.47%，其间费用率则稳步在15%左右，为什么净利润增长率超过营业收入增长率的答案就在这里。

那么，为什么能提高毛利率呢？一是改善产品结构，提高高毛利率产品占比，二是增加研发投入提高产品竞争力。但是海天酱油这种消费品，单价低，主要还是靠提价。所以，本质上这些年毛利率的提升主要是提价。据悉，2010年单价4.25元涨到2017年的5.40元，7年涨价27%。这对于消费者来说，感觉确实不明显。

## 2. 净利率

（1）基本概念

净利率是指公司实现净利润与销售收入的对比关系，用于衡量公司在一定时期的销售收入带来了多少利润。

销售净利率的计算公式为：销售净利率=(净利润/销售收入)×100%

净利率与毛利率的主要区别是，在毛利的基础上扣除期间费用、营业外收支、所得税等，体现了公司产品最终的盈利能力。其中的期间费用包括销售费用、管理费用、研发费用及财务费用。

（2）如何看待净利率

很明显，净利率比毛利率更重要。但是光看净利率其实并没有什么实际意义，通过对公司的了解和分析，判断公司净利率的来源（驱动因素），并且分析判断公司净利率的变化趋势，这才是我们做分析的重中之重。

高净利率的公司有什么特点，或者说凭什么能有可持续的高净利率呢？

第一种无疑是垄断。垄断可以带来高净利率，而公用事业公司具有极强的垄断性质，也是巴菲特的最爱。东莞控股是高速公路收费、伟明环保是垃圾焚烧发电，桂冠电力是发电，乐凯新材是蓝色火车票供应商，基本属于垄断地位。4家公司的净利率分别为61.2%、49.2%、32.0%和40.4%，其对应的ROE也分别为16.5%、24.0%、17.9%和19.7%（见下表）。

| 证券简称 | 2017 年 ROE（%） | 净利率（%） | 行　业 | 原　因 | 首发上市日期 |
|---|---|---|---|---|---|
| 东莞控股 | 16.5 | 61.2 | 交通运输 | 垄断 | 1997-06-17 |
| 伟明环保 | 24.0 | 49.2 | 公用事业 | 垄断 | 2015-05-28 |

续表

| 证券简称 | 2017 年 ROE（%） | 净利率（%） | 行　　业 | 原　　因 | 首发上市日期 |
|---|---|---|---|---|---|
| 桂冠电力 | 17.9 | 32.0 | 公用事业 | 垄断 | 2000-03-23 |
| 乐凯新材 | 19.7 | 40.4 | 化工 | 垄断 | 2015-04-23 |

数据来源：WIND，初善君整理

第二种是品牌。品牌带来高净利率，我国消费品上市公司中，凭借品牌获取高净利率的很少。但是我们有白酒，有4家白酒公司凭借高净利率进入高ROE榜单，分别为贵州茅台、洋河股份、口子窖和今世缘，净利率分别为47.5%、33.2%、30.9%和30.3%（见下表）。

| 证券简称 | 2017 年 ROE（%） | 净利率（%） | 行　　业 | 原　　因 | 首发上市日期 |
|---|---|---|---|---|---|
| 贵州茅台 | 33.0 | 47.5 | 食品饮料 | 品牌 | 2001-08-27 |
| 洋河股份 | 23.9 | 33.2 | 食品饮料 | 品牌 | 2009-11-06 |
| 口子窖 | 23.9 | 30.9 | 食品饮料 | 品牌 | 2015-06-29 |
| 今世缘 | 18.1 | 30.3 | 食品饮料 | 品牌 | 2014-07-03 |

数据来源：WIND，初善君整理

第三种就是技术或者研发优势。你有的别人没有，那么在行业中你自然可以获得高净利率，最典型的就是隐形冠军类公司。比如，胰岛素市场的通化东宝、血制品市场的华兰生物、血液灌流器市场的健帆生物等。其他的如色选机、口蹄疫疫苗、缝纫机电控、粉尘螨滴剂、电子装联、电子陶瓷和IVD等市场（见下表），A股都有一个大玩家，而这家上市公司都是那个市场的最大最厉害玩家，因此它们的净利率可以维持在30%以上。这类公司统称为这个市场的冠军，但是因为市场空间不大，外界很少关注，一般被称为隐形冠军，而它们的投资价值冠军就在于这个市场的大小，市场越大，市值空间越大。

| 证券简称 | 2017 年 ROE（%） | 净利率（%） | 行　　业 | 原　　因 | 首发上市日期 |
|---|---|---|---|---|---|
| 通化东宝 | 19.8 | 33.0 | 医药生物 | 胰岛素隐形冠军 | 1994-08-24 |
| 华兰生物 | 18.5 | 33.9 | 医药生物 | 血制品冠军 | 2004-06-25 |
| 健帆生物 | 22.1 | 39.6 | 医药生物 | 血液灌流器市场冠军 | 2016-08-02 |
| 九强生物 | 18.7 | 39.3 | 医药生物 | 生化诊断市场冠军 | 2014-10-30 |
| 美亚光电 | 17.2 | 33.2 | 机械设备 | 色选机隐形冠军 | 2012-07-31 |
| 生物股份 | 21.2 | 45.7 | 农林牧渔 | 口蹄疫疫苗市场冠军 | 1999-01-15 |
| 大豪科技 | 23.1 | 37.6 | 电气设备 | 缝纫机电控市场冠军 | 2015-04-22 |
| 我武生物 | 25.5 | 48.3 | 医药生物 | 粉尘螨滴剂市场冠军 | 2014-01-21 |
| 快克股份 | 19.5 | 36.4 | 机械设备 | 电子装联市场冠军 | 2016-11-08 |
| 三环集团 | 19.7 | 34.7 | 电子 | 电子陶瓷隐形冠军 | 2014-12-03 |
| 安图生物 | 27.0 | 32.1 | 医药生物 | IVD 市场隐形冠军 | 2016-09-01 |

数据来源：WIND，初善君整理

第四种统称为独特的商业模式，比如，南极电商收取的品牌授权费，富森美和美凯龙都是家居大卖场，同花顺、分众传媒、昆仑万维、顺网科技等都因为商业模式取得30%以上的净利率（见下表）。值得一提的是西藏珠峰，可以单独归类为低成本模式或者垄断优势，其主要业务是铅锌等金属的开采，因为资源优势，开采成本低，因此毛利率和净利率特别高。

| 证券简称 | 2017年ROE（%） | 净利率（%） | 行　业 | 原　因 | 首发上市日期 |
|---|---|---|---|---|---|
| 南极电商 | 23.5 | 54.3 | 商业贸易 | 独特商业模式 | 2007-04-18 |
| 富森美 | 16.2 | 51.7 | 商业贸易 | 独特商业模式 | 2016-11-09 |
| 同花顺 | 23.7 | 51.5 | 计算机 | 独特商业模式 | 2009-12-25 |
| 分众传媒 | 65.4 | 49.7 | 传媒 | 独特商业模式 | 2004-08-04 |
| 西藏珠峰 | 74.2 | 45.1 | 有色金属 | 成本优势 | 2000-12-27 |
| 昆仑万维 | 16.8 | 41.3 | 传媒 | 互联网 | 2015-01-21 |
| 顺网科技 | 18.8 | 33.8 | 传媒 | 互联网 | 2010-08-27 |

数据来源：WIND，初善君整理

总之，没有无缘无故的高净利率，其来源类型包括垄断（行政许可。资源垄断）、品牌、技术或者研发优势、独特的商业模式等。这些内容带来的高净利率基本可以在一段时间内稳定保持，是高ROE最稳定的来源。

研究净利率的关键是研究净利润，关于净利润的内容在盈利的质量中进行详细讲述。

### 3. 净资产收益率（ROE）

净资产收益率内容较多，参见第十二章第二节。

## 二、成长能力

成长能力指标很简单，要么是营业收入或者净利润的同比增长率，要么是环比增长率，对我们分析来说，同比增长率用得多一些。

对投资者来说，在评价公司的五大体系（成长性、盈利能力、盈利质量、有息负债、运营能力）中，个人认为成长性永远排在第一，有了成长性，其他的都不重要，这也是成长股投资粉丝最多的原因，成长性太诱人了，成长才配享有高估值：恒瑞医药、爱尔眼科的估值一直高高在上。

但最大的问题也在这里，盈利能力、现金流、有息负债和周转率都能通过历史数据轻松判断未来，而未来成长性最难预测：投资就是谁能准确判断成长性，谁在A股中的机会就更多。

那么，如何看待上市公司的成长性呢？笔者认为除了简单地看营业收入和净利润的增长率之外还有以下关注点。

**1. 营业收入和净利润增长是否匹配**

从理论上来说，营业收入和净利润的增长率应匹配，如果两者增速还保持一致，可以说明当年业绩很优秀，但是依然有很多公司营业收入增速和净利润增速不一致，这种情况依然需要我们去深入了解背后的原因。是产品价格下降导致的毛利率下滑，还是3项费用增长带来的期间费用过高，抑或是其他资产减值损失、商誉减值等原因，就需要更详细地分析。

比如，万科披露2019年年报，投资者发现，2019年万科营业收入的增长则为23.59%，归属母公司股东的净利润增速只有15.10%，这个差异还是比较大的，我们要分析一下背后的原因（见下图）。

| | 2021-12-31 | 2020-12-31 | 2019-12-31 | 2019-09-30 | 2018-12-31 | 2018-09-30 | 2017-12-31 |
|---|---|---|---|---|---|---|---|
| 报告期 | 年报 | 年报 | 年报 | 三季报 | 年报 | 三季报 | 年报 |
| 数据来源 | 盈利预测 | 盈利预测 | 合并报表 | 合并报表 | 合并报表 | 合并报表 | 合并报表 |
| ⊟利润表摘要 | | | | | | | |
| 营业总收入 | 5,548.83 | 4,600.00 | 3,678.94 | 2,239.15 | 2,976.79 | 1,760.22 | 2,428.97 |
| 同比(%) | 20.63 | 23.31 | 23.59 | 27.21 | 22.55 | 50.32 | 1.01 |
| 营业总成本 | | | 2,943.21 | 1,816.28 | 2,370.52 | 1,470.83 | 1,983.24 |
| 营业利润 | 1,163.72 | 987.90 | 766.13 | 419.61 | 674.99 | 316.54 | 508.13 |
| 同比(%) | | | 13.50 | 32.56 | 32.84 | 53.04 | 30.22 |
| 利润总额 | 1,162.33 | 987.83 | 765.39 | 418.25 | 674.60 | 316.62 | 511.42 |
| 同比(%) | | | 13.46 | 32.10 | 31.91 | 51.48 | 30.29 |
| 净利润 | | | 551.32 | 285.90 | 492.72 | 217.98 | 372.08 |
| 归属母公司股东的净利润 | 584.81 | 494.08 | 388.72 | 182.41 | 337.73 | 139.85 | 280.52 |
| 同比(%) | 18.36 | 18.97 | 15.10 | 30.43 | 20.39 | 26.09 | 33.44 |
| 非经常性损益 | | | 5.58 | 0.65 | 2.83 | 0.38 | 7.72 |
| 扣非后归属母公司股东的净利润 | | | 383.14 | 181.76 | 334.90 | 139.46 | 272.80 |
| 同比(%) | | | 14.41 | 30.32 | 22.77 | 31.63 | 30.34 |

*数据来源：WIND，初善君整理*

仔细看一下利润表，关键是营业税金及附加达到329亿元，同比增长100亿元，增长率约为42%，远高于收入增长率。

至于增长原因，报表附注显示，这100亿元几乎全部是土地增值税增长导致的（见下图）。

税金及附加

| | 2019年 | 2018年 |
|---|---|---|
| 营业税* | 47,080,085.07 | 596,273,437.68 |
| 城市维护建设税 | 1,373,450,999.09 | 1,134,055,679.91 |
| 教育费附加 | 1,012,958,924.91 | 833,506,651.70 |
| 土地增值税 | 29,587,414,731.75 | 19,613,163,401.16 |
| 房产税 | 437,050,762.90 | 334,835,675.67 |
| 其他 | 447,268,394.85 | 664,227,393.18 |
| 合计 | 32,905,223,898.57 | 23,176,062,239.30 |

于确认商品销售收入时，结转营改增前已预缴的营业税。

数据来源：WIND，初善君整理

所以可以确认，这种增长不具有可持续性，大家无须担心土地增值税在2020年会继续大幅增长。

比如，合兴包装2018年实现营业收入121.66亿元，同比增长39%，归属于母公司所有者的净利润2.33亿元，同比增长64%，可以看到净利润增速明显超过营业收入增速。

我们需要看利润表的分析明细，首先是毛利率，2018年毛利率为12.54%，低于2017年的14.34%，毛利率是下滑的。为什么下滑呢？因为收入结构变了，毛利率低的供应链业务实现营业收入28亿元，同比增长150%，占比提升，导致公司综合毛利率下滑（见下图）。

单位：元

| | 营业收入 | 营业成本 | 毛利率 | 营业收入比上年同期增减 | 营业成本比上年同期增减 | 毛利率比上年同期增减 |
|---|---|---|---|---|---|---|
| 分行业 | | | | | | |
| 包装制造行业 | 9,326,575,465.91 | 7,927,976,277.61 | 15.00% | 22.54% | 24.09% | -1.06% |
| 供应链服务 | 2,839,552,150.48 | 2,712,344,758.71 | 4.48% | 149.85% | 145.54% | 1.68% |

数据来源：WIND，初善君整理

由于营业收入增长较多，公司销售费用率和管理费用率大幅下滑，所以净利润增速超过营业收入增速。

通过对合兴包装利润表分析，可以判断公司供应链业务维持快速增长，收入预计依然会维持高速增长，同时毛利率会进一步下滑，但是随着费用率的下滑，预计净利率依然有提升空间。

事实上，2019年合兴包装净利润增速依然大于营业收入增速，且净利率略微提升（见下图）。

单位：元

| | 营业收入 | 营业成本 | 毛利率 | 营业收入比上年同期增减 | 营业成本比上年同期增减 | 毛利率比上年同期增减 |
|---|---|---|---|---|---|---|
| 分行业 | | | | | | |
| 包装制造行业 | 7,693,460,635.56 | 6,404,769,513.57 | 16.75% | -17.51% | -19.21% | 1.75% |
| 产业链服务 | 3,403,321,923.74 | 3,246,165,332.80 | 4.62% | 19.85% | 19.68% | 0.14% |
| 分产品 | | | | | | |
| 纸箱 | 6,877,255,045.67 | 5,871,730,939.13 | 14.62% | -8.59% | -9.59% | 0.95% |
| 纸板 | 2,172,967,630.00 | 2,073,397,316.63 | 4.58% | -13.12% | -12.50% | -0.68% |
| 原材料 | 1,442,913,640.51 | 1,426,372,260.79 | 1.15% | 4.15% | 6.80% | -2.45% |

*数据来源：WIND，初善君整理*

这就是分析营业收入和净利润增速是否匹配的作用，可以用于预测未来。

### 2. 是否是内生性增长

当然，很多公司营业收入、净利润双双增长，看似很高，需要考虑是否是并购因素。换言之，市场更喜欢内生增长的公司，内生增长的背后原因可能包括市场持续爆发、抢占同行的市场份额或者提高产品价格等。

实际上上市公司内生增长难度较高，很多时候都是靠并购增长的。

这个问题也好判断，一是公司看资产负债表的商誉变动，商誉变动之日就是收购公司并表之时，一定会把并表日到期末的利润表全部加进来，因此造成利润表的“虚胖”。二是公司在完成工商变更时，肯定会有公告，由此可以判断并表了多长时间，是一个月还是半年。最后想拆分没并表的收入和利润增长率有时候很难，除非公司有明确披露。

比如，知名公司汤臣倍健2018年的年报，公司实现收入43.5亿元，同比增长39.9%，归属于母公司所有者的净利润10.0亿元，同增30.8%。看着很厉害吧，但是第四季度收入9.3亿元，同比增长22.2%，归属于母公司所有者的净利润−5 586.0万元，考虑到汤臣倍健喜欢第四季度支付销售费用，因此一直以来第四季度都是亏损的，2017年同期为−3 697.7万元。

当然这里不是重点说第四季度的问题，而是收购的问题。看资产负债表可以发现，2018年三季度商誉余额由0增加到22.38亿元，也就是说，汤臣倍健2018年三季度并表了一家公司。查询年报可知，公司以33亿元的代价收购了LSG，以2018年8月30日为合并日将LSG纳入合并报表范围。故2018年12月31日的合并资产负债表各项目中包括LSG相应资产负债，2018年度合并利润表和合并现金流量表各项目中包括LSG合并日后至期末的相应损益及现金流（见下图）。

2018 年 8 月 30 日，澳大利亚佰盛与卖方完成 LSG100%股权的交割。

重大资产购买交易完成后，控制 LSG 的股权关系如下图所示：

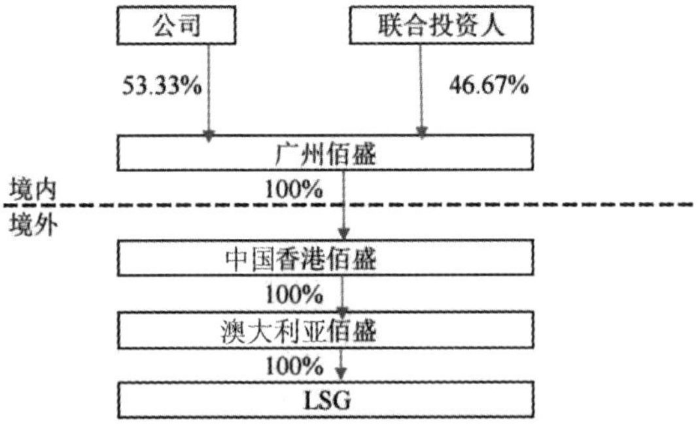


公司以 2018 年 8 月 30 日为合并日将 LSG 纳入合并报表范围。故 2018 年 12 月 31
项目中包括 LSG 相应资产负债，2018 年度合并利润表和合并现金流量表各项目中
末的相应损益及现金流。

数据来源：WIND，初善君整理

同时，汤臣倍健披露了LSG购买日至期末的营业收入和利润，实现营业收入2.73亿元，净利润只有250万元，对汤臣倍健全年43.5亿元收入和10亿元净利润影响较小，可以判断汤臣倍健的增长是内生增长（见下图）。

**本期发生的非同一控制下企业合并**

| 被购买方名称 | 股权取得时点 | 股权取得成本 | 股权取得比例 | 股权取得方式 | 购买日 | 购买日的确定依据 | 购买日至期末被购买方的收入 | 购买日至期末被购买方的净利润 |
|---|---|---|---|---|---|---|---|---|
| Life-Sapce Group Pty Ltd | 2018.8.30 | 3,332,592,375.00 | 100% | 现金支付 | 2018.8.30 | 股权交割日 | 272,689,640.00 | 2,502,733.00 |

数据来源：WIND，初善君整理

再举个例子，鲁亿通（300423）发布2018年财报，公告显示，报告期内实现营收30.31亿元，同比增长1 048.13%；归属于上市公司股东的净利润4.51亿元，同比增长1 530.25%，看着很厉害是吧。看资产负债表就明显地发现，公司商誉余额一季度从0增长至15.23亿元，说明公司收购了一家公司，查看年报可以知道。公司2018年花了20亿元收购了昇辉电子，从2018年1月就开始并表，并表收入为28.05亿元，并表净利润为4.34亿元（见下图）。

**非同一控制下企业合并**

**本期发生的非同一控制下企业合并**

单位：元

| 被购买方名称 | 股权取得时点 | 股权取得成本 | 股权取得比例 | 股权取得方式 | 购买日 | 购买日的确定依据 | 购买日至期末被购买方的收入 | 购买日至期末被购买方的净利润 |
|---|---|---|---|---|---|---|---|---|
| 广东昇辉电子控股有限公司 | 2018年01月15日 | 2,000,000,000.00 | 100.00% | 收购 | 2018年01月15日 | 完成股权变更登记日 | 2,804,768,843.32 | 434,460,714.52 |

其他说明：

2018年1月，昇辉电子100.00%的股权过户到公司名下，公司将其纳入合并报表。

*数据来源：WIND，初善君整理*

也就是说，扣除并表因素，公司原有业务实现营业收入2.26亿元，净利润只有1 700万元，同比2017年的2.64亿元和2 800万元，这家公司原有的业务营业收入和净利润都是下降的。

### 3. 如何判断第四季度业绩

上市公司按要求会披露一季报、半年报、三季报和年报，在披露年报时，大家往往关注全年业绩而忽略了第四季度的经营业绩。因此看年报时，有时候还需要关注四季度的财务数据。

比如，桐昆股份年报显示，2018年度公司实现营业收入416.01亿元，同比增长26.78%，归属于上市公司股东的净利润21.20亿元，同比增长20.42%。收入和净利润双双实现20%以上的增幅（见下图）。

| 主要会计数据 | 2018年 | 2017年 | 本期比上年同期增减（%） |
|---|---|---|---|
| 营业收入 | 41,600,748,778.99 | 32,813,779,669.23 | 26.78 |
| 归属于上市公司股东的净利润 | 2,120,254,632.83 | 1,760,739,582.89 | 20.42 |
| 归属于上市公司股东的扣除非经常性损益的净利润 | 2,068,722,296.75 | 1,727,708,288.96 | 19.74 |
| 经营活动产生的现金流量净额 | 2,426,048,563.90 | 2,227,318,982.11 | 8.92 |
| | 2018年末 | 2017年末 | 本期末比上年同期末增减（%） |
| 归属于上市公司股东的净资产 | 16,070,844,881.47 | 13,380,489,932.14 | 20.11 |
| 总资产 | 34,660,671,972.69 | 26,557,751,812.31 | 30.51 |

*数据来源：WIND，初善君整理*

然后单独看第四季度，营业收入实现107亿元，同比增长13%，远低于前三季度30%以上的增幅；实现净利润-3.77亿元，不仅远低于2017年同期6亿元的净利润，环比三季度11亿元的利润，这个亏损很吓人。原因是公司产品四季度跌幅较大，同时计提了资产减值损失，导致利润下跌。

比如，格力电器2019年年报显示，收入增长0.02%，归属于上市公司股东的扣除非经常性损益的净利润下滑5.51%，看着还好（见下图）。

单位：人民币元

| | 2019年 | 2018年 | 本年比上年增减 | 2017年 |
|---|---|---|---|---|
| 营业收入（元） | 198,153,027,540.35 | 198,123,177,056.84 | 0.02% | 148,286,450,009.18 |
| 归属于上市公司股东的净利润（元） | 24,696,641,368.84 | 26,202,787,681.42 | -5.75% | 22,400,484,001.26 |
| 归属于上市公司股东的扣除非经常性损益的净利润（元） | 24,171,511,911.32 | 25,580,865,501.38 | -5.51% | 21,170,184,740.88 |
| 经营活动产生的现金流量净额（元） | 27,893,714,093.59 | 26,940,791,542.98 | 3.54% | 16,338,082,774.25 |
| 基本每股收益（元/股） | 4.11 | 4.36 | -5.73% | 3.72 |
| 稀释每股收益（元/股） | 4.11 | 4.36 | -5.73% | 3.72 |
| 加权平均净资产收益率 | 25.72% | 33.36% | -7.64% | 37.44% |
| | 2019年末 | 2018年末 | 本年末比上年末增减 | 2017年末 |
| 总资产（元） | 282,972,157,415.28 | 251,234,157,276.81 | 12.63% | 214,987,907,124.70 |
| 归属于上市公司股东的净资产（元） | 110,153,573,282.67 | 91,327,095,069.10 | 20.61% | 65,614,913,868.06 |

数据来源：WIND，初善君整理

但是当你看2019年四季度时，格力电器第四季度实现营业收入438亿元，同比下降12%，实现净利润26亿元，同比下降49%，有点儿惨不忍睹。

### 4. 如何分析和判断季度数据

除了上面提到的第四季度数据，其实很多时候我们需要关注每个季度的数据，尤其是消费类公司。在阅读利润表时，不能仅看年度同比，还需要把年度收入和利润拆分成季度，然后进行同比和对比，这样可以较为容易判断公司收入和利润的变动趋势，避免被收割。

老板电器披露2017年全年业绩快报及一季度的业绩预告时就发生跌停事件，我们来梳理一下。一是年度业绩快报，收入和净利润分别增长20.78%和20.18%；二是公布2018一季度年净利润增长只有10%~30%（见下图）。

单位：元

| 项目 | 本报告期 | 上年同期 | 增减变动幅度（%） |
|---|---|---|---|
| 营业总收入 | 6,998,858,253.44 | 5,794,897,867.13 | 20.78% |
| 营业利润 | 1,616,205,904.03 | 1,334,507,974.94 | 21.11% |
| 利润总额 | 1,678,986,443.90 | 1,404,259,100.63 | 19.56% |
| 归属于上市公司股东的净利润 | 1,450,345,258.36 | 1,206,833,878.67 | 20.18% |
| 基本每股收益（元） | 1.53 | 1.27 | 20.47% |
| 加权平均净资产收益率 | 31.25% | 33.38% | 减少了2.13个百分点 |

**本期业绩预计情况**

1. 业绩预告时间：2018 年 1 月 1 日至 2018 年 3 月 31 日

2. 预计业绩：

□亏损 □扭亏为盈 √同向上升 □同向下降

| 项目 | 本报告期 | 上年同期 |
|---|---|---|
| 归属于上市公司股东的净利润 | 比上年同期增长 10%～30% | 盈利：25,157.67 万元 |
| | 盈利：27,673.44 万元～32,704.97 万元 | |

数据来源：WIND，初善君整理

不知缘由的投资者会说，这业绩很好啊，还增长了20%以上，可见业绩和股价没有什么关系。长期关注老板电器的人会说老板电器跌停是因为业绩低于预期，一是2017年WIND净利润一致预期为16亿元，实际只有14.5亿元，但是差额也只有1.5亿元；二是老板电器的收入、利润增长率由40%以上下降至20%左右。笔者基本认可这些原因，可是如果你会阅读利润表，大概率可以避免。

方法就是把公司的营业收入和利润拆分为季度，然后做同比和环比，这样可以判断公司营业收入的变动。比如，拆分后发现，老板电器2017年Q1之前收入和利润的增长基本维持在40%以上，但2017年Q2和Q3收入同比已经下降至20%，虽然净利润同比增速在30%左右（见下图）。到2017年Q4，老板电器净利润同比负增长，这才是老板电器跌停的根本原因，如果业绩不能及时恢复增长，很可能面临戴维斯双杀。

| | 2017年Q4 | 2017年Q3 | 2017年Q2 | 2017年Q1 | 2016年Q4 | 2016年Q3 | 2016年Q2 | 2016年Q1 | Q4同比 | Q3同比 | Q2同比 | Q1同比 |
|---|---|---|---|---|---|---|---|---|---|---|---|---|
| 营业收入 | 20.11 | 17.90 | 18.36 | 13.62 | 18.09 | 14.60 | 15.09 | 10.16 | 11% | 23% | 22% | 34% |
| 归母净利润 | 4.89 | 3.63 | 3.46 | 2.52 | 5.06 | 2.78 | 2.60 | 1.63 | -3% | 31% | 33% | 55% |

数据来源：WIND，初善君整理

根据公司披露的业绩信息，分季度营业收入和净利润做同比和环比分析来判断公司营业收入的变动。但是那些具有季节性的公司不适合环比，比如，老板电器的营业收入季节性也很强，环比不好判断。

根据交易所规则，这几天会是中小板和创业板公司的业绩快报披露期，最好根据此方式去判断自己关注公司的业绩变动情况，防止再次碰雷。

比如，信维通信（300136），公布的业绩快报收入、净利润分别增长42.40%和67.11%（见下图），然而这个远远低于券商的预期，券商一致预期分别为84%和92%。

单位：元

| 项目 | 本报告期 | 上年同期 | 增减变动幅度（%） |
|---|---|---|---|
| 营业总收入 | 3,436,091,274.82 | 2,412,927,483.86 | 42.40 |
| 营业利润 | 1,060,833,766.96 | 454,596,725.77 | 133.36 |
| 利润总额 | 1,062,920,104.00 | 541,812,404.21 | 96.18 |
| 归属于上市公司股东的净利润 | 888,282,298.64 | 531,568,728.13 | 67.11 |
| 基本每股收益（元） | 0.9090 | 0.5551 | 63.75 |
| 加权平均净资产收益率 | 37.75% | 32.03% | 5.72 |
| | 本报告期末 | 本报告期初 | 增减变动幅度（%） |
| 总资产 | 5,314,505,385.88 | 3,163,204,173.64 | 68.01 |
| 归属于上市公司股东的所有者权益 | 2,758,829,048.32 | 1,923,118,547.29 | 43.46 |
| 股本 | 982,834,638.00 | 960,820,638.00 | 2.29 |
| 归属于上市公司股东的每股净资产（元） | 2.8070 | 2.0015 | 40.24 |

注：上述数据为公司合并报表数据。

数据来源：WIND，初善君整理

但是实际上分季度来看，信维通信的同比增速已经大幅下滑，2017年Q2和Q3收入和利润增速远远低于Q1，也难怪Q4净利润已经下滑（见下图）。这与老板电器惊人的一致。

| | 2017年Q4 | 2017年Q3 | 2017年Q2 | 2017年Q1 | 2016年Q4 | 2016年Q3 | 2016年Q2 | 2016年Q1 | Q4同比 | Q3同比 | Q2同比 | Q1同比 |
|---|---|---|---|---|---|---|---|---|---|---|---|---|
| 营业收入 | 9.54 | 10.50 | 7.14 | 7.18 | 9.08 | 7.33 | 4.16 | 3.55 | 5% | 43% | 72% | 102% |
| 归母净利润 | 1.76 | 3.13 | 1.9[illegible] | 2.02 | 1.81 | 1.81 | 0.89 | 0.72 | -3% | 73% | 121% | 181% |

数据来源：WIND，初善君整理

下图所示为洋河股份（002304），笔者觉得还好。Q4虽然较Q1等下滑，但是下滑幅度很小。

| | 2017年Q4 | 2017年Q3 | 2017年Q2 | 2017年Q1 | 2016年Q4 | 2016年Q3 | 2016年Q2 | 2016年Q1 | Q4同比 | Q3同比 | Q2同比 | Q1同比 |
|---|---|---|---|---|---|---|---|---|---|---|---|---|
| 营业收入 | 28.91 | 53.48 | 39.42 | 75.89 | 25.16 | 44.73 | 33.51 | 68.43 | 15% | 20% | 18% | 11% |
| 归母净利润 | 10.25 | 16.73 | 11.62 | 27.38 | 9.82 | 14.03 | 9.63 | 24.56 | 4% | 19% | 21% | 11% |

数据来源：WIND，初善君整理

对消费类公司，大家有时候需要拆分至单季度跟踪分析。

### 5. 成长性中的其他关注要点

很多初学者在年报、季报公布后，只关心净利润增长率，看到动辄100%、200%的净利润增长率就兴奋得睡不着觉，以为股价会翻倍。这里至少有以下4个问题需要解决。

一是净利润的绝对值。如果净利润绝对值很低，即使增长率翻倍意义也不大。笔者认为按照30亿市值，估值30倍来看，年净利润最好不低于1亿元，在此基础上的增长率才值得讨论。比如，公司2019年半年度业绩预告增长高达200%以上，但是看绝对值，却没有一家子公司半年净利润的绝对值大于0.5亿元，这种高增长率不过是数字游戏。

二是净利润的可持续性。如果以前年度的业绩增长不具有可持续，那么怎么可能判断以后的业绩增长具有可持续性。即使以前年度的利润增长有可持续性，也不能保证以后的利润具有可持续性。判断利润未来增长具有可持续性需要结合行业、公司竞争能力进行分析，在此情况下单次利润增长意义不大。比如，圣农发展、民和股份和仙坛股份，都是周期性行业养鸡专业户，这种某一年利润200%以上的增长很显然不可持续。

三是与市场预期比较。有时候公司公布的净利润增长达到30%或者以上，但是市场预期的净利润增长率为50%，那么高达30%的增长率其实是不及市场预期的，股价反而会大跌。这种事情在老板电器和贵州茅台的身上都上演过，不及市场预期的财报导致两者都跌停了。但是关于市场预期是对是错我们下次在讨论。

四是不注意区分非经营性损益。非经常性损益可以理解为一次性收益，现在上市公司通过操纵非经常性损益来达到影响净利润的行为太普遍了，投资者一定要注意区分。

比如苏宁近两年的非经常性损益高达43亿元和136.9亿元，2019年预计还有超过200亿元的非经常性损益。有投资者会说，这么高的可持续性收益不应该是经常性损益吗？这里要注意，苏宁无非就是卖资产、卖子公司来实现收益，资产卖完肯定就没有了，而且除了阿里巴巴的股票，苏宁主要是靠自己人接盘，空有收益没有现金流。

当然，成长性最重要的是预测未来一年、三年的成长性，这其实是最难的，我们能做的就是多了解公司的成长性历史，从而做出更合理的判断。

## 三、盈利质量

盈利质量主要是针对净利润的质量。也就是说，同样是1亿元的净利润，其实区别可能很大。因此，需要学会判断净利润的质量，这里主要包括三个方面：一是核心利润如何，这里的核心利润一般是指主营业务创造的可持续利润；二是扣非净利润，也就是有些非经常性损益要扣掉；三是是否存在利润调节，是否是扣非净利润；三是利润的现金含量如何，包括营业收入收回多少现金或者净利润收回多少现金。

**1. 核心利润**

（1）核心利润的计算

首先，再次看一下利润表的一般结构：从“营业收入”到“归属于母公司所有者的净利润”中间，有些科目并非每个公司都会有，但是从1到6却是所有公司都存在的（见下表）。

| | |
|---|---|
| 1 | 营业收入 |
| 2 | 营业成本 |
| 3 | 税金及附加 |
| 4 | 销售费用 |
| 5 | 管理费用 |
| 6 | 财务费用 |
| 7 | 资产减值损失 |
| 8 | **其他经营收益** |
| 9 | 公允价值变动净收益 |
| 10 | 投资净收益 |
| 11 | 其中：对联营企业和合营企业的投资收益 |
| 12 | 汇兑净收益 |
| 13 | 资产处置收益 |
| 14 | 其他收益 |
| 15 | **营业利润** |
| 16 | 加：营业外收入 |
| 17 | 减：营业外支出 |
| 18 | 其中：非流动资产处置净损失 |
| 19 | **利润总额** |
| 20 | 减：所得税 |
| 21 | 加：未确认的投资损失 |
| 22 | **净利润** |
| 23 | 减：少数股东损益 |
| 24 | 归属于母公司所有者的净利润 |

数据来源：WIND，初善君整理

因此，引出核心利润的计算公式：

核心利润=营业收入–营业成本–税金及附加–销售费用–管理费用–财务费用

核心利润来源于公司经营产生的毛利，扣除税金、公司销售、管理以及杠杆利用相关的销售费用、管理费用（含研发费用）、财务费用后的部分，如上篇读财报所述，毛利高低代表公司产品的竞争力等，而费用高低则代表公司费用控制的能力。总体来说，核心利润越高，盈利能力越强，盈利质量越好。

这里暂时不用考虑资产减值损失、公允价值变动损益和投资收益等这些可能与生产经营有关系的科目，比如与经营活动相关的坏账准备、存货减值及可以稳定贡献业绩的联营或者合营公司的投资收益等也不考虑，虽然它们跟经营活动相关。

（2）长安汽车的投资收益

了解我们国家汽车公司历史的朋友都知道，当年一穷二白的我们为了引入汽车技术，都是与国外汽车集团成立合营公司的方式（各占50%股份），比如长安福特、一汽大众等。在这种情形下，因为只有50%的股份。因此，利润表中核算时合营公司的利润计入"投资收益" 科目，并不体现核心利润中。

如果使用核心利润来看长安汽车（000625）、长城汽车（601633）等，或许就会明白很多人提到的中国汽车的未来在自主品牌了。

下图所示为长安汽车2010年至2017年，实现的利润总额及核心利润的情况。我们发现，虽然长安汽车利润规模不断增加，2015年和2016年更是超过100亿元，8年利润总额合计为413亿元，妥妥的绩优大蓝筹。但是大部分年份长安汽车的核心利润都是负的，8年核心利润合计为-28亿元，也就是说，长安汽车每年600亿元的营业收入不仅赚不到钱，还亏钱。

*数据来源：WIND，初善君整理*

那么，长安汽车的利润来自哪里？来自下属合营公司长安福特和长安马自达的投资收益。长安汽车的投资收益如下图所示，8年合计投资收益达到424亿元。这或许是在蓝筹普涨的2017年，长安汽车股价一直没有上涨的根本原因：核心利润没有起色，自主汽车一直未能赚钱。

数据来源：WIND，初善君整理

再如，上汽集团（600104），虽然公司的主要利润也来源于投资收益，即上汽大众、上汽通用等合营公司，但是上汽集团的核心利润一直很高（即使剔除上汽通用五菱这个占比50.1%的非标准并表子公司，这是另外一个与财务报表有关的故事）。上汽集团的核心利润在利润总额中的占比一直在50%左右，这或许是上汽集团股价迭创新高的原因（见下图）。

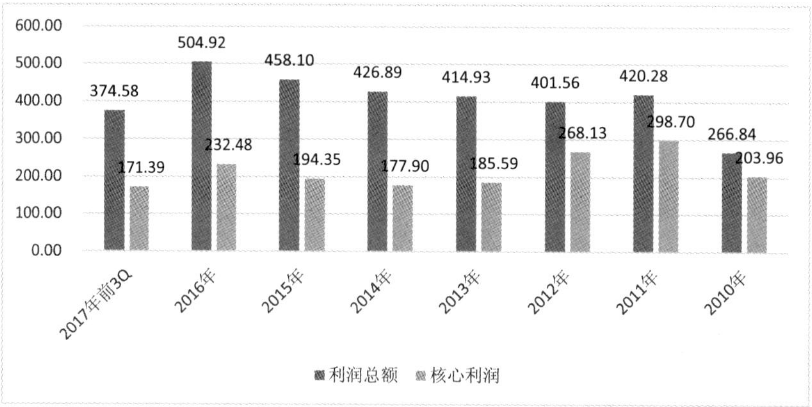


数据来源：WIND，初善君整理

这里就不分析长城汽车、比亚迪和吉利汽车了。它们或许真的代表中国汽车工业的未来，收益几乎都是核心利润，有兴趣的朋友可以进行分析比较。

在看利润表时，核心利润非常重要，这才是公司长治久安、不断发展壮大的真正秘密。

### 2. 扣非净利润

不知道大家使用利润表进行估值时有没有困惑，即“扣非净利润”并没有扣完“非”。“非”是指非经常性损益，是指公司发生的与生产经营无直接关系，以及虽与生产经营相关，但由于其性质、金额或发生频率，影响了真实、公允地评价公司当期经营成果和获利能力的各项收入、支出。

比如，别人问我收入时，我说上个月捡到1万元，因为我并不能每天都能捡到1万元，因此这1万元是非经常性损益。

根据《公开发行证券的公司信息披露规范问答第1号——非经常性损益》（2007修订，并改称“公开发行证券的公司信息披露解释性公告”），把之前的14条非经常性损益扩大到21条，其中与投资关系比较大的内容有:

（三）计入当期损益的政府补助，但与公司正常经营业务密切相关，符合国家政策规定、按照一定标准定额或定量持续享受的政府补助除外。需要注意的是，部分政府补助也算经常性损益，类似京东方A的面板补助。

（五）企业取得子公司、联营企业及合营企业的投资成本小于取得投资时应享有被投资单位可辨认净资产公允价值产生的收益。这里指的是负商誉，这在A股中暂时很少见。

（八）因不可抗力因素，如遭受自然灾害而计提的各项资产减值准备。这里仅仅是不可抗力的资产减值，常见的固定资产等资产减值算经常性损益，比如乐视网。

（十二）同一控制下企业合并产生的子公司期初至合并日的当期净损益。在富士康的IPO文件中，有部分投资者怀疑富士康净利润问题就是因为它们来自合并利润。

（十四）除同企业正常经营业务相关的有效套期保值业务外，持有交易性金融资产、交易性金融负债产生的公允价值变动损益，以及处置交易性金融资产、交易性金融负债和可供出售金融资产取得的投资收益。

（十七）采用公允价值模式进行后续计量的投资性房地产公允价值变动产生的损益。

以上内容基本是上市公司调节利润的主要行为。

在这种情况下，使用归属于母公司股东所有者的净利润、归属于股东的扣除非经常性损益为净利润均会有所失真，因为其中或多或少包含你所不知道的一次性损益。那么有没有更好的指标来衡量公司利用经营资产从事经营活动产生的利润呢？

这一点相信很多投资者都很熟悉，非经常性损益不具有可持续性，不扣除非经常性损益会给我们做估值分析带来很大的困扰。

比如福耀玻璃，2018年实现营业收入202亿元，同比+8%，归属于上市公司股东的净利润41亿元，同比31%，看着很优秀，尤其是汽车行业如此不景气的环境下。但是扣除非经常性损益的净利润只有34.68亿元，同比增长14%，也就是说，非经常性损益高达6.53亿元（见下图）。

单位：元 币种：人民币

| 主要会计数据 | 2018年 | 2017年 | | 本期比上年同期增减(%) | 2016年 |
|---|---|---|---|---|---|
| | | 调整后 | 调整前 | | |
| 营业收入 | 20,224,985,720 | 18,713,034,974 | 18,715,608,755 | 8.08 | 16,621,336,273 |
| 归属于上市公司股东的净利润 | 4,120,487,402 | 3,148,748,043 | 3,148,748,043 | 30.86 | 3,144,227,339 |
| 归属于上市公司股东的扣除非经常性损益的净利润 | 3,467,787,870 | 3,030,258,585 | 3,030,258,585 | 14.44 | 3,069,187,169 |
| 经营活动产生的现金流量净额 | 5,807,861,303 | 4,924,161,761 | 4,796,512,051 | 17.95 | 3,636,974,860 |
| | 2018年末 | 2017年末 | | 本期末比上年同期末增减（%） | 2016年末 |
| | | 调整后 | 调整前 | | |
| 归属于上市公司股东的净资产 | 20,190,906,192 | 19,000,835,533 | 19,000,835,533 | 6.26 | 18,033,617,524 |
| 总资产 | 34,490,438,670 | 31,704,009,489 | 31,704,009,489 | 8.79 | 29,865,845,423 |

数据来源：WIND，初善君整理

如果这个案例还不是特别明显，我们看报告期内，公司共实现营业收入312.28亿元，同比上升53.84%，实现归属上市公司股东的净利润50.57亿元，同比增长52倍（见下图）。但实际上，公司的收益来源于深圳的卖地利润，扣除非经常性损益的净利润的话它是亏损的，而且扣除非经常性损益的净利润是连续三年亏损。这是盈利50亿元和亏损1亿元之间的差异。

| | 2017年 | 2016年 | 本年比上年增减 | 2015年 |
|---|---|---|---|---|
| 营业收入（元） | 31,227,763,249.71 | 20,299,348,136.21 | 53.84% | 18,395,177,035.98 |
| 归属于上市公司股东的净利润（元） | 5,057,025,155.71 | 95,673,028.03 | 5,185.74% | -1,256,819,314.51 |
| 归属于上市公司股东的扣除非经常性损益的净利润（元） | -97,284,945.83 | -283,460,349.24 | 65.68% | -1,129,999,645.94 |
| 经营活动产生的现金流量净额（元） | -4,314,257,622.47 | -972,135,787.43 | -343.79% | 1,289,600,482.66 |
| 基本每股收益（元/股） | 2.1001 | 0.0397 | 5,189.92% | -0.52 |
| 稀释每股收益（元/股） | 2.1001 | 0.0397 | 5,189.92% | -0.52 |
| 加权平均净资产收益率 | 63.26% | 3.35% | 59.91% | -36.30% |

数据来源：WIND，初善君整理

因此在投资时，扣除非经常性损益的净利润比净利润更重要。

### 3. 利润调节手段

实际上，在评价上市公司盈利质量时，是否存在利润调节也是我们要思考的一个方向，上市公司会计政策越保守，利润质量越高。会计政策越激进，利润质量越低。

利润调节手段非常多，本文做不到穷举，只是列举了一些常见的操作，大家学会判断即可。

（1）会计估计变更

会计估计，是指公司对结果不确定的交易或者事项以最近可利用的信息为基础所做的判断。由于商业活动中内在的不确定因素影响，许多财务报表中的项目不能精确地计量，而只能加以估计。会计估计涉及以最近可利用的、可靠的信息为基础所做的判断。

通常来说，公司会计估计的变更有两个原因，一是赖以进行估计的基础发生变化。比如，公司购入一项无形资产，法律保护期限为15年，但公司认为能带来经济利益的期限为10年，则对于该无形资产，应按10年进行摊销。以后发生的情况表明，该资产的受益年限已不足10年，则应相应调减摊销年限。二是取得新的信息，积累更多的经验。比如，公司对应收账款计提坏账准备比例为10%，后来根据新得到的信息，对方财务状况恶化，发生坏账的可能性为80%，则公司需用补提70%的坏账准备。

因此，会计估计变更与否，上市公司最有发言权，如果真的有需要，公司肯定可以找到理由来变更会计估计，从而影响净利润。我们来看看一些上市公司经常使用会计估计的方法调整利润的例子。常见调整净利润的会计估计变动包括延长资产折旧、摊销年限，降低应收账款、其他应收款坏账计提比例。

应收账款坏账准备计提政策，是指公司产生的应收账款存在收不回的风险，因此，根据以往的经验计提一定比例的坏账，计入资产减值损失，从而影响净利润。苏州天沃科技股份有限公司2017年10月11日晚披露关于会计估计变更的公告，公告称：为更加客观公正地反映公司的财务状况和经营成果，如实反映公司业务结构调整升级后客户群在质量和信用特征方面的变化，结合公司业务的实际情况并参考同行业上市公司的情况，拟对以账龄为组合的应收款项重新评估其信用风险，重新确定坏账准备的计提比例。

具体如下图所示，应收账款和其他应收款1年以上的坏账比例均调低，其中1~2年的比例由10%调低至5%。

变更前公司采用账龄分析法计提坏账准备如下：

| 账龄 | 应收账款计提比例（%） | 其他应收款计提比例（%） |
|---|---|---|
| 1年以内（含1年） | 3 | 3 |
| 1～2年 | 10 | 10 |
| 2～3年 | 30 | 30 |
| 3～4年 | 50 | 50 |
| 4～5年 | 80 | 80 |
| 5年以上 | 100 | 100 |

变更后公司采用账龄分析法计提坏账准备如下：

| 账龄 | 应收账款计提比例（%） | 其他应收款计提比例（%） |
|---|---|---|
| 1年以内（含1年） | 3 | 3 |
| 1～2年 | 5 | 5 |
| 2～3年 | 20 | 20 |
| 3～4年 | 40 | 40 |
| 4～5年 | 60 | 60 |
| 5年以上 | 100 | 100 |

数据来源：WIND，初善君整理

笔者发现，天沃科技2016年底应收账款余额41.88亿元，其中大于1年的金额高达18.88亿元。因此，本次会计估计调整后，将增加公司2016年度净利润14 864.68万元（见下图）。

**二、本次会计估计变更对公司的影响**

根据《企业会计准则第 28 号—会计政策、会计估计变更和差错更正》的相关规定，本次会计估计变更采用未来适用法，不改变以前期间的会计估计，无须对已披露的财务报告进行追溯调整。

因未来期间公司应收账款、其他应收款余额难以预估，故无法预测本次会计估计变更对本年度损益的影响金额。假设该会计估计在 2016 年 12 月 31 日已适用，公司基于 2016 年 12 月 31 日应收账款及其他应收款的余额及账龄结构进行测算，将影响公司 2016 年度净利润 14,864.68 万元。

数据来源：WIND，初善君整理

公司仅仅修改了应收账款和其他应收款坏账的计提比例，就可以为2016年增加1.49亿元利润，可以说不费吹灰之力，羡煞多少公司。

固定资产折旧一般计入营业成本和管理费用。因此，固定资产折旧方法变更可以影响营业成本和管理费用，从而影响净利润。固定资产折旧方法的变更与应收账款坏账准备变更不同，固定资产折旧方法变更可以影响变更以后每年的利润，术语叫作推迟成本、费用的入账时间。

例如，鹏博士2017年9月30日公告，为了更加公允地反映公司的资产状况及经营成果，使固定资产的折旧年限与实际使用寿命更加接近，固定资产折旧计提年限更加合理，通过对比同行业公司的固定资产折旧年限，现对公司线路资产的折旧年限进行调整，由原来的8年折旧年限调整为8~15年（见下图）。

公司调整部分固定资产折旧年限，详情如下：

| 固定资产类别 | 调整前折旧年限（年） | 调整后折旧年限（年） |
| --- | --- | --- |
| 线路资产 | 8 | 8~15 |

数据来源：WIND，初善君整理

笔者查询鹏博士2017年半年报，固定资产余额高达113亿元，其中线路资产余额为53亿元。假设折旧年限由8年调整至12年，那么可以减少折旧：53/8-53/12=2.2（亿元）。鹏博士披露，此次固定资产折旧方法改变后可以减少2017年折旧金额3.54亿元，增加2017年净利润3亿元（见下图）。真是一个调整，增加3亿净利润，羡煞多少上市公司。

（四）会计估计变更对公司的影响

根据《企业会计准则第 28 号——会计政策、会计估计变更和差错更正》的相关规定，本次会计估计变更采用未来适用法进行会计处理，不进行追溯调整，不会对以往各期间财务状况和经营成果产生影响。经测算，本次会计估计变更后，预计将减少公司 2017 年固定资产折旧约 35,412.74 万元，增加所有者权益及净利润约 30,084.01 万元。

数据来源：WIND，初善君整理

当然这些调整很容易甄别，因为上市公司一般都需要公告。而且这种调整不是万能的，往往只能解一时之需。

（2）资产减值损失

资产减值损失指什么呢？在任意一个会计期末，公司都要复核账上资产的账面价值，看看有没有迹象表明资产账面价值过高，如果资产账面价值高于预计的可回收金额，那么该项就需要计提减值损失，从而影响净利润。

根据《企业会计准则第8号——资产减值》的规定：企业应当定期或者至少于

每年年度终了，对各项资产进行全面检查，并根据谨慎性原则的要求，合理地预计各项资产可能发生的损失，对可能发生的各项资产损失计提资产减值准备。

在资产负债表的资产列示的所有科目，只要资产可回收金额低于账面价值，那么就可能计提减值。常见的需要计提资产减值的资产有应收账款、存货，计提的名称叫作坏账准备、存货跌价准备，而长期资产科目固定资产、在建工程、商誉等，计提的名称都叫××减值准备。

计提资产减值损失如何影响净利润呢？根据万能恒等式：资产=负债+所有者权益+净利润（利润表），计提资产减值准备是资产的减少，那么对应的是利润表中利润的减少。资产减值损失计入利润表，类似于营业成本和三费，直接影响净利润。

理论上资产减值损失一经确认，在以后会计期间不得转回。也就是说，固定资产、无形资产、商誉等长期资产一旦发生减值，就是永久性减值，这样就不存在利润再次调节的空间。但是公司计提坏账准备、存货跌价准备、持有至到期投资减值准备、贷款损失准备等后，相关资产的价值得以恢复，应在原已计提的减值准备金额内，按恢复增加的金额予以转回，计入当期损益（利润）。

以2017年为例，2017年A股所有上市公司计入资产减值损失的金额为12 822亿元，占2017年合计营业收入的391 701亿元的3.27%，考虑到A股整体的净利率9.22%，也就是说，如果没有资产减值损失，那么A股整体的净利率可以提升至12.5%，增加35%。

近年来随着A股的不断扩容，资产减值损失金额越来越大。从下图可以看到，从2009年的2 030亿元，增长至2017年的12 822亿元，占营业收入的比例也从1.48%增长至2017年的3.27%（见下图）。

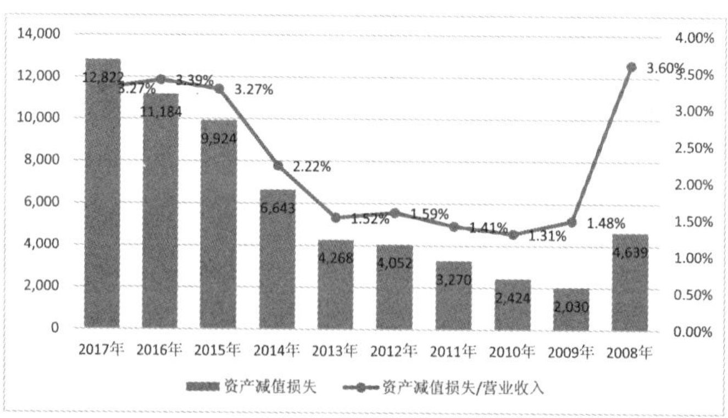


数据来源：WIND，初善君整理

回头看2008年，计提资产减值损失金额4 639亿元，占营业收入的比例为3.6%，远高于2009年、2010年的金额。为此得出结论：在经济下行时期，资产减值损失比例及金额可能会大幅增加。

如果把钢铁行业单独拿出来，看其资产减值损失金额及与营业收入的比值，会得出另一个结论：对于周期型公司来说，在行业低估时，资产减值损失比例及金额会大幅增加（见下图）。

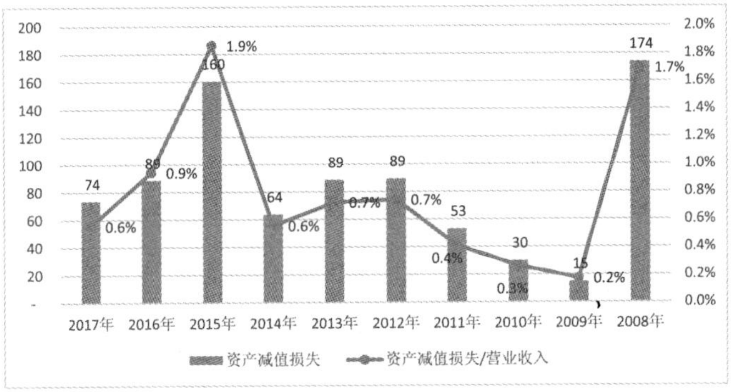


数据来源：WIND，初善君整理

当然，如果只看2017年，银行也合计计提资产减值损失8 531亿元（银行业称为准备计提），占整体资产减值损失的2/3，可以说A股的资产减值损失主要的来源就是银行业（见下图）。同时，银行计提拨备占营业收入的比重为22%，拨备计提可以覆盖1/5的收入，让笔者第一次觉得银行业还是相对保守谨慎的。尤其是把以前年度来进行对比之后，拨备计提比例比2008年经济危机期间还高，你可以解读为实体经济没想象中那么好，或者说银行对未来的预期没有那么好，又或者说银行拨备计提得足。

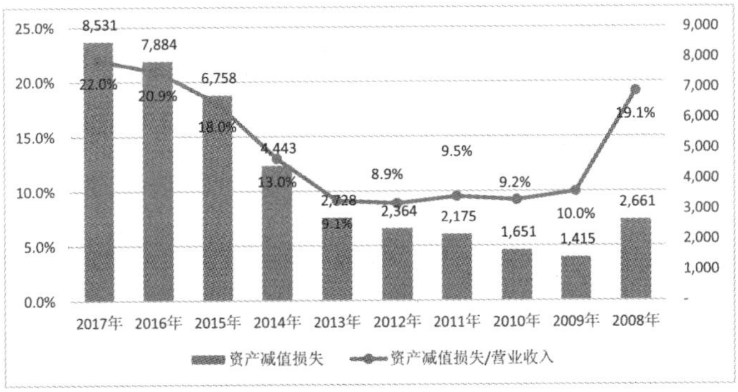


数据来源：WIND，初善君整理

（3）坏账准备

坏账准备是公司对预计可能无法收回的应收票据、应收账款、预付账款、其他应收款、长期应收款等应收预付款项所提取的坏账准备金。计提坏账准备的方法由公司根据历史经验，债务单位财务情况及相关信息，合理估计。

下面从五个方面阐述坏账准备的关注要点。

一是应收账款等的余额越大，风险越高。

预防坏账准备最简单的方法就是远离应收账款居高不下的公司。2017年坏账损失靠前的公司，其共同点就是应收账款居高不下。比如，中国中铁、中联重科、中国联通、中国交建等。夺得榜首的是中国中铁，计提坏账损失89.1亿元（见下图）。

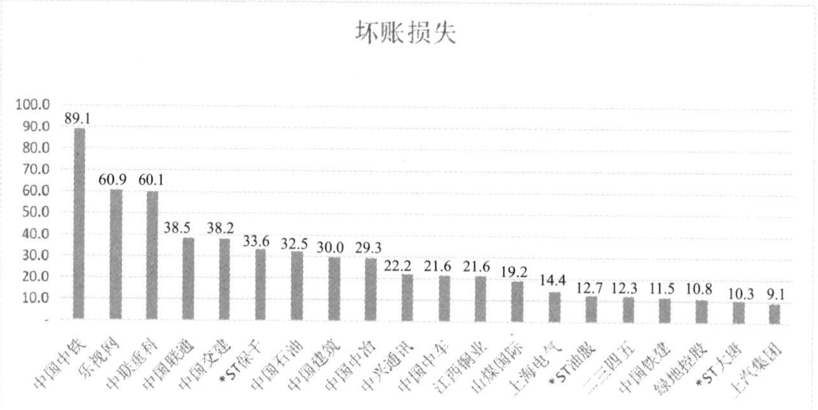


数据来源：WIND，初善君整理

二是应收账款计提比例，越谨慎越好。

坏账准备是根据计提比例计提的。一般情况下，坏账准备计提政策一经确定，不得随意改变。但是如果有明确证据表明可以改，那么还是可以改的，这就成了调节利润的一个手段。

关注坏账准备计提时就要了解公司的坏账准备计提政策，并关注同行业对比等。比如，分别计提89.1亿元和30亿元坏账损失的中国中铁和中国建筑，对比其应收账款坏账准备计提政策，明显中国建筑比中国中铁保守得多，其应收账款发生大额减值的可能性很少（见下图）。

中国中铁[601390.SH]-

2017 年报

| 账龄 | 提取比例(%)↑ |
|---|---|
| 1年以内 | 0.50 |
| 1-2年 | 5.00 |
| 2-3年 | 10.00 |
| 3-5年 | 30.00 |
| 5年以上 | 50.00 |

中国建筑[601668.SH]-坏

2017 年报

| 账龄 | 提取比例(%) |
|---|---|
| 1年以内 | 5.00 |
| 1-2年 | 10.00 |
| 2-3年 | 20.00 |
| 3-5年 | 50.00 |
| 5年以上 | 100.00 |

数据来源：WIND，初善君整理

为什么坏账政策保守的中国建筑计提得少，而坏账政策激进的中国中铁反而计提坏账多呢？

三是计提坏账准备金额与应收账款的增量最直接相关。

计提坏账准备是通过“坏账准备”账户进行核算的。公司在年度终了时，应对应收账款进行全面检查，预计各项应收款项发生减值的，应当计提坏账准备。其账务处理如下：公司在提取坏账准备时，应借记“资产减值损失—计提坏账准备”账户；贷记“坏账准备”账户。

实际计提坏账准备金额约等于期末坏账准备余额—期初坏账准备余额，因此假设应收账款减少，坏账准备不仅不需要计提，还可以冲回以前的，计入收益，增加净利润。

比如，东方电气2017年的年报显示，应收账款账面余额为183亿元，较期初的216亿元大幅减少33亿元，需要计提的坏账准备余额为52亿元，较期初56亿元减少4亿元（见下图）。那么，这个4亿元理论上是可以算作收益的。

应收账款分类披露

| 类别 | 期末余额 | | | | | 年初余额 | | | | |
|---|---|---|---|---|---|---|---|---|---|---|
| | 账面余额 | | 坏账准备 | | 账面价值 | 账面余额 | | 坏账准备 | | 账面价值 |
| | 金额 | 比例(%) | 金额 | 计提比例(%) | | 金额 | 比例(%) | 金额 | 计提比例(%) | |
| 单项金额重大并单独计提坏账准备的应收账款 | 435,852,885.26 | 2.38 | 435,852,885.26 | 100.00 | | 566,575,326.60 | 2.62 | 566,575,326.60 | 100.00 | |
| 按信用风险特征组合计提坏账准备的应收账款 | 17,857,750,102.70 | 97.17 | 4,678,960,364.28 | 26.20 | 13,178,789,738.42 | 21,026,006,290.71 | 97.25 | 5,071,524,901.92 | 24.12 | 15,954,481,388.79 |
| 单项金额不重大但单独计提坏账准备的应收账款 | 83,574,432.28 | 0.45 | 83,574,432.28 | 100.00 | | 29,013,100.00 | 0.13 | 29,013,100.00 | 100.00 | |
| 合计 | 18,377,177,420.24 | 100.00 | 5,198,387,681.82 | | 13,178,789,738.42 | 21,621,594,717.31 | 100.00 | 5,667,113,328.52 | | 15,954,481,388.79 |

数据来源：WIND，初善君整理

我们看东方电气的资产减值损失明细，发现坏账准备为-4亿元，即为冲减损失（见下图）。

资产减值损失

| 项目 | 本期发生额 | 上期发生额 |
| --- | --- | --- |
| 一、坏账准备 | -400,928,725.73 | 296,806,461.13 |
| 二、存货跌价准备 | 1,139,960,752.88 | 1,188,842,215.54 |
| 三、可供出售金融资产减值准备 | | |
| 四、持有至到期投资减值准备 | | |
| 五、长期股权投资减值准备 | | |
| 六、投资性房地产减值准备 | | |
| 七、固定资产减值准备 | 3,191,155.95 | 11,988,857.61 |
| 八、工程物资减值准备 | | |
| 九、在建工程减值准备 | | |
| 十、生产性生物资产减值准备 | | |
| 十三、商誉减值准备 | | |
| 十四、其他减值准备 | | |
| 合计 | 742,223,183.10 | 1,497,637,534.28 |

数据来源：WIND，初善君整理

因此，对于一家应收账款一直较高的公司，可能并不会每年都会计提较高金额的坏账准备，作为投资者，也需要关注应收账款的变动，有些应收账款很高，可能以前更高。

不过一家公司的应收账款降低，而公司所在市场没变化，似乎也不太可能，转型中的公司倒是有可能。

四是应收账款的质量，即账龄，越短越好。

一般用账龄来判断应收账款的质量，考虑到公司一般都有信用期，那么，账龄越短自然就在信用期内，收回的可能性越大，即使存在大量的应收账款也不怕。

比如德赛电池（见下图），其2017年应收账款余额高达36亿元，净资产只有18亿元，一旦大额减值，就可能资不抵债。但是看明细发现应收账款基本都是6个月以内的。因此，只计提151万元的坏账准备，可以说是微乎其微了。

| 账龄 | 期末余额 | | |
| --- | --- | --- | --- |
| | 应收账款 | 坏账准备 | 计提比例（%） |
| 6个月以内 | 3,629,730,251.59 | — | — |
| 6个月~1年 | 3,385,300.21 | 338,530.02 | 10.00 |
| 1~2年 | 4,612,324.70 | 922,464.94 | 20.00 |
| 2~3年 | — | — | — |
| 3年以上 | 248,619.23 | 248,619.23 | 100.00 |
| 合计 | 3,637,976,495.73 | 1,509,614.19 | 0.04 |

**期末单项金额虽不重大并单独计提坏账准备的应收账款，因无法收回，故全额计提坏账准备。**

数据来源：WIND，初善君整理

再如，我们看中利集团的应收账款（见下图），公司应收账款余额高达103亿元，其中超过一年的应收账款高达29亿元，尤其是2~3年账龄的高达20亿元，计提坏账准备6亿元，如果这20亿元收不回来，下一年度又会计提4亿元坏账准备，就可能是利润的“大杀器”。

| 账龄 | 期末余额 | | |
|---|---|---|---|
| | 应收账款 | 坏账准备 | 计提比例 |
| 1年以内分项 | | | |
| 六个月以内 | 5,675,315,642.94 | 113,506,312.88 | 55.27% |
| 六个月至一年 | 1,690,996,537.88 | 84,549,826.90 | 16.47% |
| 一至二年 | 610,692,140.85 | 61,069,214.09 | 5.95% |
| 二至三年 | 2,054,078,657.51 | 616,223,597.25 | 20.01% |
| 三至四年 | 187,403,763.85 | 93,701,881.93 | 1.83% |
| 四年以上 | 48,799,339.28 | 48,799,339.28 | 0.47% |
| 合计 | 10,267,286,082.31 | 1,017,850,172.33 | 100.00% |

数据来源：WIND，初善君整理

五是应收账款质量越来越差时，有可能会大额计提减值损失。

这是什么意思呢，即使按照坏账政策比例计提了坏账准备，但是只要不是百分之百的比例计提，这个钱收不回来时仍然会影响你的利润表，想想多可怕。因此那些应收账款不断增长，账龄不断增加的应收账款，务必小心。

中联重科2017年计提坏账损失60亿元，就是应收账款太久了不得不核销导致的。那么，为什么中联重科2017年如此大额的计提减值准备呢？我们看它2016年的应收账款明细，其1~3年应收账款高达93亿元，但是坏账准备根据政策计提的余额为8亿元左右，覆盖率明显偏低（见下图）。就算2017年公司不计提这块的损失，2018年可能也要计提。

| 报告期 | 账龄 | 应收账款金额 | 占总应收款 | 提取的坏账准备 | 覆盖率 |
|---|---|---|---|---|---|
| 2016 年报 | 1年以内 | 1,179,046.08 | 35.66 | 11,790.46 | 1% |
| 2016 年报 | 1~2年 | 611,734.49 | 18.50 | 36,704.07 | 6% |
| 2016 年报 | 2~3年 | 320,783.86 | 9.70 | 48,117.58 | 15% |
| 2016 年报 | 3~4年 | 80,793.74 | 2.44 | 32,317.50 | 40% |
| 2016 年报 | 4~5年 | 17,298.48 | 0.52 | 12,108.94 | 70% |
| 2016 年报 | 5年以上 | 13,964.48 | 0.42 | 13,964.48 | 100% |

数据来源：WIND，初善君整理

其实，这一条的本质是坏账计提比例低了。

六是当一家大公司出现债务危机时，它的上游公司的应收账款减值风险高。

这是什么意思呢？当乐视出问题时，它对上游的欠款很可能还不上，那么大概率要计提减值。比如，欧菲科技2018年2月10日公告，对客户乐视移动智能信息技术（北京）有限公司及乐赛移动香港有限公司的应收账款坏账计提45%，即8 088.30万元（见下图）。

**本次计提资产减值的情况说明**

经过公司及下属子公司对 2017 年末存在可能发生减值迹象的资产，范围包括应收款项、其他应收款、存货、固定资产及商誉等，进行全面清查和资产减值测试后，拟计提 2017 年度各项资产减值准备 60,760.07 万元，其中基于谨慎性原则，对客户深圳市金立通讯设备有限公司的两家控股子公司东莞市金铭电子有限公司及东莞金卓通信科技有限公司的应收账款坏账计提 48%，即 3 亿元；对客户乐视移动智能信息技术（北京）有限公司及乐赛移动香港有限公司的应收账款坏账 计提 45%，即 8,088.30 万元。

数据来源：WIND，初善君整理

毅昌股份的客户也是乐视，截至2017年12月31日，公司对新乐视智家的应收账款为421 063 796.60元，乐视子公司环球智达科技（北京）有限公司的应收账款已经逾期半年，大部分已逾期1年。公司已对新乐视智家的应收款项整体计提60%，计提总金额为25 248万元，本次进一步计提坏账准备金额为20 755万元。

坏账损失不止应收账款，其他应收款等占比高的也需要关注，关注内容类似于应收账款，在此不再举例。

坏账准备风险需要注意的关注点：一是应收账款等的余额；二是应收账款计提比例，越谨慎越好；三是坏账准备金额与应收账款的增量最相关；四是应收账款的质量，即账龄，越短越好；五是应收账款质量越来越差时，有可能会大额计提减值损失，需要防范。

（4）存货跌价损失

这部分内容参见存货章节：第四章第五节存货扫雷。

（5）其他资产减值损失

WIND中除了坏账准备、存货跌价准备、商誉减值准备外，并没有披露其他资产减值损失的明细。不过根据笔者的经验，主要应该是固定资产、长期股权投资等。

从其他减值明细来看，石化双雄分别以217亿元和213亿元遥遥领先。此外，乐视网、盐湖股份、雅戈尔、*ST保千此类减值金额都在30亿元以上（见下图）。

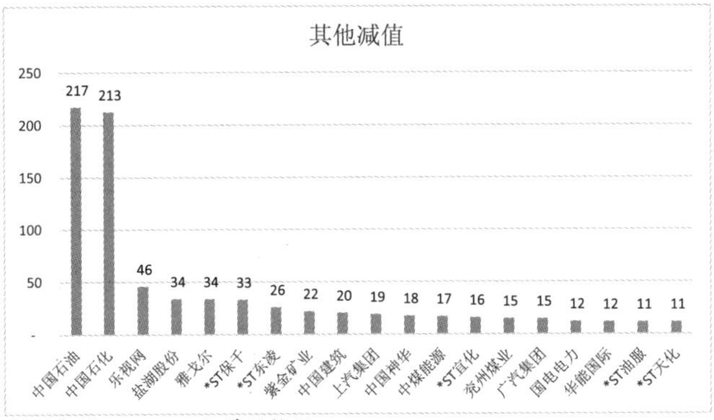


数据来源：WIND，初善君整理

我们看中国石油2017年度，固定资产计提影响损益的减值准备金额为136.77亿元，油气资产减值准备计提39.61亿元，主要是由于生产运营成本较高导致部分石油化工资产减值及油价低位震荡运行共同导致（见下图）。此外，商誉减值准备37亿元，是商誉合计380亿元的中石油管道联合有限公司计提的。

**资产减值准备**

| | 2016年12月31日 | 本期增加 | 本期转回 | 本期转销及其他 | 2017年12月31日 |
|---|---|---|---|---|---|
| 坏账准备 | 4,409 | 3,291 | (37) | (68) | 7,595 |
| 其中：应收账款坏账准备 | 2,023 | 2,813 | (7) | (58) | 4,771 |
| 其他应收款坏账准备 | 2,360 | 311 | (30) | (10) | 2,631 |
| 预付账款坏账准备 | 26 | 167 | - | - | 193 |
| 存货跌价准备 | 3,366 | 1,118 | (49) | (3,279) | 1,156 |
| 可供出售金融资产减值准备 | 337 | - | - | (3) | 334 |
| 长期股权投资减值准备 | 249 | - | - | - | 249 |
| 固定资产减值准备 | 36,668 | 13,677 | - | 1,161 | 51,506 |
| 油气资产减值准备 | 35,488 | 3,961 | - | 371 | 39,820 |
| 在建工程减值准备 | 6,307 | 301 | - | (3,642) | 2,966 |
| 无形资产减值准备 | 688 | 41 | - | 3 | 732 |
| 商誉减值准备 | - | 3,709 | - | - | 3,709 |
| 其他非流动资产减值准备 | 162 | 42 | - | - | 204 |
| 合计 | 87,674 | 26,140 | (86) | (5,457) | 108,271 |

数据来源：WIND，初善君整理

我们再看中国石化，其减值损失的主要构成是固定资产198亿元，而且这个固定自查减值是全方位的（见下图）。勘探及开发分部的减值亏损人民币126.11亿元（2016年人民币105.94亿元）、化工分部的减值亏损人民币47.79亿元（2016年人民币28.40亿元）及炼油分部的减值亏损人民币18.36亿元（2016年人民币12.45亿元）。勘探及开发分部的减值亏损与价格变动导致的油气储量下降及个别油田过高的生产及开发成本有关。这些资产的账面价值减记至可回收金额。炼油分部的减值亏损主要是由于个别生产装置关停导致；化工分部的减值亏损主要是由于个别生产装置经济绩效低于预期及个别生产装置关停所致。

**资产减值损失**

本集团

| | 2017年<br>人民币百万元 | 2016年<br>人民币百万元 |
|---|---|---|
| 应收款项（附注8,9,10） | 110 | 231 |
| 存货（附注11） | 423 | 420 |
| 长期股权投资（附注13） | 936 | 1 |
| 固定资产（附注14） | 19,836 | 14,921 |
| 在建工程（附注15） | 252 | 1,486 |
| 无形资产（附注16） | 19 | 11 |
| 其他 | 215 | 6 |
| **合计** | **21,791** | **17,076** |

数据来源：WIND，初善君整理

可以说两油计提资产减值的根本原因是油价低，如果本集团对未来油价的估值下调，将可能导致进一步的减值亏损且减值亏损的合计金额可能重大。公司给出敏感性分析，在其他条件保持不变、油价下降5%的情况下，本集团与石油和天然气生产活动相关的固定资产的减值亏损将增加约人民币31.45亿元；在其他条件保持不变、操作成本上升5%的情况下，本集团与石油和天然气生产活动相关的固定资产的减值亏损增加约人民币26.59亿元；在其他条件保持不变、折现率上升5%的情况下，本集团与石油和天然气生产活动相关的固定资产的减值亏损将增加约人民币4.61亿元。

因此，规避其他减值最简单的方法就是规避周期行业的低谷时，像上面提到的两桶油及相关的石化油服等。

或者是中国神华、中煤能源和兖州煤业分别计提资产减值损失18亿元、17亿元和15亿元，可以说非常集中了。

规避固定资产、在建工程类减值的第二个方法就是规避投产不顺利的公司。一旦投产不顺利，自然可能计提减值。比如，盐湖股份和湖北宜化，这两个案例在固定资产部分已经讲解过了，可以查阅。

此外，第三个方法就是规避遇到风险陷入困境的公司，而且不要抱有幻想。比如，上面计提其他减值损失46亿元的乐视网。再如，现在市场上对神雾环保还抱有幻想的朋友，万一计提减值，跑都来不及。

此外还有要万分小心那些三季报大额亏损的公司，为什么？因为三季报大额亏损意味着当年扭亏几乎不可能，为了避免下一年度连续亏损，公司最好的做法就是把亏损全部做到今年。公司使用的方法就是大额计提各种减值损失。

（6）商誉减值

资产减值损失按类型分为往来款坏账准备、存货跌价准备、商誉跌价准备和其他类减值（固定资产长期资产类、长期股权投资类）等，每种计提的本质一样，资产可回收金额低于账面价值，那么就可能计提减值。但是每种类型的减值准备产生的原因和防范的方法不一样，还需要各位小伙伴主动学习，找到防范方法，避免被割“韭菜”。

具体内容可参见商誉部分。

（7）投资收益

投资收益主要包括上市公司二级市场投资产生的收益或者损失、长期股权投资产生的收益或者损失等。在上市公司使用投资收益调整利润时，简单方法就是把资产负债表中成本法核算的长期股权投资上市后卖出高价，从而调节公司的净利润。比如，很多公司持有金融股的股权，由于其持有成本较低，现在卖出这些金融股，会产生大量的投资收益，从而平滑公司的净利润。

根据《企业会计准则第20号——企业合并》规定，通过多次交易分步实现的企业合并，在合并财务报表中，对于购买日之前持有的被购买方的股权，应当按照该股权在购买日的公允价值进行重新计量，公允价值与其账面价值的差额计入当期投资收益。意思是你原来买一家公司20%的股权花了2亿元，现在再使用6亿元购买40%的股权，你原来持有20%的股份就值3亿元，可以计入投资收益3亿元−2亿元=1亿（元）。虽然你什么都没做，公司也没变，但是你的报表中利润多了1亿元净利润，是不是很奇妙。

这种分步购买实现合并，说起来容易，考虑实际操作中的难度，很少有上市公司使用该种方法进行利润调节。毕竟购买公司一般都会构成重大资产重组，都是几个亿的大买卖，耗时长，不确定性高，而且是与外部第三方的沟通，不像计提减值只需自己内部交流即可。

最典型的案例就是星辉娱乐，通过分步购买、再卖出等操作，每年投资收益占比非常高。

笔者把它的利润总额和核心利润进行比较，就可以很明显地看出公司的盈利能力和盈利质量（见下图）。虽然近两年利润总额基本没有下降，一直维持在高位，但是它的核心利润明显下滑，2017年已经下降到2014年的水平，但是你看归母净利润很难看出来。

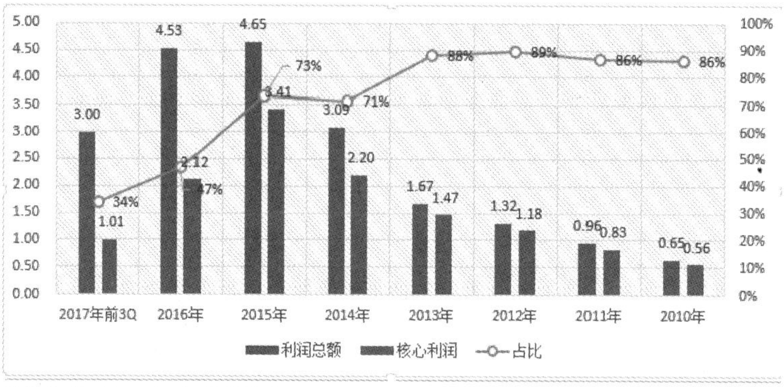


数据来源：WIND，初善君整理

（8）关联交易

关联交易（Connected transaction）是指公司关联方之间的交易，是公司运作中经常出现的而又易于发生不公平结果的交易。什么是关联方呢？在《企业会计准则36号——关联方披露》和《上市公司信息披露管理办法》中均有规定，简单说就是一方控制、共同控制另一方或对另一方施加重大影响，以及两方或两方以上同受一控制、共同控制的，构成关联方。

关联交易的必要性和公允性，直接对应着发行人的业务独立性，即是否对关联方及关联交易存在依赖；业绩真实性，即是否借关联交易调节业绩。在IPO中，很多公司被否的关键因素之一就是关联交易问题。

截至2017年9月24日，证监会已经审核了391家公司的首发申请。其中，319家获得通过，53家被否。业绩下降、关联交易、独立性缺失、继续获利能力存疑、募集项目堪忧、规范运作是IPO被否的几大主因。

比如华龙迅达，其主要业务为自动化控制系统和信息化系统的研发、生产及销售。其在2014年、2015年、2016年上半年与关联方中臣数控的关联销售产生的毛利金额分别占当期毛利总额的17.93%、18.22%、33.92%，不断增加的关联销售引发了对于公司是否存在通过关联交易输送利益的质疑，因此未能通过审核。

再如南航传媒，发行人报告期内向关联方销售商品及提供劳务的金额占营业收入的比重高于15%，向关联方采购的金额占营业成本的比重均高于25%；关联交易的定价，发行人与关联方南方航空就媒体资源签署过《无形资产特许使用协议》，并约定相关权利与义务，但由于所涉金额高，且价格、分成率等与市场公允值差异较大，审核部门对该公司取得南方航空媒体资源的关联交易定价依据、公允性提出问询；关联交易的影响，审核部门要求发行人结合公司历史盈利情况，说明其经营是否对南方航空以及其他关联航空公司存在重大依赖，也因此未能通过审核。

提到A股关联交易，就不得不提两个典型，一个是从集万千宠爱于一身到万人唾弃的乐视网，另一个是处处都是关联方的神雾环保。

2017年4月19日，乐视网披露2016年年报，营业收入219.51亿元，实现营业利润-3.37亿元，同比下滑853.49%，净利润5.5亿元，同比减少3.19%。乐视网与关联方在销售商品、采购服务等共计发生了203.66亿元的关联交易，其中乐视网向贾跃亭控制的公司合计销售128.68亿元，采购74.98亿元。

乐视网向关联方销售商品产生的收入，就占全年营收的58.62%。相比2015年，乐视网前五大销售客户销售金额是38.36亿元，占年度销售总额的29.45%，且并未出现前五大销售客户中有关联方的描述。

如下图所示，关联交易高达3页，笔者仅仅截取一部分。

单位：元

| 关联方 | 关联交易内容 | 本期发生额 | 上期发生额 |
|---|---|---|---|
| LE Corporation Limited | 销售货物、CDN 服务 | 274,508,062.46 | 74,805,945.00 |
| LE Technology Incorporated | 销售货物 | 165,951,934.45 | 0.00 |
| Le Eco Russia and Eastern Europe(Singapore)Pte.Ltd. | 销售货物 | 3,880,053.28 | 0.00 |
| 北京邦赢彩服科技有限公司 | 广告业务 | 25,000.00 | 0.00 |
| 北京东方车云信息技术有限公司 | 销售会员、销售货物 | 639,201,247.00 | 0.00 |
| 北京宏城鑫泰置业有限公司 | 利息收入 | 1,917,930.98 | 0.00 |
| 北京锦一资产管理中心（有限合伙） | 利息收入 | 2,024,999.63 | 0.00 |
| 北京网酒网电子商务股份有限公司 | CDN 服务、利息收入 | 2,778,212.87 | 17,101,166.93 |
| 北京易到旅行社有限公司 | 销售货物 | 80,000,000.00 | 0.00 |
| 北京益动思博网络科技有限公司 | CDN 服务 | 208,309.12 | 0.00 |
| 北京智驿信息技术有限责任公司 | 销售货物、版权销售 | 0.00 | 159,739,233.76 |
| 法乐第（北京）网络科技有限公司 | 广告业务、CDN 服务 | 30,893,684.90 | 0.00 |
| 乐风控股（北京）有限公司 | 利息收入 | 1,137,221.53 | 0.00 |
| 乐咖互娱信息技术（北京）有限公司 | 利息收入 | 1,674,999.63 | 0.00 |
| 乐卡汽车智能科技（北京）有限公司 | CDN 服务 | 5,974,257.08 | 21,875,586.65 |
| 乐乐创新智能科技（北京）有限公司 | CDN 服务 | 1,784,742.60 | 0.00 |
| 乐帕营销服务（北京）有限公司 | 销售货物、销售会员 | 7,086,534,298.98 | 0.00 |
| 乐视创景科技（北京）有限公司 | CDN 服务、销售货物 | 518,793.32 | 0.00 |
| 乐视海韵文化传媒（北京）有限公司 | 利息收入 | 2,024,999.63 | 0.00 |

数据来源：WIND，初善君整理

伴随着大额关联的销售，还有大额的关联采购（见下图）。

单位：元

| 关联方 | 关联交易内容 | 本期发生额 | 获批的交易额度 | 是否超过交易额度 | 上期发生额 |
|---|---|---|---|---|---|
| TCL 海外电子（惠州）有限公司 | 货物采购 | 1,266,305,496.90 | | | 0.00 |
| 北京东方车云信息技术有限公司 | 会员分成 | 252,003,296.00 | | | 0.00 |
| 北京乐漾影视传媒有限公司 | 版权采购 | 20,937,548.74 | | | 0.00 |
| 北京网酒网电子商务股份有限公司 | 货物采购 | 7,720,290.56 | | | 13,261,938.80 |
| 北京易到旅行社有限公司 | 货物采购 | 248,900.00 | | | 0.00 |
| 霍尔果斯乐视影业有限公司 | 版权采购 | 212,000,000.00 | | | 0.00 |
| 乐果文化传媒（北京）有限公司 | 版权采购 | 3,660,000.00 | | | 44,080.00 |
| 乐卡汽车智能科技（北京）有限公司 | 货物采购 | 15,761,023.06 | | | 0.00 |
| 乐帕营销服务（北京）有限公司 | 货物采购 | 34,046,324.00 | | | 0.00 |
| 乐视创景科技（北京）有限公司 | 货物采购 | 3,513,072.82 | | | 0.00 |
| 乐视飞鸽科技（天 | 货物采购 | 6,781,087.30 | | | 2,724,677.08 |

数据来源：WIND，初善君整理

仅仅通过这种简单的分析很难判断乐视网如何调节利润，因为它已经把报表做成一般人看不懂的地步了，但是如此眼花缭乱的关联交易被质疑，也不能怪其他人。

2017年5月，神雾环保被人发文质疑利用关联交易实现业绩增长，使得神雾环保股价大跌，不少基金机构“躺枪”。

文章中质疑到：2016年神雾环保营收31.25亿元，需要指出的是，仅公司前5大客户就占94.38%的总销售额（见下图）。也就是说，这5个客户支撑了神雾环保整个上市公司的业绩。从上面的信息可以看出，乌海神雾煤化科技有限公司和新疆胜沃能源是神雾环保的两个最大客户，2016年承接的销售额达到23亿元，占神雾环保当年总销售额的74%，而这两个客户均为公司的关联方，因此不少人士质疑神雾环保实现净利润基本上是靠关联方。

公司前五大客户资料

| 序号 | 客户名称 | 销售额（元） | 占年度销售总额比例 |
| --- | --- | --- | --- |
| 1 | 乌海神雾煤化科技有限公司 | 1,286,901,156.21 | 41.18% |
| 2 | 新疆胜沃能源开发有限公司 | 1,035,766,174.14 | 33.14% |
| 3 | 内蒙古港原化工有限公司 | 346,162,425.27 | 11.08% |
| 4 | 新疆博力拓矿业有限责任公司 | 148,588,366.44 | 4.75% |
| 5 | 包头博发稀有新能源科技有限公司 | 132,075,471.70 | 4.23% |
| 合计 | — | 2,949,493,593.76 | 94.38% |

数据来源：WIND，初善君整理

到2017年半年报，公司虽然没有披露前五大客户，但是关联交易和收入确认环节我们可以管中窥豹，关联交易依然很高，公司披露的关联方收入约为5.65亿元，占当期20亿元收入的25%以上，当然这个数字没有包含乌海神雾的8.67亿元，不然关联方销售合计会超过70%。

神雾环保有没有用关联交易调节利润，笔者不敢武断地下结论，但是大家依然可以质疑公司的关联交易，除非公司提供更多的证据来证明关联交易必要性和公允性。

对于存在大额关联交易的上市公司来说，如果不能证明关联交易的必要性和公允性，还是建议大家回避。

（9）在建工程推迟转固

笔者在研究上市公司在建工程时，发现有一些上市公司在建工程余额很大，而且连续多个季度维持在高位，进度一直维持在90%以上，但是一直没有转为固定资产。

这就是在建工程推迟转为固定资产调节公司利润的手法。这么做，目的有二：一是在建工程一般会产生利息费用，在在建工程未转固时，利息费用计入在建工程，转固之后利息费用直接计入损益，影响净利润。二是在建工程转为固定资产时会计提折旧，而产量往往需要时间爬坡，效益较差，影响净利润。

例如，某公司2016年在建工程余额4.07亿元，项目进度为94%，但是2017年半年报中，该公司半年仅投入1 073万元，相较于2016年3.6亿元的投入不太合理，而且进度更新为97%（见下图）。

单位：元　币种：人民币

| 项目名称 | 预算数 | 期初余额 | 本期增加金额 | 本期转入固定资产金额 | 本期其他减少金额 | 期末余额 | 工程累计投入占预算比例(%) | 工程进度 | 利息资本化累计金额 | 其中：本期利息资本化金额 | 本期利息资本化率(%) | 资金来源 |
|---|---|---|---|---|---|---|---|---|---|---|---|---|
| 珠海募投项目 | 432,230,000.00 | 407,693,376.98 | 10,728,945.43 | 0 | 0 | 418,422,322.41 | 96.81 | 96.81 | 0 | 0 | 0 | 募股资金 |
| 合计 | 432,230,000.00 | 407,693,376.98 | 10,728,945.43 | 0 | 0 | 418,422,322.41 | — | — | 0 | 0 | — | — |

数据来源：WIND，初善君整理

当然公司原预计投产时间是2016年底，但是一推再推，在2017年9月29日，公司公告该项目试生产了。虽然该项目没有利息费用资本化，但是一旦转固，每年的折旧至少4 000万元，这对一家2016年净利润仅为2 600万元的公司来说压力可想而知。

（10）研发费用资本化

研发费用是资本化还是费用化，其本质的区别就在于前者是算入资产负债表中，逐年来摊销费用，而后者则直接算入利润表中，直接体现在当年利润中。所以通过资本化的处理方式，可以提高当年的净利润水平。

一般公司都会选择在行业景气度较高的时候用费用化来处理，而在景气度较低的时候用资本化来处理。

（11）特别手段

年底是上市公司的考核季，又有很多公司出来秀操作了。证监会对上市公司的考核要求最主要的就是不亏损，毕竟亏一年面子不好看，连亏两年要“披星戴帽”，连亏三年要暂停上市。因此没有公司愿意亏损，而那些暂时亏损的公司则想尽一切办法避免亏损。

于是一些公司想尽各种办法来避免亏损，简直让人“叹为观止”。

• 卖楼型

先看带星的*ST椰岛，就知道这家以椰岛鹿龟酒出名的公司压力有多大，其2016年度、2017年度经审计的净利润连续为负值，*ST椰岛的股票已被实施退市风险警示。同时2018年前三季度，*ST椰岛归属于上市公司股东的净利润为-1.63亿元。进入第四季度，*ST椰岛的保壳之路显得迫切而又紧张。

于是卖楼成为必然选择，2018年10月10日，*ST椰岛在海南产权交易所公开挂牌转让海南椰岛阳光置业有限公司60%股权及椰岛综合楼，转让底价为4亿元。11月20日，*ST椰岛发布公告称，公司已与西安天朗地产集团有限公司签订《海南椰岛阳光置业有限公司股权转让协议》及《房屋买卖合同》。天朗地产是西安最大的房地产商之一。

中迪投资2018年11月8日公告，将卖出一套位于北京的房产，交易完成后预计产生约743万元的税前收益。而中迪投资当年1~9月归属于上市公司股东的净利润为−632.59万元，可谓刚刚好。

浙江世宝2018年11月29日表示，将以1 204万元的价格出售位于佛堂镇车站路的房屋，本次交易实现后产生的税后净利润为886万元，而公司前三季度亏损1 000万元左右，想扭亏为盈还差一点点。

此外，2018年12月3日，据上海联合交易所官网披露，国元证券计划转让分别位于上海市浦东大道1097弄和斜土路500号的四处房产，四套房产合计转让价格3 541.70万元，总计面积599.39平方米。除了国元证券，约一个月前，中原证券也对位于郑州市、北京市、河源市的11处房产进行变卖处置，其中有员工宿舍、营业部的办公场所等。截至2018年8月31日，这批拟处置房产的账面净值合计2 143万元，评估值为6 835万元，最终处置价格以成交价为准。

但是国元证券和中原证券前三年度分别盈利3.3亿元和1.8亿元，不清楚本次转让房产是不是处于高抛低吸的考虑。

有媒体统计，截至2018年12月初，出售房产的上市公司达到33家，涉及的公告次数达到52次，超过了2017年全年的45次。

• 卖子公司型

2018年前三季度，罗普斯金归属于上市公司股东的净利润约为−0.66亿元。为了提升公司整体业绩，罗普斯金曾筹划跨界投资医疗健康公司，其控股股东也曾筹划转让部分股份，但是上述两起交易均以失败告终。12月11日，罗普斯金发布公告称，拟将子公司铭德铝业和铭镌精密的100%股权出售给特罗普，转让价格为52 759.2万元。预计可以实现大笔盈利。

2018年12月17日，力帆实业（集团）股份有限公司将子公司重庆力帆汽车有限公司作价6.5亿元，卖给了北京车和家信息技术有限公司。没办法了，作为老牌车企，力帆股份这几年过得并不顺心，而出售的标的力帆汽车2018年1~11月实现营业收入19.16亿元，净利润亏损达到2.67亿元。而李想的车和家刚好缺生产资质，一拍即合。据披露，扣除当期其他亏损，本次交易预计对上市公司当期净利润影响约为0.75亿元。

• 卖股票

WIND统计数据显示，截至2018年三季度末，A股市场有115家上市公司存在交叉持股。10月1日至12月11日，沪深两市共有25家上市公司发布45条有关减持手中持有的上市公司股票的公告。

减持量最大的莫过于汇鸿集团，2018年12月11日晚间，汇鸿集团公告称，截至12月10日收盘，汇鸿集团及控股子公司累计减持华泰证券421.903 4万股、江苏银行900万股、建设银行21.4万股、中国人寿6万股，经初步测算可获得投资收益共计约1.15亿元。年初开始，汇鸿集团已通过“炒股”并减持上市公司股票获利20.3亿元。

汇鸿集团也是没有办法，虽然截至三季报，账面净利润高达10.25亿元，但是扣非归母亏损超过1亿元。但是笔者还是比较好奇留着慢慢减不好吗？干吗这么着急，一年减这么多？

此外，信雅达、中国长城、任子行、大众交通、绿庭投资、江苏吴中等多家上市公司宣布出售所持其他上市公司股票的行为。真的是各家有各家的难处，各家有各家的不幸。

• 卖飞机

以上卖股票、卖房子都属于常规操作，只有有得卖，保证盈利快。但是有些公司就比较厉害了。比如，深陷债务危机的海航集团旗下的海航控股，2018年12月13日，海航控股发布公告称，公司拟转让1架787 飞机以及控股子公司山西航空拟转让1架737 飞机。交易金额合计超过10亿元。

当然，海航控股2018年前三季度，归属于上市公司股东的净利润约为7.29亿元，同比减少73.57%；归属于上市公司股东的扣非净利润约为1.98亿元，同比减少92%，至少没有亏损。卖资产的主要目的是盘活现有资产，为降低集团的资产负债率贡献一份力量。

• 卖画

如果说卖飞机已经属于百里挑一，那么这家绝对是万里挑一，可谓A股第一。

2018年12月14日晚电广传媒公告，公司子公司湖南省有线电视网络（集团）股份有限公司将《愚公移山》布面油画以2.088亿元（含税）出售给湖南广播电视台。虽然公司暂时没有公布卖画能确认多少盈利，但是笔者预计不低于1.35亿元。

为什么呢？因为电广传媒2018年1~9月亏损了1.35亿元。由于该公司2017年亏损4.64亿元，因此，如果该公司2018年继续亏损，就将戴上“ST”的帽子。

此次出售的标的为徐悲鸿的《愚公移山》，该作品创作于1940年，为布面油画，画作尺幅为46cm×107.5cm。

据笔者了解，2007年，电广传媒通过北京瀚海拍卖有限公司组织的拍卖取得这幅画，最终价格为2 800万元。10年预计涨了8倍，年化收益率还不错。

事实上在本次成交前，2018年6月，电广传媒子公司湖南有线集团就将《愚公移山》挂价1.9亿元进行拍卖，但此次拍卖最终流拍。大家感受一下流拍的过程：6月18日，《愚公移山》在嘉德艺术中心公开拍卖，起拍价为1.2亿元，现场买家纷纷举牌，并有电话委托买家加入，当买家举牌到1.89亿元时，再无买家举牌。最终因举牌价未达到委托最低成交价1.9亿元，导致该幅画未拍卖成功。

• 拖欠

*ST沈机2018年12月15日公告称，公司为打造供应商战略联盟，建立稳定的采购渠道及快速的订货系统，巩固与供应商的战略合作关系，缓解上游供应商资金流紧张的状况，同时减少公司应付账款支付压力，保证公司正常生产运营，公司下属分公司、子公司与361家供应商签署《债权债务豁免协议》，涉及重组债务本金47 216.39万元，预计形成利得13 401.82万元，总体折扣率约为28%（见下图）。

什么意思，就是我欠你钱还不起，商量一下只还一部分，100元的欠款，我只还72元。

**债务豁免明细**

**债务豁免汇总表**

单位：万元

| 序号 | 债务总额范围 | 债务本金 | 折扣率 | 豁免债务金额 | 确认债务金额 |
|---|---|---|---|---|---|
| 1 | 1000 万以上 | 19,019.03 | 约为28% | 13,401.82 | 33,814.57 |
| 2 | 500~1000 万 | 7,531.98 | | | |
| 3 | 100~500 万 | 14,665.39 | | | |
| 4 | 100 万以下 | 5,999.99 | | | |
| | 合计 | 47,216.39 | | | |

数据来源：WIND，初善君整理

*ST河化于2017年12月13日收到银亿集团有限公司发来的《关于向广西河池化工股份有限公司无偿赠予现金的函》，为切实解决公司经营困难，提高公司持续经营能力，银亿集团决定向公司无偿赠予现金人民币8 000万元，并于十个工作日内将本次赠予现金支付至公司指定账户，本次赠予为无附义务的赠予。

当然，从企业会计准则的角度，该赠予不应该计入营业外收入，应该计入所有者权益。公司也是如此公告：本次受赠资产完成后，能有效改善公司现金流，受赠现金入账后将计入公司资本公积，不影响公司当期经营成果。

### 4. 收现比和净现比

参见第十章第二节经营活动现金流部分

# 第十章

# 现金流量表

现金流量表是很简单的报表，却也是很复杂的。简单的意思是只需看现金流量的结果就好，并不复杂；复杂的意思是不同时期市场对现金流量表的重视程度不一样，有时候根本不管现金流的好坏，有时候又非常重视现金流。

当然，从本质上来说，一家没有利润，但有现金流的公司可以活得很滋润，而一家光有利润，没有现金流的公司是没有未来的。设立公司的根本目的就是赚取现金流，又不是为了纸面财富——利润。

因此，现金流量表很重要，投资时一定要关注现金流量表，因为它代表了盈利的质量。

# 一、现金流量表的构成

我国现行会计准则中规定对现金流量表采用直接法编制，与港股和美股上市公司现金流量表编制方法略有不同。直接法是指将每笔涉及现金收支的业务按照属性归入经营、投资、筹资3个部分；间接法是指从公司的净利润出发，调整按照收付实现制与权责发生制这两种方法记录不一致的项目，最后倒推出当期经营活动的现金流。间接法只适用于经营活动现金流量表的编制，投资和筹资活动只有直接法。间接法编制的现金流量表通常在报表附注中“现金流量表补充资料”项进行说明。

现金流量表主要由经营、投资及筹资三大活动构成，每一项都有一个净额，三个净额相加就得到公司一年现金的最终变动，究竟是增加了还是减少了。

### 1. 经营活动产生的现金流量

经营活动现金流量与公司主营业务密切相关，对应资本负债表的流动资产和流动负债部分，比如各项往来款、存货等。

下图所示为美的集团的经营活动产生的现金流量明细，经营活动现金流入主要是营业收入转发而来，而经营活动现金流出则包括购买的原材料支出、支付的职工薪酬、各项税费及其他。

美的集团[000333.SZ] - 现金流量表

| | 2020-03-31 | 2019-12-31 | 2018-12-31 | 2017-12-31 | 2016-12-31 | 2015-12-31 |
|---|---|---|---|---|---|---|
| 报告期 | 一季报 | 年报 | 年报 | 年报 | 年报 | 年报 |
| 报表类型 | 合并报表 | 合并报表 | 合并报表 | 合并报表 | 合并报表 | 合并报表 |
| **经营活动产生的现金流量：** | | | | | | |
| 销售商品、提供劳务收到的现金 | 544.94 | 2,388.16 | 2,112.31 | 1,958.20 | 1,533.24 | 1,259.02 |
| 收到的税费返还 | 14.81 | 62.72 | 57.05 | 54.77 | 51.24 | 39.01 |
| 收到其他与经营活动有关的现金 | 7.72 | 50.09 | 55.58 | 47.71 | 31.39 | 32.11 |
| ⊞ 经营活动现金流入(金融类) | 3.66 | 13.34 | 22.74 | 12.48 | 7.84 | 9.50 |
| 经营活动现金流入差额(特殊报表科目) | 0.26 | 6.93 | 15.73 | | 2.87 | 3.14 |
| 经营活动现金流入差额(合计平衡项目) | | | | | | |
| **经营活动现金流入小计** | 571.39 | 2,521.23 | 2,263.42 | 2,073.16 | 1,626.59 | 1,342.78 |
| 购买商品、接受劳务支付的现金 | 299.87 | 1,300.99 | 1,273.68 | 1,165.08 | 894.41 | 717.33 |
| 支付给职工以及为职工支付的现金 | 88.96 | 268.51 | 247.10 | 227.41 | 116.53 | 104.94 |
| 支付的各项税费 | 26.22 | 148.98 | 137.39 | 111.39 | 88.24 | 83.24 |
| 支付其他与经营活动有关的现金 | 74.90 | 411.32 | 324.01 | 291.40 | 218.03 | 163.36 |
| ⊞ 经营活动现金流出(金融类) | 4.76 | 4.53 | 1.99 | 33.45 | 42.28 | 6.27 |
| 经营活动现金流出差额(特殊报表科目) | | 1.00 | 0.65 | | 0.15 | |
| 经营活动现金流出差额(合计平衡项目) | | | | | | |
| **经营活动现金流出小计** | 494.70 | 2,135.33 | 1,984.81 | 1,828.73 | 1,359.64 | 1,075.14 |
| 经营活动产生的现金流量净额差额(合计平衡项目) | | | | | | |
| **经营活动产生的现金流量净额** | 76.69 | 385.90 | 278.61 | 244.43 | 266.95 | 267.64 |

数据来源：WIND，初善君整理

销售商品、提供劳务收到的现金主要为当期营业收入的转化，买了产品确认营业收入和应收账款，应收账款的收回计入该科目，其基本逻辑为：销售商品、提供劳务收到的现金=含税营业收入−应收账款增加额−应收票据增加额+预收账款增加额。

购买商品、接受劳务支付的现金主要为当期含税采购成本，基本逻辑关系为：购买商品、接受劳务支付的现金=（营业成本+存货增加额）×1.16−应付账款增加额−应付票据增加额+预付账款增加额。

支付给职工及为职工支付的现金指公司实际支付给职工的工资以及其他为职工支付的其他现金，包括五险一金等。需要注意的是，这里指收付实现制支付的工资，在很多公司里，当年的现金流量表中包含的往往是上一年的奖金。

支付的各项税费就是指支付的各项税费，这没什么好解释的。

支付其他与经营活动有关的现金包含与经营活动有关的其他现金流出，比如支付的差旅费、业务招待费现金支出等。换言之，主要是管理费用、销售费用和研发费用中不含薪酬、税费的现金支出部分。

比如，美的2019年年报显示，支付的其他与经营活动有关的现金高达411亿元，其中销售费用302亿元，管理费用及研发费用96亿元，其他13亿元（见下图）。

支付的其他与经营活动有关的现金

| | 本期数 | 上期数 |
|---|---|---|
| 销售费用(不包括职工薪酬和税费) | 30,246,514 | 22,942,704 |
| 管理费用及研发费用(不包括职工薪酬和税费) | 9,601,758 | 8,971,922 |
| 其他 | 1,283,489 | 486,046 |
| | 41,131,761 | 32,400,672 |

数据来源：WIND，初善君整理

### 2. 投资活动产生的现金流量

投资活动产生的现金流量主要是与投资相关的现金流，与资产负债表的对应可以分为两大类资产，一类是金融资产，包括理财产品、股权投资等；另一类是固定资产，因此投资活动的现金流金额多数都是负的。

下图所示为美的集团投资活动产生的现金流量明细，2015年至今均为大额流出。

| | 2020-03-31 | 2019-12-31 | 2018-12-31 | 2017-12-31 | 2016-12-31 | 2015-12-31 |
|---|---|---|---|---|---|---|
| **投资活动产生的现金流量：** | | | | | | |
| 收回投资收到的现金 | 225.80 | 848.53 | 657.12 | 851.27 | 739.05 | 420.62 |
| 取得投资收益收到的现金 | 10.05 | 40.27 | 20.98 | 27.28 | 19.54 | 20.89 |
| 处置固定资产、无形资产和其他长期资产收回的现金净额 | 0.09 | 1.25 | 1.64 | 14.41 | 1.91 | 5.48 |
| 处置子公司及其他营业单位收到的现金净额 | | | 0.24 | | 2.73 | |
| 收到其他与投资活动有关的现金 | | | | | | 0.42 |
| 投资活动现金流入差额(特殊报表科目) | | | | | | |
| 投资活动现金流入差额(合计平衡项目) | | | | | | |
| **投资活动现金流入小计** | 235.94 | 890.05 | 679.98 | 892.96 | 763.23 | 447.41 |
| 购建固定资产、无形资产和其他长期资产支付的现金 | 8.85 | 34.52 | 56.12 | 32.18 | 23.23 | 31.31 |
| 投资支付的现金 | 281.84 | 1,084.57 | 807.14 | 949.67 | 908.81 | 593.16 |
| 取得子公司及其他营业单位支付的现金净额 | 0.11 | 2.03 | 3.15 | 258.50 | 29.00 | 2.84 |
| 支付其他与投资活动有关的现金 | | | | | | |
| 投资活动现金流出差额(特殊报表科目) | | | | | | |
| 投资活动现金流出差额(合计平衡项目) | | | | | | |
| **投资活动现金流出小计** | 290.80 | 1,121.12 | 866.40 | 1,240.36 | 961.04 | 627.30 |
| 投资活动产生的现金流量净额差额(合计平衡项目) | | | | | | |
| **投资活动产生的现金流量净额** | -54.86 | -231.08 | -186.42 | -347.40 | -197.81 | -179.89 |

数据来源：WIND，初善君整理

收回投资收到的现金和取得投资收益收到的现金一般是指投资金融资产收回的现金，一般情况下公司这个收回金额较小。整体来看，公司的投资活动现金流入很小。像美的集团如此大的投资收回现金，一般都是理财产品滚动投资形成的。

购建固定资产、无形资产和其他长期资产所支付的现金是指投资在建工程支付现金，往往包括新增产能或者新增办公楼之类的，是有价值的投资。

投资支付的现金是指投资理财产品等金融资产，投资设立公司形成长期股权投资，这里需要结合资产负债表中长期股权投资等项目分析公司发展战略。

在分析现金流量表时，投资现金流量表往往可以找到公司现金的去向。

### 3. 筹资活动产生的现金流量

筹资活动产生的现金流量是指公司筹资的现金情况，对应资产负债表的有息负债和股东权益。

下图所示为美的集团筹资活动产生的现金流量明细，可以看到波动较大。

| | 2020-03-31 | 2019-12-31 | 2018-12-31 | 2017-12-31 | 2016-12-31 | 2015-12-31 |
|---|---|---|---|---|---|---|
| **筹资活动产生的现金流量：** | | | | | | |
| 吸收投资收到的现金 | 3.62 | 28.98 | 27.13 | 16.68 | 8.15 | 17.02 |
| 其中：子公司吸收少数股东投资收到的现金 | | 1.20 | 6.15 | 0.43 | 0.33 | 0.53 |
| 取得借款收到的现金 | 14.03 | 171.18 | 25.24 | 621.70 | 324.22 | 245.15 |
| 收到其他与筹资活动有关的现金 | | | | | | 1.67 |
| 发行债券收到的现金 | | | | | 20.00 | |
| 筹资活动现金流入差额(特殊报表科目) | | | | | | |
| 筹资活动现金流入差额(合计平衡项目) | | | | | | |
| **筹资活动现金流入小计** | 17.65 | 200.16 | 52.38 | 638.38 | 352.36 | 263.84 |
| 偿还债务支付的现金 | 2.60 | 86.44 | 33.78 | 360.74 | 269.61 | 293.52 |
| 分配股利、利润或偿付利息支付的现金 | 3.83 | 110.56 | 93.03 | 79.08 | 60.46 | 49.08 |
| 其中：子公司支付给少数股东的股利、利润 | 0.63 | 16.52 | 8.16 | 8.15 | 5.63 | 5.53 |
| 支付其他与筹资活动有关的现金 | 8.21 | 35.90 | 59.43 | 2.04 | 0.69 | |
| 筹资活动现金流出差额(特殊报表科目) | | | | | 20.00 | 10.00 |
| 筹资活动现金流出差额(合计平衡项目) | | | | | | |
| **筹资活动现金流出小计** | 14.65 | 232.89 | 186.25 | 441.86 | 350.76 | 352.60 |
| 筹资活动产生的现金流量净额差额(合计平衡项目) | | | | | | |
| **筹资活动产生的现金流量净额** | 3.01 | -32.74 | -133.87 | 196.52 | 1.60 | -88.77 |

数据来源：WIND，初善君整理

吸收投资收到的现金包括自己的增发、配股、IPO，也包括子公司引入股东等。

取得借款收到的现金与偿还债务支付的现金是指借款收到的现金，含长、短期借款等，分析“取得借款收到的现金”与“偿还债务支付的现金”两者规模变动，可知公司是否存在以新债还旧债的情况。

分配股利、利润或偿付利息支付的现金均是字面含义，通过分析可知，公司向投资者实际分配现金股利金额，相对于股票股利及资本公积转增股本等基于所有者权益内部项目变动更实在；结合利润表中财务费用利息支出、当期分红情况可推测当期实际支付利息情况，测算公司融资利率。

现金流量表的结果就是现金及现金等价物净增加额，美的集团的期末现金329.82亿元，2020年一季度增加了25.4亿元（见下图）。这个数据与资产负债表的货币资金期初、期末是可以对应上的。

| | 2020-03-31 | 2019-12-31 | 2018-12-31 | 2017-12-31 | 2016-12-31 | 2015-12-31 |
|---|---|---|---|---|---|---|
| 现金及现金等价物净增加额 | 25.40 | 124.89 | -38.79 | 93.18 | 73.26 | -0.85 |
| 期初现金及现金等价物余额 | 304.42 | 179.52 | 218.32 | 125.14 | 51.87 | 52.72 |
| 期末现金及现金等价物余额 | 329.82 | 304.42 | 179.52 | 218.32 | 125.14 | 51.87 |

数据来源：WIND，初善君整理

需要指出的是，这里的货币资金可能不包括理财产品，因为理财产品在投资现金流中核算。

## 二、经营活动现金流

现在的市场很有意思，自2016年以来，市场经历了白马牛、蓝筹牛、医药牛、消费牛，乃至到现在只要公司经营现金流好，股价都可以大涨。同时，经营活动现金流差的PPP概念公司更是接连出问题，从债务危机的凯迪生态、盛运环保，到东方园林、铁汉生态、蒙草生态，股价更是无不大跌。

直到此时，投资者才知道经营活动现金流的重要性。评价经营现金流净额好坏的标准可以通过收现比和净现比。

### 1. 收现比

收现比=销售商品、提供劳务收到的现金/营业收入，表示1元的营业收入收回了多少现金，一般情况下考虑增值税（假设增值税税率为16%），收现比约等于1.16。

从理论上来说，这个比值当然越大越好。但是从长期来看，这个比值就是1.16。即使今年收到的现金大于营业收入，那么后一年的现金流入可能会小于营业收入，从长期来看，公司的现金流入就等于确认的营业收入和增值税。

整个A股，扣除金融业（含银行、证券、保险等）后，2017年销售商品、提供劳务收到的现金共计34.53万亿元，而同期营业收入为33.24万亿元，收现比为1.04，意思是从所有的公司来看，其实现1元的营业收入，共计收回1.04元的现金（见下图）。考虑到增值税为5%~16%，这个收现比并不高。

亿元

| 科目 | 销售商品、提供劳务收到的现金 | 营业总收入 | 收现比 |
|---|---|---|---|
| 2017年 | 345,204.12 | 332,359.18 | 1.04 |

数据来源：WIND，初善君整理

如果按照证监会的行业分类，2017年收现比最好的行业是房地产业，达到1.28，而水利、环境和公共设施管理业最差，仅仅为0.76，一元钱的收入仅仅收回0.76元现金，也难怪环保的收现比全行业最低（见下图）。

亿元

| 行业 | 销售商品、提供劳务收到的现金 | 营业总收入 | 收现比 |
|---|---|---|---|
| 房地产业 | 21,823.53 | 17,054.68 | 1.28 |
| 居民服务、修理和其他服务业 | 7.89 | 6.75 | 1.17 |
| 教育 | 64.66 | 57.08 | 1.13 |
| 采矿业 | 63,069.97 | 56,364.59 | 1.12 |
| 批发和零售业 | 38,851.63 | 35,319.95 | 1.10 |
| 电力、热力、燃气及水生产和供应业 | 10,946.21 | 10,026.97 | 1.09 |
| 租赁和商务服务业 | 6,285.17 | 5,832.12 | 1.08 |
| 信息传输、软件和信息技术服务业 | 8,953.96 | 8,475.07 | 1.06 |
| 住宿和餐饮业 | 347.19 | 328.72 | 1.06 |
| 交通运输、仓储和邮政业 | 11,963.75 | 11,567.83 | 1.03 |
| 文化、体育和娱乐业 | 1,969.15 | 1,914.90 | 1.03 |
| 农、林、牧、渔业 | 1,560.45 | 1,558.68 | 1.00 |
| 建筑业 | 42,906.28 | 43,499.67 | 0.99 |
| 卫生和社会工作 | 264.47 | 269.24 | 0.98 |
| 制造业 | 134,490.12 | 138,088.79 | 0.97 |
| 综合 | 390.80 | 419.10 | 0.93 |
| 科学研究和技术服务业 | 660.59 | 727.04 | 0.91 |
| 水利、环境和公共设施管理业 | 648.31 | 848.00 | 0.76 |
| 总计 | 345,204.12 | 332,359.18 | 1.04 |

数据来源：WIND，初善君整理

如果分类到行业最末级，收现比最高的行业依然是房地产业，为1.28，零售业和教育业也排名靠前，再就是白酒业，收现比为1.13，最后是服饰业、食品制造业，可以说收现比靠前的行业2017年股价涨幅都不错（见下图）。

| 行标签 | 销售商品、提供劳务收到的现金 | 营业总收入 | 收现比 |
|---|---|---|---|
| 房地产业-房地产业-房地产业-房地产业 | 21,823.53 | 17,054.68 | 1.28 |
| 批发和零售业-零售业-零售业-零售业 | 14,983.35 | 13,178.02 | 1.14 |
| 教育-教育-教育-教育 | 64.66 | 57.08 | 1.13 |
| 制造业-酒、饮料和精制茶制造业-酒、饮料和精制茶制造业-酒、饮料和精制茶制造业 | 2,779.19 | 2,469.79 | 1.13 |
| 制造业-纺织服装、服饰业-纺织服装、服饰业-纺织服装、服饰业 | 1,591.18 | 1,443.89 | 1.10 |
| 制造业-食品制造业-食品制造业-食品制造业 | 2,303.59 | 2,090.89 | 1.10 |
| 租赁和商务服务业-商务服务业-商务服务业-商务服务业 | 6,001.29 | 5,447.41 | 1.10 |
| 电力、热力、燃气及水生产和供应业-电力、热力生产和供应业-电力、热力生产和供应业-电力、热力生 | 9,360.68 | 8,548.25 | 1.10 |
| 电力、热力、燃气及水生产和供应业-燃气生产和供应业-燃气生产和供应业-燃气生产和供应业 | 1,213.08 | 1,108.70 | 1.09 |
| 制造业-家具制造业-家具制造业-家具制造业 | 706.34 | 646.03 | 1.09 |
| 交通运输、仓储和邮政业-航空运输业-航空运输业-航空运输业 | 4,996.48 | 4,583.82 | 1.09 |
| 批发和零售业-批发业-批发业-批发业 | 23,868.28 | 22,141.93 | 1.08 |
| 交通运输、仓储和邮政业-水上运输业-水上运输业-水上运输业 | 2,899.01 | 2,894.03 | 1.00 |
| 制造业-汽车制造业-汽车制造业-汽车制造业 | 21,560.43 | 21,701.16 | 0.99 |
| 建筑业-土木工程建筑业-土木工程建筑业-土木工程建筑业 | 41,238.14 | 41,745.53 | 0.99 |
| 制造业-医药制造业-医药制造业-医药制造业 | 6,273.15 | 6,363.31 | 0.99 |
| 制造业-化学原料及化学制品制造业-化学原料及化学制品制造业-化学原料及化学制品制造业 | 9,628.77 | 10,139.51 | 0.95 |
| 制造业-专用设备制造业-专用设备制造业-专用设备制造业 | 4,553.27 | 4,986.89 | 0.91 |
| 建筑业-房屋建筑业-房屋建筑业-房屋建筑业 | 415.34 | 456.22 | 0.91 |
| 制造业-黑色金属冶炼及压延加工-黑色金属冶炼及压延加工-黑色金属冶炼及压延加工 | 11,826.99 | 13,027.08 | 0.91 |
| 制造业-电气机械及器材制造业-电气机械及器材制造业-电气机械及器材制造业 | 12,417.17 | 13,866.43 | 0.90 |
| 租赁和商务服务业-租赁业-租赁业-租赁业 | 283.89 | 384.71 | 0.74 |
| 水利、环境和公共设施管理业-生态保护和环境治理业-生态保护和环境治理业-生态保护和环境治理业 | 508.11 | 717.47 | 0.71 |
| 采矿业-非金属矿采选业-非金属矿采选业-非金属矿采选业 | 2.26 | 3.78 | 0.60 |
| 总计 | 345,204.12 | 332,359.18 | 1.04 |

*数据来源：WIND，初善君整理*

为什么房地产、教育这类公司收现比高呢？因为大家都是预付款，对于公司来说，业务还没开展就把钱收了，收现比能不好吗。

### 2. 净现比

净现比=经营活动现金流量净额/净利润，代表实现1元净利润带来了多少现金。当然，这个比例也是越高越好。

从理论上来看，经营活动现金流出除了支付购进的原材料、人工成本、税费外，并不包含固定资产折旧、利息支出等，即经营活动现金流出小于营业成本+期间费用+所得税，因此经营活动现金流量净额应大于净利润。从长周期来看（10年以上），经营活动现金流量净额/净利润应大于1。

2017年，整个A股扣除金融业后，实现净利润1.94万亿元，经济活动现金流量净额为2.55万亿元，净现比为1.32，也就意味着A股所有的公司实现1元的净利润，流入的现金高达1.32元。这么来看这个比例还是蛮高的。

如果分行业来看的话，净现比最高的5个行业是采矿业（主要是中国石化、中国石油和中国神华的净现比太高）、住宿和餐饮业（锦江酒店、首旅酒店等）、信息传输业（中国联通、鹏博士等）、教育（紫光学大、新南洋等）、电力（华能国际、大唐发电等），可以看到净现比最好的行业往往有预收款或者现金交易，再或者垄断的行业。而净现比最差的行业是批发和零售业（庞大集团、国机汽车、建发股份等）、房地产业、环保业、建筑业等（见下图）。房地产的净现比低得有点儿奇怪，稍后再介绍。

| 行业 | 收现比 | 经营活动产生的现金流量净额 | 净利润 | 净利率 | 净现比 |
|---|---|---|---|---|---|
| 采矿业 | 1.12 | 7,960.14 | 2,142.14 | 4% | 3.72 |
| 住宿和餐饮业 | 1.06 | 65.28 | 20.23 | 6% | 3.23 |
| 信息传输、软件和信息技术服务业 | 1.06 | 1,289.18 | 400.81 | 5% | 3.22 |
| 教育 | 1.13 | 10.27 | 3.49 | 6% | 2.94 |
| 电力、热力、燃气及水生产和供应业 | 1.09 | 2,516.77 | 869.06 | 9% | 2.90 |
| 交通运输、仓储和邮政业 | 1.03 | 2,325.76 | 1,264.12 | 11% | 1.84 |
| 卫生和社会工作 | 0.98 | 37.35 | 23.49 | 9% | 1.59 |
| 租赁和商务服务业 | 1.08 | 341.14 | 257.61 | 4% | 1.32 |
| 农、林、牧、渔业 | 1.00 | 134.32 | 104.19 | 7% | 1.29 |
| 综合 | 0.93 | 31.00 | 25.35 | 6% | 1.22 |
| 居民服务、修理和其他服务业 | 1.17 | 0.46 | 0.40 | 6% | 1.16 |
| 制造业 | 0.97 | 9,124.01 | 9,368.64 | 7% | 0.97 |
| 科学研究和技术服务业 | 0.91 | 52.71 | 66.74 | 9% | 0.79 |
| 文化、体育和娱乐业 | 1.03 | 203.33 | 278.36 | 15% | 0.73 |
| 建筑业 | 0.99 | 887.56 | 1,528.57 | 4% | 0.58 |
| 水利、环境和公共设施管理业 | 0.76 | 42.51 | 121.10 | 14% | 0.35 |
| 房地产业 | 1.28 | 493.98 | 2,141.67 | 13% | 0.23 |
| 批发和零售业 | 1.10 | -29.90 | 750.74 | 2% | -0.04 |
| **总计** | **1.04** | **25,485.88** | **19,366.71** | **5.83%** | **1.32** |

数据来源：WIND，初善君整理

为什么2017年房地产业收现比那么高，净现比那么低呢？收现比高达1.28，但是净现比却只有0.23。我们看间接法编制的现金流量表，可以看到房地产公司经济活动现金流量差的原因：一是财务费用高，高达508.37亿元，这个与行业资产负债率高，借债高有关；二是存货增加，需要支付大量的现金流来构建存货，包括购买土地，2017年高达6 010.74亿元。

这里分析净现比好坏主要依据间接法现金流量表。

### 3. 间接法现金流量表

间接法是指从公司的净利润出发，调整按照收付实现制与权责发生制这两种方法记录不一致的项目，最后倒推出当期经营活动的现金流。间接法只适用于经营活动现金流量表的编制，投资和筹资活动只有直接法。

下图所示为间接法编制现金流量表的过程，是从净利润通过加加减减调整至经营活动现金流量净额的方法。

| | 2017-12-31 | 2016-12-31 | 2015-12-31 | 2014-12-31 | 2013-12-31 |
|---|---|---|---|---|---|
| 补充资料： | | | | | |
| 净利润 | 786,041.16 | 204,517.08 | 163,810.99 | 271,591.40 | 297,212.92 |
| 加：资产减值准备 | 222,952.47 | 159,448.86 | 136,450.02 | 121,177.19 | 91,379.75 |
| 固定资产折旧、油气资产折耗、生产性生物资产折旧 | 1,158,237.96 | 1,004,315.22 | 779,945.77 | 552,372.66 | 439,264.37 |
| 无形资产摊销 | 28,335.94 | 26,356.51 | 23,963.18 | 20,184.68 | 18,012.46 |
| 长期待摊费用摊销 | 7,877.43 | 6,680.05 | 5,619.38 | 3,015.57 | 3,646.60 |
| 待摊费用减少 | | | | | |
| 预提费用增加 | | | | | |
| 处置固定资产、无形资产和其他长期资产的损失 | 8,793.07 | 5,286.23 | 835.03 | -336.96 | -123.22 |
| 固定资产报废损失 | | | | 1,894.55 | 11,395.49 |
| 公允价值变动损失 | -3,204.82 | | | | |
| 财务费用 | 144,654.65 | 305,458.77 | 98,002.20 | -6,322.35 | 71,399.42 |
| 投资损失 | -11,560.27 | -15,100.66 | -18,719.17 | -1,344.74 | -760.05 |
| 递延所得税资产减少 | 4,028.29 | -2,882.95 | 2,167.44 | 2,170.10 | -11,277.97 |
| 递延所得税负债增加 | 9,360.03 | 394.46 | 3,277.87 | -3,722.60 | -688.48 |
| 存货的减少 | -302,855.48 | -226,646.16 | -380,724.11 | -195,289.34 | -125,586.13 |
| 经营性应收项目的减少 | 212,657.84 | -906,114.22 | -50,600.63 | -125,800.88 | 31,114.76 |
| 经营性应付项目的增加 | 403,169.20 | 561,837.94 | 328,614.90 | 208,855.40 | 115,453.64 |
| 未确认的投资损失 | | | | | |
| 其他 | | | | | |
| 间接法-经营活动现金流量净额差额(特殊报表科目) | -41,788.87 | -116,222.40 | -43,304.34 | -38,862.09 | -44,799.64 |
| 间接法-经营活动现金流量净额差额(合计平衡项目) | | | | | |
| 间接法-经营活动产生的现金流量净额 | 2,626,698.60 | 1,007,328.71 | 1,049,338.54 | 809,582.59 | 895,643.93 |

数据来源：WIND，初善君整理

间接法的调整科目分为三类：一是影响经营活动现金流入的，如应收账款的增加表示实现了利润未流入现金；二是影响经营活动现金流出的，如应付账款的减少、存货的增加等，表示现金流出公司；三是影响利润，但是没有经营活动现金流出的折旧、摊销、财务费用、投资收益等。

固定资产折旧、无形资产摊销和长期待摊费用摊销类科目，均减少了净利润，但是没有影响现金流出，因此需要加回来。也就是说，一家公司的折旧摊销越多，那么它们的经营现金流越好。

什么样的公司折旧摊销会多呢？自然是那些需要前期大量资本投入的公司。比如京东方A，一条八代线投资额约400亿元，按照10期折旧，每年折旧额就有40亿元，也就是节省了40亿元的现金流出。但是这40亿元实质上并非节省的，而且前期通过投资现金流流出的。看京东方A的现金流，一眼就看到巨大的折旧摊销金额，2017年高达115.82亿元，即使实现净利润只有78.6亿元，但是经营活动现金流量净额高达262.67亿元（见下图）。


| | 2017-12-31 | 2016-12-31 | 2015-12-31 | 2014-12-31 | 2013-12-31 |
|---|---|---|---|---|---|
| 补充资料： | | | | | |
| 净利润 | 786,041.16 | 204,517.08 | 163,810.99 | 271,591.40 | 297,212.92 |
| 加：资产减值准备 | 222,952.47 | 159,448.86 | 136,450.02 | 121,177.19 | 91,379.75 |
| 固定资产折旧、油气资产折耗、生产性生物资产折旧 | 1,158,237.96 | 1,004,315.22 | 779,945.77 | 552,372.66 | 439,264.37 |
| 无形资产摊销 | 28,335.94 | 26,356.51 | 23,963.18 | 20,184.68 | 18,012.46 |
| 长期待摊费用摊销 | 7,877.43 | 6,680.05 | 5,619.38 | 3,015.57 | 3,646.60 |
| 待摊费用减少 | | | | | |
| 预提费用增加 | | | | | |
| 处置固定资产、无形资产和其他长期资产的损失 | 8,793.07 | 5,286.23 | 835.03 | -336.96 | -123.22 |
| 固定资产报废损失 | | | | 1,894.55 | 11,395.49 |
| 公允价值变动损失 | -3,204.82 | | | | |
| 财务费用 | 144,654.65 | 305,458.77 | 98,002.20 | -6,322.35 | 71,399.42 |
| 投资损失 | -11,560.27 | -15,100.66 | -18,719.17 | -1,344.74 | -760.05 |
| 递延所得税资产减少 | 4,028.29 | -2,882.95 | 2,167.44 | 2,170.10 | -11,277.97 |
| 递延所得税负债增加 | 9,360.03 | 394.46 | 3,277.87 | -3,722.60 | -688.48 |
| 存货的减少 | -302,855.48 | -226,646.16 | -380,724.11 | -195,289.34 | -125,586.13 |
| 经营性应收项目的减少 | 212,657.84 | -906,114.22 | -50,600.63 | -125,800.88 | 31,114.76 |
| 经营性应付项目的增加 | 403,169.20 | 561,837.94 | 328,614.90 | 208,855.40 | 115,453.64 |
| 未确认的投资损失 | | | | | |
| 其他 | | | | | |
| 间接法-经营活动现金流量净额差额(特殊报表科目) | -41,788.87 | -116,222.40 | -43,304.34 | -38,862.09 | -44,799.64 |
| 间接法-经营活动现金流量净额差额(合计平衡项目) | | | | | |
| 间接法-经营活动产生的现金流量净额 | 2,626,698.60 | 1,007,328.71 | 1,049,338.54 | 809,582.59 | 895,643.93 |

数据来源：WIND，初善君整理

可以想象，即使京东方A2017年亏损，它的经营活动现金流量净额依然高达190亿元左右。所以，如果看京东方A投资的现金流，你会大吃一惊，2017年高达590.62亿元，而且从2013年开始，每年的流出就高达180亿元以上（见下图）。

| | 2017-12-31 | 2016-12-31 | 2015-12-31 | 2014-12-31 | 2013-12-31 |
|---|---|---|---|---|---|
| **投资活动产生的现金流量：** | | | | | |
| 收回投资收到的现金 | 2,931,062.00 | 3,115,780.30 | 1,251,500.00 | 44,428.57 | 437.00 |
| 取得投资收益收到的现金 | 11,452.13 | 14,919.76 | 18,458.64 | 1,510.44 | 564.34 |
| 处置固定资产、无形资产和其他长期资产收回的现金净额 | 690.68 | 21,413.73 | 2,577.78 | 2,882.05 | 1,480.90 |
| 处置子公司及其他营业单位收到的现金净额 | | 240,311.45 | | | |
| 收到其他与投资活动有关的现金 | 345,587.72 | 71,477.12 | 80,829.57 | 66,186.36 | 28,074.07 |
| 投资活动现金流入差额(特殊报表科目) | 45,994.36 | 4,772.91 | 22,365.47 | 58,757.57 | 45,213.43 |
| 投资活动现金流入差额(合计平衡项目) | | | | | |
| **投资活动现金流入小计** | 3,334,786.89 | 3,468,675.27 | 1,375,731.46 | 173,764.99 | 75,769.74 |
| 购建固定资产、无形资产和其他长期资产支付的现金 | 4,774,190.07 | 3,070,261.47 | 1,860,714.64 | 2,129,000.31 | 1,832,666.32 |
| 投资支付的现金 | 4,466,799.40 | 2,846,826.65 | 1,433,972.77 | 339,017.20 | 20,979.13 |
| 取得子公司及其他营业单位支付的现金净额 | | 1,080.26 | 40,484.44 | 80,941.24 | 37,762.50 |
| 支付其他与投资活动有关的现金 | | | | | |
| 投资活动现金流出差额(特殊报表科目) | | | | 247.35 | |
| 投资活动现金流出差额(合计平衡项目) | | | | | |
| **投资活动现金流出小计** | 9,240,989.47 | 5,918,168.38 | 3,335,171.85 | 2,549,206.10 | 1,891,407.95 |
| 投资活动产生的现金流量净额差额(合计平衡项目) | | | | | |
| **投资活动产生的现金流量净额** | -5,906,202.58 | -2,449,493.12 | -1,959,440.39 | -2,375,441.11 | -1,815,638.21 |

数据来源：WIND，初善君整理

再看中国石油，其净现比可以说远远大于1，2017年都接近10了，但是主要的原因是折旧摊销高达2 099亿元（见下图）。

| | 2017-12-31 | 2016-12-31 | 2015-12-31 | 2014-12-31 | 2013-12-31 | 2012-12-31 |
|---|---|---|---|---|---|---|
| 净利润 | 3,678,800.00 | 2,941,400.00 | 4,236,400.00 | 11,903,400.00 | 14,222,900.00 | 13,061,800.00 |
| 加：资产减值准备 | 2,605,400.00 | 1,285,800.00 | 2,850,500.00 | 557,500.00 | 418,200.00 | 196,300.00 |
| 固定资产折旧、油气资产折耗、生产性生物资产折旧 | 20,991,300.00 | 20,005,300.00 | 16,920,100.00 | 16,534,400.00 | 15,212,800.00 | 14,412,200.00 |
| 无形资产摊销 | 437,900.00 | 430,700.00 | 416,600.00 | 415,400.00 | 349,800.00 | 304,900.00 |
| 长期待摊费用摊销 | 514,000.00 | 529,100.00 | 449,100.00 | 448,300.00 | 389,500.00 | 336,400.00 |
| 待摊费用减少 | | | | | | |
| 预提费用增加 | | | | | | |
| 处置固定资产、无形资产和其他长期资产的损失 | 484,800.00 | 807,900.00 | 462,000.00 | 368,700.00 | 354,900.00 | 348,300.00 |
| 固定资产报废损失 | | | | | | |
| 公允价值变动损失 | | | | | | |
| 财务费用 | 1,950,700.00 | 2,085,700.00 | 2,230,900.00 | 2,172,300.00 | 2,085,900.00 | 1,610,100.00 |
| 投资损失 | -673,400.00 | -2,896,800.00 | -2,662,700.00 | -1,229,700.00 | -1,076,900.00 | -878,700.00 |
| 递延所得税资产减少 | -754,000.00 | -398,400.00 | -319,600.00 | -327,300.00 | -1,632,500.00 | 27,600.00 |
| 递延所得税负债增加 | | | | | | |
| 存货的减少 | 114,100.00 | -2,263,800.00 | 3,625,600.00 | 5,921,500.00 | -1,388,700.00 | -3,258,600.00 |
| 经营性应收项目的减少 | -277,900.00 | 528,100.00 | 558,100.00 | 265,100.00 | -1,362,100.00 | -1,432,600.00 |
| 经营性应付项目的增加 | 6,615,600.00 | 2,332,600.00 | -3,740,000.00 | -3,072,900.00 | 2,067,900.00 | -2,380,100.00 |
| 未确认的投资损失 | | | | | | |
| 其他 | | | | | | |
| 间接法-经营活动现金流量净额差额(特殊报表科目) | 978,200.00 | 1,130,300.00 | 1,104,200.00 | 1,691,000.00 | -788,800.00 | 1,581,200.00 |
| 间接法-经营活动现金流量净额差额(合计平衡项目) | | | | | | |
| 间接法-经营活动产生的现金流量净额 | 36,665,500.00 | 26,517,900.00 | 26,131,200.00 | 35,647,700.00 | 28,852,900.00 | 23,928,800.00 |

数据来源：WIND，初善君整理

所以，第一类公司经营现金流量净额好的原因是前期投入巨大，折旧摊销多。

但是这类公司是好的投资标的吗？不尽然，如果是周期性行业遇到行业低谷期，将发生大额的资产减值损失，巨额投入的资产将变成废纸，变成经营现金流陷阱。

“公允价值变动损益”科目，这是一个增加净利润但是没有增加现金流的科目，这个科目大的公司净现比可能不会特别好。

比如红星美凯龙，笔者一直不确定是把它放在排雷公司里，还是优质商业模式公司进行分析。为什么呢？我们看间接法的现金流量表（见下图），其公允价值变动损失为-19.96亿元，也就是说，美凯龙净利润中有公允价值变动损益19.96亿元，这块收益并没有变成现金流入，因此在间接法里减去。

| | 2017-12-31 | 2016-12-31 | 2015-12-31 | 2014-12-31 |
|---|---|---|---|---|
| 补充资料： | | | | |
| 净利润 | 427,801.38 | 367,344.18 | 334,174.62 | 350,691.85 |
| 加：资产减值准备 | 28,343.63 | 57,289.03 | 21,036.13 | 7,398.30 |
| 固定资产折旧、油气资产折耗、生产性生物资产折旧 | 4,424.99 | 4,738.25 | 4,366.21 | 4,024.98 |
| 无形资产摊销 | 2,562.68 | 2,420.46 | 2,581.04 | 1,456.31 |
| 长期待摊费用摊销 | 6,450.05 | 5,584.39 | 6,404.80 | 6,698.59 |
| 待摊费用减少 | | | | |
| 预提费用增加 | | | | |
| 处置固定资产、无形资产和其他长期资产的损失 | -3,596.46 | 461.55 | 301.63 | 5,758.80 |
| 固定资产报废损失 | | | | |
| 公允价值变动损失 | -199,618.87 | -175,403.23 | -100,976.52 | -186,227.76 |
| 财务费用 | 122,180.45 | 95,198.25 | 84,402.63 | 82,860.27 |
| 投资损失 | -63,389.71 | -13,089.65 | -14,646.59 | 4,585.16 |
| 递延所得税资产减少 | -12,397.46 | -23,340.08 | -2,715.82 | -8,092.47 |
| 递延所得税负债增加 | 61,005.49 | 74,243.66 | 60,518.27 | 61,828.73 |
| 存货的减少 | -7,495.32 | -1,031.07 | 338.20 | 1,872.07 |
| 经营性应收项目的减少 | -120,974.36 | -80,535.65 | -51,828.89 | -28,308.69 |
| 经营性应付项目的增加 | 407,877.61 | 85,049.03 | -4,474.42 | 23,683.90 |
| 未确认的投资损失 | | | | |
| 其他 | | | | |
| 间接法-经营活动现金流量净额差额(特殊报表科目) | -1,338.21 | -536.26 | -659.36 | -469.86 |
| 间接法-经营活动现金流量净额差额(合计平衡项目) | | | | |
| 间接法-经营活动产生的现金流量净额 | 651,835.89 | 398,392.88 | 338,821.93 | 327,760.18 |

数据来源：WIND，初善君整理

但2017年红星美凯龙的净现比还是高于1，主要原因后面再介绍。

财务费用类科目，这是一个影响净利润但不影响经营现金流的科目，这个科目金额增加了经营活动现金流量净额，这个科目越大，说明公司的借贷越多，一家经营活动现金流量净额好的公司好像也不会借贷特别多。

可是看京东方A，其财务费用高达14.47亿元（见下图），为什么呢，因为投资金额大，不得不借贷投资，靠自己的经营现金流量净额投资要等到“猴年马月”。

| | 2017-12-31 | 2016-12-31 | 2015-12-31 | 2014-12-31 | 2013-12-31 |
|---|---|---|---|---|---|
| 补充资料： | | | | | |
| 净利润 | 786,041.16 | 204,517.08 | 163,810.99 | 271,591.40 | 297,212.92 |
| 加：资产减值准备 | 222,952.47 | 159,448.86 | 136,450.02 | 121,177.19 | 91,379.75 |
| 固定资产折旧、油气资产折耗、生产性生物资产折旧 | 1,158,237.96 | 1,004,315.22 | 779,945.77 | 552,372.66 | 439,264.37 |
| 无形资产摊销 | 28,335.94 | 26,356.51 | 23,963.18 | 20,184.68 | 18,012.46 |
| 长期待摊费用摊销 | 7,877.43 | 6,680.05 | 5,619.38 | 3,015.57 | 3,646.60 |
| 待摊费用减少 | | | | | |
| 预提费用增加 | | | | | |
| 处置固定资产、无形资产和其他长期资产的损失 | 8,793.07 | 5,286.23 | 835.03 | -336.96 | -123.22 |
| 固定资产报废损失 | | | | 1,894.55 | 11,395.49 |
| 公允价值变动损失 | -3,204.82 | | | | |
| 财务费用 | 144,654.65 | 305,458.77 | 98,002.20 | -6,322.35 | 71,399.42 |
| 投资损失 | -11,560.27 | -15,100.66 | -18,719.17 | -1,344.74 | -760.05 |
| 递延所得税资产减少 | 4,028.29 | -2,882.95 | 2,167.44 | 2,170.10 | -11,277.97 |
| 递延所得税负债增加 | 9,360.03 | 394.46 | 3,277.87 | -3,722.60 | -688.48 |
| 存货的减少 | -302,855.48 | -226,646.16 | -380,724.11 | -195,289.34 | -125,586.13 |
| 经营性应收项目的减少 | 212,657.84 | -906,114.22 | -50,600.63 | -125,800.88 | 31,114.76 |
| 经营性应付项目的增加 | 403,169.20 | 561,837.94 | 328,614.90 | 208,855.40 | 115,453.64 |
| 未确认的投资损失 | | | | | |
| 其他 | | | | | |
| 间接法-经营活动现金流量净额差额(特殊报表科目) | -41,788.87 | -116,222.40 | -43,304.34 | -38,862.09 | -44,799.64 |
| 间接法-经营活动现金流量净额差额(合计平衡项目) | | | | | |
| 间接法-经营活动产生的现金流量净额 | 2,626,698.60 | 1,007,328.71 | 1,049,338.54 | 809,582.59 | 895,643.93 |

数据来源：WIND，初善君整理

投资收益科目，这是一个影响净利润但不影响经营现金流的科目。这个科目越大，经营活动现金流越差。比如汽车集团，下图所示为上汽集团的经营现金流净额，我们看到公司的净现远小于1，主要是因为投资收益高达308亿元。

| | 2017-12-31 | 2016-12-31 | 2015-12-31 | 2014-12-31 | 2013-12-31 | 2012-12-31 |
|---|---|---|---|---|---|---|
| 净利润 | 4,711,609.75 | 4,396,196.17 | 4,007,396.92 | 3,825,077.30 | 3,558,394.15 | 3,352,825.37 |
| 加：资产减值准备 | 373,959.49 | 320,947.14 | 284,817.25 | 440,023.99 | 311,403.36 | 229,667.47 |
| 固定资产折旧、油气资产折耗、生产性生物资产折旧 | 792,671.88 | 673,319.13 | 545,396.11 | 417,543.81 | 395,481.24 | 539,382.47 |
| 无形资产摊销 | 66,704.08 | 75,123.82 | 49,765.67 | 58,048.29 | 90,292.04 | 110,741.52 |
| 长期待摊费用摊销 | 49,074.54 | 41,490.53 | 29,208.73 | 19,690.19 | 21,509.54 | 22,734.66 |
| 待摊费用减少 | | | | | | |
| 预提费用增加 | | | | | | |
| 处置固定资产、无形资产和其他长期资产的损失 | 19,841.73 | 42,590.37 | 100,112.37 | 15,325.73 | 22,360.48 | -11,690.99 |
| 固定资产报废损失 | | | | | | |
| 公允价值变动损失 | 433.58 | 1,002.35 | 28,551.69 | -1,772.76 | 321.52 | -714.13 |
| 财务费用 | 139,418.89 | 73,975.71 | 76,422.42 | 64,129.51 | 65,610.44 | 76,165.22 |
| 投资损失 | -3,081,160.89 | -3,057,226.33 | -2,966,313.44 | -2,783,466.87 | -2,545,641.68 | -1,542,934.12 |
| 递延所得税资产减少 | -413,652.88 | -385,583.73 | -186,377.58 | -206,316.08 | -316,936.76 | -343,214.89 |
| 递延所得税负债增加 | 16,936.37 | -13,704.75 | -2,833.55 | -9,612.34 | 3,369.53 | -10,955.71 |
| 存货的减少 | -1,366,363.84 | 47,425.91 | 218,592.74 | -1,062,611.36 | -741,280.47 | -388,532.99 |
| 经营性应收项目的减少 | -6,741,209.18 | -2,862,225.49 | -445,429.27 | 747,521.17 | -2,557,084.36 | -611,366.14 |
| 经营性应付项目的增加 | 7,800,228.39 | 1,877,173.85 | 859,947.45 | 790,196.52 | 3,767,056.14 | 953,504.56 |
| 未确认的投资损失 | | | | | | |
| 其他 | | | | | | |
| 间接法-经营活动现金流量净额差额(特殊报表科目) | 61,615.27 | -92,811.29 | | 14,604.00 | -14,604.00 | -416,499.55 |
| 间接法-经营活动现金流量净额差额(合计平衡项目) | | | | | | |
| 间接法-经营活动产生的现金流量净额 | 2,430,107.19 | 1,137,693.38 | 2,599,257.49 | 2,328,381.10 | 2,060,251.16 | 1,959,112.76 |

数据来源：WIND，初善君整理

这块看似公司的现金流不好，但是这块现金流还是通过利润分配的形式回到上市公司，看投资活动现金流量，上汽集团2017年取得投资收益收到的现金高达295.28亿元，而且这个金额一直超过200亿元（见下图）。

| | 2017-12-31 | 2016-12-31 | 2015-12-31 | 2014-12-31 | 2013-12-31 |
|---|---|---|---|---|---|
| **投资活动产生的现金流量：** | | | | | |
| 收回投资收到的现金 | 20,786,803.08 | 30,542,870.45 | 2,260,022.16 | 1,270,774.77 | 3,283,170.08 |
| 取得投资收益收到的现金 | 2,952,824.01 | 2,853,888.69 | 2,838,900.91 | 2,326,391.09 | 2,092,032.23 |
| 处置固定资产、无形资产和其他长期资产收回的现金净额 | 75,346.60 | 131,124.19 | 57,107.42 | 23,946.51 | 41,508.41 |
| 处置子公司及其他营业单位收到的现金净额 | | | | | |
| 收到其他与投资活动有关的现金 | 118,799.24 | 195,338.36 | 381,566.95 | 152,911.43 | 422,012.51 |
| 投资活动现金流入差额(特殊报表科目) | | | | | |
| 投资活动现金流入差额(合计平衡项目) | | | | | |
| **投资活动现金流入小计** | 23,933,772.93 | 33,723,221.68 | 5,537,597.44 | 3,774,023.79 | 5,838,723.23 |
| 购建固定资产、无形资产和其他长期资产支付的现金 | 2,541,235.88 | 1,726,651.70 | 1,542,690.39 | 1,431,955.71 | 1,565,944.49 |
| 投资支付的现金 | 22,432,529.49 | 29,303,607.88 | 5,149,175.91 | 2,869,407.25 | 1,936,757.95 |
| 取得子公司及其他营业单位支付的现金净额 | 41,103.50 | 49,311.73 | 219,417.18 | 1,936.82 | 65,044.20 |
| 支付其他与投资活动有关的现金 | | | | | |
| 投资活动现金流出差额(特殊报表科目) | 10,082.52 | | | | |
| 投资活动现金流出差额(合计平衡项目) | | | | | |
| **投资活动现金流出小计** | 25,024,951.38 | 31,079,571.31 | 6,911,283.47 | 4,303,299.78 | 3,567,746.64 |
| 投资活动产生的现金流量净额差额(合计平衡项目) | | | | | |
| **投资活动产生的现金流量净额** | -1,091,178.45 | 2,643,650.37 | -1,373,686.03 | -529,276.00 | 2,270,976.59 |

存货类科目，很多有问题的上市公司都是这个科目的问题。存货增加自然不断占用经营活动现金流，所以一般成长公司的存货是在不断增加的，经营现金流自然不会特别好。但是如果伴随着存货周转率下降等问题就比较异常。同时，如果通过存货减少使得经营活动现金流好，那么也意味着这家公司规模在不断地萎缩。

所以，优秀的公司是不会通过减少存货来实现经营现金流变好的。

即使如贵州茅台，存货也是稳步增长的，可以看到贵州茅台每年的存货都是增加的，多则30亿元，少则14亿元左右（见下图）。

| | 2017-12-31 | 2016-12-31 | 2015-12-31 | 2014-12-31 | 2013-12-31 | 2012-12-31 |
|---|---|---|---|---|---|---|
| 净利润 | 2,900,642.32 | 1,793,064.31 | 1,645,499.66 | 1,626,937.15 | 1,596,489.99 | 1,400,845.07 |
| 加：资产减值准备 | -805.37 | 1,232.75 | -54.03 | 43.27 | -200.40 | 297.93 |
| 固定资产折旧、油气资产折耗、生产性生物资产折旧 | 103,505.27 | 84,272.81 | 76,145.87 | 67,534.98 | 52,048.19 | 41,495.22 |
| 无形资产摊销 | 8,052.27 | 8,045.79 | 7,988.33 | 7,760.75 | 3,161.78 | 1,599.49 |
| 长期待摊费用摊销 | 1,025.91 | 1,100.87 | 680.47 | 384.27 | 419.78 | 385.48 |
| 待摊费用减少 | | | | | | |
| 预提费用增加 | | | | | | |
| 处置固定资产、无形资产和其他长期资产的损失 | | | | | | |
| 固定资产报废损失 | 329.19 | 186.99 | -1.74 | 8,511.96 | 899.73 | 15.57 |
| 公允价值变动损失 | | | | | | |
| 财务费用 | | | | | -1.75 | -8.95 |
| 投资损失 | | | -386.93 | -309.53 | -301.00 | -310.32 |
| 递延所得税资产减少 | 34,374.18 | -59,020.30 | -33,373.50 | 377.14 | -18,171.56 | -14,102.80 |
| 递延所得税负债增加 | | | | | | |
| 存货的减少 | -143,522.96 | -260,895.48 | -303,093.27 | -314,555.41 | -217,108.26 | -247,861.00 |
| 经营性应收项目的减少 | -45,872.85 | 766,965.06 | -670,517.78 | -151,798.24 | -6,337.96 | -6,488.98 |
| 经营性应付项目的增加 | -642,424.36 | 1,410,172.18 | 1,020,746.93 | 18,365.90 | -145,396.05 | 16,264.37 |
| 未确认的投资损失 | | | | | | |
| 其他 | | | | | | |
| 间接法-经营活动现金流量净额差额(特殊报表科目) | | | | | | |
| 间接法-经营活动现金流量净额差额(合计平衡项目) | | | | | | |
| 间接法-经营活动产生的现金流量净额 | 2,215,303.61 | 3,745,124.96 | 1,743,634.01 | 1,263,252.24 | 1,265,502.49 | 1,192,131.06 |

数据来源：WIND，初善君整理

如果看东方金钰，其现金流差主要是存货的大幅增加，2017年存货增加了27.38亿元（见下图）。

| | 2017-12-31 | 2016-12-31 | 2015-12-31 | 2014-12-31 |
|---|---|---|---|---|
| 净利润 | 23,109.84 | 25,053.75 | 29,955.85 | 9,821.04 |
| 加：资产减值准备 | 741.23 | -6,577.55 | 10,478.03 | -603.74 |
| 固定资产折旧、油气资产折耗、生产性生物资产折旧 | 1,141.83 | 1,057.02 | 1,200.11 | 557.01 |
| 无形资产摊销 | 331.25 | 285.79 | 12.41 | 3.59 |
| 长期待摊费用摊销 | 309.23 | 766.83 | 803.83 | 720.67 |
| 待摊费用减少 | | | | |
| 预提费用增加 | | | | |
| 处置固定资产、无形资产和其他长期资产的损失 | | 0.02 | -1.29 | |
| 固定资产报废损失 | 2.46 | | | 3.52 |
| 公允价值变动损失 | 150.70 | 3,106.53 | 574.55 | 219.23 |
| 财务费用 | 67,932.23 | 35,567.96 | 25,819.11 | 16,985.37 |
| 投资损失 | -14,012.10 | 4,581.28 | -10,910.13 | -6,223.95 |
| 递延所得税资产减少 | 1,897.32 | 373.28 | -3,297.89 | 67.57 |
| 递延所得税负债增加 | -37.67 | -776.63 | -192.86 | -5.59 |
| 存货的减少 | -273,853.77 | -132,314.38 | -85,312.95 | -61,769.66 |
| 经营性应收项目的减少 | -40,237.64 | -169,798.00 | -40,051.35 | 62.77 |
| 经营性应付项目的增加 | 54,436.69 | 129,737.57 | -97,115.42 | 6,169.15 |
| 未确认的投资损失 | | | | |
| 其他 | | | | |
| 间接法-经营活动现金流量净额差额(特殊报表科目) | | | | |
| 间接法-经营活动现金流量净额差额(合计平衡项目) | | | | |
| 间接法-经营活动产生的现金流量净额 | -178,088.40 | -108,936.53 | -168,037.99 | -33,993.01 |

数据来源：WIND，初善君整理

最后是应收应付类往来科目，其实这类科目包含六个科目，两个方向的内容。应收票据、应收账款和预收账款，表示对下游的议价能力，大部分公司现金流好坏基本看这个科目。我们看美凯龙，其净现比高于1的原因就是2017年应收类款项只增加12亿元，但是应付类增加40.79亿元，恰恰说明公司对上游的占款能力（见下图）。这也是笔者提到的优秀的商业模式。

| | 2017-12-31 | 2016-12-31 | 2015-12-31 | 2014-12-31 |
|---|---|---|---|---|
| **补充资料：** | | | | |
| 净利润 | 427,801.38 | 367,344.18 | 334,174.62 | 350,691.85 |
| 加：资产减值准备 | 28,343.63 | 57,289.03 | 21,036.13 | 7,398.30 |
| 固定资产折旧、油气资产折耗、生产性生物资产折旧 | 4,424.99 | 4,738.25 | 4,366.21 | 4,024.98 |
| 无形资产摊销 | 2,562.68 | 2,420.46 | 2,581.04 | 1,456.31 |
| 长期待摊费用摊销 | 6,450.05 | 5,584.39 | 6,404.80 | 6,698.59 |
| 待摊费用减少 | | | | |
| 预提费用增加 | | | | |
| 处置固定资产、无形资产和其他长期资产的损失 | -3,596.46 | 461.55 | 301.63 | 5,758.80 |
| 固定资产报废损失 | | | | |
| 公允价值变动损失 | -199,618.87 | -175,403.23 | -100,976.52 | -186,227.76 |
| 财务费用 | 122,180.45 | 95,198.25 | 84,402.63 | 82,860.27 |
| 投资损失 | -63,389.71 | -13,089.65 | -14,646.59 | 4,585.16 |
| 递延所得税资产减少 | -12,397.46 | -23,340.08 | -2,715.82 | -8,092.47 |
| 递延所得税负债增加 | 61,005.49 | 74,243.66 | 60,518.27 | 61,828.73 |
| 存货的减少 | -7,495.32 | -1,031.07 | 338.20 | 1,872.07 |
| 经营性应收项目的减少 | -120,974.36 | -80,535.65 | -51,828.89 | -28,308.69 |
| 经营性应付项目的增加 | 407,877.61 | 85,049.03 | -4,474.42 | 23,683.90 |
| 未确认的投资损失 | | | | |
| 其他 | | | | |
| 间接法-经营活动现金流量净额差额(特殊报表科目) | -1,338.21 | -536.26 | -659.36 | -469.86 |
| 间接法-经营活动现金流量净额差额(合计平衡项目) | | | | |
| 间接法-经营活动产生的现金流量净额 | 651,835.89 | 398,392.88 | 338,821.93 | 327,760.18 |

数据来源：WIND，初善君整理

但是，如果看环保公司的现金流，就会发现清一色几乎都是应收账款增加导致的。如下图所示的三聚环保，应收账款近三年增幅都是20亿元以上，净现比怎么可能好。

| | 2017-12-31 | 2016-12-31 | 2015-12-31 | 2014-12-31 | 2013-12-31 |
|---|---|---|---|---|---|
| 净利润 | 265,404.43 | 163,465.42 | 81,441.36 | 41,117.14 | 20,472.58 |
| 加：资产减值准备 | 16,756.13 | 23,658.17 | 17,912.91 | 6,431.19 | 3,370.63 |
| 固定资产折旧、油气资产折耗、生产性生物资产折旧 | 17,774.85 | 14,360.40 | 9,676.72 | 5,324.69 | 2,940.06 |
| 无形资产摊销 | 2,573.11 | 1,084.13 | 951.38 | 671.75 | 340.08 |
| 长期待摊费用摊销 | 766.19 | 919.01 | 572.78 | 308.45 | 275.16 |
| 待摊费用减少 | | | | | |
| 预提费用增加 | | | | | |
| 处置固定资产、无形资产和其他长期资产的损失 | | -8.09 | -1.24 | -15.20 | 12.88 |
| 固定资产报废损失 | 16.58 | | | | |
| 公允价值变动损失 | | | | | |
| 财务费用 | 47,276.75 | 37,163.07 | 26,264.38 | 12,351.39 | 6,965.63 |
| 投资损失 | -5,727.85 | -33.97 | -87.67 | 8.23 | 180.51 |
| 递延所得税资产减少 | -7,774.01 | -3,250.75 | -3,105.58 | -1,601.40 | -569.13 |
| 递延所得税负债增加 | 7,108.12 | | | | |
| 存货的减少 | -101,772.17 | -22,408.33 | -2,286.60 | -13,273.71 | -13,223.92 |
| 经营性应收项目的减少 | -223,234.98 | -398,172.75 | -232,445.48 | -65,016.86 | -34,974.49 |
| 经营性应付项目的增加 | -54,530.02 | 215,363.73 | 107,180.11 | 45,558.21 | 17,194.51 |
| 未确认的投资损失 | | | | | |
| 其他 | | | | | |
| 间接法-经营活动现金流量净额差额(特殊报表科目) | | | | | |
| 间接法-经营活动现金流量净额差额(合计平衡项目) | | | | | |
| 间接法-经营活动产生的现金流量净额 | -35,362.86 | 32,140.04 | 6,073.06 | 31,863.88 | 2,984.49 |

数据来源：WIND，初善君整理

所以，一家公司净现比较高，是上面所有科目综合影响的结果，而每一种影响对公司来说并不相同，主要是以下四类。

一是靠无与伦比的议价能力“压榨”上下游，体现在应收应付中。比如，美凯龙模式、贵州茅台模式等。

二是靠大额的投入，产生大量的折旧摊销金额，这种会使得经营现金流好，但是容易造成大额亏损，需要看周期吃饭。

三是存货类科目，不要指望依靠存货减少使得经营活动现金流变好，如果这样就是危机。

四是其他类，如投资收益、公允价值变动损益、财务费用等，即使依靠这些科目实现公司某一年的净现比较高，但是绝非长久之计，也没有实质意义。

总结：最好的经营现金流好的方式肯定是通过“压榨”上下游来实现。所以，当我们看到经营现金流好的时候也不能盲目，需要了解经营现金流好的原因。

**4. 经营现金流差的原因分析**

针对净现比低的公司，通过间接法编制的现金流量表来判断是因为现金流入的不够（应收账款增加），还是因为现金流出的太多（应付增加、存货增加），然后在结合其商业模式进行分析。

比如三聚环保，其10年净现比仅为0.14，即1亿元的净利润现金流入仅1 400万元。我们来看原因：34亿元的净利润中，应收账款累计增加81亿元，而同期存货增加7.38亿元，应付账款累计增加41亿元。因此，得出结论是三聚环保现金流差，主要是因为确认的收入没能及时地变成现金流入进来。那么，看三聚环保的关键是应收账款是谁？履约能力怎么样？坏账准备政策如何？计提的坏账是否充足？应收账款能不能收回来，不然一旦计提减值，净利润就还回去了。

再来看碧水源（300070）的现金流量表，碧水源的净现比相对还好，10年间累计净现比为0.71，近5年净现比没有超过1。但是分析其原因，与三聚环保如出一辙。

大家在看现金流尤其是经营活动现金流量净额时，还是需要结合公司的经营模式来看。尤其是现金流差的公司，如果因为现金流差就抛弃，你可能就错过碧水源这种10年10倍的牛股了。

不过，远离现金流差的公司也是最好的规避造假公司的方式之一，所以有些时候错过就错过。

## 三、自由现金流

去杠杆下的2018年，经营现金流走红了，很多投资者不仅关注经营现金流量净额，也开始关注自由现金流了，这算是投资者的进步。很多朋友督促笔者写一篇自由现金流的文章，本来对自由现金流并不感兴趣，但是盛情难却，却发现了自由现金流的局限，赶紧分享给大家。

**1. 起源**

美国学者拉巴波特20世纪80年代提出了自由现金流的概念：公司产生的、在满足了再投资需求之后剩余的、不影响公司持续发展前提下的、可供公司股东和债权人分配的现金。

麦肯锡资深合伙人之一的汤姆·科普兰教授于1990年阐述了自由现金流量的概念，并给出了具体的计算方法：自由现金流量等于公司的税后净经营利润，即将公司不包括利息费用的经营利润总额扣除实付所得税税金后的数额，加上折旧及摊销等非现金支出，再减去营运资本的追加和物业厂房设备及其他资产方面的投资。其经济意义是，公司自由现金流是可供股东与债权人分配的最大现金额。

然后，经过巴菲特而被投资者熟知，并加以引用。巴菲特《致股东的信》中曾经提及："内在价值是一个非常重要的概念，它为评估投资和公司的相对吸引力提供了唯一的逻辑手段。内在价值的定义很简单：它是一家公司在其余下的寿命中可以产生的现金的折现值。"

也就是说，自由现金流表示公司可以自由支配的最大现金，公司的现金流可以偿还债务、回购股票、分红、投资等。而自由现金流不足，就得向银行借有息贷款、向老股东配股、非公开发行股票等，对股东来说并不友好。

因此，自由现金流很重要，现金在手，胜过一切。

理论上自由现金流折现（DCF）是公司最合理的估值方法，因为这种方法计算出未来公司所能为股东创造的价值。但是使用DCF时，需要太多的假设，比如，折现率和增长率的选择，差之毫厘，谬以千里。因此，学习自由现金流和DCF估值法不是为了定量地计算公司估值，更应该为了定性地理解公司估值，确定一个模糊的概念。

**2. 自由现金流与净利润**

在介绍自由现金流与净利润之前，先介绍经营现金流量净额。一般来说，经营现金流量净额是指公司实际赚了多少钱，净利润表示公司应该赚了多少钱。

有些公司的净利润中可能收不回现金。比如，应收账款的增加；有些已经收回了现金还没确认收入。比如，预收账款的增加。前者是公司承担风险，后者是公司占了便宜。还有一种减少了净利润，但是没有减少经营现金流。比如，折旧、摊销、财务费用等。

以上代表了净利润到经营现金流量净额的距离。

比如中国联通，从2012年至今，每年实现的净利润不过100亿元左右，但是经营现金流量净额高达800亿元左右，尤其是2016年，净利润只有5亿元，但是经营现金流量净额高达795亿元（见下图）。

数据来源：WIND，初善君整理

很多公司的生产经营必须投资才能维持，这些投资性支出时不影响净利润，但是影响现金流。那么一旦投资减少或者不投资，公司就没有竞争力，那这些投资支出就不可缺少。公司看似赚了很多钱，但是一旦投资亏损，可能就会把赚的钱亏了。

经营活动现金流量净额减去投资性支出就是我们说的自由现金流，它更能反映公司真实的盈利能力和赚钱情况。

我们看到，中国联通如果要维持竞争力，需要不断地投入基站、设备等，每年构建固定资产支付的现金金额特别大。因此，中国联通的自由现金流非常不好，2016—2018年前三季度分别为−475亿元、−67亿元和−509亿元（见下图）。

数据来源：WIND，初善君整理

多数书籍中，简化的自由现金流计算就是现金流量表中的经营现金流量净额减去构建固定资产支付的现金。

### 3. 自由现金流的困境

有些投资者深受巴菲特的影响，认为好公司的标准就是自由现金流优秀：长期维持在高位。我们可以用自由比（自由现金流/净利润）代表净利润的自由现金流含量，自由比越高，自由现金流越牛。

比如贵州茅台，自由现金流长期维持在高位，自由比基本维持在0.5以上，2016年自由现金流更是高达364.3亿元，是净利润的2.03倍（见下图）。

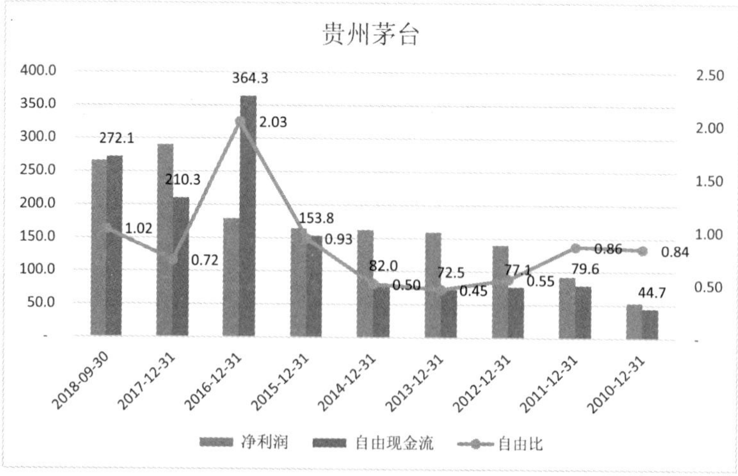


数据来源：WIND，初善君整理

再如中国国旅，除了2011年自由现金流为负外，其余年份的自由比均在0.5以上，而且随着净利润一起高速增长（见下图）。

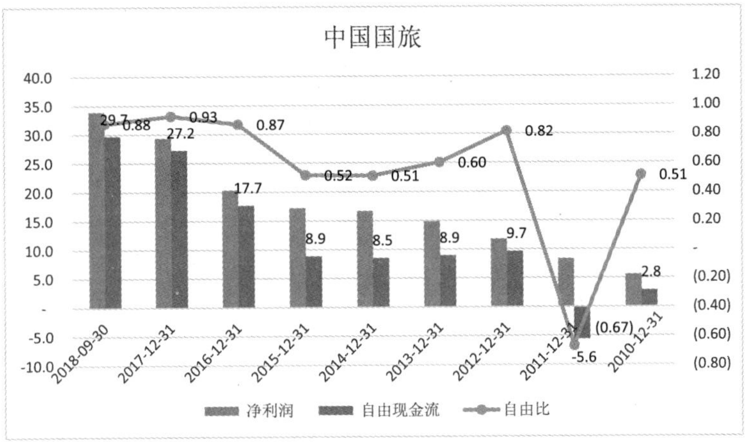


数据来源：WIND，初善君整理

然而这种仅仅依靠少量投资就能取得大额收益的公司太少了，要么具有极强的品牌，如贵州茅台、海天味业；要么具有垄断的消费业，如中国国旅。

大部分公司的成长需要依靠大量的投资才能取得，这是To B制造业的“宿命”。

例如万华化学，2015年之前，万华化学虽然每年都有几十亿元的净利润，但是自由比一直小于零，这说明那些年万华化学在大量的投资（见下图）。

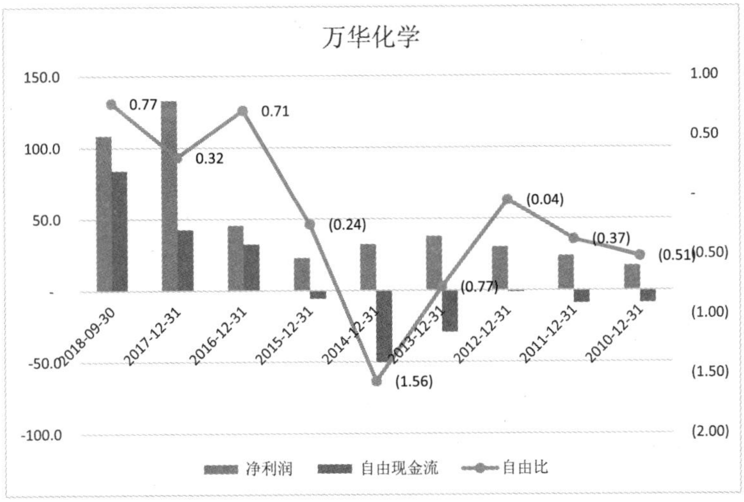


数据来源：WIND，初善君整理

于是我们看到万华化学构建固定资产支付的现金一直非常高，尤其是2014年高达90.50亿元，也难怪当年的自由比为-1.56（见下图）。

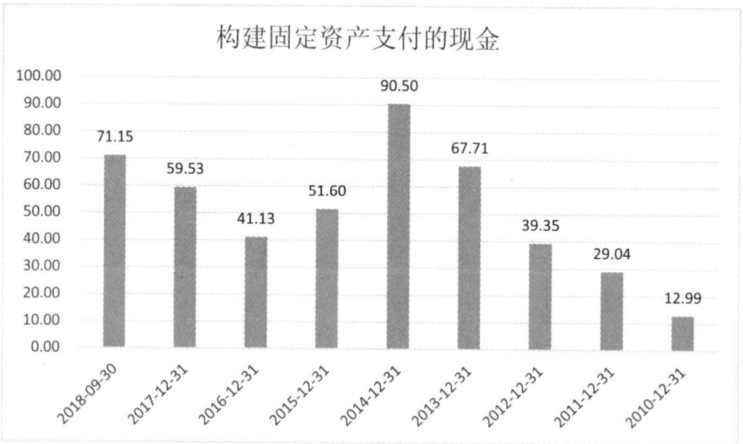


数据来源：WIND，初善君整理

再如安琪酵母，其自由现金流波动特别大，因此自由比数据波动很大，也不是特别好看，原因也是构建固定资产支付的现金特别大（见下图）。

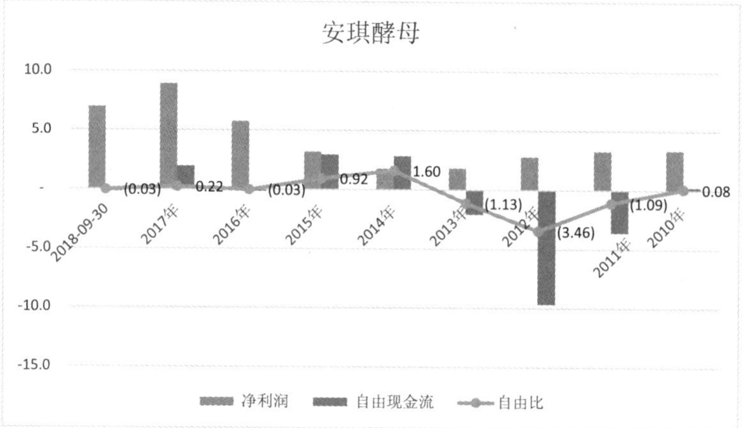


数据来源：WIND，初善君整理

从投资的角度来看，自由现金流为负是价值毁灭，但为什么万华化学和安琪酵母的股价反而涨了5倍以上？如果完全按照自由现金流理论，一定会错过很多10倍股，如2017年的中国巨石、鲁西化工、金禾实业等。

那么，究竟是哪里出了问题呢？

### 4. 自由现金流的再修正

一定是自由现金流的计算或者理解出了问题。

所有自由现金流概念的提出和使用，自由现金流都是扣除了所有构建固定资产支付的现金流，但是实际上这个投资支付的现金不仅仅是维持现有公司的竞争力，有时候是为了扩大现有规模，是业务扩张的投入，这部分并不属于维持原有获利能力所必需的投入。

郭永清在《财务报表分析与股票估值》一书中提到，一般自由现金流用经营活动产生的现金流量净额扣除资本性支出进行计算，但是实际上资本性支出分为保全性资本支出和扩张性资本支出。在计算自由现金流时需要扣除的是保全性资本支出，如大额维修支出等。扩张性资本支出无须扣除，因为扩展性支出是为了增加公司的产能，带来更多的收入和利润。扩张性资本支出等于是自由现金流的一个用途，与用现金回购股票、分红等是一个意思。

因此，万华化学和安琪酵母，其资本性支出多是为了扩大产能，提高公司竞争力。比如，安琪酵母的主要产品产量均大幅增加，5年间酵母产量由14.30万吨增长至21.96万吨，制糖产量翻了好几倍（见下图）。

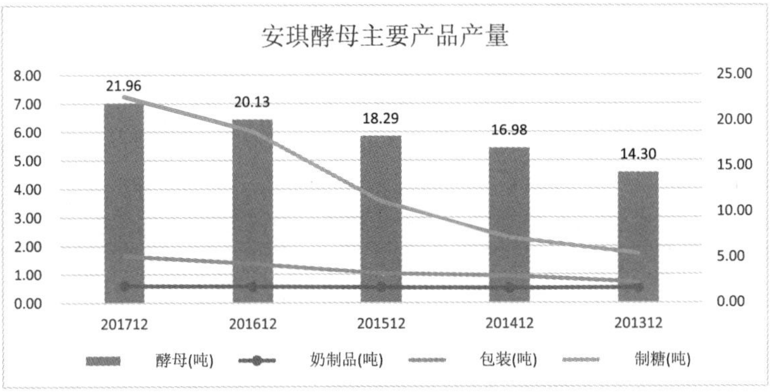


数据来源：WIND，初善君整理

我们看到，随着产量的提高，公司竞争力的增强，公司的收入和利润均大幅增长，带动股价大幅增长。

那么，为什么贵州茅台、海天味业和中国国旅的自由现金流那么优秀，因为它们太优秀了，要么品牌无与伦比，要么处于行业垄断地位，而且基本是To C的行业，很多时候保持小额投入就可以换来大产出，自然投入少，自由现金流就高。

但是大部分公司，尤其是制造业，尤其是To B的制造业，必须一步一个脚印，坚实地走出来。

关于自由现金流的计算和使用，大家也就明白了问题出在哪里，根据现有的报表，我们很难判断公司的保全性资本支出和扩张性资本支出分别是多少，也就无法计算修正后的自由现金流是多少。而如果仅仅依靠现有自由现金流的计算方法，因为没有区分保全还是扩张，局限性较大，因此可能会错失很多好股。

笔者一直强调，财报分析不仅要看公司的商业模式，更要理解各种指标背后的意义，否则无异于缘木求鱼。

**案例1：**深入剖析PPP对报表及现金流影响

PPP（Public-PrivatePartnerships），是政府与社会资本为提供公共产品或服务而建立的全过程合作关系，以授予特许经营权为基础，以利益共享和风险共担为特征；通过引入市场竞争和激励约束机制，发挥双方优势，提高公共产品或服务的质量和供给效率。

PPP有多种运作方式，但其基本的框架结构如下图所示。针对某一特定的公共产品项目或服务，政府与中标的社会资本方签订PPP项目合同，共同出资设立SPV项目公司，由SPV项目公司与项目实施机构重新签署PPP项目合同，或者签署关于继承PPP项目合同的补充合同。项目公司将作为该PPP项目的承接主体，地方政府授予其特许经营权，并由SPV项目公司负责融资、建设、运营、维护、移交的全过程。

**PPP的基本框架结构**

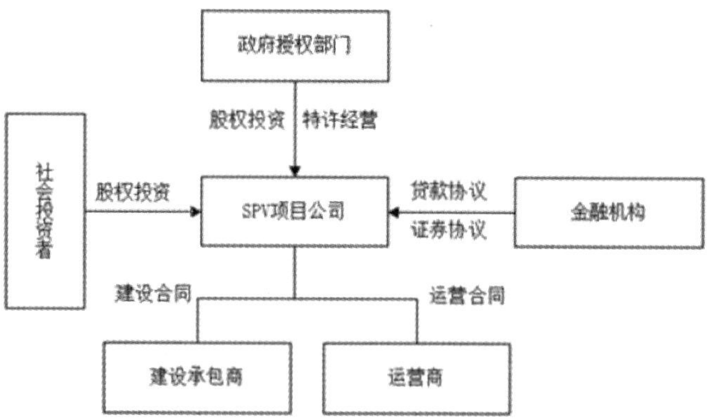


数据来源：招商证券

我们要明确一下，PPP分为并表和不并表两种。从理论上来说PPP开展前期，由于股权出资方只有公司和政府，而且公司出资占大头，一般PPP都是并表。但是随着PPP的成熟，现在社会资本方通过引入基金、信托等方式，在股权上至少是非控股股东，虽然实际上社会资本方应该还享有控制权，但是SPV公司太影响资产负债表（资产负债率太高），所以参与各方没人愿意享有控制权，也就是没人愿意并表。同时，考虑实质重于形式原则（只能听他说了），如果考虑公司不能对PPP实际控制，即使股权比例高于50%，也可以不并表。

由下图可见，东方园林很多项目的持股比例大于50%，公司投资的PPP项目公司，按照既定的方式运营，项目公司可以受控的权利、义务与相关活动都在建立之初通过明确的合同条款或安排予以设定。

| 项目 | 注册资本（万元） | 认缴出资额（万元） | 持股比例 | 期初数 | 本年增加 | 本年减少 | 期末数 |
|---|---|---|---|---|---|---|---|
| 修武县某建设开发公司 | 20,400.00 | 13,600.00 | 67.00% | 4,700.00 | 3,836.00 | | 8,536.00 |
| 淄博某建设开发公司 | 12,500.00 | 8,750.00 | 70.00% | 5,000.00 | 3,750.00 | | 8,750.00 |
| 单县某生态环境投资管 | 13,700.00 | 12,330.00 | 90.00% | | 6,000.00 | | 6,000.00 |

188

北京东方园林环境股份有限公司 2017 年年度报告全文

| | | | | | | | |
|---|---|---|---|---|---|---|---|
| 理公司 | | | | | | | |
| 庆云某工程建设开发公司 | 3,431.60 | 2,631.60 | 76.70% | | 2,631.60 | | 2,631.60 |
| 衡水某工程项目管理公司 | 18,000.00 | 16,200.00 | 90.00% | 5,400.00 | 9,000.00 | | 14,400.00 |
| 石家庄某建设工程公司 | 14,600.00 | 9,344.00 | 64.00% | 9,344.00 | | | 9,344.00 |
| 吉林某环境工程开发公司 | 6,573.00 | 3,352.00 | 51.00% | 3,352.00 | | | 3,352.00 |

*数据来源：WIND，初善君整理*

另外，在项目公司的董事会成员中都有政府派出的代表，董事会议事规则，基本是全体董事一致同意才能通过，公司不能控制项目公司。因此，对PPP项目公司不纳入合并范围。

是否对SPV公司并表，像什么呢？像斗地主（见下图）！

“不要。”

“要不起。”

“过。”

如果不并表，SPV公司的高负债成了游离在所有公司资产负债表外存在。

在并表的情况下，PPP项目投资时，母公司报表计入长期股权投资，铁汉生态2017年母公司报表显示，长期股权投资余额39.24亿元，较期初的19.45亿元实现翻倍式增长（见下图）。

**长期股权投资**

单位：元

| 项目 | 期末余额 | | | 期初余额 | | |
|---|---|---|---|---|---|---|
| | 账面余额 | 减值准备 | 账面价值 | 账面余额 | 减值准备 | 账面价值 |
| 对子公司投资 | 3,600,514,385.87 | | 3,600,514,385.87 | 1,620,840,700.00 | | 1,620,840,700.00 |
| 对联营、合营企业投资 | 323,303,221.80 | | 323,303,221.80 | 324,507,286.02 | | 324,507,286.02 |
| 合计 | 3,923,817,607.67 | | 3,923,817,607.67 | 1,945,347,986.02 | | 1,945,347,986.02 |

数据来源：WIND，初善君整理

PPP项目确认收入时，在资产负债表不确认应收账款，而是确认为金融资产（长期应收款）或无形资产。无形资产主要是特许经营权，适用于财务效益良好的高速公路、供水、供气及机场建设等；长期应收款适应于不具备盈利性的公益事业，如垃圾焚烧、污水处理、市政道路、河道治理、生态保护等。

考虑到长期应收款和无形资产无须计提坏账准备，PPP模式下利润表中资产减值损失较一般的工程模式少，可以美化利润表。比如，铁汉生态2017年年报显示（见下图），长期应收款期末余额56亿元，较期初22亿元增加155%，其中PPP项目高达34.48亿元，较期初3.59亿元增长8倍以上（考虑到铁汉生态净资产只有64亿元，这个数值占比非常高）。

**长期应收款情况**

单位：元

| 项目 | 期末余额 | | | 期初余额 | | | 折现率区间 |
|---|---|---|---|---|---|---|---|
| | 账面余额 | 坏账准备 | 账面价值 | 账面余额 | 坏账准备 | 账面价值 | |
| BT 融资建设工程 | 2,172,726,715.47 | | 2,172,726,715.47 | 1,823,841,004.00 | | 1,823,841,004.00 | |
| PPP 合作项目 | 3,448,046,684.08 | | 3,448,046,684.08 | 359,170,055.09 | | 359,170,055.09 | |
| 合计 | 5,620,773,399.55 | | 5,620,773,399.55 | 2,183,011,059.09 | | 2,183,011,059.09 | -- |

数据来源：WIND，初善君整理

同时，即使56亿元长期应收款只按照一年期5%的坏账准备比例，需要计提2.8亿元的坏账准备，减少相应的净利润，但是计入长期应收款则无须计提坏账准备（见下图）。

**资产减值损失**

单位：元

| 项目 | 本期发生额 | 上期发生额 |
|---|---|---|
| 一、坏账损失 | 29,327,562.24 | 46,671,098.21 |
| 二、存货跌价损失 | 2,700,000.00 | |
| 三、可供出售金融资产减值损失 | | 1,109,980.00 |
| 合计 | 32,027,562.24 | 47,781,078.21 |

数据来源：WIND，初善君整理

同时，现金流量表与传统的市政工程没有区别，像铁汉生态，经营活动现金流量净额一直为负，且金额非常大，2017年缺口高达8.55亿元（见下图）。原因是，SPV公司随着工程进度支付工程款，但是在合并时SPV向铁汉生态支付的现金流互相抵销了。

| | 2018-03-31 | 2017-12-31 | 2016-12-31 | 2015-12-31 | 2014-12-31 | 2013-12-31 |
|---|---|---|---|---|---|---|
| 报告期 | 一季报 | 年报 | 年报 | 年报 | 年报 | 年报 |
| 报表类型 | 合并报表 | 合并报表 | 合并报表 | 合并报表 | 合并报表 | 合并报表 |
| **经营活动产生的现金流量：** | | | | | | |
| 销售商品、提供劳务收到的现金 | 174,706.09 | 468,638.02 | 287,384.21 | 213,401.88 | 112,778.07 | 76,149.21 |
| 收到的税费返还 | | | | | | |
| 收到其他与经营活动有关的现金 | 3,765.38 | 4,427.06 | 5,473.22 | 6,734.37 | 5,305.68 | 2,019.97 |
| ⊞ 经营活动现金流入(金融类) | | | | | | |
| 经营活动现金流入差额(特殊报表科目) | | | | | | |
| 经营活动现金流入差额(合计平衡项目) | | | | | | |
| **经营活动现金流入小计** | 178,471.47 | 473,065.09 | 292,857.44 | 220,136.25 | 118,083.75 | 78,169.17 |
| 购买商品、接受劳务支付的现金 | 164,898.03 | 376,073.04 | 218,620.51 | 151,893.57 | 85,562.94 | 63,616.73 |
| 支付给职工以及为职工支付的现金 | 32,018.50 | 106,347.56 | 69,150.66 | 48,939.88 | 39,800.49 | 29,858.23 |
| 支付的各项税费 | 10,705.30 | 26,814.61 | 17,549.39 | 12,191.31 | 7,154.60 | 4,943.34 |
| 支付其他与经营活动有关的现金 | 18,553.23 | 49,294.71 | 50,281.66 | 12,801.52 | 9,742.07 | 9,865.00 |
| ⊞ 经营活动现金流出(金融类) | | | | | | |
| 经营活动现金流出差额(特殊报表科目) | | | | | | |
| 经营活动现金流出差额(合计平衡项目) | | | | | | |
| **经营活动现金流出小计** | 226,175.06 | 558,529.92 | 355,602.22 | 225,826.27 | 142,260.10 | 108,283.31 |
| 经营活动产生的现金流量净额差额(合计平衡项目) | | | | | | |
| **经营活动产生的现金流量净额** | -47,703.60 | -85,464.83 | -62,744.79 | -5,690.02 | -24,176.35 | -30,114.14 |

数据来源：WIND，初善君整理

看投资活动现金流量金额，投资支付的金额非常小，2017年只有1.14亿元左右（对比东方园林），但是支付其他与投资活动相关的现金为21亿元，主要是支付的PPP项目前期费用（见下图）。

| | 2017-12-31 | 2016-12-31 | 2015-12-31 | 2014-12-31 | 2013-12-31 | 2012-12-31 |
|---|---|---|---|---|---|---|
| **经营活动产生的现金流量净额** | -85,464.83 | -62,744.79 | -5,690.02 | -24,176.35 | -30,114.14 | -24,452.22 |
| **投资活动产生的现金流量：** | | | | | | |
| 收回投资收到的现金 | | | | | | |
| 取得投资收益收到的现金 | 2,500.00 | 5,000.00 | 5,620.45 | 4,465.22 | 3,177.92 | 2,084.13 |
| 处置固定资产、无形资产和其他长期资产收回的现金净额 | 155.42 | 528.84 | 374.85 | 327.72 | 32.98 | 11.00 |
| 处置子公司及其他营业单位收到的现金净额 | | | | | | |
| 收到其他与投资活动有关的现金 | 77,117.73 | 42,739.80 | 35,720.32 | 22,159.02 | 12,475.36 | 6,320.00 |
| 投资活动现金流入差额(特殊报表科目) | | | | | | |
| 投资活动现金流入差额(合计平衡项目) | | | | | | |
| **投资活动现金流入小计** | 79,773.14 | 48,268.64 | 41,715.62 | 26,951.97 | 15,686.26 | 8,415.13 |
| 购建固定资产、无形资产和其他长期资产支付的现金 | 21,188.76 | 35,470.88 | 24,434.97 | 6,890.51 | 21,328.22 | 11,625.75 |
| 投资支付的现金 | 11,438.00 | 17,377.25 | 6,560.00 | 3,940.00 | 5,000.00 | |
| 取得子公司及其他营业单位支付的现金净额 | 7,594.84 | 19,234.60 | 7,776.97 | | | |
| 支付其他与投资活动有关的现金 | 210,482.29 | 78,492.12 | 90,166.24 | 51,791.78 | 14,253.49 | 24,963.41 |
| 投资活动现金流出差额(特殊报表科目) | | | | | | |
| 投资活动现金流出差额(合计平衡项目) | | | | | | |
| **投资活动现金流出小计** | 250,703.89 | 150,574.86 | 128,938.18 | 62,622.29 | 40,581.71 | 36,589.16 |
| 投资活动产生的现金流量净额差额(合计平衡项目) | | | | | | |
| **投资活动产生的现金流量净额** | -170,930.75 | -102,306.22 | -87,222.57 | -35,670.32 | -24,895.45 | -28,174.02 |

数据来源：WIND，初善君整理

在不并表的情况下，投资设立的SPV公司作为长期股权投资（或其他流动资产）处理，同时按照完工百分比法确认收入，并确认应收账款。

从东方园林来看，2017年底确认PPP项目股权投资款55亿元，较期初19亿元增加36亿元，即1.89倍（见下图）。

**其他非流动资产**

单位：元

| 项目 | 期末余额 | 期初余额 |
|---|---|---|
| PPP 项目公司股权投资款 | 5,536,721,724.60 | 1,914,870,000.00 |
| 预付设备款 | 2,305,161.92 | 12,222,501.63 |
| BOT 在建资产 | 572,192,490.00 | 415,809,187.64 |
| 通辽市科尔沁工业园区（南区）水资源综合利用及人工湿地生态一体化污水处理 PPP 在建工程 | 156,874,414.32 | 125,420,860.65 |
| 股权收购款 | 530,550,000.00 | 30,240,000.00 |
| 购房款 | 109,728,568.00 | 11,790,568.00 |
| 预付购买土地款 | | 133,000,000.00 |
| 合计 | 6,908,372,358.84 | 2,643,353,117.92 |

数据来源：WIND，初善君整理

东方园林应收账款余额85.76亿元，占东方园林总资产的比例21.28%。而同期铁汉生态的应收账款余额10.09亿元，占比仅4.97%（见下图）。

单位：元

| 类别 | 期末余额 | | | | | 期初余额 | | | | |
|---|---|---|---|---|---|---|---|---|---|---|
| | 账面余额 | | 坏账准备 | | 账面价值 | 账面余额 | | 坏账准备 | | 账面价值 |
| | 金额 | 比例 | 金额 | 计提比例 | | 金额 | 比例 | 金额 | 计提比例 | |
| 按信用风险特征组合计提坏账准备的应收账款 | 8,531,196,828.38 | 99.47% | 1,061,753,225.13 | 12.45% | 7,469,443,603.25 | 5,849,091,099.03 | 99.90% | 725,344,572.93 | 12.40% | 5,123,746,526.10 |
| 单项金额不重大但单独计提坏账准备的应收账款 | 45,129,967.48 | 0.53% | 43,948,245.05 | 97.38% | 1,181,722.43 | 5,893,222.69 | 0.10% | 5,893,222.69 | 100.00% | 0.00 |
| 合计 | 8,576,326,795.86 | 100.00% | 1,105,701,470.18 | | 7,470,625,325.68 | 5,854,984,321.72 | 100.00% | 731,237,795.62 | | 5,123,746,526.10 |

数据来源：WIND，初善君整理

因此，确认大额应收账款必然影响坏账准备和资产减值损失，东方园林2017年大额坏账准备余额为10.61亿元（见下图）。

单位：元

| 账龄 | 期末余额 | | |
|---|---|---|---|
| | 应收账款 | 坏账准备 | 计提比例 |
| 1 年以内分项 | | | |
| 1 年以内 | 5,190,138,652.59 | 259,506,932.68 | 5.00% |
| 1 年以内小计 | 5,190,138,652.59 | 259,506,932.68 | 5.00% |
| 1 至 2 年 | 1,381,186,577.11 | 138,118,657.71 | 10.00% |
| 2 至 3 年 | 891,605,089.38 | 89,160,508.93 | 10.00% |
| 3 至 4 年 | 397,189,084.70 | 119,156,725.41 | 30.00% |
| 4 至 5 年 | 430,534,048.55 | 215,267,024.35 | 50.00% |
| 5 年以上 | 240,543,376.05 | 240,543,376.05 | 100.00% |
| 合计 | 8,531,196,828.38 | 1,061,753,225.13 | |

数据来源：WIND，初善君整理

东方园林2017年计入利润表的资产减值损失4亿元，大额影响净利润（见下图）。

**资产减值损失**

单位：元

| 项目 | 本期发生额 | 上期发生额 |
|---|---|---|
| 一、坏账损失 | 400,730,495.08 | 224,514,858.53 |
| 二、存货跌价损失 | -12,114,328.86 | -22,421,582.28 |
| 七、固定资产减值损失 | 3,087,916.53 | |
| 合计 | 391,704,082.75 | 202,093,276.25 |

203

北京东方园林环境股份有限公司 2017 年年度报告全文

数据来源：WIND，初善君整理

再看东方园林的现金流，经营活动现金流量明显好转，因为随着工程的不断开展，SPV可以向东方园林支付工程款，而SPV不并表，形成的现金流自然是经营活动现金流（见下图）。

| | 2017-12-31 | 2016-12-31 | 2015-12-31 | 2014-12-31 | 2013-12-31 | 2012-12-31 |
|---|---|---|---|---|---|---|
| 报告期 | 年报 | 年报 | 年报 | 年报 | 年报 | 年报 |
| 报表类型 | 合并报表 | 合并报表 | 合并报表 | 合并报表 | 合并报表 | 合并报表 |
| **经营活动产生的现金流量：** | | | | | | |
| 销售商品、提供劳务收到的现金 | 1,033,100.87 | 703,591.23 | 432,353.57 | 342,778.11 | 226,633.99 | 156,437.58 |
| 收到的税费返还 | 10,134.65 | 7,652.49 | 149.09 | 148.03 | 103.97 | 18.40 |
| 收到其他与经营活动有关的现金 | 92,575.23 | 45,443.32 | 59,064.69 | 59,965.72 | 45,451.91 | 43,729.31 |
| ⊞ 经营活动现金流入(金融类) | | | | | | |
| 经营活动现金流入差额(特殊报表科目) | | | | | | |
| 经营活动现金流入差额(合计平衡项目) | | | | | | |
| **经营活动现金流入小计** | 1,135,810.75 | 756,687.03 | 491,567.35 | 402,891.86 | 272,189.88 | 200,185.30 |
| 购买商品、接受劳务支付的现金 | 509,886.39 | 413,263.17 | 283,220.27 | 270,390.79 | 176,717.05 | 117,634.86 |
| 支付给职工以及为职工支付的现金 | 94,324.95 | 56,489.34 | 59,295.54 | 52,597.64 | 39,836.94 | 29,428.27 |
| 支付的各项税费 | 77,208.75 | 53,852.15 | 26,685.04 | 29,398.60 | 19,029.65 | 21,743.24 |
| 支付其他与经营活动有关的现金 | 162,034.47 | 76,285.54 | 85,590.84 | 80,854.63 | 62,928.21 | 56,528.21 |
| ⊞ 经营活动现金流出(金融类) | | | | | | |
| 经营活动现金流出差额(特殊报表科目) | | | | | | |
| 经营活动现金流出差额(合计平衡项目) | | | | | | |
| **经营活动现金流出小计** | 843,454.56 | 599,890.20 | 454,791.69 | 433,241.66 | 298,511.85 | 225,334.57 |
| 经营活动产生的现金流量净额差额(合计平衡项目) | | | | | | |
| **经营活动产生的现金流量净额** | 292,356.19 | 156,796.83 | 36,775.66 | -30,349.80 | -26,321.97 | -25,149.28 |

数据来源：WIND，初善君整理

但是看投资现金流，东方园林设立SPV公司时，需要支付股权投资款，计入投资支付的现金。因此，在不并表的情况下，投资支付的现金流特别大，2017年达到46.45亿元（见下图）。

| | 2017-12-31 | 2016-12-31 | 2015-12-31 | 2014-12-31 | 2013-12-31 | 2012-12-31 |
|---|---|---|---|---|---|---|
| **投资活动产生的现金流量：** | | | | | | |
| 收回投资收到的现金 | 11,897.94 | 1,000.00 | | | | |
| 取得投资收益收到的现金 | 110.15 | 75.65 | | | | |
| 处置固定资产、无形资产和其他长期资产收回的现金净额 | 12.94 | | 8.06 | 59.25 | 0.47 | 9.02 |
| 处置子公司及其他营业单位收到的现金净额 | 115,927.16 | 1,081.93 | 5,116.14 | 5,962.44 | | |
| 收到其他与投资活动有关的现金 | | | | | | |
| 投资活动现金流入差额(特殊报表科目) | | | | | | |
| 投资活动现金流入差额(合计平衡项目) | | | | | | |
| **投资活动现金流入小计** | 127,948.19 | 2,157.58 | 5,124.20 | 6,021.69 | 0.47 | 9.02 |
| 购建固定资产、无形资产和其他长期资产支付的现金 | 43,012.26 | 34,405.74 | 12,005.53 | 8,334.41 | 25,125.91 | 12,004.07 |
| 投资支付的现金 | 464,450.17 | 152,311.83 | 57,630.00 | | | |
| 取得子公司及其他营业单位支付的现金净额 | 71,633.45 | 74,717.77 | 75,905.45 | 3,107.50 | | |
| 支付其他与投资活动有关的现金 | | 5,150.30 | 23,246.00 | | | |
| 投资活动现金流出差额(特殊报表科目) | | | | | | |
| 投资活动现金流出差额(合计平衡项目) | | | | | | |
| **投资活动现金流出小计** | 579,095.98 | 266,585.64 | 168,786.98 | 11,441.90 | 25,125.91 | 12,004.07 |
| 投资活动产生的现金流量净额差额(合计平衡项目) | | | | | | |
| **投资活动产生的现金流量净额** | -451,147.69 | -264,428.06 | -163,662.78 | -5,420.21 | -25,125.44 | -11,995.05 |

数据来源：WIND，初善君整理

因此，对比并表与不并表，现金流差异非常大，在不并表的情况下，经营活动现金流量明显好转，但是都需要支付大量投资的现金流。

到这里，我们总结一下。

并表的PPP项目（铁汉生态模式），投资时计入长期股权投资，确认收入时增加资产负债表的长期资产（长期应收款或无形资产），可以减少应收账款的坏账准备，减少资产减值损失，增加净利润，对经营活动现金流量无太大影响。

不并表的PPP项目（东方园林模式），投资时计入长期股权投资或者其他流动资产，确认收入时，增加应收账款，增加应收账款的坏账准备，降低净利润，但是重塑现金流量表，同时增加了关联交易。

那么问题来了，在经营活动现金流量净额失真的情况下，我们如何判断现金流的质量？

使用净现比（销售商品、提供劳务收到的现金/营业收入），意思是1元的营业收入收回了多少现金。缴纳增值税的一般公司，净现比为1.17（17%为当时增值税税率）。

可以看到东方园林和铁汉生态的净现比远远低于1.17，在PPP崛起的2014年以来，净现比明显好转，但是2016年和2017年，东方园林的净现比明显好于铁汉生态，根本原因就是PPP不并表（见下图）。

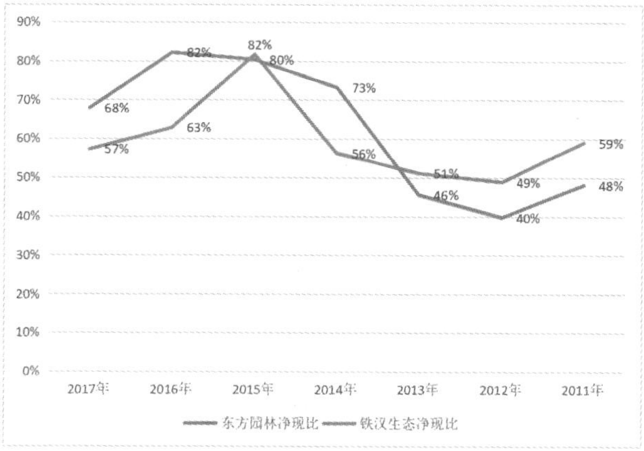


数据来源：WIND，初善君整理

想使用调整后的经营活动现金流量净额（这个方法值得商榷），虽然支付设立SPV的钱为投资支付，我们可以假设这些投资支付的现金，均通过"销售商品、提供劳务收到的现金"流入。那么，只需从经营活动现金流量净额中减去投资支付的现金即可。下图所示为东方园林的经营活动现金流量净额调整前后的数据，可以看到这个差异有多大，"造血"能力有多差。

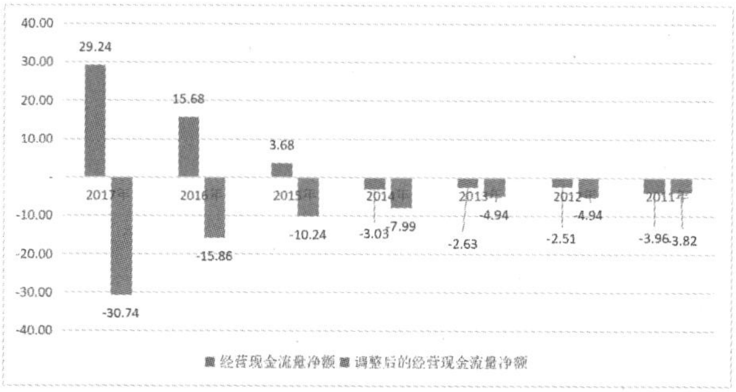


数据来源：WIND，初善君整理

当然这种方法不科学，问题在于今年投资流出的现金流收回时间可能一年或几年之后，存在周期错配。

到这里，基本介绍完环保类公司和PPP现金流的问题，笔者心里还有一个疑问，PPP公司现金流究竟什么时候才能转好呢？

**案例2：**环保公司经营现金流分析

这里再跟大家交流一下，其实很多环保股的现金流好得“吓人”。

（1）垃圾里的宝贝

垃圾焚烧发电业务的经营现金流有多好呢？

先看伟明环保，从2012年至今，每年的经营现金流净额均大于净利润，净现比持续大于1（见下图）。妥妥的现金流生产者，关键点在于无形资产摊销每年超过1亿，应收应付均有增长，互相有所抵销。

| | 2019-09-30 | 2018-12-31 | 2017-12-31 | 2016-12-31 | 2015-12-31 | 2014-12-31 | 2013-12-31 | 2012-12-31 |
|---|---|---|---|---|---|---|---|---|
| 净利润 | | 7.38 | 5.07 | 3.29 | 2.91 | 2.23 | 1.71 | 1.17 |
| 加：资产减值准备 | | 0.09 | 0.01 | 0.03 | -0.03 | 0.02 | 0.01 | -0.01 |
| 信用减值损失 | | | | | | | | |
| 固定资产折旧、油气资产折耗、生产性生物资产折旧 | | 0.10 | 0.09 | 0.08 | 0.05 | 0.04 | 0.04 | 0.02 |
| 无形资产摊销 | | 1.25 | 1.13 | 1.08 | 1.04 | 0.99 | 0.87 | 0.66 |
| 使用权资产折旧 | | | | | | | | |
| 长期待摊费用摊销 | | 0.03 | 0.03 | 0.03 | 0.01 | 0.01 | 0.00 | 0.00 |
| 待摊费用减少 | | | | | | | | |
| 预提费用增加 | | | | | | | | |
| 处置固定资产、无形资产和其他长期资产的损失 | | 0.00 | | 0.00 | | 0.34 | 0.00 | 0.00 |
| 固定资产报废损失 | | | 0.00 | | | | 0.00 | |
| 公允价值变动损失 | | | | | | | | |
| 财务费用 | | 0.50 | 0.50 | 0.53 | 0.87 | 1.10 | 1.02 | 0.80 |
| 投资损失 | | -0.06 | -0.06 | -0.04 | -0.01 | | | |
| 递延所得税资产减少 | | -0.10 | -0.18 | -0.05 | -0.17 | -0.13 | -0.05 | -0.06 |
| 递延所得税负债增加 | | 0.11 | 0.11 | 0.08 | 0.13 | 0.11 | 0.08 | 0.08 |
| 存货的减少 | | -0.09 | -0.26 | -0.19 | -0.07 | -0.08 | 0.14 | 0.12 |
| 经营性应收项目的减少 | | -1.80 | -0.49 | -0.76 | 0.11 | -0.23 | 0.19 | 0.04 |
| 经营性应付项目的增加 | | -0.10 | 0.55 | 0.21 | -0.28 | -0.39 | -0.13 | -0.65 |
| 未确认的投资损失 | | | | | | | | |
| 其他 | | 0.13 | 0.15 | -0.02 | | | | |
| 间接法-经营活动现金流量净额差额(特殊报表科目) | | | | | | | | |
| 间接法-经营活动现金流量净额差额(合计平衡项目) | | | | | | | | |
| 间接法-经营活动产生的现金流量净额 | | 7.44 | 6.64 | 4.28 | 4.57 | 4.01 | 3.87 | 2.18 |

数据来源：WIND，初善君整理

我们换一家公司，瀚蓝环境。

下图数据显示，瀚蓝环境的经营现金流更厉害，2016—2018年分别为11.79亿元、15.09亿元和16.52亿元，几乎都是净利润的2倍，净现比约等于2。数据上的原因也是折旧摊销高，近三年折旧摊销均超过5亿元。

| | 2019-09-30 | 2018-12-31 | 2017-12-31 | 2016-12-31 | 2015-12-31 | 2014-12-31 | 2013-12-31 | 2012-12-31 |
|---|---|---|---|---|---|---|---|---|
| 补充资料： | | | | | | | | |
| 净利润 | | 8.79 | 6.97 | 5.56 | 4.46 | 3.52 | 2.35 | 1.92 |
| 加：资产减值准备 | | 0.29 | 0.37 | 0.06 | -0.01 | 0.02 | 0.02 | 0.00 |
| 信用减值损失 | | | | | | | | |
| 固定资产折旧、油气资产折耗、生产性生物资产折旧 | | 2.39 | 2.56 | 2.50 | 2.39 | 1.19 | 0.78 | 0.70 |
| 无形资产摊销 | | 3.64 | 3.33 | 3.03 | 2.35 | 1.02 | 0.95 | 0.86 |
| 使用权资产折旧 | | | | | | | | |
| 长期待摊费用摊销 | | 0.20 | 0.17 | 0.15 | 0.22 | 0.13 | 0.09 | 0.08 |
| 待摊费用减少 | | | | | | | | |
| 预提费用增加 | | | | | | | | |
| 处置固定资产、无形资产和其他长期资产的损失 | | 0.00 | 0.00 | 0.00 | 0.04 | 0.02 | 0.00 | 0.00 |
| 固定资产报废损失 | | 0.02 | 0.00 | | | | | 0.00 |
| 公允价值变动损失 | | | | | | | | |
| 财务费用 | | 2.21 | 1.86 | 2.13 | 2.61 | 1.15 | 1.03 | 1.06 |
| 投资损失 | | -1.77 | -0.09 | -0.01 | -0.05 | | -0.48 | -0.22 |
| 递延所得税资产减少 | | 0.00 | -0.07 | -0.09 | 0.01 | -0.01 | -0.20 | -0.01 |
| 递延所得税负债增加 | | 0.01 | 0.22 | 0.19 | 0.09 | | | |
| 存货的减少 | | 0.05 | 0.39 | -0.84 | -0.41 | -0.01 | -0.27 | -0.05 |
| 经营性应收项目的减少 | | -0.85 | -1.67 | 0.53 | 0.37 | 0.34 | -0.33 | 0.20 |
| 经营性应付项目的增加 | | 1.54 | 1.06 | -1.42 | 0.57 | 0.93 | 1.03 | 0.43 |
| 未确认的投资损失 | | | | | | | | |
| 其他 | | | | | | | | |
| 间接法-经营活动现金流量净额差额(特殊报表科目) | | | | | | | | |
| 间接法-经营活动现金流量净额差额(合计平衡项目) | | | | | | | | |
| 间接法-经营活动产生的现金流量净额 | | 16.52 | 15.09 | 11.79 | 12.63 | 8.29 | 4.97 | 4.97 |

数据来源：WIND，初善君整理

怎么样，是不是颠覆了认知。

本质还是商业模式的问题。垃圾发电，建设期投资是一笔很大的支出，建设完成后，收入分为垃圾发电上网的电费和向政府收取的垃圾处置费，这两项费用都是按期结算，同时前期的大额投资还有大额的折旧摊销，因此现金流还不错。

大家可以看看伟明环保的前五大客户，主要是供电公司或卫生管理处，并非全部来自政府部门，而供电处无疑不差钱，还没听过谁家欠过电费（见下图）。

| 年度 | 序号 | 客户名称 | 销售额（万元） | 占营业收入比例 |
|---|---|---|---|---|
| 2018 年 1~6 月 | 1 | 国网浙江省电力公司温州供电公司 | 12,283.99 | 16.60% |
| | 2 | 温州市环境卫生管理处 | 6,143.18 | 8.30% |
| | 3 | 江苏省电力公司 | 5,325.71 | 7.20% |
| | 4 | 苍南伟明环保能源有限公司 | 5,046.28 | 6.82% |
| | 5 | 瑞安市海滨伟明环保能源有限公司 | 4,254.37 | 5.75% |
| | 合计 | | **33,053.53** | **44.67%** |
| 2017 年度 | 1 | 国网浙江省电力公司温州供电公司 | 32,033.19 | 31.12% |
| | 2 | 温州市环境卫生管理处 | 12,582.58 | 12.22% |
| | 3 | 江苏省电力公司 | 10,842.26 | 10.53% |
| | 4 | 苍南伟明环保能源有限公司 | 7,285.96 | 7.08% |
| | 5 | 国网浙江永康市供电公司 | 4,538.00 | 4.41% |
| | 合计 | | **67,281.99** | **65.36%** |
| 2016 年度 | 1 | 国网浙江省电力公司温州供电公司 | 25,334.68 | 36.55% |
| | 2 | 国网江苏省电力公司 | 10,689.82 | 15.42% |
| | 3 | 温州市环境卫生管理处 | 8,887.86 | 12.82% |
| | 4 | 国网浙江永康市供电公司 | 4,422.12 | 6.38% |
| | 5 | 国网浙江临海市供电公司 | 4,397.87 | 6.34% |
| | 合计 | | **53,732.35** | **77.52%** |
| 2015 年度 | 1 | 国网浙江省电力公司温州供电公司 | 22,182.36 | 32.86% |
| | 2 | 国网江苏省电力公司 | 10,884.29 | 16.12% |
| | 3 | 温州市环境卫生管理处 | 6,730.96 | 9.97% |
| | 4 | 昆山市财政局 | 4,667.73 | 6.91% |
| | 5 | 国网浙江永康市供电公司 | 4,567.60 | 6.77% |
| | 合计 | | **49,032.93** | **72.63%** |

数据来源：WIND，初善君整理

其实，垃圾焚烧发电类似于水电股、公路股，其本质还是公用事业，这类股票的估值一般都不高，但是垃圾焚烧发电公司的成长性明显强于水电、公路，这或许是可以享受高估值的原因所在。

（2）疫情下的危废

疫情让很多投资者关注到医疗废弃物的处理，其实医疗废弃物只是危废的一种。危废与垃圾焚烧发电类似，经营现金流甚至更好。

比如，危废龙头公司东江环保的经营现金流，2017年和2018年分别为6.71亿元和8.98亿元，远高于同期净利润5.53亿元和4.74亿元，净现比远大于1（见下图）。

| | 2019-09-30 | 2018-12-31 | 2017-12-31 | 2016-12-31 | 2015-12-31 | 2014-12-31 | 2013-12-31 | 2012-12-31 |
|---|---|---|---|---|---|---|---|---|
| 净利润 | | 4.74 | 5.53 | 5.77 | 3.85 | 2.82 | 2.44 | 2.94 |
| 加：资产减值准备 | | 0.28 | 0.11 | 0.09 | 0.12 | 0.48 | 0.08 | -0.02 |
| 信用减值损失 | | | | | | | | |
| 固定资产折旧、油气资产折耗、生产性生物资产折旧 | | 2.28 | 1.95 | 1.75 | 1.43 | 0.96 | 0.74 | 0.64 |
| 无形资产摊销 | | 0.88 | 0.61 | 1.08 | 0.64 | 0.35 | 0.18 | 0.11 |
| 使用权资产折旧 | | | | | | | | |
| 长期待摊费用摊销 | | 0.09 | 0.03 | 0.03 | 0.02 | 0.02 | 0.01 | 0.01 |
| 待摊费用减少 | | | | | | | | |
| 预提费用增加 | | | | | | | | |
| 处置固定资产、无形资产和其他长期资产的损失 | | 0.00 | 0.05 | 0.17 | 0.01 | 0.02 | 0.02 | 0.01 |
| 固定资产报废损失 | | 0.04 | | | | | | |
| 公允价值变动损失 | | -0.17 | 0.00 | -0.01 | 0.01 | -0.01 | 0.01 | 0.00 |
| 财务费用 | | 1.36 | 1.05 | 1.02 | 0.81 | 0.38 | 0.18 | 0.03 |
| 投资损失 | | -0.13 | -0.24 | -1.79 | -0.30 | -0.36 | -0.36 | -0.12 |
| 递延所得税资产减少 | | -0.08 | 0.05 | -0.04 | 0.01 | -0.04 | -0.01 | 0.00 |
| 递延所得税负债增加 | | 0.11 | 0.00 | 0.01 | 0.00 | 0.00 | 0.00 | -0.01 |
| 存货的减少 | | 0.13 | -0.45 | -0.29 | 0.36 | -0.26 | -0.35 | -0.15 |
| 经营性应收项目的减少 | | -1.39 | -2.41 | -3.38 | -4.22 | -1.81 | 0.12 | -0.97 |
| 经营性应付项目的增加 | | 0.23 | 0.42 | 2.48 | -0.46 | -0.89 | 0.38 | 0.67 |
| 未确认的投资损失 | | | | | | | | |
| 其他 | | 0.61 | | | | | | |
| 间接法-经营活动现金流量净额差额(特殊报表科目) | | | | | | | | |
| 间接法-经营活动现金流量净额差额(合计平衡项目) | | | | | | | | |
| 间接法-经营活动产生的现金流量净额 | | 8.98 | 6.71 | 6.90 | 2.28 | 1.66 | 3.44 | 3.12 |

数据来源：WIND，初善君整理

原因无非是危废的客户主要是公司，并非政府，谁污染谁治理可不是一句空话。更何况，危机废物，不及时处理也不行，总不能拖欠款项吧。

即使一部分业务是水泥，一部分业务是危废的金圆股份，2018年和2019年的经营现金流净额也分别达到5.41亿元和5.57亿元（见下图）。

| | 2019-09-30 | 2018-12-31 | 2017-12-31 | 2016-12-31 | 2015-12-31 |
|---|---|---|---|---|---|
| 报告期 | 三季报 | 年报 | 年报 | 年报 | 年报 |
| 报表类型 | 合并报表 | 合并报表 | 合并报表 | 合并报表 | 合并报表 |
| **经营活动产生的现金流量：** | | | | | |
| 销售商品、提供劳务收到的现金 | 58.67 | 84.90 | 51.81 | 14.37 | 12.63 |
| 收到的税费返还 | 0.60 | 1.09 | 0.97 | 0.30 | 0.35 |
| 收到其他与经营活动有关的现金 | 0.76 | 1.05 | 0.75 | 0.24 | 0.06 |
| ⊞ 经营活动现金流入(金融类) | | | | | |
| 经营活动现金流入差额(特殊报表科目) | | | | | |
| 经营活动现金流入差额(合计平衡项目) | | | | | |
| **经营活动现金流入小计** | 60.03 | 87.04 | 53.54 | 14.91 | 13.04 |
| 购买商品、接受劳务支付的现金 | 47.89 | 71.05 | 42.40 | 9.48 | 5.08 |
| 支付给职工以及为职工支付的现金 | 2.02 | 2.66 | 1.89 | 1.17 | 1.21 |
| 支付的各项税费 | 3.16 | 5.63 | 3.57 | 2.66 | 1.49 |
| 支付其他与经营活动有关的现金 | 1.39 | 2.29 | 2.74 | 1.84 | 2.46 |
| ⊞ 经营活动现金流出(金融类) | | | | | |
| 经营活动现金流出差额(特殊报表科目) | | | | | |
| 经营活动现金流出差额(合计平衡项目) | | | | | |
| **经营活动现金流出小计** | 54.46 | 81.64 | 50.60 | 15.16 | 10.24 |
| 经营活动产生的现金流量净额差额(合计平衡项目) | | | | | |
| **经营活动产生的现金流量净额** | 5.57 | 5.41 | 2.94 | -0.24 | 2.79 |

数据来源：WIND，初善君整理

这就是东方园林前几年努力转型危废的原因，甚至给投资者画了那么大的一个大饼。危废这个细分赛道太诱人了。

（3）扫大街有多赚钱

其他的一些细分环保赛道，如环卫，经营现金流就差一些，因为环卫业务的客户主要为政府部门、大型物业公司、地铁运营单位，而支出多是工资。前面可能被欠着，但总不能欠环卫工人的工资。

本来市场上并没有一家纯粹的环卫股，直到2020年刚刚上市了两家：玉禾田和侨银环保，我们得以管中窥豹。

新上市的玉禾田，近三年的经营现金流略低于1，2018年和2019年前三季度分别为1.99亿元和2.46亿元，略低于净利润2.03亿和2.62亿元（见下图）。

| | 2019-09-30 | 2018-12-31 | 2017-12-31 | 2016-12-31 | 2015-12-31 | 2014-12-31 |
|---|---|---|---|---|---|---|
| 净利润 | 2.62 | 2.03 | 1.75 | 1.24 | 0.65 | 0.39 |
| 加：资产减值准备 | | 0.10 | 0.04 | 0.00 | 0.00 | 0.00 |
| 信用减值损失 | 0.21 | | | | | |
| 固定资产折旧、油气资产折耗、生产性生物资产折旧 | 0.85 | 0.72 | 0.33 | 0.25 | 0.16 | 0.11 |
| 无形资产摊销 | 0.25 | 0.31 | 0.20 | 0.04 | | |
| 使用权资产折旧 | | | | | | |
| 长期待摊费用摊销 | 0.03 | 0.02 | 0.01 | 0.00 | 0.00 | |
| 待摊费用减少 | | | | | | |
| 预提费用增加 | | | | | | |
| 处置固定资产、无形资产和其他长期资产的损失 | -0.02 | -0.01 | -0.01 | 0.00 | 0.00 | 0.00 |
| 固定资产报废损失 | 0.04 | 0.01 | 0.00 | 0.00 | 0.00 | |
| 公允价值变动损失 | | | | | | |
| 财务费用 | 0.43 | 0.45 | 0.21 | 0.07 | 0.04 | 0.05 |
| 投资损失 | 0.00 | 0.00 | 0.00 | -0.01 | -0.01 | 0.00 |
| 递延所得税资产减少 | 0.00 | -0.05 | -0.03 | -0.02 | 0.00 | 0.00 |
| 递延所得税负债增加 | 0.08 | | | | | |
| 存货的减少 | -0.05 | -0.05 | 0.00 | 0.00 | 0.00 | 0.00 |
| 经营性应收项目的减少 | -2.63 | -2.58 | -2.11 | -1.38 | -0.17 | -0.37 |
| 经营性应付项目的增加 | 0.65 | 1.03 | 1.19 | 0.60 | 0.05 | 0.20 |
| 未确认的投资损失 | | | | | | |
| 其他 | | | -0.01 | -0.09 | -0.02 | 0.00 |
| 间接法-经营活动现金流量净额差额(特殊报表科目) | | | | 0.07 | | |
| 间接法-经营活动现金流量净额差额(合计平衡项目) | | | | | 0.00 | |
| 间接法-经营活动产生的现金流量净额 | 2.46 | 1.99 | 1.58 | 0.78 | 0.70 | 0.37 |

数据来源：WIND，初善君整理

侨银环保经营现金流差一些，相对不稳定，但是2018年也有2.08亿元，远高于当年的净利润（见下图）。

| | 2019-09-30 | 2018-12-31 | 2017-12-31 | 2016-12-31 | 2015-12-31 |
|---|---|---|---|---|---|
| 净利润 | 1.35 | 1.33 | 0.97 | 0.99 | 0.54 |
| 加：资产减值准备 | | | | | 0.02 |
| 信用减值损失 | | | | | |
| 固定资产折旧、油气资产折耗、生产性生物资产折旧 | 1.05 | 0.92 | 0.46 | 0.25 | 0.13 |
| 无形资产摊销 | 0.02 | 0.01 | 0.00 | 0.00 | 0.00 |
| 使用权资产折旧 | | | | | |
| 长期待摊费用摊销 | 0.07 | 0.06 | 0.02 | 0.00 | |
| 待摊费用减少 | | | | | |
| 预提费用增加 | | | | | |
| 处置固定资产、无形资产和其他长期资产的损失 | 0.02 | 0.01 | 0.01 | -0.01 | 0.02 |
| 固定资产报废损失 | 0.01 | 0.02 | 0.01 | 0.00 | |
| 公允价值变动损失 | | | | | |
| 财务费用 | 0.12 | 0.06 | 0.04 | 0.03 | 0.05 |
| 投资损失 | -0.01 | 0.00 | -0.01 | -0.01 | 0.00 |
| 递延所得税资产减少 | -0.05 | -0.07 | -0.04 | -0.01 | 0.00 |
| 递延所得税负债增加 | | | | | |
| 存货的减少 | | | | | |
| 经营性应收项目的减少 | -2.71 | -0.80 | -3.15 | -1.14 | -0.42 |
| 经营性应付项目的增加 | 0.49 | 0.36 | 0.59 | 0.27 | 0.30 |
| 未确认的投资损失 | | | | | |
| 其他 | 0.06 | 0.13 | 0.10 | 0.11 | 0.27 |
| 间接法-经营活动现金流量净额差额(特殊报表科目) | 0.15 | 0.06 | 0.20 | 0.12 | |
| 间接法-经营活动现金流量净额差额(合计平衡项目) | | | | | |
| 间接法-经营活动产生的现金流量净额 | 0.56 | 2.08 | -0.80 | 0.59 | 0.91 |

数据来源：WIND，初善君整理

这里不得不提一下龙马环卫，相比这两个刚上市的新股，按照新股估值，至少翻一倍，还白送一个装备公司，值得重点关注。

虽然经营现金流差一些，但是环卫业务有一个好处，就是投资支出现金流没有垃圾发电和危废处理那么高，现金流压力没有那么大，理论上负债率尤其是有息负债率会低一些。

比如，玉禾田2017—2019年前三季度构建固定资产支付的现金分别为2.18亿元、3.55亿元和2.98亿元（见下图）。

| | 2019-09-30 | 2018-12-31 | 2017-12-31 | 2016-12-31 | 2015-12-31 | 2014-12-31 |
|---|---|---|---|---|---|---|
| **投资活动产生的现金流量：** | | | | | | |
| 收回投资收到的现金 | | 0.01 | | | | 2.68 |
| 取得投资收益收到的现金 | | | 0.01 | 0.01 | 0.00 | 0.00 |
| 处置固定资产、无形资产和其他长期资产收回的现金净额 | 0.04 | 0.06 | 0.03 | 0.01 | 0.00 | 0.11 |
| 处置子公司及其他营业单位收到的现金净额 | | | | | | |
| 收到其他与投资活动有关的现金 | 0.09 | 0.06 | 0.69 | 2.16 | 1.65 | |
| 投资活动现金流入差额(特殊报表科目) | | | | | | |
| 投资活动现金流入差额(合计平衡项目) | | | | | | |
| **投资活动现金流入小计** | 0.13 | 0.13 | 0.73 | 2.17 | 1.65 | 2.80 |
| 购建固定资产、无形资产和其他长期资产支付的现金 | 2.98 | 3.55 | 2.18 | 1.02 | 0.44 | 0.22 |
| 投资支付的现金 | 0.24 | | 0.00 | | 0.01 | |
| 取得子公司及其他营业单位支付的现金净额 | | | | | | 0.24 |
| 支付其他与投资活动有关的现金 | | | 0.66 | 2.25 | 1.65 | 2.68 |
| 投资活动现金流出差额(特殊报表科目) | | | | | | |
| 投资活动现金流出差额(合计平衡项目) | | | | | | |
| **投资活动现金流出小计** | 3.23 | 3.55 | 2.85 | 3.27 | 2.11 | 3.14 |
| 投资活动产生的现金流量净额差额(合计平衡项目) | | | | | | |
| **投资活动产生的现金流量净额** | -3.09 | -3.43 | -2.12 | -1.09 | -0.45 | -0.35 |

数据来源：WIND，初善君整理

（4）运营制胜

其实我们可以推广至所有的运营类环保公司：垃圾发电、环卫、污水处理、危废等，如果主营业务是这些，这类公司的经营现金流一般不会太差。

为什么环保公司给大家的印象是经营现金流差。

一是三聚环保、东方园林的商业模式曾经引起过全民大讨论，而它们现金流差导致爆雷的事情深入人心。二是很多环保公司负债率高，尤其是有息负债率高，而且很多公司发生现金流危机导致股东变动。

三聚环保的商业模式不同于其他任何一家环保公司，它家业务我也看不懂，以技术促进关联交易，比较特殊，不在讨论之列（神雾环保类似）。而以东方园林为代表的工程类PPP公司，确实是“吞金兽”，垫资干活，经营现金流不差才怪。工程类PPP公司的报表都有一个现象：利润表增长特别好看，动辄百分之百，而且订单量可查询，业绩比较容易预测，导致拥有一堆的铁粉，比如东方园林、岭南园林、蒙草生态、铁汉生态。

要么园林、要么生态。这类公司经营现金流不行，钱袋子收紧之后自然爆雷。

但是这不是造假，这与造假有本质区别。我们最多说他们如果钱收不回来，迟早还要爆雷。

为什么很多环保公司易主呢？原因也是在工程和PPP上。你想这些环保公司看到园林生态们动辄百分之百的利润增长，股价也是嗖嗖往上涨，它们能不心动吗？于是也转型搞PPP、搞工程，结果你们看到了。

凡是坚守本业的环保公司，基本上没有遇到大问题。当然小问题还是有的，因为前期资金量大，有息负债率高，没扛住也不行。

# 第十一章

# 三张报表的钩稽关系

三张报表虽然是独立的，资产负债表是时点数，利润表和现金流量表是期间数，但是三张报表之间环环相扣，又是紧密结合的，就像一台精密仪器，互相配合，一张表出了问题，其他表也会有反应。

学会三张报表的钩稽关系非常重要，很多财务造假都会在钩稽关系不匹配上体现出来。

# 一、资产负债表和利润表

### 1. 会计恒等式的演变

首先，我们重新认识一下资产负债表，资产负债表是期末数，显示在某个时点，公司的股东投入的钱和借贷的钱变成了哪些资产。

比如，下表所示为贵州茅台截至2019年底简易的资产负债表。通过这张资产负债表，我们看到贵州茅台的股东投入的实收资本为12.56亿元，假设资本公积金全部为利润计提，那么贵州茅台投入的12.56亿元创造了1 347.54亿元的净资产，归属于母公司所有者权益合计1 360.10亿元。负债来源合计411.66亿元，其中137亿元预收账款是占用下游的资金，15.14亿元应付账款是占用上游的资金。此外，还有少数股东权益58.66亿元。这些投入的资金合计1 830.42亿元，主要以金融资产（理财产品）、货币资金、固定资产、无形资产的形式存在。

| 流动资产 | 2019 年 12 月 31 日 | 流动负债 | 2019 年 12 月 31 日 |
|---|---|---|---|
| 货币资金 | 132.52 | 应付账款 | 15.14 |
| 应收票据 | 14.63 | 预收款项 | 137.40 |
| 预付款项 | 15.49 | 应付职工薪酬 | 24.45 |
| 存货 | 252.85 | 应交税费 | 87.56 |
| 其他金融类流动资产 | 1 173.78 | 其他应付款（合计） | 35.90 |
| 流动资产合计 | 1 590.24 | 其他金融类流动负债 | 110.49 |
| | | 流动负债合计 | 410.93 |
| | | 非流动负债： | |
| | | 负债合计 | 411.66 |
| | | 所有者权益（或股东权益）： | |
| 非流动资产： | | 实收资本（或股本） | 12.56 |
| 发放贷款及垫款 | 0.49 | 资本公积金 | 13.75 |
| 固定资产（合计） | 151.44 | 盈余公积金 | 165.96 |
| 在建工程（合计） | 25.19 | 一般风险准备 | 8.98 |
| 无形资产 | 47.28 | 未分配利润 | 1 158.92 |
| 长期待摊费用 | 1.58 | 归属于母公司所有者权益合计 | 1 360.10 |
| 递延所得税资产 | 11.00 | 少数股东权益 | 58.66 |
| 非流动资产合计 | 240.18 | 所有者权益合计 | 1 418.76 |
| 资产总计 | 1 830.42 | 负债和所有者权益总计 | 1 830.42 |

数据来源：WIND，单位亿元，初善君整理

上述资产负债表展示了一个会计恒等式：资产=负债+所有者权益。那么，如何引入利润表呢？

我们都知道利润表的最终结果是净利润，那么这个净利润的去向就是资产负债表中的所有者权益。我们又得到另一个会计恒等式：期末资产=期末负债+期初所有者权益+本期净利润−本年度实际分红。

在以贵州茅台为例，2019年期末资产1 830.42亿元，期末负债411.66亿元，期初净资产1 174.08亿元，2019年实现归母净利润412.6亿元，当年分红182.64亿元，该分红是2018年实现净利润于2019年的分红金额。

由此我们验证一下：411.66+1 174.08+412.06−182.64=1 815.16亿元，在考虑少数股东权益增加12.96亿元和未分配利润期初调整增加2.06亿元，刚好约等于1 830亿元。

因此，会计恒等式演变为：期末资产=期末负债+期初所有者权益+本期净利润−本年度实际分红。

该公式的最大作用就是解释了财务造假的基本原理。

如果上市公司虚增利润，那么体现在恒等式中，要么是虚减负债，要么是虚增资产，由于虚减负债比较困难，因此虚增资产是财务造假最常见的手段。

货币资金、应收账款、存货、在建工程、固定资产等都可以是虚增的对象。

**2. 资产如何计入利润表**

既然有了这个恒等式：期末资产=期末负债+期初所有者权益+本期净利润−本年度实际分红，我们已经把资产负债表和利润表联系起来。接下来我们要思考的是资产负债表中的资产如何在利润表中出现？

要先简单地把资产负债表中的资产分为投资性资产和经营性资产，投资类包括交易性金融资产、可供出售金融资产、长期股权投资类，经营类包括固定资产、无形资产、存货等，这里只介绍一般公司常见的经营性资产。

首先是存货，存货中包含原材料、半产品及产成品，这里就不得不提存货循环，公司购进原材料，使用固定资产、无形资产等生产出产成品，然后卖出产成品，确认营业收入和营业成本。因此，对于存货来说，是与营业成本相对应的。

一般情况下，存货周转率应该大于1，意味着至少在从购进原材料到卖出产生品的周期是1年以内，否则存货就不应该叫流动资产了。但是存在部分行业及公司存货周转率小于1的情况。

比如白酒公司，由于生产过程的特殊性，白酒公司的存货周转率基本小于1，五粮液、泸州老窖分别为0.94和0.97，贵州茅台最慢，存货周转率只有0.29（见下图）。

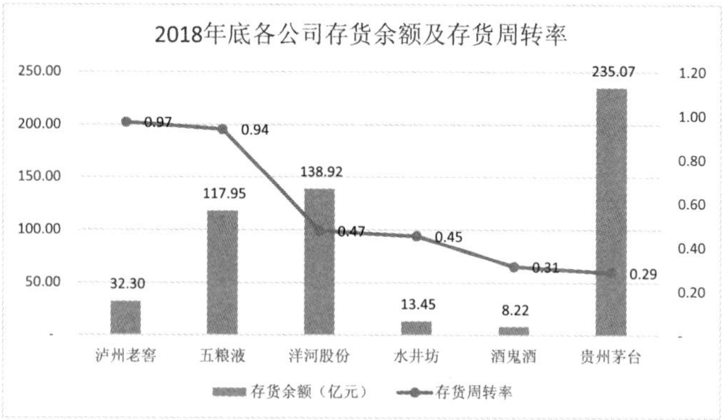


数据来源：WIND，初善君整理

再如房地产公司，房子从拍地到确认收入，可能要三五年。一般的房地产公司存货周转率为0.3左右，如万科、恒大，基本三年完成拍地到确认收入的全过程。存货周转率最快的肯定是碧桂园，达到0.5以上，快周转的典范（见下图）。

| 排名 | 代码 | 证券简称 | 存货周转率(次) | | | |
|---|---|---|---|---|---|---|
| | | | 2018年报 | 2017年报 | 2016年报 | 2015年报 |
| 4 | 2007.HK | 碧桂园 | 0.52 | 0.52 | 0.57 | 0.60 |
| 3 | 3380.HK | 龙光地产 | 0.63 | 0.46 | 0.41 | 0.36 |
| 5 | 0017.HK | 新世界发展 | 0.49 | 0.49 | 0.54 | 0.48 |
| 6 | 0884.HK | 旭辉控股集团 | 0.46 | 0.65 | 0.60 | 0.67 |
| 7 | 3383.HK | 雅居乐集团 | 0.45 | 0.57 | 0.61 | 0.50 |
| 8 | 0960.HK | 龙湖集团 | 0.37 | 0.36 | 0.43 | 0.43 |
| 9 | 0813.HK | 世茂房地产 | 0.36 | 0.39 | 0.36 | 0.37 |
| 10 | 3900.HK | 绿城中国 | 0.33 | 0.31 | 0.28 | 0.30 |
| 11 | 1030.HK | 新城发展控股 | 0.32 | 0.47 | 0.60 | 0.61 |
| 12 | 0688.HK | 中国海外发展 | 0.29 | 0.37 | 0.49 | 0.49 |
| 13 | 3333.HK | 中国恒大 | 0.29 | 0.25 | 0.29 | 0.30 |
| 14 | 2777.HK | 富力地产 | 0.29 | 0.30 | 0.37 | 0.30 |
| 15 | 1918.HK | 融创中国 | 0.29 | 0.24 | 0.34 | 0.41 |
| 16 | 2202.HK | 万科企业 | 0.27 | 0.30 | 0.41 | 0.41 |

数据来源：WIND，初善君整理

因此，存货与营业成本是完全对应的，对存货的确认计量影响营业成本的确认和计量。

对于资产负债表中的长期资产来说，往往通过折旧摊销的形式计入利润表。

对于固定资产来说，如果是生产线的，往往通过计提折旧计入存货，然后在计入营业成本，如果是管理性质的，就是通过折旧计入管理费用。对于无形资产来说也是一样的。

当然也有一些长期资产不计提折旧、摊销。

在建工程科目，在建工程都是没达到生产条件的在建资产，因此没有转为无形资产或者固定资产，无须计提折旧。

公允价值计量的投资性房地产科目，根据最新企业会计准则的规定，出租的房地产可以使用投资性房地产核算，后续计量假如使用公允价值核算，就无须计提折旧。那么，这些资产只创造收入，无须承担成本，而使用成本模式自然比公允价值模式要保守。

投资性房地产余额高达541亿元的万科，使用的就是成本模式。万科表示本集团将持有的为赚取租金或资本增值，或两者兼有的房地产（包括正在建造或开发过程中将来用于出租的建筑物）划分为投资性房地产。公司采用成本模式计量投资性房地产，将投资性房地产的成本扣除预计净残值（残值率0~7%）和累计减值准备后在使用寿命内（20~70年）按年限平均法计提折旧或进行摊销。

从万科2018年年报可知，公司投资性房地产年初账面价值288亿元，年末达到了541亿元，年内出租的房地产大幅增加。同时，当年计提折旧10亿元（见下图）。

**按成本计量的投资性房地产**

| | 房屋、建筑物 | 在建工程 | 合计 |
|---|---|---|---|
| **原值** | | | |
| 年初余额 | 18,484,047,451.50 | 11,316,033,255.67 | 29,800,080,707.17 |
| 本年增加 | | | |
| - 存货转入 | 5,298,658,394.69 | 9,192,698,588.87 | 14,491,356,983.56 |
| - 购置 | 470,398,611.67 | 706,414,597.75 | 1,176,813,209.42 |
| - 建筑成本 | - | 3,172,330,532.57 | 3,172,330,532.57 |
| - 在建工程转入 | 2,095,981,764.92 | (2,095,981,764.92) | - |
| - 合并范围变化 | 729,533,409.42 | 7,948,307,859.25 | 8,677,841,268.67 |
| 汇兑调整 | 110,299,163.63 | - | 110,299,163.63 |
| 年末余额 | 27,188,918,795.83 | 30,239,803,069.19 | 57,428,721,865.02 |
| **累计折旧** | | | |
| 年初余额 | 857,639,900.90 | - | 857,639,900.90 |
| 本年计提 | 1,029,659,363.76 | - | 1,029,659,363.76 |
| 合并范围变化 | 364,888,449.14 | - | 364,888,449.14 |
| 汇兑调整 | 6,714,208.93 | - | 6,714,208.93 |
| 年末余额 | 2,258,901,922.73 | - | 2,258,901,922.73 |
| **投资性房地产减值** | | | |
| 年初余额 | 131,140,472.72 | - | 131,140,472.72 |
| 本年计提 | 982,894,718.07 | - | 982,894,718.07 |
| 年末余额 | 1,114,035,190.79 | - | 1,114,035,190.79 |
| **账面价值** | | | |
| 年末账面价值 | 23,815,981,682.31 | 30,239,803,069.19 | 54,055,784,751.50 |
| 年初账面价值 | 17,495,267,077.88 | 11,316,033,255.67 | 28,811,300,333.55 |

**本集团于报告期末按照评估价值对个别投资性房地产计提了减值准备。**

数据来源：WIND，初善君整理

与成本模式不同，公允价值模式不对投资性房地产计提折旧或进行摊销，应当以资产负债表日投资性房地产的公允价值为基础调整其账面价值，公允价值与原账面价值之间的差额计入当期损益（公允价值变动损益）。

这里就有非常大的利润调节空间，一是投资性房地产不用折旧，也就意味着租金收入没有折旧成本；二是房地产的市场价可以操纵，可以人为调节公允价值变动损益。

比如美凯龙，下图所示为2013年至2018年，公司采用公允价值模式计量投资性房地产后，投资性房地产每年都能带来20亿元左右的公允价值收益，最高时占营业利润的比例接近一半（见下图）。

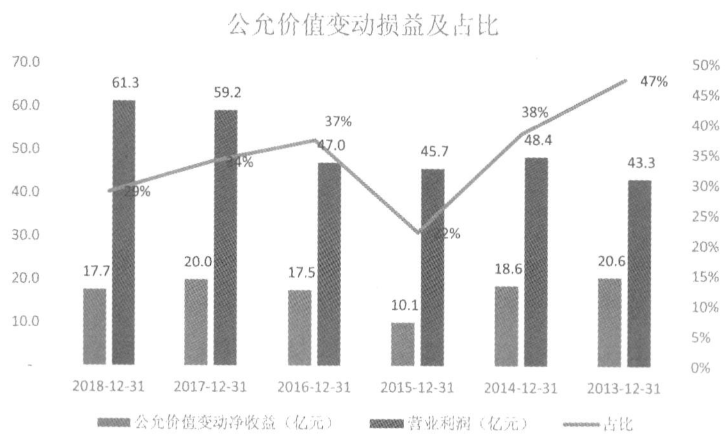


数据来源：WIND，初善君整理

再如新城控股，截至2018年12月31日，公司投资性房地产余额为407.58亿元，占总资产的比例为12.34%，同时2015—2017年，公允价值变动损益为8.15亿元、5.94亿元和9.11亿元，为新城控股的高净利率立下了汗马功劳。

2018年新城控股的投资性房地产公允价值变动收益为28.09亿元，同比增长209.02%，占归母净利润的26.78%。

开发支出科目，该科目为研发支出的中间科目，公司实际发生的研发支出可以资本化，也可以费用化，有些公司先通过开发支出来计量，这样就可以推迟资本化后计提折旧的时间。

商誉科目，根据企业会计准则的规定，商誉只需进行减值测试，因此，这块资产虽然带来了大量的收益，但是并没有计入利润表摊销成本，也就是会“虚胖”。

因此，当有传言商誉要按年摊销时，很多商誉余额高的公司直接“吓”得跌停。

以上这些科目余额比较大的公司，往往可能存在利润造假的嫌疑。因此，公司把支出计入这些资产项目后，无须在利润表中体现。

这也是为什么很多公司喜欢研发支出资本化、在建工程推迟转固、投资性房地产公允价值计量的原因之一，因为没有折旧，这些资产可以带来收益，却不用计入利润表的成本费用，利润会显得特别好看。

### 3. 资产和费用的区别

在利润表中，卖出产品提供服务实现营业收入，确认营业成本，同时还会发生各项费用。比如，为了生产一项新的产品，需要购买设备1000万元，同时花了业务招待费5000元，那么这个1000万元和5000元如何计入利润表呢？

这里要记住一个原则，看这项支出带来效益的周期，如果可以达到一年以上，就计入资产负债表的长期资产，否则直接计入利润表的费用。总结一句话：资产是寿命长的支出，费用是寿命短的支出。

### 4. 货币资金与利息收入

上市公司货币资金被占用成了A股非常普遍的问题，那么如何识别呢，这里就需要使用一个隐藏的钩稽关系：利润表的利息收入=资产负债表的货币资金平均余额×货币资金收益率。由此得出：货币资金收益率=利息收入/货币资金平均余额。

这个收益率如果过低，且没有合理解释的话，那么，上市公司的货币资金大概率被占用了。

比如康美药业，长期的存贷双高，截至2018年半年报，公司货币资金余额为399亿元，同时有息负债（包括短期借款、长期借款、应付债券、其他负债等）高达347亿元，占净资产的比例分别为119%和104%（见下图）。而且拉长周期来看，康美药业的存贷双高并非一日形成的，从2010年开始，其货币资金和有息负债余额分别为28亿元、28亿元，占净资产的比例均为56%，占比一路上涨，尤其是近四年，一步一个台阶，公司的资产负债表上除了现金就是有息负债，像一对孪生兄弟，很有意思。

数据来源：WIND，初善君整理

笔者整理了康美药业的利息收入和货币资金余额，计算出货币资金收益率，如下图所示。可以看到康美药业的货币资金收益率在0.63%~1.45%，近三年0.8%左右，远低于七天通知存款利率。因此，使用此方法测算，康美药业货币资金的真实性非常可疑。

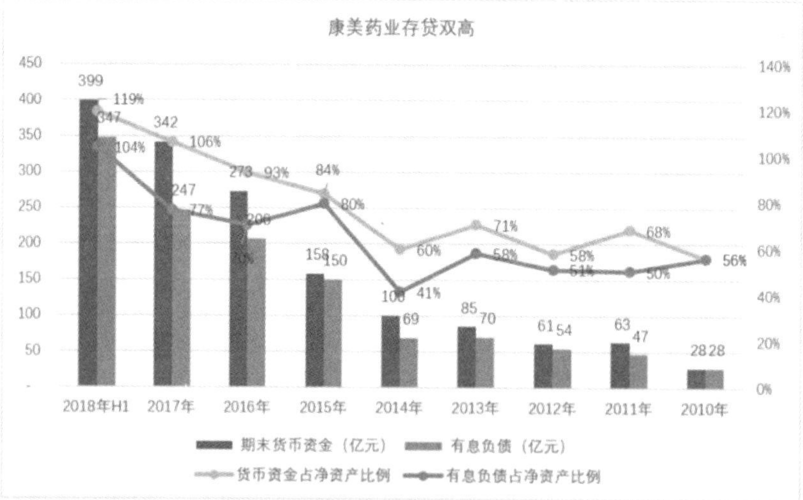


数据来源：WIND，初善君整理

当然这里还可以通过利息费用/有息负债平均余额计算公司的融资成本。比如，康美药业的利息支出高达5%以上，2012—2014年更是高达7%左右，所以从财务管理的角度没有人能够合理解释：康美药业为什么要用5%以上的利息支出率借款347亿元，而收益率只有0.8%左右（见下图）。

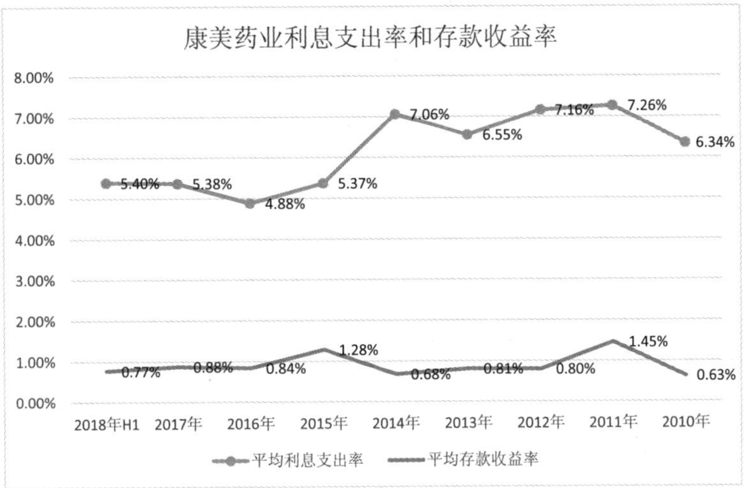


*数据来源：WIND，初善君整理*

因此，通过财务费用中利息支出和利息收入的测算，可以计算公司货币资金的真实性和融资成本，需要注意的是，地产公司存在大量的资本化利息支出情况，测算的融资成本偏差较大。

## 二、资产负债表和现金流量表

如果单纯地看资产负债表和现金流量表，一个常见的钩稽关系是现金流量表的最终结果“现金及现金等价物净增加额”一般与资产负债表“货币资金”年末数年初数之差相等，同时“期初现金及现金等价物余额”“期末现金及现金等价物余额”就分别等于资产负债表中的“货币资金”的年初余额、期末余额。

然而，随着会计的发展和演化，这个等式可能也是不成立的。

比如，片仔癀2019年现金流量表显示，本期“现金及现金等价物净增加额”为-4.02亿元，“期初现金及现金等价物余额”为21.72亿元，“期末现金及现金等价物余额”为17.70亿元（见下图）。

| | | | |
|---|---|---|---|
| **四、汇率变动对现金及现金等价物的影响** | | 4,865,672.32 | 8,231,536.13 |
| **五、现金及现金等价物净增加额** | | -401,773,286.07 | 569,508,749.71 |
| 加：期初现金及现金等价物余额 | | 2,171,507,612.38 | 1,601,998,862.67 |
| **六、期末现金及现金等价物余额** | | 1,769,734,326.31 | 2,171,507,612.38 |

数据来源：WIND，初善君整理

但是其资产负债表显示，期初货币资金27.87亿元，期末货币资金42.63亿元（见下图）。

单位：元　币种：人民币

| 项目 | 附注 | 2019年12月31日 | 2018年12月31日 |
|---|---|---|---|
| **流动资产：** | | | |
| 货币资金 | 七、1 | 4,263,374,136.29 | 2,786,533,726.03 |
| 结算备付金 | | | |
| 拆出资金 | | | |
| 交易性金融资产 | 七、2 | 19,217.22 | 46,841.40 |
| 以公允价值计量且其变动计入当期损益的金融资产 | | | |

数据来源：WIND，初善君整理

这意味着期末货币资金42.63亿元与现金流量表的17.70亿元相差24.93亿元，片仔癀造假了？即使造假了，这么明显的错误也不应该犯。于是查询货币资金的附注发现，片仔癀的管理层认为有能力和意图持有至到期的定期存款及计提利息、诉讼保全冻结定期存款，以及其他货币资金中信用证保证金及票据保证金存款等，在现金流量表中不作为现金及现金等价物反映，这些货币资金合计金额刚好是24.93亿元（见下图）。

单位：元　币种：人民币

| 项目 | 期末余额 | 期初余额 |
|---|---|---|
| 库存现金 | 124,306.40 | 84,805.08 |
| 银行存款 | 4,231,931,740.11 | 2,769,547,349.32 |
| 其他货币资金 | 31,318,089.78 | 16,901,571.63 |
| 合计 | 4,263,374,136.29 | 2,786,533,726.03 |
| 其中：存放在境外的款项总额 | 39,367,774.42 | 37,851,930.94 |
| 因抵押、质押或冻结等对使用有限制的款项总额 | 2,493,639,809.98 | 615,026,113.65 |

数据来源：WIND，初善君整理

当然，原因我们都能找到，只是笔者好奇，这块资金在现金流量表中去哪儿了？理论上应该在投资现金流中，可惜也没找到。

当然，绝大多数公司中，这个等式依然是成立的。

当我们深入分析三张报表的关系时，我们不得不从现金流量表的角度进行分析，分别看看经营活动、投资活动和筹资活动是如何影响资产负债表和利润表的。

**1. 经营活动**

经营活动主要涉及两个循环：一是存货的采购循环；二是产品的销售循环。

对于存货循环来说，理论上三张报表有以下关系：购买商品、提供劳务支付的现金=（营业成本+存货净增加额）×（1+增值税税率）+预付账款净增加额−应付账款净增加额。

逻辑关系很好理解，营业成本和存货净增加额表示当年新增的采购，16%是增值税税率，预付账款净增加额表示采购支出，而应收账款净额增加表示拖欠的货款，因此要减去。

对销售循环来说，理论上三大报表存在以下关系：销售商品、提供劳务收到的现金＝营业收入×（1+增值税税率）−应收账款净增加额+预收账款净增加额。

逻辑关系也很好理解，收到钱的前提是实现了多少营业收入，这里要减去没收回来的应收账款，也要加上先收钱的预收账款。

但是在实务中，你用上面的公式去核对任何一家上市公司的三张报表，几乎都是对不上的，这能说明公司财务造假吗?

如果一家对不上可能是造假，如果都对不上就说明公式有问题。

主要原因可能包括以下几点：

一是很多公司使用应收票据直接支付采购款或者进行贴现，并没有实际收到现金，可能导致这些没有体现在经营现金流量里。比如，格力电器、隆基股份等知名上市公司，存在大量的票据结算，销售商品、提供劳务收到的现金往往远小于营业收入，收现比只有80%左右。

二是在用直接法编制现金流量表时，部分分类涉及职业判断，会对现金流量表带来的一定的误差。

三是合并范围发生变化。公司合并或者分立时，资产负债表、利润表及现金流量表并非从始至终均匹配。

笔者分析了上千家上市公司，从来没有使用上述逻辑去分析上市公司，因为在现在的市场环境下，上市公司除了自身的财务人员，还有审计人员把关，这种基础的逻辑错误应该不会有。

### 2. 投资活动

投资活动主要针对资产负债表的两块资产：一是投资资产，主要包括交易性金融资产等金融资产和长期股权投资等；二是经营资产里的长期资产，如在建工程、无形资产等。因此，投资活动的现金流主要体现这两项获得的现金流。

针对经营资产的长期资产，主要是体现在购建固定资产、无形资产和其他长期资产所支付的现金，这项现金流只进不出，代表公司扩大产能、新增厂房、办公楼等的支出。理论上也有个恒等式：购建固定资产、无形资产和其他长期资产所支付的现金=在建工程净增加额+固定资产等长期资产净增加额。

实务中，笔者一般会结合该科目与固定资产和在建工程的金额判断公司的重资产属性。

比如，贵州茅台虽然以超高的自由现金流闻名于A股，实际上2010—2019年贵州茅台购建固定资产、无形资产和其他长期资产支付的现金合计高达269.27亿元，2019年支付的现金高达31.49亿元（见下图）。

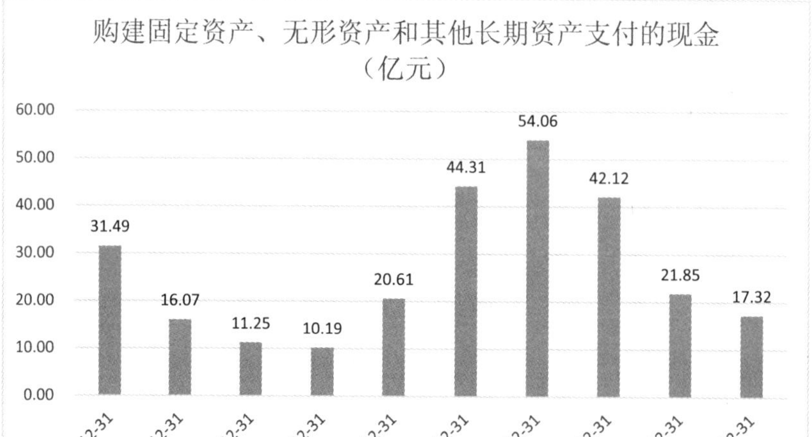


数据来源：WIND，初善君整理

当然，这类支出占经营现金流的比例非常低，2016年至今，占比为3%~7%，因此，贵州茅台的自由现金流非常好（见下图）。

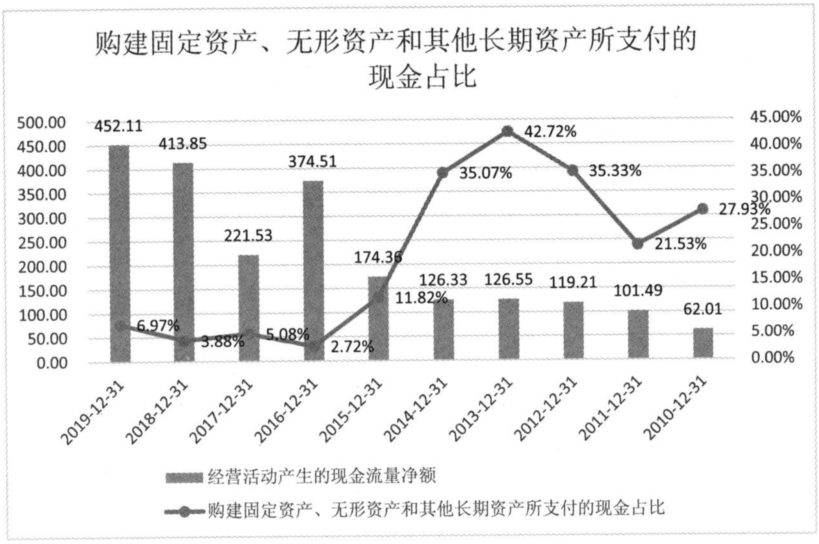


数据来源：WIND，初善君整理

因此，最终贵州茅台账面固定资产、在建工程和无形资产余额分别为151亿元、25亿元和47亿元，金额很高，占比较低。消费类公司大多都是轻资产模式，报表呈现出类似的特点。

针对投资性资产，不同的业务操作体现出不同的现金流特点。

比如金融资产，体现在“收回投资所收到的现金”和“投资所支付的现金”。再如，投资设立非控股子公司，体现在“投资所支付的现金”，那么收回呢？可能体现在“取得投资收益所收到的现金”。

整体来看，投资活动的现金流与资产负债表的非流动资产和投资资产紧密相关。现金流量表体现的是每年实际投资支付和收回的金融，而资产负债表体现的是余额，也就是截至目前公司投资后的结果。

举个例子，你工作十年，每年的工资、消费就是每年的现金流量表，而父母看的是截至目前你赚的钱买房了没有，买车了没有，现在账上有没有其他固定资产。

### 3. 筹资活动

如果说经营活动现金流和投资活动现金流与资产负债表的资产相关，那么筹资现金流则完全体现负债和所有者权益变动。

针对所有者权益的变动，主要是增发、IPO、分红等。

比如，上市公司增发股票，资产负债表中的所有者权益大幅增加，其实增加的科目是股本和资本公积，那么现金流量表中体现在“吸收投资所收到的现金”。如果是子公司引入投资，那么也计入“吸收投资所收到的现金”。

京东方A现金流量表显示，2014年吸收投资收到的现金为307.53亿元，虽然公司增发规模为449亿元，但是并不全部是收到现金，可以判断有些是股份。此外，2016—2019年，京东方A每年都有大额的“吸收投资所收到的现金”，不过都是子公司收到少数股东投资收到的现金（见下图）。

| | 2020-03-31 | 2019-12-31 | 2018-12-31 | 2017-12-31 | 2016-12-31 | 2015-12-31 | 2014-12-31 | 2013-12-31 |
|---|---|---|---|---|---|---|---|---|
| **筹资活动产生的现金流量：** | | | | | | | | |
| 吸收投资收到的现金 | 0.00 | 140.66 | 42.94 | 98.51 | 45.00 | | 307.53 | 0.14 |
| 其中：子公司吸收少数股东投资收到的现金 | 0.00 | 140.66 | 42.94 | 98.51 | 45.00 | | | |
| 取得借款收到的现金 | 185.55 | 535.76 | 383.68 | 531.07 | 381.24 | 183.83 | 239.52 | 203.86 |
| 收到其他与筹资活动有关的现金 | 0.15 | 0.06 | 1.55 | 31.86 | 14.93 | 25.42 | 0.91 | 1.60 |
| 发行债券收到的现金 | | 80.76 | | | | | | |
| 筹资活动现金流入差额(特殊报表科目) | | | 1.77 | | | 3.16 | | |
| 筹资活动现金流入差额(合计平衡项目) | | | | | | | | |
| **筹资活动现金流入小计** | 185.71 | 757.24 | 429.94 | 661.43 | 441.17 | 212.41 | 547.96 | 205.60 |
| 偿还债务支付的现金 | 144.71 | 369.45 | 212.74 | 183.38 | 153.06 | 115.07 | 166.02 | 64.82 |
| 分配股利、利润或偿付利息支付的现金 | 18.50 | 67.46 | 58.06 | 38.60 | 22.74 | 15.75 | 15.66 | 13.70 |
| 其中：子公司支付给少数股东的股利、利润 | 0.00 | 0.11 | 0.04 | 0.07 | 0.09 | 0.00 | 0.13 | |
| 支付其他与筹资活动有关的现金 | 2.27 | 39.68 | 3.47 | 75.85 | 3.78 | 0.31 | 4.91 | 0.00 |
| 筹资活动现金流出差额(特殊报表科目) | | 2.87 | | 34.35 | 0.18 | | 4.95 | 4.44 |
| 筹资活动现金流出差额(合计平衡项目) | | | | | | | | |
| **筹资活动现金流出小计** | 165.49 | 479.46 | 274.28 | 332.18 | 179.76 | 131.13 | 191.55 | 82.96 |
| 筹资活动产生的现金流量净额差额(合计平衡项目) | | | | | | | | |
| **筹资活动产生的现金流量净额** | 20.22 | 277.79 | 155.67 | 329.25 | 261.41 | 81.29 | 356.41 | 122.64 |

数据来源：WIND，初善君整理

比如分红，上市公司分红体现在资产负债表中是货币资金的减少，体现在现金流量表中就是“分配股利、利润或偿付利息支付的现金”，这个科目除了分配利润之外，还有支付的利息。

看贵州茅台投资现金流的“分配股利、利润或偿付利息支付的现金”，几乎一年比一年高，考虑到没有有息负债，这里均是分配利润的现金流。需要注意的是，2019年分配的股利是2018年实现的净利润（见下图）。

数据来源：WIND，初善君整理

再看有息负债与筹资现金流的关系，有息负债不管分类有多少，就两个方向，一是借款，二是还款，在现金流量表中分为三个科目："取得借款收到的现金""发行债券收到的现金""偿还债务支付的现金"。

看名称就很好理解了，"取得借款收到的现金"包括短期借款、长期借款、其他流动负债的增加，"发行债券收到的现金"就是发行公司债券、可转债募集的资金，"偿还债务支付的现金"则是归还借款、偿付到期债券支付的现金。

## 三、三张报表的钩稽关系

### 1. 看三张报表的先后顺序

上面分别介绍了资产负债表和利润表、资产负债表和现金流量表的关系，那么利润表和现金流量表有什么关系呢?

其实两者都是期间报表，从两个不同的角度讲述了公司赚钱的能力，用会计语言来讲，一个是权责发生制，另一个是收付实现制。利润表是按照权责发生制编制的，只要权利义务转移就可以确认收入和成本费用，而现金流量表则是按照收付实现制编制的，必须有现金流的收支才会记上一笔。

因此，两者之间没有必然的钩稽关系，而是一个硬币的两面，它们的存在就是帮助我们更好地认识和理解资产负债表。不过在进行财务分析时，我们还是需要结合这两张报表的。比如，体现盈利质量的收现比和净现比，就是结合利润表和现金流量表的指标。

那么，如何看待和认识三张报表之间的关系呢?

虽然主要报表分为三种，其中最重要的报表不可否认是资产负债表，即使没有利润表，通过分析所有者权益的变动可以判断公司的盈利情况，即使没有现金流量表，通过资产负债表的货币资金变动也可以判断公司现金流的情况。

我们可以把利润表和现金流量表当作资产负债表进一步解释。

虽然如此，三张报表还是紧密相连的，无论是做投资还是发放贷款，都需要把三张报表结合起来看。

不知道大家有没有想过，了解一家公司，我们看三张报表时，究竟应该按什么顺序？先看资产负债表还是利润表或是现金流量表？

我们举个例子，找对象时，第一眼看的是什么？当然是这姑娘俊不俊，小伙子帅不帅，如果对方颜值比较低，那么，你可能就没有了解下去的欲望。

那么，哪张报表可以告诉我们上市公司“帅不帅”呢？

当然是利润表。

第一眼看利润表，发现营业收入和净利润增速100%以上，连续三年都是，这种成长性“帅不帅”？第一眼看利润表，发现毛利率90%以上，净利率50%以上，就问你这种盈利能力“爽不爽”。

只有体现不错成长性和盈利能力的上市公司我们才有了解的欲望。

那么，觉得对方不错，我们如何了解对方呢？

当然是关心人品怎样了。

那么，我们看上市公司，当然比较关心上市公司盈利的质量，最能反映上市公司盈利质量的就是现金流量表。

比如净现比，收现比=销售商品、提供劳务收到的现金/营业收入，表示1元的营业收入收回了多少现金，一般情况下考虑增值税（假设增值税税率为16%），收现比应该约等于1.16。

比如净现比，收现比=经营活动现金流量净额/净利润，代表实现1元净利润带来了多少现金，当然，这个比例也是越高越好。经营活动现金流出除了支付购进的原材料、人工成本、税费外，并不包含固定资产折旧、利息支出等内容，即经营活动现金流出小于营业成本+期间费用+所得税，因此经营活动现金流量净额应大于净利润。长周期来看（10年以上），经营活动现金流量净额/净利润应该大于1。

比如自由现金流，自由现金流越好，说明公司创造现金的能力越强，不仅赚的钱多，关键是赚的都是真金白银。

大概现金流量表就是最能体现上市公司的“人品”了。

你们陷于人品，我们投资则陷于现金流量表。

资产负债表最重要，反而要留到最后。

就像谈对象如何考虑结婚呢？当然是互相盘点一下，有没有房子，贷款是多少？地段怎么样，是否有潜在的升值空间？有没有车，车贷是多少？如何还款？有没有潜在的负债？

而资产负债表恰恰可以提供这些信息，账上都有哪些资产，负债和所有者权益分别是多少？是否存在潜力资产，是否存在贬值资产？

资产负债表也是需要我们花大力气去看、去了解的，因为资产负债表是公司自成立以来所有家底的反映，好与不好，资产负债表最清楚。

以上就是笔者总结的看三张报表的顺序：始于利润表，陷于现金流量表，忠于资产负债表。

当然，对于一家第一次见面的公司，我们需要多看几年的数据，一般5年起，看10年的长度也是非常正常的，而且也要跟踪了解，不要着急买入。

### 2. 内在逻辑

当我们看一家公司的三张报表时，一定要注意报表之间数据的逻辑自洽。

笔者曾说过，有些制造业公司呈现“存货周转率逐年下降，毛利率却逐年上升”的情形，这就是一个典型的逻辑不能自洽。存货周转率下降意味着公司产品销售遇到了问题，但是公司不仅没有降价促销，毛利率反而上升。A股比较典型的例子就是扇贝游来游去的獐子岛，存货越来越大，周转率下降，最后只能减值。

当然一些消费品也能呈现类似的逻辑，原因是产品提价，同时新增品类。产品提价导致毛利率上升，新增品类导致周转率下滑，海天味业的2019年年报就呈现出如此的特点。

除了内部数据互相要钩稽外，其实现在的数据基本上都能做到内部匹配，我们还需要关注外部匹配。

公司的财务信息要与行业匹配，如果没有行业的数据，也要与行业内的主要公司匹配。比如，某年的营业收入和净利润的增长率。再如盈利能力指标，同时还需要结合产业链分析，上下游是否完全竞争还是寡头垄断等。

## 第十二章

# 财务分析体系

我们对三张报表有了基础认识后，就可以分析公司了。如何用财务报表的数据来评价公司，通过对公司的合理评价，建立一个合理的预期，增强持股信心，从而提高盈利能力。

一般情况下，任何一本财务分析书中都会有如何做财务分析，常见的财务分析指标包括偿债能力指标、运营能力指标、盈利能力指标和成长能力指标等传统指标分析，还包括杜邦分析法。

教科书中介绍每个能力指标的具体指标非常多。比如，偿债能力指标就有流动比率、速动比率、现金流动负债率等短期偿债能力和资产负债率、产权比率及利息保障倍数等长期偿债能力指标，运营能力指标则包括存货周转率、应收账款周转率、固定资产周转率和总资产周转率等指标，非常烦琐。

事实上，很多指标只有在特定的时候才有用，绝大部分时候都是无用的，如果针对任何一家公司都要进行如此繁复的指标分析，那就是人力、物力的浪费了。

因此，笔者从投资的角度予以简化，当我们分析一家公司时，重点关注的指标是什么？针对每一项指标，我们均需要深入学习，了解其内核，判断其对投资的影响。

## 一、传统指标体系

评价一家公司是否优秀，可以从5个方面来分析：成长性指标、盈利能力指标、盈利质量指标、有息负债指标及运营能力指标。

成长性指标。成长性是投资者最为关注的指标，我们看一家公司年报、季报的时候，第一眼关注的就是公司的收入、利润又增长了多少。因此，成长性指标一般可以使用营业收入增长率和归母净利润增长率来表示。

事实上，一般情况下分析的都是公司的历史成长性。比如，过去3年公司净利润增长了多少，过去5年公司净利润增长了多少。但更重要的是，我们需要预测公司未来的成长性，明年可以增长多少，未来两年可以增长多少，这是非常困难的。好在对大部分公司来说，成长性具有一定的惯性，分析过去就可以简单地假定未来。

总之，成长性指标分析虽然是分析历史的数据，但是对我们了解公司具有非常大的帮助，依然值得我们花时间去研究。后面我们单独介绍如何预测营业收入和净利润。

盈利能力指标。盈利能力体现的是公司的赚钱能力，是非常值得关注的指标，一般可以用毛利率和净利率来表示。需要注意的是，影响净利率的因素太多，体现盈利能力的最好指标是毛利率，但是毛利率未考虑三费等情况，净利率也很重要，因此一般情形下，毛利率和净利率需要结合起来考虑。

盈利质量指标。同样1亿元的净利润，对于不同公司来说，差异可能很大。因此，需要关注盈利质量。一般可以用经营现金流净额（净现比）或者自由现金流，如果是成长性比较强的个股，还可以用收现比。

有息负债指标。是偿债能力指标的一种，对于上市公司来说，我们需要重点关注有息负债带来的财务费用压力。

运营能力指标。运营能力体现了公司的管理能力，一般指存货周转率、资产周转率等，这里具体公司具体分析，可能关注存货周转率多一些，也可能关注应收账款周转率多一些，还可能关注固定资产周转率多一些。

需要注意的是，理论上盈利能力指标、盈利质量指标等较为稳定，每年变化不会太大，但是成长性指标受到行业发展、公司竞争等因素影响大，呈现较大的波动性。再厉害的公司也有成长性失速甚至下滑的时候，因此成长性指标虽然最重要，但也最难预测。

关于以上指标的具体概念和分析，已经在相应章节讲解过，比如成长性指标、盈利能力指标已经在利润表章节详细介绍过，盈利质量指标已经在利润表及现金流量表章节介绍过，有息负债率和运营能力指标均在资产负债表相关章节介绍过，这里不再重复阐述。

本节的内容重点在于通过分析几家A股比较优秀的几家公司的指标情况，让大家对这五大能力有一个清晰的认识：食品饮料代表贵州茅台、海天味业，地产界代表万科，银行业最优秀的招商银行等。

### 1. 海天味业的完美

首先是成长性。先看营业收入，从2010年至2019年底，海天味业的成长性虽然有波动，但是相对比较稳定，过去10年均大于10%，近3年基本稳定在15%以上（见下图）。这种稳定的成长性一般只会出现在消费、医药领域，肯定不会出现在周期性行业。

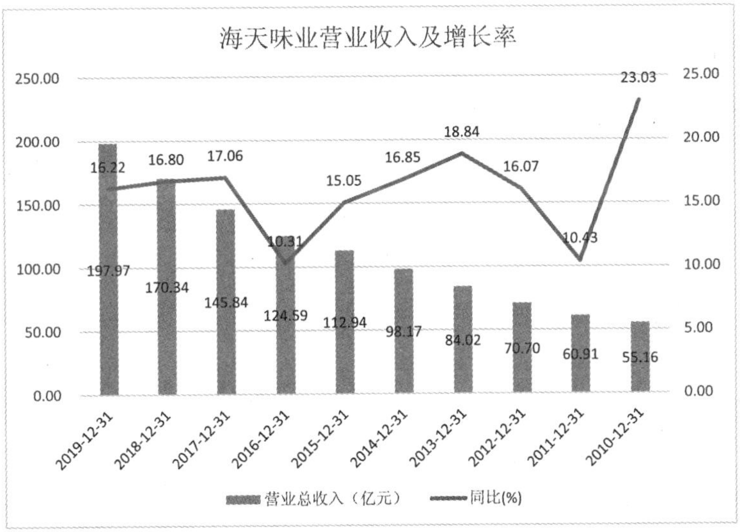


数据来源：WIND，初善君整理

再看归母净利润，海天味业的归母净利润增长率不仅比营业收入高，而且更稳定。2010年以来，海天味业的归母净利润增长率绝大部分年份维持在20%以上，近3年增长率均高于20%（见下图）。

数据来源：WIND，初善君整理

归母净利润增长率大于营业收入增长率是最好的成长性，说明公司的净利率在不断地提高，可能的原因是毛利率持续再提高或者费用率在降低。这就需要我们抛开财务数据，去商业模式中寻找，对于海天味业来说，改善产品结构、提高毛利率是净利率提升的根本原因。

有读者会说，海天味业20%的成长性并不高，一年只有20%不高，但是10年如一日的20%，可以跑赢了99%的A股公司。这等于年化20%的投资收益率，多厉害啊。

其次是盈利能力指标。根据上面的分析，海天味业的毛利率、净利率肯定在持续提升。果然，毛利率从2010年的33%提升至2019年的45.4%，净利率由2010年的14.8%提升至2019年的27.1%（见下图）。25%以上的净利率水平不算太高，但是也不低了，考虑到还在持续提升，谁知道上限在哪里？不仅很赚钱，还能更赚钱。

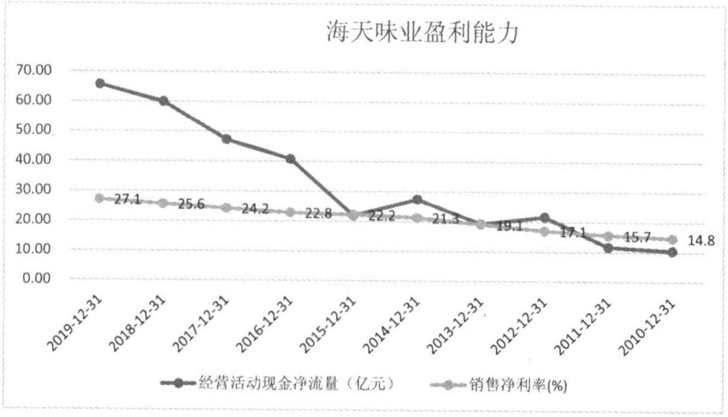


数据来源：WIND，初善君整理

再次是盈利质量指标。海天味业的收现比平均1.2左右，异常稳定（见下图）。净现比波动较大，这也更合理，但是整体来看，净现比绝对值基本大于1.3，盈利质量非常高。

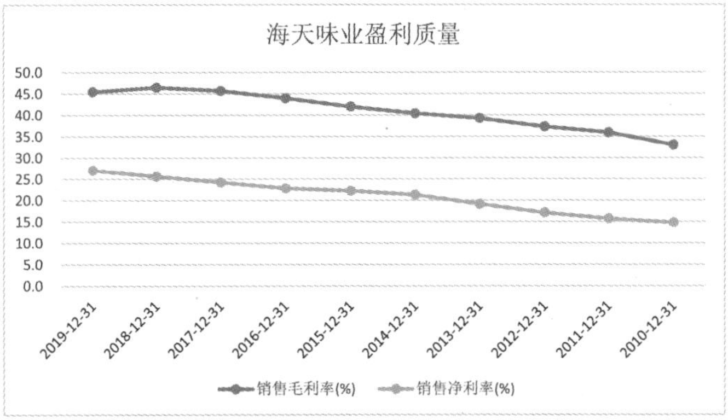


数据来源：WIND，初善君整理

再其次有息负债指标。海天味业上市以来，基本都是零有息负债，这样的财报能不爱吗？

最后看运营能力指标。对于一家制造业来说，一般看应收账款周转率、存货周转率和固定资产周转率。海天味业应收账款几乎为零，不需要分析。一般情况下，随着公司的快速成长，存货周转率、固定资产周转率会下降，但是海天味业的存货周转率和固定资产周转率总趋势是向上的，这就说明了海天味业在运营能力方面非常优秀（见下图）。

| 营运能力 | | | | | | | | | | |
| --- | --- | --- | --- | --- | --- | --- | --- | --- | --- | --- |
| 营业周期(天) | 50.14 | 44.35 | 45.08 | 50.00 | 59.13 | 66.69 | 65.79 | 63.36 | 60.31 | 58.30 |
| 存货周转天数(天) | 50.10 | 44.30 | 45.02 | 50.00 | 59.13 | 66.69 | 65.79 | 63.36 | 60.31 | 58.30 |
| 应收账款周转天数(天) | 0.04 | 0.05 | 0.06 | | | | | | | |
| 存货周转率(次) | 7.19 | 8.13 | 8.00 | 7.20 | 6.09 | 5.40 | 5.47 | 5.68 | 5.97 | 6.17 |
| 应收账款周转率(次) | 8,067.41 | 6,936.99 | 5,912.61 | | | | | | | |
| 流动资产周转率(次) | 1.10 | 1.23 | 1.41 | 1.56 | 1.59 | 1.88 | 2.44 | 2.46 | 2.89 | 2.32 |
| 固定资产周转率(次) | 5.50 | 4.61 | 3.90 | 3.51 | 3.50 | 3.53 | 3.78 | 3.62 | 4.41 | 6.17 |
| 总资产周转率(次) | 0.88 | 0.93 | 0.98 | 1.00 | 1.00 | 1.11 | 1.31 | 1.31 | 1.42 | 1.39 |
| 应付账款周转率(次) | 13.68 | 14.80 | 14.38 | 12.34 | 11.08 | 11.01 | 13.11 | 14.32 | 13.54 | 12.83 |
| 应付账款周转天数(天) | 26.31 | 24.33 | 25.04 | 29.17 | 32.50 | 32.71 | 27.46 | 25.14 | 26.58 | 28.07 |
| 净营业周期(天) | 23.84 | 20.03 | 20.04 | | | | | | | |
| 营运资本周转率(次) | 1.80 | 2.01 | 2.30 | 2.52 | 2.77 | 4.56 | 10.22 | 8.15 | 9.83 | 5.76 |
| 非流动资产周转率(次) | 4.49 | 3.84 | 3.18 | 2.78 | 2.72 | 2.70 | 2.82 | 2.82 | 2.78 | 3.45 |

数据来源：WIND，初善君整理

但是我们发现海天味业的总资产周转率由2010年1.39持续下降至2019年的0.88，为什么总资产周转率还在下降？

这个问题太好了。

因为，虽然2014年至今海天味业分红率高达60%以上，但是赚的现金太多了

（净现比高），导致公司账面现金逐年增多，占总资产的比例逐年上升，拉低了总资产周转率（见下图）。

数据来源：WIND，初善君整理

整体来看，在五大方面，海天味业都是完美的，是笔者见过A股最优秀的财报。至于完美财报的背后究竟是什么，就需要大家使用SWOT、PEST、波特五力等角度再进行分析了。

可是对于财报爱好者来说，那些分析有什么意义呢？

**2. 贵州茅台的周期**

贵州茅台的报表其实没有想象得那么好，它的成长性并不稳定。由下图可以看到，贵州茅台营业收入增长率2014年和2015年只有个位数，当然那两年白酒行业遇到了塑化剂危机，但是与海天味业相比，成长性不稳定，有很明显的周期性。

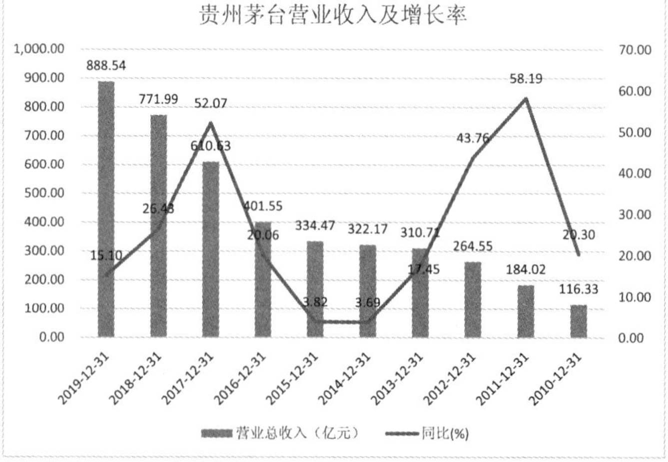


数据来源：WIND，初善君整理

贵州茅台归母净利润增长率更明显，2014年和2015年分别增长了0.45%和0.62%，几乎零增长，而2017年增长率则高达60.57%，2018年和2019年连续下滑，分别为30.71%和16.36%（见下图）。大家思考一下，为什么属于消费行业的茅台业绩会有周期性呢？

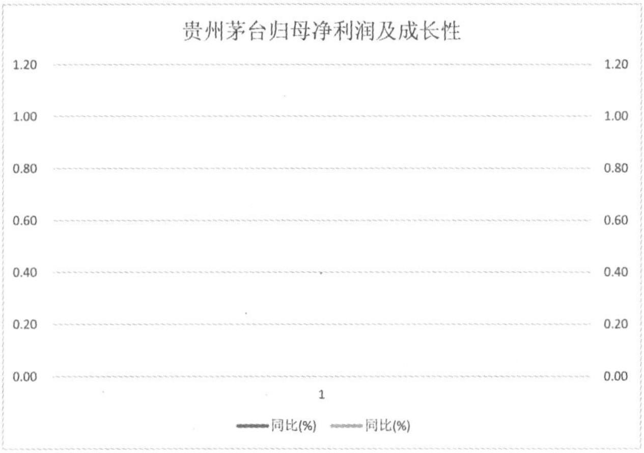


数据来源：WIND，初善君整理

说到盈利能力，贵州茅台则睥睨A股，笑傲江湖，毛利率、净利率分别稳定在90%和50%左右，堪称“赚钱机器”（见下图）。

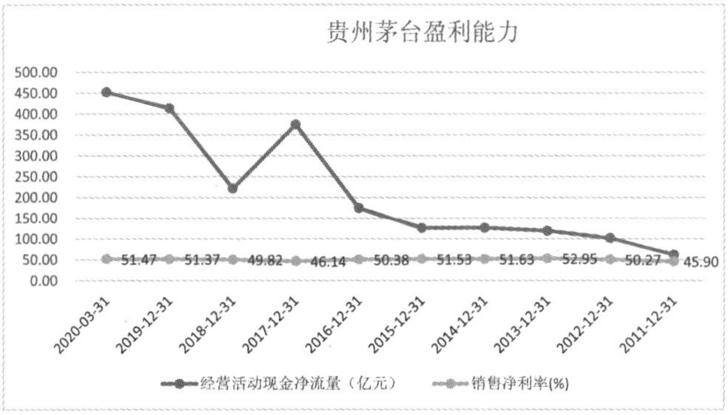


数据来源：WIND，初善君整理

再看盈利质量，贵州茅台收现比平均1.2左右，异常稳定，相对较高。净现比波动较大，2017年高达2.09，而营业收入和利润没有增长的2014年和2015年，净现比则比较低（见下图）。

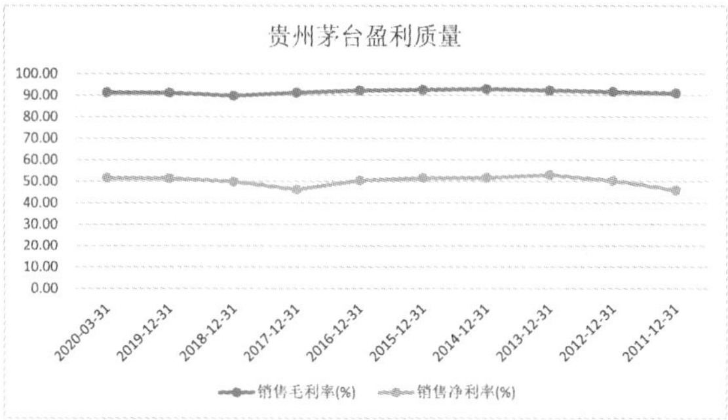


数据来源：WIND，初善君整理

有息负债方面，多年都是零有息负债，其他负债中也就是预收账款多一些。

营运能力方面，应收账款很低无须分析。关键是存货周转率，虽然很低，只有0.30（见下图）。换句话来说，基本要3年时间存货才能周转一次，这或许就是茅台高毛利率的一个体现。

| | 2019-12-31 | 2018-12-31 | 2017-12-31 | 2016-12-31 | 2015-12-31 | 2014-12-31 |
|---|---|---|---|---|---|---|
| 报告期 | 年报 | 年报 | 年报 | 年报 | 年报 | 年报 |
| 营运能力 | | | | | | |
| 营业周期(天) | 1,181.88 | 1,257.42 | 1,293.10 | 2,039.66 | 2,339.21 | 2,064.25 |
| 存货周转天数(天) | 1,181.88 | 1,257.42 | 1,293.10 | 2,039.66 | 2,339.18 | 2,064.22 |
| 应收账款周转天数(天) | | | | | 0.03 | 0.03 |
| 存货周转率(次) | 0.30 | 0.29 | 0.28 | 0.18 | 0.15 | 0.17 |
| 应收账款周转率(次) | | | | | 14,397.22 | 12,066.35 |
| 流动资产周转率(次) | 0.60 | 0.62 | 0.60 | 0.52 | 0.59 | 0.72 |
| 固定资产周转率(次) | 5.85 | 5.06 | 4.11 | 3.10 | 3.07 | 3.41 |
| 总资产周转率(次) | 0.52 | 0.52 | 0.49 | 0.40 | 0.44 | 0.53 |
| 应付账款周转率(次) | 5.52 | 6.01 | 5.84 | 3.55 | 3.20 | 4.71 |
| 应付账款周转天数(天) | 65.22 | 59.89 | 61.59 | 101.43 | 112.65 | 76.38 |
| 净营业周期(天) | | | | | 2,226.56 | 1,987.87 |
| 营运资本周转率(次) | 0.83 | 0.91 | 0.96 | 0.82 | 0.82 | 0.95 |
| 非流动资产周转率(次) | 3.86 | 3.48 | 2.71 | 1.82 | 1.69 | 2.02 |

数据来源：WIND，初善君整理

这里就谈到了传统指标第一个悖论：毛利率高的公司，存货周转率往往较低。对比整个白酒板块，基本呈现毛利率越高，存货周转率越低的特点，只要是存货周转率低且毛利率比较低的公司，业绩一般都存在问题（见下图）。

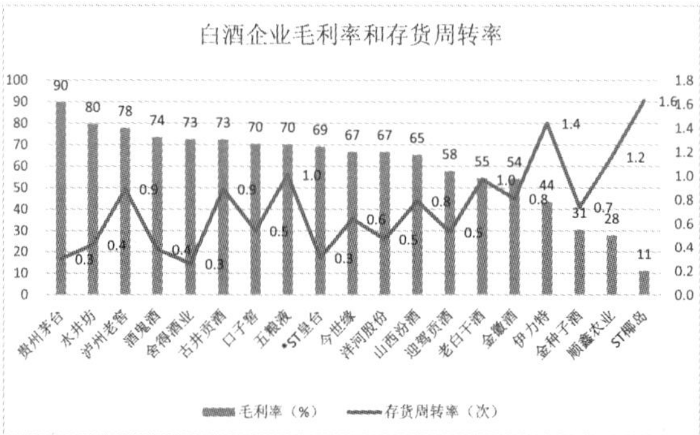


数据来源：WIND，初善君整理

整体上来看，贵州茅台在成长的稳定性和存货周转率上不如海天味业，但是盈利能力高于海天味业。存货周转率则是行业商业模式决定的，假如贵州茅台有高的存货周转率，那它就不是贵州茅台了。

### 3. 万科的有息负债

万科的报表与海天味业和贵州茅台比起来，呈现完全不一样的特点。

一是成长性方法。万科的业绩具有明显的周期性，这里的周期性不是收入增长为正或者为负，作为行业龙头，万科的营业收入是持续增长的，但是受到房地产调控政策的影响，增速有高有低。由下图可以明显看到，2010年、2014年和2017年营业收入增速只有个位数，其他年份营业收入增长率基本高于20%。

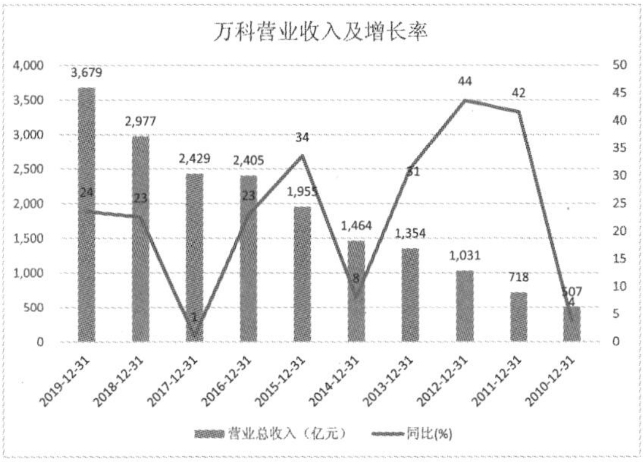


数据来源：WIND，初善君整理

二是万科归母净利润增长率方面，相对平稳，只有2014年归母净利润增速是个位数（见下图）。与营业收入增长率匹配性差的原因之一就是房地产调节利润手段较多，同时房价的持续上涨，总体结算毛利率差异也比较大。

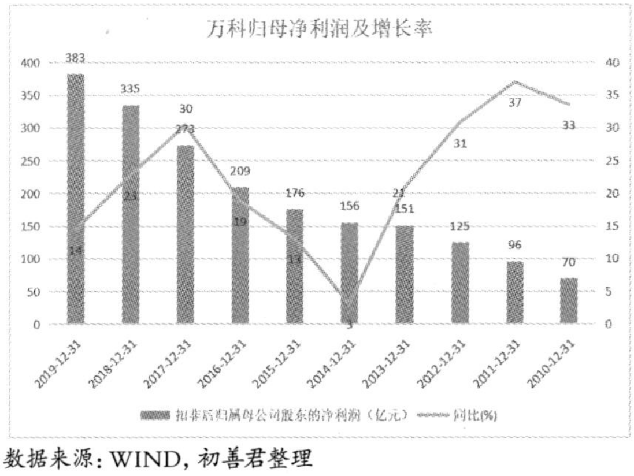


数据来源：WIND，初善君整理

三是看盈利能力。房价最近的涨价周期是2015—2016年，万科的毛利率2017年和2018年是比较高的（见下图）。原因是地产的预售制，收入确认较房价上涨有比较大的延迟。虽然房价持续上涨，但是万科的毛利率并不是持续上涨的。整体来看，万科的毛利率和净利率都稳定在一个较高的水平。

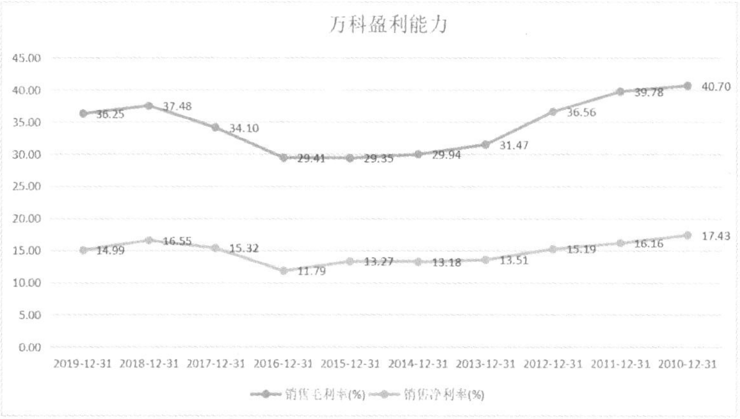


数据来源：WIND，初善君整理

四是看盈利质量。首先收现比方面万科是真好，长期在1.20以上，当然这个可以理解，房子都是预售制，预收账款或者合同负债金额都非常高，因此收现比非常好。但是净现比方面，则呈现非常大的波动，2014年和2017年分别高达2以上，而很多年份也低于1（见下图）。这一点也不难解释，房地产公司需要支付大量的土地购置款，这些拿地支出计入“经营现金流出”中。因此，随着拿地金额的多少呈现较大的波动。

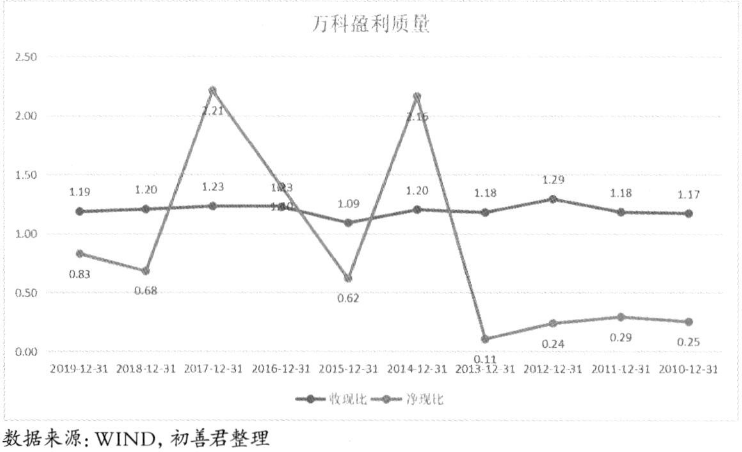


数据来源：WIND，初善君整理

与贵州茅台和海天味业相比，万科不仅有有息负债，而且金额非常高，这是房地产公司的共性。房子开发周期较长，从拍卖土地要预售再到确认收入，可能有3~5年的周期。因此，房地产公司几乎都是高有息负债，短期借款、长期借款、应付债券，甚至信托、表外等，能用上的基本都会用上。因此，有息负债金额非常高。

通过计算万科的有息负债（包括短期借款、一年内到期的非流动负债+非流动负债），由下图可以看到有息负债金额持续增长，2010年还只有482亿元，2019年底达到3 306亿元。规模虽然持续增长，但是看有息负债率（有息负债/总资产），万科有息负债率基本维持在20%左右，2019年只有19%，低于2010年的22%。

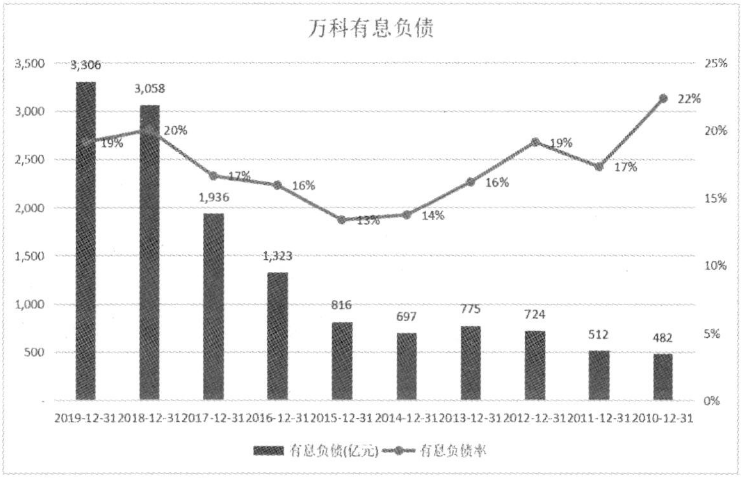


数据来源：WIND，初善君整理

因此可以给出判断，虽然万科有息负债规模持续增长，但是有息负债率则稳定在一定区间，并没有持续增长。这也是万科在资本市场以稳健著称的一个原因。很多房地产公司的有息负债率会突然增加，然后导致现金流危机。

五是看运营能力。地产公司的运营能力指标非常重要，尤其是存货周转率，建议大家再去看看存货章节。整体来看，万科的存货周转率比较稳定，2015年至今略有下降，约0.28次/年，意味着从拍地到确认收入约3.57年（见下图）。

| | 2019-12-31 | 2018-12-31 | 2017-12-31 | 2016-12-31 | 2015-12-31 | 2014-12-31 | 2013-12-31 | 2012-12-31 | 2011-12-31 | 2010-12-31 |
|---|---|---|---|---|---|---|---|---|---|---|
| 报告期 | 年报 | 年报 | 年报 | 年报 | 年报 | 年报 | 年报 | 年报 | 年报 | 年报 |
| 营运能力 | | | | | | | | | | |
| 营业周期(天) | 1,265.79 | 1,306.17 | 1,200.60 | 889.48 | 897.58 | 1,144.99 | 1,143.68 | 1,281.18 | 1,430.72 | 1,345.48 |
| 存货周转天数(天) | 1,264.04 | 1,304.35 | 1,198.00 | 886.04 | 893.52 | 1,138.88 | 1,137.08 | 1,275.24 | 1,422.92 | 1,337.30 |
| 应收账款周转天数(天) | 1.75 | 1.83 | 2.60 | 3.43 | 4.05 | 6.11 | 6.60 | 5.94 | 7.80 | 8.19 |
| 存货周转率(次) | 0.28 | 0.28 | 0.30 | 0.41 | 0.40 | 0.32 | 0.32 | 0.28 | 0.25 | 0.27 |
| 应收账款周转率(次) | 205.86 | 197.21 | 138.48 | 104.88 | 88.79 | 58.87 | 54.54 | 60.63 | 46.18 | 43.96 |
| 流动资产周转率(次) | 0.27 | 0.26 | 0.28 | 0.38 | 0.39 | 0.32 | 0.34 | 0.32 | 0.29 | 0.30 |
| 固定资产周转率(次) | 30.74 | 31.95 | 34.93 | 41.01 | 54.13 | 65.97 | 72.38 | 64.28 | 50.99 | 39.38 |
| 总资产周转率(次) | 0.23 | 0.22 | 0.24 | 0.33 | 0.35 | 0.30 | 0.32 | 0.31 | 0.28 | 0.29 |
| 应付账款周转率(次) | 0.88 | 1.07 | 1.03 | 1.48 | 1.74 | 1.57 | 1.71 | 1.75 | 1.85 | 1.81 |
| 应付账款周转天数(天) | 410.24 | 335.50 | 350.25 | 243.36 | 206.51 | 229.93 | 211.08 | 205.27 | 194.33 | 198.86 |
| 净营业周期(天) | 855.56 | 970.67 | 850.36 | 646.12 | 691.07 | 915.06 | 932.60 | 1,075.90 | 1,236.39 | 1,146.63 |
| 营运资本周转率(次) | 2.17 | 1.73 | 1.56 | 1.79 | 1.59 | 1.26 | 1.25 | 1.12 | 0.91 | 0.73 |
| 非流动资产周转率(次) | 1.40 | 1.56 | 1.89 | 2.77 | 3.63 | 3.63 | 5.09 | 6.97 | 6.06 | 5.83 |

数据来源：WIND，初善君整理

对比贵州茅台和海天味业，万科的财报特征具有鲜明特点，一是周期性更明显，年年被调控，年年持续增长；二是有息负债规模非常高，地产重资金、高杠杆属性一目了然。但是这并不妨碍它们都是A股最优秀的公司。

### 4. 招商银行的净利率

银行与一般的公司分析不同，作为另一种高杠杆公司，没有毛利率指标，经营现金流指标也是失效的，今天我们先简单看看。

一是成长性指标。先看营业收入，招行银行过去10年营业收入增长率明显经历了3个阶段：一是2010年和2011年，增速高达30%以上的快速成长阶段；二是2012—2015年，增速在20%左右的稳健成长阶段；三是2016年至2019年底，去杠杆下个位数增长阶段（见下图）。银行是万业之母，银行也具有一定的周期性。

数据来源：WIND，初善君整理

再看归母净利润情况，招商银行的归母净利润增长率与营业收入增长率完全不同，走出了一个深V，原因在于净利润调节空间更大，如果以前年度拨备计提的多一些，这些年可以少计提一些，从而稳健地释放利润（见下图）。

数据来源：WIND，初善君整理

二是盈利能力指标。银行没有毛利率指标，只有净利率指标，与归母净利润增速一样，招商银行的净利率走出了小V的走势，但是长期保持在很高的水平，2019年净利率达到34.64%（见下图）。

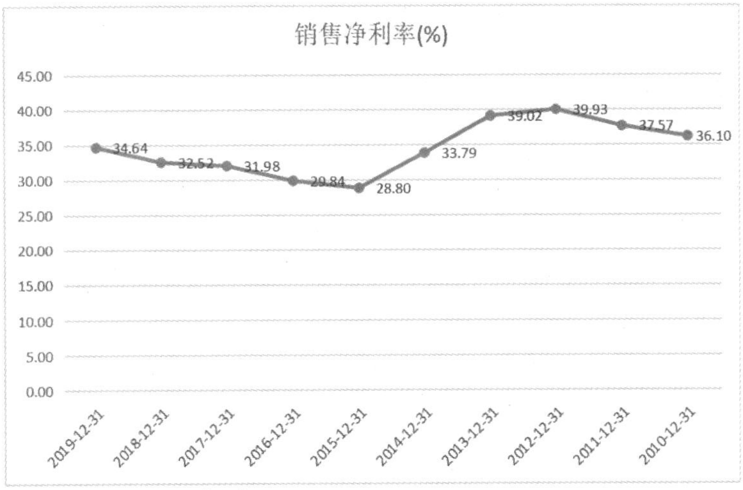


数据来源：WIND，初善君整理

银行的现金流无疑是非常优秀的，考虑盈利质量时，经营现金流不重要，更需要关注拨备计提，这里就不深入分析了。

有息负债和运营能力，银行并没有与一般公司类似的指标，这里也就不深入讲解了。

## 5.5项能力再思考

对于一般性行业或者公司来说，很难同时拥有非常高的5项能力指标，因为其中有些指标是相悖的。

比如，毛利率和周转率。如果存货周转率高，意味着公司的产品相对畅销，公司产品畅销意味着公司可能会通过低价策略，那么公司相对毛利率会低一些。毛利率和周转率都高，这是违背商业规律的。

下图所示为家居上市公司2018年存货周转率及毛利率情况，可以看到中源家居的存货周转率为11.16，毛利率为27.22%。与之对应的是亚振家居56.19%的毛利率与0.77的周转率，刚好与上述现象匹配，即使看美克家居、曲美家居、顾家家居也基本符合这个特征。

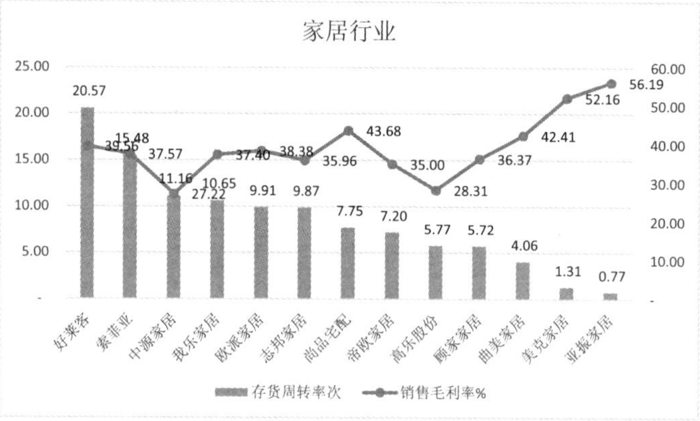


数据来源：WIND，初善君整理

下图所示为A股珠宝销售行业的主要上市公司，可以看到老凤祥和周大生就属于典型的一个要毛利率，一个要周转率的公司，而老凤祥也是国内珠宝销售规模最大的公司，2018年销售收入高达436亿元。

| 证券简称 | 销售毛利率 | | | | 存货周转率（次） | | | |
|---|---|---|---|---|---|---|---|---|
| | 2018年报 | 2017年报 | 2016年报 | 2015年报 | 2018年报 | 2017年报 | 2016年报 | 2015年报 |
| **老凤祥** | **7.84** | **7.94** | **8.48** | **7.83** | **4.99** | **4.99** | **5.17** | **6.51** |
| 金一文化 | 7.08 | 10.27 | 12.53 | 10.45 | 3.75 | 3.82 | 3.45 | 4.24 |
| 金洲慈航 | 2.01 | 14.27 | 18.28 | 7.55 | 3.16 | 6.14 | 7.86 | 8.95 |
| 明牌珠宝 | 8.21 | 9.83 | 9.91 | 7.29 | 2.35 | 2.02 | 1.87 | 2.89 |
| 爱迪尔 | 13.95 | 8.54 | 11.50 | 20.81 | 1.54 | 2.10 | 2.33 | 1.92 |
| 豫园股份 | 21.94 | 14.89 | 14.83 | 10.42 | 1.48 | 4.54 | 3.53 | 4.35 |
| 萃华珠宝 | 9.50 | 8.78 | 10.82 | 6.60 | 1.47 | 1.66 | 1.42 | 2.42 |
| **周大生** | **33.37** | **31.69** | **33.77** | **31.60** | **1.37** | **1.38** | **1.26** | **1.25** |
| 潮宏基 | 38.34 | 36.46 | 37.12 | 36.20 | 1.08 | 1.12 | 1.01 | 1.04 |
| 莱绅通灵 | 54.16 | 53.25 | 52.89 | 52.32 | 0.51 | 0.64 | 0.62 | 0.58 |
| 东方金钰 | -5.28 | 10.41 | 12.86 | 8.72 | 0.34 | 1.00 | 0.92 | 1.53 |

数据来源：WIND，初善君整理

再如成长性、有息负债率和盈利质量指标。很多公司的扩张是依靠借款投资实现的，那么它的有息负债率必然很高。换句话来说，未来的成长性来源于现在的高有息负债率，同时，虽然由于大额折旧带来不错的经营现金流，但是自由现金流不好看。

很多资金密集型制造业，前期投资额巨大，不依靠借款基本无法完成，像之前提到的东华能源和卫星石化，面板行业的京东方A和华星光电，上海机场、长江电力等公用事业股，都是如此。大额投资投产了，才能依靠后面的盈利慢慢还钱。换句话来说，如果投资项目不好，基本就是给银行打工，股东几乎很难获得好处。

笔者称为财报优秀的不可能五个方面：一家公司不可能做到成长快、盈利强、现金流好、有息负债率低和周转率全部优秀。

所以像海天味业这么优秀的财报非常稀少，往往只存在于医药、消费行业。

另一个意外的公司是亿联网络，它在5个方面的指标都非常优秀，远远超出了我们常人的认知。

## 二、杜邦分析法

### 1. 万能的ROE

虽然笔者从繁杂的指标中总结出5个重点关注的指标，还是会有人觉得太麻烦了，如果用一个指标来形容上市公司，有没有呢？

当然有，那就是净资产收益率指标，简称ROE。巴菲特表示ROE能常年持续稳定在15%以上的公司都是好公司，可以考虑买入，ROE超过30%则是凤毛麟角。

ROE为净资产收益率，等于净利润/净资产，可以理解为股东要求的投资回报率，比如ROE=30%，意味着股东投入1元，一年可以赚回0.3元，3.3年就可以回本。

ROE自然越高越好，高ROE基本就是优秀公司的财报特征。

净资产收益率=净利润/净资产=（净利润/销售收入）×（销售收入/总资产）×（总资产/股东权益）=净利率×资产周转率×权益乘数，即可以把ROE拆解成盈利能力（利润表）、运营能力（利润表和资产负债表）和偿债能力（资产负债表）3个指标。

根据这个公式，可以把高ROE拆分成3种模式：高利润率模式、高周转模式、高杠杆模式。

高净利率的代表有贵州茅台、恒瑞医药等。比如贵州茅台的净利率一直维持在45%~55%，正是这种高净利率带来了贵州茅台25%以上的ROE（见下图）。高净利率最容易带来高ROE，但是高净利率很难维持，除非是产品竞争力强或者品牌强大（如奢侈品）。贵州茅台周转率维持在0.5左右，杠杆率维持在1.4左右，其中还有很多预收款，那么，贵州茅台可能提高ROE的方式是什么呢？

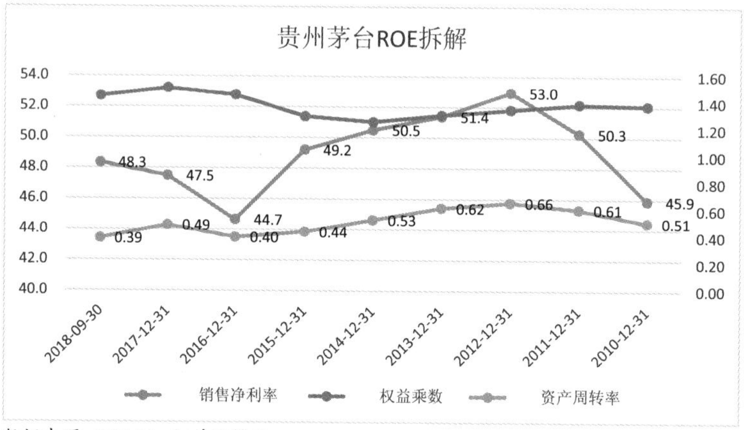


数据来源：WIND，初善君整理

高周转模式的典型公司如沃尔玛，其净利率只有贵州茅台的1/20，但是靠着高周转和高杠杆，沃尔玛的ROE一直保持在15%~25%，但是从2015年开始，沃尔玛净利率一直下滑，2018年ROE也下滑至13%（见下图）。

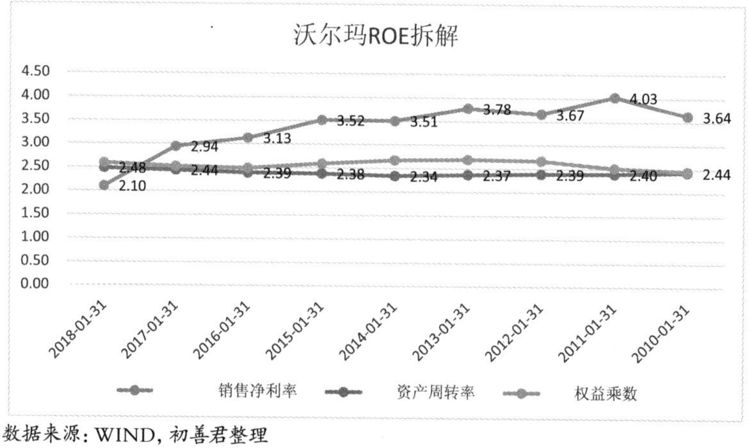


数据来源：WIND，初善君整理

高周转率是零售公司能否活的好的最根本指标，很多人说永辉超市类比沃尔玛，但是比较得知，永辉超市的资产周转率不够稳定，近几年一直下滑，且永辉超市的净利率不稳定，导致的结果就是永辉超市的ROE从2015年开始就没有超过10%（见下图）。

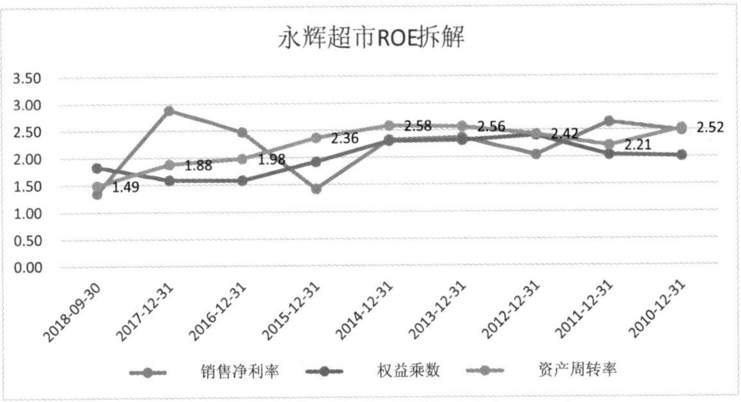


数据来源：WIND，初善君整理

典型的高杠杆带来高ROE是金融公司，以招商银行为例，特点就是杠杆维持在12~20倍，远远高于前两种，与此对应的就是资产周转率特别低，只有0.03（见下图）。当然你会发现招商银行的净利率也非常高，不然也很难维持高ROE。

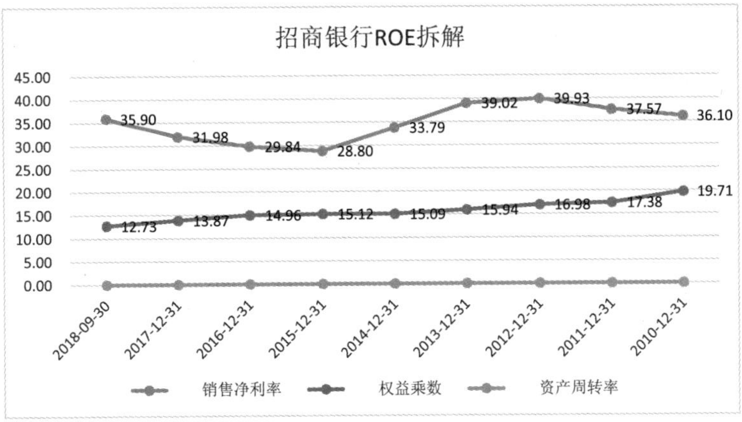


数据来源：WIND，初善君整理

由下图可以看到，3种模式下的ROE特征，但是不可否认，贵州茅台、招商银行和沃尔玛的ROE均在下滑，但是整体依然维持在高位。

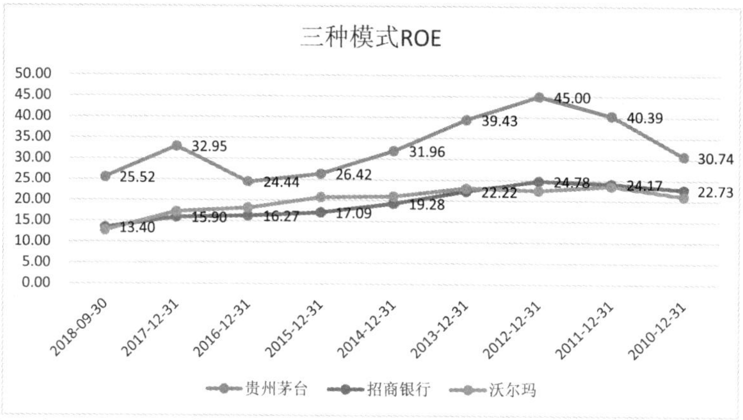


数据来源：WIND，初善君整理

总之，维持稳定又比较高的ROE，大概是优秀公司的财报特征。当然这条不适应周期性行业，尤其是强周期行业，强周期行业ROE可能为负数。但是对大多数公司来说，稳定而又高于15%的ROE绝对是优秀公司的特征。

### 2. 高ROE的来源之谜

巴菲特表示ROE能常年持续稳定在15%以上的公司都是好公司，就可以考虑买入。那么，我们看看连续三年ROE不低于15%，2018年前三季度不低于10%的公司，这些公司的高ROE来源是什么。

还有两个剔除指标：一是需要剔除上市2年以内的次新股，原因是很多公司IPO后，由于净资产增加导致杠杆下降和周转率下降，因此ROE会大幅下滑，同时上市前上市公司具有很强的美化报表的动机，因此，至少IPO2年后ROE等数据才具有参考性。二是剔除收购并表的影响，可以使用商誉/净资产剔除商誉占比高的公司，这个比例选择上因人而异，20%左右都行。

截至2018年三季度，满足连续高ROE的公司一共149家，我们根据ROE三要素拆分进行分析。

（1）高净利率

高净利率最容易带来高ROE，但是高净利率很难维持，这149家中净利率超过30%的一共32家。其中排名第一的为川投能源，因为持有水电站，投资收益太高导致净利率超过400%，不具有代表性，因此不在这里讨论。那么其余高净利率的公司有什么特点呢？或者说凭什么能有可持续的高净利率呢？

第一种无疑是垄断性质。垄断性质可以带来高净利率，这是毫无疑问的。而公用事业公司具有极强的垄断性质，也是巴菲特的爱股。在选出来的32家公司里，东莞控股是高速公路收费、伟明环保是垃圾焚烧发电，桂冠电力是发电，乐凯新材是蓝色火车票供应商，基本属于垄断性质地位。4家公司的净利率分别为61.2%、49.2%、32.0%和40.4%，其对应的ROE也分别为16.5%、24.0%、17.9%和19.7%（见下表）。

| 证券简称 | 2017年ROE（%） | 净利率（%） | 行　业 | 原　因 | 首发上市日期 |
|---|---|---|---|---|---|
| 东莞控股 | 16.5 | 61.2 | 交通运输 | 垄断性质 | 1997-06-17 |
| 伟明环保 | 24.0 | 49.2 | 公用事业 | 垄断性质 | 2015-05-28 |
| 桂冠电力 | 17.9 | 32.0 | 公用事业 | 垄断性质 | 2000-03-23 |
| 乐凯新材 | 19.7 | 40.4 | 化工 | 垄断性质、蓝色火车票 | 2015-04-23 |

数据来源：WIND，初善君整理

第二种是品牌。品牌带来高净利率，我国消费品上市公司中，凭借品牌获取高净利率的很少，但是白酒是个例外，有4家白酒公司凭借高净利率进入高ROE榜单，分别为贵州茅台、洋河股份、口子窖和今世缘，净利率分别为47.5%、33.2%、30.9%和30.3%（见下表）。

| 证券简称 | 2017年ROE（%） | 净利率（%） | 行　业 | 原　因 | 首发上市日期 |
|---|---|---|---|---|---|
| 贵州茅台 | 33.0 | 47.5 | 食品饮料 | 品牌 | 2001-08-27 |
| 洋河股份 | 23.9 | 33.2 | 食品饮料 | 品牌 | 2009-11-06 |
| 口子窖 | 23.9 | 30.9 | 食品饮料 | 品牌 | 2015-06-29 |
| 今世缘 | 18.1 | 30.3 | 食品饮料 | 品牌 | 2014-07-03 |

数据来源：WIND，初善君整理

第三种是技术或者研发优势。你有的别人没有，那么在行业中你自然可以获得高净利率。在选出的32种公司中这种占比最高，而且基本是某个细分领域的冠军。比如，胰岛素市场的通化东宝、血制品市场的华兰生物、血液灌流器市场的健帆生物等，其他的如色选机、口蹄疫疫苗、缝纫机电控、粉尘螨滴剂、电子装联、电子陶瓷和IVD等市场，它们的净利率可以维持30%以上。这类公司可以统称为这个市场的冠军，但是因为市场空间不大，外界很少关注，一般被称为隐形冠军，而它们的投资价值冠军就在于这个市场的大小，市场越大，市值空间越大（见下表）。

| 证券简称 | 2017年ROE（%） | 净利率（%） | 行　业 | 原　因 | 首发上市日期 |
|---|---|---|---|---|---|
| 通化东宝 | 19.8 | 33.0 | 医药生物 | 胰岛素隐形冠军 | 1994-08-24 |
| 华兰生物 | 18.5 | 33.9 | 医药生物 | 血制品冠军 | 2004-06-25 |
| 健帆生物 | 22.1 | 39.6 | 医药生物 | 血液灌流器市场冠军 | 2016-08-02 |

续表

| 证券简称 | 2017年ROE（%） | 净利率（%） | 行　业 | 原　因 | 首发上市日期 |
|---|---|---|---|---|---|
| 九强生物 | 18.7 | 39.3 | 医药生物 | 生化诊断市场冠军 | 2014-10-30 |
| 美亚光电 | 17.2 | 33.2 | 机械设备 | 色选机隐形冠军 | 2012-07-31 |
| 生物股份 | 21.2 | 45.7 | 农林牧渔 | 口蹄疫疫苗市场冠军 | 1999-01-15 |
| 大豪科技 | 23.1 | 37.6 | 电气设备 | 缝纫机电控市场冠军 | 2015-04-22 |
| 我武生物 | 25.5 | 48.3 | 医药生物 | 粉尘螨滴剂市场冠军 | 2014-01-21 |
| 快克股份 | 19.5 | 36.4 | 机械设备 | 电子装联市场冠军 | 2016-11-08 |
| 三环集团 | 19.7 | 34.7 | 电子 | 电子陶瓷隐形冠军 | 2014-12-03 |
| 安图生物 | 27.0 | 32.1 | 医药生物 | IVD市场隐形冠军 | 2016-09-01 |

数据来源：WIND，初善君整理

第四种可以统称为独特的商业模式，比如南极电商收取的品牌授权费，富森美是家居大卖场，同花顺、分众传媒、昆仑万维、顺网科技等，都因为商业模式取得了30%以上的净利率（见下表）。值得一提的是西藏珠峰，可以单独归类为低成本模式或者垄断优势，其主要业务是铅锌等金属的开采，因为资源优势，开采成本低，因此毛利率和净利率特别高。

| 证券简称 | 2017年ROE（%） | 净利率（%） | 行　业 | 原　因 | 首发上市日期 |
|---|---|---|---|---|---|
| 南极电商 | 23.5 | 54.3 | 商业贸易 | 独特商业模式、商誉 | 2007-04-18 |
| 富森美 | 16.2 | 51.7 | 商业贸易 | 独特商业模式 | 2016-11-09 |
| 同花顺 | 23.7 | 51.5 | 计算机 | 独特商业模式 | 2009-12-25 |
| 分众传媒 | 65.4 | 49.7 | 传媒 | 独特商业模式 | 2004-08-04 |
| 西藏珠峰 | 74.2 | 45.1 | 有色金属 | 成本优势 | 2000-12-27 |
| 昆仑万维 | 16.8 | 41.3 | 传媒 | 互联网 | 2015-01-21 |
| 顺网科技 | 18.8 | 33.8 | 传媒 | 互联网 | 2010-08-27 |

数据来源：WIND，初善君整理

总之，没有无缘无故的高净利率，其来源类型包括垄断性质（行政许可，资源垄断）、品牌、技术或者研发优势、独特的商业模式等。这些内容带来的高净利率基本可以一段时间内稳定保持，是高ROE最稳定的来源。

（2）高周转率

通过高周转率带来高ROE其实很难。要么是快消品的行业特性，要么是轻资产，要么走的是薄利多销的路线，而通过管理提高周转率也只是同行业对比优劣罢了，很难提供绝对高的ROE。

因此，选出的149家公司中，2017年周转率大于1.5的只有12家，如下表所示，周转率排名第一的为老凤祥，珠宝首饰零售商，排名第二的为饲料零售商海大集团，排名第三的为医药零售商国药股份，此外双汇发展、苏泊尔、海信、伊利股份等都榜上有名。

| 证券简称 | 2017 年 | 净　利　率 | 周　转　率 | 首发上市日期 | 行　　业 |
|---|---|---|---|---|---|
| 老凤祥 | 21.30 | 3.69 | 2.90 | 1992-08-14 | 轻工制造 |
| 海大集团 | 19.91 | 3.77 | 2.78 | 2009-11-27 | 农林牧渔 |
| 国药股份 | 19.51 | 3.69 | 2.63 | 2002-11-27 | 医药生物 |
| 上海石化 | 23.17 | 6.69 | 2.50 | 1993-11-08 | 化工 |
| 双汇发展 | 29.97 | 8.92 | 2.28 | 1998-12-10 | 食品饮料 |
| 德赛电池 | 23.47 | 2.91 | 1.96 | 1995-03-20 | 电子 |
| 华东医药 | 22.71 | 6.78 | 1.83 | 2000-01-27 | 医药生物 |
| 平治信息 | 33.02 | 11.63 | 1.74 | 2016-12-13 | 通信 |
| 苏泊尔 | 26.86 | 9.22 | 1.67 | 2004-08-17 | 家用电器 |
| 海信家电 | 35.31 | 6.13 | 1.65 | 1999-07-13 | 家用电器 |
| 晨光文具 | 24.09 | 9.87 | 1.63 | 2015-01-27 | 轻工制造 |
| 伊利股份 | 24.91 | 8.82 | 1.54 | 1996-03-12 | 食品饮料 |

数据来源：WIND，初善君整理

到这里，我们思考一个问题，什么类型公司的周转率最高？对的，是贸易型公司，那么贸易型公司的最大特点是什么？是净利率低。这或许也是为什么高ROE公司里没有一家是贸易型公司。下表所示为A股周转率最高的8家公司，周转率都在4以上，但是净利率没有1家超过1%，也只有华塑控股的ROE超过15%了。但是华塑控股没有入选，笔者分析的这149家原因是2016年它是巨额亏损，未满足连续3年一直的稳定高ROE指标。

| 证券简称 | 2017 年 ROE（%） | 行　　业 | 净利率（%） | 周转率（%） | 权益乘数 |
|---|---|---|---|---|---|
| 远大控股 | −7.15 | 商业贸易 | −0.37 | 9.52 | 3.96 |
| 上海钢联 | 7.28 | 传媒 | 0.09 | 9.22 | 12.08 |
| 万邦德 | 7.00 | 建筑材料 | 0.69 | 7.79 | 1.34 |
| 华塑控股 | 29.75 | 建筑材料 | 0.55 | 6.93 | 7.69 |
| 浙商中拓 | 8.07 | 商业贸易 | 0.37 | 5.37 | 4.20 |
| 厦门象屿 | 8.10 | 交通运输 | 0.49 | 5.12 | 4.51 |
| 爱施德 | 7.11 | 商业贸易 | 0.70 | 5.07 | 2.10 |
| 仁智股份 | 0.28 | 采掘 | 0.02 | 4.20 | 1.17 |

数据来源：WIND，初善君整理

有人可能会对轻资产不能带来高ROE有疑问，比如互联网公司是不是可以。笔者特地查询了腾讯的报表，腾讯2004年至今，没有任何一年的周转率超过1，它的高ROE来源本质是高净利率，阿里巴巴的周转率更是在0.5以下。想通过轻资产的高周转率带来高ROE证实了是伪命题，这种公司一般是贸易类公司，由于净利率太低，不可能带来高ROE。而高周转率带来的高ROE模式一般是零售模式，这里本质上体现的是公司对渠道的控制。

（3）高杠杆

通过高杠杆带来的高ROE有两种，一种是行业特性带来的金融杠杆，如银行、证券、保险以及地产等。下表所示为选出公司里权益乘数大于4的15家公司，其中金融类业务4家，分别是贵阳银行、宁波银行、中国平安和招商银行，地产6家，分别是华夏幸福、万科A、新城控股、陆家嘴、招商蛇口及控股中海地产的中国建筑。可见高杠杆带来高ROE是行业属性。

| 证券简称 | 2017年ROE（%） | 净利率（%） | 周转率（%） | 权益乘数 | 首发上市日期 | 行　业 |
|---|---|---|---|---|---|---|
| 亚星客车 | 28.17 | 2.19 | 0.51 | 30.79 | 1999-08-31 | 汽车 |
| 贵阳银行 | 19.76 | 36.77 | 0.03 | 18.24 | 2016-08-16 | 银行 |
| 宁波银行 | 17.39 | 36.96 | 0.03 | 17.86 | 2007-07-19 | 银行 |
| 中国平安 | 20.80 | 11.22 | 0.15 | 14.09 | 2007-03-01 | 非银金融 |
| 招商银行 | 15.90 | 31.98 | 0.04 | 13.87 | 2002-04-09 | 银行 |
| 华夏幸福 | 28.12 | 14.77 | 0.19 | 10.02 | 2003-12-30 | 房地产 |
| 万科A | 22.80 | 15.32 | 0.24 | 8.11 | 1991-01-29 | 房地产 |
| 新城控股 | 33.99 | 15.45 | 0.28 | 8.08 | 2015-12-04 | 房地产 |
| 中国建筑 | 16.26 | 4.43 | 0.72 | 7.26 | 2009-07-29 | 建筑装饰 |
| 陆家嘴 | 22.38 | 39.42 | 0.12 | 5.76 | 1993-06-28 | 房地产 |
| 德赛电池 | 23.47 | 2.91 | 1.96 | 4.99 | 1995-03-20 | 电子 |
| 青岛海尔 | 23.65 | 5.68 | 1.13 | 4.83 | 1993-11-19 | 家用电器 |
| 招商蛇口 | 19.58 | 19.89 | 0.26 | 4.67 | 2015-12-30 | 房地产 |
| 长城影视 | 22.84 | 17.59 | 0.37 | 4.52 | 2006-10-12 | 传媒 |
| 欣旺达 | 20.98 | 4.02 | 1.31 | 4.13 | 2011-04-21 | 电子 |

*数据来源：WIND，初善君整理*

但是针对其他公司，亚星客车、德赛电池、长城影视和欣旺达，这些公司的高杠杆就很危险了，已经接近资不抵债，尤其是亚星客车，权益乘数高达30.79，资产负债率预计在95%左右。因此，并非ROE越高越好，高杠杆带来的高ROE需要仔细甄别，以防出现债务危机的公司。当然，这里笔者也特别好奇，这5家公司为什么可以长期维持如此高的杠杆带来的高ROE，背后或许有其他故事。

另一种是公司通过“拼杀”，形成寡头垄断，占用上下游资金形成的高杠杆。

比如，家电业公司或者是上汽集团，权益乘数基本在3以上，净利率除了格力电器外，也基本低于10%，但是ROE却基本高于20%（见下表）。

| 证券简称 | 2017年ROE（%） | 净利率（%） | 周转率（%） | 权益乘数 | 首发上市日期 | 行业 |
|---|---|---|---|---|---|---|
| 青岛海尔 | 23.65 | 5.68 | 1.13 | 4.83 | 1993-11-19 | 家用电器 |
| 海信家电 | 35.31 | 6.13 | 1.65 | 3.58 | 1999-07-13 | 家用电器 |
| 格力电器 | 37.51 | 15.00 | 0.76 | 3.33 | 1996-11-18 | 家用电器 |
| 上汽集团 | 16.49 | 5.41 | 1.33 | 3.15 | 1997-11-25 | 汽车 |
| 美的集团 | 25.63 | 7.69 | 1.16 | 3.10 | 2013-09-18 | 家用电器 |
| 小天鹅A | 23.12 | 7.99 | 1.06 | 3.09 | 1997-03-28 | 家用电器 |

*数据来源：WIND，初善君整理*

对于高杠杆带来的高ROE，还是需要大家去深入分析，不要被表象骗了。一般就两种，金融地产和拥有产业链话语权的公司。

大家想想怎么做可以提高ROE，最简单的办法就是减少净资产，比如分红、回购股票注销。因此我们在看ROE时，还需要辨别ROE的本质。投资上，我们要选择那些高ROE稳定的公司，这就需要我们透过现象去发现高ROE的本质，如果是高净利率带来的，那么公司靠什么维持高净利率，如果是高周转率或者高杠杆，那么它们背后的原因又是什么？我们需要选择那些可以长久维持高ROE的公司。

当然，在投资之前，这背后依然有两道坎需要我们迈过，一是公司成长性，二是公司现金流，且听下回分解。

### 3. 高ROE再分析：成长性和现金流重要吗

前面把149家公司高ROE来源进行了分析，高ROE来源无非就是高净利率、高周转率或者高杠杆，而对三者背后再次深入分析发现，投资是选择那些可以长久维持高ROE的公司，因此根据来源来判断能否长久维持即可。

但是投资时并非选择高ROE就无敌了，根据之前5个角度的分析，我们还需要看公司的成长性和现金流。

（1）高ROE与净利润增长率

在一些一知半解只看指标的人眼里，ROE和净利率增长率是有关系的：一般来说，净利润增长率等于ROE，如果公司分红的话，净利润增长率低于ROE。如果公司进行融资，那么净利润增长率会超过ROE。

为什么会有这个结论呢？因为假设ROE不变，一家净资产1亿元的公司，ROE

是20%的话，那么第一年净利润为0.2亿元，不分红的话净资产变成了1.2亿元，那么第二年净利润为1.2×20%=0.24亿元，净利润增长率为0.24/0.2−1=20%，也就是净利润增长率等于ROE。如果分红或者融资，净资产减少或者增加，自然引起净利润的变动，因此增速小于或者高于ROE。

这种观点近几年很少见了，这是以前银行投资者最喜欢的。因为几乎公司的任何一个行为都会影响ROE，ROE肯定是变化的，增厚的净资产怎么可能会跟原有的净资产一样带来收益呢？ROE是公司的最终结果，而净利润是原因，典型的本末倒置。

笔者认为ROE与净资产增长率有关系，但不是上面的关系，净利润增长率主要是营业收入增长率、毛利率和费用率三者驱动，在净资产增速较低的情况下，净利润增长率可以提高ROE。

如下表所示，虽然这些公司的ROE符合连续高ROE的特点，但是随着2018年前三季度净利润增长率大幅下滑，其ROE也大幅下滑（即使按照年化ROE）。比如，环保产业的三聚环保和清新环境，由于受到产业政策的影响，净利润高增长不在，ROE下滑不可避免。

| 证券简称 | 净资产收益率 ROE（%） | | | | 净利润同比增长率（%） | | | |
|---|---|---|---|---|---|---|---|---|
| | 2018 年前三季度 | 2017 年 | 2016 年 | 2015 年 | 2018 年前三季度 | 2017 年 | 2016 年 | 2015 年 |
| 三聚环保 | 13 | 34 | 29 | 25 | −37 | 62 | 101 | 98 |
| 亚星客车 | 10 | 28 | 64 | 36 | −36 | −20 | 313 | 111 |
| 海信家电 | 17 | 35 | 24 | 15 | −33 | 80 | 110 | −24 |
| 同花顺 | 10 | 24 | 48 | 58 | −32 | −40 | 27 | 1,483 |
| 清新环境 | 11 | 17 | 23 | 19 | −19 | −11 | 45 | 87 |
| 恒顺众昇 | 13 | 19 | 18 | 35 | −17 | 26 | −22 | 189 |
| 鄂武商 A | 10 | 19 | 19 | 21 | −11 | 25 | 24 | 25 |

*数据来源：WIND，初善君整理*

当然，与此相反，那些净利润高速增长的公司ROE也在上涨。比如下表中的平治信息，2018年前三季度净利润增长率为225%，其前三季度ROE为43%，远超2017年全年的33%。

| 证券简称 | 净资产收益率 ROE（%） | | | | | 净利润同比增长率（%） | | | |
|---|---|---|---|---|---|---|---|---|---|
| | 2018 年前三季度 | 2017 年 | 2016 年 | 2015 年 | 平均 ROE | 2018 年前三季度 | 2017 年 | 2016 年 | 2015 年 |
| 平治信息 | 43 | 33 | 27 | 26 | 32 | 225 | 119 | 88 | 27 |
| 名家汇 | 20 | 26 | 23 | 20 | 22 | 128 | 72 | 102 | 4 |
| 招商蛇口 | 12 | 20 | 19 | 15 | 16 | 106 | 24 | 51 | 22 |
| 新城控股 | 15 | 34 | 22 | 19 | 23 | 101 | 98 | 32 | 34 |
| 先导智能 | 18 | 29 | 35 | 29 | 28 | 96 | 85 | 100 | 122 |
| 南极电商 | 14 | 23 | 22 | 21 | 20 | 85 | 77 | 76 | 159 |
| 精测电子 | 20 | 21 | 21 | 37 | 25 | 82 | 88 | 16 | 50 |
| 浙江鼎力 | 17 | 17 | 17 | 20 | 18 | 74 | 62 | 39 | 37 |
| 西藏药业 | 11 | 17 | 34 | 21 | 21 | 70 | 17 | 120 | 349 |
| 长春高新 | 18 | 16 | 17 | 24 | 19 | 68 | 37 | 26 | 21 |

数据来源：WIND，初善君整理

我们可以判断ROE与净利润增长率的关系：净利润增长率可以提高ROE，关键看净利润增长率和净资产增长率的大小，净利润增长率大于净资产增长率时，ROE提高。

净资产增长率，如果不分红，就是上一年度ROE。因此简化一下：如果净利润增长率大于ROE，那么下一年度ROE还会继续提高。或许这才是成长股投资的真谛：净利润的快速增长和ROE的不断提高带来的双击。比如，老板电器2011—2016年，ROE由12.98%提升至33.07%，主要驱动力可以理解为净利润的高速增长，净利润增长率远超ROE（见下图）。

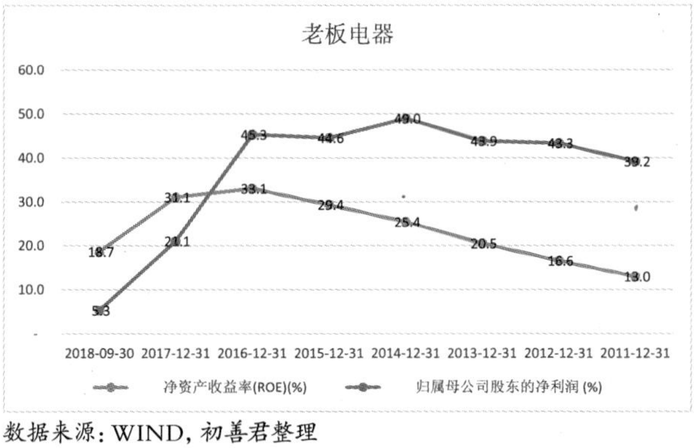


数据来源：WIND，初善君整理

投资时，ROE重要还是净利润增长率重要，笔者认为都重要，缺一不可，毕竟净利润增长率可以提高ROE。同时，我们要规避那些看起来ROE很高，但是净利润开始下滑的公司，因为它的ROE也会下滑，带来双杀。比如，上面提到的老板电器，2017年净利润增速下滑至21.1%，低于当年的ROE为31.1%，于是ROE也开始下滑了。

总之，选择能维持高净利率的公司，而规避那些高净利率可能下滑的公司。

（2）高ROE与收现比

高的ROE并不能必然带来高的收现比，ROE是商业模式决定的，收现比也是商业模式决定的。

笔者换个逻辑，使用三年一期平均收现比，如果这个比例小于90%，意味着三年一期实现收入的10%都没能收回现金。理论上这种公司的商业模式是值得商榷的，有点价值毁灭的意思。

统计发现，这149家公司中合计28家公司的收现比小于90%。主要分布在环保（3家）、电子（4家）、电气设备（4家）、医药生物（3家）、汽车（3家）。这些公司的收现比不行，好像确实是商业模式的问题，明明ROE那么高，如环保的三聚环保、清新环境和中再资环，下游主要是化工公司或者Gov，如浙江仙通、川环科技，下游都是大的整车厂，现金流自然不会太好。

笔者本来以为这些都是很苦的行业，却没想到美的集团、格力电器、小天鹅A等绩优家电股的收现比也这么差，四期平均下来分别是86.66%、76.97%和88.45%，其中格力电器的收现比与三聚环保类似（见下表），您敢信？

| 证券简称 | 2017 年 ROE | 行业 | 收现比（%） | | | | |
|---|---|---|---|---|---|---|---|
| | | | 2018 年前三季度 | 2017 年 | 2016 年 | 2015 年 | 四期平均 |
| 美的集团 | 25.63 | 家用电器 | 77.94 | 81.35 | 96.40 | 90.94 | 86.66 |
| 格力电器 | 37.51 | 家用电器 | 57.29 | 72.56 | 64.54 | 113.48 | 76.97 |
| 大华股份 | 25.44 | 电子 | 93.79 | 85.57 | 87.15 | 78.10 | 86.15 |
| 大族激光 | 27.10 | 电子 | 77.82 | 85.05 | 85.76 | 92.96 | 85.40 |
| 汇川技术 | 20.90 | 电气设备 | 85.55 | 71.00 | 69.71 | 92.50 | 79.69 |
| 华兰生物 | 18.48 | 医药生物 | 93.49 | 73.04 | 83.04 | 98.78 | 87.09 |
| 中航光电 | 18.35 | 电子 | 71.65 | 80.89 | 81.51 | 86.69 | 80.19 |
| 小天鹅 A | 23.12 | 家用电器 | 75.33 | 82.11 | 99.32 | 97.02 | 88.45 |
| 三聚环保 | 33.69 | 公用事业 | 69.96 | 84.10 | 85.94 | 68.41 | 77.10 |
| 宏发股份 | 18.67 | 电气设备 | 82.08 | 91.38 | 85.80 | 91.61 | 87.72 |

数据来源：WIND，初善君整理

那么问题来了，收现比类似的情况下，为什么格力电器、美的集团的净现比要好得多的多？秘密在于笔者前面提到的ROE高的第三个原因中的高杠杆，即格力集团和美的集团都是通过压榨上游来实现高净现比的。比如，格力电器的间接法现金流量表，2010—2017年累计实现净利润928.92亿元，经营活动现金流量净额高达1 298.87亿元，净现比高于1，应收账款虽然增加了108.62亿元，但是应付账款大幅增加了641.71亿元（见下表）。这就是家电净现比高的秘密。

| 补充资料 | 2010—2017 年累计 |
| --- | --- |
| 净利润 | 9 289 215 |
| 加：资产减值准备 | 108 446 |
| 固定资产折旧、油气资产折耗、生产性生物资产折旧 | 924 336 |
| 无形资产摊销 | 43 525 |
| 长期待摊费用摊销 | 13 572 |
| 处置固定资产、无形资产和其他长期资产的损失 | 6 022 |
| 固定资产报废损失 | 744 |
| 公允价值变动损失 | 4 020 |
| 财务费用 | −135 559 |
| 投资损失 | 15 355 |
| 递延所得税资产减少 | −973 231 |
| 递延所得税负债增加 | 43 163 |
| 存货的减少 | −1 086 224 |
| 经营性应收项目的减少 | −1 665 828 |
| 经营性应付项目的增加 | 6 417 131 |
| 其他 | −2 137 |
| 间接法 – 经营活动产生的现金流量净额 | 12 988 678 |

*数据来源：WIND，初善君整理*

因此，收现比低不是最可怕的，只要你能通过“压榨”上游获取现金也是一种选择和能力，光看收现比可能不够，还需要再看净现比。

最后，哪些高ROE公司的收现比最好呢，房地产和食品饮料，收现比超过119%的一共就10家，房地产和食品饮料就占了7家。此外，老凤祥、浙江美大和吉祥航空的收现比也是让人羡慕的（见下表）。这些公司收现比好的本质还是因为都是To C的，消费公司是好的股票这两年开始深入人心，不过以后就不知道了。

| 证券简称 | 2017 年 ROE | 行业 | 收现比（%） | | | | |
|---|---|---|---|---|---|---|---|
| | | | 2018 年前三季度 | 2017 年 | 2016 年 | 2015 年 | 四期平均 |
| 新城控股 | 33.99 | 房地产 | 294.26 | 136.92 | 136.71 | 111.72 | 169.90 |
| 华夏幸福 | 28.12 | 房地产 | 117.45 | 130.88 | 167.47 | 198.81 | 153.65 |
| 招商蛇口 | 19.58 | 房地产 | 197.16 | 107.44 | 100.27 | 124.44 | 132.33 |
| 元祖股份 | 17.79 | 食品饮料 | 118.70 | 134.94 | 137.22 | 138.43 | 132.32 |
| 万科 A | 22.80 | 房地产 | 155.63 | 151.67 | 119.15 | 98.14 | 131.15 |
| 贵州茅台 | 32.95 | 食品饮料 | 110.29 | 110.66 | 157.00 | 113.54 | 122.87 |
| 老凤祥 | 21.30 | 轻工制造 | 107.30 | 126.76 | 127.08 | 124.83 | 121.49 |
| 洋河股份 | 23.85 | 食品饮料 | 106.32 | 119.05 | 133.09 | 121.42 | 119.97 |
| 吉祥航空 | 16.29 | 交通运输 | 119.22 | 115.57 | 121.44 | 122.70 | 119.73 |
| 浙江美大 | 24.82 | 家用电器 | 117.19 | 121.43 | 119.74 | 117.78 | 119.04 |

数据来源：WIND，初善君整理

投资上，除了高ROE外，成长性和现金流也是必不可少的，毕竟大家好才是真的好，大家好才是最好的商业模式。

**案例：**银行的ROE为什么一直降低——简评招商银行半年报

2019年8月23日晚，招商银行披露半年报，2019年上半年，招行实现营业收入1 383.01亿元，同比增长9.64%；实现归属于本行股东的净利润506.12亿元，同比增长13.08%，考虑到券商对招行的一致预期，此收入利润基本符合预期（见下图）。

| | 2020-12-31 | 2019-12-31 | 2019-06-30 | 2018-12-31 | 2017-12-31 | 2016-12-31 |
|---|---|---|---|---|---|---|
| 报告期 | 年报 | 年报 | 中报 | 年报 | 年报 | 年报 |
| 数据来源 | 盈利预测 | 盈利预测 | 合并报表 | 合并报表 | 合并报表 | 合并报表 |
| 利润表摘要 | | | | | | |
| 营业总收入 | 2,966.31 | 2,716.16 | 1,383.01 | 2,485.55 | 2,208.97 | 2,090.25 |
| 同比(%) | 9.21 | 9.28 | 9.64 | 12.52 | 5.33 | 3.75 |
| 营业总成本 | | | 734.65 | 1,419.47 | 1,303.57 | 1,313.07 |
| 营业利润 | 1,325.34 | 1,179.59 | 648.36 | 1,066.08 | 905.40 | 777.18 |
| 同比(%) | | | 9.91 | 17.75 | 15.47 | 4.67 |
| 利润总额 | 1,332.52 | 1,185.84 | 648.73 | 1,064.97 | 906.80 | 789.63 |
| 同比(%) | | | 10.06 | 17.44 | 14.84 | 5.17 |
| 净利润 | | | 508.58 | 808.19 | 706.38 | 623.80 |
| 归属母公司股东的净利润 | 1,030.27 | 908.79 | 506.12 | 805.60 | 701.50 | 620.81 |
| 同比(%) | 13.37 | 12.81 | 13.08 | 14.84 | 13.00 | 7.60 |
| 非经常性损益 | | | 4.38 | 4.31 | 3.81 | 9.39 |
| 扣非后归属母公司股东的净利润 | | | 501.74 | 801.29 | 697.69 | 611.42 |
| 同比(%) | | | 12.54 | 14.85 | 14.11 | 7.18 |

数据来源：WIND，初善君整理

其他的不良资产总额、收入结构、零售战略等略过不谈，谈一个有意思的知识点。

从下图可以看到，从2012年开始，招商银行ROE逐年下滑，由2012年最高的24.78%下滑至2018年的15.79%，下降了36%。当然，这不是招商银行的独有问题，其他股份制银行或者大行都存在同样的问题。

| | 2019-06-30 | 2018-12-31 | 2017-12-31 | 2016-12-31 | 2015-12-31 | 2014-12-31 | 2013-12-31 | 2012-12-31 |
|---|---|---|---|---|---|---|---|---|
| 报告期 | 中报 | 年报 | 年报 | 年报 | 年报 | 年报 | 年报 | 年报 |
| 杜邦分析 | | | | | | | | |
| 净资产收益率(ROE)(%) | 9.14 | 15.79 | 15.90 | 16.27 | 17.09 | 19.28 | 22.22 | 24.78 |
| 同比增长率 | 0.11 | -0.67 | -2.29 | -4.80 | -11.38 | -13.20 | -10.35 | 2.55 |

数据来源：WIND，初善君整理

如下图所示，优秀的兴业银行，ROE从2011年的24.62%下降至2018年的13.73%，接近腰斩。

| | 2019-03-31 | 2018-12-31 | 2017-12-31 | 2016-12-31 | 2015-12-31 | 2014-12-31 | 2013-12-31 | 2012-12-31 | 2011-12-31 |
|---|---|---|---|---|---|---|---|---|---|
| 报告期 | 一季报 | 年报 | 年报 | 年报 | 年报 | 年报 | 年报 | 年报 | 年报 |
| 杜邦分析 | | | | | | | | | |
| 净资产收益率(ROE)(%) | 4.15 | 13.73 | 14.91 | 16.23 | 17.57 | 20.60 | 22.32 | 24.38 | 24.62 |
| 同比增长率 | 0.15 | -7.92 | -8.08 | -7.64 | -14.71 | -7.70 | -8.47 | -0.96 | 0.75 |

数据来源：WIND，初善君整理

如下图所示，另一家股份制银行平安银行，ROE从2011年的19.24%下降至2018年的10.74%，也是接近腰斩。

| | 2019-06-30 | 2018-12-31 | 2017-12-31 | 2016-12-31 | 2015-12-31 | 2014-12-31 | 2013-12-31 | 2012-12-31 | 2011-12-31 |
|---|---|---|---|---|---|---|---|---|---|
| 报告期 | 中报 | 年报 | 年报 | 年报 | 年报 | 年报 | 年报 | 年报 | 年报 |
| 杜邦分析 | | | | | | | | | |
| 净资产收益率(ROE)(%) | 6.20 | 10.74 | 10.93 | 12.43 | 14.95 | 16.30 | 15.47 | 16.95 | 19.24 |
| 同比增长率 | 4.42 | -1.75 | -12.04 | -16.88 | -8.24 | 5.32 | -8.74 | -11.90 | -17.34 |

数据来源：WIND，初善君整理

如下图所示，工商银行，ROE从2011年的23.44%下降至2018年的13.36%，2019年一季度继续下滑。

| | 2019-03-31 | 2018-12-31 | 2017-12-31 | 2016-12-31 | 2015-12-31 | 2014-12-31 | 2013-12-31 | 2012-12-31 | 2011-12-31 |
|---|---|---|---|---|---|---|---|---|---|
| 报告期 | 一季报 | 年报 | 年报 | 年报 | 年报 | 年报 | 年报 | 年报 | 年报 |
| 杜邦分析 | | | | | | | | | |
| 净资产收益率(ROE)(%) | 3.46 | 13.36 | 13.96 | 14.80 | 16.69 | 19.67 | 21.90 | 22.92 | 23.44 |
| 同比增长率 | -5.69 | -4.35 | -5.68 | -11.32 | -15.12 | -10.18 | -4.46 | -2.22 | 6.03 |

数据来源：WIND，初善君整理

为什么存在这个问题呢？ROE拆解的三要素是净利率、周转率和杠杆，究竟是哪一项下降导致银行的ROE在下降呢？从三要素角度很难理解这个问题，我们换个角度。

ROE与净利润增长率的关系：净利润增长率可以提高ROE，关键看净利润增长率和净资产增长率的大小，净利润增长率大于净资产增长率时，ROE提高。如果不分红，净资产增长率就是ROE。

结论：不分红时，净利润增长率大于ROE，则ROE提高，反之亦然。

比如，招商银行2012年净利润增长率为25.30%，2011年ROE为24.17%，所以2012年招商银行的ROE增长了2.55%，达到24.78%。

对于银行来说，由于净利润增长率逐年降低，而且增长率低于ROE，那么ROE降低是不可避免的，招商银行也不例外。

那么，能否稳住呢？

当然可以，即ROE降低至净利润增长率水平时就可以稳住。比如，2018年招商银行净利润增长14.85%，考虑到分红，ROE也能维持在15%左右。

对于从ROE投资银行股的读者来说，这是相对的好消息。如果维持净利润增长率，ROE算是保住了，否认ROE还会继续降低，比如工商银行，它们基数太大了，分红又少。

# 第十三章

# 估值方法

估值，对于投资者来说，顾名思义，就是判断上市公司值多少钱。如果可以相对准确地判断上市公司值多少钱，那么根据价值投资的基本原理：价格（也就是现在的市场价）总在价值两边波动，我们就能判断现在价格是高了还是低了，从而进行相应的操作：买入或者卖出，等到价值回归，就能美滋滋地赚钱了。

招商银行10年来最低市盈率只有4.55倍，最高市盈率也不过15倍；贵州茅台10年来最低估值8.83倍，最高估值约35倍；恒瑞医药10年来最低估值32倍，最高估值约70倍。

这3家公司的不同点是估值相差巨大，相同点是这些都是行业最优秀的公司，10年来股价基本都涨了10倍左右。那么多少倍市盈率算合理估值呢？

估值方法非常多。比如，现金流量折现、市盈率、市净率、净销率等，其中现金流量折现法是绝对估值法，意思就是算出来多少就是多少，而市盈率、市净率是相对估值法，没有绝对的高低，只有比较才有意义。

下面我们就从最简单的市盈率开始讲起。

## 一、市盈率估值

### 1. 市盈率的概念

市盈率，指一家上市公司股票股价与每股盈利的比率，其计算公式为：市盈率=股价/每股盈利，即PE（市盈率）=P（股价）/E（每股盈利）。其中：E的数值一般采用最近一个完整财年的每股盈利数据，而P的数值则是目前时点目标个股的最新股价。由此可知，对于一家上市公司来说，市盈率是个动态的数据。

那么，市盈率的本质意义是什么呢？股价是你买这只股票所花费的成本，而盈利是买这只股票每年所获得的回报。假设某只股票的市价为20元，而过去1年的每股盈利为1元，那么市盈率=20/1=20倍。如果每年这只股票每股盈利都能维持在1元，那么就意味着20年时间就能够收回当初投资的成本。换句话来说，市盈率越低，公司更快地赚回你的投入金额，市盈率的本质是一笔投资回本所需的时间。

例如，截至2019年7月3日收盘，贵州茅台股价987.90元，每股收益30.18元，那么，市盈率为987.90/30.18=32.73倍。换句话说，假设你现在花987.90亿元买入贵州茅台，假设贵州茅台未来每股收益不变，那么，贵州茅台需要32.73年（市盈率）才能赚回你的投入金额。当然，大家给贵州茅台这么高的估值，原因是预期贵州茅台的净利率可以持续快速增长。

如果公式的右边分子、分母同时乘以股本，就可以得到一个简版：PE=公司市值/归母净利润，这也是笔者最常用的估算方式，省略了计算股本的麻烦，直接看净利润就能估算市值空间。当然，这个公式充分说明了股价是由市场先生（PE）和公司业绩（净利润）共同决定的，投资者行为决定短期股价，公司业绩决定长期股价。

公式可以转换成：市值=PE×净利润，我们在股市赚钱，要么是PE增加了，要么是净利润增加了。

市盈率法的关键是分母，也就是净利润。因此，理解计算准确的净利润无比重要。考虑到净利润易受会计处理的影响，容易被调节，如果不能识别操纵利润的手段，那么使用市盈率法时只能被牵着鼻子走了。

首先，计算时需要使用扣非净利润，上市公司调节利润的手段太多了，需要注意区分，防止因为净利润陷入估值陷阱。比如，笔者介绍过美凯龙，估值只有9倍市盈率，但是15亿元以上的利润是投资性房地产公允价值变动带来的，不能带来现金流，属于隐蔽的估值陷阱。

其次，净利润是向下游压货带来的，关注应收账款的变化。一旦是向下游压货取得的收入利润，明显是不可持续的，报表表现是应收账款增速大于营业收入增速。比如，中报爆雷的东阿阿胶，2018年和2019年一季度营业收入分别下降了0.46%和24%，但是应收账款分别增长了118%和17%，这种依靠压货的方式笔者早就说过迟早爆雷：东阿阿胶2019年二季度单季度亏损约2亿元。

所以盈利的质量非常重要，这就需要读财报的全系统知识。

**2. 市盈率的分类**

最常见的市盈率概念包括静态市盈率、动态市盈率和滚动市盈率，每一个概念稍微有点儿区别，区别在于净利润的选择。

静态市盈率是用当前市值除以上一个会计年度的净利润，理论上2019年4月之后，看到的静态市盈率都是当天市值除以2018年的归母净利润，可是这时已经是2019年了，而还用2018年的数据来评估股票，显然有点儿不合理，而且参考价值也不大。

于是滚动市盈率诞生，滚动市盈率是用当前市值除以过去4个季度的净利润加总，等于每股市价/最近4个季度每股盈利，也就是说2019年5月看到的是2018年二三四季度加上2019年一季度的利润计算出来的。

但有一些净利润增长速度比较快的公司，看似滚动市盈率很高，等到下一期的报告出来，净利润大增的话，现在的价格又显得很便宜。

于是动态市盈率应运而生，动态市盈率是用当前市值除以本会计年度的净利润，这个本年度的净利润是预计净利润，至于是谁预期的，WIND一般是分析师的一致预期，雪球使用的应该是一季度净利润×4计算出来的。

比如贵州茅台，2018年实现归母净利润352亿元，那么静态市盈率是35.19倍（见下图）。2019年一季度净利润为112.21亿元，那么预计年利润为448.84亿元，计算出来的动态市盈率为27.60倍，但是WIND一致预期2019年实现净利润428亿元，计算出来的动态市盈率为28.9倍，另外TTM市盈率为32.67倍。

贵州茅台(SH:600519) 沪股通 可融资 可卖空 … ✓已添加

¥986.09 +4.59 +0.47% 休市 07-12 15:00:00（北京时间）

| | | | |
|---|---|---|---|
| 最高：991.50 | 今开：981.30 | 涨停：1079.65 | 成交量：28173手 |
| 最低：980.01 | 昨收：981.50 | 跌停：883.35 | 成交额：27.79亿 |
| 量比：0.81 | 换手：0.22% | 市盈率(动)：27.60 | 市盈率(TTM)：32.67 |
| 委比：85.45% | 振幅：1.17% | 市盈率(静)：35.19 | 市净率：9.98 |
| 每股收益：30.18 | 股息：14.54 | 总股本：12.56亿 | 总市值：1.24万亿 |
| 每股净资产：98.76 | 股息率：1.47% | 流通股：12.56亿 | 流通值：1.24万亿 |
| 52周最高：1035.60 | 52周最低：501.60 | 货币单位：CNY | |

数据来源:WIND，初善君整理

那么，我们究竟要看哪个市盈率呢？静态是过去，TTM代表的现在，动态代表的是未来，因此动态市盈率最重要。但是如何预测未来一年的业绩，确实难点，雪球这种单季度利润×4或者半年度利润×2的做法比较笼统，参考意义不大，而WIND这种一致预期，基本也不是很准。因此，难点最终是如何预测公司未来的净利润，这是我们的下一个议题，这里略过不提。

预测对了，超额收益，预测错了，可能……

### 3. 不同行业的估值不同

在A股有个典型特点，就是不同行业通常会有不同的估值水平，而且这种估值水平会维持非常长的时间，时间长到我们认为这都是合理的。举例来说，银行业公司的长期PE水平都维持在10倍以下，而医药行业公司估值都在30倍以上。为什么会呈现这种差异呢？是否存在本质原因呢？

这里笔者和大家一起学习一点理论知识。

自由现金流模型中有个公式，假设把净利润当作自由现金流，那么P=EPS/（R−G)。其中：P=公司股价，EPS=下一年预期的每股收益，R=股权投资的要求回报率（贴现率），G=每股收益的增长率(永久性）。

那么，PE（市盈率）=P/EPS=1/（R−G)。也就是说市盈率与每股收益无关，而是由股权投资的要求回报率和增长率决定。

假如你要求的收益率是10%，每股收益的永续增长率为6%，那么PE=1/(10%−6%)=25倍，如果永续增长率为零，那么PE=1/10%=10倍，如果要求的收益率是30%，那么PE=1/(30%−6%)=4.16倍。

因此，市盈率主要跟你要求的回报率R和永续增长率G有关。显而易见，你要求的回报率R越高，那么，你可以买入的市盈率估值越低。如果大家要求的R是一样的，都是10%，区别就是G，医药行业作为常青藤行业，G可以大一些到6%，合理估值就是25倍，而银行业的永续增长基本是与GDP持平或者下降的，如果取1%，合理估值就是11倍。这也解释了为什么消费公司的估值也比较高，因为G高，

不同行业的估值不同，表面看是由其眼前增速决定，本质是由其永续增长率决定的。

有人会质疑，很多公司的净利润增长率都在30%以上，甚至可以维持多年30%以上，那么永续增长率可以取多少？在理论界，永续增长率的区间是0%~6%，极少有更高的永续增长率，这里关键看行业。

### 4. 如何判断市场整体估值

我们经常看到某某人说A股整体处于估值低估区域，值得投资，这种说法的依据无非是上证50估值多少倍，沪深300估值多少倍，处于历史较低空间，这种说法靠谱吗？如何理解呢？

看看具有百年历史的美国证券市场，美国股票市盈率整体处于10~20倍的波动区间，平均在15倍，15倍左右的PE应该是市场估值的中值。为什么是15倍呢，一种解释是这对应6.7%的长期回报率，是无风险收益率（长期国债利率）基础上加一点风险溢价构成的。所以，当我们看整体估值时，完全是可以判断市场的位置。

上证50指数由沪市A股中规模大、流动性好的最具代表性的50只股票组成。下图所示为上证50的估值图，可以看到2009年至2019年10年，PE在6.95~27.43波动，目前是9.9倍，处于分位点为41.74%，中等偏低的位置。

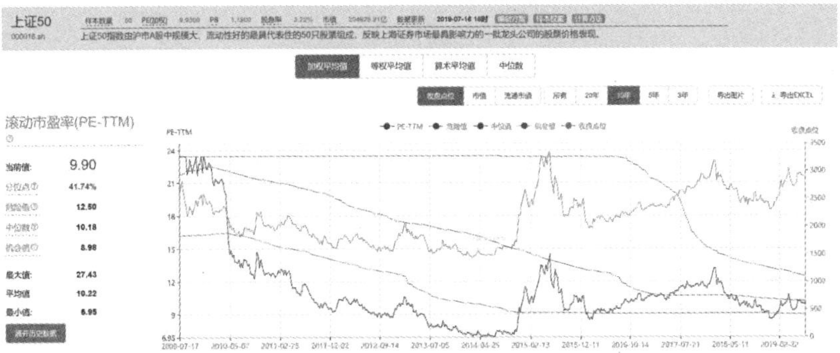


数据来源：WIND，初善君整理

沪深300指数由上海和深圳证券市场中市值大、流动性好的300只股票组

成，综合反映A股市场上市股票价格的整体表现。看沪深300的估值区间8~31.38倍，当前值12.31倍，分位点为48.77%（见下图）。

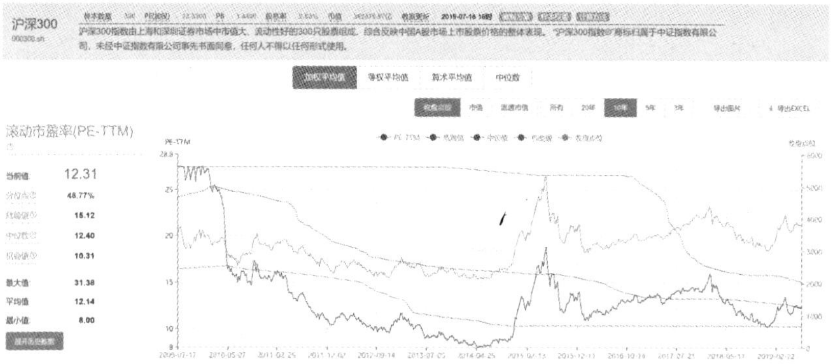


数据来源：WIND，初善君整理

再看更具代表性的中证500，中证500指数由全部A股中剔除沪深300指数成分股及总市值排名前300名的股票后，总市值排名靠前的500只股票组成，综合反映A股市场中一批中小市值公司的股票价格表现。中证500的估值为16.26~95.47倍，现在位于分位点9.83%，看似不高，但是绝对值较高（见下图）。

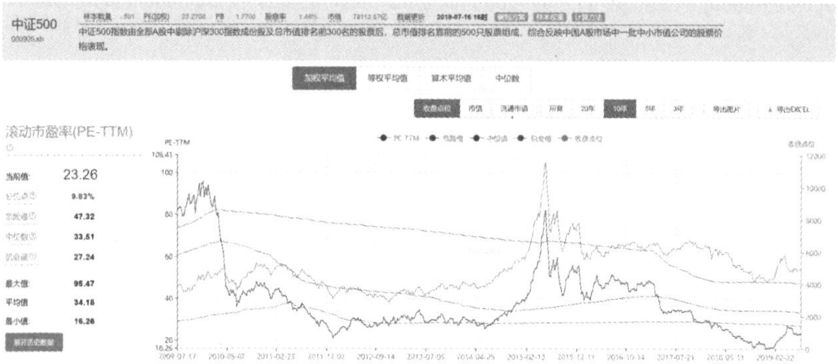


数据来源：WIND，初善君整理

从上证50、沪深300和中证500估值对比来看，市值越高，估值越低，上证50和沪深300的整体估值基本来到平均附近，沪深300估值虽然分位点低，但是绝对值还是蛮高（见下图）。

整体来看，现在市场主要公司估值合理偏低，毕竟我们是快速发展的经济体。这种方法特别适合做指数基金定投的投资者。

大家猜猜全市场估值最低的地方在哪里？当然是B股了。

| 指数名称 | 发布时间 | 样本 | PE-TTM | | | PB | | | |
|---|---|---|---|---|---|---|---|---|---|
| | | | 当前值 | 分位点 | 历史均值 | 当前值 | 分位点 | 历史均值 | 当前值 |
| 上海B股 | 1994-01-01 | 51 | 2.75 | 37.99% | 3.08 | 0.15 | 0.16% | 0.24 | 0.06 |
| 沪深B股 | 1994-01-01 | 99 | 11.09 | 51.97% | 10.75 | 0.56 | 1.23% | 0.97 | 0.31 |
| 上海A股 | 1994-01-01 | 1462 | 13.15 | 42.52% | 13.53 | 1.38 | 15.83% | 1.67 | 1.11 |
| 沪深A股 | 1994-01-01 | 3613 | 17.04 | 45.07% | 17.03 | 1.62 | 15.75% | 2.02 | 1.28 |
| 深圳B股 | 1994-01-01 | 48 | 18.92 | 58.55% | 17.64 | 0.88 | 1.07% | 1.65 | 0.65 |
| 上海非金融A股 | 1994-01-01 | 1405 | 19.35 | 38.90% | 23.57 | 1.79 | 25.86% | 2.12 | 0.88 |
| 深证成指 | 1995-01-01 | 500 | 23.18 | 57.48% | 22.01 | 2.44 | 31.46% | 2.83 | 1.74 |
| 中小板指 | 2006-01-24 | 100 | 24.29 | 12.29% | 30.66 | 3.21 | 8.51% | 4.13 | 2.09 |
| 沪深非金融A股 | 1994-01-01 | 3527 | 24.76 | 44.74% | 29.03 | 2.03 | 21.92% | 2.52 | 1.11 |
| 深证综指 | 1991-04-03 | 2199 | 34.87 | 56.50% | 33.57 | 2.29 | 8.84% | 3.19 | 1.70 |
| 深圳A股 | 1994-01-01 | 2151 | 36.31 | 58.18% | 34.47 | 2.36 | 9.58% | 3.26 | 1.76 |
| 中小板全指 | 2005-12-01 | 932 | 44.44 | 58.35% | 40.98 | 2.54 | 7.36% | 3.89 | 1.86 |
| 创业板指 | 2010-06-01 | 100 | 49.71 | 50.52% | 48.24 | 4.44 | 38.31% | 4.79 | 4.00 |
| 创业板全指 | 2010-05-01 | 756 | 172.71 | 98.02% | 57.03 | 3.50 | 26.83% | 4.35 | 3.67 |

数据来源：WIND，初善君整理

### 5. PEG估值

由于有些公司的净利润增速特别快，使用PE估值时会显得很高。因此，彼得·林奇发明了适合成长股投资的估值指标——PEG指标。这个指标的本质意义在于，在市盈率一样的前提下优先选择净利润增速高的公司，或者在同样的增长速度下选择市盈率较低的公司。

PEG=市盈率（PE）/净利润增长率（G），这里的PE笔者认为选择预期PE、滚动PE或者静态PE都是可以的，主要是理解这个公式的含义。增长率，笔者认为选择下一年度的增长率可能有点短，至少要选择可预见未来2年的复合增长率。比如，某股票的静态市盈率为40，预期其未来2年利润复合增速为40%，则PEG=40/40=1。

关于PEG有种大家几乎公认的说法，当PEG=1时，股票价格合理；当PEG≤0.5时，股票价格为明显低估状态；当PEG值≥2时，股票价格处于明显高估状态。

这种公认的说法也是有原因的。假设一家公司的市盈率是40倍，看着很高，预计公司未来3年的净利润增速是40%，如果股价不涨的话，3年后市盈率是多少倍呢？T年每股收益1元，T+1年是1.4元，PE变成了28.57，T+2年是1.96，PE变成了20.40，T+3年是2.74元，PE变成了14.59。即使市盈率下降至30倍，股价也翻倍了。要是市盈率维持在40倍，那么3年的收益率高达174%。所以，成长股投资收益几乎是最高的。

买股票就要买成长最快的股票。

然而很多人刚刚接触到PEG，看到某某股票，一季度的增速是300%，现在市盈率是60倍，那PEG=60/300=0.2，是不是很低估，以为捡到了宝，可以买。殊不知关键在于盈利的稳定性和可预测性。

盈利的稳定性。如果公司的盈利是不稳定的，谈不上用PEG估值。比如，周期性明显的公司，盈利的稳定性才是PEG投资的核心。

可预测性。可预测性的含义在于公司要保持一定的竞争力，比较方便准确地预测公司的未来盈利。

所以，很多估值看起来简单，务必了解其内涵，灵活运用。很多成长股的典范这两年都遇到了成长的烦恼，如老板电器、网宿科技等，大家可以学习相关案例。

### 6. 戴维斯双击

有一种投资方法比PEG收益率还高，其原则是在低市盈率买入股票，待成长潜力显现后，以高市盈率卖出，从而赚取公司成长和估值提升的双重收益。这就是无数投资者为其倾倒且鲜有成功案例的“戴维斯双击”。

杨天南先生的书《戴维斯王朝》有记录，戴维斯1950年时买入保险股，此时PE只有4倍，每股收益为1美元，10年后保险股的PE已达到18倍，每股收益为8美元。换句话说，戴维斯4美元买入，“8×18美元”的价格卖出，戴维斯双击就是这么厉害。

A股市场由于估值一直比较高，戴维斯双击的例子不多。不过这两年的白马股行情都可以理解为戴维斯双击：股价涨幅远大于盈利涨幅，其他涨幅全靠估值提升。

贵州茅台2014年盈利154亿元，2019年预计盈利429亿元，涨了2.78倍，股价由90元涨到了1 000元，超过10倍，所以估值从10倍提升到目前的35倍左右。

招商银行2014年盈利559亿元，2019年预计盈利909亿元，涨了1.62倍，股价由10元涨到了37元，涨了3.7倍，所以估值从5倍到现在11倍左右。

当然，A股戴维斯双杀的太多了，你们猜猜看，现在涨起来的白马，哪些可能会遇到双杀？

### 7. 三年一倍估值法

如果说PEG和戴维斯双击是可遇不可求的投资机会，同时风险可能比较高，那么，市盈率还有哪些稳健的用法呢？

下面介绍一种三年一倍的估值法，三年一倍的话年化收益率是多少呢？看似不高，其实高达25%，这个收益率水平非常厉害了。

假设一家公司未来3年净利润增长约25%，同时公司估值较低（什么叫较低，大概率就是低于20倍），那么3年后，估值不变的话，基本就是三年一倍了。如果估值有所提升，那么三年不止一倍。

这种方法的关键就在于公司本身估值低，成长性稳定且还好。

肯定有人会说，哪有这种好事呢？其实市场上这种机会很多，关键是要去寻找。

比如，有一家公司2019年、2020年预计收入增长34%和29%，净利润预计增长30%和26%，该公司目前滚动市盈率只要14倍（见下图）。

| | 2020-12-31 | 2019-12-31 | 2019-03-31 | 2018-12-31 | 2017-12-31 | 2016-12-31 |
|---|---|---|---|---|---|---|
| 报告期 | 年报 | 年报 | 一季报 | 年报 | 年报 | 年报 |
| 数据来源 | 盈利预测 | 盈利预测 | 合并报表 | 合并报表 | 合并报表 | 合并报表 |
| 日 利润表摘要 | | | | | | |
| 营业总收入 | 72.43 | 56.14 | 7.85 | 41.98 | 27.76 | 19.91 |
| 同比(%) | 29.00 | 33.73 | 34.83 | 51.23 | 39.42 | 42.51 |
| 营业总成本 | | | 6.96 | 37.78 | 24.52 | 17.54 |
| 营业利润 | 7.70 | 6.14 | 0.92 | 4.72 | 3.55 | 2.48 |
| 同比(%) | | | 24.08 | 32.96 | 42.34 | 33.34 |
| 利润总额 | 7.67 | 6.14 | 0.91 | 4.72 | 3.55 | 2.53 |
| 同比(%) | | | 23.85 | 32.97 | 40.40 | 33.84 |
| 净利润 | | | 0.78 | 4.06 | 3.01 | 2.12 |
| 归属母公司股东的净利润 | 6.46 | 5.14 | 0.76 | 3.96 | 2.97 | 2.10 |
| 同比(%) | 25.55 | 29.84 | 29.07 | 33.54 | 41.35 | 30.95 |
| 非经常性损益 | | | 0.03 | 0.39 | 0.19 | 0.09 |
| 扣非后归属母公司股东的净利润 | | | 0.74 | 3.58 | 2.78 | 2.01 |
| 同比(%) | | | 31.92 | 28.70 | 38.00 | 31.55 |

数据来源：WIND，初善君整理

这种公司市场上其实很多，关键还是对公司行业的理解，对财报的熟悉和认可，和坚持不懈的学习钻研精神。

在学了财报之后，搞得定一切“套路”，然后懂一点点市盈率，加上对公司、行业的理解，不赚钱怪谁呢？

### 8. 关于市盈率的一些问题

问题一：既然市盈率低代表估值低，那么买入市盈率低的公司是不是就可以了？如果价值投资就是买入市盈率低的公司，那么一切就简单了。

有些时候，公司估值看着很低，PE已经到了个位数，但是公司已经遇到问题，未来盈利可能会很差。非常典型的例子是2018年的长安汽车，2017年年报显示，当年实现净利润71亿元，当时长安汽车的市值不到700亿元，市盈率不到10倍，远低于主要公司的估值。假如2018年初买入长安汽车，那么带给你是腰斩的股价，为什么呢？因为长安汽车2018年的净利润只剩下了不到7亿元，2019年上半年也预计亏损20亿元。

有些时候，公司估值看着很低，PE已经到了个位数，这是对公司商业模式的悲观反应。很多银行的投资者都知道，主要银行股在2010年左右市盈率来到了个位数，当年鼓吹买入银行的非常多，多年过去了，银行的估值来到了5倍左右。为什么会这样呢，银行赚的钱就不是钱吗？当然不是，而是因为银行是经济的晴雨表，高杠杆经营，一旦经济遇到问题，银行会产生巨额坏账，因此，估值给得很低。

问题二：多少倍市盈率算合理？

由于每个行业、每家公司的特性不同，很难说多少倍市盈率算合理的。招商银行10年来最低市盈率只有4.55倍，最高市盈率也不过15倍；贵州茅台10年来最低估值8.83倍，最高估值约35倍；恒瑞医药10年来最低估值32倍，最高估值约70倍。

这3家公司的不同点是估值相差巨大，相同点是都是行业最优秀的公司，10年来股价基本都涨了10倍左右。那么，你说多少倍市盈率算合理估值呢？难道根本不存在合理的估值，只存在估值越低越好。买得越便宜，未来赚的钱才越多。

其实，公司是有合理估值的，合理估值是通过严格的公式计算的，也就是现金流量折现（DCF）法。

前面说过市盈率的本质是一笔投资回本所需要的时间，现实生活中让你买需要10年或20年才能回本的公司，你是肯定不会买的，但是股市里，很多人却为几百上千市盈率的公司抢破了头，还是蛮有意思的。

问题三：市盈率的缺点。

比如，市盈率不适合亏损公司、盈利不稳定的行业，也就是说，周期性行业不适合用市盈率估值，因为市盈率的本质是×年赚回投入的钱，而周期性行业盈利不稳定，当年盈利高，市盈率低，但是未来可能会亏损，×年肯定赚不回投入，这也暗暗切合周期性行业市盈率高时买入，市盈率低时卖出的原则。现在买入养猪公司的投资者，看的如果是这些养殖公司未来的低市盈率，那么这种投资方法出发点就错了。

再如，市盈率估值没有考虑资本结构、现金流等，而高杠杆和经营现金流差的公司容易发生流动性危机，这对股东的打击是毁灭性的，但是市盈率估值法并没有考虑这些问题。

首先介绍市盈率的基本概念，估值说起来复杂，其实熟悉之后，不过是一种手段，大道至简——了解一家公司，给出一个估值，等待价值回归。

市盈率的本质是投资公司回本所需的时间，根据使用净利润的不同，市盈率分为静态、滚动和动态市盈率，而计算市盈率的关键是对净利润有深刻的理解。

下面我们一起学习如何运用市盈率。

## 二、市净率估值

净资产就是股东权益，等于资产减去负债，具体情况可以参考负债和所有者权益章节。

**1. 市净率**

市净率是指每股股价与每股净资产的比率，PB=P/B，其中P代表公司股价，B代表公司每股净资产。

如果分子、分母同时乘以股本，就得到了公司的市值和净资产。换言之，PB=公司市值/公司净资产。

例如，截至2020年6月初，贵州茅台市值17 721亿元，最新的归母净资产1 491亿元，计算出来此时贵州茅台的PB是11.89倍。假如你以1 410.71元买入1股贵州茅台，那么意味着花了11.89元买入茅台1元的净资产（见下图）。

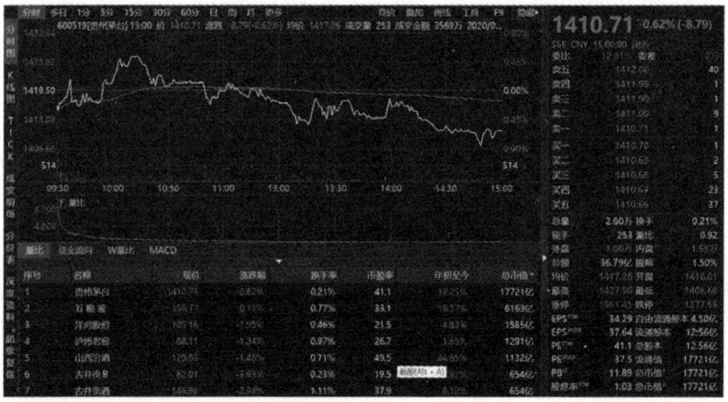

数据来源：WIND，初善君整理

有人会有疑问，为什么贵州茅台1元的净资产有人愿意花11.89元买呢？因为茅台1元的净资产创造净利润的能力不同，这就跟ROE有关系了。理论上来说，ROE越高，PB角度的估值就越高，同时PB越低，安全边际越高。

当然，PB估值法有明显的优缺点。

优点是：PB比PE更适合周期性公司、盈利能力不稳定的公司，假设公司亏损，PE就失效了。

缺点是：没有考虑净利润和公司的成长性。要知道，资本市场更为关注的是盈利能力和成长性，因此PB估值很少单独使用，往往与市盈率估值结合。

需要注意的是，针对资产负债表，资产虚负债实的特点，为了更好地确认安全边际，可以把比较虚的资产剔除，如商誉。

除了周期性行业外，为什么金融的银行、证券和地产公司更适合PB估值呢？因为它们的资产负债中的账面价值与市场价值非常接近，银行的资产负债表中都是资金，账面价值与市场价值完全一样，地产公司也是。

### 2. 高ROE、低PB策略

ROE高，说明公司净资产盈利能力很强，同时PB很低，说明公司的估值很低。一般情况下，高盈利的公司应该享受高估值，那么PB较低说明公司估值比较低，自然存在低估的可能，这就是高ROE、低PB策略的理论基础。

需要注意的是，并不是说所有的高ROE、低PB公司都会出现很好的投资机会，而且也不适用于周期行业。比如，2017年和2018年的柳钢股份ROE高达45%和52%，PB也只有2倍左右，是典型的高ROE和低PB，但是2017—2019年，股价并没有出现单边上涨的正收益。

原因在于对于周期性行业来说，高ROE的年份往往已经是盈利最好的年份，这时候的预期就是ROE的下滑了，因此股价很难有所表现。

截至2020年6月，连续四年ROE大于15%，PB小于2倍的公司只有36家，基本都集中在地产、金融行业，比如华侨城A、中国建筑虽然都是地产板块，但是很大一部分利润来源都是地产（见下图）。

| 证券简称 | 2019年ROE（%） | 2018年ROE（%） | 2017年ROE（%） | 2016年ROE（%） | 总市值（亿元） | 市净率PB |
|---|---|---|---|---|---|---|
| 贵阳银行 | 16 | 17 | 20 | 21 | 251.97 | 0.71 |
| 华侨城A | 19 | 19 | 18 | 17 | 499.53 | 0.74 |
| 中国建筑 | 16 | 17 | 16 | 17 | 2,148.61 | 0.82 |
| 荣盛发展 | 24 | 25 | 23 | 19 | 354.38 | 0.85 |
| 广宇发展 | 26 | 25 | 36 | 16 | 125.53 | 0.88 |
| 三钢闽光 | 20 | 41 | 53 | 21 | 173.33 | 0.90 |
| 东莞控股 | 16 | 17 | 16 | 17 | 76.61 | 1.04 |
| 韶钢松山 | 26 | 72 | 147 | 25 | 93.15 | 1.11 |
| 茂业商业 | 20 | 22 | 23 | 22 | 77.94 | 1.15 |
| 金地集团 | 20 | 19 | 18 | 18 | 621.66 | 1.18 |
| 保利地产 | 20 | 17 | 16 | 15 | 1,814.96 | 1.26 |
| 华联控股 | 17 | 21 | 34 | 50 | 66.33 | 1.26 |
| 航民股份 | 16 | 17 | 17 | 18 | 61.82 | 1.26 |
| 山东出版 | 15 | 16 | 20 | 22 | 137.53 | 1.27 |
| 勘设股份 | 18 | 17 | 24 | 21 | 37.96 | 1.41 |
| 金螳螂 | 17 | 17 | 18 | 18 | 222.81 | 1.43 |
| 华夏幸福 | 31 | 29 | 28 | 33 | 685.82 | 1.44 |
| 招商银行 | 16 | 16 | 16 | 16 | 8,802.84 | 1.45 |
| 百川能源 | 16 | 24 | 28 | 51 | 74.73 | 1.60 |
| 方大特钢 | 26 | 52 | 68 | 29 | 112.60 | 1.63 |
| 万科A | 23 | 23 | 23 | 20 | 3,030.65 | 1.63 |
| 大亚圣象 | 15 | 19 | 21 | 21 | 82.62 | 1.65 |
| 招商蛇口 | 19 | 21 | 20 | 19 | 1,269.95 | 1.66 |
| 苏利股份 | 16 | 19 | 16 | 20 | 33.37 | 1.67 |
| 龙净环保 | 16 | 17 | 17 | 18 | 94.40 | 1.72 |
| 嘉化能源 | 18 | 17 | 19 | 20 | 125.94 | 1.75 |
| 宁波银行 | 15 | 16 | 17 | 16 | 1,603.54 | 1.76 |
| 富森美 | 17 | 17 | 16 | 18 | 91.54 | 1.80 |
| 宁沪高速 | 15 | 18 | 16 | 16 | 487.77 | 1.83 |
| 甬金股份 | 15 | 26 | 21 | 30 | 55.18 | 1.87 |
| 深物业A | 25 | 19 | 23 | 16 | 58.78 | 1.89 |
| 青鸟消防 | 17 | 27 | 33 | 41 | 52.63 | 1.92 |
| 海信家电 | 22 | 20 | 35 | 24 | 150.90 | 1.93 |
| 新城控股 | 37 | 41 | 34 | 22 | 744.27 | 1.93 |
| 中国平安 | 24 | 21 | 21 | 17 | 13,407.84 | 1.97 |
| 荣晟环保 | 18 | 18 | 55 | 36 | 28.98 | 2.00 |

数据来源：WIND，初善君整理

这里的公司，尤其是非地产的公司，未来两年的股价说不定会有表现。

总之，高ROE、低PB策略并非一直有效，还需要考虑预期ROE变化、成长性等问题。

### 3. PB与PE

前面介绍过，PB只考虑资产负债表，没有考虑更重要的利润表，因此一般需要结合PE使用，那么PE和PB如何结合呢?

根据PE和PB的高低，可以分为高PE、高PB，高PE、低PB，低PE、低PB和低PE、高PB4类。这里的高低可以指历史估值，就是现在的估值跟以前比，高于中位数还是低于中位数，也可以指绝对估值，比如PE高于30倍还是低于30倍等。

高PB、高PE。一家公司或者一个行业估值属于高PB、高PE，很明显，这家公司或者行业的估值有泡沫，当整个行业或者指数出现高PB、高PE时，整个指数都是泡沫。

比如，我们看2010年至今四大指数的市盈率变化，2015年6月时，创业板指、中小板指和深证A股PE分别达到141倍、86倍和70倍，均有明显的高估，跟历史比，泡沫很明显，PB上也呈现相同的特点（见下图）。

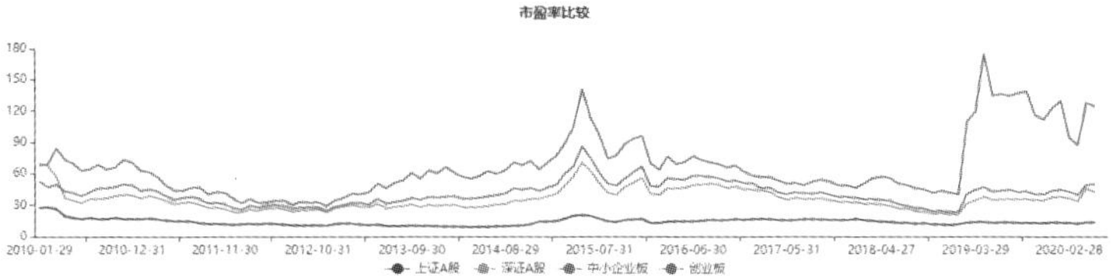


数据来源：WIND，初善君整理

高PE、低PB。如果公司目前的估值呈现高PE、低PB的特点，可能属于典型周期性行业的行业低点，这时候可以分析公司是否存在拐点，也是周期性行业最佳布局机会。

低PE、低PB。如果整个市场处于低PE、低PB，那么很可能是熊市的时候。如果是公司，说明公司盈利不错，但是市场长期不认可，需要分析原因，往往低PE、低PB是最好的投资机会。

低PE、高PB。如果是低PE、高PB的公司，说明公司现在业绩很好，但是市场给予的估值也比较高，对公司未来的盈利能力依然有比较大的预期，一定盈利预期转差，我们就需要卖出。比如2020年的养猪股，基本属于低PE、高PB的公司。

此外还有PS估值法等，对于上市公司来说，用得非常少，就不在此论述了。

## 三、自由现金流折现

自由现金流模型是基于现金流量表的模型，但是现金流量表来源于资产负债表和利润表，因此自由现金流与PE、PB估值不一样，它结合了三张报表。

自由现金流模型是一种绝对估值方法，这意味着你可以计算出这家公司具体值多少钱。这个作用就大了，假设你计算出来一家上市公司价值100亿元，而它的市值只有50亿元，那么说明你捡到宝了。又或者计算出一家公司价值50亿元，目前它的市值是100亿元，那么离开是最好的选择。

自由现金流折现的好处就是可以具体计算出公司的实际价值，然后与现在价值相比，高估还是低估一目了然。

### 1. 自由现金流折现的原理

在现金流章节中我们学习了自由现金流，理论上自由现金流可以用经营现金流减去购建固定资产、无形资产和其他长期资产支付的现金计算。

因此，自由现金流就是公司可以分配给股东的现金流，对于股东来说，公司的最终价值就是公司创造自由现金流的多少。

所以就有了第一个概念：公司永续经营。即公司的价值是未来年份创造的自由现金流，公司未来会永远经营下去。实操过程中，一般采用两段假设，一段是5年或者10年，给予较高的增长率；另一段为永续增长期，增长率较低。

虽然没有公司可以永续经营下去，但是这并不影响我们这个假设，因为这里还有第二个概念：货币的时间价值。

我们都知道，现在的10万元、1年后的10万元和10年后的10万元价值并不一样，原因是多方面的，这里不深入讨论这个问题。这里的关键是1年后的10万元和10年后的10万元现在值多少钱。这里需要引入折现率的概念，假设折现率是10%，那么1年后的10万元折现到现在是10/（1+10%）=9.09万元，这个9.09万元就是现值。10年后的10万元折现的现值是3.8万元。

可见，货币的时间价值就是把杀猪刀，24年后的10万元仅仅等于现在的1万元。

因此，虽然永续经营理论上不可能，但是20年、30年之后的数据影响就很小了。

在实际操作过程中，针对货币时间价值我们往往需要确定一个折现率。折现率的确定需要资本资产定价模型的知识，这里我们无须知道。我们只需知道，折现率极大影响未来的折现现值，折现率越高，现值越低，折现率越低，最终计算的现值越高。

公司的价值就是公司未来产生自由现金流的现值。

这里就涉及第三个概念：如何预测公司未来的自由现金流。

一般情况下，先根据利润表预测净利润，根据资产负债表预测折旧摊销、预测资本性支出、营运资金，可能需要预测10年或者5年，计算每年的自由现金流，然后确定永续增长期的增长率，确定折现率，最后计算自由现金流现值，得到公司的价值。

实际上，这还没有考虑资产负债中里的金融资产、有息负债，自由现金流计算未考虑金融资产，需要加上这些资产的价值，有息负债是需要偿付的负债，需要扣除这些负债，这样才能得到股东的公司价值。

不过笔者个人认为，自由现金流仅适用于成长性稳定的消费行业，这些公司的金融资产和有息负债科目很小，可以忽略不计。

需要注意的是，公司的价值永远都不会是一个精确的数字。我们运用此方法进行价值计算，虽然得到了一个准确的数字，但由于不同的假设计算的结果不同，我们并不能认为计算的结果就是公司的价值。

那么，自由现金流有什么意义呢？通过计算自由现金流，一是给自己一个大致的参考，二是这种估值为投资者提供了一种正确的估值思维方式。

### 2. 贵州茅台的价值

基于贵州茅台收现比、净现比稳定的特点，可以不用估算未来的净利润，而是直接估算未来的经营现金流。同时，考虑到两者商业模式的优异，理论上“购建固定资产、无形资产和其他长期资产支付的现金”增幅低于经营现金流的增幅。

那么，两者相减，就可以得到自由现金流。

第一种情形：假设贵州茅台2020—2029年10年间经营现金流每年增长15%，购建固定资产支出每年增长10%，2030年及以后永续增长率取8%，折现率选择12%，我们可以计算出来贵州茅台的公司价值是16 912亿元，对应股价1 346元，只比现在的股价低5%左右（见下图）。

| | 2019年 | 2020年 | 2021年 | 2022年 | 2023年 | 2024年 | 2025年 | 2026年 | 2027年 | 2028年 | 2029年 | 永续增长 |
|---|---|---|---|---|---|---|---|---|---|---|---|---|
| 经营活动产生的现金流量净额 | 452.11 | 519.93 | 597.92 | 687.60 | 790.74 | 909.35 | 1,045.76 | 1,202.62 | 1,383.01 | 1,590.47 | 1,829.04 | |
| 购建固定资产、无形资产和其他长期资产支付的现金 | 31.49 | 34.64 | 38.10 | 41.91 | 46.10 | 50.71 | 55.79 | 61.37 | 67.50 | 74.25 | 81.68 | |
| 自由现金流 | 420.62 | 485.29 | 559.81 | 645.69 | 744.64 | 858.64 | 989.97 | 1141.26 | 1315.51 | 1516.22 | 1747.36 | 47178.72 |
| 永续增长率 | 8% | | | | | | | | | | | |
| 折现率 | 12% | | | | | | | | | | | |
| 企业价值 | 16,912 | | | | | | | | | | | |

数据来源：WIND，初善君整理

第二种情形：考虑到永续增长率往往会参考GDP增长率，8%的永续增长率是非常高的，把永续增长率调整为5%，其他数据不变。可以计算出贵州茅台的公司价值为11 530亿元，对应股价918元，较现在股价低35%左右（见下图）。

| | 2019年 | 2020年 | 2021年 | 2022年 | 2023年 | 2024年 | 2025年 | 2026年 | 2027年 | 2028年 | 2029年 | 永续增长 |
|---|---|---|---|---|---|---|---|---|---|---|---|---|
| 经营活动产生的现金流量净额 | 452.11 | 519.93 | 597.92 | 687.60 | 790.74 | 909.35 | 1,045.76 | 1,202.62 | 1,383.01 | 1,590.47 | 1,829.04 | |
| 购建固定资产、无形资产和其他长期资产支付的现金 | 31.49 | 34.64 | 38.10 | 41.91 | 46.10 | 50.71 | 55.79 | 61.37 | 67.50 | 74.25 | 81.68 | |
| 自由现金流 | 420.62 | 485.29 | 559.81 | 645.69 | 744.64 | 858.64 | 989.97 | 1141.26 | 1315.51 | 1516.22 | 1747.36 | 26210.40 |
| 永续增长率 | 5% | | | | | | | | | | | |
| 折现率 | 12% | | | | | | | | | | | |
| 企业价值 | 11,530 | | | | | | | | | | | |

数据来源：WIND，初善君整理

大家可以看到，仅仅是把永续增长率从8%调低至5%，公司的价值就由16 912亿元下降至11 530亿元。

当然，这里的折现率12%是一个非常高的折现率，可以理解为你要求的回报率。那么，第一种情形可以理解为，你觉得未来10年贵州茅台每年增长15%，永续增长8%，在价格1 346元买入时，大概年回报率为12%；第二种情形可以理解为，你觉得未来10年贵州茅台每年增长15%，永续增长5%，在价格918元买入时，大概年回报率为12%。

第三种情形：虽然你觉得12%的年回报率要求并不高，不过12%的折现率也不低，把折现率调整为9%，永续增长率用5%，其他要求不变，可以计算出贵州茅台的公司价值为22 025亿元，对应股价1 753元（见下图）。你们看，折现率稍微调整，公司价值将出现翻天覆地的变化。

| | 2019年 | 2020年 | 2021年 | 2022年 | 2023年 | 2024年 | 2025年 | 2026年 | 2027年 | 2028年 | 2029年 | 永续增长 |
|---|---|---|---|---|---|---|---|---|---|---|---|---|
| 经营活动产生的现金流量净额 | 452.11 | 519.93 | 597.92 | 687.60 | 790.74 | 909.35 | 1,045.76 | 1,202.62 | 1,383.01 | 1,590.47 | 1,829.04 | |
| 购建固定资产、无形资产和其他长期资产支付的现金 | 31.49 | 34.64 | 38.10 | 41.91 | 46.10 | 50.71 | 55.79 | 61.37 | 67.50 | 74.25 | 81.68 | |
| 自由现金流 | 420.62 | 485.29 | 559.81 | 645.69 | 744.64 | 858.64 | 989.97 | 1141.26 | 1315.51 | 1516.22 | 1747.36 | 45868.20 |
| 永续增长率 | 5% | | | | | | | | | | | |
| 折现率 | 9% | | | | | | | | | | | |
| 企业价值 | 22,025 | | | | | | | | | | | |

数据来源：WIND，初善君整理

这种情形意味着未来10年贵州茅台每年增长15%，永续增长5%，在价格1 753元买入时，大概年回报率为9%。

有人说了，假如我想年化回报30%，贵州茅台的买入价格是多少？计算出买入价格是2 467亿元，对应价格196元，也就是2016年初贵州茅台的价格（见下图）。

| | 2019年 | 2020年 | 2021年 | 2022年 | 2023年 | 2024年 | 2025年 | 2026年 | 2027年 | 2028年 | 2029年 | 永续增长 |
|---|---|---|---|---|---|---|---|---|---|---|---|---|
| 经营活动产生的现金流量净额 | 452.11 | 519.93 | 597.92 | 687.60 | 790.74 | 909.35 | 1,045.76 | 1,202.62 | 1,383.01 | 1,590.47 | 1,829.04 | |
| 购建固定资产、无形资产和其他长期资产支付的现金 | 31.49 | 34.64 | 38.10 | 41.91 | 46.10 | 50.71 | 55.79 | 61.37 | 67.50 | 74.25 | 81.68 | |
| 自由现金流 | 420.62 | 485.29 | 559.81 | 645.69 | 744.64 | 858.64 | 989.97 | 1141.26 | 1315.51 | 1516.22 | 1747.36 | 8577.95 |
| 永续增长率 | 8% | | | | | | | | | | | |
| 折现率 | 30% | | | | | | | | | | | |
| 企业价值 | 2,467 | | | | | | | | | | | |

数据来源：WIND，初善君整理

当然，你可以调整参数。比如，你觉得贵州茅台未来10年每年增长15%太低了，可以增长30%，那么，你可以计算出贵州茅台的相应价值，或者你觉得永续增长率太低了，折现率太高了，都可以调整，每个人心里都有自己的增长率和折现率。

至少从上面的计算来看，笔者还是劝大家不要买入贵州茅台了，未来10年增长15%，永续增长8%，年化收益率12%，对于广大散户来说根本不值得。

### 3. 海天味业的价值

至少在过去的年份里，海天味业的增长率稳定性高于贵州茅台，年化增长率也高于贵州茅台，这里先采用茅台一样的计算方式。

第一种情形：假设海天味业2020—2029年10年间经营现金流每年增长15%，购建固定资产支出每年增长10%，2030年及以后永续增长率取8%，折现率选择12%，可以计算出来海天味业的公司价值是2 423亿元，对应股价75元，较现在的股价低34%左右（见下图）。

| | 2019年 | 2020年 | 2021年 | 2022年 | 2023年 | 2024年 | 2025年 | 2026年 | 2027年 | 2028年 | 2029年 | 永续增长 |
|---|---|---|---|---|---|---|---|---|---|---|---|---|
| 经营活动产生的现金流量净额 | 65.68 | 75.53 | 86.86 | 99.89 | 114.87 | 132.11 | 151.92 | 174.71 | 200.92 | 231.05 | 265.71 | |
| 购建固定资产、无形资产和其他长期资产支付的现金 | 5.83 | 6.41 | 7.05 | 7.76 | 8.54 | 9.39 | 10.33 | 11.36 | 12.50 | 13.75 | 15.12 | |
| 自由现金流 | 59.85 | 69.12 | 79.81 | 92.13 | 106.34 | 122.72 | 141.59 | 163.35 | 188.42 | 217.31 | 250.59 | 6,766 |
| 永续增长率 | 8% | | | | | | | | | | | |
| 折现率 | 12% | | | | | | | | | | | |
| 企业价值 | 2,423 | | | | | | | | | | | |

数据来源：WIND，初善君整理

在与贵州茅台同样增长率、折现率的要求下，贵州茅台与现在差不多，而海天味业高出34%左右。要么市场认为海天比茅台优秀34%左右，要么就是市场错了。

第二种情形：当然，笔者觉得未来10年15%的增长率对于海天味业来说，有点低，我们把未来10年的增长率调整为20%，其他永续增长率和折现率不变。可以计算出海天味业的公司价值为3 594亿元，对应股价111元，基本与最近的股价接近（见下图）。

| | 2019年 | 2020年 | 2021年 | 2022年 | 2023年 | 2024年 | 2025年 | 2026年 | 2027年 | 2028年 | 2029年 | 永续增长 |
|---|---|---|---|---|---|---|---|---|---|---|---|---|
| 经营活动产生的现金流量净额 | 65.68 | 78.82 | 94.58 | 113.50 | 136.19 | 163.43 | 196.12 | 235.34 | 282.41 | 338.89 | 406.67 | |
| 购建固定资产、无形资产和其他长期资产支付的现金 | 5.83 | 6.41 | 7.05 | 7.76 | 8.54 | 9.39 | 10.33 | 11.36 | 12.50 | 13.75 | 15.12 | |
| 自由现金流 | 59.85 | 72.40 | 87.52 | 105.74 | 127.66 | 154.04 | 185.79 | 223.98 | 269.91 | 325.15 | 391.55 | 10,572 |
| 永续增长率 | 8% | | | | | | | | | | | |
| 折现率 | 12% | | | | | | | | | | | |
| 企业价值 | 3,594 | | | | | | | | | | | |

数据来源：WIND，初善君整理

所以，大家可以看到，市场是多么的有效和美妙，市场基本上就是按照未来10年15%和20%的增长率给贵州茅台和海天估值的。

整体来看，海天味业比贵州茅台还是高估不少。因此，笔者更不会建议你买入海天味业。

可能是笔者对贵州茅台和海天味业太悲观了，万一两家公司未来10年增长率超过30%，或者永续增长率超过20%，又或者使用10%的折现率太高了，可以使用5%的折现率。那么，现在的贵州茅台和海天味业远远低估，实际上，笔者觉得自己使用的数据已经非常乐观了。

10年后，贵州茅台和海天味业的净利润能分别达到1 829亿元和407亿元吗？

所以你现在买入的决策取决于你对它们未来的预期，别人说的不重要。

以上就是自由现金流的内核，相信各位看完就懂了，这种计算方法告诉我们，公司的价值最终来源于公司创造的自由现金流，因此公司的现金流非常重要。其次我们看待公司可以树立长期意识，与价值投资的复利概念类似，慢就是快。最后，买入价格取决于收益率预期、很简单，你想获得收益率越高，你买入的价格要越低，典型的左侧价投思维。

## 第十四章

# 如何识别财务造假

到此为止，之前的章节基本涵盖了三张报表分析的方方面面，接下来的重要应用之一就是运用以上内容学会识别上市公司财务造假。

A股市场由于对财务造假的处罚是多年以前制定的规则，处罚力度不算高，上市公司财务造假成本比较低，这些年出现了不少震惊股民的财务造假大案。当然，其实财务造假并不复杂，造假迹象也很明显，只要我们保持谨慎，就可以识别80%以上的造假了。

# 一、我是如何发现康美药业和康得新造假的

作为在各个平台发文质疑康美药业和康得新造假的笔者，今天来聊聊这两段心路历程，为各位读者再提醒一下。

其实，康美药业和康得新的质疑声很久了，笔者也只是做好自己的财务分析而已。

### 1. 康美药业的故事

2018年10月15日，笔者在微信公众号首发了《康美药业究竟有没有谎言》，对康美药业的资金真实性、经营现金流、存货高企等问题进行了质疑（见下图）。

| | | | |
|---|---|---|---|
| 康美药业 | 2018/10/18 0:13 | XLSX 工作表 | 170 KB |
| 研发支出 | 2018/10/14 23:01 | WPS看图 JPG 图片... | 146 KB |
| 贸易 | 2018/10/14 23:01 | WPS看图 JPG 图片... | 173 KB |
| 消耗性生物资产 | 2018/10/14 23:01 | WPS看图 JPG 图片... | 114 KB |
| 存货 | 2018/10/14 23:00 | WPS看图 JPG 图片... | 133 KB |
| 存货占比 | 2018/10/14 22:58 | WPS看图 JPG 图片... | 171 KB |
| 应收账款周转率 | 2018/10/14 22:58 | WPS看图 JPG 图片... | 152 KB |
| 行业对比 | 2018/10/14 22:57 | WPS看图 JPG 图片... | 202 KB |
| 收现比 | 2018/10/14 22:57 | WPS看图 JPG 图片... | 189 KB |
| 货币资金 | 2018/10/14 22:56 | WPS看图 JPG 图片... | 177 KB |
| 利息收入率 | 2018/10/14 22:56 | WPS看图 JPG 图片... | 182 KB |
| 康美药业利息收入 | 2018/10/14 22:55 | WPS看图 JPG 图片... | 172 KB |
| 康美药业利息支出 | 2018/10/14 22:55 | WPS看图 JPG 图片... | 194 KB |
| 康美药业存贷双高 | 2018/10/14 22:55 | WPS看图 JPG 图片... | 207 KB |

数据来源：初善君康美药业底稿

第二天（10月16日）在雪球、头条等网站进行转载，随后康美药业股价触及跌停，并连续跌停（见下图）。那几天，笔者的微信群是最活跃的，很多人在问康美药业究竟发生了什么。虽然笔者并没有任何做空，当然也根本没想过做空，考虑到一些压力，笔者还是把文章删除了。

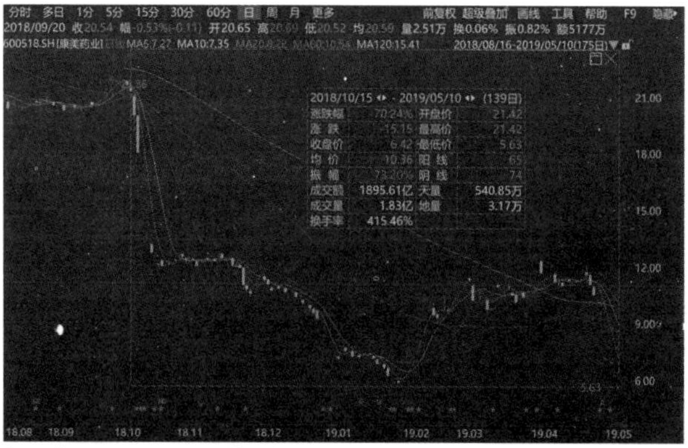

数据来源：WIND，初善君整理

下图所示为雪球当时的截图，阅读量达到了30.3万。

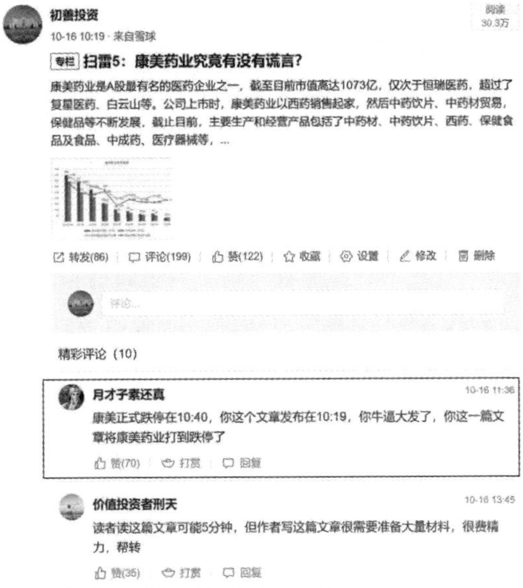

数据来源：WIND，初善君整理

随后的连续跌停康美药业发布了澄清公告，这澄清公告不仅没有澄清笔者的疑问，反而加深了疑问，忍不住写了《扫雷康美药业2：澄清公告澄清了吗？》，主要原因是公司明确表示了公司的资金用途，但是完全不符合常识（见下图）。

数据来源：初善君康美药业2底稿

文章当时在雪球引起了很大的争议。

2019年4月底康美药业披露2018年公司年报，公司表示由于公司采购付款、工程款支付以及确认业务款项时的会计处理存在错误，造成公司应收账款少计6.41亿元；存货少计195.46亿元；在建工程少计6.32亿元；由于公司核算账户资金时存在错误，造成货币资金多计299.44亿元。

康美药业企图通过会计差错的方式蒙混过关，笔者当天就写了文章《300亿，说没就没了！》，质疑公司企图通过把货币资金转存货在计提减值损失的“套路”洗白造假。该文章引起广泛关注，不少媒体跟进报道。

终于2019年8月底，证监会披露了调查结果：康美药业三年虚增收入206亿元，虚增利润20.72亿元，2018年账上362亿元货币资金是假的，同时虚增固定资产、在建工程、投资性房地产36.05亿元。

坐实了康美药业三百亿造假大案。

### 2. 康得新的故事

笔者在写完康美药业之后，紧接着又写了关于康得新的文章。本来拟定的标题是《康得新财务数据探秘》，但是刚好康得新披露被立案调查，于是标题改成了《扫雷7：康得新，被证监会立案调查，这仅仅是开始》（见下图）。

| | | | |
|---|---|---|---|
| 康得新财务数据探秘 | 2018/10/24 23:01 | DOCX 文档 | 964 KB |
| 国内外收入 | 2018/10/24 23:00 | WPS看图 JPG 图片... | 177 KB |
| 应收账款周转天数 | 2018/10/24 21:55 | WPS看图 JPG 图片... | 150 KB |
| 折旧摊销占比 | 2018/10/24 21:55 | WPS看图 JPG 图片... | 180 KB |
| 净利润及现金流 | 2018/10/24 21:54 | WPS看图 JPG 图片... | 145 KB |
| 净现比对比 | 2018/10/24 21:54 | WPS看图 JPG 图片... | 173 KB |
| 存货周转天数 | 2018/10/24 21:54 | WPS看图 JPG 图片... | 171 KB |
| 存货占总资产的比例 | 2018/10/24 21:53 | WPS看图 JPG 图片... | 221 KB |
| 存货金额及占比 | 2018/10/24 21:53 | WPS看图 JPG 图片... | 162 KB |
| 少计提折旧金额 | 2018/10/24 21:53 | WPS看图 JPG 图片... | 104 KB |
| 综合折旧率 | 2018/10/24 21:52 | WPS看图 JPG 图片... | 151 KB |
| 折旧政策 | 2018/10/24 21:52 | WPS看图 JPG 图片... | 99 KB |
| 固定资产折旧 | 2018/10/24 21:52 | WPS看图 JPG 图片... | 155 KB |
| 固定资产金额 | 2018/10/24 21:51 | WPS看图 JPG 图片... | 167 KB |
| 康得新 | 2018/10/23 22:48 | XLSX 工作表 | 105 KB |
| 股权结构 | 2018/10/23 22:26 | WPS看图 JPG 图片... | 167 KB |

*数据来源：初善君康得新底稿*

这篇文章从固定资产折旧、现金流、存货余额等角度分析，并对公司的大存大贷解释进行了质疑（见下图）。

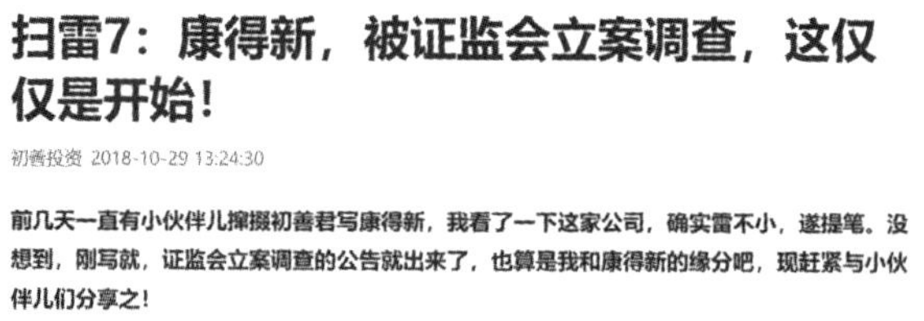

**扫雷7：康得新，被证监会立案调查，这仅仅是开始！**

初善投资 2018-10-29 13:24:30

**前几天一直有小伙伴儿撺掇初善君写康得新，我看了一下这家公司，确实雷不小，遂提笔。没想到，刚写就，证监会立案调查的公告就出来了，也算是我和康得新的缘分吧，现赶紧与小伙伴儿们分享之！**

*数据来源：初善君整理*

2019年4月，康得新在年报披露中承认资金被大股东占用，股价被ST。康得新的大股东康得集团通过北京银行西单支行银行账户占用上市公司122亿元货币资金（见下图）。

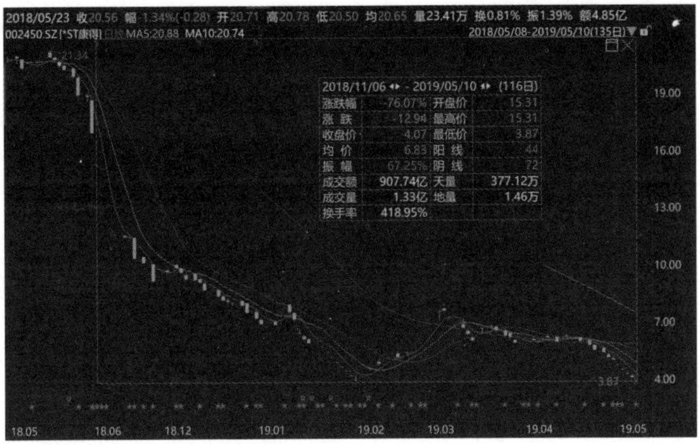


数据来源：WIND，初善君整理

7月5日晚间，康得新发布公告称，2015年1月至2018年12月，康得新通过虚构销售业务方式虚增营业收入，并通过虚构采购、生产、研发费用、产品运输费用方式虚增营业成本、研发费用和销售费用。通过以上方式，康得新2015—2018年分别虚增利润总额23.81亿元、30.89亿元、39.74亿元和24.77亿元，四年累计虚增利润总额119.21亿元。

## 二、财务造假的动机

首先说第一个问题，财务造假的动机是什么？只有知道了动机，才能知道如何去预防。

A股财务造假的目的很明确，一般就是虚增净利润。那么只要有虚增净利润的需求，就有财务造假的动机。这么说的话，所有A股上市公司都有财务造假的动机。事实上我们就应该这么看待所有上市公司。

不过仍然有几类动机属于明显的高发动机，需要我们强烈重点关注。

### 1. 避免被ST或者退市

A股对上市公司的净利润有比较高的要求，比如，连续两年亏损就要ST。那么，一些一年亏损、连续两年亏损的公司在接下来的年度就有非常大的压力，为了扭亏为盈，为了维护上市公司形象或者保壳，可能会铤而走险进行造假。

A股由于壳价值非常高，这种ST和准ST公司为了避免被戴帽或者退市，就有可能铤而走险。

例如，圣莱达2014年度经审计的净利润为负值，2015年中公司预计2015年度净利润亦将为负值，连续两年为负的话会被ST，于是公司铤而走险。通过虚构影视版权转让业务虚增营业务收入1 000万元，二是与政府签订协议虚构政府补助1 000万元，上述两项违法事实导致圣莱达2015年度年报合计虚增收入和利润2 000万元，虚增净利润1 500万元。圣莱达2015年度年报显示公司利润总额367.15万元，归属于母公司股东的净利润为431.43万元。扣除虚增金额，圣莱达2015年实际利润总额为-1 632.85万元、净利润为-1 068.57万元。虚增行为导致圣莱达2015年度扭亏为盈。

2010年、2011年，*ST国药连续两年亏损，公司股票交易被证券交易所实行退市风险警示。为避免退市，满足维持上市地位所需的营业收入等财务条件，*ST国药采取措施增加公司营业收入、利润，保住壳价值。

金亚科技2013年大幅亏损，为了扭转公司的亏损，避免ST。金亚科技2014年年度报告合并财务报表共计虚增营业收入7 364万元，虚增营业成本1 925万元，少计销售费用369万元，少计管理费用132万元，少计财务费用795万元，虚增利润总额8 050万元，占当期披露的利润总额的比例为335.14%，上述会计处理使金亚科技2014年年度报告利润总额由亏损变为盈利。

**2. 完成业绩承诺**

这个太容易理解了，只要有压力，就有作假的动力。比如，你年初签订了当年销售1 000万元的KPI，如果完不成，就会有所想法。上市公司也一样，由于对赌协议的存在，有业绩承诺的上市公司为了完成业绩承诺，有时候会铤而走险。

那么，我们就需要知道哪些上市公司有业绩承诺，一般借壳上市的公司有业绩承诺，这也是笔者一直提到的，借壳上市公司财务造假的概率远远大于一般的上市公司。

借壳上市财务造假的例子太多了。

例子一：雅百特2015年借壳中联电气上市时，账面价值仅为3亿元，估值却达到35亿元，溢价超10倍。高溢价往往伴随着高的利润承诺，根据当时交易双方签订的《业绩补偿协议》，雅百特2015年度、2016年度、2017年度的承诺净利润数分别为2.55亿元、3.61亿元、4.76亿元。

为了实现业绩承诺便开始了造假之旅。雅百特2015—2016年9月通过虚构海外工程项目、虚构国际贸易和国内贸易等手段，累计虚增营业收入58 312.41万元，虚增利润25 650.11万元。其中：2015年虚增收入48 182.17万元，虚增利润23 226.34万元，虚增利润金额占当年披露利润总额的73.08%；2016年1~9月虚增收入10 130.24万元，相应虚增当期利润2 423.77万元，占2017年1~9月份当期披露利润总额的19.74%。

例子二：2011年4月，佳电股份作价10.66亿元借壳阿继电器上市，佳电公司的业绩承诺为在2011—2014年度实际净利润不低于1.68亿元、1.90亿元、2.24亿元和2.51亿元，否则原股东以本次交易中各方认购的股份总数为上限向阿继电器进行补偿。

佳电股份通过少结转佳电公司的主营业务成本、少计销售费用等方式，在2013年和2014年分别虚增利润1.58亿元、0.40亿元，分别占当期披露利润总额的82.58%、446.15%，占当期净利润的93.48%、706.86%。

业绩承诺期过了，从2015年开始，佳电公司将前期调节的利润从2015年1月份开始逐月分期消化，直至全部转回，恢复真实的财务状况。

第二种是收购大股东或关联方的资产，这种业绩承诺方是大股东或关联方，管理层有极强的财务造假完成业绩承诺的动机。如果是收购第三方资产，上市公司大股东是和小股东站在一起的，如果这种财务造假的话，大股东也会防着，所以比前面这种风险小一点。

笔者一直不喜欢那种收购自己资产、左手倒右手的上市公司收购，因为小股东在这时真的太弱势了。

### 3. 维持股价或融资的需求

毋庸置疑，在所有的粉饰财报的动机中，维持股价是最直接的。把财报粉饰的好看了，可以通过讲故事，维持一个比较满意的股价水平，从而使公司持股的高管、员工减持获取不错的收益，还可以通过股票质押的方式，以更低的成本获取更多的融资。

康美药业、康得新的例子均是如此。

所以，以上3种几乎涵盖所有A股上市公司财务造假的动机，了解了动机之后，对于如何规避就简单多了。比如，不买入所有借壳上市和收购的公司，自然就避免了业绩承诺带来的财务造假。

## 三、财务造假的基本原理

财务造假的目的一般是虚增利润，也就意味着利润表中的净利润是虚增的，那么，净利润必然转入所有者权益的未分配利润科目，根据会计恒等式，资产=负债+所有者权益，所有者权益是虚增的话，那么资产有虚增或者负债有虚减。

所以，所有者权益的未分配利润虚增的话，要么是虚减负债，要么是虚增资产，由于调减负债比较困难，因此，虚增资产是财务造假最常见的手段。

怎么理解呢，这里以虚增存货为例，聊聊具体的会计分录。比如，某水产养殖场养殖扇贝。

第一步，公司把钱套出去。借：存货、在建工程等，贷：银行存款。或者大股东（不是上市公司）直接把钱借出去。

第二步，把流出去钱，再以收入的名义装进来。借：应收账款，贷：主营业务收入；借：主营业务成本，贷：存货。

以水产养殖场为例，花1亿元买入海鲜幼苗（实际价值假设4000万元），借：存货，贷：银行存款，那么，实际套出来6 000万元（1亿元减4 000万元）。同时存货增加了1亿元。

接下来这6 000万元可以有很多种选择，一是供大股东或者实控人等挥霍。连续套取几年后，感觉可能瞒不住了，毕竟存货越来越高，假设由1亿元来到了10亿元，实际上该部分存货的实际价值仅4亿元。要暴露了，找个理由计提6亿元的存货减值准备，比如，幼苗被鱼吃了，幼苗被风吹走了等很难证伪的原因。那么，存货又回到了4亿元，与实际价值相符了。

二是大股东还是很有良心，一心想着赶紧完成业绩承诺。怎么做呢？把套出来的6000万元通过关联购买了公司的水产，那么收入利润增长，应收账款增加，假设一年之内，存货由0到了5亿元，套出来3亿元，全部购入公司的水产并支付，同时赊销一部分，可以确认5亿元的营业收入和1亿元的净利润（假设20%的净利率)，那么应收账款增加了2亿元(5亿元-3亿元)。下一年度，完成业绩承诺后呢，存货减值的减值、应收账款计提坏账的坏账，利润自然大幅下滑甚至亏损，但是利润承诺完成了。

在建工程同理。

当然很多公司可能只选择其中的任意一步，无非就是利益：套出来钱的话，搞搞业绩等。但是不管如何，长期来看，公司的现金流骗不了别人，那些存货、在建工程或者固定资产的非常规增长的公司都要十分小心。

**1. 只要利润，现金流就不管了**

财务造假的第一重境界就是现金流完全不参与，是相对简单的财务造假形式。一般情况下，公司会虚增收入来达到虚增利润的目的，虚增收入的方式就是虚增应收账款或者应收票据，这些虚增的收入并不会通过现金流流入公司。这也是为什么2018年市场对现金流差的环保和中药公司如此待见的原因，也是最简单地排除公司财务造假的方法。

**案例一：**郑百文的财务造假案

郑百文为了上市，走上了财务造假的不归路。其造假方式简单粗暴，公司在不符合IPO条件的情况下，成立了以财务总监为首的假账班子，通过虚增应收账款的方式，将公司打造为营业收入超40亿元的沪深两市第一大商贸零售公司。虚增应收账款主要以商品返利的形式，公司让入住郑百文厂家以应付商品返利款为付的名义打欠条，计入当期应收账款，为避免法律纠纷，外加补充说明——欠条只供郑百文做账，不作为还款依据。

在摇身一变成为上市公司后，郑百文原形毕露，公司控制人将2亿元募集资金拆借挪用，总资产仅为6亿元的公司连续两年内累计录得15亿元的巨额亏损，公司濒临破产，被三联集团收购重组。

**案例二：**皖江物流造假案

2009年，皖江物流(芜湖港)以发行股份购买资产方式，向淮南矿业集团购买其持有的淮矿铁路运输有限责任公司和淮矿现代物流有限责任公司的100%股权，交易价格18.62亿元。淮南矿业集团承诺，铁运公司和物流公司2010年度实现的经审计后的净利润合计不低于3.2亿元，2011年度实现的经审计后的净利润合计不低于3.84亿元，2012年度实现的经审计后的净利润合计不低于4.61亿元。如果未能达到上述业绩承诺，其差额部分由淮南矿业集团在该会计年度的铁运公司和物流公司年度审计报告正式出具后的20个工作日内以现金向公司补足。

为了完成业绩承诺，皖江物流通过虚构收入和阴阳合同的方式虚增收入和利润，在造假的2012年，其报表最显著的特点就是应收账款增加了32.27亿元。

这种财务造假的特点很明显，广大投资者深受其害，也基本学会了：应收账款增速大于营业收入增速；收现比（销售商品收到的现金/营业收入）长期小于1甚至更低。当然，现金流差只是必要不充分条件，有一些行业天生现金流就不好。

**2. 要利润，也要现金流入**

财务造假的第二重境界就是利润表虚增收入和利润的同时，虚增相应的经营现金流流入，对应的资产负债表虚增的不是应收账款，而是货币资金。很多朋友会说，货币资金怎么造假，银行函证肯定搞定了，哪有银行愿意配合公司财务造假的。但就是确有其事，2018年都还有萝卜章，还能自己给自己出具审计报告，有什么是不可能的呢。因此，私刻印章、虚假回函、甚至开假银行网点也是让人大开眼界。

而且此种情形还有升级版，即通过预付账款、其他应收款等形式把钱转到关联公司，一圈兜兜转转，然后通过经营活动现金流入，从现金流角度这就是完美的生意。

**案例三：**圣莱达财务造假案

圣莱达2014年度经审计的净利润为负值，预计圣莱达2015年度净利润亦将为负值，如果连续两年为负则会被ST，于是公司铤而走险，2015年开始了财务造假之路。

一是圣莱达通过虚构影视版权转让业务虚增营业务收入1 000万元。

具体的方式是签订虚假销售协议，确认虚假营业外收入。2015年11月10日，圣莱达与华视友邦签订影片版权转让协议书，约定华视友邦将某影片全部版权作价3 000万元转让给圣莱达，华视友邦应于2015年12月10日前取得该影片的《电影片公映许可证》，否则须向圣莱达支付违约金1 000万元。当月，圣莱达向华视友邦支付了转让费3 000万元。

2015年12月21日，圣莱达向北京市朝阳区人民法院提起民事诉讼，认为华视友邦未依约定取得电影公映许可证，请求法院判决华视友邦返还本金并支付违约金。2015年12月29日，圣莱达与华视友邦签订调解协议书，约定华视友邦于2016年2月29日前向圣莱达支付4 000万元，其中包含1 000万元违约金。次日，法院裁定该调解协议书合法有效。2016年1月29日至2月29日，圣莱达分三笔收到华视友邦转入的4 000万元。圣莱达将华视友邦支付的1 000万元违约金确认为2015年的营业外收入。

二是跟政府签订协议虚构政府补助1 000万元。

**案例四：**金亚科技造假案

金亚科技顶着“创业板首批上市公司”的光环于2009年10月登陆资本市场，然而由于行业的原因为了留住上市，也开始了财务造假。

2013年公司业绩出现大幅亏损，为了落实周董事长2014年度扭亏为赢的重要指示，公司财务负责人设置了006和003两个会计核算账套，虚增收入、成本，配套地虚增存货、往来款和银行存款，虚增2014年度净利润8 049万元，虚增中国工商银行成都高新西部园区支行银行存款2.18亿元。

对于境界二的造假，我们很难通过经营现金流与利润表的匹配来判断，也就是说，收现比和净现比都失效了。但是我们可以通过一些常识来判断，要警惕大存大贷的公司。比如，计算利息收入和货币资金的匹配性，虚增货币资金无法产生利息收入的，查看货币资金的受限情况（财务报表附注有披露）。当然，预付账款和其他应付款等科目余额特别高，且没有合理的解释也是需要我们注意的（大家可以看看雏鹰农牧的资产负债表）。

**3. 要利润，要现金流入，也要现金流出**

财务造假的第三重境界，就是虚增利润的同时，不仅虚增现金流入（或者也不需要这一步），还需要虚增现金流出，从而把资产负债表的造假科目变成存货等内容。而由于农业公司存货的难以核查性，这种境界的大部分造假公司都在农业公司。

远在10年前的蓝田股份、银广夏，近年来的绿大地和万福生科，还有这几年扇贝游来游去的獐子岛，都是典型代表。

**案例五：**绿大地造假案

作为云南省第一家A股上市民营公司和园林绿化行业第一家上市公司，上市以来业绩连年高速增长。直到2010年春季，时逢西南地区遇旱灾，绿大地三次下修业绩快报，业绩五次变脸，大幅计提苗木存货减值。

经查，绿大地在上市前3年采用伪造合同、发票、工商登记资料等手段，虚构交易业务，虚增资产0.7亿元、虚增收入2.96亿元，主要虚增资产以存货的形式表现在资产负债表中；上市之后，公司被迫以一个谎言维系另一个谎言，2007—2009年，绿大地通过伪造合同和会计资料、销售款转回等手段，虚增资产2.88亿元，虚增收入2.5亿元。公司借2009年旱灾，妄图通过大洗澡将旧账一笔勾销，却难逃证监会的火眼金睛。

**案例六：**万福生科造假案

万福生科的造假模式是用公司的自有资金打到体外循环，同时虚构粮食收购和产品销售业务，虚增销售收入和利润。为完成资金体外循环，万福生科借用了一些农户的身份去开立银行账户，并由万福生科控制使用，有些个人银行账户甚至连农户本人都不知道。

具体流程是，首先把自己账上的资金打到其控制个人账户上去，同时在财务上记录粮食收购的预付款，再相应地做粮食收购的入账，完成原材料入账。之后再把这些实际控制的个人账户的钱，以不同客户回款的名义分笔转回到公司的账户上，财务上对应地做这些客户的销售回款冲减应收款，再相应地做客户销售收入等账目，利用资金的循环达到虚增销售收入的目的。

万福生科造假流程遍及它的进、存、产、销的各个经营环节上，参与的人员比较多。总体来说是授权财务总监来具体执行，执行过程中是财务总监来具体分配任务，每个参与的人员完成各自负责的一部分，俨然是流水线式的造假流程，体现出造假的系统性比较强。

万福生科在做资金的体外循环中也变换了很多种方式。比如，有两个500万元转出去，回来的时候就不一定是两个500万元回来，可能会拆分成几笔，把回款的资金拆的比较零碎，想做那个客户的回款，就假冒成这个客户把钱打回公司账户上。

把款打回来之后就涉及一个问题，银行的回单上会显示成个人账户打回来多少钱，而不是客户打回来多少钱，为了掩盖这个情况，万福生科又伪造了大量的银行的回单，私刻了若干个银行的业务章，盖在上面。它们做的单据很逼真，调查人员也是在反反复复翻银行回单的时候发现了蛛丝马迹，最终还是把这些造假的银行回单给找出来了。

对于第三重境界，典型特征就是净现比会比较低，同时存货等流动资产科目余额持续增长，然后期待一次旅行洗澡，就可以洗白了。这里究竟什么样的净现比算比较低的净现比呢，笔者觉得重点不是绝对值，而是与同行业对比进行判断。

**4. 要利润，要现金流入，也要投资现金流出**

财务造假的第四重境界是虚增利润的同时，虚增经营性现金流流入，同时虚增投资性现金流流出，在资产负债表体现的科目就不是存货类的流动资产，而是转移到了更难审查的非流动资产，如固定资产和在建工程。

虽然相对于银行存款和存货，固定资产和在建工程等是实打实的资产，看得见、摸得着，投入资金巨大，但是很难说得清，也就是说这个在建工程或者固定资产究竟值多少钱完全说不清，自然就成了藏污纳垢的地方。

**案例七：**锦州港财务造假

这是一个很久之前的造假案例，15年前，在KPMG三年无保留意见的背书下受到“夏草”老师公开质疑，牵涉出一桩财务舞弊的悬案。

锦州港，环渤海地区枢纽港口，1998年登陆资本市场，中规中矩的港口公司，上市以后业绩表现平庸。2002年，民间财务杀手“夏草”公开质疑锦州港财务造假，洋洋洒洒列出数点理由，核心论点在于公司固定资产周转率（0.21）远低于同为环渤海港口的营口港（0.6）和天津港（0.67）。锦州港的在建工程和固定资产多在水下，审计师难以核查，但固定资产规模逼近北方第一大港天津港，着实令人费解。

一石激起千层浪，锦州港一开始对于“民科”的质疑不屑一顾，但公司旋即停盘。两天之后，公司临时股东大会完成了董事长改选；不到一周，公司公告收到财政部下达的《关于锦州港股份有限公司的行政处罚决定》，“公司对在建工程确认不准确，1998—2000年多列资产11 939万元”（实际虚增资产超过4亿元）。2003年，锦州港对以前年度存在的重大会计差错进行了追溯调整，分别调减2000年、2001年净资产及2001年净利润4.66亿元，5.01亿元和3.54亿元。没有人知道锦州港财务造假的动机。

对于财务造假的第四重境界，通过净现比很难判断，但是笔者依然可以给大家提供一个思路：就是固定资产周转率和总资产周转率会下滑，因为虚增的资产不能带来收入。当然这种情况其实核查的难度是最高的。

总之，财务造假四重境界，一重高似一重，魔高一尺道高一丈，笔者也是毫无保留地把四重造假的排雷方法分享出来。投资中，排雷无疑是第一步，一些基础的财务分析就可以把一些违背常识的雷很容易排除了。

## 四、如何识别财务造假

2018年不少公司股价的大跌暴露了一些上市公司的财报问题，一些财报指标特征，比如大存大贷、远高于同行业的毛利率、依赖关联交易、现金流不好等，特别容易被质疑有造假嫌疑。实控人股票质押比例过高、过度资本化导致无形资产减值。

然而，在对财报指标消化利用的过程中，很多财务初学者很容易偏离方向，甚至很多固执的老会计也是如此，如果不基于公司的商业模式进行分析，很容易成为别人眼中的呆会计。

下面介绍那些常见的财报造假指标特征。

### 1. 实控人股票质押比例过高

这样的情况在A股也是一个经常性的现象，实控人股票质押比例过高。股票质押在一般情况下是公司实控人进行融资的手段，是一件好事。但是如果公司实控人过多的质押股份，会形成很大的风险，一方面在于其经营上缺钱，另一方面一旦股价低于质押价格，很可能遭遇平仓，使得股价进一步的降低。一个是经营上出现问题，另一个是股价出现闪崩，两方面都不好。

### 2. 远高于同行业的毛利率

浑水做空的财务指标特征里，“远高于同行业的毛利率”排在第一位。可是事实上，异于同行业的毛利率是一件很正常的事情，笔者可以举出无数的反例。

比如，已公布2018年年报里，同样是高粱、小麦兑水的白酒行业，贵州茅台毛利率接近90%，酒鬼酒的毛利率也高达74.8%，排名第二，而近两年股价大涨的顺鑫农业，其毛利率只有30.79%。不就是小麦兑水嘛，毛利率为什么差那么多？

| 排名 | 代码 | 证券简称 | 销售毛利率(%) | | | |
|---|---|---|---|---|---|---|
| | | | 2019一季报 | 2018年报 | 2017年报 | 2016年报 |
| | | 最高值 | 74.17 | 89.54 | 88.07 | 89.46 |
| | | 平均值 | 53.98 | 61.39 | 55.67 | 54.56 |
| 1 | 603369.SH | 今世缘 | 70.11 | 67.35 | 67.21 | 67.88 |
| 2 | 603589.SH | 口子窖 | 74.17 | 69.51 | 67.28 | 66.99 |
| 3 | 603919.SH | 金徽酒 | 51.24 | 55.61 | 56.68 | 54.52 |
| 4 | 600238.SH | *ST椰岛 | 20.40 | 27.59 | 13.70 | 23.78 |
| 5 | 603198.SH | 迎驾贡酒 | -- | -- | 53.27 | 54.68 |
| 6 | 600809.SH | 山西汾酒 | -- | -- | 62.06 | 60.98 |
| 7 | 600779.SH | 水井坊 | -- | -- | 75.46 | 72.54 |
| 8 | 600702.SH | 舍得酒业 | -- | 68.02 | 70.58 | 59.58 |
| 9 | 000596.SZ | 古井贡酒 | -- | -- | 71.83 | 69.90 |
| 10 | 600519.SH | 贵州茅台 | -- | 89.54 | 88.07 | 89.46 |
| 11 | 831799.OC | 九华山酒 | -- | -- | 37.88 | 30.31 |
| 12 | 600199.SH | 金种子酒 | -- | -- | 44.55 | 47.58 |
| 13 | 600197.SH | 伊力特 | -- | -- | 38.73 | 41.13 |
| 14 | 002304.SZ | 洋河股份 | -- | -- | 64.40 | 63.24 |
| 15 | 000995.SZ | *ST皇台 | -- | -- | 10.54 | 14.16 |
| 16 | 000860.SZ | 顺鑫农业 | -- | 30.79 | 25.74 | 26.10 |
| 17 | 000858.SZ | 五粮液 | -- | 69.27 | 68.34 | 67.64 |
| 18 | 000799.SZ | 酒鬼酒 | -- | 74.80 | 73.73 | 70.64 |
| 19 | 000568.SZ | 泸州老窖 | -- | -- | 67.79 | 58.18 |
| 20 | 600559.SH | 老白干酒 | -- | -- | 55.47 | 51.97 |

数据来源：WIND，初善君整理

再如，内衣行业，同样是一块布，汇洁股份的毛利率高达67%，浪莎股份的毛利率只有18%。说实话，不就是一片布，为什么差这么多？

| 排名 | 代码 | 证券简称 | 销售毛利率(%) | | |
|---|---|---|---|---|---|
| | | | 2018年报 | 2017年报 | 2016年报 |
| | | 最高值 | 19.26 | 67.35 | 67.89 |
| | | 平均值 | 19.26 | 37.68 | 36.96 |
| 1 | 603558.SH | 健盛集团 | -- | 27.37 | 24.96 |
| 2 | 600137.SH | 浪莎股份 | 19.26 | 18.31 | 18.03 |
| 3 | 002763.SZ | 汇洁股份 | -- | 67.35 | 67.89 |

数据来源：WIND，初善君整理

很显然，如果是以上两个行业，通过异于行业的毛利率来判断公司有财务造假的嫌疑，很容易贻笑大方。理论上在充分竞争的市场中，每家公司只能取得平均的利润率，因此在使用这个指标时，一定要注意适应性：在To C领域，品牌可以带来超额的毛利率；在To B的制造业领域，先进的技术也可以带来超额毛利率。

此外，通过延长固定资产折旧年限这种纯会计指标，减少固定资产折旧额减少固定成本，从而提高毛利率，康得新和三安光电都有这方面的问题。

通过减少交易环节也可以提高毛利率，比如，笔者以前写过的伟星新材，在管型材领域，他的毛利率远高于竞争对手，连续三年高于45%，主要竞争对手则只有20%左右（针对这一点，笔者也表示奇怪，既然它可以做零售业务，为什么其他公司没有模仿）（见下图）。

| 排名 | 代码 | 证券简称 | 销售毛利率(%) | | | |
|---|---|---|---|---|---|---|
| | | | 2019一季报 | 2018年报 | 2017年报 | 2016年报 |
| | | 最高值 | 24.58 | 46.22 | 46.12 | 45.93 |
| | | 平均值 | 18.78 | 26.93 | 25.06 | 26.72 |
| 1 | 002372.SZ | 伟星新材 | -- | 46.22 | 46.12 | 45.93 |
| 2 | 002671.SZ | 龙泉股份 | 19.66 | 38.95 | 37.43 | 32.92 |
| 3 | 300021.SZ | 大禹节水 | -- | 27.77 | 25.56 | 25.82 |
| 4 | 603616.SH | 韩建河山 | 24.58 | 22.48 | 18.97 | 23.33 |
| 5 | 603856.SH | 东宏股份 | -- | 21.99 | 21.59 | 26.56 |
| 6 | 002205.SZ | 国统股份 | 22.69 | 20.96 | 20.19 | 22.84 |
| 7 | 000619.SZ | 海螺型材 | 8.20 | 10.13 | 10.44 | 13.39 |
| 8 | 300599.SZ | 雄塑科技 | -- | -- | 20.64 | 20.63 |
| 9 | 002641.SZ | 永高股份 | -- | -- | 22.30 | 26.95 |
| 10 | 002457.SZ | 青龙管业 | -- | -- | 29.28 | 28.90 |
| 11 | 002694.SZ | 顾地科技 | -- | -- | 25.20 | 23.69 |
| 12 | 300198.SZ | 纳川股份 | -- | -- | 22.94 | 29.70 |

*数据来源：WIND，初善君整理*

包括马靖昊说会计及岁寒知松柏都表述过同样一个观点，即高毛利的公司经营现金流不会差，理由是高毛利率一般意味着它在产业链上拥有强势地位，公司会尽量占用上游客户的资金，同时不给下游客户很长的赊账期，现金流应该很好才对。

理论上大部分公司确实如此，可事实上笔者可以举出很多反例，东阿阿胶、片仔癀、广誉远，2018年的毛利率分别为65%、42%和81%，但是其2018年净现比都远小于1，尤其是广誉远，更是连续多年经营现金流净流出。

那么，如何看待这个问题呢，还是要看产业链的竞争情况，对于医药公司来说，尤其是中药公司，谁掌握了终端谁才有话语权，人家才不管你毛利率高低呢，在这种情况下，你的现金流好坏与毛利率关系不大。

再拿汽车业来说，话语权最强的是整车公司，其次是它的上下游公司。从毛利率角度，整车不足20%的毛利率远不如一些关键零部件30%以上的毛利率，可是零部件公司的现金流往往不如整车公司。

因此，远高于同行业的毛利率虽然是质疑的起点，但是仅凭这一点就质疑，很容易变成别人眼中的呆会计。

### 3. 隐瞒关联交易或严重依赖关联交易

提到关联交易，不得不提两个典型公司，一个是当年集万千宠爱于一身的乐视网，一个是不知关联方在何处的神雾环保。

然而时至今日，两家公司股价回撤均超过90%，神雾环保股价最高接近400亿，现在只有36亿；乐视网股价最高接近1600亿，现在市值不到70亿，写本文时，神雾环保和乐视尚未退市，截至2021年6月，已经全部退市。

这种大幅下跌，跟关联交易有很大的关系。

之前笔者也写过，关联交易带来两个资本市场最怕的问题，一是公司业绩是否对关联方及关联交易存在依赖，二是担心公司是否借关联交易调节业绩。

然而，依然有很多公司对关联方有很大的依赖，大家很少怀疑其财务作假。比如，下图的上海石化、中航飞机、柳钢股份等，关联方收入超过了营业收入的一半，尤其是中航飞机，334亿的收入里，297亿都是关联方的（见下图）。

| 证券代码 | 证券简称 | 向关联方销售产品金额<br>[报告期] 去年年报<br>[单位] 亿元↓ | 营业总收入<br>[报告期] 去年年报<br>[报表类型] 合并报表<br>[单位] 亿元 |
|---|---|---|---|
| 600688.SH | 上海石化 | 598.4099 | 1,077.6491 |
| 000768.SZ | 中航飞机 | 297.4815 | 334.6832 |
| 601003.SH | 柳钢股份 | 218.1340 | 473.5111 |
| 600022.SH | 山东钢铁 | 217.9519 | 559.0846 |
| 601600.SH | 中国铝业 | 200.8297 | 1,802.4015 |
| 000717.SZ | 韶钢松山 | 126.4724 | 271.1248 |
| 000878.SZ | 云南铜业 | 117.3097 | 474.3034 |
| 000921.SZ | 海信家电 | 106.2143 | 360.1960 |
| 002302.SZ | 西部建设 | 101.1025 | 188.4886 |
| 002493.SZ | 荣盛石化 | 100.8649 | 914.2466 |

数据来源：WIND，初善君整理

相信原因大家都懂，尤其是集团公司，依靠关联方是非常常见的事情，因为需求就在那里。

不可否认的是，随着监管的完善，市场确实在一步步减少关联交易，涉及关联交易的企业集团也试图通过整体上市等情形改变现状。

大家确实需要小心关联交易，但也无须谈虎色变。

### 4. 经营现金流差

现金流差是被质疑财务造假最常见的指标，因为在应收账款和存货造假相对比较容易，结果就是现金流差。

事实上现金流好坏与商业模式有必然的联系，仅仅因为现金流差就质疑公司财务造假并不可取。

在现金流优秀的四种情况中，笔者曾经表达过：

一是靠无与伦比的议价能力“压榨”上下游，体现在应收应付这里，比如贵州茅台等。

二是靠大额的投入产生大量的折旧摊销金额，这种会使得经营现金流好，但是容易造成大额亏损，需要看周期吃饭，典型如京东方A（见下图）。

| | 2017-12-31 | 2016-12-31 | 2015-12-31 | 2014-12-31 | 2013-12-31 |
|---|---|---|---|---|---|
| 补充资料： | | | | | |
| 净利润 | 786,041.16 | 204,517.08 | 163,810.99 | 271,591.40 | 297,212.92 |
| 加：资产减值准备 | 222,952.47 | 159,448.86 | 136,450.02 | 121,177.19 | 91,379.75 |
| 固定资产折旧、油气资产折耗、生产性生物资产折旧 | 1,158,237.96 | 1,004,315.22 | 779,945.77 | 552,372.66 | 439,264.37 |
| 无形资产摊销 | 28,335.94 | 26,356.51 | 23,963.18 | 20,184.68 | 18,012.46 |
| 长期待摊费用摊销 | 7,877.43 | 6,680.05 | 5,619.38 | 3,015.57 | 3,646.60 |
| 待摊费用减少 | | | | | |
| 预提费用增加 | | | | | |
| 处置固定资产、无形资产和其他长期资产的损失 | 8,793.07 | 5,286.23 | 835.03 | -336.96 | -123.22 |
| 固定资产报废损失 | | | | 1,894.55 | 11,395.49 |
| 公允价值变动损失 | -3,204.82 | | | | |
| 财务费用 | 144,654.65 | 305,458.77 | 98,002.20 | -6,322.35 | 71,399.42 |
| 投资损失 | -11,560.27 | -15,100.66 | -18,719.17 | -1,344.74 | -760.05 |
| 递延所得税资产减少 | 4,028.29 | -2,882.95 | 2,167.44 | 2,170.10 | -11,277.97 |
| 递延所得税负债增加 | 9,360.03 | 394.46 | 3,277.87 | -3,722.60 | -688.48 |
| 存货的减少 | -302,855.48 | -226,646.16 | -380,724.11 | -195,289.34 | -125,586.13 |
| 经营性应收项目的减少 | 212,657.84 | -906,114.22 | -50,600.63 | -125,800.88 | 31,114.76 |
| 经营性应付项目的增加 | 403,169.20 | 561,837.94 | 328,614.90 | 208,855.40 | 115,453.64 |
| 未确认的投资损失 | | | | | |
| 其他 | | | | | |
| 间接法-经营活动现金流量净额差额(特殊报表科目) | -41,788.87 | -116,222.40 | -43,304.34 | -38,862.09 | -44,799.64 |
| 间接法-经营活动现金流量净额差额(合计平衡项目) | | | | | |
| 间接法-经营活动产生的现金流量净额 | 2,626,698.60 | 1,007,328.71 | 1,049,338.54 | 809,582.59 | 895,643.93 |

数据来源：WIND，初善君整理

三是存货类科目，即加速存货周转，不在存货上浪费太多现金。但是对于大部分成长公司而言，依靠存货减少带来经营活动现金流变好反而是危机。

四是其他类，诸如投资收益、公允价值变动损益、财务费用等，即使依靠这些科目的公司一年的现金流变好，但是绝非长久之计。

除了商业模式之外，在成长性公司尤其是快速成长型公司里，因为存货高速增长的关系，公司现金流可能也不会太好，这时候质疑造假也不可取。

### 5. 大存大贷

货币资金和短期借款都很高，简称存贷双高，尤其是长期的存贷双高，很多人认为这种公司造假的可能性非常大。为什么这么说呢？因为在财务管理者眼中，公司的借贷都是根据公司价值最大化进行的，在公司有大量现金时，何必去借贷呢，公司借贷金额那么高，现金为什么不还贷呢？总之，公司低资金利用效率让人怀疑。

康得新和康美药业的股债双杀更是加深了大众的这种印象。

金亚科技当年就是存在存贷双高现象而被实锤造假的。2014年度金亚科技的财务报表显示，货币资金3.45亿元，占总资产的26%，短期借款、长期借款、长期债券等筹资活动的负债余额为4.07亿元，占总资产的30%。对比公司的收入规模5.53亿元，有着存贷双高的迹象。2015年公司发布的公告进行差错更正，2014年末账面货币资金余额由3.45亿元调减为1.24万元，调减部分的2.2亿资金实际上为股东占用，这里的存贷双高背后实际上是有潜含着股东占款的情况。

那么，有没有可能哪些公司可能就是存贷双高呢？当然有，比如集团化的公司，由于不同业务板块的盈利能力、报表不同，自然存在一些子公司存款多，另一些子公司贷款多，那么合并报表里自然会出现双高的局面。

比如中国宝安，2018年6月底账面货币资金金额42.49亿元，账面短期借款55.42亿元，2018年半年报显示控参股子公司共计186家，既有年盈利过亿的马应龙，也有年亏损过7 000万元的宝安控股等。

但是，其实是有方法解决此类问题的。比如，这种控股子公司多的集团公司可以通过设置财务公司，加强资金流管理，提高资金的使用率，减少存贷双高。但是很显然，它没有这么做。

第二种存贷双高的公司是因为商业模式，典型的公司是怡亚通、普路通和瑞茂通。其中普路通最明显，2018年6月底，货币资金高达158.51亿元，同时短期借款高达155.96亿元，占总资产的比例分别为86%和84%，均是A股第一名，怡亚通和瑞茂通也好不到哪里去。

这三家公司都是做供应链管理的，对资金的渴求非常大，资产负债表的典型特点是双高，利润表的典型特点就是毛利率特别低，财务费用比较大，现金流量表的特点是快速发展时期，经营现金流量净额很难为正，属于在刀尖上舞蹈的商业模式。

第三种存贷双高的公司还有可能是国企，尤其是传统行业的国企。

总之，仅仅通过双高就认为公司可能造假肯定不足取，但是除了子公司多、商业模式原因及国企外，双高依然是值得大家小心的地方。

**6. 海外收入**

海外收入由于核查难度大，被很多A股公司用来隐藏造假，而且屡试不爽。

比如，信威集团，比如2015年和2016年国外实现营业收入33亿元和27亿元，占比超过90%，而这些收入的毛利率高达91%和85%。2017年之后，国外收入骤降至0.88亿元和0.02亿元。

### 7. 实控人股票质押比例过高

这样的情况在A股也是一个经常性的现象，实控人股票质押比例过高。股票质押在一般情况下是公司实控人进行融资的手段，是一件好事。但是如果公司实控人过多的质押股份，会形成很大的风险，一方面在于其经营上缺钱，另一方面一旦股价低于质押价格，很可能遭遇平仓，使得股价进一步的降低。一个是经营上出现问题，另一个是股价出现闪崩，两方面都不好。

笔者扫雷5《康美药业究竟有没有谎言》中关于康美药业的股权质押：康美药业股东股权质押比例非常高，截至目前，大股东康美实业持有康美药业91.91%的股权已经质押，因此有些投资者已经发现了康美药业最近一周每天拉升尾盘，特别有庄股的嫌疑。

### 8. 分红少

虽然A股的传统是分红不积极，但是财务造假的公司一定更吝啬。因为净利润是虚增的，怎么会有钱进行大额分红呢？

比如，康得新2014年以来虽然年年盈利超10亿元，但是分红很少，分红率只有10%（见下图）。

历年分红明细

| 年度 | 归母净利润(万元) | 现金分红总额(万元) | 期末未分配利润(万元) | 股利支付率 |
|---|---|---|---|---|
| 2019-03-31 | -30,595.46 | -- | -- | -- |
| 2018-12-31 | 28,069.73 | -- | 682,390.97 | -- |
| 2017-12-31 | 247,438.18 | 24,768.60 | 701,731.49 | 10.01% |
| 2016-12-31 | 196,290.80 | 20,118.91 | 498,167.28 | 10.25% |
| 2015-12-31 | 140,945.73 | 14,478.62 | 318,962.39 | 10.27% |
| 2014-12-31 | 100,278.12 | 11,142.95 | 216,613.51 | 11.11% |
| 2013-12-31 | 65,862.04 | 8,607.72 | 124,943.11 | 13.07% |
| 2012-12-31 | 42,301.26 | 4,676.86 | 64,710.19 | 11.06% |
| 2011-12-31 | 13,076.67 | 1,292.80 | 24,756.15 | 9.89% |
| 2010-12-31 | 7,009.25 | 727.20 | 13,901.63 | 10.37% |

数据来源：WIND，初善君整理

经过以上的学习，基本上可以掌握并识别A股上市公司是否财务造假。